OS DIÁRIOS DE ALFRED ROSENBERG
1934-1944

Uma publicação de Jack, Joseph and Morton Mandel Center for Advanced Holocaust Studies do United States Holocaust Memorial Museum [Centro Jack, Joseph e Morton Mandel para Estudos Avançados sobre o Holocausto do Museu Memorial do Holocausto dos Estados Unidos], Washington, DC e de Zentrum für Holocaust-Studien / Institut für Zeitgeschichte, Munique [Centro de Estudos do Holocausto / Instituto de História Contemporânea].

OS DIÁRIOS DE 1934-1944
ALFRED ROSENBERG

ORGANIZAÇÃO JÜRGEN MATTHÄUS E FRANK BAJOHR

Tradução
CLAUDIA ABELING

CRÍTICA

Copyright © S. Fischer Verlag GmbH, Frankfurt am Main, 2015
Copyright © Editora Planeta do Brasil, 2017
Publicado em acordo com International Editors' Co., Agencia Literaria
Título original: *Alfred Rosenberg. Die Tagebücher von 1934 bis 1944*

Coordenação editorial: Sandra R. F. Espilotro
Preparação: Tiago Ferro
Revisão: Carmen T. S. Costa / Maria A. Medeiros
Diagramação: A2
Capa: Departamento de arte do Grupo Planeta
Foto de capa: © Keystone Pictures USA/ Zumapress

As opiniões aqui expressas são de seus organizadores e não refletem a opinião do United States Holocaust Memorial Museum ou do Institut für Zeitgeschichte.

CIP-BRASIL. CATALOGAÇÃO NA PUBLICAÇÃO
SINDICATO NACIONAL DOS EDITORES DE LIVROS, RJ

D529

Os diários de Alfred Rosenberg / organização Jürgen Matthäus, Frank Bajohr ; [tradução Claudia Abeling]. - 1. ed. - São Paulo : Planeta, 2017.

Tradução de: Alfred Rosenberg. Die Tagebücher von 1934 bis 1944
ISBN: 978-85-422-0929-7

1. Rosenberg, Alfred, 1893-1946. 2. Holocausto judeu (1939-1945) - Narrativas pessoais. I. Matthäus, Jürgen. II. Bajohr, Frank. III. Abeling, Claudia.

16-38746   CDD: 940.5481498
                       CDU: 94(100)'1939/1945'

2017
Todos os direitos desta edição reservados à
EDITORA PLANETA DO BRASIL LTDA.
Rua Padre João Manuel, 100 – 21º andar
Ed. Horsa II – Cerqueira César
01411-000 – São Paulo-SP
www.planetadelivros.com.br
atendimento@editoraplaneta.com.br

SUMÁRIO

AGRADECIMENTOS 9

I. INTRODUÇÃO
ALFRED ROSENBERG: UM ESBOÇO BIOGRÁFICO 13
ROSENBERG E SEUS DIÁRIOS: REVELAÇÕES E PROBLEMAS 19
O PARADEIRO DOS DIÁRIOS APÓS 1945 33
ROSENBERG, O SISTEMA NAZISTA E A
    "QUESTÃO JUDAICA" 45
A OPERAÇÃO BARBAROSSA E A PASSAGEM AO GENOCÍDIO 67
ROSENBERG, O "LESTE" E A "SOLUÇÃO FINAL"
    ATÉ O INÍCIO DE 1942 83
NOTAS 103
II. OS DIÁRIOS DE ALFRED ROSENBERG – 1934-1944 121
III. DOCUMENTOS COMPLEMENTARES 541

IV. ANEXOS

RELAÇÃO DOS DOCUMENTOS COMPLEMENTARES 632

BIBLIOGRAFIA. 634

ABREVIATURAS 641

FONTES DAS ILUSTRAÇÕES. 644

ÍNDICE DE LUGARES 645

ÍNDICE ONOMÁSTICO 652

AGRADECIMENTOS

Esta edição é um projeto conjunto do Centro para Estudos Avançados do Holocausto Jack, Joseph e Morton Mandel do Museu Memorial do Holocausto (Washington, DC) com o Centro para Estudos do Holocausto do Instituto de História Contemporânea (Munique). Sem o apoio dos diretores de ambas as instituições, Paul A. Shapiro e Andreas Wirsching, o projeto não seria concretizado. Agradecemos ainda aos organizadores Henry Mayer, Susanne Heim, Stephanie Haupt, Radu Ioanid, Jan Lambertz e Cristina Bejan, assim como aos colaboradores do Centro de Estudos do Holocausto que trabalharam intensamente nos comentários do diário, entre outros Anna-Raphaela Schmitz, Dominique Hipp, Franziska Walter, Konrad Meinl e Giles Bennet. E a todos os amigos e colegas que nos ajudaram na identificação das pessoas citadas nos diários.

Washington-Munique, fevereiro de 2015
Jürgen Matthäus
Frank Bajohr

I
INTRODUÇÃO

ALFRED ROSENBERG: UM ESBOÇO BIOGRÁFICO

Alfred Rosenberg nasceu em 12 de janeiro de 1893 na então cidade russa de Reval (hoje Tallin, na Estônia), numa família de ascendência germano-báltica. Após seus estudos de arquitetura em Riga e Moscou, mudou-se em 1918 para a Alemanha, país abalado pela derrota na Primeira Guerra Mundial e por turbulências revolucionárias. Em Munique, Rosenberg aliou-se rapidamente ao ambiente nacionalista [*völkisch*] e obteve certo êxito como autor de panfletos políticos com tiradas enfaticamente antissemitas e anticomunistas. No ainda jovem NSDAP,* devido à sua pretensão de revelar, por experiência própria, a verdadeira natureza "da dominação judaico-bolchevique", Rosenberg fazia parte do círculo mais próximo de Hitler e do núcleo duro do jornal do partido – o *Völkischer Beobachter* –, cuja edição assumiu em 1923. Levando-se em conta seus primeiros escritos, com razão seu biógrafo lhe atesta um "antissemitismo francamente monomaníaco".[1] Constam dessa produção inicial: o primeiro livro de Rosenberg, *Die Spur des Juden im Wandel der Zeit* [A marca do judeu ao longo da história] (publicado em 1920), do qual reproduziremos trechos na parte III;[2] "Unmoral im Talmud" [Imoralidade no Talmude] (1920); *Der staatsfeindliche Zionismus* [O sionismo como

---

* As siglas e abreviações encontram-se explicadas no capítulo "Abreviaturas", no final deste livro. (N. T.)

inimigo do Estado] (1922); *Die Protokolle der Weisen von Zion und die jüdische Weltpolitik* [Os protocolos dos sábios de Sião e a política internacional judaica] (1923); bem como inúmeros artigos hostis aos judeus publicados no periódico *Der Weltkampf* [A luta mundial], editado por ele desde 1924 com pretensões até internacionais, já que dirigido "à raça branca".[3]

Sua carreira posterior não seria imaginável sem a considerável produtividade jornalística e de criação desses anos, rara na direção do partido. Seu empenho publicista compensava déficits evidentes como orador de propaganda e organizador, e reforçava sua posição como elemento de confiança de Hitler. O primeiro livro de Rosenberg, concluído em 1919, marcou, ao menos parcialmente, as passagens antissemitas de *Mein Kampf*, de Hitler.[4] Provavelmente ele também influenciou de maneira indireta o programa do NSDAP anunciado em fevereiro de 1920, principalmente o item 4: "Só pode ser cidadão quem é compatriota [*Volksgenosse*]. Só pode ser compatriota quem tem sangue alemão, não importando a confissão. Por isso, nenhum judeu pode ser compatriota". O fato de Rosenberg ter atuado posteriormente como comentador autorizado do programa do partido também aponta nessa direção.[5]

Quando Hitler e outros figurões do nazismo foram presos após a fracassada "Marcha até Feldherrnhalle", em 9 de novembro de 1923, Rosenberg tentou – autorizado pelo líder do partido – manter unidos alas e grupos discordantes. Embora pudesse contribuir para levar o partido a um curso parlamentar, faltava-lhe estatura pessoal e poder interno na estrutura partidária a fim de se impor nas lutas de competência dos fanáticos nacionalistas [*völkischer Fanatiker*]. Por essa razão, após a soltura de Hitler, Rosenberg se voltou totalmente à atividade literária. Ao lado de seu papel-chave como editor e autor de periódicos nacional-socialistas, ele conseguiu terminar sua obra magna, lançada em 1930 com o título *Der Mythos des 20. Jahrhunderts* [O mito do século XX] e que consolidou sua fama como *spiritus rector* da ideologia partidária. Apoiando-se em Houston Stewart Chamberlain e Paul de Lagarde, Rosenberg constituiu um sistema dicotômico no qual "raça" e "contrarraça",[6] alemães e judeus, se contrapunham categoricamente; essa oposição, supostamente de profundas raízes históricas, só poderia ser superada por meio de um confronto, com a vitória de um dos lados. Nenhum outro funcionário nazista produziu um modelo de pensamento igualmente ambicioso, e a diferença no alcance conceitual em relação ao *best-seller* de Hitler fica explicitada na comparação entre ambos os títulos. Depois de 1933, apesar do estilo truncado e carregado de ecletismo esotérico, quase incompreensível por longos trechos (ambas características dos escritos conceituais de Rosenberg), *O mito* se tornou um sucesso com mais de 1 milhão de exemplares vendidos até o final da guerra, e ao lado de *Mein Kampf* foi largamente usado como manual autorizado, fonte de citações conformistas ou presente adequado à época.[7]

A capacidade de Rosenberg em combinar fidelidade ideológica básica com flexibilidade tática e sensibilidade política ficou patente desde a segunda metade da década de 1920, quando se empenhou em reclamar para si a área da política externa, algo amplamente ignorado por outras lideranças nacional-socialistas. Em seu texto *Die Zukunftswege einer deutschen Außenpolitik* [Caminhos futuros de uma política externa alemã], publicado em 1927, ele declarou a Rússia inimiga e reforçou uma concordância entre os interesses alemães e britânicos. Antecipava dessa maneira pensamentos que Hitler escreveria um ano mais tarde em seu "segundo livro", inédito em vida.[8] Depois do sucesso nas eleições do NSDAP em 1930, quando Rosenberg se tornou deputado do Reichstag, ele pôde se apresentar como especialista do partido em política externa. Isso lhe rendeu, após a tomada de poder por Hitler, a direção da Secretaria de Relações Exteriores do NSDAP (APA) – uma instância não oficial que concorria com o Ministério das Relações Exteriores –, seguida por sua nomeação como *Reichsleiter** (2 de junho de 1933) e "Encarregado do Führer para toda formação e educação ideológica do NSDAP" (24 de janeiro de 1934).[9] Principalmente tudo o que se referia, no entendimento nazista, às questões "judaico-bolcheviques" requeria a participação de Rosenberg na discussão e não raro ela triunfava também contra

---

* Alto cargo político do NSDAP, vinculado diretamente ao gabinete de Hitler, a quem se reportava diretamente. (N. T.)

concorrentes poderosos. Mas, em comparação a Göring, Ribbentrop ou Goebbels, até 1941 Rosenberg tinha uma posição marginal entre os líderes do regime, visto que lhe faltava o cargo de ministro e, com isso, competências oficiais. Rosenberg tinha ambição suficiente, mas sua beligerância mesquinha, limitada disponibilidade à cooperação e tendência a se manter fiel aos princípios não lhe facilitavam as coisas. Dessa maneira, em meados de 1938, Hitler concordou com o plano de Rosenberg para a criação de um modelo de universidade nazificada na forma da *Hohe Schule* [Escola Superior], mas postergou a criação do "Instituto de Pesquisa da Questão Judaica", concebido como projeto-piloto científico e *think-tank* de acompanhamento político até março de 1941, o que atesta a limitada influência política do *Reichsleiter*.

Entretanto, isso mudou no decorrer dos dois primeiros anos da guerra. Em outubro de 1940, Rosenberg conseguiu assegurar para si o disputado posto de chefia de uma central dedicada à "segurança" de obras de arte judaicas, arquivos, bibliotecas e outros valores; na sequência, seu *Einsatzstab Reichsleiter Rosenberg* [Força-tarefa Reichsleiter Rosenberg] (ERR) tornou-se a organização de confisco mais bem-sucedida do regime em toda a Europa, de cujo copioso fundo os museus alemães puderam se aproveitar, além de Hitler e Göring.[11] Mas foi o ataque à União Soviética – cuja fase preliminar de planejamento teve participação de Rosenberg – que marcou o verdadeiro salto em sua carreira. Em 20 de abril de 1941, ele se tornou "Encarregado da administração central das questões do espaço da Europa Oriental". Depreende-se das anotações do diário dessa época que seu "grande momento" havia chegado e Rosenberg se esforçava em fazer jus à confiança de Hitler pela utilização de novas possibilidades, mais radicais, da aplicação de objetivos nazistas no Leste. A partir de sua nomeação formal como ministro do Reich para os Territórios Orientais Ocupados em 17 de julho de 1941 (embora anunciada apenas meses mais tarde), Rosenberg se tornou governante de uma região que deveria compreender do mar Báltico ao Cáspio. Ela estava destinada a garantir o abastecimento do Exército e do "front da pátria" ["*Heimatfront*"], tornar acessível um "espaço de assentamento no Leste" e assegurar a longo prazo a inatacabilidade da autoridade alemã na Europa. O fracasso da ofensiva alemã no final de 1941 diante de Moscou limitou as visões nazistas, mas a esfera de poder de Rosenberg, com os comissariados do Reich Ostland e da Ucrânia, ainda abrangia mais de meio milhão de quilômetros quadrados com cerca de 30 milhões de habitantes; Rosenberg enxergava ali o espaço no qual "a ideologia nacional-socialista se coloca à prova".[12]

Como será explicado em mais detalhes a seguir, Alfred Rosenberg era um dos principais responsáveis por uma política que converteu a estratégia alemã da "guerra de extermínio" no front em cotidiano da ocupação, com consequências fatais para os afetados. Ainda que advogue em seus memorandos uma política de dominação moderada em relação aos ucranianos e outros grupos étnicos não russos, se comparada à atuação de outros figurões nazistas, a fim de conquistar mais facilmente recursos para a mobilização de guerra alemã, na realidade ele apoiava uma política radical de saques, de "pacificação" e de "germanização" que custou a vida de milhões de civis na União Soviética ocupada.[13] Desde o primeiro dia da ocupação alemã, os judeus estiveram entre as principais vítimas dos assassinatos em massa perpetrados pela *Wehrmacht*, unidades móveis de extermínio e polícia; com a constituição da administração civil a partir de 1941, Rosenberg e seus representantes locais procuraram se adaptar ao novo panorama de violência e assim aceleraram a transição ao genocídio.[14]

Quando a situação militar se intensificou e instâncias rivais chegaram ao poder, Rosenberg foi perdendo lentamente influência política. Leal ao seu "Führer"* até o fim, Rosenberg foi preso depois da guerra pelo Exército americano e acusado diante do Tribunal Militar Internacional, em Nuremberg – juntamente com outros funcionários de alto escalão do "Terceiro Reich" –, por crimes contra a humanidade, crimes de guerra, participação nos preparativos de uma guerra de agressão e crimes contra a paz. Em sua cela, o antigo ideólogo nazista prosseguiu sua laboriosa escrita no sentido da utopia das raças, que lhe parecia inquebrantavelmente válida; até hoje, suas

---

* Foi mantido o padrão de aspas estabelecido pelos organizadores da obra. (N. T.)

"últimas anotações" são bem acolhidas nos círculos da direita radical.[15] Depois de ter sido considerado culpado em todos os pontos da acusação, a sentença de morte contra Alfred Rosenberg foi executada em 16 de outubro de 1946.

ROSENBERG E SEU DIÁRIO: REVELAÇÕES E PROBLEMAS

Nos últimos anos, a compreensão do nacional-socialismo e de sua política criminosa foi marcada especialmente pelos diários de seus contemporâneos. "Testemunhar até o fim" era o objetivo declarado de Viktor Klemperer; outras vítimas do nazismo também se entendiam como cronistas de eventos significativos ao documentar suas experiências, pensamentos e sentimentos na forma de diários. O fato de esses autores não conseguirem encaixar os acontecimentos em suas dimensões rotineiras e as consequências até então indeterminadas numa clara relação explicativa – algo possível de se fazer apenas a partir de certo distanciamento – torna seus registros ainda mais valiosos para a compreensão do transcorrer de um período cujo final agora conhecemos, em retrospecto.[16]

Por outro lado, anotações de diários, nas quais as perspectivas subjetivas de líderes nazistas se refletem no "Terceiro Reich", são extremamente raras. Os homens ao redor de Hitler moldavam um futuro no qual suas vítimas haveriam de se submeter. Dessa maneira, os registros do ego feitos pelas mãos de líderes nazistas exercem até hoje um grande fascínio, parecendo refletir a aura sinistra de seus autores e oferecer explicações sobre as forças motrizes dos crimes do nacional-socialismo. Entre os funcionários nazistas mais graduados, entretanto, a suspeita ou o conhecimento em relação ao próximo passo visando à "solução final", ou outros objetivos ideológicos centrais, permanecia em evidente discrepância com a disposição em realizar um testemunho pessoal a respeito. A maioria dos líderes nazistas entendia-se como "homens de ação" sem vocação à contemplação ou a reflexões críticas, até mesmo porque essas características não eram bem-vistas no interior do partido. No movimento nazista, o "empreendedor" sempre estava por cima do "escrevinhador".

Além disso, as rápidas mudanças após 1933 e a dinâmica dos acontecimentos e desenvolvimentos, impulsionadas pelo "movimento" nazista em união com outras elites sociais, geraram uma atmosfera de laboriosidade frenética, quase incompatível com uma reflexão acurada. E enquanto a propaganda nazista oficial procurava transmitir sempre a mesma imagem da unidade monolítica, da conformidade e da coerência, sobretudo os líderes nazistas conheciam a realidade do "Terceiro Reich", na qual os diversos grupos de chefia lutavam e se atracavam violentamente por influência.

Por essa razão, a evidente discrepância entre pretensão e realidade só podia ser ignorada nas anotações dos diários ao custo do autoengano. Mesmo se a maioria dos homens ao redor de Hitler não duvidasse do significado histórico, até da falta de precedentes dos eventos desde 1933, faltava-lhe uma consciência histórica que pudesse unir a ação do presente com a pretensão de eternidade do regime. Conceitos como "solução final" e "Reich de mil anos" documentavam, por um lado, o presunçoso postulado de eliminar sem mais a história e querer passar para um estado final. Por outro lado, a política do regime à época estava marcada por mudanças surpreendentes e imprevistas, que levavam inclusive nazistas convictos a uma necessidade violenta de explicações: por exemplo, a eliminação da SA em 1934; o pacto com Stálin em 1939, inimigo ideológico mortal; ou o voo à Inglaterra de Rudolf Heß em 1941.

Por todos esses motivos, os principais atores nazistas não deixaram diários, ou, no máximo – como Heinrich Himmler –, agendas que atestavam sua incessante atividade.[17] Até as cartas privadas de Himmler para a mulher e os filhos,[18] encontradas há pouco, podem ser lidas em parte como uma agenda de bolso anotada. Aquelas que são à primeira vista entusiasmadas manifestações de sentimentos do *Reichsführer* da SS se revelam, numa leitura mais atenta, como fórmulas estéreis, constantemente repetidas. Embora Himmler vez ou outra se expressasse com emoção na correspondência profissional ou também nos discursos, ele costumava se mostrar sem empatia e pouco reflexivo quando em seu círculo privado mais íntimo. Isso certamente não se devia ao fato de que para ele – ao contrário de alguns outros de seus subordinados – a prática do assassinato em massa, com seus detalhes escabrosos, era quase impossível de ser expressa e só podia ser mencionada a funcionários escolhidos, como um segredo de Estado. Himmler tampouco sentia necessidade de reflexão porque nunca demonstrou qualquer insegurança em relação às ações com as quais pactuava.[19]

Por fim, apenas dois nacional-socialistas de destaque legaram abrangentes anotações de diários: o ministro da Propaganda Joseph Goebbels, que manteve um diário pessoal por mais de duas décadas – de 1924 a 1945[20] –, e o ideólogo-chefe do NSDAP, e mais tarde ministro do Reich para os Territórios Orientais Ocupados, Alfred Rosenberg, cujas anotações políticas de 1934 a 1944 apresentamos nesta publicação pela primeira vez completas e contextualizadas.[21] Ambos foram inimigos íntimos durante quase todo o período do "Terceiro Reich", o que dá às suas anotações também a função de um corretivo mútuo. Assim, o diário de Rosenberg, que registrava toda censura sobre Goebbels vinda dos círculos do partido e toda humilhação sofrida pelo seu concorrente, mostra que Goebbels era pouco apreciado justo no núcleo dos "velhos combatentes" e que sua posição no sistema de governo nacional-socialista não deveria ser superestimada.

Entretanto, o ministro da Propaganda dividia com o rival a tendência de ocultar rigorosamente em suas anotações acontecimentos que lhe fossem desagradáveis. Dessa maneira, seria metodologicamente ingênuo esperar dos diários de Goebbels ou de Rosenberg algo diferente de perspectivas subjetivas. É evidente que eles não oferecem nenhum olhar detalhado do governo nazista como afirmava Hans-Günther Seraphim, quando editou uma parte do diário de Rosenberg em meados de 1950: "Aqui um iniciado relata o funcionamento do aparelho do partido, sobre o modo de ação do governo nazista e de seus órgãos, e sua escrita de uso pessoal, sem retoques, dá acesso ao modo de pensar e agir de Hitler e seus seguidores".[22] É possível que a expectativa por revelações sensacionalistas do centro do poder esteja presente; entretanto, ela ignora o caráter problemático de fontes extremamente subjetivas: os diários de Goebbels e de Rosenberg refletem os acontecimentos verdadeiros apenas de forma parcial, quando não ocultam no todo elementos centrais da realidade histórica.

Não foi por acaso que justamente Goebbels e Rosenberg mantiveram diários; afinal, as atividades principais de ambos era acompanhar a política do "Terceiro Reich" de maneira reflexiva e explicativa. Enquanto Goebbels tinha de traduzir a política nazista em efetivas palavras de ordem à organização cotidiana, Rosenberg concentrava-se antes em questões ideológicas e de princípios, cuja essência ele divulgava principalmente em discursos para funcionários do partido ou para a imprensa nazista. A enunciação de Goebbels era muito mais rápida e precisa do que o pesado Rosenberg, que com frequência passava semanas ou meses sem escrever uma linha no diário – também porque estava tomado por suas diversas funções de redigir "informes para o Führer", memorandos e apontamentos. Seus registros quase nunca são passagens narrativas longas; dominam observações mais lacônicas, esquemáticas. Além disso, as anotações de Rosenberg estão repletas de formulações truncadas, erros gramaticais e sintaxes estranhas, que por vezes dificultam sua leitura. Parece irônico que faltasse justo ao germano-báltico Rosenberg, que gostava de se apresentar como o intérprete-chefe da cultura e do pensamento alemães, qualquer sensibilidade à língua.

Nem as anotações dos diários de Goebbels nem as de Rosenberg foram feitas para se tornar públicas. Ao divulgar registros de seus diários dos anos 1932-33, Goebbels foi imediatamente rechaçado com frieza em amplos círculos do partido, que acusavam o ministro da Propaganda de um autoincensamento egocêntrico.[23] Essa avaliação não foi muito disparatada e também Rosenberg usou seus diários para apresentar seus sucessos sob uma luz mais radiante. No caso de Rosenberg, as anotações muitas vezes rudimentares serviam supostamente, em primeiro lugar, como elementos de memória para tempos futuros ("para um dia, na velhice, reconstruir esse tempo")[24] e frequentemente também como válvula de escape para frustrações. Passagens em que critica a "vaidade e presunção levantinas"[25] de outros, desdenha cheio de ódio contra Goebbels ("produtor de purulências")[26] ou Ribentropp ("pessoa realmente burra com a arrogância típica"),[27] lembram mais formulações de conspiradores antinazistas do que afirmações de um alto representante do regime. A ostensiva autocomiseração de Rosenberg e a reputação de combatente solitário no círculo de líderes da "Comunidade do Povo" ["*Volksgemeinschaft*"], que aparecem em muitas anotações, teriam provavelmente gerado perplexidade num público mais amplo. Ou seja, é perceptível que Rosenberg escreveu seu diário apenas para si.

Mesmo Rosenberg tendo entrado tardiamente na política operacional do "Terceiro Reich" e muitas vezes – mas não com tanta frequência quanto a bibliografia mais antiga indica – levado a pior, sua posição no sistema de governo nacional-socialista nunca foi seriamente questionada. Ela se baseava principalmente no fato de Rosenberg – a quem Hitler chamava, não sem um toque de ironia, de "o santo padre do nazismo" e mais tarde de "guardião do Leste" –[28] oferecer continuamente ao NSDAP e aos seus funcionários mais graduados a sensação de que suas bases ideológicas não se baseavam em idiossincrasias, fantasias de poder e sentimentos de ódio; mas, pelo contrário, derivavam de uma filosofia profunda e de fundamentações científicas. O próprio Rosenberg estava profundamente convencido disso. Muito antes de iniciar a redação de diários, seu pensamento movimentava-se em caminhos ideológicos sem espaço para análise crítica e que só permitiam à realidade ingressar no consciente para confirmar suas opiniões já consolidadas.[29]

O rigor ideológico de Rosenberg determinava a direção básica de sua ação política. Entretanto, no início de sua atividade, quando seus conceitos políticos não estavam categoricamente fixos, eles ainda sofreram uma mudança parcial. Os princípios ideológicos de

Rosenberg estruturavam-se menos a partir de um catequismo a princípio inflexível e mais de "atitudes" basais num campo ideológico caracterizado por pragmatismo e flexibilidade.[30] Isso vale até mesmo para a "questão judaica". Visto que os judeus representavam para Rosenberg o internacionalismo e o universalismo por ele detestados, e que ele os responsabilizava também pelo liberalismo e pelo comunismo, o antissemitismo fazia parte daquelas posturas básicas às quais Rosenberg se aferrava de maneira inquebrantável. Mas o ideólogo-chefe do NSDAP lidava de maneira muito mais flexível com a questão de como os judeus ou as diversas correntes do judaísmo deveriam ser tratados concretamente. Dessa maneira, a avaliação positiva que Rosenberg a princípio fazia do sionismo transformou-se com o tempo em negativa. Se no começo Rosenberg ainda reconhecia direitos básicos aos judeus, nos anos de guerra ele fazia parte dos defensores de uma rigorosa ideia de extermínio. A "cultura cristã" que Rosenberg queria mobilizar nos tratados iniciais contra a "ameaça judaica" transformou-se, em edições posteriores das suas "obras", numa "cultura alemã".[32] Tais transformações se originavam principalmente nas novas possibilidades da prática política e nas modificações de seu cenário, mas em parte também na adequação oportunista ao "Führer".[33] Tanto para Hitler quanto para Rosenberg, embora a "visão de mundo" ["*Weltanschauung*"] se baseasse em posturas básicas inalteráveis, elas não ofereciam um plano de ação concreto, completo, que pudesse ser colocado em ação depois de 1933.[34]

No diário de Rosenberg, o pragmatismo político acompanhado de princípios ideológicos imutáveis articulava-se na reiterada afirmação de que ele sempre defendera uma determinada ideia ou que essa ou aquela opinião encontrava-se profundamente interiorizada, e que no momento as condições para sua concretização estavam dadas. À medida que ele fazia a política do regime passar, simultaneamente, por expressão de verdades supostamente eternas, Rosenberg legitimava também – e especialmente – a prática criminosa da dominação nazista e emprestava ao movimento nacional-socialista uma função cujo significado dificilmente se pode superestimar. Mesmo se Rosenberg estivesse envolto numa aura de autocompaixão e de insatisfação, seus "sucessos" na implantação da agenda nazista – na preparação da invasão alemã da Noruega, na tomada de poder pelo marechal Antonescu na Romênia, no saque de bens artísticos e culturais na Europa ocupada pela Alemanha, na disseminação de lemas antissemitas até o Oriente Próximo e, não por último, como precursor e corresponsável pela "solução final" – eram absolutamente comprovados. O termo "criminoso por convicção política" não pode ser aplicado a quase nenhum outro líder nazista de maneira tão irrestrita quanto a Rosenberg, que acreditou até o fim naquilo que pregava e que, usando métodos novos e radicais, praticou aquilo que considerava evidente.[35] Além disso, seu exemplo mostra que pensamentos radicais não só deságuam numa prática radical. Ambos interagem reciprocamente, de modo que a prática radical também influenciava o radicalismo das ideias.

A presente edição e nossa introdução não visam a uma biografia abrangente, disponível há tempos,[36] ou uma história geral das atividades político-ideológicas de Rosenberg, que continua faltando. As anotações de Rosenberg possibilitam principalmente inúmeros acessos, muitas vezes pontuais, aos diversos campos políticos do "Terceiro Reich" e sua percepção subjetiva pelo autor, que está fortemente marcada por constantes conflitos de competência. A política externa do regime e principalmente a relação com as igrejas são uma espécie de parte central. A ostensiva rejeição dos princípios cristãos, tanto de Hitler quanto de Rosenberg, sobressai constantemente.

Tendo em vista a multiplicidade dos pontos de vista individuais citados no diário, iremos nos concentrar a seguir em alguns aspectos suscintos do diário e do contexto histórico. Em primeiro lugar, estaria a reconstrução e a reavaliação condicional da função exercida por Rosenberg no "Terceiro Reich" durante a fase em que o regime passou da perseguição aos judeus ao seu extermínio indistinto no decorrer de 1941. Por essa razão, acrescentamos aos registros do diário também memorandos, discursos e outros documentos-chave, via de regra escritos pelo próprio Rosenberg (e alguns publicados aqui pela primeira vez), que esclarecem melhor seu papel nesse período decisivo do que os registros do seu diário. No início dos anos 1920,

Rosenberg constituiu as bases ideológicas centrais para a política antijudaica, que se radicalizava cada vez mais. Dessa maneira, como já mencionamos, as declarações antijudaicas no livro de Hitler, *Mein Kampf*, também remontam a Rosenberg, que em 1919 descrevera o domínio bolchevique na Rússia como forma pura de domínio judaico e, ao fundir o antissemitismo com antibolchevismo, criou a legitimação indubitavelmente mais eficaz para a futura guerra de extermínio contra a União Soviética.³⁷

Como mostra seu diário, Rosenberg aferrava-se teimosamente ao princípio, tanto ideológico quanto tático-político, de "ligar o bolchevismo" ao "povo judeu parasita", isto é, de declarar o bolchevismo e o judaísmo como uma unidade indivisível.³⁸ Além disso, ele se mantinha convencido de que os inevitáveis enfrentamentos com o "judaísmo" tratava-se de uma "luta mundial" [*Weltkampf*], como o título homônimo da revista por ele editada também exemplificava. Ademais, Rosenberg apresentava a Alemanha sempre como um partido atacado pelas costas, que estava em seu direito ao lutar contra os judeus. E incentivava movimentos antissemitas e nacionalistas [*völkisch*] nos países europeus – visando a uma Internacional antissemita e, assim, um projeto antiuniversalista contrário ao pensamento das Nações Unidas. Depois do *pogrom* de novembro de 1938, Rosenberg chamou a atenção pelos discursos especialmente antissemitas, embora tivesse criticado o *pogrom* como destruição inútil de bens tangíveis: um exemplo marcante da radicalização de posições programáticas por meio da prática política. A partir de janeiro de 1939, todos os seus discursos continham de maneira quase estereotipada a formulação de que a "questão judaica" na Europa só seria resolvida quando o último judeu tivesse deixado a Alemanha, depois a Europa; em novembro de 1941, Rosenberg posicionou-se para a imprensa com uma franqueza marcante (mesmo se confidencialmente) a favor de "uma erradicação biológica de todo o judaísmo na Europa".³⁹

Depois de Rosenberg ter recebido um papel central na planejada reorganização do Leste Europeu (Hitler: "Rosenberg, a sua grande hora chegou"⁴⁰), ele atuou de maneira decisiva para tornar o "*Ostraum*" [espaço oriental] no cenário da "solução final". As diversas iniciativas de Rosenberg visando ao assassinato em massa organizado mostram que ele, como ministro do Reich para os Territórios Orientais Ocupados, não se preocupava apenas com a orquestração ideológica e filosófica do Holocausto. Ele se aproveitava também de todas as possibilidades disponíveis, até bem distantes de sua própria área de atuação, quando, por exemplo, sugeriu a deportação dos judeus alemães e europeus ao Leste como resposta à deportação dos alemães do Volga por Stálin. Diante de seus juízes em Nuremberg, Rosenberg testemunhou que "o pensamento de um extermínio físico de eslavos e de judeus, ou seja, do genocídio em si, [...] nunca lhe passou pela cabeça", muito menos foi "de algum modo propagado" por ele;[41] dessa maneira, ele estava tão distante da realidade quanto durante seu palavreado passado sobre o "ser alemão" e "valores eternos". As anotações de Rosenberg ensejam uma nova reflexão sobre a relação entre centro e periferia na gênese do Holocausto e a se prestar mais atenção novamente ao centro. Isso vale também para a complexa inter-relação entre ideologia nazista e prática política, que se torna clara no diário de Rosenberg.

Suas anotações possibilitam, além disso, um interessante acesso às estruturas e redes do sistema de governança nazista. As eternas queixas de Rosenberg sobre o comportamento de concorrentes e as quase permanentes batalhas entre grupos testemunham, de um lado, as estruturas policráticas do "Terceiro Reich", nas quais os mais diversos funcionários lutavam amargamente entre si.[42] Por outro lado, suas anotações reforçam o papel excepcional de Hitler nesse sistema. Rosenberg – à semelhança de Goebbels – tinha uma fixação quase canina em seu "Führer" e anotava meticulosamente até mesmo seus menores sinais de simpatia como aperto de mãos, batidinha no ombro e palavras de encorajamento. Observações desabonadoras do "Führer" sobre conconcorrentes de Rosenberg que estivessem ausentes na hora também eram registradas zelosamente, embora Rosenberg não se desse conta de que se tratava de um sutil meio de dominação de Hitler. Pois esse também se manifestava depreciativamente sobre Rosenberg em sua ausência – como sabemos pelo diário de Goebbels,[43] ressaltando ao presente da vez seu especial valor: uma maneira eficaz para gerar lealdade, que ao mesmo tempo colocava os concorrentes em oposição. Ao receber um telegrama do "Führer", Rosenberg levou um grande "susto" e aguardou, com medo, por coisas desagradáveis; igual a um menininho na escola que teme o sermão do professor.[44] Na conversa direta, Rosenberg nunca vinha em auxílio de Hitler quando este ficava sem argumentos ou se refugiava em lugares-comuns. Também não contradizia seu "Führer" quando este priorizava outros, como no caso dos planos para a Ucrânia de Rosenberg, que Hitler torpedeou referindo-se a interesses romenos. Ele mostrava regularmente seus discursos ao "Führer" para aprovação. Com um gesto de submissão equivalente, quase um orgulho infantil, Rosenberg apresentou as obras de arte confiscadas em toda a Europa, das quais Hitler pôde escolher pessoalmente algumas para seu Museu do Führer em Linz.[45]

Em comparação com Goebbels, Rosenberg aparecia muito mais raramente em Obersalzberg ou era menos assíduo no círculo do almoço ao redor de Hitler, que este em geral usava para extensos monólogos. Apesar disso, há em diversos trechos de suas anotações aquele tom malicioso típico dos grupos masculinos ao redor do "Führer", que servia também ao fortalecimento mútuo de princípios ideológicos e intenções ultrajantes. As vítimas do nazismo eram desdenhadas impiedosamente quando Hitler se apresentava ironicamente como guardião da "humanidade no Leste" e propunha de maneira jocosa Rosenberg como "secretário de um congresso presidido por mim para o tratamento humano dos judeus".[46] Em seus monólogos, Hitler não deixava seus ouvintes envoltos em incertezas a respeito de opiniões básicas; também os presentes logo entravam em sintonia com ele, à medida que orientavam suas opiniões de maneira oportunista para aquilo que o "Führer" gostaria de ouvir: um direcionamento muito efetivo ao consenso, no qual apreciações discordantes quase não tinham chance de serem ouvidas.

Embora Rosenberg tivesse fama entre os círculos de liderança nazista como ideólogo de princípios firmes, em seu diário estão contidos inúmeros exemplos de que ideologia e oportunismo de modo algum são excludentes. Dessa maneira, não surpreende que em 1939

Rosenberg não tenha gostado do pacto de não agressão com Stálin, o inimigo mortal ideológico. Mas ele evitou qualquer protesto ou manifestação evidente de desagrado frente ao "Führer", porque considerava "inútil reclamar sobre o que não pode ser alterado".[47] Hitler premiava imediatamente essa postura básica ao se manifestar de maneira "muito calorosa" sobre Rosenberg, que era, sim, "um político" e não tinha se oposto abertamente.[48] Hitler e Rosenberg também não concordavam totalmente sobre o tratamento das populações do Leste Europeu. Embora ambos estivessem cem por cento de acordo em relação à política radical de extermínio de judeus e bolcheviques, diferiam notoriamente na questão de como fazê-la e se os diversos povos da Europa Oriental deveriam ao menos tomar parte na pretendida supremacia alemã. Hitler seguia a princípio um conceito geopolítico, que definia o futuro "espaço vital" como espaço vazio, no qual as populações anteriormente lá estabelecidas não deveriam ser levadas em consideração.[49] Rosenberg, ao contrário, defendia um modelo de dominação que fazia concessões ao nacionalismo dos povos do Leste Europeu, a fim de colocar principalmente os ucranianos e bálticos, mas também grupos muçulmanos, de modo duradouro em contraposição à dominação russa. Nesse ponto o báltico-alemão entrava com seu conhecimento da mentalidade do Leste Europeu, rarefeito nos círculos de poder nazista. Mais uma vez Rosenberg não conseguiu fazer prevalecer sua pretensão, mas se submeteu de maneira oportunista quando, por exemplo, em outubro de 1941 – na expectativa de uma "vitória final" iminente, mas também por causa da consideração de Hitler pelos interesses do aliado romeno – abriu mão dos seus planos de um Estado ucraniano.[50]

Apesar de seu pragmatismo na utilização de novas possibilidades e bajulação oportunista do "Führer", Rosenberg mantinha-se energicamente inflexível em relação a posturas ideológicas essenciais, as quais não questionava nem no seu diário nem em suas anotações na prisão de Nuremberg.[51] Em todos os assuntos em que se apresentavam necessidades ideologicamente justificadas para ele, Rosenberg demonstrava falta de empatia, aliada a desinteresse, em relação a suas consequências tão desumanas quanto criminosas – uma impiedade que choca o leitor a cada vez e que no diário chega à sua expressão máxima no silêncio quase absoluto sobre as medidas alemãs de extermínio. Embora as anotações de Rosenberg demonstrassem que ele era capaz de sentir empatia e compaixão em casos isolados quando se enlutava por companheiros mortos ou ao expressar condolências ao *Generalfeldmarschall* Keitel pelo filho tombado no front oriental. Mas se levarmos em consideração que isso aconteceu numa reunião em que tanto Rosenberg quanto Keitel haviam decidido implicitamente a morte de milhões de pessoas na Europa Oriental e a autorizaram, então se torna evidente que os sentimentos de Rosenberg eram regidos por uma moral particularíssima, que rejeitava com veemência os direitos humanos universalmente válidos e que estava comprometida com o fantasma de um "Reich milenar" etnicamente limpo, assegurado no âmbito do poder político.[52]

A falta de empatia de Rosenberg, ideologicamente determinada, também não se detinha nem diante dos próprios "compatriotas" ["*Volksgenossen*"]: um registro do diário sobre a extensa destruição de Hamburgo pela Operação Gomorra dos Aliados, em julho-agosto de 1943, quando quase 40 mil habitantes foram mortos, é sintomático nesse sentido. Rosenberg desdenha cinicamente dos ataques como "sinal do destino" e os descreve como chance para a "redescoberta do que é rural".[53] Igual frieza de sentimentos e obstinação ideológica são denunciadas pelo teimoso apego de Rosenberg aos lemas de resistência, que declaravam os índices agudamente crescentes de morte entre os soldados e civis alemães como sacrifício indispensável, necessário à "vitória final". A batalha de Stalingrado pareceu-lhe "um ato heroico de proporções únicas" e "ponto de partida da vitória".[54] Assim é possível compreender Goebbels, em outro contexto, dizendo que Rosenberg se manifestava "com tanta frieza e provocação que dava medo".[55]

Em seu diário, nos últimos anos da guerra, Rosenberg fazia cada vez mais o papel de um crítico das relações existentes no "Terceiro Reich". A partir de 1943-44, enquanto assistia à perda sucessiva dos territórios de seu ministério, e sua influência desaparecia a olhos vistos, o ideólogo-chefe do NSDAP metamorfoseou-se num admoestador, que atestava ao "Terceiro Reich" – não de maneira errônea, mas limitada ao caráter privado de seu diário – uma inclinação à autoencenação dramática e de caráter propagandístico, que mais simulava uma ação política do que agia concretamente. Apesar disso, a crítica de Rosenberg em nenhum momento alcançou uma dimensão questionadora do sistema nazista como um todo, o que se deve a três limitações básicas: primeiro, faltava a Rosenberg – como a todos os líderes nazistas – qualquer capacidade de autocrítica. A partir de sua perspectiva, desdobramentos equivocados advinham sempre do comportamento errado dos outros, enquanto a própria pessoa, que sem dúvida fazia parte da criticada "teocracia", era imune a faltas.[56] Em segundo lugar, Rosenberg aferrava-se com uma coerência estoica às convicções básicas de sua visão de mundo, que não eram abaladas ao serem confrontadas com a realidade. Pelo contrário, os princípios ideológicos estruturavam também a percepção de realidade extremamente seletiva, que, num círculo vicioso, reforçava a validade da norma ideológica. Quem, como Rosenberg, tinha aceitado o fantasma de um "judaísmo internacional" como um coletivo agindo com rigor contra a Alemanha e que imaginava uma batalha eterna contra as forças obscuras do universalismo, enxergava o tempo todo – mesmo que distante de qualquer realidade – relações que enfatizavam a coesão da sua imagem de mundo, jamais desmentida. E, em terceiro lugar, Rosenberg eximia o ditador de qualquer crítica. Se Hitler tomava decisões equivocadas, na perspectiva de Rosenberg a responsabilidade não era dele mesmo, mas sempre das ações nefastas e dos conselhos errados de outros como Bormann, Goebbels, Ribbentrop ou Himmler. Não era apenas Rosenberg que se atinha à imagem sagrada de um "Führer" irrepreensível. Como mostram os boletins internos do regime, as pessoas, em sua maioria, isentavam Hitler de qualquer crítica e, embora percebessem irregularidades, estavam convencidas de que essas não correspondiam aos desejos de Hitler ("Se o Führer soubesse disso"). Dessa maneira, o diário de Rosenberg atesta não apenas opiniões e padrões de comportamento dos líderes nazistas como também disposições mentais que estavam muito disseminadas em meio à população alemã.

O PARADEIRO DOS DIÁRIOS APÓS 1945

Como é possível reconhecer a partir de seu diário, Rosenberg criou a base para distorções históricas futuras já antes do final da guerra; após 1945, seus adeptos – entre eles funcionários graduados do antigo Ministério do Leste – continuavam mantendo, por interesse próprio, a lenda do intelectual distante da realidade, bem-intencionado e desprezado por líderes nazistas mais graduados.[57] O abrangente acervo de documentos dos departamentos de Rosenberg, ainda que muito disperso desde os processos de Nuremberg, bem como partes de suas anotações de diário disponíveis desde os anos 1950 para pesquisa, iluminavam apenas parcialmente os pontos obscuros, enquanto permanecia a dúvida do que Rosenberg tinha escrito durante a época do nacional-socialismo. Supunha-se a existência de mais anotações devido às publicações esporádicas de remissões textuais e citações, principalmente pelo antigo promotor de Nuremberg, Robert M. W. Kempner.[58] Mas apenas em dezembro de 2013, quando as até então inacessíveis páginas originais do diário de Rosenberg foram entregues ao Museu Memorial do Holocausto (United States Holocaust Memorial Museum – USHMM) e ao mesmo tempo disponibilizadas no site do museu,[59] décadas de procura por essa fonte chegaram ao fim.

Só é possível reconstruir parcialmente aquilo que se passou com as anotações de Rosenberg depois do fim da guerra. As passagens de seu diário publicadas aqui pela primeira vez sobre a segunda metade da guerra atestam significativas perdas de documentos por bombas e incêndios; provavelmente desconheceremos para sempre o que mais o staff de Rosenberg destruiu conscientemente para que não caísse nas mãos dos Aliados. Desde 1943, os departamentos de Rosenberg transportavam documentos, muitas vezes junto com obras de arte, bibliotecas e outros bens oriundos de saques, até regiões remotas da área de dominação nazista; com sua prisão, os promotores Aliados esforçaram-se para reunir da maneira mais abrangente possível os materiais relevantes.[60] Robert G. Storey, que trabalhou como advogado americano para a acusação no processo de Nuremberg, admitiu no final de 1945 que "a correspondência pessoal e os diários do acusado Rosenberg, incluindo a correspondência do partido, tinham sido encontrados atrás de uma parede falsa num antigo castelo na Baviera oriental".[61] Entretanto, documentos foram perdidos ainda durante os trabalhos de Nuremberg. As explicações seguintes, que descrevem parcialmente a competente busca pelos trechos perdidos do diário, empreendida durante anos pelo Museu Memorial do Holocausto, devem ajudar a clarear a história de sua procedência, que não deixa de ser típica para o destino de muitos documentos após 1945.[62]

Na segunda metade de 1945, "as anotações particulares de Alfred Rosenberg", inclusive os "registros manuscritos do diário", foram passados à divisão de esclarecimento de crimes de guerra do Exército americano e entregues em seguida, durante os preparativos para o processo de Nuremberg, ao escritório responsável pelo processo penal de crimes de guerra das forças do Eixo.[63] O dr. Robert Kempner fazia parte da equipe de acusação; antigo funcionário ministerial prussiano destituído pelos nazistas, era ele quem melhor conhecia o andamento das questões e os costumes de funcionários alemães graduados.[64] Ao lado de Kempner, toda uma equipe preservou uma quantidade quase incalculável de material. Colaboradores procuravam por documentos relevantes ao processo, agrupavam seus achados em diversas categorias, segundo critérios unificados, e eliminavam o que parecia redundante. Dessa maneira, documentos chamados displicentemente de *"Rosenberg files"* (cópias, mas também originais) chegaram ao Centre de Documentation Juive Contemporaine (CDJC), em Paris; outras documentações da alçada de Rosenberg acabaram em Nova York no Instituto YIVO para pesquisas judaicas, onde se encontram arquivadas até hoje.[65]

Entretanto, aquilo que não se extraviou do material de Nuremberg chegou de maneira fragmentada à custódia dos repositórios de documentos previstos para tanto. No outono de 1845, os promotores americanos arquivaram partes das anotações do diário de Rosenberg dos períodos de 14 de maio de 1934 até 18 de março de 1935, bem como de 6 de fevereiro de 1939 até 12 de outubro de 1940, com o registro de documentos de Nuremberg 1749-PS e 1748-PS.[66] Por motivos desconhecidos, o restante do diário não foi considerado como prova processual potencialmente relevante e por essa razão não entrou no esquema da administração de documentos de Nuremberg. Segundo informações de Fred Niebergall, chefe da seção para checagem de documentos, todos os documentos deveriam ser entregues a ele, exceto aqueles reservados ao processo de Nuremberg.[67] Tudo indica que Niebergall deve tê-los recebido. De acordo com uma anotação do verão de 1946, trechos de diário – *"diary notes"* – de 1936, assim como documentos descritos de maneira vaga como *"diary"* para os períodos de janeiro até maio de 1940, fevereiro a dezembro de 1941 e 1939 até 1944, foram enviados para o escritório do juiz militar (Judge Advocate General, JAG) do Exército americano em Wiesbaden.[68] O apontamento fazia uma distinção entre *"documents"*, entre os quais estava o diário de Rosenberg, e cópias (*"photostats"*); apesar disso, os originais destinados ao promotor público ficaram em posse de Robert Kempner, enquanto apenas a parte do diário de 1934-35 – as únicas anotações de Rosenberg em forma de um diário encadernado –, no original, foi remetida pelo JAG ao Arquivo Nacional Americano (National Archives and Records Administration, College Park, MD; a partir daqui, NARA).[69]

A localização dos diários de Rosenberg havia causado confusão já durante a época do julgamento de Nuremberg. Embora o tribunal tivesse decidido, em agosto de 1945, que a defesa de Rosenberg teria acesso às anotações do diário, Kempner não as disponibilizou; segundo o advogado de Rosenberg, Alfred Thoma, o material "não estava localizável".[70] Após o final dos processos de Nuremberg, a acusação – tendo em vista os processos subsequentes – tentou evitar outras perdas de documentos, mas isso foi apenas parcialmente possível devido à abundância de material e o reduzido número de funcionários. Numa das sessões da Document Disposal Comittee da promotoria de Nuremberg, incentivou-se uma busca regular nos cestos de lixo "a fim de se evitar a perda de materiais importantes que alguém pudesse ter descartado sem compreender sua importância".[71] Nem todos os funcionários esforçavam-se para impedir a perda de documentos; em 1980, Robert Kempner afirmou numa conversa sobre o manejo de documentos nazistas no fim dos processos: "Em 1949, claro que imediatamente apareceram pessoas interessadas e espertas, que precisavam desses documentos. Quando uma pessoa confiável dessas vinha até nós e os documentos estavam em cima do sofá, dizíamos: 'Não quero saber de nada disso' e saíamos da sala. Em seguida, o sofá estava vazio".[72] Perto do fim dos processos de Nuremberg, Fred Niebergall lhe passou uma espécie de autorização plena para "a retirada e a guarda de material dos processos contra crimes de guerra de Nürnberg para fins de pesquisa e estudo, para a escrita e para palestras".[73] Kempner utilizou-se largamente dessa possibilidade e transferiu inúmeros documentos originais de Nuremberg para sua casa em Lansdowne, Pensilvânia. Na condição de jurista, com alguma certeza Kempner deveria saber que a autorização de Niebergall não tinha base suficiente para a apropriação indébita de propriedade do Estado; apesar disso, os documentos recolhidos em Nuremberg ficaram sob sua guarda até novembro de 1993, quando ele morreu. A maior parte das anotações do diário de Rosenberg encontrava-se entre eles.

No fim dos anos 1940 e muito tempo depois, Kempner parecia estar decidido a aproveitar o diário de Rosenberg para sua própria atividade como autor. Vários fatores contribuíam para isso: sob o prenúncio de uma alteração na Guerra Fria, antigos correligionários de Hitler tentavam se reabilitar; muitos alemães passaram a apresentar uma crescente postura de resistência em relação à supostamente aliada "justiça dos vitoriosos" e tendiam a responsabilizar principalmente as lideranças do regime nazista pelos crimes da Segunda Guerra Mundial.[74] O breve comentário que Kempner anexa a uma seleção de anotações do diário de Rosenberg publicadas em 1949 na revista *Der Monat* soa pertinentemente combativo. Ele se dirige especialmente às "pessoas [...] acusadas em Nuremberg como criminosas de guerra" e que tentavam, por meio de memórias ou publicações semelhantes, "inventar um passado no qual elas, no papel de conselheiros sensatos ou de trágicos combatentes, tinham feito seu melhor contra a injustiça e a barbárie". As anotações da prisão de Rosenberg publicadas já em 1947 por dois jornalistas que se posicionavam criticamente contra ele[75] eram tidas por Kempner como um "exemplo clássico"; a comparação com o diário de Rosenberg deveria atestar a "falsidade interna de suas anotações" e mostrar que a liderança nazista tinha a intenção de "depois da vitória alemã 'superar' todas as Igrejas cristãs na Alemanha e tornar o Estado o senhor absoluto sobre a matéria de fé".[76]

Esses 28 excertos de 1936 a 1943 na *Der Monat* permaneceram até agora como a publicação mais abrangente das anotações do diário de Rosenberg em posse de Kempner. Na sequência, Kempner parece ter tomado consciência da discrepância entre suas veneráveis intenções científico-pedagógicas e da apropriação duvidosa de uma fonte que ele considerava particular, de maneira que passou a citá-la seletivamente. Além disso, sua atividade como advogado com escritórios em Frankfurt am Main e Lansdowne não lhe franqueava muito tempo para uma atividade intensiva com seu tesouro documental. Ao citar essas fontes, ele se referia vagamente a seu "arquivo" e a suas anotações de Nuremberg, de maneira que o leitor ficava sem possibilidade de checar as indicações de Kempner.[77] Alguns poucos conheciam mais detalhes. Em meados de 1950, ele enviou uma carta a André François-Poncet, à época alto-comissário francês na Alemanha com longa carreira diplomática, juntamente com três páginas originais do diário de Rosenberg que eram de especial interesse, "pois seu nome e sua atividade são mencionados"; essas páginas, continuava

Kempner, "não entraram nos processos de Nuremberg como provas, mas foram usadas para as investigações no início do processo". Ele prometera essas notas a François-Poncet já em Nuremberg; finalmente as reencontrara.[78] O legado de Kempner não dá pistas se outros também foram agraciados com originais saqueados; de todo modo, existe essa possibilidade.

Nos anos 1950 e 1960, o nome Robert Kempner esteve ligado, por um lado, aos processos penais de Nuremberg, que tinham produzido um enorme conjunto de fontes e documentos;[79] por outro, porém, Kempner era suspeito de ter se apropriado de maneira ilegítima de arquivos. Ele não seria o único funcionário do processo de Nuremberg a ter levado documentos nazistas como suvenires para casa,[80] mas, devido às observações por ele mesmo publicadas, tratava-se de uma coleção especialmente abrangente e de importância histórica. Esse front secundário da "batalha pelos documentos", travada prioritariamente no âmbito dos Estados, permaneceu calmo até meados dos anos 1950, quando, no decorrer dos trabalhos prévios para a publicação de partes do diário de Rosenberg – que chegaram ao NARA com a denominação documento de Nuremberg 1749-PS –, o editor Hans-Günther Seraphim, advogado de direito internacional, perguntou a Kempner sobre mais material. Seraphim tinha recolhido todas as 116 páginas de diário para os períodos de 1934-35 e 1939-40 às quais teve acesso por meio de cópias no Instituto de Direito Internacional de Göttingen e no Rijksinstitut voor Oorlogsdocumentatie (agora: Nederlands Instituut voor Oorlogs-, Holocaust- and Genocidestudies, NIOD), de Amsterdã.[81]

Kempner se manteve reservado em sua correspondência com Seraphim, antes de surpreendê-lo em novembro de 1955 com uma carta contendo informações concretas. Ele "checara os diários de Rosenberg" e listava "os seguintes anos: 1936-38; de 1939, várias entradas de fevereiro, maio, julho, agosto, 24 de setembro, 1º e 11 de novembro, 3 de dezembro; 1940 começa em 2 de janeiro e vai até o final do ano; 1941 começa em fevereiro e termina em dezembro; 1943 começa em janeiro e termina em dezembro; 1944 começa em maio e termina em dezembro". No total, tratava-se de cerca de quatrocentas páginas manuscritas; além disso, ele ainda dispunha de textos datilografados "sobre reuniões com o Führer", por exemplo de 29 de setembro de 1941.[82] "De especial interesse", Kempner encerra de maneira cifrada, "são naturalmente os comentários de Rosenberg sobre a Rússia."[83] Depois de receber a informação de que Kempner dispunha de quase o quádruplo do material que Seraphim tinha previsto para sua publicação, esse último parece ter perguntado sobre a possibilidade de uma edição conjunta do diário completo. A resposta de Kempner veio em janeiro de 1956, na qual ele sugere levar para exame o "valioso material" numa de suas próximas viagens à Alemanha. Kempner disse ainda que Seraphim tinha total razão, pois uma edição parcial não fazia sentido; nesse meio-tempo, ele havia encontrado ainda mais material e propunha uma publicação conjunta "em grande estilo", pois "o material é bom demais e eu não quero de maneira alguma que se disperse".[84]

Entretanto, não se chegou a uma edição completa das anotações do diário de Rosenberg com a participação de Kempner. Seraphim não recebeu a tempo uma carta na qual Kempner anunciava estar na Europa, "trazendo algumas coisas que irão interessá-lo".[85] Em meados de abril de 1956, Seraphim informou-lhe que sua edição parcial (*Das politische Tagebuch Alfred Rosenbergs aus den Jahren 1934-35 und 1939-40*) já estava sendo impressa. Embora fosse um fragmento, o livro adequava-se a transmitir "ao menos uma impressão de Rosenberg e das pessoas com as quais ele circulava", e talvez esse fosse o melhor meio "para esclarecer o absurdo de sua doutrina e do nazismo". Além disso, Seraphim temia que "uma publicação do diário inteiro com os documentos correspondentes em anexo e o necessário comentário – supostamente uma obra em vários volumes! – seria prematuro hoje".[86] Ato contínuo, Kempner sugeriu-lhe introduzir uma observação indicando o seu próprio material.[87] Seraphim o fez no último minuto,[88] embora estivesse contradizendo sua suposição expressa no prefácio de que Rosenberg não teria mantido "um diário contínuo".[89]

Até o presente momento, a edição de Seraphim, completada por quinze documentos do fundo oficial de Nuremberg, representava a coleção mais abrangente de anotações de Rosenberg. A qualidade das cópias que lhe serviram de modelo colocou limites aos esforços do organizador pela fidelidade às fontes. Em parte de difícil leitura e nem sempre claramente organizáveis por data, as reproduções de Göttingen e Amsterdã levaram a inúmeros erros, muitas vezes com mudança de sentido, que poderiam ter sido evitados com a checagem junto aos originais. Parece que Seraphim desconhecia que o diário original da época de 1934-35 estava disponível no NARA, bem como cópias de 1939-40.

Ao menos desde a carta de Kempner de 1955 a Seraphim e a Helmut Krausnick, historiador de Munique, na qual ele listou com maior ou menor detalhe as partes do diário em seu poder, deve ter circulado entre o pequeno grupo de historiadores que lidavam com a história do nazismo que o antigo promotor de Nuremberg mantinha fontes até então inacessíveis. No final de 1962, Reinhard Bollmus, que escrevia uma dissertação sobre a posição do departamento de Rosenberg na confusão de instâncias do "Terceiro Reich", dirigiu-se a Kempner perguntando-lhe se e sob quais condições seria possível ter acesso às anotações do diário de Rosenberg.[90] De maneira semelhante à sua correspondência com Seraphim, Kempner parece hesitar entre o impulso de ser reconhecido como depositário de importantes fontes e conhecimentos sobre a história do nacional-socialismo e a consciência da apropriação ilegal de seu cabedal de documentos. Assim seguia reagindo de maneira evasiva às consultas.[91] Em 1970, quando Bollmus publicou seu revolucionário livro *Das Amt Rosenberg und seine Gegner* [O departamento de Rosenberg e seus inimigos], a questão do destino dos diários de Rosenberg tem uma única referência, uma publicação de fontes supostamente planejada pelos soviéticos e anunciada pela revista *Der Spiegel* no início de 1963.[92] Kempner descobriu, por intermédio de um jornalista alemão, que o Ministério das Relações Exteriores de Moscou não dispunha nem de notas originais e nem tinha intenções editoriais.[93] Apesar disso, na época da Guerra Fria (e mesmo após 1989), a convicção incontestável de que as anotações perdidas de Rosenberg estariam atrás da "Cortina de Ferro" mostrou-se persistente o bastante para manter o papel-chave de Kempner temporariamente esquecido.[94]

Depois da morte de Kempner, em 1993, a incerteza de anos sobre a extensão e o paradeiro de seu espólio contribuiu para aumentar as especulações sobre seus dossiês originais nazistas trazidos dos processos de Nuremberg. Os herdeiros de Kempner queriam que a parte do espólio ainda nos Estados Unidos permanecesse guardada no US Holocaust Memorial Museum (USHMM), mas vários obstáculos estavam no caminho desse desejo. Em 1997, uma equipe do museu, sob direção do antigo chefe de arquivo Henry Mayer, foi verificar os dossiês na casa de Kempner em Landsdowne e topou com uma imagem de total desordem e descuido. O fato de que as anotações do diário de Rosenberg estavam com Kempner era algo líquido e certo para os funcionários do museu, mas não havia qualquer pista do material. Apenas na primavera de 2001, o espólio foi oficialmente transferido ao USHMM;[95] até esse momento, a continuidade de sua dispersão por pessoas não autorizadas esteve escancarada. Partes da coleção realmente sumiram por canais obscuros antes da sua chegada ao USHMM; esclarecê-los ocupou Mayer durante anos. No outono de 2003, uma transferência de posse de documentos ordenada judicialmente a um antiquário que havia retirado material da casa de Kempner fez com que apenas parte dos originais fosse entregue ao USHMM – o antiquário pôde vender a outra metade. Em seguida, foram publicados artigos na imprensa sobre o manejo negligente dos documentos.[96] As anotações do diário de Rosenberg continuaram perdidas e a sua procura prosseguiu com a ajuda de serviços oficiais de investigação e um detetive particular. Apenas dez anos mais tarde, em dezembro de 2013, funcionários do US Department of Homeland Security conseguiram confiscar 425 páginas manuscritas dos diários de Rosenberg, além de outros materiais, e entregá-los ao USHMM.[97]

As anotações abrangem o período de abril de 1936 até dezembro de 1944; em 2013, o USHMM recebeu ainda registros semelhantes de Rosenberg – observações em documentos, "informações ao Führer" e outros, geralmente documentos datilografados –, visto que faziam parte do espólio de Kempner. Há dúvidas de que essas anotações, juntamente com o diário encadernado de 73 páginas de 1934-35 (e que consta desta edição), hoje no NARA, formem o conjunto integral de registros do diário de Rosenberg à época. Não se podem descartar perdas devidas à guerra e por destruições propositais no fim do combate, por Rosenberg ou por sua equipe, nem a possibilidade de que no futuro surjam outras partes do diário vindas de fontes desconhecidas. Vários arquivos guardam dossiês dos setores de atuação de Rosenberg, que, juntamente com esta edição completa do diário, possibilitam a contextualização de suas atividades e os registros do diário.[98] A partir do levantamento realizado por Kempner e citado acima (em sua carta de novembro de 1955 para Seraphim), parece razoavelmente seguro afirmar que as páginas disponíveis no USHMM contenham todas as partes do diário de Rosenberg em poder do promotor de Nuremberg à época.[99]

As anotações do diário têm lacunas nas seguintes semanas e meses:
- março de 1934 até abril de 1936;
- fevereiro a julho de 1937;
- fevereiro a julho de 1938; final de julho até outubro de 1938;
- junho a julho de 1940;
- meados de outubro de 1940 até final de janeiro de 1941; início de junho até meados-final de julho de 1941; agosto de 1941; meados até o fim de setembro de 1941; início de outubro até meados de dezembro de 1941;
- janeiro até início de outubro de 1942;
- início de fevereiro até final de julho de 1943; meados de agosto até final de dezembro de 1943;
- início de 1944 até final de maio de 1944; junho até final de julho de 1944; setembro até final de outubro de 1944.

Essas lacunas podem ser explicadas parcialmente pela preguiça de Rosenberg em escrever fora do trabalho, dita por ele abertamente vez ou outra.[100] Além disso, há as perdas parciais de páginas do diário e de anexos (nesses últimos, claramente onde Rosenberg faz referência aos documentos juntados às suas notas) durante ou depois da guerra, principalmente para os decisivos anos de 1941-42. A contínua destruição das inter-relações dos documentos dentro e entre suas áreas de atuação desde o final da guerra deve excluir para sempre uma reconstrução fiel ao original daquilo que ele considerava partes integrantes de seu diário, mas que talvez nunca tivesse juntado. Por essa razão, a escolha dos documentos complementares na parte III permanece arbitrária; trata-se de textos nos quais a política de perseguição do regime nazista e a participação de Rosenberg em sua concepção e concretização se tornam visíveis.

Quando Rosenberg tinha sossego para se dedicar ao seu diário – por exemplo, durante suas frequentes estadias na clínica para celebridades de Hohenlychen –, ele escrevia copiosamente, em geral de memória, às vezes baseado em registros de conversas ou agendamentos de visitas.[101] Via de regra, não era exigente na escolha de seu material de escrita e preferia folhas soltas;[102] por volta do fim da guerra, reaproveitava até papel usado. Ao lado das lacunas parcialmente significativas, várias citações da mesma data, falta de paginação, muitos erros de ortografia e o uso não padronizado de abreviaturas apontam para um processo de escrita não sistemático, cujo efeito desconcertante é reforçado pela destruição posterior do contexto documental. Usamos critérios formais e de conteúdo como caligrafia, cor da tinta, fluência do texto ou relação narrativa para a reconstrução da sequência de páginas não numeradas do diário, sem poder excluir categoricamente em todos os casos datações alternativas.

Alfred Rosenberg não mantinha um diário com reflexões sobre os acontecimentos e desejos correndo livremente. Indicações de eventos importantes, principalmente na "política judaica" nazista, faltam com frequência: ou estão ausentes de todo ou aparecem apenas por alusões de Rosenberg, para cuja compreensão é preciso ter um conhecimento da matéria que só seus contemporâneos (em primeira linha, ele mesmo) possuíam. Além dos fatores já citados que explicam a não manutenção de diários pelos líderes nazistas em geral, certamente a tendência de Rosenberg para as minúcias e sua falta de disponibilidade para fechar questão sobre assuntos pendentes devem ter tido seu papel. Porém, uma vez que ele não fazia segredo dos objetivos – em parte também dos métodos – da pretendida "solução da questão judaica" em suas falas e publicações, a falta de reflexão de Rosenberg sobre esse tema nas partes que nos foram legadas é ainda mais chocante. Levando-se em conta o legado documental de suas atividades, parcialmente reproduzido aqui na parte III ou citado nas notas, não podem restar dúvidas de que Rosenberg, especialmente em relação à passagem para o genocídio sistemático em 1941, sabia mais e tinha um papel mais central do que aquele registrado em seu diário.

ROSENBERG, O SISTEMA NAZISTA E A "QUESTÃO JUDAICA"

Para Rosenberg, a ordem representava mais do que "metade da vida".* Quem, como ele, via na sequência da perda da guerra de 1918 "a engrenagem do mundo literalmente se desfazendo" e só enxergava ao seu redor "deformações, dispersões, caos",[103] procurava por fórmulas de orientação que oferecessem sentido, e quem como ele não tinha compreensão do pensamento humanista do Iluminismo nem da esperança de igualdade universal do socialismo, recebia especialmente bem as expressões de luta do "bolchevismo judaico" e da "alma racial alemã", propagadas por ele em seu *Der Mythus des 20. Jahrhunderts* [O mito do século XX]. Ideologemas anticomunistas encimados por antissemitismo tiveram seu boom na classe média alemã profundamente insegura após a Primeira Guerra Mundial; em relação ao "tipo do judeu russo, líder do movimento mundial, essa mistura explosiva de radicalismo intelectual judeu e entusiasmo cristão eslavo", mesmo Thomas Mann, em 1919, propunha-se lidar contra ele "com toda energia possível e o laconismo lícito".[104] Rosenberg não era um "antissemita racional" – ou seja, representante de um "antissemitismo mais frio, embora decidido, dos 'inteligentes'"

---

* "A ordem é metade da vida", ditado alemão. (N. T.)

em oposição ao "antissemitismo brutal, escancarado, mas no fundo vago, das ruas"[105] – porque a emoção e a intuição determinavam seu pensamento; sempre onde achava reconhecer a obra "do judeu" e de seus muitos auxiliares, ele sentia raiva e ódio, que imediatamente projetava sobre esses opositores.[106] Para Rosenberg, o antissemitismo também era ponto fixo de sua maniqueísta imagem de mundo – de um lado, "representantes da cultura" na forma do tipo nórdico; de outro, "destruidores da cultura" judeus –, como necessidade emocional e base indispensável da política nacional-socialista.[107]

Os contornos de tal política se tornaram tanto mais evidentes em se tratando da imaginária defesa de uma ameaça existencial. A compreensão de humanidade de Rosenberg era racialmente determinada, mas ele confiava mais na intuição do que no pensamento científico. Teorias do biologismo, tal como manipuladas das maneiras mais diversas por muitos de seus companheiros de partido,[108] interessavam-no apenas na medida em que confirmavam o primado do cultural. Em 1938, ele caracterizou a teoria racial nazista como "conclusão de uma procura de muitas centenas de anos e autoafirmação de gênios e povos europeus"; o barbarismo não era a "defesa da vida formada a partir da criação", mas sim "a reprodução e manutenção, com bases ideológicas, de doentes mentais, idiotas, bastardos judeus ou mulatos" que ameaçavam "as forças culturais de todas as nações".[109] Já em seu *Mito*, Rosenberg havia exigido penalizar a "profanação racial".[110] Até que ponto deveria ir a "defesa" alemã era assunto passível de modificações; se em seu livro escrito em 1920, *Die Spur des Juden im Wandel der Zeiten* [A marca do judeu ao longo da história], Rosenberg ainda assegurava "direitos" rudimentares aos judeus, a partir dos anos 1930 não se falava mais nisso. Em edições posteriores do livro, as passagens correspondentes desapareceram, juntamente com outras formulações não mais adequadas à época.[111]

As primeiras publicações de Rosenberg serviam apenas parcialmente como linha mestra da política nazista para os judeus após 1933, até porque apresentavam o fantasma "do judeu" num plano que, tanto socialmente quanto no interior do partido, ia muito além daquilo que se considerou então capaz de promover o consenso. Para o ideólogo-chefe do nazismo, a cultura estava intimamente ligada ao culto e ele não tolerava concorrência nesse sentido. A crítica de Rosenberg às Igrejas cristãs como sendo representantes judaico-"sírias" infiltradas, de interesses "não alemães", diferenciava em grande medida seu *Mito* do *Mein Kampf* de Hitler e suscitou massivos protestos, principalmente por parte dos católicos. Hitler, por sua vez, evitava um confronto semelhante com as Igrejas e não se alinhava publicamente com Rosenberg nesse ponto, embora assegurasse reiteradamente ao ideólogo-chefe do NSDAP, em conversas privadas, que compartilhava de sua postura básica anticristã.[112] Dessa maneira, Rosenberg pôde cultivar sua autoimagem como precursor coerente da revolução nazista, que se sabia secretamente unido ao seu "Führer", embora ao mesmo tempo se tornasse aos olhos de alguns funcionários rivais do partido um defensor distante da realidade, inconsequente, de um fundamentalismo limitado em sua viabilidade política.[113]

Enquanto Rosenberg fracassava na tentativa de unir posturas antijudaicas e anticlericais de maneira programática, ele obteve muito êxito na relação duradoura entre os conceitos inimigos "judeu" e "bolchevique". Sua aparente empatia, presente até meados dos anos 1930, por "muitos trágicos casos limítrofes" dos assim chamados "mestiços", que apesar de reconhecidos serviços prestados aos interesses alemães e suposto "desaparecimento" de sua herança genética judaica se tornaram objetos de discriminação antijudaica,[114] não apresenta qualquer correspondência em relação aos "judeus totais". O destino individual, que poderia despertar a empatia, desaparecia por trás da abstração "judeu"; Rosenberg interpretava "humanidade" como execução violenta de "verdades" históricas e baseadas em leis da natureza e propagava continuamente o extermínio do "inimigo mundial judaico-bolchevique", que sob as circunstâncias da guerra parecia ainda mais imperioso; além disso, incentivava o uso de novos métodos, até então não testados. A partir do fim de 1941, finalmente, ele defendeu a equivalência de "mestiços de primeiro grau" com "judeus totais", o que resultou em seus assassinatos; Rosenberg deve ter estado ciente disso.

Depois da consolidação interna do regime, a liderança nazista dirigiu o olhar para fora. Desde o final dos anos 1920, Rosenberg afirmava continuamente que a União Soviética representava a mais perigosa ameaça contra a Alemanha e que "o Leste", enquanto objeto de desejo territorial, tinha perspectivas das mais promissoras. Em relação à Guerra Civil Espanhola e aos preparativos para o plano quadrienal, Rosenberg sugeriu a Hitler, em meados de 1936, levar "o problema bolchevique [...] novamente ao centro, não apenas da política retórica, mas da ação prática". Um "congresso mundial antibolchevique" parecia ser o meio adequado, mesmo se então fosse necessário abrir mão temporariamente da usual equivalência entre bolchevismo e judaísmo, visto que "alguns Estados e povos ainda não estão tão avançados a ponto de conseguir lidar oficialmente com a questão judaica".[115] O diário de Rosenberg confirma que Hitler estava disposto a seguir as sugestões do *Reichsleiter*. Em outubro de 1936, ambos conversaram demoradamente em Obersalzberg sobre os "possíveis conflitos do próximo ano". Enquanto Hitler tematizava os possíveis conflitos no Oeste – "Itália, Inglaterra, Espanha etc." –, Rosenberg voltava seu olhar para o Leste, com um "plano de segurança de todos os Estados fronteiriços com a União Soviética".[116]

No que dizia respeito ao "trabalho contra o bolchevismo mundial", era patente que Hitler via em Rosenberg um correligionário competente, sem igual na cúpula do nazismo. Embora estivesse também interessado, sem dúvida, em afagar a vaidade do *Reichsleiter*, já nessa época Hitler parece ter pensado seriamente em investir Rosenberg com poderes especiais para desenvolver mais planos de desestabilização da União Soviética e de expansão alemã no "*Ostraum*" ["região oriental"]. No final de junho de 1937, Rosenberg apresentou um "Memorando sobre a implantação e ampliação de um centro para a resistência ao bolchevismo mundial", que – deixando explicitamente de mencionar "assuntos confidenciais" – tornava modelar o trabalho do APA e sugeria, entre outros, a compilação de informações de líderes soviéticos, com listas especiais para os judeus entre eles.[117] Hitler, entretanto, concentrou-se em outras questões de política externa, de maneira que a "carta branca total" não foi levada a cabo. O interesse precoce de Rosenberg pelo Leste e sua competência técnica inegável sem dúvida tiveram seu papel quando, em abril de 1941, Hitler nomeou-o "encarregado da administração central das questões de espaço da Europa Oriental" e, um mês após o ataque à União Soviética, ministro do Leste.

Com seu discurso no Reichstag em 30 de janeiro de 1939 e a "profecia" de que uma guerra mundial levaria ao "extermínio da raça judaica na Europa", Hitler deu nova orientação à futura batalha contra o "inimigo mundial judaico-bolchevique". Antes, Rosenberg havia se manifestado em discursos públicos a favor da sistemática expulsão dos judeus da Alemanha e da Europa.[118] A orientação antijudaica de Rosenberg radicalizou-se claramente após o *pogrom* de 1938, embora ele tivesse criticado o *pogrom* como desastre e destruição inútil de bens de valor, pelo qual responsabilizou Goebbels em seu diário.[119] Era típico de Rosenberg – assim como no caso de outros líderes nazistas e para o nazismo em geral – que fracassos não levassem à moderação e autodiscrição, mas ao avanço radical. Pouco tempo depois, diante de diplomatas e jornalistas, Rosenberg reforçava "que para o nacional-socialismo a questão judaica na Alemanha só estará resolvida quando o último judeu tiver deixado o território do Reich alemão".[120] Isso correspondia à convicção básica de Rosenberg, já anunciada anteriormente, mas ele deu um passo à frente ao dizer que "êxodo disperso não apenas não resolve o problema, como levanta perigos raciais e políticos da pior espécie para a Europa e os outros países". A "simpatia judaica" das democracias devia ser posta à prova e também era preciso achar uma "reserva judaica" para cerca de 15 milhões de judeus. Após a "exclusão de programas impossíveis", restavam como destino de uma emigração em massa apenas Guiana e Madagascar; a Palestina não estava mais em jogo, visto que o movimento sionista pretendia criar lá um "centro de poder totalmente judeu" e – como Rosenberg anunciara em outro momento – a Alemanha tinha interesse em manter boas relações com "os árabes".[121]

O pacto entre Hitler e Stálin não apenas foi uma total surpresa para Rosenberg, como parece – seu diário deixa entrever – ter estremecido, ao menos a curto prazo, sua confiança no "Führer" e em seu curso. Pior do que a revalorização do ministro das Relações Exteriores, Ribbentrop, um dos eternos rivais de Rosenberg, foi o conchavo com o inimigo mortal, a União Soviética; um interesse de curto prazo, determinado pelos preparativos do ataque à Polônia: "Como podemos ainda falar da salvação e da conformação da Europa se temos de pedir ajuda ao destruidor da Europa?".[122] Rosenberg considerava o pacto com um governo "que há 20 anos chamamos de gangsterismo judaico"[123] não apenas um rompimento com os ideais centrais do nazismo, mas também uma afronta pessoal, pois nenhum outro alto funcionário do partido tinha denunciado de maneira tão coerente e perseverante a simbiose judaico-bolchevique quanto o *Reichsleiter*. Apesar disso, Rosenberg se conciliou com extrema rapidez com a nova situação ao afirmar – como o repetiu constantemente mais tarde – que Hitler sabia avaliar melhor as necessidades militares do que ele. Rosenberg transferiu a culpa pelo pecado ideológico a oportunistas sem princípios dos círculos de liderança nazista.

Rosenberg estava ciente de que o início da guerra tinha modificado fundamentalmente as condições da ação política e reuniu todas as forças para ganhar a simpatia de Hitler na disputa por poder. Suas perspectivas, porém, não eram boas depois de Heinrich Himmler ter sido nomeado, no início de outubro de 1939, "comissário do Reich para a consolidação do caráter nacional alemão" (RKfdV), tornando-se assim concorrente na "remodelação racial" [*Umvolkung*] do Leste – sem falar de outras regiões da Europa que mais tarde ficaram sob dominação alemã e que também entraram na área de competência de Himmler para o reassentamento de alemães étnicos e deportação de grupos de povos indesejados.[124] Comparada ao crescimento do poder de Himmler e sua disposição para atitudes radicais como os assassinatos pelas unidades móveis de extermínio [*Einsatzgruppen*] na Polônia ocupada e a proposta de deportação de 8 milhões de poloneses e judeus dos territórios anexados ao Governo-Geral,[125] a convocação de Rosenberg para o "Conselho ministerial para a defesa do Reich" soa como um pequeno consolo.[126] Hitler apoiava de maneira comedida as iniciativas diplomáticas de Rosenberg em relação à Grã-Bretanha e à Noruega, e reagiu com muita hesitação aos esforços do *Reichsleiter* por uma nomeação como "encarregado da defesa da visão de mundo nacional-socialista".[127]

As permanentes queixas de Rosenberg sobre erros de subordinados de Himmler no trato com os reassentados evidenciam que o seu próprio ativismo compensatório muitas vezes não valia a pena.[128] Os dois homens quase não difeririam em suas opiniões ideológicas em relação à "questão judaica", como ficaria patente no contexto da "solução final". Eles também dividiam algumas inimizades pessoais, por exemplo Goebbels. No longo prazo, porém, a tendência de Rosenberg à crítica pedante e à hipersensibilidade, quando se tratava de atividade de outros em campos políticos reivindicados por ele, acabava por gerar conflitos. Entretanto, Rosenberg ainda conseguia contar com o apoio de Hitler. Isso fica claro em 5 de julho de 1940, quando lhe foi confiada a coordenação de projetos para a "segurança" de obras de arte e tesouros culturais na Europa ocupada, embora a princípio Goebbels tenha sido previsto para a função.[129] Meio ano mais tarde, Rosenberg pôde anunciar, com orgulho, que sua "Força-tarefa *Reichsleiter* Rosenberg" havia sequestrado para a Alemanha bens no valor de 1 bilhão de *Reichsmark*.[130]

Ademais, acervos de bibliotecas e arquivos judaicos forneceram a base para trabalhos práticos prévios em relação à *Hohe Schule* de Rosenberg, ao possibilitarem a "pesquisa da questão judaica" como um dos pontos conteudísticos centrais dessa planejada refundação, a fim de assegurar que as futuras gerações "compreendam por que nós nos inquietamos tanto com os judeus".[131] Justamente na "questão judaica", Rosenberg queria unir estreitamente a pesquisa com a política e aproveitar as novas possibilidades trazidas pela guerra. Retomando suas ideias antigas e evidentemente tendo ciência dos planos de outras instâncias, ele redigiu, no outono de 1940, um projeto programático para a "evacuação" dos "milhões de judeus" da Europa para um "reservatório de judeus" em Madagascar. Cada vez mais países e, por fim, "toda a raça branca" estariam dispostos a seguir a Alemanha em seu protagonismo; dessa maneira, a meta de uma "eliminação total do judaísmo na Europa" estaria num futuro próximo.[132] Em seu texto, embora Rosenberg se mantivesse ligado à ideia abstrusa de uma *joint venture* internacional com participação de representantes judeus, seu tom agudizou-se em relação aos discursos anteriores.

"Juden auf Madagascar" [Judeus em Madagascar] permaneceu inédito segundo conselho de Hitler, sem que saibamos o motivo.

A decisão do ditador de encerrar violentamente a ligação com a União Soviética, tomada por essa época, trouxe Rosenberg de volta ao círculo dos conselheiros mais próximos. De acordo com seu diário, ele soube do "caso eventual" apenas no início de 1941, indiretamente. No final de janeiro, Hitler concordou com a inauguração do "Instituto de Pesquisa da Questão Judaica" em Frankfurt – havia muito planejada por Rosenberg –, marcada para o final de março de 1941, para a qual compareceriam convidados estrangeiros, a fim de tratar a compreensão nacional-socialista da "questão judaica" como problema transnacional.[133] Até então, os preparativos da Operação Barbarossa tinham evoluído a tal ponto que os participantes precisavam estar conscientes do radicalismo sem precedentes do comando alemão de guerra. De acordo com o diário de guerra do OKW, em 3 de março de 1941 Hitler anunciou as diretrizes: "Essa próxima expedição é mais do que apenas uma batalha de armas; ela levará também à disputa de duas visões de mundo. [...] A inteligência judaico-bolchevique, até então 'opressora' do povo, deve ser liquidada". Tal tarefa deveria ser executada, a princípio, pelo aparato de Himmler; além disso, Hitler também imaginava "assim que possível montar, com um mínimo de forças militares, formas estatais socialistas que dependam de nós. Essas tarefas são tão difíceis que não se pode exigi-las do Exército".[134]

Poucos dias depois, Rosenberg consultou Hitler, por intermédio de Bormann, sobre o quanto ele poderia avançar em seu discurso de inauguração do instituto em Frankfurt, tendo em vista "a necessidade fundamental da solução do problema judaico para a Alemanha e para toda a Europa", e se era possível classificar Madagascar como objetivo de uma "emigração territorial".[135] Em meados de março, as condições para o tratamento da "questão judaica" foram alteradas quando Hitler impediu a deportação de poloneses e judeus pelo Governo-Geral por causa de dificuldades de transporte e prometeu ao governador-geral, Hans Frank, tornar sua região "livre de judeus" no decorrer dos quinze a vinte anos seguintes.[136] Nesse meio-tempo, os planejamentos de guerra contra a União Soviética abriram outras possibilidades, em cujas ponderações Rosenberg também foi incluído por volta do fim do mês. Em 26 de março de 1941, quando o chefe do RSHA Heydrich se encontrou com Göring, apresentando-lhe um projeto para a "solução da questão judaica", este concordou "com uma modificação relativa às atribuições de Rosenberg". A próxima frase de Heydrich deixa claro que isso não se referia a uma solução de caráter ultramarino e tampouco o planejamento se restringia ao pós-guerra. Assim, Göring propôs "que na entrada em ação na Rússia deveríamos preparar uma instrução bem curta, de 3-4 páginas, que a tropa possa levar, sobre os perigos da organização GPU [serviço de inteligência e polícia secreta da URSS], dos comissários políticos, judeus etc., para que se saiba quem se deve, na prática, colocar contra a parede".[137]

No mesmo dia em que Heydrich discutiu com Göring a "solução da questão judaica", à tarde Himmler deveria ministrar uma palestra em Frankfurt no evento de inauguração do "Instituto de Pesquisa da Questão Judaica" diante de um "círculo fechado", mas o *Reichsführer* cancelou-a por motivos desconhecidos.[138] Rosenberg fez tanto o discurso de abertura – intitulado "Nacional-socialismo e ciência" – como também a conferência principal sobre "A questão judaica como problema mundial", que foi transmitida nacionalmente pelo rádio e nos dias seguintes ecoada pela imprensa nazista. Em sua resposta sobre a "questão judaica", colocada institucionalmente sob sua égide, Rosenberg continuou exacerbando elementos de retórica já usados no passado: "Para a Alemanha, a questão judaica só será resolvida quando o último judeu tiver deixado o espaço da grande Alemanha [...] Para a Europa, a questão judaica só será resolvida quando o último judeu tiver deixado o continente europeu". Mesmo que Rosenberg tivesse conquistado poucos simpatizantes influentes entre os participantes estrangeiros da reunião,[139] ele parecia estar mais convencido do que nunca do potencial da "solução da questão judaica" como meio de união transnacional. De acordo com a pretensão científica do evento, o *Reichsleiter* usou de fórmulas biológicas como a do "parasitismo judaico" ou da imagem da Alemanha como um cirurgião que, "após longas pesquisas sobre uma doença interna, extirpa um tumor letal por meio de uma operação". Rosenberg falou ainda de "evacuação" e "reservatório judaico" como única solução praticável, sem entretanto citar determinados objetivos, por exemplo Madagascar, que até então gozava de sua preferência.[140]

A desistência de Rosenberg em citar uma região para a qual os judeus europeus deveriam ser deportandos correspondia ao seu estilo, mas na época do discurso em Frankfurt também deve ter pesado o fato de que com o planejamento da Operação Barbarossa novas perspectivas foram abertas num espaço que estava no centro de seu interesse político e para o qual Hitler havia anos o designara como autoridade competente. Nos últimos dias de março, Rosenberg parece ter tomado ciência das preparações da expedição militar e delas participado de maneira concreta. Com alguma certeza já tinha ouvido rumores prévios a respeito, não apenas por causa dos "mapas etnográficos" ["*Volkstumskarten*"] da União Soviética[141] preparados por seu APA atendendo a solicitações de outros departamentos, mas provavelmente também no contexto da ordem de "solução final" de Heydrich. A citação do nome de Rosenberg por Göring em 26 de março aponta que o *Reichsmarschall* tinha notificado aquele *Reichsleiter*, pelo qual tinha ligações de quase amizade.[142] As tentativas de altos funcionários nazistas em tornar suas esferas de influência no Reich "livres de judeus" o mais rapidamente possível e assim receber o apoio de Hitler também não devem ter passado despercebidas por Rosenberg. O fato de o Governo-Geral ter sido descartado num futuro próximo como "reservatório de judeus" e local de reunião de judeus alemães parecia ser algo certo desde a ordem de interromper as deportações anunciada por Hitler em meados de março.

"*Ostraum*" e "questão judaica" eram indissociáveis no mundo das ideias de Rosenberg; mais ainda quando a União Soviética estava envolvida. Em 28 de março de 1941, convocado por Hitler diretamente da conferência de Frankfurt para aconselhá-lo na crise dos Bálcãs que se agravava, Rosenberg aproveitou a rara oportunidade da conversa a dois para perguntar diretamente ao seu "Führer" sobre a Rússia.[143] O que ficamos sabendo dessa reunião-chave e a seguinte, em 2 de abril de 1941, a partir do diário de Rosenberg (não há outra fonte) é muito esclarecedor, apesar da sua tendência ao resumo. Rosenberg parece ter conseguido impressionar Hitler expressando sua preocupação com uma "economia 'sem ideologia'", a ignorância de planejamento de "alemães de dentro da Alemanha" ["*Binnendeutschen*"] e o descuido da situação "no Leste". "Ordens claras" como "contra os moscovitas e os judeus" e o conceito de uma política de ocupação alemã diferenciada de acordo com as regiões – "o Báltico é um protetorado; a Ucrânia, independente e aliada a nós" – despertaram a impressão de conhecimento de causa, firmeza ideológica e determinação, características raras de serem encontradas em lideranças nazistas nessa combinação. Não sabemos se Hitler realmente "intencionava" introduzir Rosenberg no planejamento de guerra; sua disposição sinalizada em 1936-37 em confiar ao *Reichsleiter* em algum momento uma "agência central para a resistência ao bolchevismo" aponta nessa direção, assim como sua decisão, tomada no início de 1941, de eliminar da *Wehrmacht* o ônus da administração da ocupação. Tendo em vista os abrangentes "plenos poderes especiais", já concedidos a Göring e Himmler nas áreas a serem conquistadas da União Soviética, as intenções de Hitler de ver Rosenberg "engajado decisivamente" parecem ter sido movidas por considerações maquiavélicas: o direito do mais forte, que deveria ser praticado no Leste, valia também nas batalhas de competência que se delineavam entre Himmler, Göring, Rosenberg e outros.

Rosenberg resolveu trabalhar de pronto, juntamente com seu amigo de juventude e colaborador próximo Arno Schickedanz, num memorando sobre "problemas do Leste".[144] Ele apresentou o resultado em 2 de abril para Hitler, depois de ambos – novamente numa conversa a dois – terem discutido "com toda a calma sobre a questão russa". A anotação do diário da noite de 2 de abril de 1941, com a citação altamente emotiva de Hitler sobre a "grande hora", está fora de lugar e parece ter sido escrita sob a forte impressão do momento; Rosenberg oscilava notadamente entre o empenho em articular suas emoções e sua vergonha habitual em nomear concretamente os milhões de vítimas da planejada expansão para o Leste. Essa última lhe parecia tão indispensável quanto inevitável. Ele citava eventos que logo deveriam se tornar realidade com insinuações e omissões significativas – "... milhões..." – ou abstrações vazias ("os prováveis desenvolvimentos no Leste"). O fato de ele "<u>hoje</u> não querer anotar" as explicações de Hitler, "[...] mas <u>nunca</u> querer se esquecer delas", abriu espaço para especulações; inclusive se Rosenberg não teria talvez documentado as palavras de Hitler *mais tarde*. Em retrospectiva, ganha força a suposição de que Hitler tenha se manifestado claramente sobre suas expectativas político-raciais, principalmente no que dizia respeito à questão do destino dos judeus na União Soviética. A frase final de Rosenberg indica que não se tratava de inocentes devaneios: "Não importa se milhões de <u>outros</u> algum dia maldisserem a concretização desse imperativo..."; mesmo assim, por causa dos complexos desenvolvimentos dos meses seguintes, parece equivocado interpretar as linhas criptografadas como comprovação de uma decisão já tomada pela liderança do regime de assassinar judeus de maneira sistemática e planejada: homens, mulheres e crianças. Contra essa suposição há a situação de comando ainda não esclarecida – inclusive do lado de Himmler e seus oficiais graduados;[145] Hitler costumava manifestar-se sobre o extermínio dos judeus sempre com alusões vagas, inclusive com pessoas de confiança.[146]

Durante a conversa de duas horas com Hitler na tarde de 2 de abril de 1941, Rosenberg deve ter se referido ao memorando "Betr. UdSSR" [Ref. URSS], recém-redigido. Nele, Rosenberg e Schickedanz apresentavam sugestões para a "criação de uma agência central limitada mais ou menos ao tempo da guerra para os territórios ocupados da URSS" e para a "execução de uma descentralização muito bem limitada nos territórios administrados individualmente, reunidos de maneira nacional ou de acordo com a política econômica". Eles definiram como "unidades nacionais ou geográficas" sete regiões, que deviam ser tratadas distintamente por causa de suas características peculiares: para "a Grande Rússia com Moscou como centro" estava previsto um "enfraquecimento muito duradouro", por meio da "destruição total da administração estatal bolchevique-judaica" e seu aproveitamento "como região de descarte para elementos indesejáveis da população em larga escala". "A Bielorrússia, com Minsk ou Smolensk como capital", era considerada desesperançadamente atrasada e como "o segundo maior reservatório de judeus da URSS com cidades completamente judaizadas"; os Estados bálticos Estônia, Letônia e Lituânia tinham o potencial de se tornar "área de urbanização alemã no futuro sob assimilação dos racialmente mais adequados". A "Ucrânia e a Crimeia, com Kiev como centro", deveriam assegurar, por meio da "criação de uma soberania nacional", a fronteira alemã a leste e servir como fonte de matérias-primas; "a região do Don, com a capital Rostow", parecia tão atrasada quanto a Bielorrússia "a região do Cáucaso" despertava esperanças alemãs por causa de sua variedade étnica e sua riqueza petrolífera, enquanto a autonomia da "Ásia Central russa ou o Turquestão russo", a "reserva de algodão da Rússia", deveria ameaçar "os caminhos ingleses de ligação até a Índia".[147]

O argumento de Rosenberg para não se observar "a questão geral da URSS" unicamente sob a perspectiva da utilidade parece ter sido efetivo. Após suas explicações "sobre a psique dos soldados e das pessoas da Rússia sob pesada carga, sobre a porcentagem atual dos judeus na União Soviética, entre outros", Hitler assegurou criar "um escritório central, comissariado geral ou algo assim", devendo a tarefa ser, "a princípio, estritamente confidencial como uma pesquisa científica e teórica".[148] Poucos dias depois, devido às potenciais interferências com as áreas de atuação de Göring e Himmler, Rosenberg tentou convencer Hitler a "criar relações claras desde o começo" por meio de determinações de competência bem definidas.[149] Embora, segundo o diário, Hitler tenha concordado e oferecido um lugar a Rosenberg no quartel-general, ele permitiu – o que correspondia ao seu estilo de liderança – que surgissem conflitos entre seus funcionários providos com "plenos poderes especiais".[150] Ainda antes de Rosenberg ser nomeado, em 20 de abril de 1941, como "encarregado da administração central das questões do espaço da Europa Oriental", seus oponentes já estavam a postos: Himmler em primeiro lugar, que pouco antes tinha chegado a um acordo com a Wehrmacht sobre as "tarefas de segurança" de suas unidades SS e da polícia atrás do front.[151]

De acordo com o diário de Rosenberg, as pretensões de competência de Himmler fizeram brotar de imediato o veemente protesto do *Reichsleiter*, pelo menos em relação a Lammers, que estava na posição de intermediário. A autonomia pretendida por Himmler estava fora de questão; "a divisão da violência em militar e civil" já era difícil o suficiente, "uma divisão da violência civil em si é insuportável". "É inaceitável que a polícia forme um governo paralelo" e roube "a liderança política da necessária instância executiva". Não é possível saber se Rosenberg realmente ameaçou, diante de Lammers, abrir mão da liderança, mas ele parece ter achado as palavras certeiras: Himmler não teve "nenhuma ideia" própria em relação ao Leste; seus "jovens" tinham feito "barafundas", o que se refletia nos fracassos do *Reichsführer* na concretização de projetos megalomaníacos de reassentamento. A anotação termina com um raro acesso de fúria de Rosenberg "sobre o novo modo de Himmler de pegar as coisas para si", não pela coisa em questão, "mas apenas para conquistar uma nova posição de poder" e com a expressão de preocupação de que "o problema" poderia se tornar perigoso para o partido e o regime.[152]

Os acontecimentos depois do começo da Operação Barbarossa atestam que Himmler e Rosenberg estavam absolutamente de acordo na "questão", ou seja, na "pacificação" duradoura da área de ocupação, a fim de possibilitar seu saqueio sistemático e sua limpeza étnica. O designado ministro do Leste não criticava todas as atividades da SS e da polícia, mas suas atribuições políticas nos campos políticos reivindicados por ele. Pouco depois, ao se encontrar na chancelaria do Reich com Heydrich para uma "conversa sobre o Leste", Rosenberg recusou a sugestão de seu interlocutor para uma "relação direta entre o comissário do Reich e altos líderes da SS e da polícia", exigindo, por sua vez, a "clara subordinação da executiva da polícia em relação a mim ou aos comissários do Reich".[153] Rosenberg investiu contra o temido chefe do RSHA nessas semanas também porque a imagem da SS e da polícia tinha sofrido abalos por fracassos na "germanização" ["*eindeutschung*"] do Leste: embora o acordo de Heydrich com a Wehrmacht a respeito das "tarefas especiais" na luta contra "inimigos do Reich" durante a Operação Barbarossa assegurasse que as unidades móveis de extermínio da Sicherheitspolizei (Sipo, Polícia de Segurança) e da SD deveriam ter um papel importante na estabilidade do domínio alemão na União Soviética ocupada, evitando-se conflitos como os da campanha polonesa,[154] os ambiciosos planos de Himmler para a "remodelação racial" ["*Umvolkung*"] não saíram do papel.[155] Heydrich não conseguiu extrair de Rosenberg mais do que alusões sobre seus planos, o que deve tê-lo inquietado devido à inclusão ordenada por Göring, no final de março, do *Reichsleiter* na "solução final da questão judaica". Um encontro de Rosenberg com Himmler no final de maio não trouxe clareza sobre as respectivas áreas de influência. Nas semanas antes do início da Operação Barbarossa, mantinha-se em aberto quem seria o vitorioso na luta pelo poder no Leste. A preocupação de Himmler sobre uma possível perda de competência apareceu também na queixa feita a Bormann, de que "trabalhar com ou até sob Rosenberg" é "certamente a coisa mais difícil que há no NSDAP".[156]

A liderança da Wehrmacht e da SS traçou diretrizes sobre o trato com comissários soviéticos, *partisans* e civis suspeitos, que mais tarde foram chamadas com razão de "ordens criminosas" e correspondiam integralmente às intenções expressas de Hitler.[157] Ao mesmo tempo, funcionários ministeriais alemães discutiam medidas não menos criminosas na lida com os bens e a população na União Soviética. Rosenberg também estava comprometido com o primado da exploração econômica – com suas reconhecidas consequências catastróficas para os moradores locais, que tinham de colocar em segundo plano seus interesses de abastecimento. Já no memorando de 2 de abril de 1941, dizia-se que "o asseguramento dos importantes envios do território a ser ocupado necessários à continuação da guerra para o grande Reich alemão" tinha total prioridade diante de planos de maior alcance político.[158] Em 2 de maio de 1941, sob presidência de Paul Körner – secretário de Estado no departamento de planejamento quadrienal de Göring e diretor do Estado-Maior de Economia do Leste –, reuniram-se os mais importantes especialistas em alimentação, entre eles Herbert Backe, secretário de Estado responsável por alimentação e agronomia para o planejamento quadrienal. Segundo uma breve nota na ata, os presentes foram unânimes em concordar que a guerra "só poderia ser continuada se a totalidade da Wehrmacht fosse alimentada pela Rússia no 3º ano da guerra". "Nesse caso", prossegue-se de maneira lapidar, "sem dúvida vários milhões de pessoas passarão fome quando o que nos é necessário for retirado do lugar."[159] Rosenberg não esteve presente à reunião, mas nesses dias reuniu-se com Keitel e especialistas em economia de guerra[160] e confiou a Körner informar os presentes sobre suas nova área de atuação.[161]

A definição das prioridades em benefício do abastecimento da Wehrmacht e do front alemão aparece também em memorandos redigidos na casa de Rosenberg antes do início da Operação Barbarossa, os quais se referiam também às situações em cada uma das regiões. Rosenberg, como ministro responsável pelo Leste, teria como subordinados administradores regionais como comissários do Reich, comissários gerais e comissários de área; os planejamentos detalhados concentravam-se nos comissariados fronteiriços Ostland (RKO) – que abrangiam os Estados bálticos e parte da Bielorrússia –, bem como no comissariado da Ucrânia (RKU).[162] A prevista designação do russo-alemão Backe para o posto de comissário do Reich (no Cáucaso ou na Ucrânia) ilustra a resolução de Rosenberg em dar prioridade máxima ao "abastecimento assegurado do Reich alemão com matérias-primas e alimentos".[163] Mas a questão era mais ampla, como Rosenberg assegurou pouco antes a Hitler e no início de maio a seus futuros comissários; tratava-se da transformação de ideias nazistas centrais: "A batalha que está por vir é uma batalha pela alimentação e abastecimento de matérias-primas tanto do Reich alemão quanto de toda a Europa, uma batalha de visões de mundo, na qual o último opositor marxista-judeu deve ser vencido, uma guerra de política de Estado, que carrega dentro de si uma nova concepção estatal e que faz avançar a verdadeira Europa, de maneira decisiva, para o leste".[164]

Quanto mais intensivamente Rosenberg se ocupava nessas semanas com suas novas tarefas, mais consciente ficava – de acordo com seu diário – de que o "espaço... de tarefa está diante de todos os que lá terão de atuar". Hitler lhe confiara "o destino de um espaço que, em suas palavras, 'é um continente' com 180 milhões de pessoas" e devido à sua "devastação" precisava de uma política bem diferente daquela do Oeste.[165] No começo de maio, quando Rosenberg admitiu a Hitler que "a tarefa histórica" estava "cada vez maior à minha frente", esse último lhe assegurou que essa era "uma grande tarefa positiva".[166] Um mês depois, ele mencionou vagamente "pensamentos e sentimentos que imperiosamente me estimularam em todas as horas durante o trabalho pela solução das questões orientais", a fim de "libertar o povo alemão pelos próximos séculos de uma pressão incomensurável de 170 milhões". Como uma "pessoa absolutamente cheia de energia", no começo de junho, Rosenberg sentia-se capaz de cumprir "uma tarefa de dimensões verdadeiramente históricas", estando ciente das resistências: "Criar três estruturas estatais de cerca de 90 milhões de pessoas a partir de um conceito e conduzir para o Leste outro Estado (Moscóvia-Rússia) com todos os meios da política (mais 60 milhões): isso exige para o futuro uma ação muito rigorosa também no dia a dia, nervos de aço e – infelizmente – luta miúda com espíritos pequenos em Berlim e arredores".[167]

Rosenberg já havia mencionado que a "tarefa" não abrangia apenas fundações de Estados e outras ações consideradas positivas em seu memorando de 2 de abril de 1941, quando declarou a "grande Rússia" como "área de despejo para elementos indesejados da população em grande escala". Ele não mencionou concretamente as consequências políticas para a população atingida. Isso foi feito por funcionários de Backe no Estado-Maior de Economia do Leste, que, no final de maio, declararam com uma franqueza brutal o seguinte a respeito da prevista "zona de fome", chamada de "zona suplementar ou florestal": "Mais de 10 milhões de pessoas se tornarão supérfluas nesse lugar e terão de morrer ou emigrar para a Sibéria".[168] Metas econômicas misturavam-se com intenções raciais e de política populacional; em relação a essa última, Rosenberg sentia-se responsável em primeira instância – já pela dominância de Göring na economia de guerra e suas próprias ênfases no trabalho desde os anos 1920 –, reconhecendo o "primado da alimentação" para se alcançarem outros objetivos. Rosenberg fazia planos que deveriam permitir que os comissários do Reich adaptassem de maneira flexível suas orientações gerais às condições locais. Para o comissariado Ostland, na qualidade de "protetorado alemão", isso significava "transformar essa área numa parte da grande Alemanha por meio da germanização de elementos racialmente possíveis, colonização de povos germânicos e evacuação de elementos não desejáveis";[169] ligado a isso, seria possível "realizar também uma eliminação completa do judaísmo nas províncias do Leste".[170] Por essa época, Rosenberg não dispunha de ideias concretas sobre a "área de despejo"; instruções correspondentes para um "comissariado da Grande Rússia" não foram preservadas. Para a Ucrânia, estava planejada uma autonomia condicional, submetida aos interesses alemães, assim como em Ostland uma "solução decisiva" da "questão judaica".[171]

As antigas obsessões antissemitas e antibolcheviques de Rosenberg apareceram em seu planejamento para o "*Ostraum*". Entretanto, sua realização prática se manteve ostensivamente vaga, e isso numa época em que a concretização de ideias há muito acalentadas e de planos conceituais parecia estar muito próxima. Como os judeus seriam "evacuados" para os comissariados e quem era o responsável por isso em Berlim? Nos primeiros modelos de organização de seu ministério, Rosenberg previa homens de ligação com o OKW, com o "representante do Führer" e com a polícia. Quatro divisões principais, entre outras, eram responsáveis por "costumes de estrangeiros", com seções especiais para os ucranianos, russos, bielorrussos e outros grupos; os judeus não foram citados.[172] No final de abril de 1941, definia-se entre as tarefas do departamento político do ministério: "A questão judaica exige um tratamento geral, cuja solução transitória temporária deve ser definida (trabalho forçado dos judeus, criação de guetos etc.)".[173] Com isso estavam citadas duas medidas compulsórias concretas, tomadas da "política judaica" nazista na Polônia, mas o texto deixava em aberto as represálias desejáveis e o que deveria acontecer depois da fase transitória. Os eventos após o início do ataque mostraram, com total clareza, que os representantes de Rosenberg nos comissariados – meses após o início de suas atividades – ainda não haviam recebido orientações precisas de Berlim sobre como lidar com a "questão judaica". Apenas em outubro de 1941, Erhard Wetzel (até então jurista no setor de políticas raciais do NSDAP) foi nomeado "especialista racial" no "Departamento I Política", sob direção de Georg Leibbrandt, e seu vice era Otto Bräutigam. Wetzel, como veremos no capítulo seguinte, acabaria por desempenhar um importante papel na radicalização da política judaica [*Judenpolitik*] nazista, àquela época já bem adiantada.[174]

Ainda durante a fase de planejamento da Operação Barbarossa ficam evidentes, por meio das anotações do diário e de fontes complementares, três características das ideias de Rosenberg para a "questão judaica". Em primeiro lugar, ele não considerava digna de nota uma "solução" – independentemente de seu horizonte temporal: curto, médio ou longo prazo – na área de influência direta alemã, o que se devia não tanto pelo esforço necessário à sua confidencialidade, mas pela naturalidade desse antigo ponto programático nazista: os judeus tinham de desaparecer. Em segundo, ele desistira concretamente de definir os métodos a serem aplicados depois de ter sugerido, em anos passados, diversos caminhos para a "desjudiação" e a guerra no Leste ter aberto uma "solução transitória temporária". Orientações centrais possivelmente teriam impedido seus representantes de usar métodos alternativos, por vezes muito mais eficazes. Em terceiro, ele estava disposto a deixar para outros, tacitamente, as ações coercitivas que iam além da exploração e segregação enquanto suas ideias políticas pareciam estar sendo seguidas. Isso explica por que Rosenberg, que costumava redigir longos memorandos e não perdia nenhuma possibilidade para o confronto com funcionários nazistas que tinham outros objetivos, se manteve surpreendentemente calado nessa questão apesar de seu visível ganho de prestígio como especialista de Hitler para o Leste e ao reduzir de antemão o conflito com Himmler e Heydrich nas disputas por competências.

Parece ser natural explicar esse estado de coisas com o modo de pensar arrevesado do incorrigível ideólogo, que na sua crença em "verdades eternas" racialmente condicionadas estava convencido da execução da "solução final", determinada por leis naturais e, consequentemente, não se preocupava com os detalhes de sua concretização. Os acontecimentos após 22 de junho de 1941 mostram, entretanto, os limites de tal tentativa de interpretação. Suas diretrizes de propaganda, criadas na primavera de 1941, revelam o quanto Rosenberg era não só dogmático como também pragmático, com senso para as oportunidades do momento. Elas exprimem a esperança de que a "questão judaica" pudesse ser "resolvida em larga medida deixando-se a população livre algum tempo depois da tomada de posse". Segundo essas diretrizes, principalmente na Ucrânia "aconteceriam grandes progroms [sic] judaicos e assassinatos de funcionários comunistas"; aos alemães, restaria apenas a tarefa de "assumir, após uma vistoria detalhada, os repressores que sobraram".[175] Com essa orientação por escrito de aproveitar o ânimo assassino contra judeus na população nativa como primeiro passo de um extermínio total, Rosenberg estava pensando mais além que Heydrich, o real responsável pela imposição conceitual da "solução final": apenas uma semana após o início dos ataques, quando a disposição ao *pogrom* de alguns grupos nativos já tinha feito milhares de mortos, Heydrich orientou expressamente os chefes das unidades móveis de extermínio a "não colocar obstáculos [...] aos empenhos de autolimpeza de círculos anticomunistas ou antijudaicos nas áreas recém-ocupadas".[176]

Devido às lacunas temporais nas anotações do diário de Rosenberg antes do início da campanha militar, existiam apenas poucas indicações de como ele imaginava a concretização de suas metas na "questão judaica", a transformação da ideologia em política na planejada guerra de extermínio. Seu discurso diante de funcionários envolvidos na construção do Ministério do Leste, dois dias antes da Operação Barbarossa, é bastante significativo; a versão do início de junho manuscrita por Rosenberg está reproduzida na parte II. Rosenberg se serve, de um lado, de um consagrado mito histórico nazista a fim de justificar a "necessidade do asseguramento do futuro alemão". Do outro, ele cita como meta política – ao lado de garantias de provisão no curto prazo – "destacar organicamente estruturas estatais do território da União Soviética e organizá-las contra Moscou" a fim de libertar a Alemanha "nos próximos séculos da terrível pressão oriental". Em relação aos "blocos" geopolíticos a serem criados – "grande Finlândia", "Baltenland" (mais tarde rebatizado de "Ostland"), Ucrânia, Cáucaso –, dizia-se sobre a "Bielorrússia": "estação de recolhimento para elementos associais. Parque de proteção ambiental".[177] Isso soava como uma versão eufemística do destino da população, mais claramente definido pelo Estado-Maior da Economia Leste como "áreas de fome". Se os autores das diretrizes político-econômicas tinham enfatizado que sua avaliação da situação estava "em consonância com as tendências políticas" e encontrara "a aprovação das instâncias superiores",[178] Rosenberg enfatizava a falta de disposição alemã em "alimentar conjuntamente o povo russo", previa "uma evacuação muito abrangente" e profetizava "anos muitos difíceis [...] à Rússia". Além disso, ele clamava por "uma postura interna única" de todos os envolvidos, para que "também as medidas extraordinárias em todas as áreas possam ser posteriormente mantidas num estilo fixo e num caráter único".[179] O significado de "medidas extraordinárias" e "solução transitória" seria compreendido nas semanas e meses seguintes após o ataque alemão à União Soviética.

A OPERAÇÃO BARBAROSSA E A PASSAGEM AO GENOCÍDIO

Na manhã de 22 de junho de 1941, quando 3 milhões de soldados da Wehrmacht, bem como unidades da SS e da polícia, levaram a guerra ao Leste, abriu-se para a liderança nazista um espaço que se imaginava prometer a solução de seus problemas. Como pré-requisito, porém, havia a neutralização das influências que se encontravam no caminho da "segurança" duradoura e da exploração na forma de "funcionários judeus bolcheviques", "aqueles que podem atirar pelas costas" ou "bocas inúteis". Em meio à elite dos funcionários no "Terceiro Reich", ninguém duvidava que era preciso agir com rapidez e insensibilidade e isso era divulgado também às tropas por meio de ordens, diretrizes e propaganda. Devido à estratégia concebida para a morte por inanição ou o "desaparecimento" de milhões, a violência genocida parecia propositada, mas a passagem ao genocídio não foi de modo algum automática, repentina ou seguiu um padrão único. Em vez disso, depois do início da Operação Barbarossa, a interação entre orientações centrais e acontecimentos locais marcou a maciça radicalização do processo de perseguição, e foram as decisões e o comportamento de representantes individuais das instituições participantes que determinaram a direção e a intensidade das medidas de violência alemãs.[180]

Quem chegava primeiro definia de maneira decisiva os desenvolvimentos futuros. Os homens de Rosenberg não faziam parte disso; apenas a partir de julho – após sua nomeação como ministro para as áreas ocupadas do Leste[181] – é que os primeiros representantes da administração civil surgiram na região. Os comissariados Ostland e Ucrânia foram fundados em 25 de julho e 20 de agosto de 1941, respectivamente; até a ocupação dos postos previstos na central em Berlim e nas instâncias inferiores, passaram-se meses. Nesse meio-tempo, as tropas da guerra de visão de mundo [*Weltanschauungskrieg*] – unidades da Wehrmacht, unidades móveis de extermínio, Waffen-SS e *Ordnungspolizei* (Orpo) –, juntamente com colaboradores dispostos ao assassinato e tropas aliadas, tinham gerado eventos mortais em muitas cidades ao longo da linha do front. A primeira execução em massa de judeus – ao menos duzentos homens e uma mulher – foi cometida por unidades da Sipo, SD e Orpo dois dias após o início do ataque na área fronteiriça à Lituânia; ainda antes da entrada dos alemães, os moradores locais (principalmente na Ucrânia ocidental e no Báltico) maltrataram judeus, como Rosenberg previra no início do ano anterior. Em poucas semanas, o assassinato em massa de judeus como ação regular tinha se estabelecido como política de ocupação alemã; desde meados de agosto, as unidades participantes anunciaram números crescentes de mulheres e crianças executadas a tiros, bem como o extermínio de comunidades inteiras; entretanto, a abrangência era diversa em cada região, e as motivações, díspares. Até o final de 1941, cerca de 800 mil judeus tinham sido assassinados, a maioria por execuções em massa a tiros; e desde o outono também por meio dos chamados carros de gás. Em paralelo, prosseguia o assassinato de presos de guerra soviéticos, nessa fase com taxas mais altas de mortalidade que a dos judeus; doentes internados em hospitais; "ciganos" e outros membros de grupos impopulares.[182]

Se essa era a "solução transitória" da "questão judaica" pretendida por Rosenbeg, ela apontava para o caminho do extermínio total. No início de 1942, o chefe da unidade móvel de extermínio A no comissariado Ostland notificou o RSHA do assassinato de mais de 230 mil judeus, sendo mais de 143 mil na Lituânia, cerca de 40 mil na Letônia, mais de 60 mil na Bielorrússia (o "parque de proteção ambiental" de Rosenberg) e cerca de 5 mil na Estônia – dessa maneira, o país de origem de Rosenberg tornou-se o primeiro a levar o predicado de região "livre de judeus". Os números reais devem ter sido ainda maiores.[183] O RKU (sem a Galícia Oriental, que – diferentemente do esperado por Rosenberg – foi subordinada no início de agosto ao Governo-Geral de Frank)[184] expandia-se gradualmente desde setembro para o Leste,[185] com o padrão de perseguição assemelhando-se em linhas gerais aos do RKO. De acordo com estimativas, as unidades alemãs na Ucrânia haviam assassinado até o final de 1941 mais de 410 mil judeus; desses, cerca de 90 mil em áreas de administração civil.[186]

Já nessa fase a onda de violência apresentava dimensões suprarregionais, por assim dizer, europeias: no final de agosto, imediatamente antes da tomada de poder da região pelo RKU prevista para 1º de setembro e de acordo com os administradores civis de Rosenberg, forças policiais subordinadas ao alto líder da SS e da cúpula policial (HSSPF) Friedrich Jeckeln assassinaram em Kamenez-Podolsk 23.600 judeus, entre eles cerca de 14 mil cidadãos poloneses, tchecoslovacos e húngaros, que unidades húngaras haviam expulsado antes da Ucrânia carpática. Tratava-se da maior "ação individual" até então, sendo superada apenas pelo assassinato de mais de 33 mil judeus – homens, mulheres e crianças – no desfiladeiro Babi Yar, próximo a Kiev, no final de setembro.[187] No RKO, antes do início dos ataques, o assassinato em massa abrangia não apenas judeus alemães fugidos antes de iniciados os ataques, mas desde o outono também milhares de deportados do Reich. Tendo em vista a decisiva importância desses acontecimentos na área administrativa de Rosenberg, e por causa das significativas lacunas em seu diário na segunda metade de 1941, que deixam no escuro aspectos essenciais de seu papel, esse período será analisado mais atentamente a seguir.

O designado ministro do Leste foi imediatamente envolvido na batalha de extermínio. Em 23 de junho, um dia após o início dos ataques, Himmler encontrou-se com ele e com os generais da SS Heydrich e Karl Wolff, a fim de discutir a "Operação Leste" de Rosenberg, depois de Heydrich ter obtido poucas informações a respeito por seu intermédio, em maio.[188] Um dia depois, o *Reichsführer* tentou, numa conversa direta, dissuadir Rosenberg de sua recusa, anunciada em abril, em assumir uma competência policial. Himmler sugeriu-lhe a subordinação da HSSPF na área ocupada aos comissários do Reich e um acordo semelhante para os níveis hierárquicos inferiores. Além disso, no mesmo dia nomeou Heydrich – indicado por Göring como "responsável pela solução final" e líder da SS que chefiava as unidades móveis de extermínio – como homem de ligação para Rosenberg. Isso deve ter contribuído também para o consenso abrangente entre os dois em relação à "questão judaica".[189]

Não dá para deduzir de seus diários quando Rosenberg soube pela primeira vez dos assassinatos em massa na União Soviética ocupada. As notificações regulares elaboradas a partir de junho no RSHA sobre as unidades móveis de extermínio ficaram, a princípio, restritas a um grupo relativamente pequeno no aparato da SS e da polícia,[190] mas após o início dos assassinatos muito rapidamente começaram a circular boatos em meio à população alemã, que gradualmente ganhavam mais força.[191] A partir do início de julho, Rosenberg recebia comprovadamente informações sobre assassinatos em massa de judeus soviéticos, primeiro limitados a *pogroms*. Em 3 de julho, como Rosenberg observou retrospectivamente em seu diário, ele recebeu "o relatório de Malletke sobre a liquidação de judeus por lituanos".[192] Em 11 de julho, Otto Bräutigam – por essa época o oficial de ligação de Rosenberg com o comandante de retaguarda do Exército Norte, general Franz von Roques – chegou à cidade lituana de Kaunas. Lá, escreveu Bräutigam em seu diário, "foram realizados, sob nossa silenciosa tolerância [...] inúmeros *pogroms* judaicos pela Polícia Auxiliar Lituana", e a administração militar alemã havia ordenado a identificação e o trabalho compulsório para os judeus.[193] Depois de sua chegada, Bräutigam reuniu-se com Roques e com alguma certeza debateu também a "questão judaica" na área que duas semanas mais tarde seria transferida à administração civil. Para a liderança da Wehrmacht presente em Kaunas, os excessos de violência antijudaicos eram assunto de conversa; antes de seu encontro com o homem de ligação de Rosenberg, Roques havia concordado com o comandante do grupo norte do Exército, *Generalfeldmarschall* von Leeb, "que dessa maneira a questão judaica não pode ser resolvida. O mais seguro seria resolvê-la a partir da esterilização de todos os homens judeus".[194] Em 14 de julho, Bräutigam esteve novamente em Berlim a fim de informar Rosenberg sobre a situação na área recém-ocupada.[195] Dois dias antes, Rosenberg havia recebido um relatório do Ministério de Armamentos, chefiado por Fritz Todt, sobre a catastrófica situação de um campo de prisioneiros civis em Minsk.[196]

Em 20 de julho de 1941, quando o então oficialmente nomeado ministro para o Leste prosseguiu com as anotações no diário (após sete semanas de pausa), ele não se referiu diretamente à "questão judaica", embora tivesse assuntos de importância histórica para registrar. Hitler o convocara ao quartel-general em 16 de julho, juntamente com Göring, Keitel, Lammers e Bormann, para – de acordo com Rosenberg – discutir "a divisão do espaço oriental europeu, sua forma, objetivos, chefia etc." e empossá-lo em seu cargo.[197] Até então, o conteúdo dessa reunião era conhecido apenas por uma anotação de Bormann numa ata;[198] as anotações do diário de Rosenberg, agora contextualizadas, oferecem conclusões mais abrangentes, em parte discrepantes, e ao mesmo tempo se tornam mais compreensíveis a partir do legado paralelo da perspectiva de Bormann. Este dedicou metade de seu registro à reprodução das observações preliminares de Hitler, enquanto Rosenberg não se deteve por muito tempo com suas "explicações basicamente políticas" e não citou nenhum dos pontos do programa carregado de violência que Bormann transcreveu – fuzilar, evacuar etc.; "possibilidade de exterminar aquilo que se coloca contra nós"; "destruir tranquilamente o bolo gigante [...]"; "matar a tiro qualquer um que olhar torto".[199] Parece garantido que Hitler tenha se expressado de maneira drástica – em sua ata, Bormann deve ter se preocupado em documentar exatamente essas passagens, especialmente úteis para Himmler;[200] em Rosenberg, encontramos apenas algumas linhas a respeito das afirmações do ditador sobre a irritação deste último em anunciar apressadamente "decisões políticas definitivas" e "soluções finais de caráter constitucional".[201] A discrepância entre as duas fontes fortalece a suspeita de que Hitler possa ter formulado suas ideias de maneira igualmente radical em outras oportunidades, inclusive em conversas a dois, sem que o *Reichsleiter* tivesse usado mais do que meras fórmulas gerais para documentá-las. Na realidade, há vários indícios para tanto, mas não é possível derivar daí ainda nenhuma orientação à "solução final da questão judaica"; na anotação de ata de Bormann também não se encontra qualquer orientação desse tipo.

Seguindo os registros de Bormann, os historiadores interpretaram a reunião de 16 de julho de 1941 preponderantemente como uma prova da fraqueza do ministro do Leste em relação às forças concorrentes no partido e no Estado.[202] A anotação do diário de Rosenberg, porém, desenha outra imagem, não menos subjetiva. Nela, ele parece já ter conseguido impor a Hitler sua orientação desenvolvida nos memorandos de abril, conduzindo a política de ocupação alemã para além da garantia de matérias-primas e alimentação, rumo a uma reorganização da parte europeia da União Soviética pautada por critérios duradouros, étnico-geográficos. Nas anotações de Rosenberg, as "cartas brancas especiais" de Göring e Himmler parecem ser menos restritivas do que na observação de Bormann; o novo ministro já sabia, desde antes de sua nomeação, que confrontos duros estavam à sua espera. As ocupações dos postos de comissários do Reich eram motivo de discórdia; no final, saíram vitoriosos os *Gauleiter* Hinrich Lohse (RKO) e Erich Koch (RKU). No encerramento da reunião, Rosenberg estava satisfeito, afinal tinha "recebido uma tarefa gigante, talvez a maior que o Reich tem a distribuir, a segurança por séculos, tornar a Europa independente do além-mar". O fato de a implementação dessas tarefas exigir flexibilidade foi confirmado com a advertência de Hitler: "todos decretos são apenas teoria. Se eles não correspondem às necessidades, têm de ser modificados".[203]

Um dia depois, Rosenberg reuniu-se com Himmler, Lammers e Bräutigam nas proximidades do quartel-general de Hitler; à tardinha, Rosenberg recebeu seu certificado de nomeação – que não deveria ser tornado público ainda – como ministro do Leste juntamente com orientações de Hitler para exploração econômica e as garantias policiais da área de administração civil.[204] Como homem de ligação ao seu quartel-general, Hitler confirmou o ajudante de Rosenberg, Werner Koeppen, que relatou em Berlim as conversas no círculo do ditador e as afirmações desse último à mesa.[205] Em paralelo com a nomeação dos funcionários administrativos nos comissariados, Rosenberg estava ocupado com a montagem de seu ministério; as anotações de seu diário confirmam os problemas decorrentes da pouca disponibilidade de "especialistas no Leste" e as condições locais para uma instituição que, em tempos de rápidas mudanças, deveria se estabelecer como noviça num labirinto de departamentos já operantes. Por um lado, se ele contava com subordinados como Erich Koch no RKU, um notório ególatra, e Lohse, quase igualmente voluntarioso na função de *Gauleiter*, por outro lado, Rosenberg tentava rechear seu ministério com gente de confiança, se possível russos-alemães como seu amigo íntimo Arno Schickedanz e o chefe da divisão política Georg Leibbrandt. Ele encontrou apoio no seu representante com função de secretário de Estado, *Gauleiter* Alfred Meyer, que ajudou a organizar o crescimento do ministério até meados de 1942 com seu número máximo de funcionários: cerca de 1.600.[206] Quando se encontravam homens adequados à Operação Leste, sua transferência frequentemente demorava muito a acontecer devido principalmente a dificuldades logísticas;[207] não faltavam tarefas e problemas a serem resolvidos *in loco*, em cuja solução as instituições que haviam se instalado antes já tinham atuado de maneira própria.

O modo como as diretrizes políticas centrais foram transformadas em ações administrativas concretas na área ocupada é pouco conhecido, inclusive para a "questão judaica". Aquilo que Hitler conversou em 26 de julho com o recém-nomeado comissário do Reich Ostland, Hinrich Lohse, pouco antes da partida dele para seu novo local de trabalho não foi documentado, nem as "orientações" de Lohse sobre a "solução definitiva da questão judaica" em sua fala diante de trabalhadores em Kaunas um dia depois.[208] Tendo em vista as declarações anteriores de Hitler, de que tinha intenção de evitar "decisões políticas definitivas", além dos eventos posteriores, o ditador pode ter se limitado a lugares-comuns em relação a Lohse. No caso de Rosenberg, é de se supor que, no trato com a "questão judaica", ele tenha incentivado seus comissários a uma "solução transitória temporária", da maneira como ele a solicitara no final de abril na forma de trabalho compulsório e formação de guetos.²⁰⁹ Ao mesmo tempo, é possível que Rosenberg tenha enfatizado as "cartas brancas especiais" da Sipo e SD (sem entrar em detalhes) depois que a política de "plenos poderes" a nativos hostis a judeus, sugerida por ele, tivesse produzido os *pogroms* desejados.

Enquanto as afirmações sobre as orientações de Rosenberg em relação a seus comissários na "questão judaica" precisam ser mantidas no terreno da especulação devido à situação das fontes, o panorama delineado aqui se mostra concordante com as ordens dadas nas áreas de atuação de Himmler e da progressiva dinâmica de violência na região ocupada. Antes do início dos ataques, as unidades móveis de extermínio também não tinham recebido orientações claras sobre como agir em relação aos judeus; ainda em 2 de julho, as "orientações básicas" de Heydrich ao HSSPF sobre as missões dessas unidades móveis de extermínio diziam o seguinte: a serem executados eram, além de todos os funcionários comunistas, também "judeus em cargos em partidos e no governo, outros elementos radicais (sabotadores, propagandeadores, emboscadores, envolvidos em atentados, agitadores etc.) enquanto, individualmente, não sejam mais necessários (ou tenham deixado de ser) para fornecer informações de caráter político ou econômico de especial relevância para outras ações de segurança policial ou para a reconstrução econômica das áreas ocupadas".²¹⁰ O perigo de se impedir – por meio de regras fixas – o aproveitamento dinâmico de novas possibilidades, mais radicais, parecia maior às autoridades administrativas de Berlim do que a probabilidade de seus representantes locais descuidarem das "necessidades" correspondentes a cada situação, como disse Hitler em 16 de julho, e passarem do ponto. Como logo ficou claro, não havia motivos de preocupação para Himmler e Heydrich. Quando Lohse chegou a Kaunas, alemães e seus ajudantes haviam assassinado, apenas na Lituânia, cerca de 20 mil judeus e "comunistas".²¹¹

Os homens de Rosenberg se adaptaram com uma rapidez espantosa à situação, acelerando a espiral de violência. Em relação à

Lituânia, Christoph Dieckmann comprovou que em muitas regiões, desde o final de julho – após a nomeação do comissário-geral Theodor Adrian von Renteln –, o número dos assassinatos em massa de judeus subiu consideravelmente. Depois de poucas semanas, mulheres e crianças também foram incorporadas aos assassinatos. A partir de meados de agosto, seguiu-se o extermínio de comunidades inteiras, principalmente no campo, enquanto os sobreviventes tinham de se mudar para guetos subordinados aos comissários de área e municipais sob autoridade de Rosenberg. Noventa por cento de todas as vítimas do Holocausto na Lituânia foram assassinadas sob a égide da administração civil.[212] Com a criação de outros comissariados-gerais no RKO – Letônia, sob Otto Drechsler; Rutênia Branca, sob Wilhelm Kube (ambos em 1º de setembro de 1941); Estônia, sob Karl Litzmann (5 de dezembro de 1941) –, as "ações de limpeza" antijudaicas continuaram avançando, das quais judeus considerados aptos ao trabalho eram parcialmente excluídos.[213] No comissariado Ucrânia, que desde setembro havia tomado uma forma administrativa e até meados do mesmo mês atingira a margem ocidental do Dniepre, depois dos cerca de 90 mil assassinatos ocorridos em 1941, mais de 362 mil judeus foram vítimas de atos assassinos alemães no ano seguinte.[214] Na Rutênia Branca, o número dos judeus assassinados nos últimos dois meses de 1941 ficou em cerca de 60 mil; a maioria dos 150 mil judeus restantes não sobreviveria até 1944.[215]

A vida na ocupação era marcada tanto pela violência excessiva quanto por uma suposta normalidade no dia a dia. No fim das contas, os administradores civis foram rapidamente integrados à dinâmica destrutiva da dominação alemã.[216] Não menos significativa foi a presença eventual de funcionários de Berlim em cargos de chefia. Quando Rosenberg visitou seus comissariados pela primeira vez, no verão de 1942,[217] Himmler e Heydrich tinham observado pessoalmente, pouco depois do início dos ataques alemães, a atividade de seus representantes na área de ocupação, elogiando aqueles que tinham se destacado por se dispor a tratar com especial violência judeus e outros "inimigos do Reich". Com isso, a cúpula da SS e da polícia não estava elogiando apenas os já iniciados assassinatos em massa, mas encorajando os líderes de unidades a uma corrida ainda mais acirrada por maiores números de fuzilamentos.[218] Em 29 de julho de 1941, Himmler visitou o RKO Lohse em Kaunas, a fim de discutir com ele a ocupação de postos policiais subalternos; um dia depois, ambos – juntamente com HSSPF Hans Prützmann – visitaram Riga, a capital letã, onde representantes da Wehrmacht e Sipo/SD conversaram sobre a necessidade de alocar os judeus em guetos.[219] Rosenberg, que continuava, movido pelo ciúme, determinado a reprimir os "avanços de Himmler" em sua área de competência, e que se queixava de "trabalho sem fim",[220] estava à época bem distante, no Reich, e era muito mais dependente do que a cúpula berlinense da SS de relatórios e palestras de seus subordinados para tomar conhecimento dos acontecimentos nas áreas ocupadas.

Por causa de suas visitas e dos informes contínuos, Himmler e Heydrich supostamente parecem ter chegado à convicção de que a desejada "solução final da questão judaica" na União Soviética ocupada era factível – não apenas para os judeus que lá viviam, mas muito além. Fuzilamentos em massa tinham se mostrado altamente eficientes; Himmler e Heydrich pensavam em eliminar os efeitos colaterais negativos – como a carga emocional dos assassinos – por meio de métodos alternativos, que a partir do final de 1941 levaram à introdução de "carros de gás" na União Soviética ocupada.[221] Um problema sério era a insistência de Rosenberg na soberania das decisões. O comportamento do recém-nomeado ministro do Leste confirmara a já anunciada opinião de Himmler de que o trabalho conjunto com Rosenberg era uma atividade altamente frustrante, mas na primavera de 1941, Göring havia orientado Heydrich a respeitar "a atribuição de Rosenberg" no planejamento da "solução final".

A liderança da SS reconhecia uma saída para esse dilema já nessa fase, visto que a oposição de Rosenberg nascia de interesses próprios de caráter institucional e de maneira alguma intencionava disputar com os homens de Himmler seus plenos poderes executivos. Afinal, todos concordavam que os judeus tinham de sumir imediatamente. Os representantes da administração civil iriam se deparar com fatos consumados ao se apresentar ao trabalho e deixar a batalha contra "inimigos do Reich" à polícia. Heydrich tinha em conta essa constelação ao pedir, em 31 de julho de 1941, a assinatura de Göring para um "complemento" à sua tarefa, qual seja, a de "levar a questão judaica, na forma da emigração ou evacuação, a uma solução de preferência favorável relativamente às circunstâncias da época" e para tanto apresentar um esboço geral das "ações prévias organizacionais, práticas e materiais para a execução da desejada solução final". Rosenberg e seu ministério não foram citados expressamente no "complemento" de Göring; em vez disso, lia-se: "À medida que as competências de outras instâncias centrais forem abrangidas, sua participação deve ser assegurada".[222] Dessa maneira, a central de Himmler dispunha do necessário para transformar as partes ocupadas da União Soviética, para além da "questão judaica", em lugar da "solução territorial" desejada.

O procedimento de Himmler não deve ter desagradado a Rosenberg, visto que transformava na surdina a execução da "solução final" em questão da SS e, ao mesmo tempo, permitia à administração civil reclamar seus direitos políticos. Em 1º de agosto de 1941, Lohse foi a Berlim para uma reunião e transmitiu a Rosenberg bem mais do que suas "impressões", como o ministro do Leste registrou com sua vagueza habitual em seu diário.[223] O protocolo da reunião "sobre a situação política e econômica em Ostland" ficou mais claro na medida em que Lohse citou, ao lado da "germanização" [*Eindeutschung*] ordenada por Hitler como "objetivo final", também "eliminar todos os judeus, sem exceção, daquela área"; 10 mil já haviam sido "liquidados". Os fuzilamentos prosseguiam, e estavam planejados campos de trabalho, também para mulheres judias.[224] A administração civil estava interessada, em primeiro lugar, nos aspectos político-econômicos da "questão judaica"; Lohse considerava outros responsáveis pelas ações executivas – "a população letã" para as "liquidações" até aquele momento, Himmler para as futuras. Lohse deixou em aberto como a "eliminação" total dos judeus no RKO seria realizada, mas execuções em massa indicavam um caminho. Nenhum dos participantes da reunião duvidava que a administração civil participaria de tal "solução", muito menos Rosenberg, que havia muitos anos a incentivava e agora tinha a oportunidade de participar de sua organização "no Leste".

Por essa razão, não surpreende que Lohse, um dia após a reunião em Berlim, enviasse ao HSSPF Prützmann "orientações provisórias para o tratamento dos judeus" redigidas por seu Departamento II do RKO. Dessa maneira, ele informava à administração civil sua soberania na decisão sobre quem devia ser considerado judeu e como tratar cada caso. As instruções de Rosenberg, da primavera, eram menos concretas; havia necessidade de se esclarecer também a relação com o aparato de Himmler no funcionamento administrativo cotidiano. As orientações previam para os judeus a identificação compulsória, a proibição de profissões, o "encerramento hermético" em guetos, o confisco de bens, o trabalho compulsório e um "sustento precário", entre outros. Lohse deu carta branca aos comissários-gerais e locais para a execução dessas medidas, "sob consideração das situações locais, principalmente econômicas"; o projeto não previa uma participação das instâncias de Himmler.[225]

Isolamento total e confisco sistemático, simultaneamente a um sustento mínimo, só poderia resultar em destruição física. Apesar disso, o projeto das diretrizes de Lohse encontrou resistência na Sipo e SD. "O comissário do Reich", supunha o chefe da unidade móvel de extermínio A, Walter Stahlecker, num rascunho de observação para Prützmann, "aparentemente deseja uma regulamentação temporária da questão judaica em Ostland que corresponda à situação criada no Governo-Geral. Entretanto, não leva em conta, por um lado, a situação diversa criada pela campanha oriental. Por outro lado, ele não contempla o primeiro tratamento radical da questão judaica, tornado possível no Leste". Mesmo se Stahlecker acusa o responsável pelo RKO de se ater a noções convencionais, suas próprias ideias sobre os métodos a serem empregados não estavam de modo algum consolidadas. O objetivo prioritário era "impossibilitar o mais rapidamente possível um aumento dos judeus"; visto que uma esterilização em massa era "praticamente impraticável", restava apenas um reassentamento separado por gêneros nas "reservas judaicas" no RKO como preparação para uma "limpeza geral de todos os judeus no espaço europeu" consumada a partir da deportação "até uma reserva fora da Europa". Uma discussão da questão era necessária, segundo Stahlecker, porque "ordens básicas de postos superiores, não debatíveis por escrito", do projeto de Lohse, "envolviam a Polícia de Segurança [*Sicherheitspolizei*] de maneira significativa".[226]

Em relação à dinâmica das ações de violência no cotidiano administrativo, as orientações básicas de Berlim para a "questão judaica" se mostraram pouco praticáveis. Nessa situação, questões de responsabilidade de instâncias subordinadas da polícia e da administração civil ofereciam uma boa possibilidade para fortalecer suas próprias ideias sobre objetivos e métodos no trato com as respectivas concorrentes institucionais. Homens como Stahlecker ou Lohse podiam ter certeza de assim receber a atenção de seus superiores; significativamente, Rosenberg anota no seu diário apenas "discussões sobre intervenções de Himmler" e seu "antigo vício por poder indireto", mas nada a respeito do conteúdo do conflito.[227] Na realidade, os dois não estavam muito distantes entre si a respeito da questão: Lohse dispunha-se a modificar suas diretrizes a partir da indicação de "outras ações, principalmente da Polícia de Segurança", de modo que Stahlecker podia informar tranquilamente seus líderes: "apesar de o apoio dos departamentos do comissariado do Reich, principalmente na questão judaica, ser evidente para nós, temos de enfatizar agora a solução final da questão judaica com meios bem diferentes daqueles previstos pelo comissário do Reich".[228]

Na sequência, ambos os caminhos da "política judaica" nos comissariados do Reich – Sipo e SD responsáveis por "inimigos do Estado" e "pacificação", e a administração civil, por concentração e exploração – se uniram no objetivo "solução final". Os acontecimentos no RKO demonstram a maneira autoconfiante como os recém-nomeados administradores civis atuavam frente aos procuradores de Himmler, já presentes no local. Em julho, Rosenberg conseguiu rechaçar – com apoio de Hitler – a tentativa de Himmler de assumir o controle político. Ao mesmo tempo, a partir da administração dos guetos e do trabalho compulsório judaico, seus representantes em Ostland lograram em poucas semanas ocupar um campo político central. Não se pode de maneira alguma afirmar – como uma investigação pós-guerra da Alemanha Ocidental o fez, em 1965 – que "o Ministério Leste não estivesse atuante na 'solução final' da questão judaica promovida pelos comandos de assalto" ou que ocupasse um papel marginal, como um tigre de papel sem dentes e fracamente representado na área ocupada com "gente inútil do Leste".[229] Rosenberg decidia de maneira consciente em quais casos ele entraria em conflito com concorrentes: por um lado, não deixava de questionar as competências políticas de Himmler, mesmo no caso da missão especial do RKfdV para a "germanização" das áreas do Leste, que após o ataque à União Soviética foi ampliada na forma do "Plano Geral Leste".[230] Por outro lado, mostrava pouco interesse na realização de ações violentas realizadas pelas unidades de Himmler.[231] Rosenberg tomava conhecimento de protestos de seus subordinados contra "ações judaicas" que minavam a construção de uma administração organizada[232] na medida em que lhe parecessem úteis na briga por competência com a SS e a polícia. Certamente ele fez críticas ocasionais ao desfrute brutal de "falso poder" no trato com outros povos na segunda metade da guerra como contraproducente e denominou a morte em massa dos prisioneiros de guerra soviéticos sob o domínio da Wehrmacht no início de 1942 como "tragédia de grandes proporções".[233] Entretanto, não tinha qualquer reparo a fazer em relação ao avanço da "solução da questão judaica".

Num tempo em que "a história nos olha sobre os ombros",[234] como Rosenberg confia ao seu diário, seu convencimento ideológico e sua flexibilidade tática tornava-o tão predisposto ao "primeiro tratamento radical da questão judaica que se tornou possível no Leste" quanto os líderes das unidades móveis de extermínio de Himmler. "Agora que judeus e comunistas estão erradicados, o povo renasce", ele anotou em 14 de setembro sobre as novas relações na Letônia, embora possibilidades ainda mais radicais se abrissem, como nas diretrizes administrativas para o RKO formuladas por seu ministério no mesmo mês:

> Todas as medidas em relação à questão judaica nas áreas ocupadas do Leste têm de ser tomadas sob o ponto de vista de que a questão

judaica será resolvida no geral para toda a Europa após a guerra. Dessa maneira, devem ser pensadas como medidas parciais e necessitam estar em sincronia com as outras decisões tomadas nessa área. Por outro lado, as experiências realizadas no tratamento da questão judaica nas áreas ocupadas do Leste podem ser diretivas para a solução do problema como um todo, visto que os judeus nessas áreas, juntamente com os judeus do Governo-Geral, formam o maior contingente de judeus europeus.[235]

Essas orientações, parte da "pasta marrom" criada no verão de 1941 no Ministério do Leste e entregue a Hitler no início de outubro,[236] correspondiam às ambições de Rosenberg, tornadas públicas desde 1940, de dar uma solução de abrangência europeia à "questão judaica". Tendo em vista a dinâmica de violência em curso, não surpreende que as normas administrativas deixassem em aberto a amplitude das "medidas parciais" para a "solução do problema geral" marcada para o final da guerra. Era necessária a convergência de diversos fatores – as decisões tomadas em Berlim, a pressão regional de órgãos soberanos e a decisão de caráter violento de funcionários alemães na zona ocupada – para transformar "o Leste" num lugar do extermínio dos judeus do continente europeu. O ministro do Leste contribuiu para criar essa convergência.[237]

ROSENBERG, O "LESTE" E A "SOLUÇÃO FINAL" ATÉ O INÍCIO DE 1942

Desde agosto, o trabalho conjunto dos representantes de Rosenberg e Himmler na área da administração civil promoveu uma significativa aceleração do assassinato de judeus nas cidades, da "limpeza de judeus na planície" e da concentração dos sobreviventes nos guetos. Dúvidas anteriores sobre a possibilidade de se resolver dessa maneira a "questão judaica" em definitivo diminuíram com a crescente eficiência dos destacamentos de fuzilamento e dos testes com meios alternativos de assassinatos;[238] ao mesmo tempo, era preciso considerar o interesse da economia alemã de guerra nas forças de trabalho, sem que isso fosse uma barreira ao objetivo da duradoura "desjudificação".[239] O tratamento que a Wehrmacht dispensava a soldados cativos do Exército Vermelho deixava claro o destino imaginado pela força de ocupação às "bocas inúteis": a partir de setembro, principalmente o assassinato por subnutrição intencional atrás do front aumentou de modo drástico. Apenas nos três últimos meses de 1941, morreram entre 300 mil e 500 mil prisioneiros de guerra soviéticos.[240]

No Reich e em algumas áreas ocupadas, tendo em vista a expansão para o Leste, os governantes locais exigiam não esperar até o final da guerra com a deportação de judeus. No fim de agosto, ouvia-se na embaixada alemã em Paris a manifestação da expectativa de que "a conquista e a ocupação progressivas das amplas áreas do Leste" seriam adequadas "para solucionar rapidamente o problema judaico em toda a Europa de maneira definitiva, satisfatória";²⁴¹ na segunda semana de setembro, o Ministério das Relações Exteriores perguntou ao RSHA se os judeus sérvios restantes não poderiam ser deportados para a Polônia ou a Rússia.²⁴² Heydrich e seu RSHA trabalhavam fervorosamente num plano para a "solução final" solicitado por Göring, mas lhes faltavam – desde a interrupção das deportações ao Governo-Geral e com as perspectivas cada vez menores para uma deportação por navio até Madagascar – lugares adequados, principalmente porque a deportação à Sibéria ou, de modo mais geral, "para além do Ural" não era possível num futuro próximo.²⁴³

Nessas semanas decisivas, Rosenberg tentou conduzir o foco da liderança do regime dos interesses particulares para o todo, deixando de lado as ideias de uma "reserva" espacial amorfa, destinada ao pós-guerra, para se concentrar em uma região determinada, dominada pelos alemães – ou seja, aquela administrada por ele. Enquanto seus planos de autonomia para a Ucrânia encontravam cada vez mais resistência perante o ditador e eram ignorados localmente pelo *Reichskommissar* Koch,²⁴⁴ ele se aproveitou, no início de setembro, das notícias sobre os planos de Stálin para a deportação dos alemães do Volga para apresentar uma iniciativa a Hitler em 11 de setembro. Sua sugestão de ameaça aos Aliados era a seguinte: "Se esse assassinato em massa [dos alemães do Volga] for realmente concretizado, a Alemanha fará os <u>judeus</u> da Europa Central pagarem por isso".²⁴⁵ Como de costume, Rosenberg silenciou em seu diário sobre as ações concretas, mas Bräutigam registrou que o *Reichsleiter* havia "colocado em perspectiva a deportação de todos os judeus da Europa Central às zonas orientais que estão sob nossa administração" e o encarregara, por telefone, "de conseguir a anuência do Führer para esse projeto".²⁴⁶ Não sabemos se a iniciativa de Rosenberg foi uma jogada de propaganda ou pretexto para a deportação em massa:²⁴⁷ Hitler mostrou interesse, mas queria ver o Ministério das Relações Exteriores envolvido porque na mesma época a embaixada em Paris sugeriu que se deportassem os judeus franceses às "amplas regiões orientais".²⁴⁸

Na tarde de 17 de setembro de 1941, Hitler supostamente autorizou Ribbentrop, ministro das Relações Exteriores, a deportar "de preferência logo" os judeus do Reich e do protetorado.[249] Nem Rosenberg nem Himmler estiveram presentes nessa reunião, mas o último soube dela ainda no mesmo dia, ao se encontrar à noite com Ribbentrop. A carta de Himmler a Arthur Greiser, *Gauleiter* no "Reichsgau Wartheland", de 18 de setembro de 1941, indica que Hitler não se manifestara sobre a abrangência, a velocidade e o destino das deportações; o *Reichsführer* aproveitou-se disso para moldar a "emigração judaica" segundo suas ideias: 60 mil judeus deveriam primeiro ser levados ao gueto Litzmannstadt "a fim de serem conduzidos ainda mais ao leste na próxima primavera".[250] As esparsas anotações dessas semanas no diário de Rosenberg não trazem nada dos acontecimentos que aceleraram ainda mais a corrida dos sátrapas de Hitler em tornar suas regiões rapidamente "livres de judeus". Esse objetivo, porém, só era realizável em etapas, a começar pela falta de lugares que podiam receber milhares de judeus sem prejudicar a rede de transporte militar.

Em 4 de outubro de 1941, Heydrich – que no final de setembro recebeu, para além de suas outras funções, o cargo de protetor interino da Boêmia e da Morávia – encontrou-se com Alfred Meyer, representante de Rosenberg, e outros funcionários do Ministério do Leste, a fim de discutir as fastidiosas questões sobre âmbitos de responsabilidades. De acordo com uma nota de Heydrich, o último ponto da ordem do dia a ser discutido foi o "plano de uma evacuação total dos judeus das áreas por nós administradas", entretanto reduzido à questão sobre se a administração civil necessitaria manter "especialistas e encarregados próprios para questões judaicas" tendo em vista as circunstâncias no Leste. Visto que os representantes do Ministério do Leste mantiveram-se inflexíveis e que, "de todo modo, a execução do tratamento dos judeus em qualquer situação estava nas mãos da Polícia de Segurança", Heydrich não prosseguiu com esse ponto.[251] Por outro lado, não foi o tipo de "solução da questão judaica" que gerou disputas entre a administração civil e a polícia, mas uma rivalidade de competências; da mesma maneira, Heydrich podia – assim como Stahlecker em agosto, no RKO – aceitar os administradores de Rosenberg, enquanto não ficassem no caminho de sua "execução do tratamento dos judeus".

Nesses dias de outubro, informações confusas circularam nos departamentos envolvidos sobre "o Leste" como lugar de destino e os métodos de novas deportações de judeus. Em 7 de outubro, Koeppen reportou do quartel-general que Hitler estava decidido a "afastar" todos os judeus do protetorado, de Berlim e de Viena, e não "primeiro para o Governo-Geral, mas já mais para o leste".[252] Diante disso, Himmler anunciou em 18 de setembro o transporte dos judeus do Reich e do protetorado para Łódź, no Warthegau (e não ao Governo-Geral), a fim de deportá-los "mais para o leste" apenas na primavera de 1942. Em 10 de outubro, Heydrich debateu com oficiais da SS em Praga, entre eles Adolf Eichmann, a "solução de questões judaicas", principalmente deportações do protetorado. Em "consideração às autoridades de Litzmannstadt", "os judeus mais inoportunos deveriam ser escolhidos" e transportados para Minsk e Riga. As anotações da reunião tratam principalmente da formação do gueto em Theresienstadt, mas também citam as zonas ocupadas do Leste: de um lado, Eichmann havia ordenado que os líderes das unidades móveis de extermínio [Einsatzgruppen] B e C, Nebe e Rasch, levariam judeus deportados "aos campos para presos comunistas"; de outro, "os ciganos a serem evacuados [...]" poderiam ir "para Riga, com Stahlecker, cujo campo estava organizado seguindo o padrão de Sachsenhausen". O tempo urgia. Em 15 de outubro, deveriam acontecer os primeiros transportes. Hitler desejava "que ainda no final do ano corrente os judeus fossem possivelmente retirados do espaço alemão"; portanto, todas as "questões em aberto" deveriam ser solucionadas.[253]

Aquilo que os oficiais de Heydrich davam como opções de destino a fim de concretizar o desejo de Hitler, na realidade, se incluía nas "questões em aberto". Não existiam campos adequados para presos comunistas na área de operação das unidades móveis de extermínio B e C; muito menos era possível comparar o campo Sachsenhausen com o de Riga. Em relação a esse último, naquela época Sipo e SD não haviam ultrapassado a fase de planejamento dos campos de concentração.[254]

A reunião de Praga mostra que a área de Rosenberg avançava por esses dias ao centro do planejamento da "solução final". O aparato de Himmler tinha de se entender com o Ministério do Leste sobre os passos concretos, assim como os departamentos que se ocupavam com os assassinatos por "eutanásia" interrompidos por Hitler em agosto de 1941 por ocasião da "Ação T4".[255] Em 13 de outubro de 1941, quando Rosenberg foi interpelado em Berlim pelo governador-geral Hans Frank sobre "a possibilidade da evacuação da população judaica para as áreas ocupadas do Leste", o ministro do Leste revelou – segundo Frank – "desejos semelhantes" de outras autoridades e não via possibilidade a curto prazo. "Para o futuro", entretanto, ele estaria "disposto a incentivar a migração judaica para o Leste, inclusive porque havia a intenção de enviar os elementos antissociais de dentro do Reich para as áreas orientais fracamente povoadas".[256]

Em relação à pretendida "desjudificação", o destino final imaginado pela liderança nazista concentrava-se inequivocamente nas áreas orientais. Na disputa por competências com Himmler, Rosenberg também aproveitava de maneira mais intensa do que antes as informações que recebia de orgias de violência cometidas pela SS e pela polícia contra judeus. Apesar da brutalidade em ascensão, ele continuava se comportando basicamente de maneira tática, a princípio sem apresentar qualquer protesto. Em meados de outubro, o comissário de área de Libau, na Letônia, fez um relato sobre o "momento de inquietação" e o "terror generalizado" que o fuzilamento de mulheres e crianças judias havia gerado em sua região; da Bielorrússia, o comissário-geral Kube reportou, no início de novembro, excessos de violência por parte do batalhão 11 da polícia, que ele chamou de "maldade inaudita" e queria ver a informação transmitida a Göring e Hitler.[257] Aparentemente, não foi o que aconteceu; em vez disso, Rosenberg se limitou a fazer alusões para o chefe de gabinete de Himmler, Gottlob Berger – "alguns líderes da SS parecem ter realizado ações muito violentas sem que o RFSS estivesse a par de tudo" –, e críticas vagas a Lammers sobre orientações passadas verbalmente por Himmler, durantes suas frequentes viagens ao Leste, a oficiais locais da SS e da polícia, e desconhecidas de Rosenberg.[258]

Os protestos dos administradores civis na zona ocupada em relação a seus líderes policiais devem ter colaborado para que, por essa época, Himmler começasse a sondar de maneira mais intensa formas alternativas de uma "solução final" em outras partes do "Leste alemão", em paralelo aos planos de deportação ao RKO – já que o duradouro conflito com Rosenberg não parecia ter um fim em vista. Entre essas alternativas havia: deportações para a cidade bielorrussa Mogilew, sob administração militar, onde a unidade móvel de extermínio B realizava desde meados de setembro de 1941 "testes com morte por gás" e desde meados de novembro planejava, sob HSSPF Erich von dem Bach-Zelewski, um crematório com capacidade para 3 mil incinerações por dia;[259] a ampliação do campo de concentração Auschwitz na Alta Silésia Oriental anexada, incluindo-se um crematório ampliado;[260] a montagem do campo de extermínio Chelmno em Warthegau, onde a expertise da "Ação T4" e de ações assassinas regionais era colocada em prática; por fim, a construção recente de áreas de assassinatos em Lublin, no Governo-Geral, onde o fiel seguidor de Himmler, Odilo Globocnik, dera início, no começo de novembro, à construção do campo de extermínio Belzec.[261] Em novembro, Himmler, indignado, levou críticas a Heydrich sobre "toda correspondência dedo-duro" assinada pelo representante de Rosenberg; ele havia "afirmado claramente que era óbvio que não pode haver paz no alto quando embaixo todos sabem que ele será valorizado no alto se apresentar muitas reclamações sobre a SS e a polícia".[262] Entretanto, no que se refere à questão em si – que, a partir do "repovoamento" e a "pacificação" das áreas orientais, os judeus tinham de sumir –, Himmler e Rosenberg eram, como antes, da mesma opinião. O mesmo acontecia com a "vistoria" dos presos políticos soviéticos pela Polícia de Segurança, a fim de separar os "incorrigíveis elementos bolcheviques, agitadores e criminosos"; segundo opinião de Bräutigam, chefe do departamento de Rosenberg, a "liquidação dos comissários e dos judeus" estava subentendida.[263]

No início de outubro de 1941, as anotações do diário de Rosenberg são interrompidas; em meados de dezembro, ele resume reflexões político-religiosas de Hitler e no final do mês segue-se sua "pequena mostra representativa do trabalho dos últimos meses", geralmente em forma de registros cronológicos, muito seletivos, para alguns temas parcialmente isolados. Nem a "questão judaica" nem outras ações coercitivas que surgem dos objetivos básicos da política de ocupação alemã são citadas; ao menos, Rosenberg dedicou algumas palavas às mortes em massa dos presos de guerra soviéticos.[264] É muito improvável que, entre o final de 1941 e o início de outubro de 1942 – a continuação de suas notas –, Rosenberg não tenha encontrado tempo para manter seu diário; também o início abrupto do registro de 7 de outubro de 1942 aponta para escritos intermediários, que não existem mais ou ainda não foram descobertos. Os dossiês que foram preservados do Ministério do Leste e fontes de outras proveniências ajudam apenas parcialmente a fechar essa lacuna num momento-chave da história do Holocausto; as observações que se seguem resumem os acontecimentos mais importantes até o início de 1942 na medida em que estejam relacionados com o papel de Rosenberg na "solução final".[265]

Entre meados de outubro e início de novembro de 1941, policiais alemães deportaram aproximadamente 20 mil judeus e 5 mil "ciganos" do Reich e do protetorado para Litzmannstadt, embora tanto os administradores locais alemães quanto Himmler e Heydrich soubessem da limitada capacidade de acolhimento dos guetos da região, que não foi em nada modificada em curto prazo, apesar dos trabalhos prévios já em andamento para o início das mortes em massa por gás em Chelmno.[266] Nos preparativos para o transporte planejado pelo RSHA ao RKO, Eichmann encontrou-se no final de outubro com o "especialista racial" de Rosenberg, Erhard Wetzel. Segundo uma carta que Wetzel rascunhou em 25 de outubro para Rosenberg, o *Reichskommissar* Lohse deveria ser informado que Viktor Brack, um dos coorganizadores da "Ação T4", oferecera ajuda na "produção dos necessários alojamentos, bem como dos aparelhos para gaseificação" – provavelmente na forma de "caminhões de gás". Eichmann havia concordado com "esse procedimento" e anunciado a criação dos campos de Riga e Minsk, "aos quais eventualmente serão trazidos os judeus das regiões do antigo Reich"; deportações de judeus do Reich "que devem vir a Litzmannstadt, mas também a outros campos", já estavam em marcha, "para depois, se aptos, serem empregados para trabalhar. Nessas circunstâncias", continuava Wetzel, "não há inconveniente se os judeus não aptos a trabalhar forem eliminados com os métodos auxiliares de Brack". O restante dos judeus, separados por sexo, deveriam temporariamente ser colocados em campos e, na primavera, evacuados "para o Leste".[267]

O rascunho da carta de Wetzel parece ter perdido sua utilidade depois de uma visita de Lohse a Berlim.[268] Segundo as investigações realizadas nos anos 1960 pelo Ministério Público a respeito do Ministério do Leste, Rosenberg deve ter aconselhado Wetzel a se afastar "daquilo", referindo-se aos métodos de assassinato.[269] Em seu rascunho, Wetzel se refere a uma correspondência anterior, que não foi preservada após 1945, que aponta para a urgência da questão e a desorientação reinante entre os administradores no RKO.[270] A separação dos judeus em "aptos" e "não aptos" para o trabalho refletia o limite de atribuições entre a administração civil e a polícia, bem como as relações econômicas nas regiões do Leste; de acordo com as divisões de trabalho já em andamento, a disposição de Rosenberg em deixar para Himmler os aspectos executivos da "questão judaica" não foi pronunciada. Em 31 de outubro de 1941, devido a uma queixa do RSHA, Leibbrandt questionou Lohse sobre seus motivos para vetar o assassinato de judeus em Libau, na Letônia. Uma semana depois, o líder da divisão política do RKO, Karl Friedrich Trampedach, serviu-se das reclamações da Wehrmacht como oportunidade para instruir o comissário local de Wilna a proibir outras execuções de trabalhadores judeus especializados e solicitar "orientações básicas"; em 9 de novembro, ele protestou por escrito ao Ministério do Leste e a Lohse (que estava em Berlim no momento) contra os anunciados transportes para Riga e Minsk. Poucos dias depois, Leibbrandt tranquilizou Trampedach assegurando-lhe que as deportações seguiriam mais para o leste; no caso de dúvidas, ele deveria se dirigir ao HSSPF Ostland.[271] Lohse respondeu ao questionamento feito em 31 de outubro por Leibbrandt duas semanas mais tarde, dizendo que havia "proibido as selvagens execuções de judeus em Libau porque não era possível responsabilizar-se por elas da maneira que estavam sendo realizadas". A continuação da carta de Lohse reflete o estado de conhecimento dos representantes de Rosenberg na noite anterior à chegada dos judeus deportados do Reich: "Peço que me informe", escreveu Lohse, "se seu questionamento de 31/10 deve ser entendido como instrução para que todos os judeus em Ostland sejam liquidados. Isso deve acontecer sem consideração à idade, ao sexo e aos interesses econômicos (por exemplo: os da Wehrmacht em relação a trabalhadores especializados em fábricas de armamentos)? Evidentemente que a limpeza dos judeus de Ostland é uma tarefa urgente; sua solução, entretanto, deve estar em consonância com as necessidades da economia de guerra. Não pude destacar uma orientação nesse sentido nem das diretrizes sobre a questão judaica na 'pasta marrom' nem de outros decretos".[272]

No momento do questionamento de Lohse, o primeiro transporte de judeus alemães tinha chegado a Minsk; seguiram-se mais seis até 5 de dezembro. Quase ao mesmo tempo, cinco trens de deportação foram para Kaunas e do final de novembro até meados de dezembro de 1941, dez transportes para Riga. Dez outros seguiram-se do início de janeiro até o início de fevereiro de 1941.[273] Nessa época, foram levados cerca de 32 mil judeus ao RKO; junto com os 20 mil judeus deportados anteriormente a Litzmannstadt e 5 mil "ciganos", bem menos que os 60 mil judeus que Himmler citou para Greiser em 18 de setembro. A desorientação sobre o que fazer com os indesejados deportados reinava nas áreas de destino do RKO – não apenas entre os representantes de Rosenberg, mas também do lado da Sipo e SD. No início de novembro, antes da chegada dos deportados a Minsk, policiais alemães e seus auxiliares fuzilaram cerca de 12 mil judeus do gueto de Minsk.[274] Visto que o campo de Riga ainda estava em construção, os primeiros cinco transportes com cerca de 5 mil judeus do Reich foram transferidos para Kaunas. Entre 29 de novembro e 1º de dezembro, policiais alemães em Riga assassinaram mil deportados recém-chegados de Berlim, juntamente com cerca de 14 mil judeus do gueto de Riga; em 8-9 de dezembro, ao menos 13 mil prisioneiros do gueto foram vítimas de um novo assassinato, antes de os transportes do Reich ao gueto da capital letã serem interrompidos.²⁷⁵ "Arranjar espaço" para os deportados parecia ser, localmente, a continuação ininterrupta de ondas de assassinatos anteriores, mas uma forma de violência extrema não era condição necessária para a outra: em Kaunas, Sipo e SD assassinaram no final de outubro aproximadamente 10 mil judeus "não aptos ao trabalho", sem levar ao gueto os 5 mil deportados que tinham sido desviados de Riga; em vez disso, eles foram mortos imediatamente após sua chegada num dos locais de fuzilamento na periferia da cidade.²⁷⁶

Por causa dos fuzilamentos em massa anteriores e de outras ações radicais, as autoridades de Berlim estavam supostamente convencidas de que os responsáveis locais sabiam o que se esperava deles, mesmo sem orientações concretas. Depois da guerra, o novo HSSPF no RKO, Friedrich Jeckeln – colocado no lugar de Prützmann –, afirmou ter recebido em Berlim, em 10 ou 11 de novembro, a seguinte orientação de Himmler: "todos os judeus de Ostland, até o último homem, devem ser exterminados".²⁷⁷ Caso o *Reichsführer* tenha realmente se manifestado diante de seu representante local no início de novembro com tal clareza, então não estava fazendo nenhuma diferenciação entre judeus locais e os deportados. Quando Jeckeln determinou o assassinato dos primeiros judeus deportados de Berlim a Riga, no final de novembro, acabou levando uma reprimenda de Himmler, que em 30 de novembro – tarde demais – ordenara "nenhuma liquidação".²⁷⁸ No Ministério do Leste, Bräutigam respondeu apenas em 18 de dezembro de 1941 à consulta de Lohse feita em 15 de novembro com três frases lapidares, mas fatais em seu significado: "Na questão judaica, deveria já haver clareza por meio de consultas verbais. Interesses econômicos devem se manter fundamentalmente fora da regulamentação do problema. No mais, pede-se que eventuais perguntas sejam esclarecidas imediatamente com os superiores da SS e da polícia".²⁷⁹ As deportações "mais para o leste" tinham deixado de ser assunto.

O que haveria acontecido entre novembro e meados de dezembro para que, depois de toda a confusão envolvendo a "questão judaica", existisse subitamente uma clareza a esse respeito, segundo a concepção do Ministério do Leste? Poucos dias antes do Natal de

1941, quando Bräutigam enviou sua breve mensagem para Riga, por ordem de Rosenberg, as alternativas de ação tinham se reduzido de tal maneira – segundo os responsáveis – que restavam apenas o genocídio por meio de assassinatos seletivos e o "extermínio pelo trabalho". Rosenberg esteve envolvido nesse processo de decisão. Em 14 de novembro, ele tivera uma reunião mais longa com Hitler, sobre a qual não sabemos nada por intermédio do diário, mas sim por uma anotação nos autos. Como sempre, Rosenberg se manteve vago, mas não podemos afirmar se apenas em seus registros escritos ou se também em suas declarações verbais diante de Hitler. É possível imaginar que ele, em uma de suas raras reuniões com o ditador, além de ter abordado todas as trivialidades como "os trabalhos realizados até agora para a montagem do Ministério do Leste", tenha também citado a "política judaica" no Leste, pelo menos em seu contexto mais amplo.[280] A menção que Rosenberg faz da Conferência do Estado-Maior do Planejamento Leste para Hitler aponta nesse sentido: na continuidade de seus ambiciosos planos políticos da primavera de 1941, Rosenberg tinha convidado representantes de outras instâncias, entre eles o *Reichsminister* Fritz Todt, para a reunião constituinte desse grêmio em 30 de outubro. Isso ocorreu também como reação às advertências de Koppen, em meados de outubro, de que, devido "às orientações excepcionalmente severas e determinadas do Führer sobre assentamentos alemães e germanização das áreas orientais ocupadas", o Ministério do Leste poderia "diminuir até se tornar um acessório" em relação ao RKfdV, com a única função de "fazer com que os eslavos encurralados sejam evacuados ou morram o mais rapidamente possível".[281] Como "começo de um trabalho para cem anos" na forma da "criação de um espaço de assentamento para 15-20 milhões de alemães", assim dizia a transcrição da reunião do Estado-Maior do Planejamento, estavam em primeiro lugar a abertura de rotas de trânsito, o planejamento econômico e os assentamentos. O RKO já se perguntava como lidar com o avanço do front abrangendo "área entre os lagos Peipus e Ilmen", transformando-a em "uma região de assentamento para elementos desagradáveis" ou em área de colonização alemã.[282]

Em 14 de novembro, Rosenberg apresentou a Hitler exatamente essa questão, que havia ficado sem resposta na reunião do Estado-Maior do Planejamento. No caso da região entre os lagos Peipus e Ilmen havia a "escolha de povoar essa área com elementos a serem evacuados ou transformá-la em colônia militar alemã" para "estabelecer aqui as novas fronteiras do mundo eslavo".[283] Hitler decidiu pela construção de colônias militares e, dessa maneira, contra a opção de enviar os transportes com deportados do Oeste "ainda mais para leste". Quando Rosenberg se encontrou com Himmler, um dia depois, o tema em questão foi além dos eternos limites de competência, abordando também "o tratamento do problema judaico". O argumento de Himmler de que "a questão judaica no Leste era essencialmente um caso de polícia e por isso tinha de ser lidado pela polícia" não foi totalmente aceito por Rosenberg, que insistiu em sua direção na "política geral" e na sua "liderança popular".[284] Em 19 de novembro finalmente chegou-se a um consenso, quando ficou acertado que o HSSPF e o SSPF deveriam se sujeitar "pessoal e diretamente" aos comissários do Reich ou comissários-gerais.[285] Isso não encerrou os conflitos entre Himmler e Rosenberg, mas criou regionalmente uma unidade funcional entre a polícia e a administração civil, que formava uma base sólida para o trabalho conjunto de ambos no contexto da "política judaica".

Os escritos mais antigos de Rosenberg já atestam que a liderança nazista não fazia distinção clara entre judeus do Leste e judeus de outras partes da Europa; com a expansão alemã no amorfo "espaço oriental", essa diferenciação desapareceu por completo; o que restou foi a questão de ordem prática e, nesse sentido, as regiões que estavam sob controle direto alemão tinham claramente melhores possibilidades para ações radicais. Em 17 de novembro, quando Himmler telefonou para Heydrich, seu homem de ligação no Ministério do Leste, a agenda registrava, ao lado da reunião com Rosenberg e a situação no Governo-Geral, também a "eliminação dos judeus".[286] De maneira análoga à prática burocrática iniciada com o "11º decreto em relação ao Código Civil do Reich" de 25 de novembro – segundo o qual os judeus, ao ultrapassarem as fronteiras do Reich, perdiam sua nacionalidade alemã e o direito às suas propriedades –, nos Territórios Orientais Ocupados diferenciavam-se apenas judeus de não judeus. Estando o pertenciamento ao judaísmo comprovado, a resposta à aptidão ao trabalho era o que decidia entre a vida ou a morte. Rosenberg foi um dos defensores mais coerentes de uma "política judaica" integral, que só se concretizaria sendo aplicada sobre todos os representantes da "contrarraça" e em todo o âmbito europeu. Num discurso de 18 de novembro em Berlim, após o comunicado oficial da existência do seu Ministério do Leste, Rosenberg formulou seus objetivos de maneira clara:

> Ao mesmo tempo, esse Leste é chamado a solucionar uma questão que está colocada aos povos da Europa: trata-se da questão judaica. No Leste, vivem ainda cerca de 6 milhões de judeus e essa questão só pode ser solucionada por um extermínio biológico de todo o judaísmo na Europa. A questão judaica só será resolvida para a Alemanha quando o último judeu tiver deixado o território alemão, e para a Europa quando não houver mais nenhum judeu no continente europeu, até os Urais.[287]

Só que concretizar a visão de Rosenberg, tornar sua área de influência no Leste o palco de "um extermínio biológico de todo o judaísmo na Europa" não era tarefa simples, mesmo para a Alemanha. "A questão", escreveu Goebbels em sua conversa com Heydrich em 17 de novembro, "é ainda mais difícil do que supúnhamos no início", visto que os judeus não podiam ser deportados do Reich na quantidade desejada em curto prazo devido às demandas da economia de guerra.[288] Com a contenção da ofensiva alemã, as prioridades militares ganharam em importância. Em 20 de novembro, o comandante da Wehrmacht no RKO, *Generalleutnant* Walter Braemer, reclamou da piora na situação da segurança e dos transportes, principalmente em Minsk, na Bielorrússia, devido às deportações de judeus do Reich.[289] A mera presença dos judeus alemães evacuados no gueto – até o final do ano, de 6 mil a 7 mil –, entre eles veteranos de guerra condecorados com a Cruz de Ferro, gerou incompreensão entre os representantes da administração civil. O comissário-geral Kube declarou-se "claramente decidido e disposto a ajudar a solucionar a questão judaica, mas pessoas que vêm de nosso círculo cultural são, no fim das contas, algo diferente das hordas bestializadas do local".²⁹⁰ Rosenberg, entretanto, não notava essa diferença, e também não a citara em seu retrospecto semestral. Em janeiro de 1942, quando o comissário da cidade de Minsk, Wilhelm Janetzke, protestou diretamente com Rosenberg contra a deportação de 50 mil judeus berlinenses, Lohse censurou-o por desacato aos trâmites hierárquicos.²⁹¹ Como a carta de Bräutigam a Lohse de 18 de dezembro de 1941 deixa claro, o Ministério do Leste estava decidido a se contentar com diretivas orais e dirigir "eventuais questões" à SS e à polícia. Preocupações com o transporte por parte da Wehrmacht eram levadas a sério; além disso, o inverno rigoroso dificultava a escavação de covas coletivas, de maneira que muitas "ações" tiveram de ser adiadas para a primavera. E de fato os transportes para Minsk se encerraram com um trem partindo de Köln em 28 de novembro de 1941 para serem retomados apenas em maio de 1942, quando Sipo e SD levavam os judeus recém-chegados do Reich diretamente ao fuzilamento, sem antes passar pelo gueto. Apenas no campo de extermínio Maly Trostinez, em Minsk, estima-se que pelo menos 40 mil pessoas foram assassinadas até a retirada alemã no verão de 1944.²⁹²

Quando Heydrich enviou, no final de novembro de 1941, um convite para a reunião de secretários de Estado, que mais tarde entrou para a história como a Conferência de Wannsee, certamente havia enxergado nos domínios de Rosenberg boas possibilidades para uma abrangente "solução final da questão judaica". Como formulou em seu convite, Heydrich esperava que do "debate" fosse "alcançada uma visão comum"; ela lhe parecia urgente, pois, desde meados de outubro, os judeus do Reich e do protetorado "estavam sendo evacuados para o Leste". A única outra instância participante foi o Ministério do Leste, que compareceu com dois funcionários: Meyer, o representante de Rosenberg, e Leibbrandt, o diretor do departamento. Na reunião de 20 de janeiro de 1942, esteve presente também o comandante da Polícia de Segurança e do SD na Letônia

– juntamente com o *Sturmbannführer* da SS Rudolf Lange –, que, devido à sua subordinação formal ao comissário-geral, ocupava uma posição intermediária entre a polícia e a administração civil, além de dispor de experiência em assassinatos em massa.[293] Prevista originalmente para 9 de dezembro de 1941, a reunião foi adiada para janeiro; nesse meio-tempo, as condições se modificaram de maneira decisiva. Com o endurecimento da resistência soviética e a entrada dos Estados Unidos na guerra, a pergunta que a liderança nazista se fazia era como utilizar os recursos existentes da maneira mais eficiente e com a maior urgência.

Alfred Rosenberg não poupou sugestões, principalmente quando correspondiam a suas convicções longamente acalentadas. Dessa maneira, ele insistiu na desagregação ativa da URSS por tratamento diferenciado de determinados grupos étnicos. Sua postura também se manteve basicamente inalterada sobre a "questão judaica": para ele, era preciso achar uma resposta não apenas para a Alemanha, mas para a Europa toda.[294] Os métodos a serem empregados eram secundários e não estavam sob sua responsabilidade. Ao se encontrar em 14 de dezembro de 1941 com Hitler, ele questionou de que maneira abordar o problema num discurso previsto para Berlim, visto "que agora, após a decisão" – ele deveria estar se referindo à declaração de guerra da Alemanha aos Estados Unidos, ocorrida pouco antes –, "as observações sobre os judeus nova-iorquinos talvez tenham de ser um pouco modificadas".[295] Sua sugestão "de não falar do extermínio do judaísmo" foi menos clara do que o discurso em 18 de novembro de 1841, acompanhada por uma discreta solicitação de confidencialidade, no qual ele discorreu sobre "uma erradicação biológica de todo judaísmo na Europa". As observações de Rosenberg e a resposta de Hitler – segundo a qual os judeus "nos obrigaram à guerra" e "trouxeram a destruição", "não seria de se espantar se fossem os primeiros a sofrer as consequências" – reforçavam, no estilo exato do discurso nazista, a naturalidade, por assim dizer, da violência do genocídio. Naquele momento, Hitler queria ver "os outros povos" excluídos "do trabalho", "visto que eles poderiam futuramente manifestar uma pretensão legal". No registro de seu diário de 14 de dezembro, Rosenberg não mencionou o tema. Em vez disso, ele se manifestou – juntamente com as explanações de Hitler sobre "o problema do cristianismo" – contra a preferência católica pelo que ele chamava de "manutenção dos idiotizados",[296] uma indicação clara à crítica da Igreja contra o programa de assassinatos por "eutanásia".

A "clareza" sobre a "questão judaica", que Bräutigam assegurava diante de Lohse, significava principalmente não haver objeções aprioristicas a ações radicais. No início de 1942, Rosenberg falou "da política natural em relação ao judaísmo".[297] Além do envolvimento de outros governos, reservado por Hitler "caso a caso, em acordos particulares",[298] depois do início do assassinato em massa dos judeus alemães deportados, não foi preciso haver nenhuma "decisão de princípios" ["*Grundsatzentscheidung*"] do ditador tendo em vista o engajamento de seus representantes. Suas competências, que mantinham estreita ligação com a prática de violência generalizada no Leste, permaneceram conflituosas. Enquanto Rosenberg não abria mão da insistência numa "solução" de abrangência europeia e defendia obstinadamente a responsabilidade de seus administradores civis para questões centrais da política judaica – administração de guetos, trabalho compulsório – nos comissariados do Reich,[299] frente a Himmler, deixava ao último como domínio inconteste – de modo absolutamente intencional, tendo em vista seus massivos problemas práticos – a "pacificação" pela Polícia de Segurança. Himmler estava disposto a utilizar esse gancho para atrair para si novas competências: é o que mostra o registro em sua agenda sobre uma conversa com Hitler em 18 de dezembro de 1841 ("questão judaica. | exterminar como *partisans*"). Ele reforçava assim a defesa total contra perigos iminentes e abria mão de qualquer diferenciação relativa a grupos ou de caráter regional.[300] Na virada do ano 1941-42, Himmler estava sob grande pressão no que dizia respeito à "questão judaica", não obstante as centenas de milhares de mortes que suas unidades informavam a Berlim como "resultado bem-sucedido" de sua atuação no Leste. Hitler aguardava progressos, seus administradores pressionavam por "desjudificação" de suas áreas de influência, dificuldades logísticas resultavam em deportações do Reich congestionadas, tanto nos locais de partida quanto de chegada, enquanto Rosenberg – o "guardião do

Leste" de Hitler –, como intérprete determinante da ideologia nazista e porta-voz de seu senhor, realçava a dimensão europeia da "solução final" e ao mesmo tempo defendia com ciúmes a "unidade da representação do Reich alemão nas zonas orientais ocupadas".[301]

Ao cumprimentar os participantes da conferência de Wannsee em 20 de janeiro de 1942, Heydrich se referiu – de acordo com uma ata da conferência realizada por Eichmann (e encontrada por Robert Kempner em 1947) –, "considerando a solução final da questão judaica europeia", às "possibilidades de solução segundo concordância anterior do Führer" na forma da "evacuação dos judeus para o Leste". Com a diferenciação entre uma "solução final futura", que deveria abranger 11 milhões de judeus na Europa, e as "possibilidades de desvio" realizáveis em curto prazo, o chefe do RSHA mantinha-se estritamente na linha que Rosenberg delineara no semestre anterior para o RKO em sua "pasta marrom". Ao mesmo tempo, Heydrich dispunha de alternativas mais facilmente realizáveis, mais eficientes (e supostamente sem serem aventadas na conferência), nas partes anexadas ou ocupadas da Polônia, fora da área de influência de Rosenberg. Diante do cenário dos acontecimentos no RKO e nas discussões das semanas e meses anteriores, as conclusões da ata podem ser lidas como uma continuação de diretrizes passadas para uma "solução final" no Leste. Ao mesmo tempo, elas evitavam precisar a intenção de assassinato, seus meios, locais e a época. Não faltaram referências à "experiência da história" nem a ideia biologista da "diminuição natural", ao critério da "aptidão ao trabalho" e à rubrica "aplicação no trabalho" por meio de construção de estradas, como haviam sido discutidas no contexto da reunião do Estado-Maior do Planejamento, de Rosenberg, no final de outubro de 1941 e que se tornaram realidade genocida na forma da "*Durchgangstraße IV*"*
[Estrada IV].[302]

---

* Nome da estrada com previstos 2.175 quilômetros de extensão, que deveria cruzar as áreas ocupadas da União Soviética até o Cáucaso. Serviria para o asseguramento das novas zonas de controle no Leste e do abastecimento do front. A estrada da SS, como foi conhecida mais tarde, era parte do programa de "extermínio pelo trabalho": mais de 25 mil trabalhadores judeus forçados morreram na obra entre 1942 e 1944. (N. T.)

A intenção de Heydrich de, por meio da Conferência de Wannsee, alcançar a concordância de outras instâncias para uma "solução final" de abrangência europeia, a ser realizada no "Leste", não levantou qualquer oposição no Ministério do Leste. Segundo a ata, o representante de Rosenberg pediu a palavra apenas uma vez durante a reunião, por causa dos "diferentes tipos de possibilidades de solução": Meyer sugeriu, juntamente com o secretário de Estado Bühler, do Governo-Geral, "realizar determinados trabalhos no contexto da solução final já no local de sua execução; entretanto, é preciso evitar a inquietude da população".[303] Mais ainda: se Rosenberg continuava a insistir, diante do aparato de Himmler, na sua competência de decisão na questão de definir alguém como judeu e em como tratá-lo,[304] após a reunião ele apoiou Heydrich contra o Ministério do Interior em sua tentativa de abarcar nas deportações, sem qualquer distinção, "mestiços de primeiro grau". O oportunismo político tinha, no máximo, um papel secundário. Segundo Wetzel, o ministro do Leste "pessoalmente valorizava a abrangência dos mestiços de primeiro grau no conceito de judeu do Leste". Ao mesmo tempo, correspondia às antigas preferências patentes de Rosenberg quando Bräutigam dizia a um funcionário que, "no caso da questão judaica", ele considerava "desejável reforçar a competência da SS e da chefia da polícia".[305]

Como Christian Gerlach concluiu já no final dos anos 1990, o "plano de transportar os judeus europeus para as áreas soviéticas ocupadas e lá submetê-los a uma execução lenta [...] sofreu modificações entre junho e dezembro de 1941 e, em seguida, foi em larga medida abandonado".[306] Os trechos agora disponíveis de Rosenberg confirmam isso; simultaneamente, colocam em dúvida a suposição de que o Ministério do Leste perseguiu durante "todo o segundo semestre de 1941 um projeto para a evacuação destrutiva dos judeus em áreas distantes".[307] Em vez disso, Rosenberg apoiou – como parte de um grande projeto étnico de abrangência europeia – uma "solução final" no território por ele administrado, por meio do extermínio físico, tanto dos judeus locais quanto dos deportados de outras partes da Europa. Ele não se escandalizava com os assassinatos em massa realizados pelas forças da SS e da polícia de Himmler, e até os privilegiava mostrando-se disposto a incluir neles também "mestiços de primeiro grau". No decorrer de 1942, quanto mais outras partes da Europa Oriental aproximavam-se do centro do processo de extermínio, cada vez mais abrangente devido aos assassinatos em massa em Chelmo, Belzec, Sobibor, Treblinka e Auschwitz, mais a administração civil de Rosenberg se afastava dele. Tanto para os moradores locais quanto para os judeus deportados, os guetos e os campos que restavam eram espaços de um sofrimento indescritível.

Com o início da primavera de 1942, os comandos assassinos na União Soviética ocupada continuaram de onde haviam parado no início do inverno. Os representantes da administração civil agiam de mãos dadas com a SS e a polícia. Simultaneamente a essa "segunda onda de matança" (Raul Hilberg), da qual foi vítima a maioria dos judeus que havia sobrevivido até então nos comissariados do Reich, Rosenberg – nesse meio-tempo investido com outra "carta branca" de Hitler para "o planejado combate intelectual" de "adversários com outra visão de mundo" – percorreu pela primeira vez seu império.[308] Ele confirmou amplamente aquilo que esperava: "impressionante experiência de espaço", "Leste selvagem" com "povos selvagens"; desolação em mais de uma "cidade tediosa, ucraniana-polonesa-judaica"; de quando em quando "um pedaço da Alemanha em meio ao deserto".[309] Esse relatório de viagem contém tão poucas alusões à execução da "solução final" quanto um segundo, do verão de 1943, redigido pouco antes de Himmler transformar os guetos que ainda existiam em campos de concentração; uma suposta visita ao gueto de Kaunas também não foi mencionada.[310] Com o avanço da prática dos assassinatos, os judeus desapareceram ainda mais do que antes das anotações de diário de Rosenberg. Caso Rosenberg tenha perguntado pelos judeus a um de seus representantes locais, deveria ter recebido uma resposta clara. Numa reunião solicitada por Göring no início de agosto de 1942, diz Lohse: "Apenas poucos judeus estão vivos; milhares foram embora".[311] No início de julho de 1943, Hitler citou o chefe do RKU, Erich Koch, subordinado a Rosenberg, ao falar de cerca de meio milhão de judeus assassinados.[312]

As anotações do diário, de 1942 até o final de 1944, confirmam que, embora Rosenberg criticasse com maior severidade aspectos específicos da política nazista, ele se mantinha firmemente preso às suas próprias convicções ideológicas, inclusive no que diz respeito à "questão judaica". Em um discurso sem data, supostamente posterior à batalha de Stalingrado, Rosenberg manifestou-se mais uma vez claramente sobre o estado da "solução final": é iminente "o extermínio, de uma vez por todas, dessa sujeira, e o que hoje acontece com a eliminação dos judeus de todas as nações do continente europeu é também uma humanidade; a saber, uma humanidade dura, biológica". Independentemente do que tenha se modificado desde a formulação dos ideais nazistas, Rosenberg ainda sentia o "antigo ódio" e, dessa maneira, o objetivo "só poderia ser o mesmo: a questão judaica na Europa e na Alemanha só estará resolvida quando não houver mais judeus no continente europeu".[313] Essas declarações não ficaram muito atrás no quesito clareza em relação ao tristemente célebre "Discurso de Posen" do *Reichsführer* da SS, Heinrich Himmler, de 4 de outubro de 1943.

Com as perspectivas de vitória minguando cada vez mais, Rosenberg colocou a "solução final da questão judaica" de maneira propagandística como projeto de integração europeia, que deveria unir os povos e as nações do continente sob a liderança da Alemanha rumo à "vitória final". Se, no final de 1941, Hitler ainda estava preocupado com eventuais "pretensões legais" que poderiam surgir da participação de outros Estados, ele passou a ser mais receptivo à ideia. No início de 1944, Rosenberg planejava um congresso de grandes proporções, que deveria ocorrer em julho e iniciar "uma grande ofensiva na área do combate aos judeus", o que acabou não acontecendo apesar de intensos preparativos.[314] Até o final do Terceiro Reich, Rosenberg se manteve um ideólogo antissemita tão fanático quanto incorrigível, e, diante de decepções, retrocessos e fracassos, sua visão de mundo lhe ofereceu um abrigo seguro até em sua cela na prisão de Nuremberg.

NOTAS

1. Ernst Piper, *Alfred Rosenberg. Hitlers Chefideologe*, Munique, 2005; Fritz Nova, *Alfred Rosenberg; Nazi Theorist of the Holocaust*, Nova York, 1986.
2. Veja parte III, documento 1.
3. Veja Piper, *op. cit.*, pp. 116-21.
4. Já em 1959, Wolfram Hanrieder – sem citar fontes – escreveu em sua tese *Race, Religion, State Power*, defendida na Universidade de Chicago: "It is generally agreed that Rosenberg played an important part in drafting and writing certain portions of '*Mein Kampf*". A esse respeito, mais Otto Strasser, *Hitler and I*, Boston, 1940; assim como Florian Beierl e Othmar Plöckinger, "Neue Dokumente zu Hitlers Buch *Mein Kampf*", VfZ 57/2 (2009), pp. 261-318.
5. Veja Alfred Rosenberg, *Das Parteiprogramm. Wesen, Grundsätze und Ziele der Nationasozialistischen Deutschen Arbeiterpartei*, Munique, 1922 e segs.
6. O termo "contrarraça" remonta aparentemente aos colegas alemães-bálticos da confraria estudantil de Rosenberg e ao futuro colaborador Arno Schickedanz; veja Arno Schickedanz, *Sozialparasitismus im Völkerleben*, Leipzig, 1927.
7. Até 1942, foram vendidos 1 milhão de exemplares de *Mythos*. Sobre o conteúdo e recepção, veja Piper, *op. cit.*, pp. 179 e segs.
8. Alfred Rosenberg, *Der Zukunftsweg einer deutschen Außenpolitik*, Munique, 1927; e Piper, *op. cit.*, pp. 152-67. Cf. Gerhard L. Weinberg (org.), *Hitlers zweites Buch. Ein Dokument aus dem Jahr 1928*, Stuttgart, 1961.
9. Veja Reinhard Bollmus, *Das Amt Rosenberg und seine Gegner. Zum Machtkampf im nationalsozialistischen Herrschaftssystem*, Munique, 1970 (Nova edição, 2006); Piper, *op. cit.*, pp. 323 e segs.
10. Veja Dirk Rupnow, *Judenforschung im Dritten Reich. Wissenschaft zwischen Politik, Propaganda und Ideologie*, Baden-Baden, 2011.
11. Veja Piper, *op. cit.*, pp. 486-508. Sobre o legado disperso dos documentos do ERR, veja Patricia Kennedy Grimsted, *Reconstructing the Record of Nazi Cultural Plunder: A Survey of the Dispersed Archives of the Einsatzstab Reichsleiter Rosenberg (ERR)*, Amsterdã, 2011; e http://www.archives.gov/research/holocaust/international-resources/navigate.html.
12. Veja documento 22. Ao lado da bibliografia mais antiga (Alexander Dallin, *German Rule in Russia 1941-1945. A Study of Occupation Policies*, Londres, ²1981; Gerald Reitlinger, *The House Built on Sand: The Conflicts of German Policy in Russia, 1939-1945*, Nova York, 1960; Timothy Patrick Mulligan, *The Politics of Illusion and Empire: German Occupation Policy in*

the Soviet Union, 1942-1943, Nova York, 1988) veja Piper, *op. cit.*, pp. 531-66; Andreas Zellhuber, "*Unsere Verwaltung treibt einer Katastrophe zu...*" *Das Reichsministerium für die besetzten Ostgebiete und die deutsche Besatzungsherrschaft in der Sowjetunion 1941-1945*, Munique, 2006. Em relação aos limites dos comissariados do Reich, veja o mapa nas pp. 408-09.

13. Veja Dieter Pohl, *Die Herrschaft der Wehrmacht*. *Deutsche Militärbesatzung und einheimische Bevölkerung in der Sowjetunion 1941-1944*, Munique, 2008; Christian Hartmann, *Wehrmacht im Ostkrieg. Front und militärisches Hinterland 1941-42*, Munique, 2009. Com documentos-chave e referências à assim chamada Exposição da Wehrmacht: Hamburger Institut für Sozialforschung (org.), *Verbrechen der Wehrmacht. Dimensionen des Vernichtungskrieges, 1941 bis 1944*, Hamburgo, 2002.

14. Veja Hilberg, *Vernichtung*, pp. 287 e segs.; Christopher R. Browning (com uma contribuição de Jürgen Matthäus), *Die Entfesselung der "Endlösung". Nationalsozialistische Judenpolitik 1939-1942*. Munique, 2003, pp. 316 e segs.; Peter Longerich, *Politik der Vernichtung. Eine Gesamtdarstellung der nationalsozialistischen Judenverfolgung*. Munique/Zurique, 1998, pp. 293 e segs.

15. Veja Piper, *op. cit.*, pp. 636-38. Em 1952, a filha de Rosenberg sinalizou interesse em vender as anotações de prisão de seu pai ao IfZ, mas o negócio não se concretizou; veja nota na ata do dr. Hoch, 11/5 (correto: 6?) 1952, IfZ ID 103/203. Comparando o manuscrito original de Rosenberg com a edição publicada em 1955 pela editora Plesse-Verlag, de Göttingen, intitulada *Letzte Aufzeichnungen. Ideale und Idole der nationalsozialistischen Revolution*, o historiador do IfZ Hans Buchheim constatou um inequívoco "retoque propositalna real maneira de pensar de Rosenberg", que ele comprova, entre outros, com os trechos selecionados e editados de maneira precavida em relação à "questão dos judeus" (Hans Buchheim, *Vergleich der vom Plesse-Verlag Göttingen 1955 veröffentlichten 'Letzten Aufzeichnungen' Alfred Rosenbergs mit dem Text des handschriftlichen Originalmanuskripts*, 9 dez. 1959, IfZ Ms 247, pp. 10-14). Na nova edição de 1996 da editora Jomsburg, essa parte do livro está consideravelmente mais realçada.

16. Victor Klemperer, *Ich will Zeugnis ablegen bis zum letzten. Tagebücher*, Berlim, 1995. Da nova bibliografia: Frank Bajohr, Beate Meyer, Joachim Szodrzynski (orgs.), *Bedrohung, Hoffnung, Skepsis. Vier Tagebücher des Jahres 1933*, Göttingen, 2013; bem como a edição de fontes, em cinco volumes, editada pelo USHMM *Jewish Responses to Persecution, 1933-1946*. Alexandra Garbarini oferece uma análise em *Numbered Days. Diaries and the Holocaust*, New Haven, 2006.

17. Cf. *Heinrich Himmlers Taschenkalender 1940. Kommentierte Edition*, org. por Markus Moors e Moritz Pfeiffer, Paderborn, 2013; Peter Witte, Michael Wildt, Martina Voigt, Dieter Pohl, Peter Klein, Christian Gerlach, Christoph Dieckmann, Andrej Angrick (orgs.), *Der Dienstkalender Heinrich Himmlers 1941/42*, Hamburgo, 1999.

18. Katrin Himmler e Michael Wildt (orgs.), *Himmler privat. Briefe eines Massenmörders*, Munique, 2014.

19. Veja, por fim, Peter Longerich, *Heinrich Himmler. Biographie*, Munique, 2008.

20. *Die Tagebücher von Joseph Goebbels*, org. por Elke Fröhlich, parte I: Aufzeichnungen 1923--1941, parte II: Diktate 1942-1945; 1994-2006. O diário de trabalho do governador-geral Hans Frank assemelha-se ao menos parcialmente ao gênero: *Das Diensttagebuch des deutschen Generalgouverneurs in Polen 1939-1945*, org. por Werner Präg e Wolfgang Jacobmeyer, Stuttgart, 1975.

21. Edição parcial mais antiga: Hans-Günther Seraphim (org.), *Das politische Tagebuch Alfred Rosenbergs aus den Jahren 1934-35 und 1939-40*, 1964 (primeiro, Göttingen, 1956).

22. Seraphim, *Tagebuch* (folha de guarda "Über dieses Buch" [Sobre este livro]).

23. Joseph Goebbels, *Vom Kaiserhof zur Reichskanzlei. Eine historische Darstellung in Tagebuchblättern*, Munique, 1934. Segundo Rosenberg, o *Gauleiter* Wilhelm Kube, entre outros, criticou o fato de Goebbels conhecer apenas um tema: "Eu sobre mim"; veja a anotação do diário de Rosenberg reproduzida na parte II (as anotações de Rosenberg subsequentes, e somente elas, serão citadas como "anotação do diário") de 26/7/1943. Cf. Rosenberg, *Letzte Aufzeichnungen*; sobre o valor como fonte dessas lembranças de pós-guerra, veja nota 15.

24. Anotação do diário de 6/9/1940.

25. Anotação do diário de 11/11/1939.

26. Anotação do diário de 1/3/1939.
27. Anotação do diário de 21/5/1939.
28. Anotação do diário de 11/8/1936 e 20/7/1941.
29. Veja Hanrieder, *op. cit.*; Nova, *op. cit.*; Frank-Lothar Kroll, "Alfred Rosenberg. Der Ideologe als Politiker", in: Michael Garleff (org.), *Deutschbalten, Weimarer Republik und Drittes Reich*. Köln, 2001, pp. 147-66.
30. Cf. Lutz Raphael, "Pluralities of National Socialist Ideology. New Perspectives on the Production and Diffusion of National Socialist Weltanschauung", in: Martina Steber e Bernhard Gotto (orgs.), *Visions of Community in Nazi Germany. Social Engineering and Private Lives*, Oxford, 2014, pp. 73-86.
31. Cf. parte III, documento 1.
32. Ibidem.
33. Nesse caso, Rosenberg não estava sozinho entre os funcionários nazistas; veja Mark Roseman, "Lives of Others – amid the Deaths of Others: Biographical Approaches to Nazi Perpetrators", *Journal of Genocide Research,* 15/4 (2013), pp. 443-61.
34. Cf. Eberhard Jäckel, *Hitlers Weltanschauung. Entwurf einer Herrschaft*, Tübingen, 1969; idem, *Hitlers Herrschaft. Vollzug einer Weltanschauung*, Stuttgart, 1986.
35. Depois da guerra, um dos subordinados de Rosenberg no Ministério do Leste escreveu: "Rosenberg era um homem curioso. Parece que era o único, nos mais altos círculos do partido, que levava o nazismo irrestritamente a sério e se esforçava em formar, a partir desse conceito político, um programa apoiado em fundamentos éticos, e com certeza era o único que tentava sinceramente concretizar esse programa com toda a seriedade também no poder". Joseph Zimmermann, *Erlebnisse und Gestalten im Ostministerium*, 10/9/1947, arquivo IfZ, ZS 426, pp. 2-3.
36. Cf. a exposição detalhada de Piper, *op. cit.*
37. Na sua apresentação "Werdegangs des Judentums", Hitler orientou-se de maneira notória pelo livro de Rosenberg, *Die Spur des Juden im Wandel der Zeiten* (veja documento 1) – um livro que se encontra na lista "Livros que todo nazista deve conhecer" supostamente redigida pelo próprio Hitler e que está impressa no verso das carteiras de associação ao NSDAP (fac-símile em Timothy W. Ryback, *Hitler's Private Library: The Books that Shaped his Life*, Nova York, 2008, p. 57). Agradecemos a indicação de Roman Töppel, que prepara, com Christian Hartmann e outros, uma edição crítica de *Mein Kampf*.
38. Anotação do diário de 23/8/1936.
39. Veja documento 13.
40. Veja anotação do diário de 28/3/1941.
41. Apud Piper, *op. cit.*, p. 635.
42. Em relação a isso, fundamental e relevante como sempre: Bollmus, *Amt Rosenberg*.
43. Em novembro de 1934, por exemplo, Hitler – na presença de Goebbels – comparou Rosenberg "a um amulher que cozinha bem, mas que em vez disso toca piano". Fröhlich, *Goebbels-Tagebücher*, parte I, volume 3/1, p. 144. (Anotação de 26/11/1934.)
44. Veja anotação do diário de 2/2/1941.
45. Veja anotação do diário de 28/3/1941.
46. Veja anotação do diário de 27/1/1940.
47. Veja anotação do diário de 5/10/1939.
48. Idem.
49. No geral, veja Ulrike Jureit, *Das Ordnen von Räumen. Territorium und Lebensraum im 19. und 20. Jahrhundert*, Hamburgo, 2012.
50. Segundo a ata, numa conversa com o governador-geral Hans Frank em 14/10/1941, Rosenberg falou o seguinte sobre essa questão: "O ministro Rosenberg enfatizou que o plano defendido a princípio por ele, de criar um Estado ucraniano como proteção contra as influências russas, foi abandonado. As populações que se encontram nos territórios ocupados não estão de modo algum aptas a cumprir as tarefas políticas a elas destinadas; exceto se fosse realizado um trabalho

de educação alemã no local. Porém, ele considera que a medida deixou de ser conveniente". Apud Präg e Jacobmeyer, *Diensttagebuch*, p. 413.

51. Segundo informações do psicólogo prisional de Nürnberg, Leon Goldensohn, no início de fevereiro de 1946 Rosenberg respondeu à questão sobre a autenticidade de *Os protocolos dos sábios de Sião* dizendo que não tinha mudado de opinião e que não tinha interesse em descobrir se os protocolos eram autênticos ou falsos. Leon Goldensohn (org. Robert Gellately), *The Nuremberg Interviews: An American Psychiatrist's Conversations with the Defendants and Witnesses*, Nova York, pp. 197-203; também em USHMMA 2012.430.1 Goldensohn Collection, box 3.
52. Veja anotação do diário de 20/7/1941. Cf. Raphael Gross, *Anständig geblieben. Nationalsozialistische Moral*, Frankfurt/Main, 2010.
53. Veja anotação do diário de 4/8/1943.
54. Veja anotação do diário de 19/1/1943.
55. Fröhlich, *Goebbels-Tagebücher*, parte I, vol. 3/1, S. 75 (Registro de 6/7/1934).
56. Veja anotação do diário de 29/7/1943.
57. Veja Otto Bräutigam, *So hat es sich zugetragen. Ein Leben als Soldat und Diplomat*. Würzburg, 1968; Peter Kleist, *Zwischen Stalin und Hitler, 1939-1945*. Bonn, 1950; idem, *Die europäische Tragödie*. Göttingen, 1961. E sobre a classificação desse tipo de escrito de defesa, Zellhuber, *Verwaltung*, pp. 14 e segs.
58. Robert M. W. Kempner, "Der Kampf gegen die Kirche. Aus unveröffentlichten Tagebüchern Alfred Rosenbergs", *Der Monat*, 1/10 (1949), pp. 26-38; idem, *Eichmann und Komplizen*, Zurique, pp. 96-97, 423; idem, *SS im Kreuzverhör*, Munique, pp. 226, 228; idem, "Rosenberg, jetzt ist Ihre große Stunde gekommen. Aufzeichnungen über Eroberungspläne Hitlers", *Frankfurter Rundschau*, 22/6/1971; idem, "Der Führer hat mir einen Kontinent anvertraut. Aus den geheimen Aufzeichnungen Alfred Rosenbergs zum Überfall auf Rußland", *Vorwärts*, 2/7/1981. Sobre Kempner, veja também nota 64.
59. Cópias escaneadas das páginas com transcrição (sem notas e contextualização): http://www.ushmm.org/information/exhibitions/online-features/special-focus/the-alfred-rosenberg-diary. No arquivo do USHMM (USHMMA) as anotações do diário constam sob a entrada RG-71 Acc.2001.62.14.
60. Storey atuava como *US Executive Trial Counsel*.
61. Robert G. Storey, "Outline of Method of Capture, Processing and Assembling Documentary Evidence", 20/11/1945 (001a-PS); Internationaler Militärgerichtshof Nürnberg, *Der Nürnberger Prozess gegen die Hauptkriegsverbrecher vor dem Internationalen Militärgerichtshof*, Nürnberg, 1949 (a partir daqui: *Nürnberger Prozess*), vol. 25, S. 2-4 (aqui 3). "Velho castelo" pode se referir a Lichtenfels, nas proximidades de Coburg, um dos locais de armazenamendo durante a guerra contra os danos causados por bombas.
62. Pudemos acessar materiais que os ex-arquivistas Henry Mayer (USHMM) e Timothy Mulligan (NARA) organizaram. A ambos, nosso agradecimento. Para um contexto mais amplo, veja Astrid M. Eckert, *Kampf um die Akten. Die Westalliierten und die Rückgabe von deutschem Archivgut nach dem Zweiten Weltkrieg*, Stuttgart, 2004.
63. Tratava-se do Office of US Chief of Counsel for the Prosecution of Axis Criminality (OUSC-CPAC), que em janeiro de 1946 foi renomeado para Office of the Chief of Counsel for War Crimes (OCCWC); cf. o memorando "War Crimes Branch" (Capt. Ivo E. Sciarra), Private Papers of Alfred Rosenberg, 15/8/1945, NARA RG 238, NM 66, Entry 52A.
64. Robert Max Wassili Kempner (1899-1994); 1928: assessor jurídico no Ministério do Interior prussiano; nessa função, pediu a dissolução do NSDAP e a expulsão de Hitler; depois de 1933: emigrou para os EUA, onde se tornou conselheiro do governo americano e professor universitário; suplente do principal promotor americano nos processos contra crimes de guerra de Nuremberg em 1945-49; perito no processo de Eichmann. Autobiográfico: Robert Kempner, *Ankläger einer Epoche. Lebenserinnerungen*. Frankfurt, 1983. Sobre o caso 11 dos processos posteriores de Nuremberg, julgados entre novembro de 1947 e abril de 1949, veja Dirk

Pöppmann, "Im Schatten Weizsäckers? Auswärtiges Amt und SS im Wilhelmstraßen-Prozess", in: Kim C. Priemel e Alexa Stiller (orgs.), *NMT. Die Nürnberger Militärtribunale zwischen Geschichte, Gerechtigkeit und Rechtschöpfung*. Hamburgo, 2013, pp. 320-52.

65. Veja Joseph Billig, *Alfred Rosenberg dans l'action idéologique, politique et administrative du Reich hitlérien. Inventaire commenté de la collection de documents conservés au C. D. J. C., provenant des archives du Reichsleiter et ministre A. Rosenberg*, 1963; sobre YIVO (RG 215 Berlin Collection): http://www.yivoinstitute.org/index.php?tid=45&aid=102.
66. *Staff Evidence Analysis* para o documento 1749-PS; NARA RG 238, NM-66, Entry 1. Documento 198-PS contém cópias de partes do diário de 1939-40; os originais encontram-se em USHMMA RG-71 Acc.2001.62.14.
67. Declaração sob juramento de Fred Niebergall, 3/12/1946, *Trials of War Criminals Before the Nuernberg Military Tribunals Under Control Council Law No. 10* (TWC; online http://www.loc.gov/rr/frd/Military_Law/ NTs_war-criminals.html), vol. XV, pp. 127-29.
68. Niebergall dirigia o Document Control Branch der OCCWC Evidence Division, cf. OCCWC Documentation Division (chefe: Jason Martin) em AG Liaison Officer, 30/8/1946, NARA RG 238, NM-66, Entry 52a.
69. NARA RG 238 NM-66, Entry 1, boxes 120-121. Ambas as caixas contêm, além do diário original de maio de 1934 até março de 1935, cópias xerox das anotações de fevereiro de 1939 até maio de 1940, bem como documentos originais dos escritórios de Rosenberg, entre eles originais de falas e publicações. Cópias do diário de 1934-35 encontram-se em 198-PS in NARA RG 238, NM-66, Entry 1, box 73.
70. Apud Piper, *op. cit.*, p. 638. O espólio encontra-se no Bundesarchiv Koblenz (BAK) All. Proz. 3.
71. Minutes of Meeting to Discuss Disposal of Documents, 29/7/1948, p. 1; NARA RG 260 (OMGUS), box 1.
72. Kempner, *Ankläger*, p. 404.
73. Fred Niebergall, *To Whom It May Concern*, 8/4/1949; USHMMA RG-71 box 77.
74. Veja Norbert Frei, *Vergangenheitspolitik. Die Anfänge der Bundesrepublik und die NS-Vergangenheit*, Munique, 1996.
75. Serge Lang e Ernst von Schenck, *Porträt eines Menschheitsverbrechers. Nach den hinterlassenen Memoiren des ehemaligen Reichsministers Alfred Rosenberg*, St. Gallen, 1947.
76. Kempner, *Der Kampf gegen die Kirche*, pp. 26 e segs. Veja também a carta de Kempner à National Catholic Welfare Conference, 28/7/1949, com o anexo "Hitlers und Rosenbergs Geheimpläne für die Vernichtung der christlichen Kirche nach dem Kriege" [Os planos secretos de Hitler e Rosenberg para a destruição da Igreja católica após a guerra]; USHMMA RG-71 box 347. O tema era caro à mulher de Kempner, Ruth Benedicta; mais tarde, ela publicou um livro a respeito (veja Benedicta Maria Kempner, *Priester vor Hitlers Tribunalen*. Munique, 1966; idem, *Nonnen unter dem Hakenkreuz. Leiden, Heldentum, Tod*, Würzburg, 1979).
77. Veja Kempner, *Kreuzverhör*, pp. 14 e segs., 226.
78. Cópia carbonada da carta de Kempner a André François-Poncet, 13/6/1950; USHMMA RG-71 box 43. As três páginas de diário contêm anotações de 14/10 e 2/11/1938, que estão reproduzidas na parte II, com base em cópias datilografadas de Kempner.
79. Ao lado de sua publicação de 42 volumes Nürnberger Prozess, conhecida como "blaue Reihe" [série azul], os acusadores aliados publicaram a "rote Reihe" [série vermelha], de oito volumes – chamada *Nazi Conspiracy and Agression* –, e a "grüne Reihe" [série verde], de quinze volumes – TWC –, dedicada aos processos posteriores.
80. Veja Eckert, *op. cit.*, pp. 72-76.
81. Agradecemos a Karel Berkhoff e Hubert Berkhout pelas informações sobre as partes do diário de Rosenberg disponíveis em cópia no NIOD.
82. Veja documento 10.
83. Cópia carbonada da carta de Kempner a Hans-Günther Seraphim, 27/11/1955; USHMMA RG-71 box 53. No mesmo dia, Kempner enviou uma lista semelhante, menos detalhada, das anotações do diário em sua posse ao diretor do IfZ Helmut Krausnick (IfZ ID103-36-69);

sobre um questionamento anterior de Krausnick a Kempner, de 12/5/1955, veja USHMMA RG-71 box 143.
84. Cópia carbonada de carta de Kempner a Seraphim, 27/1/1956; USHMMA RG-71 box 53.
85. Cópia carbonada de carta de Kempner a Seraphim, 16/3/1956; ibidem.
86. Cópia carbonada de carta de Seraphim a Kempner, 19/4/1956; ibidem.
87. Cópia carbonada de carta de Kempner a Seraphim, 30/4/1956; ibidem.
88. Seraphim, *Tagebuch*, p. 23, nota 10: "Apenas durante a impressão soube-se que outras partes do diário de Rosenberg, principalmente anotações dos anos 1941-44, estavam nos Estados Unidos como propriedade particular".
89. Ibidem, p. 25.
90. Carta de Reinhard Bollmus a Kempner, 16/11/1962; USHMMA RG-71 box 143.
91. Ainda em 1972, depois da publicação de seu artigo com citações do diário no jornal *Frankfurter Rundschau* de 22/6/1971, Kempner insistia em responder a uma interpelação de Bollmus dizendo que não se tratava de "novas descobertas, mas de excertos que eu fizera já em Nuremberg" (Kempner a Bollmus, 9/6/1972, USHMMA RG-71 box 143).
92. Bollmus, *Amt Rosenberg*, p. 13.
93. Carta de Hermann Pörzgen, da redação do jornal *FAZ* em Moscou, para Kempner, 21/2/1963; USHMMA RG-71 box 43.
94. Veja Piper, *op. cit.*, pp. 638 e segs.; contrariamente, em referência ao legado de Kempner, Eckert, *op. cit.*, p. 350, nota 452.
95. A coleção Kempner no USHMMA (RG-71) abrange mais de 120 metros lineares. Uma coleção menor, com os dossiês do escritório de advocacia de Kempner em Frankfurt, encontra-se no Arquivo Federal Alemão [BAK] sob o número de referência N 1470.
96. Veja "NS-Vergangenheit: Dokumente im Müllsack" [Passado nazista: documentos no saco de lixo], *Der Spiegel*, 45, (2003), p. 76. E uma "carta do leitor" do então vice-presidente do Arquivo Federal Alemão, Wolf Buchmann, em *Der Spiegel*, 47, (2003), p. 16.
97. Veja http://www.ushmm.org/information/exhibitions/onlinefeatures/special-focus/the-alfred-rosenberg-diary.
98. Veja, por exemplo, Arquivo Federal de Berlim (BAB) NS 8 (chancelaria Rosenberg), NS 30 (Força-tarefa *Reichsleiter* Rosenberg), NS 43 (escritório de Relações Exteriores do NSDAP) und R 6 (Ministério para as regiões ocupadas do Leste), bem como os acervos de CDJC, YIVO, USHMMA (lá, além de RG-71, também há cópias do BAB e CDJC).
99. Entretanto, falta o registro de 8/5/1940 – reproduzido em Seraphim, *Tagebuch*, provavelmente fazia parte das cópias disponíveis no NIOD – no original; por outro lado, o material agora disponibilizado abrange alguns registros de 1939-40 (p. ex., 16/6, 11/9 e 14/9/1940), que por sua vez não estão reproduzidos nem em Seraphim ou estão disponíveis como cópias no NARA ou NIOD.
100. Veja anotação do diário do final de 1936. Para 1919, restaram, em forma de diário, "anotações e observações" de Rosenberg sobre temas filosóficos, reproduzidos em parte em Léon Poliakov e Joseph Wulf (orgs.), *Das Dritte Reich und seine Denker. Dokumente und Berichte*. Berlim, 1959, pp. 11-16, bem como observações de leituras semelhantes (USHMMA RG-71 box 143). O editor dos primeiros escritos de Rosenberg, Alfred Baeumler, professor de filosofia e homem de ligação de Rosenberg em seu cargo como "Responsável nomeado pelo Führer para o controle da formação intelectual e educação do NSDAP", escreveu em 1944 no seu prólogo que Rosenberg não "mantinha um diário propriamente dito", mas só escrevia a fim de registrar alguns pensamentos para si mesmo (Alfred Rosenberg, *Schriften und Reden*, vol. 1: *Schriften aus den Jahren 1917-1921*, Munique, 1944, p. 3).
101. Veja anotação do diário de 28/12/1941. A anotação da conversa de 22/5/1934 (anexada ao diário encadernado) parece ter sido a única restante.
102. Excetuando-se o volume do diário de 14/5/1934 até 18/3/1935 (NARA RG 238 box 120, Bl. 614-692), restaram como páginas fisicamente presas apenas aquelas das notas de 2/1/1940 até 7/5/1940, que são folhas arrancadas de um diário encadernado.

103. Veja documentos 1 (Prólogo de dezembro de 1919).
104. Apud Peter de Mendelssohn (org.), *Thomas Mann. Tagebücher 1918-1921,* Frankfurt/Main, 1979, p. 223 (anotação de 2/5/1919). Veja também Saul Friedländer, *Das Dritte Reich und die Juden. Die Jahre der Verfolgung,* Munique, 1998, p. 106.
105. Ulrich Herbert, *Best. Biographische Studien über Radikalismus, Weltanschauung und Vernunft 1903-1989,* Bonn, 1996, p. 204; também sobre outras características de um "antissemitismo da razão".
106. Veja, p. ex., anotações do diário de 1/9 e 12/9/1941, 26/7 e 29/7/1943; documentos 1, 7, 24 e 26.
107. Veja Bollmus, *Amt Rosenberg,* pp. 24-25, 238-39. Sobre o dualismo da ideologia nazista, veja Boaz Neumann, *Die Weltanschauung des Nazismus:Raum, Körper, Sprache,* Göttingen, 2010, onde – de maneira característica para o desprezo em relação a Rosenberg na pesquisa recente – o ideólogo-chefe alemão-báltico é citado apenas com um texto ("Die Welt des Auges", 5 set. 1934, in: Alfred Rosenberg, *Gestaltung der Idee,* Munique, 1936).
108. Veja Claudia Essner, *Die "Nürnberger Gesetze" oder die Verwaltung des Rassenwahns 1933--1945,* Paderborn, 2002.
109. Originais da fala de Rosenberg na jornada cultural da conferência do partido em 1938 (datilogr., com correções manuscritas de Rosenberg); NARA RG 238 box 120, Bl. 472-482.
110. Alfred Rosenberg, *Der Mythus des 20. Jahrhunderts. Eine Wertung der seelisch-geistigen Gestaltenkämpfe unserer Zeit,* Munique, 1930, pp. 513, 558.
111. Veja documento 1.
112. Cf. as anotações do diário de 28/6/1934, 22/11/1936 e 18/1/1937.
113. Resumido, veja Kempner, "Kampf gegen die Kirche"; Raimund Baumgärtner, *Weltanschauungskampf im Dritten Reich. Die Auseinandersetzung der Kirchen mit Alfred Rosenberg,* Mainz, 1977.
114. Veja anotação do diário de 21/8/1936.
115. Veja documento 2.
116. Veja anotação do diário de 20/10/1936.
117. O memorando de Rosenberg "über Einrichtung und Ausbau einer Zentralstelle zur Abwehr des Weltbolschewismus" [sobre a implantação e ampliação de um centro para a resistência ao bolchevismo] de 30/6/1937 objetivava a criação de uma zona de amortecimento na forma de um "cinturão de povos" [*Völkergürtels*] ao redor da União Soviética (com anotações manuscritas de Rosenberg para o rascunho: USHMMA RG-71 Acc.2001.62.14; Versão final em USHMMA RG-68.007 reel 49, und BAB NS 8/175, Bl. 38-44).
118. Assim noticiou o *Generalleutnant* Gotthard Heinrici, que em janeiro de 1939 acompanhou como ouvinte uma fala de Rosenberg em Detmold, em carta de 16/1/1939 para a mãe (Bundesarchiv-Militärarchiv, N 265/153, Bl. 6 f.): "[Eu] tive de sair às 8 da manhã para Detmold, onde acontecia uma grande festividade nazista em memória da eleição de Lippe de 1933. Gisela me acompanhou, a fim de conhecer ao menos uma vez a floresta de Teutoburgo. Ela participou comigo como convidada de honra e escutou o discurso de Rosenberg. Ele falou por 1 hora sobre os terríveis judeus. A questão judaica só estará resolvida quando não houver mais judeus na Alemanha e eles estão decididos a concretizar isso. Melhor seria se não houvesse mais judeu nenhum na Europa. No final, ele se voltou também contra as igrejas, porque elas desaprovam o antissemitismo. Citou todo tipo de afirmações de religiosos simpáticas aos judeus, e todo o público gritava: Enforcar! Enforcar! (os religiosos)". Agradecemos Johannes Hürter pela informação.
119. Cf. a anotação do diário de dezembro de 1938.
120. Veja documento 3.
121. Cf. anotação no documento (APA departamento Sudoeste asiático) "Ref. reunião do *Reichsleiter* em 14 de março com Allahverdi", 17/3/1939; USHMMA 1998.A.0104 (CDJC CXXXIX P3), reel 1.
122. Veja anotação do diário de 25/8/1939.
123. Anotação do diário de 22/8/1939.

124. Veja Götz Aly, *"Endlösung"*. *Völkerverschiebung und der Mord an den europäischen Juden*, Frankfurt/Main, 1995; Browning, *op. cit.*, pp. 30 e segs.
125. Veja Klaus-Michael Mallmann, Jochen Böhler, Jürgen Matthäus, *Einsatzgruppen in Polen. Darstellung und Dokumentation*, Darmstadt, 2008; Stephan Lehnstaedt e Jochen Böhler (orgs.), *Die Berichte der Einsatzgruppen aus Polen 1939*, Berlim, 2013.
126. Veja anotação do diário de 25/8/1939.
127. Veja anotação do diário de 7/2/1940; nota nos arquivos do Ministério de Relações Exteriores [AA] sobre "Reunião com o chefe", em 9/2/1940 (NG-1283). In: Seraphim, *Tagebuch*, pp. 199-202.
128. Veja anotação do diário de 27/1/1940, bem como as longas cartas de Rosenberg a Himmler de 23/1 e 20/3/1940 (parcialmente reproduzidas em Poliakov e Wulf, *Denker*, pp. 483-85).
129. Veja anotações do diário de 6 e 12/9/1940; Piper, *op. cit.*, pp. 486-94.
130. Veja anotações do diário de 2/2 e 28/3/1941.
131. Veja anotações do diário de 14/9/1940 (citação) e 2/2/1941. Em relação ao "Institut zur Erforschung der Judenfrage" [Instituto de Pesquisa da Questão Judaica] e outros projetos nazistas similares, veja Rupnow, *Judenforschung*.
132. Veja documento 4; no geral, Magnus Brechtken, *"Madagaskar für die Juden"*. *Antisemitische Ideen und politische Praxis 1885-1945*, Munique, 1997.
133. Veja anotação do diário de 2/2/1941.
134. Anotação OKW-KTB de 3/3/1941; apud Browning, *Entfesselung*, p. 320. Discurso semelhante de Hitler diante de oficiais da Wehrmacht em 30/3/1941; ibidem, pp. 323 e segs.
135. Veja documento 5. A resposta de Bormann não foi preservada; veja Richard Breitman, *The Architect of Genocide: Himmler and the Final Solution*, Nova York, 1991, p. 160.
136. Longerich, *Politik*, p. 288.
137. Anotação no dossiê de Heydrich para Himmler, 26/3/1941; reproduzido em *VEJ*, vol. 7, pp. 113-17; Aly, *"Endlösung"*, p. 270. Segundo Longerich, *Politik*, p. 291, nos planos de Heydrich a União Soviética, a partir de março de 1941, seria "ponto final das deportações", embora nada indique que o plano do RSHA nessa época contivesse quaisquer resoluções em relação à sua concretização.
138. "Observações sobre o programa da inauguração da agência Frankfurt M. e sobre a jornada de trabalho", s/d (com anotações manuscritas de Rosenberg); USHMMA 1998.A.0104 (CDJC CXLII L3), reel 2. Segundo essas "observações", as palavras de Himmler "não deveriam constar do programa nem ser citadas nas reuniões com a imprensa". Apud Witte e outros, *Dienstkalender*, pp. 119, 139. Himmler participou de outros compromissos nesse dia.
139. No alto da lista de convidados de honra estrangeiros estava o ministro do Interior eslovaco Alexander Mach, seguido pelo líder fascista norueguês Vidkun Quisling e o líder do NSB holandês Anton Adriaan Mussert. "Reuniões fechadas" durante a conferência deveriam servir para "um fortalecimento do desejo antijudaico" e um "esclarecimento sobre meios e caminhos para a solução da questão judaica"; veja "Ausländische Ehrengäste und Begleiter", 12/1/1941; USHMMA 1998.A.0104 (CDJC CXLII), reel 2.
140. Veja documento 6. A fala da noite de Rosenberg em 28/3/1941 foi precedida por uma exibição especial para os participantes da conferência do filme *Der ewige Jude*, que tinha acabado de ser rodado; em 7/3/1941 Rosenberg fizera uma palestra semelhante para membros da *Ordnungspolizei* subordinada a Himmler (NARA T 454 reel 45). Uma diretiva do Ministério da Propaganda exigia a "reprodução detalhada na imprensa" da fala de Frankfurt (BAK ZSg. 109/119, 25-28/3/1941); veja por exemplo *VB* de 29/3/1941, *Weltkampf*, caderno 1/2 (1941), *Das Archiv*, março 1941, pp. 1150-53. Sobre o instituto e o contexto político-científico, veja Rupnow, *Judenforschung*.
141. Veja anotações do diário de 28/3 e 2/4/1941.
142. Sobre o bom relacionamento entre Rosenberg e Göring, veja Piper, *op. cit.*, p. 538. Não há documentação sobre um encontro entre Göring e Rosenberg por volta de 26 de março de 1941 (cf.: IfZ, ED 180/5 agenda de Göring 1941).
143. Anotação do diário de 28/3/1941.

144. Anotação do diário de 31/3/1941.
145. Piper, *op. cit.*, p. 510, aponta na interpretação desse ponto do diário acertadamente sobre a direção da política racial nazista, que ia muito além da "questão judaica".
146. Ian Kershaw, "Hitler's Role in the 'Final Solution'", in: idem, *Hitler, the Germans, and the Final Solution*, New Haven/Londres, pp. 89-116.
147. Memorando "Betr. UdSSR", 2/4/1941 (1017-PS); apud *Nürnberger Prozess* vol. 26, pp. 547-54.
148. Anotação do diário de 2/4/1941, tarde.
149. Anotação do diário de 11/4/1941.
150. Veja Ian Kershaw, "Working towards the Führer", in: idem, *Hitler*, pp. 29-48.
151. Veja, entre outros, *Dienstkalender*, pp. 148-52 (anotações de 10-22/4/1941).
152. Anotação do diário de 20/4/1941.
153. Anotação do diário de 1/5/1941.
154. Sobre os acordos entre Wehrmacht e *Sicherheitspolizei*, veja Ralf Ogorreck, *Die Einsatzgruppen und die "Genesis der Endlösung"*, 1996, pp. 19-46.
155. Veja Aly, "*Endlösung*", pp. 207 e segs.
156. Carta de Himmler a Bormann, 25/5/1941; apud Piper, *op. cit.*, p. 517.
157. Veja *Verbrechen der Wehrmacht*, pp. 43-63.
158. Ibidem, p. 548. Para mais detalhes, veja Christian Gerlach, *Kalkulierte Morde. Die deutsche Wirtschafts- und Vernichtungspolitik in Weißrußland 1941 bis 1944*, Hamburgo, 1999, pp. 44-59; Browning, *Entfesselung*, pp. 347-59; Longerich, *Politik*, pp. 296-99.
159. "Aktennotiz über Ergebnis der heutigen Besprechung mit den Staatssekretären über Barbarossa" [Nota sobre o resultado da reunião de hoje com os secretários de Estado sobre Barbarossa], 2/5/1941 (2718-PS); reproduzido em *Nürnberger Prozess*, vol. 31, p. 84.
160. Anotações do diário de 1 e 6/5/1941; "Bericht über die vorbereitende Arbeit in Fragen des osteuropäischen Raumes" [Relato sobre o trabalho preliminar nas questões do espaço do Leste Europeu], 28/6/1941 (1039-PS); reproduzido em *Nürnberger Prozess*, vol. 26, p. 586.
161. "Sessão do Estado-Maior de economia do Leste, sob direção do secretário de Estado Körner, com palestra do secretário de Estado Backe a respeito da situação da agricultura na Rússia e nossos objetivos. O secretário de Estado Körner apresenta a tarefa do *Reichsleiter* Rosenberg e dos comissários. O secretário de Estado Backe faz um panorama sobre a economia alimentar russa. A fim de a Ucrânia produzir para toda a Europa, essa tem de ser estritamente separada do restante do território." Diário de guerra Nr. 1 OKW WiRüAmt Arbeitsstab Oldenburg, 24/2-23/6/1941, anotação de für 2/5/1941; USHMMA RG-71 box 377 (as páginas subsequentes do diário de guerra não constam do original).
162. Veja "Allgemeiner Aufbau und Aufgaben einer Dienststelle für die zentrale Bearbeitung der Fragen des osteuropäischen Raumes", 29/4/1941 (1024-PS); "Instruktion für einen Reichskommissar in der Ukraine", 7/5/1941 (1028-PS); "Instruktion für einen Reichskommissar im Ostland", 8/5/1941 (1029-PS); "Allgemeine Instruktion für alle Reichskommissare in den besetzten Ostgebieten", 8/5/1941 (1030-PS); reproduzidos em *Nürnberger Prozess*, vol. 26, pp. 560-627. Em resumo, Zellhuber, *op. cit.*, pp. 70-80.
163. "Allgemeiner Aufbau und Aufgaben einer Dienststelle für die zentrale Bearbeitung der Fragen des osteuropäischen Raumes", 29/4/1941 (1024-PS); reproduzido em *Nürnberger Prozess*, vol. 26, pp. 560-66. No final, Backe não assumiu nenhum comissariado, mas chefiou a partir da primavera de 1942 os negócios do Ministério de Alimentação do Reich, tornando-se seu ministro dois anos mais tarde.
164. "Allgemeine Instruktion für alle Reichskommissare in den besetzten Ostgebieten", 8/5/1941 (1030-PS); reproduzido em *Nürnberger Prozess,* vol. 26, S. 576-580 (hier 580).
165. Anotação do diário de 11/4/1941 (destaques do original.).
166. Anotação do diário de 6/5/1941 (destaques do original).
167. Anotação do diário de 1/6/1941 (destaques do original).
168. Estado-Maior da economia do Leste, "Wirtschaftspolitische Richtlinien für Wirtschaftsorganisation Ost, Gruppe Landwirtschaft", 23/5/1941 (126-EC); reproduzido em *Nürnberger*

Prozess, vol. 36, S. 135-157. Segundo Gerlach, *Kalkulierte Morde,* p. 48, o documento era originário do "círculo próximo a Backe".
169. "Instruktion für einen Reichskommissar im Ostland", 8/5/1941 (1029-PS); reproduzido em *Nürnberger Prozess,* vol. 26, pp. 573-76. Ao mesmo tempo, em relação a esse objetivo, a "Allgemeiner Instruktion für alle Reichskommissare in den besetzten Ostgebieten" ["Instrução geral para todos os comissários nas regiões orientais ocupadas"] orientava dividir "o espaço gigante" em diversas áreas: "O comissariado Ostland mais a Bielorrússia terão a tarefa de preparar uma anexação cada vez mais estreita com a Alemanha na forma de uma evolução a um protetorado germanizado. A Ucrânia deve se tornar um Estado independente em aliança com a Alemanha e o Cáucaso, com as regiões setentrionais anexadas, um Estado federativo com um plenipotenciário alemão. [...] Essa luta vindoura é uma luta pela alimentação e pelo abastecimento de matérias-primas tanto para o Reich alemão quanto também para todo o espaço europeu, é uma luta de natureza ideológica, na qual o último adversário judeu-marxista tem de ser derrotado, uma guerra de política de Estado, que traz em si uma nova concepção de Estado e que faz a Europa autêntica avançar de maneira decisiva para o Leste". Reproduzido em ibidem, pp. 576-80 (1030-PS).
170. "Memorando nº 2", apud Christoph Dieckmann, *Deutsche Besatzungspolitik in Litauen 1941--1944,* Göttingen, 2011, p. 794. Ingeborg Fleischhauer, *Das Dritte Reich und die Deutschen in der Sowjetunion,* Stuttgart, 1983, pp. 80-82, em comparação com o "Memorando nº 1", aponta para as pouco abrangentes declarações de intenções em relação a não alemães em sua versão de 7/4/1941.
171. "Instruktion für einen Reichskommissar in der Ukraine", 7/5/1941 (1028-PS); reproduzido em *Nürnberger Prozess,* vol. 26, pp. 567-73. São interessantes as revisões do texto (provavelmente feitas por Rosenberg) nessa parte das instruções (p. 571): "A questão judaica, após a eliminação natural dos judeus de todos os cargos público, terá de experimentar experimentará uma solução decisiva por meio da criação de guetos ou colônias de trabalho. Enquanto os judeus não forem expulsos pelos próprios ucranianos, as pequenas comunidades terão de ser alojadas em campos maiores, para que da mesma maneira sejam ativas no trabalho forçado, como já está sendo praticado em Litsmannstadt deve ser introduzido".
172. Veja o rascunho de Rosenberg para um esquema de organização do Ministério do Leste, 16/4/1941, USHMMA RG-14.017M (BAB R 6/300).
173. Veja o memorando de Rosenberg, "Criação e tarefas gerais de uma agência para a elaboração central das questões do espaço do Leste Europeu" de 29/4/1941 (1024-PS); reproduzido em *Nürnberger Prozess,* vol. 26, pp. 560-65.
174. Sobre Wetzel, veja Zellhuber, *op. cit.,* pp. 218, 245 e segs.; sobre o triângulo do poder político Rosenberg-Leibbrandt-Bräutigam, veja Piper, *op. cit.,* p. 536. Sobre o favorecimento de Rosenberg em relação a uma "Divisão para questões raciais" nos comissariados do Reich e nos comissariados gerais, veja o documento 19.
175. Documento 7; veja também diretrizes de Leibbrandt para a reunião da APA em 29/5/1941, PAAA, R 105193.
176. Ordem de ação nº 1 de Heydrich aos chefes das forças-tarefas, 29/6/1941; apud Andrej Angrick, Klaus-Michael Mallmann, Jürgen Matthäus, Martin Cüppers (orgs.), *Deutsche Besatzungsherrschaft in der UdSSR. Dokumente der Einsatzgruppen in der Sowjetunion,* vol. 2, Darmstadt, 2013, pp. 35 e segs.; sobre o contexto, Jürgen Matthäus, "Das 'Unternehmen Barbarossa' und der Beginn der Judenvernichtung, Juni – Dezember 1941", in: Browning, *Entfesselung,* pp. 391 e segs.
177. "Fala do *Reichsleiter* Rosenberg diante dos participantes mais próximos no problema do Leste em 20 de junho de 1941" (1058-PS); *Nürnberger Prozess,* vol. 26, pp. 610-27.
178. Estado-Maior da Economia do Leste, "Diretrizes político-econômicas para a organização econômica do Leste, grupo agronomia", 23/5/1941 (126-EC); *Nürnberger Prozess,* vol. 36, p. 140.
179. "Fala do *Reichsleiter* Rosenberg diante dos participantes mais próximos no problema do Leste em 20 de junho de 1941"; *Nürnberger Prozess,* vol. 26, p. 622.

180. Veja Longerich, *Politik*, pp. 321-410; documento 7.
181. Veja documento 8.
182. Veja Pohl, *Herrschaft*; Matthäus, *Unternehmen*; Hilberg, *Vernichtung*, pp. 287 e segs.; Christian Streit, *Keine Kameraden. Die Wehrmacht und die sowjetischen Kriegsgefangenen 1941-1945*, Bonn, 1997 [nova edição].
183. Relatório geral da unidade móvel de extermínio A para o período entre 16/10/1941 e 31/1/1942, s/d (fevereiro de 1942); reproduzido parcialmente em Angrick et al., *Dokumente*, vol. 2, pp. 272-85. Segundo Gerlach, *Kalkulierte Morde*, p. 609, o número de judeus assassinados em outubro e novembro de 1941 no distrito geral Bielorrússia chegou a cerca de 60 mil. Para estudos regionais correspondentes, veja Dieckmann, *Besatzungspolitik*; Katrin Reichelt, *Lettland unter deutscher Besatzung 1941-1944. Der lettische Anteil am Holocaust*, Berlim, 2011; Anton Weiss-Wendt, *Murder without Hatred: Estonians and the Holocaust*, Syracuse, 2009.
184. Veja anotações do diário de 20/7/1941. Fundamental: Dieter Pohl, *Nationalsozialistische Judenverfolgung in Ostgalizien 1941-1944. Organisation und Durchführung eines staatlichen Massenverbrechens*, Munique, 1997.
185. Dentro do RKU, foram instituídos em 1941 os comissariados-gerais Volínia-Podolia (1/9), Shitomir, Kiev (ambos em 20/10) e Nikolaiev (15/11/1941) eingerichtet.
186. Números apud Alexander Kruglov, "Jewish Losses in Ukraine, 1941-1944", in: Ray Brandon e Wendy Lower (orgs.), *The Shoah in Ukraine: History, Testimony, Memorialization*, Bloomington, 2008, pp. 278-79. Veja também Dieter Pohl, "Schauplatz Ukraine: Der Massenmord an den Juden im Militärverwaltungsgebiet und im Reichskommissariat 1941-1943", in: Norbert Frei, Sybille Steinbacher, Bernd Wagner (orgs.), *Ausbeutung, Vernichtung, Öffentlichkeit. Studien zur nationalsozialistischen Verfolgungspolitik*, Munique, 2000, pp. 135-73.
187. Veja Klaus-Michael Mallmann, "Der qualitative Sprung im Vernichtungsprozess: das Massaker von Kamenez-Podolsk Ende August 1941", *Jahrbuch für Antisemitismusforschung* 10 (2001), pp. 239-64; observação do chefe da divisão administração interna do RMfdbO, Walter Labs, sobre Rosenberg e outros em relação a uma reunião com representantes do quartel-general do OKH, 27/8/1941; reproduzida em *VEJ*, vol. 7, pp. 264-67.
188. Veja Witte et al., *Dienstkalender*, p. 179.
189. Ibidem, pp. 179 e segs. Veja também carta de Himmler a Rosenberg, 24/6/1941; reproduzida em Angrick et al., *Dokumente*, vol. 2, pp. 33 e segs., bem como a confrontação de conceitos antijudaicos do Ministério do Leste e RSHA, in: Dieckmann, *Besatzungspolitik*, pp. 1016-21.
190. Veja Klaus-Michael Mallmann, Andrej Angrick, Jürgen Matthäus, Martin Cüppers (orgs.), *Die "Ereignismeldungen UdSSR" 1941. Dokumente der Einsatzgruppen in der Sowjetunion*, vol. 1, Darmstadt, 2011, pp. 9-19.
191. Veja Bernward Dörner, *Die Deutschen und der Holocaust. Was niemand wissen wollte, aber jeder wissen konnte*, Berlim, 2007, pp. 423-26; Frank Bajohr e Dieter Pohl, *Der Holocaust als offenes Geheimnis. Die Deutschen, die NS-Führung und die Alliierten*, Munique, 2006.
192. Anotação do diário de 28/12/1941.
193. Anotação do diário de Bräutigam de 11/7/1941; apud H. D. Heilmann, "Aus dem Kriegstagebuch des Diplomaten Otto Bräutigam", in: *Biedermann und Schreibtischtäter. Materialien zur deutschen Täter-Biographie* (Beiträge zur nationalsozialistischen Gesundheits- und Sozialpolitik), vol. 4, Berlim, 1987, pp. 123-87.
194. Anotação do diário de Leeb de 8/7/1941; apud Matthäus, *Unternehmen*, p. 267. Sobre os *pogroms* em Kaunas, veja Dieckmann, *Besatzungspolitik*, vol. 1, pp. 313-37; Klaus-Michael Mallmann, Volker Rieß, Wolfram Pyta (orgs.), *Deutscher Osten 1939-1945. Der Weltanschauungskrieg in Photos und Texten*, Darmstadt, 2003, pp. 61-69.
195. Anotações do diário de Bräutigam de 14 e 16/7/1941; Heilmann, *Kriegstagebuch*, pp. 136 e segs.
196. Veja carta de Xaver Dorsch à chancelaria de Rosenberg, 10/7/1941 (022-PS); reproduzida em *Nürnberger Prozess*, vol. 25, pp. 81-83.

197. Anotação do diário de 20/7/1941. Sobre a reunião de 16/7/1941, veja também Piper, *op. cit.*, pp. 525-27; Ian Kershaw, *Wendepunkte. Schlüsselentscheidungen im Zweiten Weltkrieg 1940/41*, Munique, 2008, pp. 569-74.
198. "Anotação na ata" de Bormann, 16-17/7/1941 (221-L); reproduzida em *Nürnberger Prozess*, vol. 38, pp. 86-94.
199. Ibidem, S. 87 segs., 92.
200. Bormann enviou a anotação na ata, com assunto e título faltantes, logo após o encontro para Himmler, que agradeceu em 22/7/1941; veja USHMMA RG-14.015M (BAB NS 19/3873, Bl. 10).
201. Anotação do diário de 20/7/1941. Em seu diário, Bräutigam escreveu sobre as competências de Göring e Himmler: "Agora tudo precisa ser deixado à prática, mas será difícil para a administração civil governar um país sem que a polícia e a economia não lhe estejam totalmente subordinadas". (Heilmann, *op. cit.*, pp. 136 e segs.)
202. Veja por exemplo Breitman, *Architect*, pp. 181-84; Longerich, *Politik*, pp. 362 e segs.
203. Veja anotação do diário de 20/7/1941.
204. Veja documento 8.
205. Os relatórios de Koeppen estão disponíveis apenas a partir do início de setembro de 1941. Veja Martin Vogt (org.), *Herbst 1941 im "Führerhauptquartier". Berichte Werner Koeppens an seinen Minister Alfred Rosenberg* (Materialien aus dem Bundesarchiv, Heft 10), Koblenz, 2002.
206. Veja Zellhuber, *Verwaltung*, pp. 162-69.
207. Veja anotação do diário de 14/9/1941; documentos 18 e 20.
208. A indicação à fala de Lohse de 27/7/1941 está em seu "Vorläufigen Richtlinien für die Behandlung der Juden im Gebiet des RKO", de 18/8/1941; reproduzido em partes em Wolfgang Benz, Konrad Kwiet, Jürgen Matthäus (orgs.), *Einsatz im "Reichskommissariat Ostland". Dokumente zum Völkermord im Baltikum und in Weißrußland 1941-1944*. Berlim, 1998, pp. 46 e segs. Sobre a reprodução de Lohse, feita após a guerra, de seu encontro com Hitler em 26/7, veja Dieckmann, *Besatzungspolitik*, p. 456.
209. "Allgemeiner Aufbau und Aufgabe einer Dienststelle für die zentrale Bearbeitung der Fragen des osteuropäischen Raumes", de 29/4/1941 (1024-PS); *Nürnberger Prozess*, vol. 26, pp. 560-65.
210. Circular de Heydrich a HSSPF, 2/7/1941; reproduzido em Angrick et al., *Dokumente*, vol. 2, pp. 44-47 (destaques do original).
211. Veja anotações do diário de Bräutigam de 25 e 26/7/1941; Heilmann *Kriegstagebuch*, pp. 138 e segs.
212. Dieckmann, *op. cit.*, pp. 793-805.
213. Veja Zellhuber, *Verwaltung*, pp. 130-41.
214. Kruglov, *Jewish Losses*, p. 281. Pohl, *Schauplatz*, pp. 172 e segs., constata, para a Ucrânia, que o "aparelho da SS e da polícia agia não apenas como um centro de poder autônomo, mas também como instância executiva da administração militar e civil", visto que havia "um amplo consenso sobre os assassinatos em massa".
215. Gerlach, *Kalkulierte Morde*, pp. 609-743. Sobre os guetos nos comissariados do Reich, veja *The United States Holocaust Memorial Museum Encyclopedia of Camps and Ghettos, 1933-1945*, vol. 2: *Ghettos in German-Occupied Eastern Europe*, org. Martin Dean, Bloomington, 2012, pp. 989 e segs.
216. Veja Jürgen Matthäus, "Die 'Judenfrage' als Schulungsthema von SS und Polizei. 'Inneres Erlebnis' und Handlungslegitimation", in: idem, Konrad Kwiet, Jürgen Förster, Richard Breitman, *Ausbildungsziel Judenmord? "Weltanschauliche Erziehung" von SS, Polizei und Waffen-SS im Rahmen der "Endlösung"*, Frankfurt/Main, 2003, pp. 71-77. Com uma perspectiva comparável: Stephan Lehnstaedt, *Okkupation im Osten. Besatzeralltag in Warschau und Minsk 1939-1944*, Munique, 2010.
217. Veja documento 21.
218. Veja Matthäus, "Unternehmen", pp. 371-79; Longerich, *op. cit.*, pp. 352 e segs.
219. Witte et al., *Dienstkalender*, pp. 188 e segs.

220. Veja anotação do diário de 28/12/1941 (sobre conversa com Kundt em 4/8), 2/8 e 1/9/1941.
221. Veja Browning, *Entfesselung*, pp. 508-11; Longerich, *op. cit.*, pp. 442 e segs.; Martin Cüppers, *Walther Rauff – In deutschen Diensten. Vom Naziverbrecher zum BND-Spion*, Darmstadt, 2013, pp. 109-44.
222. Ordem de Göring a Heydrich, 31/7/1941 (710-PS); reproduzida em *Nürnberger Prozess,* vol. 26, pp. 266 e segs.; sobre a ordenação: Longerich, *op. cit.*, pp. 421 e segs.
223. Anotação do diário de 2/8/1941.
224. Veja documento 9.
225. RKO II a HSSPF com o anexo "Orientações temporárias para o tratamento de judeus na área da RKO", 2/8/1941; reproduzido em Benz et al., *Einsatz,* pp. 38-42. No documento, Lohse orientava os comissários-gerais e locais no RKO a decretar, como "ações mínimas", disposições restritivas "onde e enquanto outras ações no sentido da solução definitiva da questão judaica ainda não são possíveis". Como "outras ações", Lohse recomendava – "atentando-se à situação local, principalmente a econômica" –, entre outras, a expulsão de judeus da planície, sua limitação em guetos e utilização no trabalho compulsório "na medida da demanda". Veja, também, *Politik*, pp. 394-97; Matthäus, "Unternehmen", pp. 414-19.
226. Rascunho de um posicionamento de Stahlecker sobre o projeto de diretrizes da RKO, 6/8/1941; reproduzido em Benz et al., *op. cit.*, pp. 42-46.
227. Veja anotações do diário de 1/9/1941 e (em retrospectiva) 28/12/1941.
228. RKO II aos comissários-gerais, 18/8/1941; reproduzido em *VEJ,* vol. 7, doc. 186, pp. 527--31; Stahlecker aos líderes da unidade móvel de extermínio A, 29/8/1941; reproduzidos parcialmente em Benz et al., *op. cit.*, pp. 47 e segs. Já em 13/8/1941 Lohse havia divulgado as orientações alteradas de Rosenberg.
229. Zentrale Stelle Ludwigsburg 15 AR 1439/65, Zwischenvermerk – Sachgebiet Ostministerium – 13/4/1965, IfZ Gy 14, p. 6. Para aspectos comparativos do recrutamento de pessoal: Stephan Lehnstaedt, "'Ostnieten' oder Vernichtungsexperten? Die Auswahl deutscher Staatsdiener für den Einsatz im Generalgouvernement Polen 1939-1944", *ZfG* 53 (2007), pp. 701-21. Sobre o mito do "fraco Rosenberg", veja também Piper, *op. cit.*, p. 534.
230. Veja carta de Lammers a Rosenberg "Assunto: Competências do RFSS nos Territórios Orientais Ocupados", 6/9/1941; USHMMA RG-14.017M (BAB R6/491). Sobre o "Plano geral Leste", cuja responsabilidade foi passada a Himmler em meados de 1941 e que previa o reassentamento compulsório de 30 a 50 milhões de moradores locais em favor de assentados alemães, mas que não se concretizou em larga escala, veja Aly, *"Endlösung"*, pp. 251 e segs.; Mechtild Rössler e Sabine Schleiermacher (orgs.), *Der "Generalplan Ost". Hauptlinien der nationalsozialistischen Planungs- und Vernichtungspolitik*, Berlin, 1993.
231. Veja anotações do diário de 12 e 14/9/1941.
232. RSHA IV (Müller) às unidades móveis de extermínio, 25/8/1941; reproduzido em Angrick et al., *Dokumente,* vol. 2, p. 109.
233. Veja, p. ex., anotações do diário de 26/7, 13/8/1943 e 28/10/1944, documento 18; carta de Rosenberg a Keitel "ref. presos de guerra", 28/2/1942 (081-PS); reproduzida em *Nürnberger Prozess,* vol. 25, pp. 157-61.
234. Anotação do diário de 7/9/1941.
235. "Orientações para a administração civil nas áreas ocupadas do Leste" (pasta marrom), parte I: RKO, s/d (setembro de 1941); USHMMA RG-18.002M (ZSA Riga, R70 – 5-7), reel 4; reproduzido parcialmente em Benz et al., *Einsatz,* pp. 33-37. O ministério de Rosenberg decretou a "pasta marrom" para o RKU em setembro de 1942; veja BAB R 43II/685a, Bl. 77-97; em abril de 1942 foram promulgadas pelo RMfdbO "Diretrizes para a condução da economia" (ibidem, Bl. 37-175).
236. Veja anotação do diário de 1/10/1941.
237. No final de janeiro de 1942, o escritório de Himmler enviou ao Ministério do Leste trechos da "pasta marrom" que se ocupavam com a "questão judaica" e que gostaria de ver revistos (reproduzido em Angrick et al., *Dokumente,* vol. 2, pp. 270-72); esses trechos discrepavam

principalmente da indicação (de interesse da Sipo e da SD) de que as diretrizes não deviam impedir, de modo algum, "as medidas que serviam à solução definitiva da questão judaica e, com isso, a eliminação do judaísmo", além de solicitar a supressão da formulação "depois da guerra" (ibidem, p. 270) da passagem aqui citada.

238. Veja Matthäus, "Unternehmen", pp. 390 e segs.

239. Em meados de setembro, a unidade móvel de extermínio C, que se encontrava estacionada na Ucrânica, sugeriu a "solução da questão judaica por meio de uma ampla incorporação ao trabalho", visto que isso "tinha por consequência uma liquidação gradual do judaísmo" e correspondia "às realidades econômicas do lugar". (*Ereignismeldung* 86, 17/9/1941; reproduzido em Mallmann et al., *Dokumente*, vol. 1, p. 479).

240. Christian Gerlach, "Die Ausweitung der deutschen Massenmorde in den besetzten sowjetischen Gebieten im Herbst 1941. Überlegungen zur Vernichtungspolitik gegen Juden und sowjetische Kriegsgefangene", in: idem, *Krieg, Ernährung, Völkermord. Forschungen zur deutschen Vernichtungspolitik im Zweiten Weltkrieg*, Hamburgo, 1998, pp. 10-84.

241. Carltheo Zeitschel a embaixador Otto Abetz, 22/8/1941; apud Browning, *op. cit.*, p. 466.

242. Ibidem, p. 492.

243. Veja Longerich, *op. cit.*, pp. 352 e segs., 427-34; Browning, *op. cit.*, pp. 449 e segs.

244. Veja anotação do diário de 1/10/1941; Relatos de Koeppen a Rosenberg de 19, 23 e 24/9/1941, in: Vogt, *Herbst*, pp. 23-25, 40 e segs., 43 e segs.

245. Anotação do diário de 12/9/1941.

246. Veja anotação do diário de Bräutigam de 14 e 15/9/1941, in: Heilmann, "Kriegstagebuch", pp. 144 e segs.: "Kalinin havia ordenado que todos os alemães do Volga deviam ser enviados para a Sibéria. Claramente havia medo de deixá-los no coração da União Soviética e também se queria evitar que fossem possivelmente incorporados a nós no futuro. Quatrocentas mil pessoas seriam vítimas do triste destino do desterro. Sabia-se que a maior parte não sobreviveria ao desterro ou nem mesmo ao transporte. Como represália, o *Reichsleiter* previu o envio de todos os judeus da Europa Central às áreas orientais sob nossa administração, e eu recebi por telegrama a tarefa de conseguir a concordância do Führer para esse projeto".

247. Os alemães do Volga foram deportados para o Leste pelos soviéticos entre 13 e 15/9; veja Benjamin Pinkus e Ingeborg Fleischhauer, *Die Deutschen in der Sowjetunion*, Baden-Baden, 1987, pp. 307-10. Gerlach, *op. cit.*, pp. 10-84, considera a anotação do diário errônea, mas o registro de Rosenberg de 12/9 com sua ameaça – "a nação russa como um todo terá de pagar por esses assassinatos" – aponta para outra interpretação.

248. Longerich, *op. cit.*, pp. 429 e segs.; Browning, *op. cit.*, pp. 467 e segs.

249. Sobre o ordenamento histórico, veja Longerich, *op. cit.*, pp. 429 e segs.; Browning, *op. cit.*, pp. 467-69. Sobre a decisão de Hitler e especulações, veja Longerich, *op. cit.*, pp. 431-33; Browning, *op. cit.*, pp. 469 e segs.

250. "O Führer deseja que possivelmente em breve o Altreich [Império antigo, anterior a 1938, sem a inclusão da Áustria] e o protetorado do Leste estejam vazios e livres de judeus, de leste a oeste. Por essa razão, estou empenhado em transportar – se possível ainda neste ano e como uma primeira etapa – os judeus do Altreich e do protetorado aos territórios orientais que há dois anos pertencem ao Reich, para no início do próximo ano despachá-los ainda mais ao leste. Pretendo enviar ao gueto de Litzmannstadt, que como ouvi dizer tem condições de acolhimento, cerca de 60 mil judeus do Altreich e do protetorado para passar o inverno." Himmler a Greiser (cópias a Heydrich e HSSPF Warthegau Wilhelm Koppe), 18/9/1941; apud Longerich, *op. cit.*, p. 430.

251. Ata da reunião de Heydrich e Ehlich com representantes do Ministério do Leste, 4/10/1941; USHMMA RG-14.015M (BAB NS 19/1734, Bl. 2-7). Em 26/11 Himmler comenta detalhadamente a ata sem se manifestar sobre o trecho "Regulamentação da questão judaica" (ibidem, Bl. 9-12).

252. Relato de Koeppen a Rosenberg, 7/10/1941, in: Vogt, *Herbst*, pp. 63-65.

253. "Notas da reunião de 10/10/1941 sobre a solução de questões judaicas"; apud Miroslav Kárný, Jaroslava Milotová, Margita Kárná (orgs.), *Deutsche Politik im "Protektorat Böhmen und Mähren" unter Reinhard Heydrich 1941-1942. Eine Dokumentation*, Berlim, 1997, pp. 137-41.
254. Longerich, *op. cit.*, p. 460.
255. Até então, cerca de 60 mil internos de sanatórios tinham sido vítimas dessa ação assassina coordenada pela Chancelaria do Führer de Phillip Bouhler. Veja Henry Friedlander, *Der Weg zum NS-Genozid. Von der Euthanasie zur Endlösung*, 1997; Winfried Süß, *Der "Volkskörper" im Krieg. Gesundheitspolitik, Gesundheitsverhältnisse und Krankenmord im nationalsozialistischen Deutschland 1939-1945*, Munique, 2003.
256. Apud Präg, *Diensttagebuch*, pp. 412 e segs.
257. Relatório do comissário de área Libau ao comissário de área Letônia, 11/10/1941; reproduzido parcialmente em Benz et al., *op. cit.*, pp. 92 e segs.; relatórios do comissário de área de Sluzk e do comissário-geral da Bielorrússia, 30/10/1941 (1104-PS); reproduzidos em *Nürnberger Prozess*, vol. 27, pp. 1-8 (com marcas de Rosenberg).
258. Nota de Berger sobre uma conversa com Rosenberg, 10/10/1941; NARA T 175 bobina 22, Bl. 2527944 e segs.; carta de Rosenberg a Lammers, 14/10/1941, in: Breitman, *Architect*, p. 215.
259. Veja Christian Gerlach, "Failure of Plans for an SS Extermination Camp", in: Mogilev, Belorussia, *HGS* 12 (1997), pp. 60-78; idem, *Kalkulierte Morde*, pp. 587-92, 650-55; Aly, *op. cit.*, pp. 342-44.
260. Veja Longerich, *op. cit.*, pp. 444 e segs.
261. Veja ibidem, pp. 450-56; Browning, *op. cit.*, pp. 593-600.
262. Himmler a Heydrich, 21/11/1941, "Ref. ata da reunião entre SS-Ogruf. Heydrich e Gauleiter Meyer em 4/10/1941"; USHMMA RG-14.015 (BAB NS 19/1734, Bl. 9-12; aqui, 12).
263. Observação em apresentação de Bräutigam para Rosenberg, 13/10/1941 (082-PS); apud Streit, *Keine Kameraden*, p. 341, nota 95. Sobre as comissões do Ministério do Leste que escolhiam trabalhadores específicos dos campos de prisioneiros, veja documento 11.
264. "Die Gefangenen sterben an Hunger u. Frost" [Os prisioneiros morrem de fome e de frio]; anotação do diário de 28/12/1941.
265. Sobre um contexto mais amplo, veja Longerich, *op. cit.*, pp. 441-65; Browning, *op. cit.*, pp. 449-555; Aly, *op. cit.*, pp. 327-67.
266. Os primeiros assassinatos com "caminhões de gás" em Chełmno começaram em 8/12/1941; Browning, *op. cit.*, p. 595 e segs.
267. Rascunho de carta de Wetzel a Lohse, "Ref.: Solução da questão judaica", 25/10/1941 (NO-365); reproduzido em *VEJ*, vol. 7, doc. 206, p. 564.
268. Veja a vaga indicação do retrospecto semestral de Rosenberg de 28/12/1941 ("Debates com Lohse") sem indicação de data.
269. Escritório central Ludwigsburg 15 AR 1439/65, "Zwischenvermerk – Sachgebiet Ostministerium", 13/4/1965, IfZ GY 14, Bl. 13-17.
270. Wetzel anotou como assunto um relato de Lohse de 4/10/1941 "relativo à solução da questão judaica", bem como seu informe de 18/10; ambos não foram preservados.
271. Veja Browning, *op. cit.*, pp. 479 e segs.; Longerich, *op. cit.*, pp. 461 e segs.
272. Rascunho de carta do RKO (Trampedach) a RMfdbO (confidencial), 15/11/1941 (3663-PS); reproduzido em *Nürnberger Prozess*, vol. 32, p. 436, e *VEJ*, vol. 7, doc. 213, pp. 578 e segs.
273. Veja Alfred Gottwaldt e Diana Schulle, *Die Judendeportationen aus dem Deutschen Reich von 1941-1945. Eine kommentierte Chronologie*, Wiesbaden, 2005, pp. 84-136, 230-59; Birthe Kundrus e Beate Meyer (orgs.), *Die Deportation der Juden aus Deutschland. Pläne, Praxis, Reaktionen 1938--1945* (série Beiträge zur Geschichte des Nationalsozialismus, vol. 20), Göttingen, 2004.
274. Gerlach, *Kalkulierte Morde*, pp. 624-26.
275. Veja Andrej Angrick e Peter Klein, *Die "Endlösung" in Riga. Ausbeutung und Vernichtung 1941-1944*, Darmstadt, 2006, pp. 138-82.
276. Veja Dieckmann, *Besatzungspolitik*, pp. 959-67.
277. Apud Matthäus, "Unternehmen", p. 443.

278. Witte et al., *Dienstkalender*, p. 278.
279. Carta de Bräutigam a Lohse (Assunto confidencial), 18/12/1941 (3666-PS); reproduzido em *Nürnberger Prozess*, vol. 32, p. 437, e *VEJ* vol. 7, doc. 221, p. 586 (lá "Höheren SS- und Polizeiführer"). A carta chegou a Riga em 22/12/1941.
280. Veja documento 11.
281. Relatório de Koeppen a Rosenberg de 18/10/1941, in: Vogt, *Herbst*, p. 81.
282. Transcrição da reunião de chefia em 30/10/1941 no Ministério do Leste (Assunto confidencial); USHMMA RG-71 box 380; também em: BAB R 6/102.
283. Veja documento 11.
284. Veja documento 12.
285. "Responsabilidade das unidades de polícia nas zonas orientais recém-ocupadas", 19/11/1941; BAB R6/9, Bl. 79 f.
286. Witte et al., *Dienstkalender*, p. 265.
287. Veja documento 12; Piper, *op. cit.*, pp. 545-47.
288. Fröhlich, *Goebbels-Tagebücher*, parte II, vol. 2, pp. 307-12 (anotação do diário de 18/11/1941).
289. Veja Browning, *op. cit.*, p. 480.
290. Kube para Lohse, 16/12/1941; apud ibidem, p. 563.
291. Veja ibidem, p. 564.
292. Veja Gerlach, *Kalkulierte Morde*, pp. 768-71; Petra Rentrop, *Tatorte der "Endlösung". Das Ghetto Minsk und die Vernichtungsstätte von Maly Trostinez*, Berlim, 2011.
293. Veja Kurt Pätzold e Erika Schwarz (orgs.), *Tagesordnung: Judenmord. Die Wannsee-Konferenz am 20. Januar 1942*, Berlim, 1992, pp. 88-90; Mark Roseman, *Die Wannsee-Konferenz. Wie die NS-Bürokratie den Holocaust organisierte*, Munique, 2002, pp. 96 e segs.; Norbert Kampe e Peter Klein (orgs.), *Die Wannsee-Konferenz am 20. Januar 1942. Dokumente, Forschungsstand, Kontroversen*, 2013.
294. Numa nota para Hitler de 18/12/1941, Rosenberg pediu por "autorização para que todas as moradias dos judeus em Paris, fugidos ou que estão de partida, sejam confiscadas na medida do possível – como acontece nas áreas ocupadas do Oeste –, a fim de apoiar a montagem da administração no Leste", e sugeriu ainda como "compensação" para ataques contra membros da Wehrmacht na França o fuzilamento a cada vez de "cem ou mais judeus banqueiros, advogados etc.": "Os judeus de Londres e Nova York são aqueles que incentivam os comunistas franceses a cometer os atentados, e parece certo e justo que os membros da raça paguem por isso. Não seriam os pequenos judeus a serem responsabilizados, mas de maneira absolutamente sistemática todos os judeus em posições de liderança". Reproduzido parcialmente em Pätzold e Schwarz, *Tagesordnung*, pp. 96 e segs. (PS-001).
295. Veja documento 14. Christian Gerlach, "Die Wannsee-Konferenz, das Schicksal der deutschen Juden und Hitlers politische Grundsatzentscheidung, alle Juden Europas zu ermorden", in: ibidem, *Krieg*, pp. 85-166, interpreta a passagem como comprovação de uma "decisão fundamental" de Hitler, anunciada por funcionários do partido em 12/12/1941, embora a anotação de Rosenberg cite de maneira explícita "a declaração de guerra do Japão contra os EUA" e o conteúdo do discurso de Hitler não se diferencie substancialmente de sua "profecia" de janeiro de 1939; a avaliação do discurso como um "outro apelo à aceleração e à radicalização" da política de extermínio em ação, em Longerich, *op. cit.*, p. 467, parece mais concludente.
296. Anotação do diário de 14/12/1941.
297. Veja documento 15.
298. Veja document 14.
299. Veja a declaração feita no pós-guerra por um funcionário da administração civil do comissariado-geral da Rutênia Branca: "Todos os regulamentos, decretos e disposições da política em relação aos judeus passavam por minhas mãos. [...] Por essa razão, sei que o tratamento da questão judaica no que tange à decisão de quem é judeu, à obrigatoriedade do registro dos judeus, ao uso da estrela, ao trabalho compulsório, ao confinamento em guetos, à concentração dos judeus do campo em guetos urbanos, ao confisco de patrimônio judaico etc. era tarefa da administração civil". Apud Gerlach, *Kalkulierte Morde*, p. 656.

300. Longerich, *op. cit.*, p. 467, interpreta a anotação na agenda de Himmler como "renovada confirmação de Hitler [...] em continuar e intensificar os assassinatos em massa dos judeus soviéticos sob os pretextos dados até aquele momento", o que não é justificado pelas palavras escolhidas por Himmler, ora mais genérica ("questão judaica"), ora mais específica ("*partisans*")
301. Veja documento 15.
302. "No decorrer da solução final, sob supervisão adequada, os judeus devem ser incorporados ao trabalho no Leste. Os judeus aptos ao trabalho serão levados a essas regiões – em grandes colônias de trabalho, com separação de gêneros – para construir estradas, enquanto não há dúvida de que uma grande parte será eliminada por uma redução natural. Por fim, aqueles que, em todo o caso, se mantiveram em pé deverão ser tratados de maneira adequada – visto que se trata da parte mais resistente –, pois, como são uma seleção natural, se libertados podem se tornar a semente de uma nova organização judaica (veja a experiência da história)." "Ata da reunião" da Conferência de Wannsee-Konferenz de 20/1/1942; reproduzida em Pätzold e Schwarz, *Tagesordnung*, pp. 102-12. Sobre a autoexplicação de Kempner em relação ao seu papel no achado da ata, ibidem, pp. 136-39; sobre os assassinatos de judeus a partir de 1942 em relação à construção da estrada IV, Matthäus, "Unternehmen", pp. 427 e segs.; Pohl, *Judenverfolgung*, pp. 338-42.
303. Pätzold e Schwarz, *Tagesordnung*, p. 112.
304. Veja documentos 15, 16 e 19.
305. Veja documento 16; carta RMfdbO (Meyer) a secretários de Estado, "Referência: Solução final da questão judaica", 18/7/1942; USHMMA RG-14.017M (BAB R6/74), Bl. 158. No fim de julho de 1942, o chefe da SS-Chef escreveu a Berger, seu homem de ligação com Rosenberg: "Peço encarecidamente que não se faça público mais nenhum decreto sobre o conceito 'judeu'. Todas essas determinações disparatadas só servem para atar nossas próprias mãos. As zonas orientais ocupadas ficarão livres de judeus. O Führer depositou sobre meus ombros a execução dessa ordem muito difícil. E ninguém pode me livrar dessa responsabilidade. Dessa maneira, proíbo todos e quaisquer comentários!" (Himmler a Berger, 28/7/1942; BAB NS 19/1772, Bl. 5).
306. Gerlach, "Ausweitung", p. 74.
307. Ibidem, p. 80.
308. Veja documento 17.
309. Veja documentos 20 e 21; Piper, *op. cit.*, pp. 548-52. Rosenberg usou o termo "leste selvagem" em seu discurso de 18/11/1941 (documento 13).
310. No diário publicado do cronista do gueto Avraham Tory, há uma indicação sobre "*a short visit of Reichminister Rosenberg and his entourage in the Ghetto*" em 19/5/1942; veja Avraham Tory, *Surviving the Holocaust: The Kovno Ghetto Diary*, org. Martin Gilbert, Cambridge/Londres, 1990, p. 89.
311. "Relato estenográfico sobre a reunião do *Reichsmarschall* Göring com os comissários para os Territórios Ocupados e os comandantes militares sobre a situação da alimentação" em 6/9/1942 (170-USSR); reproduzido em *Nürnberger Prozess*, vol. 39, pp. 384-407.
312. Veja Helmut Heiber (org.), *Hitlers Lagebesprechungen. Die Protokollfragmente seiner militärischen Besprechungen 1942-1945*, Stuttgart, 1962, p. 259.
313. Veja documento 23.
314. Veja Piper, *op. cit.*, pp. 595-97.

II
OS DIÁRIOS DE ALFRED ROSENBERG
1934-1944

NOTA EDITORIAL

A parte II desta edição baseia-se nas páginas originais das anotações do diário de Rosenberg que estão guardadas no arquivo do USHMM (RG-71 Acc.2001.62.14; para 1936-44) e no NARA (RG 238 NM-66, Entry 1, boxes 120-121; para 1934-35). Os organizadores esforçaram-se em reproduzir o texto literalmente (incluindo erros de ortografia, abreviações, cortes, destaques e inconsistências de conteúdo);* explicações editoriais estão entre [ ] e nas notas de rodapé. Visto o ordenamento histórico do texto na introdução (parte I), bem como os inúmeros nomes citados e temas tratados, as notas de rodapé se limitam a comentários sobre pessoas e fatos necessários à compreensão do texto. As abreviaturas muitas vezes foram colocadas por extenso para melhor legibilidade do texto como um todo. A edição parcial de Hans-Günter Seraphim, *Das politische Tagebuch Alfred Rosenbergs aus den Jahren 1934-35 und 1939-40* (Göttingen, 1956), baseia-se em cópias xerox de difícil leitura, levando a inúmeros erros na transcrição, que muitas vezes comprometeram seu sentido. Na presente edição, esses desvios do original estão anotados apenas em poucos casos.

---

* A tradução brasileira, quando possível, acompanhou o original nesse sentido. (N. T.)

[1934]

Berlim, 14/5/34[1]

Nestes 15 anos, não mantive um diário; por essa razão, muito do que hoje é história caiu no esquecimento. Agora estamos em meio a uma nova evolução que será decisiva para o futuro e na qual me sinto literalmente participante em duas questões. Isto é: a luta com a Inglaterra e a imposição de nossa visão de mundo [*Weltanschauung*] frente a todos os adversários. No caso das observações do presente, será preciso resgatar muita coisa de 1933.

Em 4/5 estive com o Führer por 1 1/2 hora e apresentei a ele o trabalho concêntrico de Moscou e do AA [Ministério das Relações Exteriores]. V. Hassel espalha em Roma que Gömbös lhe disse que eu e Habich somos impossíveis para a política externa, que é preciso nos substituir por "especialistas".[2] (Isso certamente é mentira,

---

1 Corrigido; antes, 13/5/1934.
2 Hassel, Ulrich von (1881-1944); diplomata; 1932-38: embaixador em Roma; executado como membro da resistência conservadora [antinazista].
Gömbös, Gyula (1886-1936); oficial e político húngaro; 1924: fundador do partido de extrema direita Proteção Racial (Fajvédó Párt); 1932-36: primeiro-ministro.
Habicht, Theodor (1898-1944); 1926: ingresso no NSDAP; desde 1927 líder distrital de Wiesbaden; 1931-34: administrador local do NSDAP na Áustria; 1939-40: subsecretário no AA, em seguida ingressou no serviço militar.

mas de todo modo também está na linha do "trabalho" de v. Papen, que na sua visita a Budapeste declarou que R.[osenberg] não significava mais nada e estava liquidado.)³ Além disso, o Ministério das Relações Exteriores mandou reproduzir e distribuir uma crítica desabonadora a meu respeito no *News Chronicle*. (Como tenho um funcionário na embaixada em Roma, imediatamente fico sabendo do necessário. É característico do caráter do recente "companheiro de partido" Hassel ele ter enviado ao "estimado dr. Goebbels" uma carta queixando-se de mim por portador, mas, quando soube da minha nova incumbência passada pelo Führer, pediu para tirar a carta do malote! Como o cônsul Jaeger escreveu a Poensgen, o Ministério das Relações Exteriores se manteve mesmo surpreendentemente limpo).⁴

O Führer me perguntou se eu achava que os franceses poderiam ser mantidos sob controle durante o outono, o que seria possível oferecer aos poloneses como compromisso, se não seria possível se declarar mais a favor dos japoneses... Ele desenvolveu seus raciocínios – provisórios. Expliquei que, apesar de os ingleses serem indecisos, um alinhamento aberto com o Japão, algo que lhes é mais do que inconveniente, poderia levá-los totalmente para o lado dos franceses. A Inglaterra enxerga Tóquio como sendo mais perigosa do que Moscou, um julgamento que oficiais britânicos dividiram comigo mais de uma vez, com muita seriedade. No mais, a confiança inglesa foi muito abalada por casos como entre o coronel Hutchison e o conde Bernstorff. H.[utchison] encontrou-se com B.[ernstorff] em Berlim e, perguntado pelo último, lhe respondeu que o trabalho de reconstrução do Terceiro Reich impressionava-o enormemente.⁵ B. retrucou: A isso se seguirá uma ruína terrível.

---

3 Papen, Franz von (1879-1969); oficial e político; 1932: chanceler; 1933-34: vice-chanceler no gabinete de Hitler; 1939-44: embaixador na Turquia; 1946: absolvido pelo Tribunal Militar Internacional; 1947: condenação pelo Tribunal de Desnazificação de Nuremberg a oito anos de reclusão em campo de trabalho; 1949: soltura.

4 Jaeger, Rolf (1885-1954); diplomata; 1927-38: atividades consulares em diversos países; 1943-44: direção do gabinete III do AA; 1944: aposentadoria temporária.
Supostamente Poensgen, Ernst (1871-1949); industrial; 1935-42: presidente do conglomerado industrial Vereinigten Stahlwerke; 1937-42: assessor para economia de guerra.

5 Hutchison, Graham Seton (1890-1946); escritor e oficial britânico; participou desde 1933 da fundação de agrupamentos fascistas britânicos.

O Führer explicou que, se essa afirmação for comprovada, B. receberá as mais severas punições. Ele ainda acredita na boa vontade de Neurath, mas disse que o AA é, em sua opinião, uma "sociedade de conspiradores".[6] Demorou um ano inteiro até ele conseguir levar Kuehl para Xangai (caso Michelson), mas lamenta ainda estar preso aos compromissos realizados durante a formação do gabinete, segundo os quais o *Reichspräsident* dispõe sobre o Exército e o AA.[7] Tudo bem com o primeiro graças a Blomberg, o outro não.[8] Aliás, acrescentou que a situação do velho* é tal que ele não sobreviverá a este ano. (Rust me disse o mesmo alguns dias depois.)[9] Então é preciso meter algumas dezenas desses "conspiradores" atrás das grades.

Na questão da política colonial, ele concordou totalmente com meu ponto de vista: festejos comemorativos dignos, mas não na medida em que possam ser compreendidos como "início de uma nova política colonial".

Bernstorff, Albrecht, conde de (1890-1945); diplomata e banqueiro; 1915-33: atividades diplomáticas em diversos países, em seguida trabalho no banco A. E. Wassermann e ajuda a judeus perseguidos; 1940: prisão no campo de concentração Dachau; 1943: nova prisão; assassinado pela Gestapo.

6 Neurath, Konstantin von (1873-1956); diplomata; 1921-30: embaixador em Roma; 1930-32: embaixador em Londres; 1932-38: ministro do Exterior; 1937: ingresso no NSDAP; 1939-43: *Reichsprotektor* da Boêmia e da Morávia; 1946: condenado a quinze anos de prisão pelo Tribunal Militar Internacional; 1954: soltura.

7 Refere-se a Kriebel, Hermann (1876-1941); 1922: ingresso no NSDAP; 1923: participação no "*putsch* de Hitler"; 1929-33: conselheiro militar do marechal Chiang Kai-shek na China; desde 1934: cônsul-geral em Xangai; desde 1939: chefe do departamento administrativo do AA.
A nomeação de Erich Michelsen (1879-1948) como cônsul-geral de Xangai por Neurath em setembro de 1933 foi torpedeada por funcionários nazistas por causa da ascendência judaica de Michelsen. Veja Astrid Freyeisen, *Shanghai und die Politik des Dritten Reiches*. Würzburg, 2000, pp. 76 e segs.; Eckart Conze, Norbert Frei, Peter Hayes, Moshe Zimmermann (orgs.), *Das Amt und die Vergangenheit. Deutsche Diplomaten im Dritten Reich und in der Bundesrepublik*. Munique, 2010, pp. 58 e segs.

8 Blomberg, Werner von (1878-1946); oficial; 1927: chefe do setor de tropas da *Reichwehr*; 1933-38: ministro da Defesa do Reich; desde 1935: ministro da Guerra do Reich; 1936: *Generalfeldmarschall*.

* No original, *der Alte*: referência ao presidente do Reich, Hindenburg. (N. T.)

9 Rust, Bernhard (1883-1945); 1925: ingresso no NSDAP; *Gauleiter* de Hannover (norte); 1928-40: *Gauleiter* de Hannover (sul) e Braunschweig; 1934-45: ministro da Ciência, Educação e Formação Popular.

No final, o Führer me agradeceu pelo trabalho com diversos apertos de mão.

x

O capitão Barlett da fábrica de aeromotores Bristol em Londres apareceu com uma carta de apresentação do Air Ministry, chefe de esquadrilha Winterbotham.[10] Ele quer introduzir aqui o novo motor, ainda secreto. Reforça que é a primeira vez que o ministério lhe deu uma carta de apresentação. Organizo um café da manhã para ele por intermédio de Obermüller, do qual tomarão parte os chefes de construção dos Ministérios do Exército, da Marinha, da Aviação.[11] Isso coroa o sucesso de um trabalho de 1 1/2 ano, porque dessa maneira o Estado-Maior da aviação britânica deu oficialmente seu aval para a ampliação da defesa aérea alemã.

O major W.[interbotham] esteve de "férias" aqui de 27/2 a 6/3. Ciceroneei-o juntamente com Reichenau, Loerzer, Hess, 2 *commodores*; depois, até o Führer.[12] O major W. transmitiu saudações dos pilotos britânicos. O Führer disse que a arma verdadeiramente cavalheiresca da guerra mundial foi a Aeronáutica. Aliás, a Inglaterra foi um inimigo perigoso, visto que a Alemanha teve de concentrar 2/3 de seus aviões no front inglês. Passando às questões atuais, o Führer expressou sua convicção de que, embora a frota de aviões da França seja numericamente bem superior à britânica, considera essa última

---

10 Barlett, Ken (dados desconhecidos); engenheiro aeronáutico britânico; desde 1928: diretor de vendas da Bristol Aircraft Company e seu representante para o mercado europeu com escritório na França.
Winterbotham, Frederick William (1897-1990); oficial britânico; desde 1929: funcionário do serviço secreto MI-6; chefe do serviço secreto aeroespacial; durante a guerra, participou do deciframento do sistema alemão de codificação "Enigma".

11 Obermüller, Horst (1890-?); oficial; após 1934: chefe da divisão inglesa do APA.

12 Reichenau, Walter von (1884-1942); oficial alemão; 1933: chefe do escritório ministerial do RWM; 1939: comandante supremo do 10º Exército; 1940: *Generalfeldmarschall*; 1941: comandante supremo do 6º Exército, mais tarde comandante do agrupamento do Exército [*Heeresgruppe*] Sul.
Loerzer, Bruno (1891-1960); 1938: inspetor dos pilotos de caça; 1940: general; 1943: *Generaloberst* e chefe do departamento de pessoal da Aeronáutica.
Hess, Rudolf (1894-1987); 1920: ingresso no NSDAP; 1923: participação no "*putsch* de Hitler"; a partir de 1925, secretário particular de Hitler; 1933: nomeado StdF e ministro do Reich sem pasta específica; 1941: voo para a Grã-Bretanha e prisão local; 1946: condenado à prisão perpétua pelo Tribunal Militar Internacional.

mais forte em termos de valor. Aliás, ele disse ser muito favorável a um fortalecimento considerável da aeronáutica inglesa já pelo seguinte motivo: será preciso solicitar um determinado porcentual das frotas de nossos Estados vizinhos para a defesa da Alemanha. Hoje talvez esse necessário porcentual equivalesse ao britânico, o que ele não considera adequado em absoluto, visto que vários sinais diferentes seriam gerados daí. A Inglaterra poderia ter o dobro e mais, seria ótimo.

A conversa prosseguiu de maneira muito satisfatória e W. fez um relato brilhante em Londres (veja anotação no dossiê n...).[13] Em seguida, fui com W. e Ropp para Weimar, a fim de apresentá-lo ao estilo de nossas reuniões.[14] Em seguida, casa de Goethe, arquivo Nietzsche, café da manhã com a senhora Foerster-Nietzsche, 88 anos, de cabeça surpreendentemente ativa, daí visita a nossa escola em Eggendorf, local de convivência para prefeitos da Turíngia, juristas e etc.[15] Rápida conversa sobre educação ideológica obrigatória. Tudo isso, a animação no campo, impressionou W. de maneira duradoura – tudo tão distante de qualquer propaganda.

+

Acaba de chegar uma carta do cap.[itão] Bartlett agradecendo sua recepção por nós. Loerzer volta de Londres na quarta.

+

O enviado persa está de visita. Depois de algumas preliminares, ele se queixa de um texto no [jornal] *Bay[e]r. Staatszeitung*, onde Riza Khan é citado juntamente com Trebitsch-Lincoln.[16] Vou sugerir um pedido de desculpas em Munique.

+

---

13 Falta nos documentos preservados.

14 De Ropp, William (nasc. Wilhelm Gotthard von der Ropp; 1886-1973); político alemão báltico e agente britânico.

15 Förster-Nietzsche, Elisabeth (1846-1935); irmã de Friedrich Nietzsche e sua inventariante.
Egendorf; bairro de Blankenhain, Turíngia.

16 Pahlavi, xá Reza (nasc. Reza Khan; 1878-1944); desde 1925: xá da Pérsia; 1941: após invasão de tropas britânicas e soviéticas, renúncia em favor do filho.
Trebitsch-Lincoln, Ignaz (nasc. Abraham Schwarz; 1879-1943); deputado britânico, agente de diversos Estados e ocultista.

Os últimos dias foram cheios de negociações com Rust (a quem recomendo diversos docentes universitários e prometo a criação de uma universidade para mulheres), com a Frente para o Trabalho [*Arbeitsfront*] e as necessidades culturais que surgiram com a presente falta de orientação.

Acaba de chegar uma tradução do *Times* de 9/5 no qual sou novamente atacado – como informa Ropp, aconteceu depois de consulta que o Foreign Office fez com nossa embaixada londrina. É isso que lhe informam nossos amigos ingleses, bem informados. Tudo mais do que provável.

15/5/[1934]

Apresentação sobre política externa com o Führer. Entrego-lhe meu pequeno memorando sobre uma futura composição alemã-inglesa, que ele logo lê com aprovação. Em seguida, um memorando abrangente sobre a política expansionista do Japão; ele pede a Brückner que a coloque logo sobre a mesa de cabeceira, visto que todo esse complexo de questões lhe interessa agora sobremaneira.[17] Então, apresento-lhe a carta de Hutchinson sobre o comportamento de Bernstorff. Ele a lê e diz: "O que fazer com esse porco?". Eu: "Se perguntarmos a B.[ernstorff], ele vai negar, claro. Aliás, ele foi muito elogiado a mim por Rodd, o representante inglês no BIZ, mas esse foi nosso mais renhido <u>opositor</u>".[18] H.[itler]: "Não quero briga com o velho[19] para amargurar seus últimos dias. Mas depois toda camaradagem tem de acabar de vez. E B. precisaria ser preso imediatamente. Até lá, reúna as notícias sobre nossas representações. Koester está colocando as maiores

---

17 Brückner, Wilhelm (1884-1954); 1922: ingresso no NSDAP; 1923: líder da SA em Munique e participação no "*putsch* de Hitler"; 1930-40: chefe dos ajudantes de ordens de Hitler.

18 Rodd, Francis James, 2º barão Rennell (1895-1978); banqueiro e diplomata britânico; 1929-32: Bank of England; 1930-31: Bank für Internationalen Zahlungsausgleich [Banco de compensações internacionais] (BIZ); 1942: presidente da Royal Geographical Society.

19 Refere-se a Hindenburg.

dificuldades. Antigamente ele apregoava aos quatro ventos que Hitler significa guerra, agora ele não <u>consegue</u> nos representar...".[20]

O Führer está constantemente indignado com toda a sabotagem mesquinha dessa gente, que ainda não entendeu o que está acontecendo.

Ainda lhe falo do texto da *Times*. Ele dá de ombros: É a mesma coisa em todo o lugar.

Ele ouve com algum ceticismo o informe da embaixada soviética sobre uma ordem de assassinato.

O dia tomado de trabalho sem pausa como de costume há tempos. Como exemplo, registro o de hoje: pela manhã, Biallas da Frente para o Trabalho. Reunião sobre a imprensa da Frente, sua ideologia e supervisão.[21] Em seguida – faz parte – recepção da primeira cantora do Scala de Milão, trazida por um representante cultural ítalo-alemão. Ouvir suas tribulações na Alemanha. Depois no Führer, conversa na sala de espera com o ministro da Justiça Kerrl sobre funções no partido e no Estado.[22] Às 12 1/4 dr. Stang: plano para a organização de um setor de vigilância.[23] Muito inteligente, mas muito abrangente: nova edição de conflito de competências no horizonte. Breve pausa de almoço. Em seguida, <u>Johst</u> de volta de Paris e Marselha: queixas do poeta, que deve se submeter à propaganda.[24] Relatos da nobreza bávara: Papst bateu o pé quando Dollfuss lhe contou sobre a Alemanha.[25] Falou

---

20 Koester, Roland (1883-1935); jurista e diplomata; 1930: chefe do departamento 1 (pessoal e administração) no MRE; 1931: diretor ministerial; 1932-35: embaixador em Paris.

21 Biallas, Hans (1903-desc.); 1934: chefe do setor de imprensa do DAF; redator-chefe da revista *Arbeitertum*; membro do departamento de censura cinematográfica de Berlim; chefe de departamento do NSDAP.

22 Kerrl, Hanns (1887-1941); 1923: ingresso no NSDAP; 1933-34: comissário do Reich para o Ministério da Justiça da Prússia, mais tarde ministro da Justiça da Prússia; 1935-41: ministro de Assuntos Eclesiásticos do Reich.

23 Stang, Walter (1895-1945); 1923: participação no "*putsch* de Hitler"; 1930: ingresso no NSDAP; 1934-43: chefe do setor de preservação da arte no escritório de Rosenberg (BFÜ).

24 Johst, Hanns (1890-1978); 1932: ingresso no NSDAP; 1933: dramaturgo no Preußischen Staatstheater em Berlim; 1934: nomeação para o conselho estatal prussiano e presidente da Academia de Poesia Alemã; desde 1935: presidente da RSchK.

25 Dollfuss, Engelbert (1892-1934); político austríaco; desde 1932: chanceler; 1933: destituição do parlamento; proibição do KPÖ e NSDAP; fundador do "Vaterländischen Front"; assassinado por nazistas austríacos durante uma tentativa de golpe.

rindo sobre a entrada de Dollfuss na Baviera! Legítimos traidores da pátria. Recepção de um historiador de arte da Silésia. Ida ao [jornal] *V.[ölkischer] B.[eobachter]*, revisei cartas, li resumos. – 5h Sociedade Nórdica no [hotel] Adlon. 7h breve preparação da fala de amanhã: palestra na Universidade de Leipzig diante de toda a liderança estudantil da Alemanha central. Agora 9h: jantar comemorativo de Darré para delegação agrícola polonesa...[26]

Dessa maneira, da manhã e da tarde fez-se novamente um dia.

17/5/[1934]

Rellstab, diretor da Siemens, reporta inovações bem-sucedidas para a estabilização de navios.[27] Viaja agora para Londres com autorização da direção da Marinha. Entrego carta de recomendação para Winterbotham.

Ropp se queixa do Ministério da Propaganda, que estropiou mais uma vez os ânimos na Inglaterra com novos discursos extremistas sobre judeus. Disse também que o dinheiro para a viagem de propaganda não veio, mas em junho será tarde demais para fazer alguma coisa, daí a culpa não estaria no lado inglês. A seguir, mais telefonemas para o Ministério da Propaganda: por ser tão grande, a campanha contra os "pessimistas" faz pensar que sabemos que há uma crítica mundial. Por outro lado, a visita de Loerzer em Londres foi muito boa, anfitrião era o primo de W.[interbotham], conversas confidenciais com L.[oerzer] e Florian.[28] Aguardo agora o relatório de Loerzer. – Grande agitação por causa da Lituânia, Koch estaria

---

26 Darré, Richard Walther (1895-1953); 1930: ingresso no NSDAP; desde 1933: chefe dos camponeses do Reich; 1933-42: ministro de Alimentação e Agricultura; 1949: condenado a sete anos de prisão no processo de Wilhelmstrasse ["dos ministros"] de Nuremberg; 1950: soltura.

27 Rellstab, Ludwig Max Ernst (1873-1950); engenheiro; desde 1914: na Siemens & Halske AG, diretor da usina Wernerwerk; membro da sociedade Kaiser-Wilhelm.

28 Florian, Friedrich Karl (1894-1975); 1925: ingresso no NSDAP; 1930-45: *Gauleiter* de Düsseldorf; 1937: *Obergruppenführer* da SA; 1941: convidado para festa de inauguração do Instituto de Pesquisa da Questão Judaica, de Rosenberg.

planejando ataque contra Memel.[29] Consulta de Barlow, a pedido de MacDonald, sobre o real estado das coisas.[30] Vou enviar R.[opp] para Königsberg; ele quer conhecer em detalhes todo o plano de assentamento a fim de poder divulgar nosso programa de estruturação positivo como contraponto às mentiras tendenciosas que também vêm do F.[oreign] O.[ffice].

R. reafirma que o artigo do *Times* foi inspirado pelo FO e Hoesch (ou seus conselheiros).[31] A sabotagem desses senhores ultrapassados está se tornando quase grotesca! O tato do Führer em relação ao velho parece tornar os sabotadores do nazismo muito seguros. Seu "despertar" será muito repentino e amargo.

Bäumler retorna ainda muito enlevado da beleza da Grécia dórica. Ele encontrou confirmações de nossas concepções em todos os lugares, finalmente dispomos de uma mirada imparcial.[32] Hellas e o Oriente Próximo estão em constante embate: cultura cretense decadente, culto materno etc. de um lado e exuberante força da forma, dominação masculina do outro. Ele diz que apenas depois de Creta entendeu o Parthenon de verdade. Está entusiasmado pela natureza primaveril discretamente bela da planície de Esparta, pela recém-descoberta estátua de Poseidon, pelo Apolo de Olimpia. Isso já vale a visita à Grécia.

No mais, ele aconselhou a colocar as associações de pais sob nosso controle; a resistência das igrejas começa agora por lá. Na Saxônia

---

29 Koch, Erich (1896-1986); 1922: ingresso no NSDAP; 1928-45: *Gauleiter* da Prússia Oriental; 1933-45: *Oberpräsident* [chefe da administração e representante do governo central] da província da Prússia Oriental; 1941-44: comissário do Reich para a Ucrânia; 1950: deportado para a Polônia; 1959: condenado à morte por corte polonesa; recebe indulto à prisão perpétua.

30 Barlow, Alan (1881-1968); funcionário público britânico e colecionador de arte; 1933-34: secretário particular do primeiro-ministro Ramsay MacDonald; 1934-48: chefe de seção no Ministério das Finanças.
MacDonald, James Ramsay (1866-1937); político britânico; membro do Partido Trabalhista; 1924, 1929-31 e 1931-35: primeiro-ministro.

31 Hoesch, Leopold von (1881-1936); diplomata; desde dezembro de 1932: embaixador em Londres; depois de 1933: forte concorrência com Ribbentrop, que sucedeu a Hoesch em 1936 como embaixador.

32 Baeumler, Alfred (1887-1968); 1933: ingresso no NSDAP; desde 1933: professor de pedagogia política na Universidade de Berlim; 1934: chefe do departamento de Ciências no escritório de Rosenberg (BFÜ); desde 1941: chefe do departamento preparatório para a "Hohe Schule".

isso foi tentado, ele disse, mas Buttmann interrompeu.[33] O que não seria de se espantar tendo em vista seus conselheiros.

Devido a pedido peremptório de Roever, vou mesmo a Oldenburg: aniversário de 700 anos da batalha de Altenesch.[34] – Reunião com Schirmer sobre os dias na Baixa Saxônia: quero visitar o túmulo de Viduquindo em Engern,[35] o final não deve ser no enorme parque Franzschen Feld, mas diante do memorial do leão em Braunschweig.[36] A simbologia da cidade deve ser mantida em todos os lugares, isso marca mais que uma palestra, muitas vezes é mais importante que um discurso. Foi o que fiz em Marienburg, vamos seguir agindo assim.

22/5/[1934]

Ropp apareceu reclamando de novo: o escritório de MacDonald pede explicações mais uma vez. A grande ação "contra pessimistas e críticos" resultou numa previsível impressão desfavorável, da qual nossos opositores tiram proveito, enquanto nossos amigos – mentalidade <u>inglesa</u> também – não sabem o que fazer. Dizem: parece realmente provável que haja uma insatisfação generalizada na Alemanha,

---

33 Buttmann, Rudolf (1885-1947); 1925: ingresso no NSDAP; 1933-35: diretor ministerial no RMdI; 1933: chefe das negociações com a Santa Sé para a "Concordata com o Reich"; 1935-45: diretor-geral da biblioteca estatal da Baviera.

34 Roever, Carl (1889-1942); 1923: ingresso no NSDAP; desde 1928: *Gauleiter* de Weser-Ems; desde 1930: MdR; 1932: ministro-presidente do Estado-livre Oldenburg; 1933: governador de Oldenburg e Bremen.
Altenesch, localidade na cidade de Lemwerder, distrito de Wesermarsch (Baixa Saxônia). Na batalha de Altenesch, os camponeses de Steding foram derrotados e mortos pelo Exército do arcebispo de Bremen e dos condes de Oldenburg.

35 Schirmer, August (1905-48); 1930: ingresso no NSDAP; 1933: chefe de ensino e responsável pela cultura em Südhannover-Braunschweig; desde 1934: MdR; 1935: chefe do escritório central para educação ideológica do NSDAP; 1940: chefe superior de área [*Oberbereichsleiter*]; 1943: chefe de departamento do Reich [*Reichsamtsleiter*].
Viduquindo, duque da Saxônia e líder da resistência contra Carlos, o Grande.
Engern, cidade na região de Herford, Vestfália.

36 Franzsches Feld, área verde na periferia oeste de Braunschweig; também conhecido como "campo da SA" devido ao desfile do NSDAP, ocorrido em 1931 em Braunschweig, por ocasião da união com o [partido] DNVP.
Leão de Braunschweig na praça da catedral de Braunschweig.

senão a ação de propaganda não teria sido tão grande. O recurso mais poderoso da política alemã, o fato de toda a nação estar apoiando o Führer, ameaça se quebrar. "Vocês apostaram no cavalo errado", dizem os adversários aos nossos amigos, "nem mesmo as pessoas estão acreditando mais na sua força."

Eu disse a Ropp para escrever o seguinte: sabemos que há toupeiras, é evidente que os círculos reacionários estão furiosos por não estar mais "liderando". Eles fizeram mau uso de nossa generosidade – não declaramos uma ditadura sobre eles também –, e visto que têm contato social com diplomatas etc., eles tentaram criticar em todos os lugares. Qual o ganho dos ingleses em ver a reação que tanto odeiam novamente com as rédeas na mão? – Visto que nós não mais tratamos as questões contemporâneas em clubes, mas diante do povo e com o povo, nosso método de trabalho é diferente do que naquela – temporariamente – ainda tão tranquila Inglaterra.

Em seguida: por que os ataques contra os judeus? Número especial do *Stürmer*! O discurso de Goebbels no Sportpalast! Textos no [jornal do partido] *Angriff*! A carta do arcebispo v. Canterbury ao *Times* incitou ao ódio novamente![37] As reuniões dos crentes foram novamente utilizadas para a difamação da Alemanha.

Em resposta, disse a R.[opp] o que era suficiente para o gabinete M[ac] D.[onald]: O que nós teríamos a dizer a respeito da difamação do *Evening Standard* contra Hitler! Em Londres, tudo e todos são xingados, mas são cheios de dedos quando se trata dos judeus!

De todo modo, porém: nova piora no estado de ânimo. E nada do que deu origem a isso era necessário, nem o número do *Stürmer* nem a forma do discurso de Goebbels, onde o agitador[38] de 1928 superou mais uma vez o ministro no autoenlevo resultante do discurso e diante do aplauso barato para os argumentos antissemitas.

---

37 Lang, Cosmo Gordon (1864-1945); 1908: arcebispo de York; 1928-42: arcebispo de Canterbury; 1937: coroação de George VI.
38 No original, "Aigator".

22/5/[1934] Ropp[39]

Escritório MacD[onald]: é provável que reine uma grande insatisfação na A.[lemanha], porque senão a ação de prop.[aganda] não seria tão grande. (Por isso está destruído nosso maior ativo).

O que causou esse câmbio repentino desde as eleições de 1933? As eleições foram manipuladas?

Se há grande insatisfação – conclusões práticas? (Queixosos de capacete de ferro).

Mentalidade inglesa: queixar-se é algo saudável.

Desviar a atenção como na Rússia? Voltar-se aos "sabotadores".

Por que esses ataques contra os judes? – Após 12/11/1933, muito pequeno. Hoje, novamente otimista.

Carta do arc.[ebispo] de Canterbury ao *Times* sobre o *Stürmer*.

Reunião de fiéis: estado de ânimo contrário à A.

29/5/[40][1934]

A comemoração dos 700 anos de aniversário da batalha de Atenesch mostrou o quanto a Alemanha já avançou no despertar da hipnose da Igreja. O camponês se recorda de todos os dias, visto que lutou por sua liberdade e interpreta essa resistência hoje de maneira muito mais coerente do que no passado. Darré encontrou boas palavras, às vezes muito duras, contra os métodos bolcheviques da Idade Média

---

39 Rosenberg provavelmente rascunhou nesta folha colocada solta entre o diário anotações feitas durante a conversa com Ropp.
40 Corrigido posteriormente (a lápis); antes, "23/5".

sob o signo de uma religião do amor. Quando expliquei que a terra sagrada não é a Palestina, mas a Alemanha, os aplausos foram retumbantes. Havia 4 mil camponeses! "De Stedinge" de Hinrichs tem alto valor artístico, uma nova revolução pode se iniciar a partir daí.⁴¹

Röver me contou, entre outras coisas, que numa paróquia de 4 mil pessoas o sermão teve de ser suspenso 31 vezes no ano por causa de absoluta ausência de audiência. Normalmente o número de frequentadores da igreja fica entre 15-20. Nas outras, onde os pastores falam <u>alemão</u>, o povo voltou a frequentar as igrejas, mas não dá mais para fazer <u>nada</u> com o texto do Velho T.[estamento].

Hoje, Ropp traz como informação de Londres que o secretário de Estado Milch não poderia ser recebido nem pelo ministro nem pelo secretário do Ministério da Aeronáutica britânico.⁴² Motivo: o discurso inescrupuloso do dr. Goebbels no Sportpalast!⁴³ Um novo golpe justo na exata direção que nos oferece as mais vivas simpatias. – O comodoro Wänninger poderia falar com os chefes de departamento...⁴⁴

Como informação interessante, vale registrar que o espólio Brockdorff-Rantzaus, do qual Erich Brandenburg se ocupou, parece conter material altamente comprometedor contra a divisão IV do AA.⁴⁵ Meyer e Hey devem ter se inteirado disso confidencialmente e colocado 25.000 marcos na mesa para a editora – pela entrega dos

---

41 Hinrichs, August (1879-1956); escritor; 1934: autoria de *Die Stedinger* (recomendado pelo ARo como peça ao ar livre de caráter nazista); 1937: ingresso no NSDAP; 1939: medalha Goethe de Arte e Ciência; diretor do RSchK no *Gau* Weser-Ems.

42 Milch, Erhard (1892-1972); 1933: ingresso no NSDAP; secretário de Estado no RLM; 1939: inspetor-geral da Luftwaffe; 1940: *Generalfeldmarschall*; desde 1941: *Generalluftfeldzeugmeister*; 1947: condenado à prisão perpétua; 1954: soltura; mais tarde, consultor da indústria aérea e aeroespacial alemã.

43 Em 11/5/1934, Goebbels inaugurou no Berliner Sportpalast eine campanha de propaganda contra "pessimistas e críticos", caracterizada também por violentos ataques antissemitas. Sobre os judeus, Goebbels disse, por exemplo: "Não medimos esforços para livrar o povo alemão dessa cambada". Apud *VB* 13.5.1934.

44 Wenninger, Ralph (1890-1945); oficial; desde 1934: coronel no RLM; 1936-40: adido da Aeronáutica em Londres, Den Haag e Bruxelas; 1940: general; desde 1941: participou do Estado-Maior de diferentes esquadrilhas.

45 Brockdorff-Rantzau, Ulrich, conde de (1869-1928); diplomata; 1919: ministro das Relações Exteriores; desde 1922: embaixador em Moscou.
Brandenburg, Erich (1868-1946); historiador; professor de história moderna e contemporânea na universidade de Leipzig.

documentos.⁴⁶ Seria importante se aprofundar mais nisso, visto que estranhas relações marxistas parecem estar presentes...

Goga sugeriu ao seu rei uma modificação na política francófila. Caroll parece ter concordado, como Goga nos avisou por intermédio de seu homem de confiança.⁴⁷ Ele quer vir para cá a fim de atuar primeiro como ministro do Interior até a definitiva mudança de rumo. Mas o grande negócio de compensação deve ser realizado.

Depois de uma viagem de várias semanas pela Europa, o dr. Insabato chega de Varsóvia.⁴⁸ Estudou detalhadamente a questão ucraniana. O desejo da Polônia: corredor até o mar Negro, fronteira com a Hungria. Varsóvia reúne todos os povos da fronteira, da Finlândia até a Turquia, Pilsudski está apenas esperando para dar uma rasteira na Rússia.⁴⁹ I.[nsabato] vai relatar a Mussolini os resultados da viagem (veja anotação no dossiê),⁵⁰ espera então poder me visitar novamente, já apresentado oficialmente a nós. Torce por uma aliança inglesa-alemã-italiana, daí a inclusão da Polônia. "A Grande Alemanha é um fato vindouro inevitável."

---

46 Provavelmente Richard Meyer (1883-1956); por muitos anos chefe da divisão leste da AA; e seu vice, Siegfried Hey (1875-1963), que foram difamados por funcionários nazistas após 1933 por causa de ascendência judaica e demitidos do ministério; veja Conze et al., *Das Amt*, pp. 102 e segs.

47 Goga, Octavian (1881-1938); poeta e político romeno; ministro em diversos governos conservadores; 1932: fundação do "Partido Agrário Nacional"; 1935: aproximação com a Liga para a Defesa Nacional Cristã (LANC), por conselho do NSDAP; 1937-38: primeiro-ministro; suas leis antijudaicas continuaram válidas ainda após seu mandato.
Hohenzollern-Sigmaringen, Carol von (1893-1953); nobre romeno; 1926-30: exílio; 1930-40: fortemente envolvido na política interna romena como rei Carol II (1938-39: "ditadura real"); desde 1940: exílio.

48 Insabato, Enrico (1878-1963); jornalista e orientalista italiano.

49 Piłsudski, Józef (1867-1935); oficial e político polonês; 1919: chefe de Estado; 1920: marechal; a partir de 1926: líder de um governo autoritário; 1934: final do pacto de não agressão com a Alemanha nazista.

50 Trecho em branco no original; falta o registro do dossiê.

5/6/[1934]

A conferência da sociedade nórdica em Lübeck transcorreu de maneira satisfatória sob todos os pontos de vista. As exposições encadearam-se perfeitamente. Os emburrados representantes oficiais da Escandinávia não vieram, seus governantes marxistas e afins talvez temessem mesmo uma contaminação pela razão. A Escandinávia passou <u>bem</u> demais, ficou empanturrada e preguiçosa. Os vikings emigraram, os cidadãos permaneceram para trás. Apenas um terrível destino conseguirá tornar o sangue <u>antigo</u> novamente rebelde.

Inicia-se agora um verdadeiro cabo de guerra sobre questões culturais. Para onde quer que eu vá, escuto queixas unânimes sobre a falta de direção da Câmara de Cultura do Reich. Ou seja, no <u>campo</u> também se tem consciência da confusão que acontece ali. Velhos camaradas judeus como presidentes, advogados dos vermelhos em postos estratégicos, "nazistas" incapazes, entre eles algumas pessoas competentes, que se sentem mais do que desconfortáveis. E mais discursos de Goebbels sem substância, que abrangem de maneira rasa <u>todos</u> os problemas sérios. É lamentável. Colocam suas esperanças em <u>mim</u>, mas, pelo <u>fato</u> de que um <u>nazista</u> é presidente da Câmara de Cultura do Reich, é difícil criar uma outra organização <u>partidária sem</u> a Câmara ou a Câmara contra ela.

8/6/[1934]

As questões sobre o comércio exterior urgem cada vez mais. Gradualmente, <u>todos</u> se voltam ao entendimento que nos moveu há 8 meses: a instalação de um escritório central normativo. Naquela época, insisti com Neurath e Daitz percorreu todos os ministérios.[51] O resultado foi um <u>Conselho</u> de Comércio Exterior Extraordinário, que logo após o nascimento na *Gazeta Jurídica do Reich* [*Reichsgesetzblatt*]

---

51 Daitz, Werner (1884-1945); desde 1931: funcionário para questões de política econômica na direção do NSDAP; 1933: MdR; chefe do APA; publicações versando sobre áreas metropolitanas e economia de áreas metropolitanas.

já começou a agonizar. Agora a economia chegou a um consenso com Lüer, que me visitou e prestou esclarecimentos durante uma longa conversa.[52] Parece um homem aceitável, robusto, com passado de muito trabalho, ou seja, ele traz ~~tudo~~ o que Daitz não tem. Daitz a inventividade, a procura por saídas, Luer o método e a falta de consideração do dia a dia. Hoje informei detalhadamente o Führer sobre isso, depois que a questão pessoal não pôde ser resolvida em conversas anteriores. Contei-lhe que o prefeito de Bremen tinha estado comigo hoje: se não for tomada nenhuma decisão, 25% dos trabalhadores têxteis teriam de ser demitidos. Disse-lhe que uma série de negócios poderia ser colocada em curso a partir da APA [Secretaria de Relações Exteriores do NSDAP] se fosse disponibilizada uma secretaria com autoridade, autorizada pelo <u>chanceler</u>. O Führer me encarregou de falar imediatamente com o ministro da Economia sobre minha sugestão: Lüer comissário de comércio exterior, Daitz seu representante, tudo preparado até sua volta de Veneza (encontro com Mussolini) para depois tomar as decisões. Entreguei-lhe o memorando de L.[üer] e D.[aitz].

Em seguida, o Führer falou longamente sobre a situação da política externa. Depois de dias difíceis, ele estava relaxado: Barthou não apresentou suas queixas sobre nosso armamento em Genebra, não se investiu de nenhum "título moral" para realizar um ataque.[53] Mas ele não acredita que a França vá arriscar sem ele. Sobre a nova fraternidade ~~alemã~~ franco-russa, o Führer continua como antes, muito satisfeito – ao contrário do AA, como ele reforçou. A F.[rança] se comprometeu[.]

Depois, entreguei ao Führer a transcrição de uma resolução secreta do Comitê Central de Moscou que é enviada a todas as embaixadas soviéticas. (Recebemos isso continuamente de uma delas.)

---

52 Lüer, Carl (1897-1969); 1927: ingresso no NSDAP; 1933-34: coordenador das relações de trabalho em Hessen [*Treuhänder der Arbeit*]; 1933-42: presidente do IHK Rhein-Main; 1938-41: membro da diretoria do Dresdner Bank; 1941-43: presidente da Adam Opel AG; preso depois de 1945, posterior atuação na economia privada.

53 Barthou, Louis (1862-1934); político francês; 1917: ministro das Relações Exteriores; 1922: primeiro-ministro; morreu no atentato contra o rei iugoslavo Alexander, em Marselha.

Segundo a resolução, haverá uma nova política Nep!⁵⁴ Ou seja, mais uma vez bem atolados.

Depois o Führer discorreu animadamente sobre o primeiro dia do movimento [nazista], quando todos aterrorizavam Munique à noite com cola e panfletos, e contou detalhes divertidos.

11/6/[1934]

A reunião na sala do centenário em Breslau foi maravilhosa. É uma alegria falar naquela sala gigante, principalmente quando o povo de Breslau adere com entusiasmo contra a política do Partido de Centro Alemão do seu cardeal.

19/6/[1934]

Os últimos dias foram novamente lotados de reuniões. As informações de Londres são novamente características: o NSDAP logo virá abaixo, depois haverá uma ditadura militar, por isso um Exército forte é a garantia da paz. É o que dizem os franceses em Londres. Mas: visto que essa interpretação também surgiu num grupo na presença do major Winterbotham, o sr. Scherpenberg da nossa embaixada deixou aberta a possibilidade...⁵⁵ Assim "trabalham" os senhores do antigo AA!

Tudo confuso novamente na questão do comércio exterior; agora, no Ministério da E.[conomia], eles não querem nem dr. L[ey] nem seu projeto.

Acabo de voltar do Führer. Ele está ainda totalmente encantado por Veneza. Avalia o apreço por Mussolini como autêntico, esse fanatismo não é artificial. Diz que as pessoas do campo se curvam por

---

54 *Nowaja ekonomičeskaja politika* ou NEP, nome do novo curso político-econômico da União Soviética em 1921-28, que sinalizava uma liberalização temporária na agricultura, comércio e indústria.

55 Scherpenberg, Hilger Albert van (1899-1969); diplomata; desde 1925 no ministério de Relações Exteriores; 1944: condenado a dois anos de prisão pelo Tribunal Popular; após 1945: retorno ao serviço diplomático.

deferência diante dele como se fosse um papa e ele assume na Itália a necessária pose de César. Mas tudo isso desaparece numa conversa pessoal. Daí M.[ussolini] se torna humano e amável[.]

Áustria. H.[itler] disse com uma clareza brutal: Dollfuss é um traidor do povo, ele iria trabalhar na Á.[ustria] com bombas e granadas também.

M.: O que o senhor sugere?
H.: Destituição de Dollfuss, chefe de governo apartidário. Novas eleições. Participação do NSDAP no governo na proporção do resultado. Anexação não é premente.
M.: Aceito!
H.: considera um grande sucesso ao menos não se iniciar nenhum conflito com a I.[tália] por causa da Áustria.
Equiparação. Concordância categórica de M. Se H. voltaria à Liga das Nações?

H.: Por que não, mas a igualdade de direitos deveria estar valendo na prática. M. teria a pressão de sair, nós os meios de voltar. Mas depois não conseguiríamos sair tão fácil novamente.

Rússia e Liga das Nações: opinião concordante de que o ingresso da R.[ússia] deixaria tudo uma confusão. Aliás, diz que o armamento da Rússia está crescendo de modo inquietante, essa questão não pode mais ser solucionada de maneira econômica, visto que a exportação russa ameaça a todos.

M. parece ter ficado cada vez mais pensativo. E a Polônia?
H.: Há 10 anos, a Polônia era militarmente mais forte do que a R.[ússia]. Hoje não mais. Cerrou um pacto conosco por medo da R.

Entrego ao Führer a transcrição da resolução do politburo de 29/5/34, na qual a Rússia soviética se decide por uma adesão incondicional à França e quer se voltar de maneira agressiva, juntamente com os EUA, contra o Japão.

H. lê: isso é mesmo altamente interessante. Seria preciso informar aos italianos.

Eu: Estarei com o embaixador britânico na hora do almoço. Vou informá-lo também.

H.: Certo. É preciso avisar a Inglaterra e a I.

Eu: Aliás, as forças centrífugas da Rússia estão trabalhando. Vou permanecer atento a elas. É preciso estar pronto quando as coisas tiverem avançado o suficiente.

H.: Correto, faça isso.

Em seguida, relatei uma conversa com Papen, para que ele não transmita ao Führer uma "outra leitura".

H.: Papen não vai ficar transmitindo por muito tempo. O discurso dele foi infinitamente burro.[56] Seu artigo de hoje a respeito ficou muito bom.

Depois, falei dos meses de treinamento comuns da OP [Organização do Partido], SA etc. O Führer muito satisfeito, apenas pergunta se <u>todos</u> estão de acordo...

<u>28/6/</u>[1934]

A conferência na Baixa Saxônia foi um evento ainda mais grandioso do que Altenesch. 60.000 em Verden, 30.000 HJ [Juventude Hitlerista] em Wildeshausen, toda Braunschweig em uma animação certamente inédita![57] A avaliação da história a.[lemã] acontece durante a vida, pela vida em si e o caráter da Baixa Saxônia [*Niedersachsentum*] aparece novamente no centro do caráter alemão. Embora

---

56 Discurso de Franz von Papen na universidade de Marburg em 17 de junho de 1934, no qual ele – embora reconhecendo a posição de liderança de Hitler – criticou severamente a política do NSDAP e exigiu uma nova ordem corporativa de caráter conservador.

57 Verden, cidade em Niedersachsen; Sachsenhain é o nome de um campo com pedras ali colocadas em 1935 em memória aos saxões assassinados na Idade Média. Wildeshausen, cidade em Niedersachsen.

o "NZZ" [jornal *Neue Zürcher Zeitung*] de 26/6 tente desdenhar um pouco sobre o "mito da Baixa Saxônia", acaba aceitando que esse novo pensamento representa a ruptura com todas as noções antigas, como ninguém conseguiu fazer antes.[58]

Por meio da carta de Ritter a Daitz, o AA por assim dizer quebrou as relações diplomáticas conosco.[59] O "tom" da carta de Daitz não agrada ao atual ministro do Exterior, v. Neurath, e uma recusa de tudo que diz respeito a Manchukuo foi enviada por telegrama a Dirksen, em Tóquio, 8 meses de trabalho, 200.000 m[arcos] de Thyssen em vão, encargos de Hitler postos de lado...[60] A corrente reacionária quer passar por cima do movimento, incentivada por Papen. Ontem relatei imediatamente ao Führer tudo isso, apresentei-lhe o resultado de 3 meses de trabalho de investigação sobre a sabotagem do AA. Ele ficou agradecido e disse: ["] Vá agora até o ministro da Justiça e dê-lhe minha ordem: ele deve investigar se houve sabotagem contra minhas disposições em algum ministério do Reich. Na próxima semana, vou convocá-lo. Em seguida, informe Blomberg e Schmitt.[61] Escreva a Neurath que você me informou sobre todo o caso".

---

58 *Neue Zürcher Zeitung*, 26/6/1934, pp. 3 e segs., "O mito da Baixa Saxônia". O artigo tematizava criticamente o quadro histórico de Rosenberg, principalmente sua tentativa de construir uma continuidade de líderes medievais até o nazismo.
59 Provavelmente Ritter, Karl (1883-1968); diplomata; 1936: chefe do departamento de economia no AA; 1937-38: embaixador no Rio de Janeiro; em seguida, embaixador para missões especiais; condenado no processo de Wilhelmstrasse ["dos ministros"] de Nuremberg a quatro anos de prisão; soltura após um mês, pois já cumprira a pena em prisão preventiva.
60 Manchukuo, Estado-satélite criado pelo Japão na Manchúria, reconhecido oficialmente em 1938 pela Alemanha.
Dirksen, Herbert von (1882-1955); diplomata; desde 1928: embaixador em Moscou; desde 1933: embaixador em Tóquio; 1938-40: embaixador em Londres; 1939: ingresso no NSDAP.
Thyssen, Fritz (1873-1951); industrial; desde 1923: patrocinador do NSDAP; 1926-35: presidente do conselho de administração da Thyssen AG e do conglomerado siderúrgico Vereinigten Stahlwerke; 1933: ingresso no NSDAP; 1933-39: MdR; 1939: imigração para a França pela Suíça; desde 1944, após extradição: preso nos campos de concentração Sachsenhausen e Buchenwald.
61 Schmitt, Kurt Paul (1886-1950); jurista; 1921-33: presidente da Allianz AG; 1933: ingresso no NSDAP; 1933-34: ministro da Economia; depois voltou a atuar no setor da economia privada.

O Führer também está nervoso com o embaixador de Londres. Esse foi questionado pelo Ministério britânico sobre se a A.[lemanha] possuía muitos aviões agora. Em resposta, Hoesch negou inclusive que existiam! Isso em vez de dizer que não estava em condições de dar maiores informações e de que a A. deve ficar atenta à segurança de sua defesa. – Expliquei ao Führer que também sou convocado a cada 10 dias pelo gabinete de MacDonald para explicações. Mas nada disso adianta, visto que nossa própria embaixada favorece os boatos inimigos (conde Bernstorff, Scherpenberg).

O Führer: Você saberia me nomear um embaixador para Londres?

Eu: *Kapitänleutnant* Obermüller, que lhe será apresentado logo agora. Velho comandante de submarino, está voando amanhã a meu pedido para Londres a fim de fortalecer o contato com os generais da Aeronáutica e da Marinha e eventualmente convidar personalidades importantes para o Dia do Partido.

Em seguida, o Führer conversa longamente com O.[bermüller]. Este último relata: comandante de submarino no Mediterrâneo. "Criminoso de guerra". 6 anos no Japão, Ásia, Índias holandesas. Descreve a psique inglesa dominante, que avalia a França como o melhor policial da Europa. Combinam que O. irá convidar um número de ingleses para a Prússia Oriental a fim de que eles se convençam, com os próprios olhos, do realmente grande trabalho que estamos fazendo e depois os levará à Conferência do Partido.

+

O Führer conta que mandou prender o dr. Jung, autor do incrível discurso de Papen.[62] – Nesse mesmo instante o vice-ch.[anceler] pergunta se o Führer poderia recebê-lo ainda hoje. Hitler ri: "Ele quer falar sobre o seu dr. Jung!". E manda recusar. No jardim, mostro ao Führer os artigos do NZZ, cujas informações só poderiam ter vindo do canto de Papen. O Führer mostra o limite cinza no final do jardim: "Sim, vem tudo de lá, algum dia terei de desmantelar todo o serviço".

---

62 Jung, Edgar (1894-1934); jurista, autor de obras políticas e destacado representante dos jovens conservadores; 1934: prisão e execução por causa da autoria do "discurso de Marburg", lido por Papen.

No mais, o Führer não quer fazer nada ainda contra os elementos reacionários. A atenção com Hindenburg é comovente. Ele conta que o velho senhor nunca foi tão simpático como durante a última visita, quando Hitler lhe falou em Neudeck sobre Veneza. Ele apenas se apoiou no seu braço e disse: "Agora o senhor me apoie dessa maneira também, meu chanceler". Hitler quer poupá-lo de toda aflição, visto que acha que Hindenburg não vai durar muito mais[.]

A Igreja, claro, mobiliza tudo contra mim. V. Pfeffer me falou algumas coisas e me perguntou se eu tomaria alguma medida nesse sentido.[63] Eu lhe disse que teria de conversar com o Führer a respeito, mas algo público só poderia ser interpretado como fraqueza. Agora o Führer reforçou o mesmo ponto de vista, com toda a energia: não atacar inutilmente as Igrejas (questão do Saar!), mas sim manter uma postura ideológica inabalável. – Eu estou fiquei muito satisfeito com isso e reafirmei que não avanço os limites do objetivamente necessário para o nacional-socialismo em meus discursos oficiais.

Durante anos, o Führer apoiou na medida do possível, dada sua posição, meu coerente ponto de vista. Ele enfatizou sorrindo, mais de uma vez, que desde sempre foi herege e que tinha chegado a hora de o envenenamento cristão desaparecer. Essas afirmações foram mantidas em estrita confidencialidade, mas recentemente uma frequentadora dos salões de Berlim fofocou, orgulhosa, a respeito. Esses salões "políticos" com muitas ativas senhoras "politizadas", "representativas", são uma mazela prolongada também entre nós, cuja superação não parece ser fácil.

29/6/[1934]

Hoje veio o dr. Hunke do Conselho de Publicidade da Economia a.[lemã] e reportou sobre uma conversa confidencial no Ministério

---

63 Pfeffer, Fritz von (nasc. Pfeffer von Salomon; 1888-1968); oficial; 1925: ingresso no NSDAP; *Gauleiter* da Vestfália e líder da SA; 1926-30: chefe supremo da SA; 1932-42: MdR; 1936-40 e 1941-43: presidente do governo em Wiesbaden; corresponsável pela deportação dos judeus do Hesse; após 1945: cofundador do Partido Alemão [Deutsche Partei].

da Economia.⁶⁴ Parece que as autoridades de lá – ou seja, aqueles conselheiros ministeriais cuja incapacidade já foi comprovada – querem a ditadura do comércio exterior. Característico para tanto foi uma declaração do dr. Ritter do AA: agora ele é a favor de um tal Departamento de Comércio Exterior, assim seria possível excluir o Ministério das Relações Exteriores. Isso foi muito imprudente! Pois ele mesmo está batendo o carimbo de ação de sabotagem do AA na questão Manchukuo. Objetivo: destruição de nossa posição, em seguida aplicação de nossos planos no ano seguinte pelo AA. Mesmo se a A.[lemanha] perder uma posição depois da outra.

Isso é traição nacional econômica e sabotagem contra o movimento e contra o chanceler nacional-socialista! Está mais que na hora de enviar Ritter a um campo de concentração, onde ele poderia encontrar trabalho honesto. Uma vez na sua vida.

~~O mesmo~~ Na terça relatarei ao Führer esse novo lampejo de "nosso" AA.

7/7/[1934]

Os dias da revolta de Röhm são coisa do passado, as investigações sobre os últimos motivos e as conexões continuam; apenas elas conseguirão trazer clareza sobre se diferentes grupos sabiam estar participando de uma ação coletiva.⁶⁵

De todos os lados chegaram informações sobre um *putsch*, também à APA. Num foro muito confidencial, MacDonald informou ao violinista Kreisler: Nas próximas semanas, as coisas vão mudar

---

64 Hunke, Heinrich (1902-2000); economista; 1928: ingresso no NSDAP; desde 1928: consultor de economia do *Gau* Berlim; desde 1932: MdR; 1941: diretor ministerial no RMVP; 1944-45: diretor do Deutsche Bank; depois do fim da guerra, funcionário do Ministério de Finanças da Baixa Saxônia.

65 Röhm, Ernst Julius (1887-1934); 1920: ingresso no NSDAP; 1923: participação no "*putsch* de Hitler"; 1928-30: conselheiro militar na Bolívia; 1931: chefe supremo do Estado-Maior da SA; 1933-34: ministro de Estado da Baviária; ministro do Reich em pasta específica; 1934: prisão e fuzilamento pela SS na ação contra SA e críticos do regime. Veja Heinz Höhne, *Mordsache Röhm. Hitlers Durchbruch zur Alleinherrschaft, 1933-1934*. Reinbek bei Hamburg, 1984.

radicalmente na A.[lemanha].⁶⁶ A mulher de Kreisler, não judia, divulgou o "confidencial" – e assim nós também soubemos disso. Aliás, o decente Lutze tinha alertado o Führer.⁶⁷ E só os ligados à Ge-Sta-Po foram informados. Depois, na quinta-feira 28, no Reno, última deliberação, com a participação do dr. Ley.⁶⁸ Na sexta, Goebbels foi informado, mas deveria ficar em casa. Ele pediu: "Meu Führer, me deixe ir junto"; "Meu Führer, me leve junto". Dessa maneira ele pôde participar do evento masculino.

Em Munique, a SA está armada até os dentes em blocos no Königsplatz. *Reichswehr* com metralhadoras e tanques em Oberwiesenfeld.⁶⁹ Não teria faltado muito e o que se evitou por 10 anos teria se tornado realidade: Grau e Braun atirando um no outro. Entretanto, o fantasma de Wiessee foi espantado.⁷⁰ O Führer foi até Wiessee com um comando de escolta da SS e bateu de leve na porta de Röhm: "Notícia de Munique", ele falou modificando a voz. "Entre", disse Röhm para o suposto ordenança, "a porta está aberta." Hitler escancarou a porta, lançou-se sobre Röhm, deitado na cama,⁷¹ catou-o pelo pescoço e gritou: "Está preso, seu nojento!". E entregou o traidor à SS. No começo, Röhm recusou-se a se vestir. A SS jogou as roupas do "chefe do Estado-Maior" no seu rosto, de modo que esse teve de colocá-las.

No quarto ao lado, Heines em atividade homossexual.⁷² "Esses aí querem ser Führer na Alemanha", disse o Führer, forçando a graça.

---

66 Kreisler, Fritz (1875-1962); violinista e médido austríaco de ascendência judaica; viveu entre 1915-24 nos EUA, 1924-38 em Berlim; 1940: emigração para os EUA; desde 1902: casado com Harriet Lies.

67 Lutze, Viktor (1890-1943); 1922: ingresso no NSDAP; a partir de 1928: vice-*Gauleiter* da região do Ruhr; desde 1933: presidente da polícia e *Oberpräsident* [chefe da administração e representante do governo central] da província Hannover; desde 1934: sucessor de Ernst Röhm como chefe de Estado-Maior da SA.

68 Ley, Robert (1890-1945); 1925: ingresso no NSDAP; 1925-31: *Gauleiter* de Rheinland-Süd; desde 1933: chefe da DAF; 1945: acusado no Tribunal Militar Internacional; suicidou-se antes da sentença judicial.

69 Oberwiesenfeld, bairro de Munique.

70 Bad Wiessee, cidade da Alta Baviera, em 1934 lugar de reunião da liderança da SA.

71 Na sequência, uma linha que Rosenberg tornou ilegível.

72 Heines, Edmund (1897-1934); 1921: ingresso no NSDAP; 1930: MdR; 1931: vice de Röhm; desde 1933: chefe da polícia em Breslau; assassinato durante o "*putsch* de Röhm".

Heines fez uma cena de choro: "Meu Führer, não fiz nada com o garoto". Com medo e aflição, o garoto de programa beijava seu amado no rosto. Amann contou: "Nunca antes o Führer tinha colocado as mãos em ninguém, mas naquela hora agarrou o garoto de programa e jogou-o contra a parede, enojado".[73]

Uma figura magra, de faces pintadas de vermelho, veio ao encontro do Führer no corredor. "Quem é você?" – "O ajudante do *Stabschef*". Em seguida, o Führer, tomado por uma fúria inédita por ver sua SA conspurcada de tal maneira, ordenou levar todos os garotos de programa ao porão e fuzilá-los.

No retorno a Munique, o Führer encontrou a guarda de Röhm. Ela foi parada. Lutze ordenou: *Stabswache*, obedeça a meu comando! O líder se manteve impassível.

Nessa hora, o Führer se levantou e repetiu a ordem. Um momento decisivo na revolta – e a guarda voltou para Munique. Mais líderes chamados por Röhm foram parados e presos pessoalmente pelo Führer.

Hitler não queria mandar fuzilar Röhm. "Ele esteve ao meu lado no Tribunal do Povo", disse para Amann. Mas A.[mann]: O grande nojento tem de desaparecer. E para Hess: Eu mesmo fuzilarei Röhm. Hesse retrucou: "Não, essa é minha obrigação, mesmo se eu tiver de ser fuzilado depois".

Röhm pediu um farto café da manhã na cela e comeu até a última migalha. Pediu um tapete e quis falar com o Führer. Não adiantava mais, a "história de um alto traidor"[74] estava no último capítulo. Deixaram uma pistola com ele. Voltaram. Ele recebeu outra oportunidade. Ele não fez nada. Então, foi fuzilado dentro da cela – as balas que o acertaram ainda eram honestas; não foi a corda que encerrou sua vida, que é o que merecia.

---

73 Amann, Max (1891-1957); na Primeira Guerra Mundial: sargento e superior de Hitler; 1921: primeiro administrador do NSDAP; 1922: diretor da editora central do NSDAP (editora Franz Eher); 1923: participação no "*putsch* de Hitler"; administrador-chefe do *VB*; 1933-45: MdR e presidente do RPK; 1948: condenado a dez anos de campo de trabalho; 1953: soltura.

74 Refere-se à autobiografia de Röhm publicada em 1928 pela editora Franz Eher, *Die Geschichte eines Hochverräters* [A história de um alto traidor].

O chefe do Estado-Maior e homossexual Röhm não era o velho capitão Röhm de 1916, 1923. Pelo que se depreende de sua repugnante carta ao dr. Heimsoth, ele descobriu sua propensão à homossexualidade apenas em 1924.[75] Um lado doente de seu ser manifestou-se e tornou-se mais forte ano após ano. Ao perceber que estava sendo rechaçado de maneira generalizada, ele expôs brutalmente a tendência homossexual e exigiu seu reconhecimento pelo reconhecimento do seu posto. Ele circulava entre sibaritas e parasitas, todos seus oficiais mantinham garotos de programa, eles se isolavam cada vez mais do movimento e provocavam a população com sua presença. Numa convenção de líderes [da SA, *Gruppenführer*] em Heidelberg, pagaram uma conta de 9.000 marcos – lá onde a SA tinha organizado dias antes uma assembleia na rua...

E mais chantagens, subornos. O dinheiro não era suficiente – dependência de corporações.

Depois de uma conversa com o Führer, na qual R.[öhm] avisou estar doente, certamente Röhm percebeu que sua carreira estava mesmo chegando ao fim; e então fez o que no passado talvez tivesse considerado apenas na teoria: mobilizou a SA contra o homem a quem ele devia tudo. Mas Hitler atacou primeiro – terrível e assustador, para sempre.

Aos 7 chefes da SA que foram dados oficialmente como fuzilados, juntaram-se o maldoso Du Moulin Eckart, 8 garotos de programa, dr. v. Kahr, dr. Glaser, dr. Gerlich e, entre outros, também <u>aqueles</u> da vigilância da Casa Marrom, os tesoureiros Schwarz, Buch.[76] Lossow

---

75 Heimsoth, Karl Günther (1899-1934); médico; 1928: correspondência com Röhm sobre § 175 [que criminalizava as relações homossexuais] (a correspondência foi publicada em 1932); desde 1933: membro do NSDAP com contatos com o KPD; assassinado provavelmente devido ao "*putsch* de Röhm".
76 Du Moulin-Eckart, Carl-Leon, conde de (1900-91); 1921-22: ingresso na SA; amigo íntimo de Röhm; 1923: participação no "*putsch* de Hitler"; 1931: participação na montagem do serviço de notícias da SA; 1932: transferência ao grupo da SA em Viena; escapou do assssinato devido ao "*putsch* de Röhm"; até 1936: preso num campo de concentração.
Kahr, Gustav von (1862-1934); político; 1920-21: ministro-presidente da Baviera; 1923: comissário-geral do Estado; 1924-27: presidente do Tribunal Administrativo da Baviera.
Glaser, Alexander (1884-1934); jurista e político.

e Seisser, os traidores do 9/XI/23, foram levados a Dachau e agora podem trabalhar honestamente por lá.[77] Dessa maneira, o 9/XI/23 foi, sim, expiado e Kahr recebeu seu destino há tanto merecido.

Em Berlim, entre os mortos está também Gregor Strasser[.] Antigamente, ele era um oposicionista ferrenho do homossexual Röhm e chamava esse tipo de gente de uma maçonaria, onde um ajudava o outro contra o restante da humanidade, sem qualquer inibição.[78] Será que Strasser colaborou com Röhm, por ódio? Ou será que Streicher mantinha relações com todos, inclusive com a ação católica?[79] Dr. Brüning foi mandado para Londres, dr. Joseph Wirth já está em Moscou, juntamente com Mehnert, o íntimo do sr. Maier[80] do Estado-Maior de Röhm.[81] Quando foi preso, Strasser declarou ser inocente; acabou fuzilado. Como escuto hoje, não havia ordem para tanto, o Führer deu início a uma investigação a fim de pedir a condenação dos culpados. A sra. Str.[asser] tem uma reunião agendada com o Führer a fim de conseguir a reabilitação do marido.

Gerlich, Carl Albert (1883-1934); jornalista e arquivista; 1920-28: chefe do *Münchner Neuesten Nachrichten*; 1932: editor do jornal panfletário *Der gerade Weg*; 1933: preso pela SA; assassinado no campo de concentração Dachau.
Schwarz, Franz Xaver (1875-1947); 1922: ingresso no NSDAP; desde 1925: tesoureiro do NSDAP.
Buch, Walter (1883-1949); 1922: ingresso no NSDAP; 1923: participação no "*putsch* de Hitler"; 1928: MdR; redator do *VB*; desde 1934: diretor do Tribunal Supremo do Partido; membro da academia do direito alemão e do conselho de peritagem para política populacional e racial do RMdI.
77 Lossow, Otto von (1868-1938); oficial; 1923: formação de um "triunvirato" (Kahr, Seißer, Lossow) para a "marcha até Berlim"; 1924: baixa da *Reichswehr*. Seißer, Hans, cavaleiro de (1874-1973); político; 1923: ministro da polícia do Reich, chefe da polícia bávara; 1923: participação no "*putsch* de Hitler"; 1930: aposentadoria.
78 Strasser, Gregor (1892-1934); 1921: ingresso no NSDAP; 1923: participação no "*putsch* de Hitler"; 1925-29: *Gauleiter* da Baixa Baviera; 1926-28: chefe de Propaganda do Reich; 1928-32: chefe de Organização do Reich.
79 Schleicher, Kurt von (1882-1934); oficial e político; 1932: ministro da Defesa e chanceler do Reich.
80 Não foi possível identificar o nome.
81 Brüning, Heinrich (1885-1970); político alemão; 1924-33: MdR; 1930-32: chanceler do Reich; 1934: fuga para os EUA passando pela Holanda.
Wirth, Joseph (1879-1956); político; membro do Partido de Centro; 1921-22: chanceler do Reich.
Mehnert, Klaus (1906-84); jornalista; 1934-36: correspondente de jornais alemães em Moscou; redator-chefe da revista mensal *The XXth Century*.

Poucos dias antes Gregor Strasser havia recebido pelo correio seu distintivo do partido, N9...

Foi assim que morreu o primeiro conselheiro militar, o antigo primeiro conselheiro político do Führer. Gregor Strasser revelou ser um homem pela metade. Ele não suportou a oposição do dr. Goebbels, que tinha começado a chamar a mãe de Strasser de judia. Ele via no pequeno doutor uma perdição para Hitler e também não queria acreditar em Röhm. Dessa maneira, perdeu continuamente a confiança do Führer e em 1932 foi assaltado por uma presunção exagerada. Do lado dos opositores, visitou políticos em Berlim, entrou no círculo de Schleicher, de grandes industriais. E se sentiu pronto para negociar por conta própria. Isso foi traição, mesmo se ele próprio não estivesse ciente disso; de todo modo, ele perdeu a fé, se tornou fraco. Ele não estava apto nem para a fidelidade total nem para a revolta. Ele submergiu... Desapareceu supostamente para sempre da política. Até que chegou o 30 de junho de 1934, que lhe permitiu expiar o que havia feito de errado no movimento.

Aquilo que Goebbels escreve em seu livro sobre Strasser é apenas um coice de um rival triunfante, que se sente em segurança.[82] Ele despertou todo o tipo de antipatia. Como o livro no geral, que recebeu uma crítica pública acompanhada de longos aplausos numa reunião de *Gauleiter* como sendo resultado de vaidade e autoincensamento.

O "*Obergruppenführer*" obviamente havia pressentido algo.[83] Comprou uma passagem até a ilha da Madeira e foi interceptado na última hora em Bremen, com a mulher e o "secretário". Com 4.000 marcos no bolso, dinheiro do partido. Fez um papel lamentável e parece que saiu correndo duas vezes quando foi encostado na parede.

Seu "quartel-general" na Tiergartenstrasse[84] será esvaziado; ele tinha se mudado para lá com mulheres e garotos de programa. Encontraram uma lista de fuzilamentos; toda a redação do *VB* – ou seja,

---

82 Joseph Goebbels, *Vom Kaiserhof zur Reichskanzlei. Eine historische Darstellung in Tagebuchblättern*. Munique, 1934.
83 Ernst, Karl (1904-34); 1923: ingresso no NSDAP; 1931: líder da SA em Berlim; 1932: MdR.
84 Entre outros, sede do departamento político da chefia geral da SA.

eu também – constava dela. Ou seja, um governo de homossexuais seria montado na Alemanha.

Parece que Röhm negociou com políticos franceses, também homossexuais, em Capri, tinha tirado "férias" com seus garotos de programa.

Agora a SA foi subordinada a um homem honrado como Lutze. Os gigolôs berlinenses de camisas marrons vão desaparecer – a velha, nossa velha SA retornará.

A comunidade cultural nazista festejou sua primeira convenção em Eisenach. Falei para os 20 mil na praça A. Hitler sobre a cultura alemã como instrumento da unidade alemã. No dia seguinte, 5, palestra na conferência dos *Gauleiter* em Flensburg sobre o universalismo de O.[thmar] Spann, recebido com aplausos vigorosos e apontado por Ley como ponto alto do evento.[85]

Apenas alguém não mexeu nenhum dedo: dr. Goebbels. Percebi que ele não consegue fazer diferente.

11/7/[1934]

A "batalha pela Inglaterra" continua incansável. Obermüller voltou de Londres e falou com todas as personalidades que vinham ao caso. O cap. Boyle do Ministério da Aeronáutica, Lorde Londonderry, cap. Fyans (o ajudante de ordens do conde de Connaught) entre outros, O.[bermüller] registrou as conversas por escrito e ontem eu as entreguei ao Führer, que vai abordar os desejos ingleses em seu próximo grande discurso no dia 13 no Reichstag.[86]

---

85 Spann, Othmar (1878-1950); economista austríaco; 1919-39: professor de economia nacional em Viena; anos 1920: apoio às associações [paramilitares reacionárias] austríacas "Heimwehr", à NSDStB [Liga Alemã Nacional-Socialista de Estudantes] e ingresso no NSDAP; temporariamente membro do conselho do KfdK de Rosenberg; 1938: proibição de lecionar após prisão no campo de concentração de Dachau.

86 Boyle, Archibald Robert (1887-1949); oficial britânico; 1918: Royal Air Force; mais tarde, atuou como funcionário civil no Ministério da Aeronáutica.
Vane-Tempest-Stewart, Charles Stewart Henry, 7º marquês de Londonderry (1878--1949); político britânico; 1931-35: ministro da Aeronáutica; 1936 e 1937: visitas à Alemanha; 1936: recebeu Ribbentrop em sua casa de campo.

O conde de C.[onnaught] quer um relatório totalmente objetivo e confidencial sobre os eventos do ~~13~~ 30 de junho para o rei ingl. – compreensível, visto que para o exterior não é fácil compreender tudo. Em linhas gerais, a I.[nglaterra] quer saber a verdade sobre os armamentos alemães. O Ministério [britânico] da Aeronáutica reforça querer nos ajudar de maneira leal, mas não é para tentar enganá-los, pois eles estariam recebendo informações exatas. O *attaché* da A. em Berlim que está para vir é próximo de Winterbotham, parece ser um homem decente, ao contrário do atual sem noção. Esse *attaché* também será levado para dar uma volta pela I.[nglaterra].

Fala-se muito confidencialmente sobre a visita de Weygand.[87] Como em todos os lugares, há diferença entre os diversos tipos de armas. O Exército quer pegar para si de preferência muito do dinheiro destinado à Aeronáutica e por esse motivo convidou Weygand, como um apoio às suas intenções, mas também para defender a política francófila. (Como descobri de maneira totalmente confidencial, MacDonald soube do convite apenas *a posteriori*.) A geração jovem trabalha na Air Force contra essa antiga psicose pré-guerra e nos pede para tratarmos apenas com seus generais sem o FO [Foreign Office], sem a embaixada alemã em Londres. Essa é a única coisa certa a fazer e assim Hebel foi colocado no lugar correto, a fim de nocautear pouco a pouco o lado rendido da França – também no interesse do Império brit., bem entendido, que senão ficaria na mesma posição que em 1914 e pode perder todas as suas colônias.

Faço esse relato ao Führer, depois sobre a maldita questão do comércio exterior. Como que centenas de milhões em divisas foram

---

Fyers, Fitzroy Hubert (desc.-1981); oficial britânico; desde 1930: assistente pessoal do conde de Connaught.
Conde de Connaught: provavelmente Arthur, Frederick Patrick Albert, príncipe de Connaught (1883-1938); diplomata britânico e membro da família real; 1920-22: governador-geral da África do Sul; desde 1927: assistente pessoal do rei George V.
87 Weygand, Maxime (1867-1965); oficial francês; 1940: comandante supremo das Forças Armadas; em seguida, membro do regime de Vichy na França e no Norte da África; 1942-45: em prisão alemã.

perdidas por causa do desleixo e falta de imaginação das repartições. A questão romena (25 milhões), finalmente revista de cabo a rabo, está novamente enterrada em algum lugar nas redondezas do sr. Posse (ligações com bancos judeus);[88] o novo comissário de matérias-primas, sem plenos poderes e sua visita a nós; sabotagem na questão Manchukuo, sr. Zores[89] acabou de voltar de lá; solicitação direta do embaixador turco para acertarmos o "negócio turco". Por fim: depósito de óleo Deterdings está conosco e foi decidido a nosso favor; acordo com a Noruega, acertado de acordo nossos planos.[90]

O Führer está muito irritado com a burocracia ministerial: "Vou ensinar àqueles senhores a velocidade necessária". Ele quer que o comissário do comércio exterior, que agora é inevitável, seja seu subordinado direto e retirar todos os poderes dos ministérios relativos a isso! A única solução correta. Ele pediu que eu participe da próxima reunião sobre o assunto.

x

Cap. Zores fez um relato à tarde sobre Manchukuo. Agora percebe-se claramente que Knoll da embaixada a.[lemã] viajou na frente de Heye a fim de falar mal do comissário para os japoneses.[91] Isso é pura [palavra tornada ilegível] traição. Mas o sr. Knoll segue as orientações do sr. Ritter do AA. E Neurath, que queria "tirá-lo do barco", parece ter motivos "imperiosos" para não fazê-lo mais.

Acabou de chegar uma transcrição de Zore para constar dos arquivos de Kerrl.

---

88 Posse, Hans (1886-1965); jurista alemão, 1924: diretor ministerial e chefe da divisão alfandegária e de política comercial no RWM; desde 1935: secretário de Estado no RWM.

89 Nome não identificado.

90 Deterding, Henri Wilhelm August (1866-1939); industrial holandês, fundador e principal acionário do grupo Shell, de notabilidade internacional; simpatizava com os nazistas.

91 Knoll, Karl (1894-1970); diplomata; 1927-34: funcionário na embaixada em Tóquio; 1935: conselheiro de legação de 2ª classe; 1935-41: chefe de departamento no AA.
Heye, Hans Ferdinand (1897-desc.); empresário e cônsul; 1934: nomeado por Hitler comissário para o comércio com Manchukuo.

13/7/[1934]

Como não podia deixar de ser, a "fala" do dr. Goebbels sobre os eventos de 30 de junho provocou uma impressão catastrófica em todo o mundo. 2 ligações de Londres: o Ministério da Aeronáutica está horrorizado: desde a fala de Bethmann de [19]14 nenhuma fala da A.[lemanha] teve um efeito tão fulminante.[92] Nossos inimigos disseram: será que nossa postura francófona não está mais do que justificada? Os bons efeitos do discurso de Hess foram virados pelo avesso, Hitler poderia falar da melhor maneira possível, não dá mais para mudar o estado de ânimo.

Duckwitz chega de Varsóvia onde esteve em negociações de compensação.[93] Só um estado de espírito, ele diz: todos sabem que a culpa dos boatos é do min. de prop; que não foi nenhuma instrução. Será que algum ministro já se despediu do mundo inteiro com um "*Pfui Teufel*" [argh, nojento]?!

Leibbrandt percebe o mesmo na América. Dr. G[oebbels] ergueu todo um muro diante de nós e trocou o papel de um ministro com o de um agitador de periferia.[94] Ele não dispõe de qualquer senso de medida – e não se faz política externa apenas com vaidade.

2/8/[1934]

Interrompi minhas férias para falar com Hess sobre a situação política externa. Fui de carro até Munique e expliquei, com toda a

---

[92] Bethmann Hollweg, Theobald von (1856-1921); 1909-17: chanceler do Reich, primeiro-ministro prussiano e ministro para Assuntos Exteriores.

[93] Duckwitz, Georg Ferdinand (1904-73); 1932: ingresso no NSDAP; 1933-35: funcionário do ARo; desde 1940: especialista em navegação na embaixada de Copenhague; revelou em 1943 os planos alemães para a deportação dos judeus dinamarqueses; 1955-58: embaixador na Dinamarca; condecorado por Yad Vashem como "justo entre as nações".

[94] Leibbrandt, Georg (1899-1982); 1933: ingresso no NSDAP; 1933-41: diretor do departamento do Leste da APA; 1941-43: chefe do departamento político no RMfbO; 1942: participação na conferência de Wannsee; 1945-49: preso pelos Aliados; 1955: conselheiro de Adenauer para o regresso de prisioneiros de guerra alemães da União Soviética.

ênfase de que disponho, que por meio de tais discursos sobre política externa como os do dr. G[oebbels] o Reich alemão está em grande perigo, simplesmente porque uma pessoa sem senso de medida deixa a língua e a vaidade correrem soltas. – Em seguida, solicitei uma autorização plena em meu nome para a política externa de todo o movimento. Hess vai levar a demanda a Hitler.

Os acontecimentos se atropelam: assassinato de Dollfuss, uma terrível difamação mundial contra a Alemanha, hoje a morte de Hindenburg. O fato de a Itália ter tratado o caso Dollfuss de maneira tão <u>infame</u> surpreendeu a <u>todos</u>, mesmo aqueles que nunca tiveram o caráter dos italianos em alta conta.[95] Com isso, Mussolini, rodeado de pessoas medíocres, acabou por prejudicar a si mesmo: em primeiro lugar, ninguém mais acredita nele, em segundo, todo o mundo está falando que agora iremos supostamente procurar novos caminhos, pois a Itália não pode mais usar a cartada da Alemanha em Paris. Isso fez com que o valor desse Estado, que <u>nessa</u> medida não tem um valor <u>próprio</u>, tenha diminuído em 50%. Ou seja, o complexo de inferioridade que se manifestou na raiva prejudicou Roma em si, a imprensa alemã respondeu muito bem e de uma maneira superior. Dr. Schmitt escreveu um artigo excepcional no *VB* sobre o novo Cícero, que, antes de querer ensinar sua "cultura romana" a outros, deveria ensinar seus 22% de analfabetos a ler e escrever.

Hoje de manhã estive rapidamente com o Führer, depois a tarde inteira em seu jardim, onde conversei com Kerrl.

A sabotagem de Manchukuo está amplamente confirmada: Büllow informou o embaixador japonês erroneamente, explicou à nossa organização no exterior que Heye <u>não</u> era comissário do Reich![96] E agora, quando todos estão com medo, as coisas avançaram: reunião no AA na presença de representantes de outros departa-

---

95 Como severa reprovação da tentativa de *putsch* nazista, Mussolini ordenou a marcha de tropas italianas na Áustria e no passo do Brennero.
96 Bülow, Bernhard Wilhelm von (1885-1936); diplomata alemão; desde 1930: secretário de Estado no AA; depois de 1933: apesar de sua oposição ao nazismo, se manteve no cargo até sua morte.

mentos, daí o cap. Zores volta à Manchúria, quando todos os plenos poderes estão com o AA! Isso num Estado nacional-socialista!

Informei esse resultado ao Führer. Ele estava mesmo meio cego. Depois, falou: o pessoal do AA vai pôr as barbas de molho hoje, pois tenho as atribuições de Hindenburg. A brincadeira acabou. Vou tirar os responsáveis pela postura insolente um a um e colocar um novo chefe de pessoal. Também será salutar fazer menção ao novo Tribunal do Povo, ninguém terá prazer em travar conhecimento com ele.

Depois o Führer falou sobre coisas privadas, sobre outras questões de política externa, sobre o caráter místico de Hindenburg ter morrido em 2 de agosto, e disse: "O melhor necrológio sobre ele foi escrito por você, Rosenberg".

Toda a Alemanha está enlutada. Um grande se foi.

Mas o NSDAP tem o caminho livre para concretizar o seu Reich. Tempo precioso se passou, muito poderia ter sido feito, mas não aconteceu por sabotagem que apelava a H.[indenburg]. Agora o Führer é o único senhor da Alemanha. Todas as condições para o Estado nazista estão dadas.

6/8/[1934]

O Führer falou lindamente hoje sobre Hindenburg na sessão em sua homenagem do Reichstag e – um grande – expressou sua pródiga veneração a outro grande, de um tipo bem diferente. Ele o chamou de "melhor cavalheiro e soldado". Prestei atenção para ver se Ludendorff seria mencionado.[97] O Führer o fez sem citá-lo nominalmente, na medida em que se referiu ao grande auxiliar de H.[indenburg]. Depois, fui comer na chancelaria, onde a conversa versou sobre Ludendorff. Ele se negou a colocar sua bandeira a meio mastro por ocasião da morte de H.! Primeiro acharam que se tratava

---

97 Ludendorff, Erich (1865-1937); oficial; 1914: juntamente com Hindenburg, comandante supremo do Exército alemão no front oriental; 1916-18: intendente-geral do 3. OHL; 1923: participação no "*putsch* de Hitler"; 1924-28: MdR; 1925: candidato do NSDAP às eleições presidenciais.

de um mal-entendido, depois ele foi questionado – e negou-se bruscamente! O Führer contou depois os casos na inauguração do memorial de Tannenberg. L.[udendorff] tinha sido convidado a viajar no carro de H.[indenburg].⁹⁸ Ele se recusou. Na área do memorial, H. enxergou L. e foi até ele com as duas mãos estendidas. L., porém, desviou e deu 5 passos para o lado. O Führer acha que o plano de Tannenberg foi sem dúvida de L., mas a execução obstinada e a postura inquebrantável deviam-se a H. Essa serenidade e vigor teriam sido decisivos na crise.

O Führer chamou a postura de L. de uma "falta de disciplina diante da nação". "Ele nunca poderia ter feito isso", ele acrescentou diversas vezes. Mas depois: "Ele não escapará de seu destino, pois quando morrer será listado entre os heróis da Alemanha". O Führer atribui seu comportamento atual à operação da tireoide realizada pela atual mulher.⁹⁹ Parece que não foi bem-sucedida e perturbou totalmente o equilíbrio interno de L.

Apesar disso, L. me dá pena. Ele foi o motor e a cabeça da resistência alemã, Hindenburg foi o apelo ao sentimentalismo burguês – mesmo se ele fosse mais do que isso. L., porém, ficou à sombra, foi apartado de uma fama <u>pública</u>. H. fez a paz com o centro, L. era opositor mais aberto dos inimigos da Alemanha. Sua perdição foi querer se tornar <u>pensador</u>, em vez de se manter soldado. E visto que ele se sentia inseguro internamente, envergonhava-se em aceitar os conselhos dos homens e caiu nas garras de uma "filósofa" de araque, em cuja insensatez acreditava ter de defender, como cavalheiro, até o fim.

Por fim, a grandeza de Hindenburg esteve na decisão de chamar Hitler e depois, absolutamente sincero, querer ajudar a nova Alemanha. Assim, ele poupou ao Reich choques terríveis e reencontrou-se consigo mesmo, tornou-se o amigo paternal de Hitler, uma reedição

---

98 Memorial de guerra construído em 1927 para a batalha de Tannenberg; 1934: com o sepultamento de Hindenburg, renomeado para "monumento comemorativo Tannenberg".

99 Ludendorff, Mathilde (1877-1966); esposa de Erich Ludendorff e autora de inúmeros tratados antissemitas e nacionalistas; fundadora, juntamente com o marido, da "Liga alemã para o conhecimento de Deus" [*Bund für Deutsche Gotterkenntnis*].

quase mítica do velho Hildebrando e do jovem Teodorico de Verona.[100] Por isso, ele será sepultado por direito na Torre de Heróis de Tannenberg – como símbolo para milhares de anos.

E quando Ludendorff morrer, ele terá de se deitar ao seu lado – como os antigos imperadores em conflito na catedral de Speyer. A linha do destino do povo é mais forte do que a obstinação daqueles que acreditam poder se safar dela.

<u>19/8/[1934]</u>[101]

Passaram-se novamente algumas semanas: o enterro de Hindenburg, dias de férias, discursos para o plebiscito em Bremen e Halle. O Memorial Tannenberg tornou-se agora um daqueles centros sobre os quais eu falava no *Mito* como necessidade, como substituição a crucifixos e colunas de Maria. Última exclamação de Hitler: "General morto, entre afinal na <u>Valhala</u>!" foi compreendida em todos os lugares, também pela Igreja, que fez um papel absolutamente ridículo com o discurso de seu bispo militar.[102] O homem nos viu assim juntos e nos soterrou com citações bíblicas, afirmou que o antigo lema do <u>soldado</u> era "ora e trabalha" e saltava como uma pulga de um pobre pensamento a outro sem qualquer relação. Em <u>nossas</u> fileiras, um balançar de cabeças geral, mas todos os outros também ficaram decepcionados. Mais tarde, o bispo do Reich[103] circulou entre as pessoas e murmurou desculpas a todos. A Igreja mostrou novamente que fala uma língua chinesa com palavras alemãs. A nação não quer mais ouvir esse blá-blá-blá de salmos, "profetas" etc. Dias mais tarde,

---

100 Teodorico de Verona e seu guerreiro Hildebrando; figuras de lendas germânicas medievais com reminiscências de Gotenkönig Theoderich (aprox. 455-526).

101 O trecho que vai de "Passaram-se" até "canções de Jeová" está reproduzido em Léon Poliakov e Joseph Wulf (orgs.), *Das Dritte Reich und seine Denker. Dokumente und Berichte*. Berlim, 1959 (nova edição: Wiesbaden, 1989), pp. 255 e segs., com transcrição e notas de Seraphim, *Tagebuch*, pp. 42-44.

102 Trata-se de Franz Dohrmann (1881-1969), religioso militar; de 1934-45: bispo militar da Wehrmacht.

103 Bispo do Reich (ironicamente: "Rei-Bi"); desde a Constituição da Igreja de 11/7/1933, o órgão mais alto das igrejas evangélicas alemãs.

quando estive em Warnemünde, encontrei por acaso o bispo do Reich. Ele veio em minha direção: "Há tempos quero falar consigo, senhor R.". E logo em seguida saiu desancando seu superior religioso. E acrescentou: "Acho que não estamos tão distantes assim. Só me sinto livre desde que me livrei de todo o dogmatismo e retornei a bases simples". Não acreditei no que ouvi! Há poucos meses Müller havia enxotado dr. Krause dos "Cristãos Alemães" por ser "embusteiro", e agora ele repete o que está no meu *Mito*...[104] Respondi que estou à sua disposição e acrescentei: "O espírito de nosso tempo tomou sua direção e não vai mudar. Seria inteligente, a fim de se evitar qualquer iconoclastia, reconhecer isso e tirar as consequências". Ele concordou com veemência e prometeu me ligar em Berlim, para que consigamos manter em algum lugar tranquilo uma "conversa religiosa" mais prolongada.

Ou seja, o "credo" niceno segue se esfacelando, realmente está mais do que na hora de terminar de vez com essa palhaçada a fim de ser possível respirar novamente ar puro europeu.

De todo modo, o bispo do Reich esgotou seu hebraico, toda juventude do movimento tem absoluta confiança em mim; a SS, com sua liderança camponesa, educa seus homens abertamente de maneira germânica, isto é, anticristã, as escolas da Organização Política [do Partido Nazista] naturalmente também irão se desenvolver a partir do *Mito*, as Igrejas vão minguar. Apenas a conformação da vida [*Lebensgestaltung*] ainda não está firmemente cunhada, mas sairá organicamente da Juventude Hitlerista. Depois de 10 anos o tempo estará maduro para um reformador que ocupará as edificações religiosas de outra maneira e lhes dará o caráter heroico de nosso tempo. Isto é, imagino que os entalhamentos como símbolos de <u>devoção</u>, muitas vezes horríveis, desfigurados, do gótico tardio, sumam dos interiores da igreja e acabem nos museus. Os repugnantes emblemas barrocos devem ser retirados; púlpitos e altares, <u>remodelados</u> de maneira

---

104 Müller, Ludwig (1883-1945); religioso protestante; 1931: ingresso no NSDAP; desde 1933: bispo do Reich e um dos líderes do "Movimento Religioso dos Cristãos Alemães" [*Glaubensbewegung Deutsche Christen*].
Krause, Reinhold (1893-1980); líder dos Cristãos Alemães em Berlim.

sólida e simples, no estilo e significado do memorial de Feldherrnhalle. Quem quiser criar <u>sozinho</u> não deve carregar consigo todos os trastes por pura "piedade". As igrejas de santa Maria em Danzig, Lübeck etc. assim constituídas vão ressaltar novamente o estilo de construção próprio dos castelos, e as estátuas dos <u>grandes</u> alemães poderão ocupar a posição de alguns "santos" torturados, enquanto nos espaços não ecoarão mais quaisquer palavras de "profetas" judaicos nem canções de Jeová.

Final de setembro [1934]

A confusão da semana passada acabou com qualquer tranquilidade. Eu havia dado grande importância ao convite de diversos estrangeiros, especialmente ingleses, para a Conferência do Partido, e listei um grande número deles. Apesar das férias de verão, acabaram vindo 16 britânicos. "Nossa" embaixada em Londres havia desaconselhado convidá-los, visto que "era impossível encontrá-los". Os senhores voaram para a Prússia Oriental e Schl.[eswig]-Holstein, para primeiro se convencerem do <u>trabalho</u> sério, e depois vieram a N.[uremberg], onde arregalaram os olhos diante do verdadeiro estado de ânimo do povo e do caráter exemplar dos desfiles. Eles ficaram profundamente impressionados e quase todos registraram isso em suas cartas. A conversa com o reverendo Hodson foi interessante, um amigo do bispo de Gloucester.[105] Ele supunha que eu fosse um anticristão bárbaro e furibundo, mas para seu espanto encontrou um ser humano como os outros. A conversa longa, muito sincera, deixou-lhe boa impressão. Numa reunião aberta em Gloucester, ele gentilmente também revelou essa impressão.

Importante também foi o coronel Mac Caw, "cidadão particular", na verdade conselheiro político do Ministério da Guerra brit. Numa conversa prolongada, ele disse que o Tratado de Versalhes foi

---

105 Possivelmente Hodson, Austin (1879-1961); religioso britânico; 1938-55: bispo anglicano de Tewkesbury.

um crime. Wilson, um bobo, L[loyd] George, um ignorante.[106] Num futuro próximo seria <u>preciso</u> haver uma reunião para se tratar de uma nova ordem.

Na guerra, M.[ac] C.[aw] foi ajudante de ordens de Kitchener.[107] Ele o aguardava em Petersburgo quando K. fez sua viagem fatal à Rússia. M. C. disse que a morte de K. atrapalhou muito a paz. <u>Depois</u> da guerra ele teria tido a mesma postura frente à Alemanha que depois da Guerra dos Bôeres e impedido todos os desvarios de Versalhes.

M. C. me contou tudo isso na varanda do castelo de Nuremberg, onde quis apresentá-lo e mais 4 ingl.[eses] ao Führer. Ele queria voltar logo à A.[lemanha] para continuar de maneira séria os contatos. Recebi uma carta ontem, ele estará aqui em 25/11. M. C. é importante porque consegue influir no entorno <u>não</u> simpático aos alemães de Halsham tendo em vista um trabalho conjunto alemão-britânico mais intenso.[108] Chegou também uma carta de Hodson: ele gostaria de enviar seu bispo para cá.

O cap. Fryers escreve uma carta de agradecimento após a outra. Como ajudante de ordens do duque de Connaught, fez um relato sobre Nuremberg à família real e pede mais uma vez por informações confidenciais sobre os bastidores de 30 de junho: esse memorando está pronto. Quero apenas apresentá-lo ao Führer. Talvez mesmo assim ele ainda dissemine notícias difamatórias junto ao rei, visto que descubro por informação <u>autêntica</u> de Londres que o embaixador britânico daqui, Philips, informa não ter havido qualquer conspiração, Hitler quis apenas se livrar de algumas pessoas incômodas.[109]

---

106 Wilson, Thomas Woodrow (1856-1924); 1913-21: presidente dos EUA; 1920: prêmio Nobel da Paz.
Lloyd George, David (1863-1945); político britânico; durante a Primeira Guerra Mundial, primeiro-ministro; 1919: chefe da delegação na Conferência de Paz de Paris; 1926-31: presidente do Partido Liberal; em seguida, representante da política de apaziguamento.
Mac Caw, não localizado.
107 Kitchener, Herbert Horatio, lorde (1850-1916); marechal britânico; no início da Primeira Guerra Mundial: ministro da Guerra; morreu num acidente de navio.
108 Provavelmente Douglas McGarel Hogg, 1º visconde Hailsham (1872-1950); político britânico; 1928-29 e 1935-38: lorde chanceler.
109 Phipps, Eric Claire Edmund (1875-1945); diplomata britânico; 1933-37: embaixador em Berlim; 1937-39: embaixador em Paris.

Por meio de sua mulher que se tornou católica e as "relações" dela, Philips se voltou manifestamente contra nós. Aliás, ele afirma que a Alemanha está se armando contra a França – isso é trabalho dos agentes do FO [Foreign Office]!

Bartlett, das indústrias Bristol, esteve por aqui estes dias. A Air Force quer apoiar nossa Aeronáutica sem que o FO seja informado a respeito. Mas nosso Ministério da A.[eronáutica] intimidou-se um pouco e quer receber a promessa de apoio num documento oficial britânico. Um tanto ingênuo! Em breve vou mostrar aos senhores o documento oficial do Air Ministry que eu recebi. Mais não dá para se exigir, a questão é se os motores Bristol são tão bons como Bartlett afirma. Isso é coisa para nossos especialistas decidirem.

Sobre questões de comércio exterior, um assessoramento mais longo com Pietzsch, que quer atrelar o marco alemão à libra inglesa.[110] Protestos junto ao meu Departamento de Comércio Exterior! Conferência, para levar o partido a um denominador comum, antes de comparecermos diante do Führer.

A questão da compensação romena está agora no ministério de Darré! Lá um belo estrago, visto que sem nós garantiu-se ao negociador liberal um grande contingente sem uma contrapartida verdadeira. Isso tem de ser inserido agora no nosso acordo.

Deterding esteve na Prússia Oriental visitando a condessa Finkenstein.[111] Enviei Obermüller como meu representante. Depois da longa conversa e atraso, D.[eterding] não consegue mais armazenar o 1 milhão de toneladas, pois nesse meio-tempo os depósitos foram transferidos de lugar. Por procrastinação de "nossos" departamentos, perdeu-se novamente uma oportunidade de amarrar conosco capital britânico. D. disse que retorna a Berlim a qualquer hora a meu pedi-

---

110 Pietzsch, Albert (1874-1957); especialista em economia; 1933-44: presidente da Câmara da Indústria e Comércio; consultor econômico e chefe do escritório central no grupo dos StdF; 1936: direção da Câmara de Economia do Reich.
111 Finkenstein (Fink), Eva von (nasc. Schubring; 1903-1994); jornalista; 1928-33: redatora de política externa do jornal *Vossische Zeitung*.

do. E ainda nos aconselha a também nos associarmos à libra inglesa; segundo ele, a Holanda e a Suíça logo farão isso também. Disse que de outra forma a Alemanha não sairá de suas dificuldades.

Entre todas essas negociações políticas sobre o Instituto de Pré-história Alemã, Instituto de História da Arte Alemã, discursos em Berlim, Münster, Hohensyburg,[112] Halle, Köln, Leipzing, Rüsselheim etc., conversas sobre o fomento da comunidade cultural nazista, os 100 melhores livros das bibliotecas nazistas etc. etc.

Assim, o descanso é um contínuo câmbio da atividade.

26/12/[1934]

A antiga falta de vontade de manter um diário prevaleceu novamente por mais alguns meses, além do cotidiano cinzento da vida política e cultural, que trouxe consigo pouca coisa agradável para ser registrada no papel.

Na política externa, o desenvolvimento das relações alemãs-romenas me irritaram de uma maneira desmedida. Por cerca de 4 meses o negócio de compensação alemão-rom. foi trabalhado, todos os ministérios não conseguiam mais se furtar de reconhecer sua utilidade, até que finalmente se deu um golpe desprezível por parte do AA – Certo dia, o Führer ligou muito nervoso para mim: tinha acabado de ouvir que um senhor da APA [Secretaria de Relações Exteriores do NSDAP] havia afirmado no AA que o Führer desejava não apenas o fim do negócio, como também que o lucro fosse utilizado para o financiamento de grupos romenos como Guarda de Ferro etc.[113] Ele disse que proibia que seu nome fosse envolvido em coisas que tinham caráter de corrupção. Que teria de prender os culpados etc. Perguntei qual departamento havia lhe dito isso. Ele: O AA. Eu: Então foi o

---

112 Local de um memorial do imperador Guilherme em Dortmund.

113 "Guarda de Ferro" (*Garda de Fier*); organização militar romena nacionalista e antissemita, com forte orientação nazista, oriunda em 1930 da "Legião do Arcângelo Michel" (*Legiunea Arhanghelul Mihail*); após participação no governo em 1940-41, proibida pelo ditador Ion Antonescu, com aprovação de Hitler.

senhor Ritter. Acrescentei que achava fora de questão que um homem meu pudesse ter feito mau uso do nome do Führer, que ali se tratava claramente de algo diferente. Concordei com a investigação. – Duckwitz trouxe então seus registros sobre a última conversa com o *Legationsrat* [segundo secretário] Chiewitz (representante de Ritter) e explicou de maneira categórica nunca ter usado as palavras que lhe eram atribuídas.[114] Ele apenas disse que tinha avisado o Führer sobre o negócio de compens.[ação], o que é absolutamente correto.

Aliás, a informação do AA de que o setor de comércio exterior de lá foi aumentado de 5 para 13 pessoas foi reveladora. Com a inclusão do conselheiro diplomático Knoll, isto é, aquele que tinha organizado toda a sabotagem contra as orientações do Führer em Manchukuo! – Fui com os documentos até o Führer. Ele disse que tudo estava certo e tal, mas que era preciso realizar uma investigação a cargo de Himmler. Se Duckwitz for culpado, ele tem de prendê-lo, se Ritter for culpado, ele tem de enviá-lo ao campo de concentração.

A investigação começou, um grande número de testemunhas prestou depoimento: a queixa que o senhor v. Neurath tinha feito oficialmente contra o Führer nem foi apresentada! Chiewitz até confirmou expressamente a declaração de Duckwitz: esse último, perguntado sobre o que deveria acontecer com o dinheiro, respondeu que isso não era assunto do debate, mas que poderia ser discutido posteriormente de maneira conjunta. Apenas Ritter disse que o senhor Woltat do Min.[istério] de Econ.[omia] do R.[eich] lhe informou que o Führer queria o negócio de compensação – ou seja, nenhum sinal da acusação que indignou o Führer.[115]

Foi exatamente assim como eu disse ao Führer alguns dias depois do caso: nada é mais constrangedor ao AA do que uma investigação. Queriam jogar um pouco de lama em mim e no meu departamento, criar um ambiente ruim, para depois saírem de cena.

---

114 Kiewitz, Werner (1891-1965); diplomata; desde 1934: conselheiro na Chancelaria Presidencial; desde 1940: alocado como oficial acompanhante do rei belga Leopoldo III, preso.

115 Wohlthat, Helmuth C. H. (1893-1982); oficial e político; 1934-38: chefe da Agência do Reich para Administração de Divisas; 1938: diretor ministerial para missões especiais no BVP.

O Führer: Eu preferiria muito mais que o outro lado fosse culpado.

Himmler informou ao Führer sobre as investigações contra nós – e depois tem de entregar o material a Kerrl para ser usado na investigação contra o AA! As coisas são <u>assim</u>... Mas o negócio de comp. foi recusado pelo Führer alguns dias depois da difamação por Neurath! Por causa de dificuldades com divisas!

<u>Isso</u> ainda é "política externa". Como antes, quando a derrota de Ludendorff em outubro de 1918 só despertou no AA o <u>seguinte</u> sentimento: "Agora ele se tornou bem pequeno!...".

Em seguida, subitamente outra visita do senhor Lecca.[116] Ele tinha partido arrasado e voltou sorridente: comissionado pelo <u>rei</u>!

O[117] Anotação no processo. [falta]

Quero avisar o Führer imediatamente. Ele está passando muito mal, diariamente em tratamento médico – todas as recepções foram canceladas. Vou na hora do almoço para informá-lo logo em seguida. A refeição ainda não acabou, mas ele já se levanta para se retirar. Passo o recado a Brückner. Depois de alguns dias o Führer estará fora, reunião de gabinete. – Informo a Hess, que compreende a urgência da coisa. Antes da reunião dos *Gauleiter*, o Führer diz a Hess que quer falar imediatamente comigo. A conversa é sempre adiada. Chega o Natal e após quase três semanas de estada, tenho de enviar Lecca novamente de volta a Bucareste com algumas palavras de consolo. Tomara que em janeiro seja possível reatar novamente as relações rompidas. A ligação da Romênia com a A.[lemanha] realmente vale todo o esforço. Schickedanz deveria ir até lá, conversar em particular com o rei, a fim de preparar um acordo de amizade; com "nossa" embaixada tudo é impossível.[118] O enviado

---

116 Lecca, Radu (1890-1980); jornalista romeno; desde 1934: ligações com a Alemanha; correspondente do *VB* na Romênia; desde 1941, sob Antonescu, comissário para assuntos judaicos; 1946: pena de morte atribuída por um tribunal popular romeno, mais tarde convertida em prisão perpétua; 1963: saída da prisão.

117 Aqui Rosenberg usa um círculo, provavelmente para marcar o anexo que deveria ser acrescentado, mas que está faltando.

118 Schickedanz, Arno (1892-1945); como Rosenberg, membro da liga estudantil alemã báltica "Rubonia"; 1923: ingresso no NSDAP e participação no "*putsch* de Hitler"; 1930-33: chefe do escritório berlinense do jornal *VB*; 1934-45: chefe de pessoal

v. Schmidt-Dehn deixa-se fotografar beijando a mão de cardeais, o conselheiro da embaixada convive amigavelmente com o judeu que agita contra nós da maneira mais odiosa (Braunstein).[119] É para se fazer política alemã com algo assim?

Obermüller esteve novamente em Londres e renovou a relação. Ele foi o primeiro alemão a quem o marechal do ar Mitchell mostrou todas as fábricas de aviões, nosso adido ~~da marin~~ militar ficou muito bravo por causa disso.[120] Nada foi mostrado a ele. Explicação dos ingleses: as portas se mantêm fechadas para um adido "arrojado", que de maneira descarada exige ver tudo...

Philipps continuou a difamar: depois de 30 de junho, Hitler era um homem arrasado. Ou seja, não era mais possível negociar com ele. Informa oficialmente o boato sobre um atentado contra o Führer em Munique. Sem desmentir depois. – R.[opp] diz que agora ele vai levar uma grande chamada de Londres.

De resto, informação confidencial para Obermüller: teme-se a esquadrilha francesa. Quando a Alemanha estiver mais fortemente armada, então será possível conversar de maneira mais precisa sobre uma colaboração. (v. relatório de O. sobre a Inglaterra [falta].)

No mais: visita do enviado persa, do representante turco sobre desejos relativos ao comércio. O representante autorizado do presidente brasileiro agradece ao APA o apoio nas questões de comércio exterior (aqui, 2 dos senhores indicados por nós conseguiram em pouquíssimo tempo todas as procurações, porque no AA não se sabia que tinham sido solicitadas por nós!).

---

da APA; 1940-45: chefe de departamento central no ERR; autor de *Die Juden. Eine Gegenrasse* [Os judeus. Uma contrarraça] (1927).
119 Dehn-Schmidt, Georg von (1876-1937); diplomata; 1934-35: enviado e cônsul-geral em Bucarest.
Braunstein, não encontrado.
120 Sutherland Mitchell, William Gore (1888-1944); *Air Chief Marshall*; 1933-34: comandante da academia da RAF; 1939-41: comandante da RAF no Oriente Médio e inspetor-geral.
Adido militar: Geyr von Schweppenburg, Leo (1886-1974); oficial alemão; 1933-37: adido militar em Londres; 1941: general e comandante de diferentes formações de tanques; desde 1950: colaboração na estruturação do Exército alemão.

Grande sucesso nas duas primeiras noites de recepção do APA para o corpo diplomático: Ruhn[121] Rust e – Göring.

O min. da prop. fez o possível para impedir isso – certos senhores sabem muito bem como <u>atrapalhar o trabalho</u>. Por fim, adiantou-se a festa anual da Câmara de Cultura, para a qual a diplomacia foi convidada. De maneira leal, alteramos a data da palestra de Göring. Resultado: <u>nenhum</u> diplomata foi à reunião cultural, quase todo o corpo diplomático estava representado na nossa.

Negociações sobre 1) irrigação da várzea do rio Tisza; convite de Gömbös. 2) construção de uma esquadra no Danúbio, que também seria aproveitável no mar Negro, a fim de avançar para o sudoeste.

<u>Ideologicamente</u> me enxergo mais uma vez como há 6 anos, quando tive de enfrentar aguerridos opositores a fim de manter a clareza da linha nacional-socialista. Hoje, gente pequena e ambiciosa ocupa-se da "Força pela alegria",* presa na agitação das massas. Por essas pessoas, voltaríamos ao pão e circo da Roma Antiga – seguido por uma derrocada intelectual <u>e</u> econômica de nosso teatro. Do outro lado, apenas fachadas representativas. – A comunidade cultural nazista, apesar de ambos, se desenvolveu sempre mais: exposição "a seleção I", promissora, estimulante. Exposição: artes manuais um sucesso <u>total</u>. O escritório organizou uma exposição de livros "Alemanha eterna" – esplêndida. A Sociedade Nórdica cuida com todo o empenho dos relacionamentos nórdicos, para que ao menos haja algo com que se conectar no futuro, visto que os ingleses nos afastaram do mercado do mar do Norte – outro "sucesso" de nossa política externa. Por mais brilhantemente que o Führer possa iniciar as coisas, em outro momento os sabotadores e os burocratas destroem o que foi construído. É uma tristeza constante.

Discursos em Rüsselheim para os funcionários da Opel, em Munique sobre "Liberdade da ciência", na Convenção dos Partidos Distritais em Köln, em Stuttgart, em Hamburgo, 2 vezes no Sportspalast, para a HJ e a BDM [*Bund deutscher Mädel*, Liga das moças

---

121 Escrito de maneira ilegível, não pôde ser investigado.

* *Kraft durch Freude*, organização nazista dedicada a programas recreativos. (N. T.)

alemãs] em Potsdam, para o Escritório de Assentamentos do Reich. Inauguração de duas exposições. Depois, infinitas reuniões. Visita do bispo (veja anotação do dossiê [falta]). Reunião sobre planos de escolarização com a Secretaria de Educação, com a SA, coronel [*Oberst*] Reinhard v. Kyffhäuser-Bund etc.[122]

Dr. Dietrich começou subitamente a querer colocar as "bases filosóficas" do movimento.[123] Justamente admitindo a ideia universalista que combatemos há anos. Troca de cartas cada vez mais intensa, visto que o jovem senhor companheiro de partido considera minha visão "irrelevante". Proibi o partido de usar a palestra de D. para fins de formação ou comentá-la positivamente na imprensa.

Onde estavam os novos filósofos há 10 e 14 anos? – Agora D. está tomado de raiva contra mim, embora eu é que tivesse motivo de estar indignado sobre sua falta de lealdade...

Tudo isso são acontecimentos paralelos a uma luta que é grande e a recepção que o partido me oferece em todos os lugares mostra que eles entenderam que agora não se trata mais de "propaganda", mas de configuração. Meu *Mito* chegou a 250 mil exemplares, um sucesso do século. Por essa razão, Roma mobilizou todas as forças e publicou os *Studien zum Mythus des 20. Jahrhunderts* [Estudos sobre o mito do século 20], a fim de acabar comigo "cientificamente". Escrito com truques conhecidos, no fundo atrevido – e com aparência de podre. Já ditei 60 páginas de réplica. Nas férias de Natal, Baeumler também quer escrever uma brochura; assim como Miller, em Calw.[124] O primeiro de uma altura histórica, o segundo principalmente sobre a bruxaria hoje considerada desaforadamente germânica.

---

122 Reinhard, Wilhelm (1869-1955); 1919: chefe dos *Freikorps* e corresponsável pela repressão do levante do espartaquista em Berlim; 1927: ingresso no NSDAP; 1941: *Obergruppenführer* da SS; 1934-43: líder da Liga de Kyffhäuser, uma organização criada em 1900 que reunia todas as associações de veteranos.

123 Dietrich, Otto (1897-1952); 1929: ingresso no NSDAP; 1931: chefe de imprensa; 1933: diretor da associação alemã de imprensa; 1934: vice-presidente da RPK; 1937-45: secretário de Estado no RMVP; desde 1938: chefe de imprensa do governo; 1949: condenação a sete anos de prisão; 1950: soltura.

124 Possivelmente Miller, Richard (1880-desc.); autor de *Rassenlehre und Weltanschauung unserer Zeit* [Teoria das raças e visão de mundo de nosso tempo] (1940).

Ou seja, o contra-ataque de Roma tem de ter sua resposta. Eles perceberam que agora que tudo está em jogo e 2 mil anos de eclipsamento estrangeiro ~~agor~~ serão explodidos. O *Osservatore Romano* escreve, furioso, que eu sou muito mais perigoso do que o Movimento Alemão pela Fé [*Deutsche Glaubensbewegung*]. Também acho, porque no nível da batalha por <u>valores</u>, a luta de Roma não tem mais tantas boas perspectivas quanto antes. O cristianismo romano está construído sobre <u>medo</u> e humilhação, o nacional-socialismo sobre coragem e orgulho. Agora os pregadores romanos têm de falar até do "cristo heroico", a fim de manter o passo. Tomara que essa nova tentativa de falseamento dos senhores pios chegue tarde demais. A grande transformação começou.

[1935]

15/1/35

A vitória do Saar de hoje nos comove a todos.[1] Amann e eu enviamos um telegrama conjunto ao Führer: após todas as preocupações, um sucesso <u>bem</u> grande para ele e a confirmação de que a ideia "Alemanha" também começa a se tornar vivência mítica junto a nossos antigos inimigos.

O bispo de Gloucester me enviou uma obra, mais carta. Estamos nos correspondendo há algum tempo. O reverendo Hodson contou-lhe de Nuremberg e certamente também falou que eu não sou um canibal sedento de sangue, como me avaliam em círculos eclesiásticos. O bispo me escreveu de maneira muito amável, mesmo assim com algumas preocupações com o futuro do pensamento cristão, ao que respondi que aqueles que a <u>Alemanha</u> combate como <u>prelados</u> e que tinham construído laços com o marxismo ateísta não podem exigir que gostemos deles. Fora isso, há liberdade de pensamento que o Estado não pode violar a favor das confissões dominantes. Na sequência, chegou outra carta, que também faz a defesa da liberdade de pensamento – mas também expressa

---

[1] Refere-se ao resultado do referendo da região do Saar em 13/1/1935, no qual mais de 90% daqueles com direito a voto concordaram com a anexação à Alemanha.

preocupação por discursos educativos anticristãos. Ou seja, a antiga postura dos religiosos: o Estado tem de proteger as antigas confissões, mas outros discursos não! É isso que eles chamam de "liberdade de consciência". Ainda vai demorar um tempo até eles se acostumarem com a igualdade, mas <u>acabarão</u> se acostumando.

21/1/[1935]

Há alguns dias o barão de R.[opp] esteve aqui novamente. Cheio de mistério: apenas para mim e o Führer. S.[ua] m.[ajestade] o rei expressou ao seu mais alto conselheiro político grande espanto sobre o fato de a Inglaterra ter estado tão mal informada sobre a verdadeira situação na região do Saar. Disse que a "imprensa séria" também fracassou nesse assunto. <u>Esse</u> desgosto criou considerável tensão. O conselheiro em questão dirigiu-se ao Ministério da Aviação, que sempre (por meu intermédio) deu informações corretas[2] e pediu mais explicações sobre a situação na Alemanha. A seguir, o major Winterbotham ligou para R. e pediu uma viagem a Londres. R. vai se encontrar com o conselheiro num clube e informá-lo o necessário sobre todo o movimento. Ele partiu ontem.

Lecca voltou novamente de Bucareste. Uma pequena modificação: Avarescu se manteve com os liberais e se afastou da combinação planejada.[3] Mas, a princípio, a intenção do rei Carol permanece. Grande congresso de Goga, pois é <u>seu</u> tempo. G.[oga] esteve em Roma, foi muito cortejado. Roma tateia em <u>todas</u> as direções, em vez de se concentrar no mar Mediterrâneo.

Durante a visita do enviado peruano, o enviado romeno Comnen me falou o seguinte: Göring explicou ao rei, depois também a ele, sobre as coisas da revisão húngara: nós (alemães) teríamos lutado o suficiente por outros povos, apoiar a Hungria contra a Romênia

---

2 Errata no original.
3 Avarescu, Alexandru (1859-1938); oficial e político romeno; 1918-27: várias vezes primeiro-ministro; 1930: marechal.

estaria fora de questão para a A.[lemanha].⁴ Perguntado se essa opinião era particular sua, Göring teria respondido: Essa é a opinião do Führer. – G. teria falado o mesmo 2 dias mais tarde para o enviado iugoslavo. – Felizmente Comnen avisou isso a Bucareste. Disse que tinha estado lá e daí Neurath entregou a Titulescus uma declaração segundo a qual a Romênia está empenhada em alcançar relações cada vez melhores com a A.⁵ Comnen deduziu daí a expressão de sua satisfação sobre a explicação de Göring. E Neurath ergueu o dedo: Não era <u>assim</u> que as coisas estavam! Certamente que a A. não faria nenhuma guerra por causa da Hungria. "Mas nós também somos revisionistas e vamos apoiar moralmente a Hungria em seus esforços de revisão."

Em seguida, C[omnen] perguntou: Há na A. 2 ou até mais políticos de relações exteriores? – Ele estava muito nervoso e me pediu encarecidamente para não contar a ninguém sobre o caso, e respondi que tinha de informar o <u>Führer</u> a respeito e lhe expus nosso ponto de vista: sempre combatemos o ponto de vista francês da união das fronteiras dos "vencedores" e "vencidos". Por essa razão, não há para nós nenhuma fronteira dos revisionistas <u>em si</u>, mas a checagem só poderia ser feita de caso a caso. Certamente há decretos de 1919 que teriam de ser revisados, outros acordos para serem discutidos posteriormente, mas também algumas coisas que, por muito tempo, não poderiam ser anuladas.

O bom Comnen certamente ficou com a sensação de ter dito demais e temeu que o AA poderia descobrir alguma coisa, limpou o suor da testa e pediu novamente por discrição.

O AA mostrou-se aqui também ser – impassível.

No dia seguinte apareceu, enviado por Comnen, o príncipe Caragea⁶ de Bucareste, o novo aliado de Avarescu e dos liberais, como

---

4 Petrescu-Comnen, Nicolae (1881-1958); diplomata romeno; 1927-37: plenipotenciário em Berlim e temporariamente no Vaticano; 1937-38: primeiro-secretário de Estado no Ministério de Relações Exteriores, depois ministro de Relações Exteriores; 1938-41: embaixador no Vaticano.

5 Titulescu, Nicolae (1882-1941); político romeno; 1927-28 e 1932-36: ministro das Relações Exteriores.

6 Possivelmente Karadja, Constantin (1889-1950); diplomata romeno; 1933-41: cônsul-geral em Berlim; 1941: chefe da administração consular em Bucareste; 2005: homenageado por Yad Vashem como "justo entre as nações".

representante de um "novo agrupamento partidário" e também falou de seu desejo de aproximação com a Alemanha.

2/2/[1935]

Conversei agora 2 vezes detalhadamente com o Führer. Ele diz estar muito cético em relação a todas as promessas sobre grandes modificações existentes também na vida partidária romena. Mas ele agradeceria se, por outro lado, <u>eu</u> estivesse disposto a ir até o rei Carol e, ao voltar, informá-lo imediatamente que esse estaria firmemente disposto a mudar o rumo. – Em seguida, enviei Lecca de pronto a Bucareste com a orientação de repetir o convite de Goga a mim apenas se eu puder conversar longamente com o rei – de preferência em Sinaia –, mas isso também só serviria se o rei tivesse intenções bem <u>definidas</u> de mudar o curso de Titulescu.

Ontem, o Führer desenvolveu detalhadamente sua avaliação da situação – ela correspondeu exatamente ao que eu expus dois dias antes como sendo nossa opinião ao senhor v. Scarada,[7] amigo de Gömbös:

Uma tal catástrofe como 1918 não pode ser "revisada" em 10, 20 anos. Impérios podem ser destruídos em poucas batalhas, mas reconstruídos apenas em décadas e séculos. Seria infantil por parte da Hungria ficar se lamentando por todos os cantos. Eles teriam de reconhecer: 1. A Itália não precisa deles para conduzir uma guerra <u>italiana</u>, mas para investir a <u>Hungria</u> contra a Eslávia do Sul [Iugoslávia], apenas em benefício próprio. Roma não aceitaria que uma força húngara forte se instalasse no lugar dos eslavos do sul na Adria. No melhor dos casos, a Hungria receberia as regiões <u>alemãs</u> da Eslávia do Sul – algo em que <u>nós</u> não teríamos qualquer interesse, tendo em vista a política de minorias da Hungria. Ao mesmo tempo, porém, visto que a Hungria está ocupada no Sul, seria fatiada em outros lugares. Por isso, primeiro: equilíbrio com a Eslávia do Sul. Depois

---

7 Csarada von Csaroda, Georg (1894-desc.); fazendeiro húngaro; desde 1934 na Baviera; 1936: convidado de honra na conferência do NSDAP.

com a Romênia. Mas os alemães devem deixar claro a ambos que um eterno caldeirão de inquietação húngaro também não interessa e que só poderiam ficar satisfeitos se o interesse húngaro pudesse ser guiado para um terceiro lado, onde 1 milhão de húngaros vivem diretamente junto à atual fronteira húngara.

De resto, disse que a Rússia é hoje uma força militar gigante. O interesse da Romênia deve ser ter um baluarte de preferência forte no Leste, isto é, ela deveria se dirigir à A.[lemanha]-Polônia. A política a.[lemã]-polonesa não deve terminar depois de 10 anos, mas prosseguir. – Somos indiferentes às intenções da Polônia no Leste.

Sugiro que as negociações comerciais romenas sejam adiadas até minha conversa com o rei Carol, para não presentear o senhor Titulescu com um sucesso. A Romênia está no fim e precisa procurar por novos amigos. – O Führer concordou.

Informei o caso Comnen-Göring-Neurath por escrito ao Führer, por solicitação deste. Ele está convencido de que Comnen mentiu; a questão agora é finalmente tirar esse representante de Titulesco de Berlim.

E também reportei sobre a Inglaterra: última viagem de Obermüller em Londres na companhia de dois senhores de nosso Ministério da Aviação, visita à fábrica Bristol, visita ao lorde Londonderry e marechal da Aeronáutica Mitchel. O.[bermüller] foi o primeiro alemão a visitar as instalações aeronáuticas da Inglaterra. As relações aqui se dão por intermédio do APA.

Em seguida: Ropp de volta da Inglaterra. Ele esteve com o duque de Kent.[8] Esse era o misterioso "conselheiro do rei". – Apresentação num baile, depois conversa privada até 3 horas da manhã. O filho do rei repetiu a indignação de s.m. [sua majestade] com as informações na Inglaterra sobre a A. Eles haviam se conformado com o armamento alemão, mas era importante conhecer exatamente a mentalidade das lideranças. Seriam agressivas ou queriam andar nos trilhos de uma política orgânica. Como era Hitler? Hess?

---

8 Príncipe George Edward Alexander Edmund (1902-1942); quarto filho do rei britânico George V e da rainha Mary; desde 1934: duque de Kent; oficial na RAF; funcionário no Ministério do Interior.

Rosenberg? – R.[opp] descreveu seu longo conhecimento. – Informei o Führer a respeito.

Conversa prolongada com sir Cunningham, com os mesmos problemas.[9] Ele está escrevendo um relatório a Simon; como padrinho de casamento do duque de Kent, informa à família real.[10]

Querem agora convidar Lloyd George, os passos privados estão arranjados.

6/2/1935[11]

Lecca ligou de Bucareste: tudo certo. Chega amanhã, então nos próximos dias farei uma visita ao rei Carol.

Hoje à noite palestra em todas as emissoras para 5 milhões de jovens sobre "O 1º Reich dos alemães".

No domingo estive em Düsseldorf: "Dia da Técnica". Pela primeira vez contestei os "estudos" idiotas contra minha obra. Quando o prefeito me saudou com as palavras: "O nome R.[osenberg] é sinônimo de fundamento para nós"[,] ecoou um aplauso ostensivo. Nossa causa vai passar.

11/2/[1935]

Na sexta [8/2] estive novamente com o Führer e lhe entreguei anotações sobre o ânimo dos ingleses (veja esta [falta]). O Führer estava novamente muito energizado e contou com detalhes o que havia dito a Poncet e Phipps no caso dos *communiqués* londrinos.[12] Ele disse que a Alemanha abriu mão de atacar a Alsácia-Lorena, havia

---

9 Cunningham, Alan Gordon (1887-1983); oficial britânico; 1938: nomeado major--general; 1941: general no Norte da África; exoneração após a perda de Tobruk.
10 Simon, John Allsebrook, 1º visconde Simon (1873-1954); 1935-37: ministro britânico das Relações Exteriores; 1937-40: chanceler da Fazenda.
11 Data inserida posteriormente.
12 François-Poncet, André (1887-1978); diplomata francês; 1931-38: embaixador em Berlim; 1938-40: embaixador em Roma.

ainda a zona desmilitarizada,[13] então como era possível empregar eventualmente seu sangue agora pela fronteira polonesa-russa! Disse não estar pensando nisso! Se era para empregar sangue alemão, então em outro lugar...

No mais, conversa-se conosco de maneira muito mais respeitosa. Göring falou ao marechal inglês da Aeronáutica: Nossa esquadrilha não é grande, mas boa. Para cada bomba sobre a Alemanha podemos meter uma bomba no país dos outros.

E depois: Nossa nova metralhadora é uma maravilha. A artilharia pesada – superior à dos outros! – Eu disse ao Führer que a Alemanha nunca se esqueceria do que ele havia feito.

24/2/[1935]

Hoje o partido festeja o 15º aniversário do anúncio do programa [do partido]. Voltei um pouco moído do festival Händel em Halle e da celebração de Chopin em Dresden – com um abscesso no dente. Por essa razão não apareço, mas as lembranças de 24/2/1920 vivem em mim como nunca – apenas hoje conseguimos medir o milagre efetivo, que foi a destruição de um antigo sistema e o surgimento em dois anos, a partir de um Estado totalmente desarmado, de um império que exige atenção, com o qual ninguém mais vai se meter sem correr um sério risco para si próprio. – Isso foi o que a última Convenção dos Líderes de Gau e do Reich nos mostrou, quando Milch discorreu sobre todas as minúcias da jovem armada aérea alemã e Göring atestou no fim, com justificado orgulho, que, com exceção da Rússia (cujas relações não são muito transparentes), a Alemanha contará com a armada aérea mais forte do mundo no outono. – Nesse dia sentimos integralmente, pela primeira vez, o renascimento alemão e o início da reconstrução, pelo Estado, da honra alemã.

A luta ideológica parece ganhar formas cada vez mais nítidas. O infesto cardeal Faulhaber falou em Munique e entre outros atacou

---

13 "des" inserido posteriormente.

minha obra da maneira mais venenosa; visto que não se ousa ainda tocar no Führer, querem desacreditar seus colaboradores mais perigosos.¹⁴ A resposta ao homem não passará em branco. A bem da verdade, tendo em vista as novas leis, eu poderia acusá-lo e mandar prendê-lo;¹⁵ mas como Faulhaber tem uma estatura política maior, isso seria improdutivo politicamente. Melhor haver uma atmosfera na qual o povo ao redor dele e de seus iguais se desvie deles quando os vir.

Agora ainda não é hora. Ao contrário, a falta de objetivo de "nosso" Ministério do Interior atrapalha qualquer plano de obstrução da influência romana. Essa incerteza interna, aproveitada pelos conselhos ministeriais do velho sistema, alcança o partido e encoraja os bispos a continuar sua sabotagem. Dessa maneira, o "príncipe" Rupprecht estava "casualmente" presente durante a última fala de Faulhaber.¹⁶ Depois, algumas pessoas lhe gritaram vivas. Mas um jovem hitlerista, que chamou "Heil Hitler", foi surrado. – Na frente da sede da polícia de Munique!

Evidente que a Alemanha não pode atacar todas as forças simultaneamente. A luta contra o judaísmo era necessária. Estando o Reich assegurado em sua força política, aos poucos a difamação judaica se tornará inefetiva. Agora Roma trabalha na linha toda, a partir da sensação certeira de estar em meio à sua mais difícil luta em 2 mil anos. Por isso, deve-se evitar qualquer descuido oficial. Mas, por mim, estou disposto a conduzir a batalha de maneira "não oficial" e gradualmente também deixar de lado a correção que mantive até agora. O abade Schachleitner¹⁷ me escreveu há pouco dizendo que estava feliz por eu

---

14 Faulhaber, Michael von (1869-1952); bispo católico de Munique e Freising, mais tarde cardeal; 1930: afirmação da "incompatibilidade do nazismo e do catolicismo"; nov. 1936: encontro com Hitler em Obersalzberg; 1937: participação na encíclica papal "Com ardente preocupação".

15 Referência à "lei contra ataques pérfidos contra o Estado e o partido e para a proteção dos uniformes dos partidos" de vom 20/12/1934 (RGBl. I 1934, p. 1.269 e segs.).

16 Rupprecht da Baviera (1869-1955); príncipe bávaro; líder do Exército na Primeira Guerra Mundial; desde 1939: exilado na Itália.

17 Schachleiter, Alban(us) (1861-1937); religioso católico; 1933: suspensão temporária por apoio público ao nazismo; desde 1933: renda mensal do NSDAP; 1934-35: convidado de honra nas conferências do partido em Nuremberg; 1936: título honorífico de doutor pela universidade de Munique.

não me aproveitar de minha posição para propagar o *Mito* nas circulares educativas [*Schulungsbriefe*] do partido. (Eu havia lhe dito isso em Nuremberg, o que também era verdade.) Mas poucos dias atrás soube que o mesmo senhor escreveu para Baden: não era preciso ter a consciência pesada, pois Rosenberg será logo destituído! Um bom velho, sincero!

Bem, eles que comecem a se espantar! Falei há alguns dias com Schirach:[18] agora a HJ pode responder às provocações romanas. Disse a Sch.[irach] que ele deveria fazer isso de maneira clara, porém cuidadosa. Isto é, não se devem deixar as lideranças da HJ falarem contra "Roma" no geral, mas escolher de maneira coerente os ataques atuais dos jesuítas e dos bispos e rechaçá-los de acordo.

Os *NSM* [Nationalsozialistische Monatshefte (Cadernos mensais nazistas)] receberam a incumbência de começar a polêmica na [seção] "Kritik d.[er] Zeit" (Crítica do tempo). Também por meio de citações da literatura diária romana.

A "circular educativa" está com uma tiragem de 1.100.000. Neste ano, a visão de mundo romana será atacada sistematicamente a partir da história antiga. Também incluirei textos atuais sobre a atividade romana e anunciarei o *Mito*.

Antes de eu divulgar minha réplica, quero conversar com o Führer. Pois uma brochura de minha parte, como seu encarregado, mesmo se apenas "pessoal", trará confusão. E o Führer deve decidir se já é tempo para isso, isto é, para a preparação da artilharia mais pesada diante dos ataques oficiais subsequentes. Que isso vai acontecer, o Führer tem total ciência – desde 1919. Na penúltima Convenção dos *Gauleiter* e Líderes do Reich ele nos preparou a todos a esse respeito. Ele obrigou os *Gauleiter* a checar todos seus colaboradores, para que no momento-chave ninguém se coloque do lado das Igrejas, mas todos[19] do lado do movimento. E acrescentou referindo-se à briga eclesiástica: "Uma[20] confissão é tão ruim quanto outra".

---

18 Schirach, Baldur Benedikt von (1907-74); 1925: ingresso no NSDAP; desde 1931: líder juvenil do NSDAP; 1932: MdR; desde 1933: líder juvenil do Reich alemão; desde 1940: *Gauleiter* e governador de Viena; 1946: condenado a vinte anos de prisão pelo Tribunal Militar Internacional; 1966: soltura.
19 "Todos" inserido posteriormente.
20 "Uma" inserido posteriormente.

Também os "protestantes" lançaram novamente 1/2 dúzia de brochuras contra mim. No geral, decentes na forma, todas iguais no conteúdo – e tediosas. Eles não protestam mais contra Roma, pois descobriram uma porção de "confissões comuns". Então só resta perguntar por que eles não voltam logo de novo para Roma! Ao grande curral de cordeiros do qual saíram erroneamente e agora estão parados ao lado, passando frio.

Lecca ligou alguns dias atrás de Bucareste: o diretor-geral (i.e., o rei) se mantém firme, mas considera importante que na minha visita haja determinadas personalidades, outras de fora do país. A concorrência sulina (isto é, Itália) trabalha febrilmente. Apesar disso, me espanto por ele não ter chegado ainda, a coragem do rei não parece ser tão grande assim. Mas ele está lutando por sua existência, visto que o marechal Avarescu lançou uma proclamação contra ele. Restam-lhe Goga, Jorga.[21] Um tanto pouco, a questão é o que faz o Exército. Caso eu deva viajar, não lhe deixarei dúvidas sobre o ou-isso-ou-aquilo. Ou retirada de Paris e Praga – daí ajuda alemã. Ou a permanência na situação antiga – e rompimento de qualquer ajuda financeira de nossa parte. E isso significa um golpe muito duro na atual conjuntura econ. da Romênia.

26/II/[1935]

Lecca voltou. Falou duas vezes com o rei, que está muito satisfeito com minha intenção de viagem. Ele vai dar uma corrida no seu Titulesco durante esse mês, formar um ministério com Goga e Vajda[22] e ingressar num novo curso, como nós lhe havíamos sugerido. L.[ecca] acha que Carol sabe muito bem que está lutando por sua

---

21 Iorga, Nicolae (1871-1940); historiador e político romeno; autor, entre outros, de *Geschichte des Osmanischen Reiches* [História do Império otomano] (5 vols., 1908-13), *Geschichte der Rumänen* [História dos romenos] (1905); 1931-32: chefe de governo; assassinado por membros da "Guarda de Ferro".

22 Supostamente Vaida-Voievod, Alexandru (1873-1950); político romeno; 1926-33: presidente do Partido Nacional dos Camponeses; 1932-33: primeiro-ministro; 1935: fundador do "Front romeno".

existência, afinal o marechal Avarescu se aliou aos liberais contra o rei. Mas o povo já está claramente a favor de uma orientação alemã. – Entretanto, Carol pede que minha visita aconteça depois da formação do governo: por motivos de política interna. Ele não quer ouvir que isso foi uma consequência de minha visita. Em troca, minha visita não será "privada", mas oficial. Eu deverei ser recepcionado por um comissário especial do rei na fronteira pol.-rom.

Como ainda há algumas semanas para tanto, peço que Lecca volte a Bucareste (onde ele pode fazer as primeiras menções ao rei em relação à questão da Hungria), para depois, se possível a seu pedido, ir a Belgrado, a fim de também ganhar o príncipe Paul[23] para essa causa. – Evidentemente que é utópico chegar até o fim de março no ponto em que a dissolução da pequena *entente*[24] já esteja concretizada, mas a direção já estará dada, tomara, tendo em vista o interesse vital de todos para a real pacificação de toda a região do Danúbio, que se inquieta constantemente por causa das ações dos tchecos.

No mais, o rei pediu novamente, de maneira enfática, para que nenhum acordo comercial com o atual regime seja estabelecido e nenhuma comissão seja enviada a Bucareste antes de um novo governo estar no comando. Ligarei mais uma vez confidencialmente para Schacht, para que não ocorra qualquer dissabor aqui.[25]

12/3/[1935]

Os últimos tempos passaram de novo voando. Primeiro 3 dias de festejos inesquecíveis em Saarland, abertura da 2. exposição de arte do NSKG, recepção diplomática, discurso no Ministério da

---

23 Príncipe Paul da Iugoslávia (1893-1976); 1934-41: príncipe-regente para o ainda menor de idade rei Pedro II, primogênito de seu primo rei Alexander I.

24 Sistema de alianças promovido pela França desde 1920 entre Tchecoslováquia, Iugoslávia e Romênia.

25 Schacht, Hjalmar Horace Greeley (1877-1970); político e banqueiro; 1933-39: presidente do Banco Central alemão [*Reichsbank*]; 1934-37: ministro das Finanças; 1935-37: plenipotenciário da economia de guerra; 1944: prisão após o atentado de 20 de julho; 1946: absolvição pelo Tribunal Militar Internacional; após veredito do Tribunal de Desnazificação: preso entre 1947-48.

Defesa, discurso na reunião de trabalho da Secretaria para a Promoção da Literatura Alemã. Enterro do *Gauleiter* Schemm em Bayreuth, morto de maneira tão trágica.²⁶ Várias visitas ao Führer, que agora, finalmente, enxota um parasita tão doente e malvado como o dr. Hanfstaengl.²⁷ Ele já o tinha reconhecido há muito como "o ser mais covarde e mesquinho que conheço", mas ainda não foi demitido oficialmente. Mas o que deve acontecer em breve. Ao mesmo tempo com H.[ermann] Esser, um "colaborador" de 1924, que como antes não conhece qualquer tipo de limite.²⁸

A batalha pelo Livro Branco ingl.²⁹ deu o que falar e o desconvite transparente do ministro das Relações Exteriores brit. caiu feito uma bomba em Londres. No dia da rouquidão, estive com o Führer na hora do almoço, que estava radiante. O cancelamento lhe trouxe um alívio interno direto. Disse que se ganhou novamente um pouco de tempo. Que os governantes na Inglaterra devem se acostumar a negociar conosco apenas em pé de igualdade. Já a expressão "igualdade <u>moral</u> de direitos" é uma humilhação. E que vai lutar centímetro por centímetro novamente pela posição da Alemanha. Haverá uma grande grita entre os conservadores ingleses, mas então é preciso encolher a cabeça entre os ombros por 14 dias e aguardar até a tempestade amainar. A oposição ingl. vai atormentar o governo também, abril será consumido por consultas, em maio toda a Inglaterra estará

---

26 Schemm, Hans (1891-1935); 1922: ingresso no NSDAP; 1928: fundação do NSLB; desde 1933: *Gauleiter* da Ostmark bávara [*bayrische Ostmark*] e ministro da Cultura da Baviera; desde 1934: membro da Comissão de Ensino Superior do NSDAP; morreu num acidente de avião.

27 Hanfstaengl, Putzi (Ernst Frank) (1887-1975); 1923: participação no "*putsch* de Hitler" e apoio de Hitler; desde 1932: porta-voz para o exterior do NSDAP devido a seus bons contatos (faculdade e galeria de arte nos EUA); 1937: fuga para Londres; 1939-42: detenção; 1942-44: conselheiro do governo dos EUA para condução psicológica da guerra.

28 Esser, Hermann (1900-81); 1920: ingresso no NSDAP; 1921-23 e 1925-26: chefe de Propaganda do NSDAP; 1923: participação no "*putsch* de Hitler"; 1926-32: editor do jornal *Illustrierter Beobachter*; 1933-35: comissário de Estado bávaro; 1935-45: chefe de departamento no RMVP; desde 1939: secretário de Estado; 1949: condenado a cinco anos de campo de trabalho; 1952: soltura.

29 A publicação do Livro Branco britânico sobre o rearmamento alemão em 4 de março de 1935 serviu a Hitler como motivo para o cancelamento da visita dos ministros Simon e Eden em 7 de março, sob o pretexto de que teria ficado doente.

ocupada com o jubileu do governo. Depois vêm as férias de verão e se, finalmente, não se chegar a <u>nenhum</u> acordo, o inverno estará batendo à porta. Depois de um ano, porém, ninguém mais ousará nos atacar! Esses dois anos <u>devem</u> ser suficientes, se tivéssemos <u>começado</u> a nos armar apenas em 1936,[30] teria sido <u>tarde</u> demais.

No Ministério das Relações Exteriores o ambiente está carregado. Bülow, "de férias", não volta por causa do §175, juntamente com dois outros senhores. Ribbentropp se esforça muito para garantir seu posto.[31] Não se chega a decisões claras sobre questões prementes (Memel, Polen). Uma lástima!

14/3/[1935]

Anteontem veio Ropp. Furioso por causa do <u>seu</u> AA. Disse que seu Foreign Office e um peq. grupo no War Office estragam continuamente todas as tentativas razoáveis de uma aproximação al.-ingl. O que fazer? Insinuei que aqui a preferência era por Baldwin a Simon[32]. Mas mexer nisso era quase impossível nas negociações oficiais tão avançadas, acrescentei.

Hoje ele volta: mensagem do Air Ministry. Simon dirigiu-se ao Ministério da Aer.[onáutica] querendo saber se eles tinham uma opinião definida sobre a melhor maneira de se negociar com Berlim! Supostamente no Foreign Office não se tem mais a confiança total numa avaliação própria da mentalidade alemã atual, depois de acontecido o constrangedor golpe com o livro branco.

R.[opp] pediu discrição máxima. Disse que é possível apresentar nossos desejos <u>comuns</u> de maneira anônima por intermédio do agora importante Ministério da Aeronáutica e fixar aquela <u>linha</u> das

---

30 Corrigido (de "1935"?).

31 Ribbentrop, Joachim von (1893-1946); 1932: ingresso no NSDAP; desde 1934: conselheiro de Hitler para política externa; a partir de 1935: embaixador extraordinário em Londres (acordo alemão-britânico de frotas); 1936: embaixador em Londres; desde 1938: ministro das Relações Exteriores; 1939: signatário do pacto de não agressão alemão-soviético; 1946: executado após condenação à morte pelo Tribunal Militar Internacional.

32 Baldwin, Stanley, 1º conde Baldwin de Bewdley (1867-1947); político conservador britânico; 1935-37: primeiro-ministro.

negociações que tem um objetivo alemão-inglês, determinar a sequência dos temas, talvez neutralizar de antemão o pacto oriental etc.

Procurei pelo Führer em Munique, pois aqui parece surgir algo decisivo. Encontro apenas Schaub.[33] – Depois, ligação de Brückner, ele voltará a ligar às 8 h.

15/3/[1935]

Depois de uma conversa com Br.[ückner] enviei hoje uma carta ao Führer com a demanda do Ministério da Aeronáutica brit. – Como R.[opp] lembrou ainda ontem, embora o incensado lorde Allan of Hentwood[34] tenha escrito alguns bons <u>textos</u>, segundo suas informações quando esse se dirigiu <u>oralmente</u> a MacDonald não contou coisas boa para nós...

Todas as visitas inglesas são boas em si, mas <u>não</u> constituem um fator de poder fechado em relação a Simon, Vansittart e Hailsham. Isso é apenas com o Ministério da Aeronáutica. Entretanto, tudo passa por Phillip Sassoon...[35]

Pastor Butzow[36] esteve duas vezes comigo: quer frear os velhos em meu favor. Tenho de hesitar, pois bater muito cedo às vezes é perigoso. Também não dá para soltar a Juventude Hitlerista. Vou anunciar uma postura geral para confrontar as teses dos protestantes, hoje tão antiprotestantes com uma autoridade baseada em <u>palavras</u>.

---

33 Schaub, Julius (1898-1967); 1920: ingresso no NSDAP; 1923: participação no "*putsch* de Hitler"; 1925-45: ajudante pessoal de Hitler; 1936: MdR; 1943: *Obergruppenführer* da SS; 1945-49: detenção.

34 Hurtwood, Reginald Clifford Allen, 1º barão Allen of Hurtwood (1889-1939); político britânico e pacifista; desde 1918: ativo no Independent Labour Party; 1933: fundação do Anglo-German Group para a aproximação britânica-alemã; 1935-36: encontro pessoal com Hitler e mediador não oficial no conflito alemão-tcheco.

35 Vansittart, Robert Gilbert, 1º barão de Vansittart (1881-1957); diplomata britânico e autor; 1929: subsecretário de Estado no Foreign Office; opositor da política de "apaziguamento"; desde 1942: membro da Câmara Alta britânica.
Sassoon, Phillip Albert Gustave David (1888-1939); 1924-29: subsecretário de Estado da Royal Air Force; curador entre outros da National Gallery e da Wallace Collection.

36 Não identificado.

Leibbrandt acaba de chegar da Prússia Oriental, onde estudou o "trabalho oriental" do BdO [Bund deutscher Osten, Associação do Leste alemão]. Sem direção, no instante que se tenta a "política mundial". "Espírito de Tauroggen"[37] ainda presente sem noção daquilo que hoje se passa no Leste.

18/3/[1935]

Todos nós estamos ainda sob o efeito desses últimos dias, quando o Führer anunciou a soberania da A.[lemanha].[38] Ele tomou a decisão de maneira súbita. Entretanto, como nos disse na noite de 16/3, ficou 10 dias sem dormir porque refletiu sobre todas as possibilidades. Depois contou como os embaixadores receberam sua notícia. O italiano ficou lívido (de ódio, ele sempre foi um inimigo), o francês ficou consternado, mas já anunciou um provável protesto por parte de seu governo. O Führer: "Vou tomar ciência disso". "Aliás", ele nos acrescentou, "o respeito por nós está em constante crescimento, eu, velho experiente, percebo isso ao observar os embaixadores. Poncet no final acabou fazendo uma reverência curvando-se até a horizontal." No início, o inglês teria dito: "Mas é a respeito disso que queremos negociar agora". Ele se acalmou rapidamente e perguntou qual o estado das questões da aviação e da frota. O Führer lhe explicou que essas ofertas à Inglaterra permaneciam válidas (isto é, paridade da Aeronáutica, 35% da frota). Phipps: "Então está bem. E quanto são mais ou menos 36 divisões?". A resposta do Führer: "A Rússia tem 100 divisões, a Polônia 30, a França 41, então temos 36". Phipps manifestou sua aquiescência também aqui.

Eu disse: Se os franceses tivessem Schneid, as bombas estariam zunindo agora em Paris. Führer: "Creio que vamos passar".

---

37 Refere-se à declaração de neutralidade prussiana de 1812 em relação à Rússia durante a Guerra Napoleônica.
38 Reintrodução do serviço militar obrigatório geral por Hitler em 16 de março de 1935.

Em seguida, assistimos a um filme no salão do Führer. – Volta e meia renascia a conversa sobre a grande hora, e o Führer mencionou que em 16/3/1813 o rei prussiano havia anunciado o manifesto "A meu povo" contra Napoleão. (Foi o 17, dia em memória dos mortos.)

[1936]

25/4/[1936][1]

No dia 25 falei pela segunda vez no *Ordensburg** Crössinsee para os chefes distritais [*Kreisleiter*].[2] Para mim, foi uma satisfação profunda a maneira <u>como</u> eles me acompanharam. Mas também <u>como</u> compreenderam quando encerrei com algumas ideias históricas ainda correntes. Meu rigor interno me custou anos de luta e "carga", mas <u>internamente</u> me deu a vitória em todas as lutas do partido.

À noite, fiquei sentado durante muito tempo com os chefes distritais: contínuas novas perguntas mostravam seu compromisso interno na disputa ideológica. O chefe distrital de Eifel[3] me disse, entre outras coisas, que eu não tinha a mínima ideia de quanto eu era venerado justamente naquela "região negra". No mais, durante

---

1 O trecho que vai de "À noite fiquei sentado" até "é o movimento nazista" marcado (a lápis); reproduzido (com ligeiras diferenças) em Kempner, *Der Kampf gegen die Kirche*, p. 27.

* *Ordensburg* ["castelo da ordem"]: centro de formação para líderes nazistas. Durante o período nacional-socialista, foram construídas três edificações imponentes, semelhantes a castelos, com essa finalidade: Crössinsee, Vogelsang, Sonthofen. (N. T.)

2 Crössinsee (também Krössinsee), construído em 1936 na Pomerânia, nas proximidades da cidade de Falkenburg.

3 Provavelmente Binz, Franz (1896-1965); chefe distrital de Schleiden que supervisionou a construção do *Ordensburg* Vogelsang.

a eleição aconteceu o seguinte. Um padre católico de 62 anos tinha chegado até ele e lhe dissera: "Senhor chefe distrital, agora estou convicto de que a batalha contra Roma tem de ser levada até o final. O papa nunca mais será um alemão, nos últimos tempos a nomeação dos cardeais também mostra que o papado hoje é uma religião nacional romana, com a qual não podemos mais ter qualquer ligação". Era aquilo que eu havia apontado no *Mito* como desejável para o futuro! Ainda em 1932, por ocasião de uma reunião nossa na praça do mercado, o citado padre tinha feito soar de tal maneira seus sinos que não fora possível ouvir nenhuma palavra do orador.

Esse relato lembrou-me de um outro. Um velho nazista tinha boas relações com o reitor de um seminário católico. E sempre quando o visitava, o reitor puxava da última gaveta de sua escrivaninha, bem do fundo, o *Mito*.

No dia 24 o Führer inaugurou os três *Ordensburgen* e tive a felicidade de poder constatar que minhas explicações no dia anterior eram absolutamente concordantes com as suas. Logo no início, ele afirmou que antigamente as Igrejas teriam conduzido o povo. Hoje elas seriam incapazes disso. Por essa razão, o nazismo assumia essa herança. O Führer concluiu: "O *Ordensburg* do povo alemão é o movimento nacional-socialista".

Há 6 anos eu tinha concebido a ideia das "ordens" como novo meio de ligação. Em 1934, discursei em Marienburg sobre o Estado da Ordem [*Ordensstaat*].[4] Agora ela se concretiza como fundamento para uma configuração duradoura de nossa ideia. Dr. Ley, porém, garantiu um grande mérito prático ao partido com a construção dos *Ordensburgen*.

Antes do discurso, ainda mostrei ao Führer os projetos para minha Casa da Ordem [*Ordenshaus*], que deve se tornar a central espiritual de trabalho para todas as *Ordensburgen*. Será construída não em Mecklenburg, mas onde deve estar: nas proximidades de Munique.

---

[4] O castelo Marienburg, situado cerca de sessenta quilômetros a sudoeste de Danzig, abrigou o grão-mestre da Ordem Teutônica na Idade Média. A edificação era usada pelos nazistas para festejos e desfiles.

27/4/[1936]

Ontem falei diante de 9.400 líderes da SA do agrupamento sudoeste em Stuttgart. Repleto de homens uniformizados da mesma maneira, o ginásio da cidade irradiava imponência. Mas fiquei comovido foi pela saudação feita pelo chefe de grupo [*Gruppenführer*] Ludin.[5] Ele me cumprimentou não apenas como representante do Führer, mas também porque sou um manifesto. Um programa de coragem, de clareza intelectual e de retidão. Segundo ele, a SA sudoeste está fechada comigo.

Foram palavras encorajadoras, mas que geram um compromisso. Mais tarde Ludin agradeceu novamente meu discurso e prometeu "luta contra todos os homens sombrios de nosso tempo". Em seguida, voltei de avião para Berlim.

27/4/[1936][6]

Ontem falei para 10 mil líderes da SA em Stuttgart. O ginásio da cidade foi decorado. Esforcei-me em devolver a autoconfiança à SA, a certeza de que ela ainda tem uma tarefa: defender o caráter das vítimas até 1933. Eles ficaram muito agradecidos por esse fortalecimento, infelizmente ainda necessário. A saudação pelo *Gruppenführer* Ludin me comoveu: ele afirmou que meu nome é um manifesto. Manifesto de coragem, de clareza intelectual, luta contra a hipocrisia política e cultural. Disse que a SA sudoeste reconhece minha postura interna de soldado e minha batalha.

O relatório do dr. von Bruck[7] chega falando do sucesso das negociações comerciais em Belgrado. Também algo que o Ministério da Economia vai querer pontuar para si com o Führer. Entretanto,

---

5 Ludin, Hanns Elard (1905-47); 1930: ingresso no NSDAP; 1933-39: líder do agrupamento SA Sudoeste em Stuttgart; desde 1941: na qualidade de enviado alemão em Bratislava, corresponsável pela deportação de judeus eslovacos; 1947: condenado à morte na Tchecoslováquia.
6 Não está claro por que há dois registros muito parecidos para essa data.
7 Nome não identificado.

Listisch, o representante das Associações Eslavas do Sul, foi encarregado por nós.⁸ Negociamos por seu intermédio. Agora isso segue em máos oficiais. Como tantas outras coisas: o acordo brasileiro, os sucessos na Pérsia e no Afeganistão, que foram iniciados apenas pela APA.

Os impressos para a Romênia estão organizados e logo serão despachados. Os emblemas estão prontos, a forma da organização foi combinada. Se Titulescu for derrubado por aqui, a pequena *entente* seria explodida e a Alemanha teria ar para respirar na região do Danúbio.

1/maio [1936]

Ontem encontrei Rust na presença do Führer e resgatei novamente a conversa sobre o Instituto de Pré-história. Visto que Rust agora tinha aceitado minhas sugestões, era preciso apenas liquidar a visita do conselheiro secr.[eto] Wiegand.⁹ Quando o Führer ouviu que estávamos de acordo, riu satisfeito: não queria ouvir mais nada, ele estava de acordo! Rust vai então me escrever uma carta e confirmar tudo, o que é mais necessário e o que tem de andar com mais celeridade visto que há alguns dias os velhos arqueólogos em Bonn queriam pressionar por uma outra solução, por assim dizer, a partir de contratos. Então, depois de 2 1/2 anos de uma batalha árdua, estaria criado um instituto que, com um pouco de energia, poderia ter nascido confortavelmente em 3 meses no círculo de Rust. Ou seja, depois de abertas possibilidades de pesquisa para o professor Frank – conquistadas com igual esforço por mim –, o prof. Reinerth começa a trabalhar depois de 3 anos de indecisão e sabotagem.¹⁰ Dois locais

---

8 Provavelmente Ljotic, Dimitrije (1891-1945); político sérvio; 1931: ministro da Justiça no gabinete do general Petar Zivkovic; 1935: fundação do movimento nacional iugoslavo Zbor, incentivado por Rosenberg; após a ocupação alemã em 1941: defensor da colaboração sérvia.

9 Wiegand, Theodor (1864-1936); arqueólogo; desde 1923: membro da Academia Prussiana de Ciências; desde 1932: presidente do Instituto Arqueológico do Reich Alemão.

10 Frank, Walter (1905-45); historiador; 1934: atuou como especialista no ARo e StdF; desde 1935: chefe do Instituto de História da Nova Alemanha, que desde 1936 abrigava um departamento de pesquisa sobre a "questão judaica"; 1941: licenciado por causa de conflitos constantes com Rosenberg.

de pesquisa para finalmente escrever uma história do povo alemão e não história das ideologias católica, protestante ou liberal! Poderia ter sido mais tranquilo...

O Führer falou sobre o comunismo crescente na Polônia e acrescentou que as relações lá estão tão complicadas que, a longo prazo, a Polônia não apresenta qualquer perigo para nós... Percebi que a contrarreforma tirou da Polônia seu melhor sangue, o desmembramento promoveu outra contrasseleção.

Em 30/4 esteve comigo o ministro ital. Rossoni,[11] para conversar sobre nossas ideologias. Ele gostaria de me rever mais uma vez em Munique, mas não sinto muita vontade tendo em vista a situação toda.

2/maio [1936]

~~Ont~~ Hoje voltaram os líderes de treinamento da HJ reunidos em Potsdam. Fui saudado com a seguinte afirmação: meu caminho também é o caminho da HJ. Incentivei-os a unir a dureza interior com o autocontrole externo e depois expliquei as tarefas de nossos *Ordensburgen* e de minha *Ordenshaus*.

Assisti novamente ao discurso do dr. G[oebbels] com atenção. Ele também incorporou o conceito que criamos de uma noção de "conservação da arte". Em si, isso é bom. Apenas que 1/4 de sua Câmara de Cultura é composta por pessoas que não têm nada a ver conosco; até como "portadores de nossa visão de mundo" são uma vergonha para a verdadeira "conservação da arte". Também os chefes dos escritórios regionais, em parte sem nenhuma noção de arte, entregam sem pensar oportunidades para nossos opositores (Hannover,

---

Reinerth, Hans (1900-1990); 1931: ingresso no NSDAP; 1933: líder da associação do Reich de pré-história alemã; 1934-45: professor na universidade de Berlim; 1939: chefe do Departamento de Pré-história no ARo; desde 1940: funcionário do ERR; após 1945: chefe do museu Pfahlbau, em Unteruhldingen.

11 Rossoni, Edmondo (1884-1965); político italiano; 1935-39: ministro da Agricultura e Administração Florestal no gabinete de Mussolini.

Essen). Tive de escrever uma carta a respeito para Terboven;[12] visto que ele é um dos *Gauleiter* mais limitados, mas por isso mais petulante, certamente fará de tudo para trabalhar secretamente contra mim.

Final de julho [19]36

Como não tenho mesmo nenhum talento para manter continuamente um diário, quero tentar com breves resumos das situações; pois tanta coisa acontece que talvez no futuro não seja assim tão desinteressante comprovar o desenrolar da transformação nas posições de liderança. Além disso, algumas coisas parecem de natureza tão fundamental que quero registrar minha posição corrente.

Sobre a formação cultural, os temperamentos e ideias ainda divergem muito. Mais do que antes de 1933, quando apenas poucos falavam a respeito, enquanto hoje a área da vida intelectual-cultural é muitas vezes um campo de ação para aqueles que já secaram outros terrenos. Goebbels tentou, conscientemente, transformar sua Câmara de Cultura, por cima do corporativo, num grande centro representativo e, ao mesmo tempo, visando à formação nacional-socialista. Isso o beneficiou muito do ponto de vista exterior, pouco do interior. Não é possível exigir a orquestra inteira de um instrumento. Há tempos já toquei no assunto numa troca de correspondência (caso R.[ichard] Strauss, Hindemith etc.)[13] e por fim descrevi, por escrito, para todos os líderes do Reich, seu "Conselho Cultural do Reich" [*Reichskultursenat*] como embrutecido no caráter. Mas o senso de submissão ainda encontra-se incorporado em muitos nazistas: eles contam com as possibilidades executivas do ministro da Propaganda em diversas áreas e por essa razão não querem se expor em lugar

---

12 Terboven, Josef (1898-1945); 1923: ingresso no NSDAP e participação no "*putsch de Hitler*"; desde 1929: *Gauleiter* em Essen; 1935: *Oberpräsident* [chefe da administração e representante do governo central] da província renana; 1940: nomeado por Hitler como comissário do Reich para as áreas ocupadas norueguesas.

13 Enquanto o compositor Richard Strauss (1864-1949) se arranjava com o regime nazista, desde 1934 seu colega músico Paul Hindemith (1895-1963) encontrava-se sob forte pressão, tendo saído da Alemanha em 1938.

nenhum. Eles assistem à maneira como eu conduzo a batalha... Entreguei ao Führer um memorando sobre o "Conselho Cultural do Reich", depois ainda justifiquei oralmente minhas ideias, de que a constituição seria um escárnio da visão de mundo nazista. Ele disse: "Você tem razão... Vamos acabar encontrando um caminho... Talvez tenha sido bom que as coisas acontecessem assim..." – Mas enquanto isso G[oebbels] continuou expandindo tranquilamente sua autoridade executiva e erros flagrantes parecem não causar danos. No festival de Heidelberg, por ocasião da comemoração de seus 650 anos, a Câmara de Cultura organizou danças diante do castelo. A saber: *csárdás*, dança polonesa, sapateado negro! Rust e Frank ficaram furiosos! Estamos batalhando há anos contra modos de negros – e esses aparecem como nossas danças comemorativas! Rust se esquivou desse festejo.

Enquanto a comunidade cultural nazista em Munique [texto se interrompe]

10/8/[1936]

A Olimpíada trouxe muitos convidados. Embora eu tenha pouco a ver com a coisa toda, recebi diversas visitas que não foram sem interesse. Entre eles, Goga. Ele se pôs a caminho para ver se meu apoio tinha valor. Seu desejo mais ardente, ser recebido pelo Führer. "*Im[portance] des apparences*"[14] – disse que queria discutir política comigo. O rei Carol mandou "protestar" aqui contra a interferência alemã na política romena, como o Führer me disse há pouco num almoço – com a correspondente imitação do rei... Por essa razão eu não estava com muita vontade de receber Goga. Mas quando ele disse que Carol havia aprovado sua viagem a Berlim, não tive dúvida em propor a recepção ao Führer. O Führer disse: "Você acha que vale a pena? Recusei os romenos para não ter de receber Titulescu também". Retruquei que, do jeito que as coisas estavam (Grécia), a Romênia teria de se decidir, Titulescu não era imortal. Uma recepção para Goga restauraria suas

---

14 Francês: importância da aparência externa, comentário presunçoso de Rosenberg sobre o desejo de Goga de ser recebido por Hitler.

energias. – A chancelaria presidencial tentou então estragar a recepção, mas eu a impus e Goga me agradeceu à beira das lágrimas (veja anotação no dossiê sobre visita ao Führer e visita a Hess [falta]). O acordo político futuro entre A.[lemanha] e R.[omênia] acabou sendo discutido apenas por nós, o acordo comercial foi apresentado por Malletke.[15] Um almoço encerrou esses encontros e na despedida Goga não soltava mais minha mão e prometeu a maior lealdade na grande batalha.

Depois de três anos, encontrei-me com Vansittart na casa de Hess. Diferentemente da frieza gélida de Londres em 1933, agora ele estava muito caloroso. Parece. Ele está muito bravo – mais todos os britânicos – com os negros dos EUA, pois esses pressionam os ingleses totalmente contra a parede nas Olimpíadas. Perguntei, rindo: "Por que esses 'preconceitos raciais'?". El V[ansittart] era e é tido – com razão – como nosso inimigo. Católico – francóf. Agora mesmo esse amável senhor parece duvidar de sua sabedoria – por causa da Espanha. Tentei descobrir algo junto a sua mulher em relação à alegada ancestralidade judaica. Quando ela também reclamou sobre os corredores negros dos EUA, eu disse que eles, no geral, representavam um perigo para os EUA: a reserva comunista. E que um dia os judeus iriam pagar essa revolta comunista negra. – Fiquei espantado em ouvir como resposta: "O senhor tem razão".

O secretário de Estado Rendsburg – um bôer – me trouxe saudações do ministro da Defesa Pirow, com o qual conversei há alguns anos aqui.[16] Ele também havia lido meus livros e reforçou sua aquiescência e alegria em ser recebido por mim.

Essa aparição de pessoas de todos os países que conhecem o meu trabalho tem algo de muito profundamente satisfatório. Há alguns

---

15 Malletke, Walter (1884-desc.); desde 1933: chefe da seção político-econômica da APA; 1940-41: fiduciário para a "desjudificação" de bancos holandeses; 1941: designado chefe de departamento principal de economia no RMfdbO; 1942: "encarregado especial para missões estrangeiras" e diretor ministerial no RMfdbO.

16 Rendsburg, Johannes Frederik (1898-1966); político sul-africano; 1930: secretário de Estado; desde 1933: ministro da Justiça; simpatizante do "Terceiro Reich"; 1936: administrador do Estado Livre da África do Sul.
Pirow, Oswald (1890-1959); jurista e político sul-africano; 1929-33: ministro da Justiça; 1933-39: ministro da Defesa, simultaneamente 1933-38: ministro dos Transportes da União Sul-Africana.

meses outro sul-africano veio falar comigo durante um evento noturno da APA. Ele tinha aprendido alemão em 1/2 ano e estava lendo o *Mito* de uma sentada. "Creio", ele disse, "que mesmo passados mil anos, sua obra permanecerá. Ela se tornou a nova Bíblia para mim e para muitos outros." Há mais tempo, veio um xeique do Irã, companheiro de luta do atual xá [Reza Pahlavi]. Me trouxe como presente uma caixa de cigarros revestida com padrões de mosaico, no meio uma suástica. E mais fotos de obras iranianas que mostram a suástica.[17] O atual enviado iraniano falou da renovação ariana do Irã. O ministro das Relações Exteriores do Afeganistão, ao qual servi um café da manhã, escreveu uma grande obra sobre monumentos arianos no Afeganistão. Recebo dos Estados Unidos cartas de pessoas totalmente desconhecidas exprimindo sua satisfação. A tradução francesa do *Mito* ficou pronta agora. Primeiro vou lê-la. Quando for publicada, haverá uma grande confusão no clero da França.

Amanhã: um café da manhã com o príncipe herdeiro da Suécia.[18] Depois darei um jantar ao príncipe da Grécia.[19] Ele quer formar secretamente uma falange de gente helênica na A.[lemanha] e eu vou assessorá-lo um pouco. Ao mesmo tempo a conversa é um preparativo para minha planejada visita de outubro a Atenas, para onde fui convidado pelo ministro Louvarie e quando visitarei o rei.[20]

11/8/[1936][21]

Do Ministério de Assuntos Eclesiásticos chega a notícia de que Kerrl parece que se resignou em abolir novamente os comitês das igrejas. Sempre observei com serenidade essa experiência, ao contrário de

---

17 Nessa frase, em vez da palavra, Rosenberg desenha uma cruz suástica.

18 Bernadotte, Oscar Fredrik Wilhelm (1882-1973); herdeiro do trono sueco; desde 1950: Gustavo VI Adolf.

19 Paulo da Grécia (1901-64); príncipe grego; 1936: convidado dos Jogos Olímpicos em Berlim; desde 1947: rei Paulo I.

20 Louvaris, Nikolaos (1887-1961); professor grego na faculdade de teologia da Universidade de Atenas; ministro da Educação.

21 O trecho que vai de "Do Ministério de Assuntos Eclesiásticos" a "esclarecer o necessário" marcado (a lápis); reproduzido (com ligeiras diferenças) em Kempner, *Der Kampf gegen die Kirche*, pp. 27 e segs.

algumas pessoas tensas, que acreditavam ter que recorrer a mim. Kerrl, no início sem qualquer funcionário, aceitou três nomes citados por mim. Mais tarde ele achou ter de dar mais ouvidos a outra direção, a rotina da velha burocracia e a tentativa de apresentar uma "ordem organizacional" como sucesso cobraram seu preço. Além disso, os discursos devotos de Kerrl não foram uma tática inteligente num tempo de mudanças, mas apresentavam sua convicção moralista. <u>Isso</u> foi e é um perigo, porque um <u>nazista</u> tenta desfazer os passos à frente por um retorno <u>sincero</u>. As ideias filosóficas de Kerrl são bastante primitivas, as religiosas estão no fundo metidas na teoria dos "cristãos alemães". Do ponto de vista pessoal não haveria problema, mas oficialmente ele não tem o direito de querer impor isso como credo do movimento. Essas características pequeno-burguesas do pensamento talvez sejam bastante boas como escaramuças, visto que não queremos entrar em confronto com as Igrejas num futuro próximo. Oficialmente é preciso fazer o que é vital, para além disso reforço a necessidade de uma postura absolutamente coerente em conferências regionais do partido e em eventos importantes. Nisso, <u>todo</u> o partido saudável segue <u>comigo</u> e considera o Ministério de Assuntos Eclesiásticos o que ele realmente é: um mal necessário, embora o convencimento da <u>necessidade</u> esteja diminuindo constantemente. O partido nas áreas rurais está furioso porque os comitês das igrejas nas regiões do partido estão tentando subtituir as pessoas solícitas por "gente fiel à confissão". Isso <u>também</u> é bom, pois <u>tudo</u> o que acontece tem de acabar desaguando naquele leito que preparei em primeiro lugar.

Evidente que Kerrl não gosta de mim. Politicamente nazista, ele resiste a consequências ideológicas e está disposto a ganhar o Führer para <u>si</u>. Às vezes, tenho de rir dessas tentativas grotescas. Um caso é característico. Na noite de 29 de março, eu estava na chancelaria do Reich para participar da alegria do Führer com o resultado da eleição.[22] O Führer estava junto à escada de seu apartamento, ao seu redor um número de companheiros de partido. Já de longe o Führer me cumprimentou, sorrindo: "E aí, Rosenberg, o que você diz? Não

---

[22] Eleição parlamentar de 29 de março de 1936, ao mesmo tempo referendo sobre a remilitarização da Renânia.

encontrei um belo lema de propaganda? Até os bispos tiveram de dar lugar à atmosfera no Reno e tocar os sinos!". Parabenizei-o. O Führer prosseguiu, sorrindo: "Mas o resultado não teria sido esse se tivéssemos votado sobre o *Mito*". Eu falei: "Não. Isso só será possível em 100 anos". Em seguida, o Führer perguntou sobre a tiragem do *Mito*: 470.000! Pouco tempo depois, escuto que Kerrl, com uma satisfação própria dos pequeno-burgueses, reproduziu esse episódio como se eu tivesse ficado "com a cabeça vermelha". Mais tarde,[23] ele perguntou ao Führer: "Eu também lhe dei preocupação?". E o Führer bateu nos seus ombros e disse: "Não, caro Kerrl, você nunca me deu preocupação". Assim, K.[errl] ficou especialmente orgulhoso, certamente sem compreender que pessoas sem pensamentos próprios e posturas firmes nunca dão "preocupação".

No mais, ao ouvir tais coisas do brejo dos sapos, me abstenho de usar em meu benefício expressões do Führer comigo. Certamente sei muito bem que os tempos ainda não chegaram para mim, mas às vezes é duro ver pessoas administrando coisas que eu formulei intelectualmente. Disse isso certa vez ao Führer, e ele respondeu: "Você acha que é por acaso que o destaco duas vezes em grandes discursos nas conferências do partido? É difícil para mim lhe dizer exatamente isso: mas se alguém me perguntar por você, direi que é a mente mais profunda do movimento. Você é o santo padre do nazismo".

Se Kerrl realmente conseguir contar a diversas pessoas em seu ministério que o Führer disse que minha obra é droga e bobagem, então isso supera o que é possível aturar do senhor Kerrl no quesito descuido limitado ou limitação descuidada. Na hora certa vou esclarecer o necessário.

12/8/[1936]

O Führer nomeou Ribbentrop embaixador em Londres. Isso me parece, sob todos os aspectos, a solução feliz da questão que está

---

23 "Mais tarde" introduzido posteriormente.

sendo tratada há semanas. R.[ibbentrop] não queria ir embora de jeito nenhum, e sim ficar aqui com o firme propósito de assumir o cargo de Neurath e conseguir se manter em constante proximidade do Führer. Enquanto lutamos há mais de 10 anos, R. era representante da fábrica de champanhe Henckell, sua por causa do casamento, e representante de uma fábrica inglesa de uísque.[24] Tinha muitas relações comerciais com Londres, aqui com Papen etc. A negociação que ele realizou em 1932 foi muito importante para o Führer e ele se sentia muito em dívida com R. Se R. alcançar algo para a Alemanha durante o tempo em Londres, todos irão reconhecer isso com alegria. Mas não é segredo que ele obstrui o próprio caminho com vaidade e arrogância. Expliquei-lhe em cartas a maneira com que ele se comportou logo que o sol passou a iluminá-lo.[25] Outros sentiram de um jeito parecido, de modo que sua reputação pessoal em Londres é compreensivelmente ruim. Ele teve um início favorável: por meio da situação espanhola, os governantes sem noção começam a compreender, mesmo em Londres, qual o significado do bolchevismo. Se R. não for totalmente inepto, conta agora com vento nas suas velas. Aliás, sua tarefa em L.[ondres] é definida e limitada, ele não poderá ficar agindo superficialmente como até então. Seu "escritório" queria abraçar o mundo todo, sem pessoas capacitadas.

R. também havia conversado com Goga. Este me perguntou: "O senhor v. R. é exatamente o quê? Ele falou de maneira totalmente sentimental sobre a camaradagem de armas alemã-húngara e fez muitas perguntas superficiais, elementares, sobre a Romênia".

Submeti ao Führer a sugestão de eventualmente organizar um congresso mundial antibolchevique na A.[lemanha].[26] O tempo parece maduro para tal e temos de manter a liderança nessa batalha reconhecida claramente apenas por nós. Não fui à Chancelaria do

---

24 Adega de champanhe Henkell & Cie, fundada em 1832 por Adam Henkell.

25 "cartas a ele" sublinhado em vermelho; não se sabe por quem (possivelmente por Rosenberg como indicação para material complementar, análogo a "veja anotação no dossiê").

26 No original, aspas duplas antes de "sugestão" e "congresso mundial antibolchevique" sublinhados em vermelho. Sobre a sugestão de Rosenberg em relação a congresso mundial, veja documento 2 abaixo.

Reich porque tenho de ficar deitado em casa, com o pé inchado: a coisa antiga, hematoma no dedão do pé. – Pelo menos disponho de tempo para escrever.

Pela segunda vez o Führer me pediu para preparar textos de esclarecimento no caso de um ataque russo. Passei-lhe dois memorandos a respeito; os detalhes estão disponíveis e precisam ser ampliados. Mas isso é puro trabalho literário. Praticamente, significa: reunião dos Estados da área oriental, da bacia do Danúbio até o Afeganistão, depois o Japão. A Sociedade Nórdica – da qual cuido e que agora despertou grande interesse (700 escandinavos em Lübeck) – trabalha em favor de um dos objetivos, o outro é atendido pelo trabalho árduo com Cuza-Goga, bem como negociações comerciais com a Iugoslávia, Irã etc.[27] O ministro do Exter da Guerra[28] afegão agradeceu meu funcionário Malletke num discurso de 10 minutos: apenas por intermédio da APA seu país fora introduzido na Europa e reconhecido internamente.

x

Leio deitado as obras de Gorch Fock.[29] Uma pessoa muito transparente. E imparcial em relação aos 1000 anos de deformação cristã. Ele explica, num ponto correto, que o cristianismo não conhece o riso, nunca se diz que o Criador tenha rido. Lembro-me que Hahn, o pastor de minha confirmação, também falou disso – mas com um orgulho todo especial![30]

Há tanta alegria criadora no trabalho de Fock que ela imediatamente enleva. Consigo compreender sua felicidade interior quando ele conta que, durante uma viagem pela Noruega, viu seu *Seefahrt* [Navegação] sobre uma espreguiçadeira: "Isso não é como um vinho

---

27 Cuza, Alexandru C. (1857-1946); político romeno; 1922: fundação da antissemita "Liga pela defesa cristã nacional"; desde 1930: apoiado pelo ARo contra a "Guarda de Ferro" de Codreanu; 1937-38: vice-premiê no breve governo de Goga.

28 "da Guerra" inserido posteriormente. "Ministro da Guerra afegão" sublinhado com lápis vermelho.

29 Fock, Gorch (nasc. Kinau, Johann; 1880-1916); escritor, autor de contos de caráter popular; romance *Seefahrt ist not!* (1913); morto na Primeira Guerra Mundial; mitificado posteriormente por grupos populares.

30 Hahn, Traugott (1875-1919); pastor alemão báltico e professor de teologia prática em Dorpat; herói da luta de libertação estoniana.

jovem para mim?" – Realmente é uma sensação especial nos encontrarmos com nossos filhos espirituais. Se estou almoçando em Baden ou em Rheinland durante uma viagem: logo aparece o proprietário ou e me pede um autógrafo num livro meu. Em Dantzig, alguém me viu, correu para casa, buscou o *Mito*, me achou de novo e pediu o autógrafo. O guardador de carros de Kolhberg diz que enfrentou o livro 3 vezes... minhas obras estão ao lado da obra do Führer em todas as livrarias da Alemanha.

E finalmente. Em Nuremberg cresce a maior sala de congressos do mundo. Em todos os anos e séculos seguintes, a confissão de fé pela Alemanha eterna será feita ali. E na pedra fundamental dessa casa gigante estão emparedadas para sempre duas obras: *Minha luta* e o *Mito*.

Nenhum invejoso pode eliminar isso do mundo, esses que sugam meus pensamentos, mas que são pequenos demais para querer confessá-lo.

19/8/[1936][31]

Há alguns dias estou preso novamente em Hohen-Lychen! A antiga inflamação da articulação do pé voltou com a igualmente antiga dor e o músculo das costas se rebela de novo. Igualzinho a um ano atrás, quando tive de ficar deitado por quase três meses aqui. E isso pouco antes da Conferência do Partido. É um consolo limitado saber que Darré também foi internado aqui ontem com estiramento do tendão. Hoje ditei meu discurso para a Conferência de Cultura: breve, mas claro no que é essencial. Talvez claro demais, mas ele ainda pode ser tonificado aqui e ali.

Fiquei espantado ao receber uma carta de Ludendorff. Sem levar em conta "dúvidas pessoais", ele me envia a nova versão, conjunta com a mulher, de *Die Bibel nicht Gottes Wort* [A Bíblia não é a palavra

---

[31] O trecho que vai de "Fiquei espantado" até "tiragem de 650 mil" marcado (a lápis); reproduzido (com ligeiras diferenças) em Kempner, *Der Kampf gegen die Kirche*, pp. 28 e segs.

de Deus]. Li o texto, é significativamente melhor do que as elaborações usuais de Mathilde, que dificilmente são superáveis em matéria de pomposidade e falta de gosto. Mas continua sendo lamentável que L[udendorff] tenha caído nas mãos dessa filósofa modernista. Aos 50, ele foi confrontado com questões sobre as quais outros começaram a pensar já aos 15, e tem uma decepção após a outra por causa da vileza dos clérigos. Vai como um soldado de encontro a esses problemas, mas que não podem ser alvejados em conjunto por canhões. E o guarda-chuva filosófico de Mathilde na verdade não lhe é adequado. Mas ele certamente tem vergonha de ser ensinado por homens e agora luta como sectário da "maior filósofa do povo alemão".

L. tem medo – não sem motivo – de que o §166 para a proteção das confissões possa ser aprovado na forma desejada. Na época, quando eu vi essa versão espertamente maquinada, que impingia a nós a proteção de nossos inimigos jurados e que devia calar nossa boca, imediatamente entrei com um protesto exasperado e justificado junto a Hess. A questão foi então trabalhada e enviada com uma justificativa detalhada de sua recusa para a Comissão das Cláusulas da Igreja. Algum tempo depois ainda houve uma reunião com Hess, a fim de fixar o ponto de vista do partido. Enviei Ziegler com nossa sugestão, que foi aceita de maneira unânime.[32] Assim, só pode haver apenas uma proteção das convicções religiosas do povo, não exceções favoráveis a algumas confissões, que por seu lado são insolentes o bastante para xingar tudo aquilo que impede que suas bugigangas de toda ordem sejam consideradas verdades definitivas.

Os religiosos protestantes revelaram-se aqui quase mais exigentes do que os romanos. Um manuscrito dolorosamente intitulado *Protestantische Rompilger* [Protestantes em peregrinação a Roma] está sobre minha escrivaninha há quase um ano.[33] É possível que eu

---

32 Ziegler, Wilhelm (1891-1962); 1933: ingresso no NSDAP; 1935-39: chefe do "Instituto para o estudo da questão judaica" do RVP; 1943: conselheiro ministerial no RMVP; 1941-45: professor honorário de história e "questão judaica" na Universidade de Berlim; após 1945: na administração do Estado de Hesse.

33 Publicado logo em seguida como *Protestantische Rompilger. Der Verrat an Luther und der Mythus des 20. Jahrhunderts* [Protestantes em peregrinação a Roma. A traição contra Lutero e o mito do século 20].

ainda o termine e publique, a fim de continuar agitando o bando de grasnadores. De todo jeito, alguns paspalhos escrevem: Por que R.[osenberg] não responde ao livro de Künnet?[34] Ora, eles podem ter a resposta, apenas quero aguardar uma oportunidade de peso para publicar o *Rompilger. Dunkelmänner* alcançou uma tiragem de 650 mil em meio ano.[35]

O príncipe herdeiro grego[36] me escreve muito simpaticamente lamentando meu impedimento para participar do café da manhã e espera me encontrar em outra ocasião. Ele está muito satisfeito porque Schirach e Hierl lhe informaram minuciosamente sobre a Juventude e a Agência de Trabalho.[37]

A informação de que pretendo ir a Atenas já circulou. Goga perguntou a Malletke a respeito. Ele soube pela representação romena e essa, por sua vez, soube pela grega. Discrição diplomática! O prof. Louvaris, aliás, não é mais ministro da Cultura, mas o convite permanece inalterado. Mas talvez até outubro ele o seja de novo...

20/8/[1936]

Schickedanz relata: Lecca falou com Goga em Viena e lhe contou <u>todos</u> os detalhes de nosso trabalho até então. No mais, ele atravessou a Tchecoslováquia com o novo chefe da Siguranza.[38] Esse também lhe disse confidencialmente que o protesto do rei em Berlim

---

34 Künneth, Walter (1901-97); teólogo; 1933: membro da Igreja Confessional; autor de *Antwort auf den Mythus: Die Entscheidung zwischen dem nordischen Mythus und dem biblischen Christus* [A resposta ao Mito: a decisão entre o mito nórdico e o Cristo bíblico] (1935); 1937: proibição de escrita e discurso, além da perda da permissão de lecionar.

35 *An die Dunkelmänner unserer Zeit. Eine Antwort auf die Angriffe gegen den "Mythus des 20. Jahrhunderts"* [Aos homens obscuros de nosso tempo. Uma resposta aos ataques contra o "Mito do século 20"], Munique, 1935.

36 "Príncipe grego" sublinhado em vermelho.

37 Hierl, Konstantin (1875-1955); 1927: ingresso no NSDAP; 1930: MdR; desde 1933: secretário no Ministério do Trabalho; encarregado do Führer para a Agência de Trabalho; 1935: chefe do Trabalho do Reich [*Reichsarbeitsleiter*]; 1943-45: ministro do Reich sem pasta específica.

38 Sigurant, a Statului (Siguranta), desde 1908 Polícia Secreta romena.

não deve ser encarado de maneira tão trágica: porque Carol queria ser o negociador ele mesmo! Foi interessante saber disso. Primeiro o rei encoraja a oposição nacionalista a se ligar conosco. Desenvolvemos a questão com cuidado; em seguida, o movimento se torna muito grande para ele, que protesta. E agora, visto que as coisas parecem avançar de modo contínuo, ele de novo quer participar pessoalmente. O que sempre é possível por meio de Cuza-Goga, e daqui eu estaria disposto a também ir a Bucareste uma vez. O perigo seria apenas se Carol se dirigisse a outras áreas que não sabem de nosso trabalho. Essas investidas de pessoas desinformadas só trazem estragos.

Não vou poder falar na Conferência do Instituto para o Estrangeiro [*Auslandsinstitut*] em Stuttgart. Ditei um discurso que o dr. Leibbrandt ~~pode~~ vai ler.

21/8/[1936][39]

Hoje descubro por que o cap.[itão] Fürstner, que realizou a organização da vila olímp., ~~sofreu~~ foi morto num "acidente".[40] ~~Havia sido descoberto~~ Descobriu-se há algum tempo[41] que ele tinha sangue judeu; ~~ele foi~~ por isso foi rebaixado.[42] Ficou trabalhando até o final da Olimpíada, depois sofreu um ataque de nervos e cometeu suicídio. Um desses muitos trágicos casos-limite. Certamente seu lado germânico foi dominante, segundo as leis mendelianas – todo respeito pelo seu trabalho.

---

39 O trecho que vai de "Há pouco textos religiosos" até "Fora com ele!" marcado (a lápis); reproduzido (com ligeiras diferenças) em Kempner, *Der Kampf gegen die Kirche*, p. 29.

40 "Foi morto" introduzido posteriormente.
Fürstner, Wolfgang (1896-1936); oficial; 1933: ingresso no NSDAP; 1934-36: responsável pela construção da Vila Olímpica em Berlim; 1935: ingresso no Comitê Olímpico; desde 1934: processo de exclusão do superior tribunal do partido; 1936: difamação por causa de sua ascendência judaica no *Der Judenkenner*, editado pelo ARo.

41 Correção feita posteriormente.

42 Correção feita posteriormente.

Há pouco, textos do religioso católico Huber foram incluídos no index pelo "Santo Padre".⁴³ Pedi que me os trouxessem para cá e os li. O texto "Do cristianismo ao reino de Deus" foi publicado <u>com</u> autorização da Igreja pela editora Pustet, puramente católica, de Regensburg. Recebeu inúmeros comentários favoráveis de professores católicos, bispos etc. E agora o banimento. Huber é devoto e exatamente <u>porque</u> é devoto, e não juridicamente atrevido, se compreende por que a Roma jesuíta se esforça em matar essa tentativa inofensiva de uma emoção mais autêntica, mais livre.

Algumas frases: "Etiquetamos um caldo moral rançoso como 'verdade', chamamos de 'Cristianismo'; não é de se espantar que o apetite se volte mais para outro lado!".

Isso é amargo para bispos e cardeais, pois esse caldo respinga suas camisas de coro.

Mais: "Sim, sem que o saibamos, muitas vezes há tanto sim naquele que diz não e tanto não ao que diz sim, tanta crença no descrente e tanta descrença no crente. Quando tivermos resolvido esse enigma psicológico das muitas situações em que o homem tem de dizer não <u>justamente por causa do sim</u>, passaremos a pensar diferente sobre certos 'inimigos do Cristianismo'".

Isso é profundamente humano; por essa razão os Faulhabers e consortes, que, inchados feito perus, espalham sua infalibilidade, sentiram-se esbofeteados. E os mais altos médicos de Roma foram acudir a Congregação do Index.

Um <u>ser humano</u> em Roma? Fora com ele!

Reuniões oficiais durante toda a tarde. Ditei o discurso de U.[rban] para a Conferência do Partido. Novamente sobre o bolchevismo. Agora os governantes da diplomacia democrática começam a compreender algo da história mundial. Mas são apenas a minoria.

E mais discurso diante do Instituto Alemão para o Estrangeiro, já que não consigo ir até lá.

---

43 Huber, Georg-Sebastian (1893-1963); religioso; crítico da hierarquia católica e defensor do ecumenismo; além de *Vom Christentum zum Reich Gottes* (1936), mais dois outros escritos seus foram incluídos no índex.

No mais, terminei a leitura da obra do americano Dreiser.[44] Um homem com típico descuido artístico, que repete tudo quatro vezes, mimetiza "arte", cita Velasquez [sic] e Sargent num só fôlego e escreve milhares de páginas sobre indivíduos altamente desinteressantes.[45] Ainda vai demorar muito até a América compreender onde começa a arte.

22/8/[1936]

Darré está lá embaixo, imóvel no gesso, por causa de seu tendão de Aquiles rompido. Conversamos sobre tudo o que era possível. Ele conduziu a conversa para, entre outros, a duplicidade Munique-Berlim. Apesar de tudo, disse que Munique permanece aliada na política e Berlim, o centro político. Um problema que ocupa muitos de nós. Eu lhe disse que também havia pensado nisso justamente durante os Jogos Olímpicos, que foram um grande feito de Esparta. A Grécia também tinha dois polos: Atenas e Esparta. A infelicidade foi que o polo artístico também queria dominar politicamente. A Alemanha teve Weimar – Potsdam, hoje Munique – Berlim. Por melhor que seja construir em Munique as seções partidárias que estariam ao lado dos acontecimentos diários imediatos, Berlim permanece a central política; sim, ela deveria ser expandida de modo muito mais monumental para esse objetivo. Seria errado até[46] somente pensar em desenvolver a Atenas da Alemanha para um centro político. Ela própria criou sua missão e o fato de o Führer ser originário do Sul torna possível convencer todos os alemães de que a Esparta alemã é Berlim e não Munique.

---

44 Dreiser, Theodore Herman Albert (1871-1945); romancista americano, jornalista do *Chicago Globe*.

45 Velázquez, Diego Rodriguez (1599-1660); pintor barroco espanhol.
Sargent, John Singer (1856-1925); pintor americano.

46 "Até" inserido posteriormente.

23/8/[1936][47]

Na luta contra o *Mito*, o [jornal] *Germania* tenta um novo truque. Ele reproduz alguns parágrafos da obra de um certo Arkas, *Die Kunst anständig zu sein* [A arte da decência], que falam sobre a honra, intitulando-os "Sua posição no ranking dos valores".[48] Esses começam, entre outros: "A honra, num mundo não relacionado a Deus, é colocada como o mais alto valor ético. Mas em relação a Deus esse valor não tem sentido". E que o uso da frase "Ehre sei Gott in der Höhe" [Glória a Deus nas alturas] é impróprio, pois em latim não é honor [honra = *Ehre*], mas gloria.

A tentativa é transparente, mas característica. Chamar o mais alto valor moral de religiosamente sem sentido mostra uma teologia moral antigermânica; superá-la é a tarefa mais urgente. Consequentemente, segundo a concepção do *Germania*, os "valores" de submissão devem ser considerados relativos a Deus e os unicamente "sensatos". Aí entra a relação de senhor e servo – e os religiosos precisam disso como "representantes" do Senhor. Os servos de Roma não conseguem fazer uso da ideia da honra como uma fagulha divina e, portanto, de grandeza religiosa.

No fim do parágrafo, a honra é compreendida como coincidência entre teoria e obra. Se não é assim, estaríamos diante da falta de honra. Uma palavra perigosa: pois em nenhum lugar o abismo entre a humildade e a soberba, entre pobreza esclarecida e ostentação vivenciada, é tão profundo quanto na Igreja romana.

Infelizmente o texto silencia sobre o lugar em que coloca a honra na vida religiosa. Supostamente tem medo de fazer afirmações claras, que podem ser registradas.

---

47 O trecho que vai de "Na luta contra" até "que podem ser registradas" marcado (a lápis); reproduzido até "e, assim, grandeza religiosa" (com ligeiras diferenças) em Kempner, *Der Kampf gegen die Kirche*, p. 29.

48 Arkas: pseudônimo de Aretin, Erwein barão de (1887-1952), jornalista alemão e monarquista bávaro, redator do *Münchner Neueste Nachrichten*; 1933-34: campo de concentração Dachau; em seguida, proibido de ser publicado.

Estou lendo *Jude u. Arbeiter* [Judeu e trabalhador] do Instituto para o Estudo da Questão Judaica.[49] Assunto conhecido, mas ainda com alguns dados históricos novos. Fico fulo quando penso no que esse povo judeu parasita fez à Alemanha. Aqui, instinto e planejamento trabalharam juntos há muitas décadas. De todo modo, tenho uma satisfação: fiz minha parte na descoberta dessa traição. Pois como os antigos *Gauleiter* Rust, Sauckel, Roever etc. sempre me diziam: eles seguiram para milhares de reuniões com meus textos no *VB*, com o *Weltkampf* [Luta mundial] no bolso.[50] Encontraram lá, ao mesmo tempo, direcionamento e material para a batalha. Encomendo cópias de meus textos do *VB* desde 1920. Uma quantidade incrível e uma segurança no objetivo que surpreende mesmo a mim até hoje. Mas também é um atrevimento, de modo que é espantoso que a República de Novembro tenha permitido tudo isso.[51]

Penso em algum dia publicar uma coletânea dos meus textos, eles se tornaram parte da história da Alemanha e, como Adolf Hitler venceu, uma parte da história mundial, porque eles foram a base contínua de centenas de milhares de repetições retóricas quando, por sua consequência, o marxismo e a democracia sucumbiram. O *Mito*, se não quebrar a espinha de Roma, que ao menos a envergue.

Na Espanha, o general Franco afastou qualquer antissemitismo de si. Não dá para saber se por respeito a seus judeus marroquinos, que têm de pagar diligentemente, ou porque ele realmente ainda não compreendeu que o judaísmo hoje se vinga de Fernando e Isabel.[52]

---

[49] Fritz Otto Hermann Schulz, *Jude und Arbeiter. Ein Abschnitt aus der Tragödie des deutschen Volkes* [Judeu e trabalhador. Uma parte da tragédia do povo alemão]; org. pelo Instituto para o Estudo da Questão Judaica em colaboração com o Antikomintern [Liga geral das instituições anticomunistas alemães], Berlim, 1934.

[50] Sauckel, Fritz (1894-1946); 1923: ingresso no NSDAP; desde 1927: *Gauleiter* da Turíngia; 1932-33: primeiro-ministro e ministro do Interior; desde 1933: governador da Turíngia; 1942-45: GBA; 1946: enforcado após sentença do Tribunal Militar Internacional.

[51] Publicado como Thilo von Trotha (org.), *Alfred Rosenberg – Kampf um die Macht. Aufsätze von 1921-1932*, Munique, 1937.

[52] Fernando II (1452-1516); rei de Aragão e Castela; casado com Isabel I (1451-1504), rainha de Castela e Aragão; 1478: inquisição espanhola; 1492: expulsão da população judaica da Espanha.

Há um ano, o jovem Primo de Rivera esteve comigo.[53] Inteligente e claro: católico – não clerical; nacionalista – não dinástico. Ele não se manifestou sobre a questão judaica. Tomara que a sede de sangue judaica termine mal. É compreensível que os espanhóis tenham raiva da Igreja: pois essa emburreceu o povo, sugou-o e consolou-o com o Céu.[54] Essa raiva compreensível é ampliada agora pelo bolchevismo judeu para seus objetivos. Se os generais vencerem, poderão se distanciar da Igreja?

Visto que o fascismo também "não conhece nenhuma questão judaica", foi curiosa uma conversa com Suvich, o antigo secretário de Estado italiano para assuntos ext.[eriores], e que estou relembrando agora.[55] Esse Suvich, um declarado opositor nosso, era considerado aqui como um judeu de Trieste. Há alguns anos, esteve visitando Berlim. Encontrei-o com Göring. Ele me cumprimentou primeiro como o pai espiritual do pensamento do Pacto das Quatro Potências, já que expressei esse pensamento no meu discurso no Congresso da Europa de 1932, em Roma. (Mussolini falou ao futuro lorde Russell Rodd: "A fala mais importante deste Congresso foi a do senhor R.[osenberg]".) Em seguida, Suvich passou de repente para os *Protocolos dos sábios de Sião* e disse: Tanto faz se são autênticos ou não, neles a política mundial judaica é apresentada como se mostra na realidade. Naquela época, fiquei muito surpreso por ouvir justo de Suvich tais ideias. Talvez ele quisesse apenas sondar algo. De todo modo, temos de ligar, como antes, os judeus ao bolchevismo, como corresponde à realidade, e não permitir que eles mais tarde se tornem subitamente também "antibolchevistas", a fim de envenenar novamente um nacionalismo tão vencedor de nosso tempo.

---

53 Primo de Rivera, José Antonio (1903-36); político fascista espanhol; 1933: fundação da Falange; apoiador da revolta contra a Segunda República; 1933-36: membro do Parlamento espanhol; 1936: preso e executado por traição à pátria.
54 Última frase com marcação (lápis) na margem.
55 Suvich, Fulvio de (1887-1980); diplomata italiano; 1932-36: secretário de Estado das Relações Exteriores; 1936-38: embaixador em Washington.

26/8/[1936]

A imprensa belga publicou um texto do conde Baillet-Latour sobre os Jogos Olímpicos em Berlim.[56] "Festividades excessivas", dizia. E que foram tantas as recepções que não houve sossego e a ideia olímpica ficou em perigo, que Estados menores tinham sido intimidados, visto que não conseguiam sustentar um estilo desses. O conde Baillet-Latour já havia se manifestado nesse sentido em Berlim. Ele teve de fazer cerca de 25 discursos durante as recepções! Sua crítica está coberta de razão! Uma recepção com o Führer, uma recepção oficial do governo do Reich, festa de encerramento com o chefe dos Esportes do Reich[57] e depois almoços menores com personalidades da área, isso teria sido suficiente. Mas como aconteceu novamente uma corrida geral, Funk manteve seu "ato de Estado" no museu Pergamon, Göring e Goebbels a recepção oficial, Goebbels uma recepção para a imprensa, com os mesmos presentes, festa gigante no jardim em Pfaueninsel, festa gigante no jardim na casa de Ribbentrop (600 pessoas), festa no jardim na casa de Göring.[58] Além de inúmeros jantares e recepções noturnas nas embaixadas e representações; noite para os parentes das várias Forças Armadas, noite para os funcionários públicos (!) etc.

A propaganda do Führer sempre cria _formas_; muitas vezes, porém, o que acontece oficialmente depois é _volume_, excesso. No fim, isso não tem efeito, assim como quando exageramos na comida. No fim, não ficamos satisfeitos, mas exaustos e – entediados. Essa experiência, que podia ser prevista, deveria servir de alerta.

A situação excesso é um perigo também para a educação do partido: discuti acaloradamente com o dr. Ley a respeito, que quer

---

56 Baillet-Latour, Henri de (1876-1942); presidente belga do Comitê Olímpico Internacional.

57 No original, Reichssport_feier_ [festa do esporte]. Trata-se provavelmente do Reichssport_führer_, chefe dos Esportes.

58 Funk, Walther (1890-1960); 1922-30: redator-chefe do jornal _Berliner Börsenzeitung_; 1931: ingresso no NSDAP; desde 1933: secretário de Estado no RMVP e chefe de imprensa do governo; vice-presidente do RKK; 1939: presidente do Banco do Reich; 1946: condenado à prisão perpétua pelo Tribunal Militar Internacional; 1957: soltura.

transferir o princípio da manifestação de massas e da "Força pela alegria" à formação. Tive de lhe escrever duas cartas muito explícitas,[59] que serão muito mal recebidas. Ele vai continuar fazendo de tudo e as formas começam a se perder. Eu levantei a ideia de Ordens, mas Ley quer Casas de Ordem com 1.000 homens! Ou seja, desqualificação da ideia de ordem, de modo. Passei um breve recado ao Führer sobre o perigo. O Führer: "R.[osenberg] tem toda razão!". – Estou ansioso para saber como Ley reagirá.

Schickedanz vai de avião amanhã para Zurique, a fim de se encontrar com Goga. Ontem repassamos tudo aqui, também o lado prático da questão.

29/8/[1936][60]

Schickedanz voltou de Zurique. Longa conversa com Goga sobre a forma dos próximos trabalhos em conjunto. Automóveis devem estar a caminho, em outubro uma demonstração de 200 mil homens em Bucareste. A entrevista de Goga sobre sua visita a Berlim foi boa: e clara. disse que era preciso se decidir claramente a favor ou contra o bolchevismo. Ele se decidiu e, por causa da inviolabilidade da fronteira romena, diz querer chegar a um entendimento com a Alemanha antibolchevista. A íntegra da entrevista segue para o Führer.

Hoje à noite o rádio anunciou a nova formação do Gabinete de Tatarescu – sem Titulescu![61] Quando esse homem finalmente for deposto, o crédito será todo da atividade do partido crist.[ão] nacion.[alista]. Goga vai falar novamente com o rei. Não se sabe se esse vai se decidir logo a dar outros passos. Eu poderia

---

59 "Duas cartas muito explícitas" sublinhadas em vermelho.
60 O trecho que vai de "Nos últimos dias" até "seu trabalho do começo" marcado (a lápis); reproduzido (com ligeiras diferenças) em Kempner, *Der Kampf gegen die Kirche*, pp. 29 e segs.
61 Tatarescu, Gheorghe (1886-1957); 1934-37 e 1939-40: primeiro-ministro romeno; 1938-39: interino e 1945-47: ministro das Relações Exteriores; 1934: ministro da Guerra; após 1939: opositor da ditadura de Ion Antonescu.

avisar Goga que Carol também negociou com Codreanu.⁶² Sempre a mesma história com os pesos divididos. Reis poderosos podem se valer disso, não os fracos.

Lecca foi chamado por telefone a Berlim, é estranho ele não ter avisado Goga. Tomara que os receios insinuados não se confirmem...

Nos últimos dias, li o livro de Josef Bernhard, *Der Vatikan, der Thron der Welt* [O Vaticano, trono do mundo].⁶³ Ex-padre, depois se casou, mas 100% do lado do papa. Tática mais recente: assumir "caráter humano", se indignar moralmente, mas manter em pé, inamovíveis, os dogmas primitivos e concepções mais megalomaníacas. Mas o que B.[ernhart] assume coincide <u>total</u>mente com os meus dados, os quais a Igreja furiosamente considera difamações. Se contássemos por quanto tempo, também segundo B., governaram papas criminosos, incapazes ou violentos, o tempo das pausas, por quanto tempo um papa desafiou outro, então o período dos governos de bons papas se torna menos que pequeno. E, por fim, a obra de B. resulta que o papado não se manteve por sua "divindade", mas pela honradez dos povos. Esses algum dia <u>acreditaram</u> e se mantiveram fiéis à ideia. Os indivíduos repulsivos vestidos de papa não estiveram à altura do núcleo honrado dos povos europeus.

Nosso tempo haverá de sofrer as consequências disso. E também B. nos obriga a isso. Pois no final ele cita os inimigos do papado: bolchevismo e fascismo. E considera o segundo o pior inimigo. A política do Vaticano já age há tempos de acordo com isso (sob fascismo, eles entendem em primeira linha o nazismo). Mesmo se os vermelhos abatam os religiosos feito coelhos. Ela pensa: já houve muito *Sacco di Roma*. <u>Isso</u> é o que Roma suporta; cria muitos milhares de novos mártires, que por sua vez fortalecem o olhar dos fiéis erguido em direção a Roma, a quem esses sacrifícios foram feitos. Entretanto,

---

62 Codreanu, Corneliu Zelea (1899-1938); político romeno; 1927: fundador da nacionalista-antissemita "Legião de São Miguel Arcanjo"; após a constituição da ditadura de Carlos II: preso em 1938; condenado primeiramente a 10 anos de trabalhos forçados, depois executado a tiros.

63 Bernhart, Joseph (1881-1969); teólogo e escritor católico; professor de história das ideias da Idade Média; 1904: ordenação; após o casamento em 1913: excomunhão (1942: suspensa).

um novo mundo em formação sem Roma: eis um crime contra o qual se está disposto a fazer um acordo inclusive com o submundo bolchevista, caso a caso. – O vice-prefeito clerical de Viena acabou de convocar por escrito uma união de todas as criações "ocidentais" (catolicismo, democracia, bolchevismo) contra nós.

Esses indivíduos deveriam é ser tratados como se faz em Madri e Barcelona. Pois a Igreja romana também é a principal culpada da deterioração da Espanha, de modo que acompanho a degringolada espanhola com sentimentos dúbios. Se o clericalismo realmente vencer, então ele se vingará de maneira infame. Tomara que os generais, caso saiam vitoriosos, tenham compreendido o suficiente das necessidades do nosso tempo para manter o povo católico – pois o catolicismo é religião nacional dos espanhóis e italianos –, mas que mantenham longe excluam para sempre os religiosos do Estado e do governo.

Então o general grão-inquisidor de Schiller começará seu trabalho de estrangulamento da alma.[64]

17/9/[1936]

De volta da Conferência do Partido em Hohenlychen.[65] Suportei esses dias melhor do que eu temia. O evento foi o mais fechado de todos até então; o Führer feliz e cheio de energia novamente. Meu discurso na Conferência Cultural avançou oficialmente alguns passos nas asserções ideológicas. A passagem de que a crença ideológica de antes pode tranquilamente ser honrada de maneira estética foi compreendida. Além disso, um dia vai se compreender que Nietzsche, Wagner e Lagarde também agiram oficialmente como profetas.[66] O grande discurso do

---

64 Referência à peça de Schiller *Don Carlos*, na qual o inquisidor-geral entrega don Carlos à Inquisição.

65 Hohenlychen, sanatório em Brandenburgo sob direção do confidente de Himmler, prof. Karl Gebhardt, no qual muitos funcionários nazistas eram tratados.

66 Wagner, Richard (1813-83); compositor; fundador do festival que acontece na sala de concertos por ele planejada em Bayreuth.
Lagarde, Paul Anton de (nasc. Bötticher; 1827-91); orientalista e filósofo político; como autor de textos antissemitas, racistas e antidemocráticos, foi um dos criadores intelectuais do nazismo.

Führer foi interpretado então como confirmação de minha muito criticada batalha, especificamente a ideia decisiva de que assim como um tempo cristão tinha uma arte cristã, um tempo nazista tem uma arte nazista! E a substituição de uma era por outra foi claramente enunciada.

Na tarde antes do discurso, visitei o Führer no seu quarto por causa da assinatura dos certificados dos prêmios. Ele disse: "Suas duas falas foram brilhantes. No que se refere à minha, creio que você vai gostar dela". E, sorrindo, bateu no meu ombro.

Aqueles corajosos que querem ver a "era Rosenberg" encerrada voltaram agora – pelo menos por um tempo – suas bandeiras para outra direção.

Eu pude abrir a conferência como primeiro orador; o discurso foi transmitido por todas as emissoras. Mais tarde, Schaub me disse que o Führer falou: R.[osenberg] é nossa melhor cabeça, não preciso revisar suas falas, elas são tão cristalinas que não há nenhuma palavra para ser modificada. O discurso não falhou em seu eco mundial, o nacional-socialismo recebeu a comprovação política internacional de suas teses. Dessa vez, a fala do dr. Goebbels tinha uma estrutura mais rígida, as provas sobre as crueldades na Espanha foram muito impressionantes. Ambos os discursos juntos foram certamente o golpe mais duro que o judaísmo bolchevista mundial recebeu. O pessoal de Moscou está latindo feito cachorro surrado.

Tive de cuidar de cerca de 60 convidados, em parte muito famosos. Entre eles, um número de britânicos importantes, que conduzi ao Führer e que lhes discorreu sobre as exigências coloniais. Estavam presentes, entre outros: lorde Apsley, representante parlamentar do ministro britânico da Defesa lorde Inskip; general Carlsleke; almirante Burmester, antigo comandante da Armada do Mediterrâneo; general Smuten, descobridor da Tankwaffe; almirante Nicholson; major Dutton, acompanhante frequente da Casa Real britânica, amigo do próximo primeiro-ministro Neville Chamberlain e do ministro das Colônias Ormsby Gore, representante do governo da Rodésia do Norte.[67] O Führer reforçou que a questão colonial não

---

67 Apsley, Allen Algernon Bathurst, lorde (1895-1942); político britânico; desde 1922: membro do Parlamento; secretário particular parlamentar de diversos ministros de gabinete.

é uma questão de prestígio, mas puramente econômica. (Fixamos isso por escrito.)[68] Dutton me procurou mais tarde e conversamos durante duas horas sobre possibilidades e a forma do procedimento do tratamento (fiz anotações.)[69] Reportei o assunto ao Führer. Ao se despedir, ele me agradeceu mais uma vez e me convidou para Obersalzberg no início de outubro. Lá vou lhe relatar muitas coisas detalhadamente e pedir sua decisão.

Um resultado deu grande satisfação – por razões de conveniência o Führer não queria que o corpo de dirigentes [*Führerkorps*] do partido deixasse as Igrejas. Agora ele nos liberou a todos. Bormann pediu imediatamente a presença da representação da polícia, a fim de autenticar sua assinatura na declaração de saída.[70]

Assim como milhares de outras pessoas, tomarei as medidas necessárias quando a notícia dessa liberação tiver se espalhado por aí. Para todos nós, isso há muito já não era mais assunto de conflito de consciência, mas uma reflexão de conveniência política.

Inskip, Thomas Walker; 1º visconde Caldecote (1876-1947); 1936-39: ministro da Coordenação da Defesa Britânica; 1940-46: *Lord Chief Justice*.
Karslake, Henry (1879-1942); oficial britânico; 1931: alocado na Índia como major--general.
Burmester, Rudolf Miles (1875-1956); oficial britânico; 1929-31: almirante em comando do posto da África da Marinha Real.
Swinton, Ernest (1868-1951); oficial britânico; 1925-39: professor de história militar em Oxford.
Nicholson, Gresham (1892-1975); oficial britânico da Marinha Real, almirante.
Chamberlain, Neville (1869-1940); político britânico; 1922-37: diversos cargos de ministro; 1937-40: como primeiro-ministro, favorável à política de apaziguamento e simultâneo rearmamento; 1938: assinatura do Acordo de Munique; desde o início de 1939: acordos de garantia com a Polônia, Grécia, Romênia e Turquia.
Ormsby-Gore, William George, 4º barão Harlech (1885-1964); 1936-38: como ministro britânico das Colônias, opositor ferrenho de concessões coloniais à Alemanha; 1941-44: *High Commissioner* na África do Sul.
Dutton, não localizado.
68 Frase sublinhada em vermelho.
69 Trecho da frase entre parênteses sublinhado em vermelho.
70 Bormann, Martin (1900-45); 1927: ingresso no NSDAP; 1927-28: responsável pela imprensa na região administrativa da Turíngia; 1933-41: chefe de pessoal no StdF; desde 1933: *Reichsleiter*; 1941: chefe da Chancelaria do Partido; 1943: secretário do Führer; desde 1944: ministro do Reich; 1946: condenado *in absentia* à morte pelo Tribunal Militar Internacional.

Durante a Conferência do Partido, discussão com o secretário de Estado húngaro Mikosch.[71] A velha questão: fazer a Hungria abrir mão da revisão oficial de fronteiras tanto do lado romeno quanto do iugoslavo. Cansei de falar isso para todos os húngaros. Eles vão escutar sempre a mesma coisa aqui. Mikosch ainda me interpelou: para tanto, a Romênia deveria assegurar uma certa autonomia à minoria húngara. – Uma conversa semelhante com v. Mecsér, que informou ainda que Gömbös está sofrendo de degeneração dos rins![72] Ele disse que quer visitá-lo agora em Munique, não há mais muita esperança. Mandei lembranças minhas a Gömbös. Ou seja, a Hungria terá uma crise de primeiro-ministro. Todos dizem que é difícil substituir a autoridade de Gömbös.

Ao contrário, aconselhei a reconciliação com a Hungria ao prof. romeno Manoiliscu, meu conhecido desde 1932 (Congresso da Europa em Roma). [73] Disse que era necessário um bloco antibolchevista. Na qualidade de "amiga", a Romênia se tornará uma vítima de Moscou; hoje já é ameaçada por Praga. Ele não teria mais escolha. Do nosso lado, queremos lhe facilitar essa escolha por uma segurança eventual contra a Hungria. M.[anoilescu] queria procurar o rei logo após Nuremberg. Ele me deixou seu livro sobre o corporativismo com a "expressão da admiração pela personalidade e obra". Então Carol será pressionado à razão por um novo lado. Perguntei a M., entre outras coisas: "O senhor acha que o rei terá a determinação de se unir a um lado, ou será que ele acredita ainda poder jogar com muitas bolas?". M. respondeu: "Acho que sim; em tempos como hoje, os reis perdem suas coroas se acreditam poder governar entre os grandes grupos".

O que certamente também M. ensinará, de seu jeito, a Carol.

---

71 Kozma, Miklós de Leveld (1884-1941); 1935-37: ministro húngaro do Interior com forte simpatia pela Alemanha; desde 1939: comissário para a anexada área dos Cárpatos da Ucrânia e em 1941 responsável pela deportação de 18 mil judeus à Ucrânia ocupada, onde foram assassinados no final de agosto de 1941.

72 Mecsér, András von (1883-1946); político húngaro; 1935-39: deputado e líder da extrema direita; 1944: embaixador do governo Szálasi em Berlim.

73 Manoilescu, Mihail (1891-1950); economista romeno; confidente do rei Carol; a partir de 1930: diversos postos ministeriais; 1938: ministro das Relações Exteriores; 1940: assinatura da Segunda Arbitragem de Viena; 1945: preso.

Ao lado dessa, aconteceram diversas outras conversas, e o alinhamento se fortalece a olhos vistos. A grande determinação do Führer, que agora falou em N.[uremberg] conscientemente como líder espiritual da Europa, vai repercutir.

26/9/[1936]

Ontem esteve aqui R. Strunck, da Espanha.[74] Estava tão preocupado com certas coisas que veio num voo direto até Berlim, amanhã ele volta. Essas preocupações estão registradas num extenso memorando, tomara que seja efetivo; não vale a pena me adentrar nelas aqui. – Mas as outras coisas que ele conta são assustadoras. Ele testemunhou as terríveis mutilações dos nacionalistas espanhóis, com em parte de maneira sexual patológica, quase impossíveis de serem descritas. O estado como se encontraram as freiras assassinadas é terrível; talvez seja possível imaginar como os altares foram profanados...

Strunck sobrevoou o Alcácer juntamente com o "especialista de Toledo".[75] Todos os especialistas consideraram impossível lançar provisões num pátio de 60 × 40 metros. Apenas um único conseguiu fazê-lo, a 25 metros de altura (*Oberleutnant* v. M.[oreau]).[76] Um homem cujo nome será lembrado apenas muito, muito mais tarde. Também é novidade que tropas fascistas efetivamente expulsaram os vermelhos das Baleares. De Roma, Malzahn me contou que a anexação das Baleares pela Itália tinha sido assunto constante em altos círculos fascistas.[77] Ou seja, agora eles estão nessa situação e será interessante se e com quais meios será possível retirar a Itália

---

74 Strunk, Roland (desc.- 1937); correspondente do *VB* na Guerra Civil Espanhola.
75 Fortaleza em Toledo, Espanha. Durante a Guerra Civil, combatentes franquistas foram sitiados por unidades republicanas.
76 Moreau, Rudolf, barão de (1910-39); oficial; desde 1936: em ação como piloto da Legião Condor na Espanha; depois do regresso, dois recordes mundiais de aviação; morto num exercício aéreo.
77 Maltzan, Vollrath, barão de (1899-1967); diplomata; 1933-38: atuação no Departamento de Economia do AA; homem de ligação da IG-Farben com o AA; após 1945: funcionário público.

de novo. Os franceses estão apoiando cada vez mais as tropas madrilenhas a fim de tornar os milicianos verdadeiros soldados. Franco se esforça para evitar que se chegue numa guerra de trincheiras, visto que os marroquinos são ótimos na guerra de movimentos. No mais, Strunck não duvida da vitória dos generais, eles calculam que a Guerra Civil irá durar mais 2 meses aproximadamente.

Me interessei, claro, por um relato sobre a tensão que evidentemente existe nas fileiras nacionalistas. Strunck confirmou minha impressão de que no Norte a Igreja + a restauração querem se apresentar como herdeiras das vítimas. Os carlistas serão obrigados a ouvir a missa diariamente, todos eles andam para lá e para cá com muitos amuletos dependurados; até os burros têm imagens de Cristo ao redor do pescoço! Os falangistas, por sua vez, crescem cada vez mais, Franco os ajuda consideravelmente. Ou seja, a batalha após a vitória irá acontecer; daí será preciso apoiar Franco com todos os meios, senão a Espanha reviverá, depois de 30 anos de domínio clerical, novamente a situação atual ou vai apodrecer ainda viva. O jovem Primo de Rivera está preso em Alicante, querem libertá-lo – se ainda estiver vivo![78]

No mais, estão sedentos por jornais alemães, filmes, querem professores para as organizações partidárias etc. Basta dizer que se é a.[lemão] e a Espanha vibra. Hitler é um mito, da Alemanha se espera tudo...

Apresento Strunck a Darré, ele vai mandar imediatamente um homem para a Espanha a fim de estudar as condições agrárias locais e preparar para Franco uma reforma agrária adequada à Espanha. Pois uma coisa é certa: as 34 famílias que são donas da Espanha têm de entregar, como donas absolutas, 50% de suas terras, sem muitas condições, caso se queira extinguir a segunda causa da revolução.[79]

Eu disse a Strunck que no mais ele deveria falar o seguinte a Franco e aos falangistas: depois da vitória, a Igreja começará imediatamente uma terrível difamação contra nós como a "Alemanha

---

78 Alicante, cidade na costa leste espanhola.
79 O trecho que vai de "Eu disse a Strunck" a "responder aos clericais" marcado (a lápis); reproduzido (com ligeiras diferenças) em Kempner, *Der Kampf gegen die Kirche*, p. 30.

pagã". Por isso, nossa resposta desde já: a A.[lemanha] tem uma tradição diferente daquela da Espanha, trata-se de um país majoritariamente protestante e ainda hoje assume, para si, algumas consequências advindas dos novos conhecimentos. Mas unicamente para si. Reconhecemos o catolicismo como religião do povo espanhol e ninguém vai se meter. Isso tem de ficar claro imediatamente, para que os falangistas já possam responder aos clericais.

No mais, é interessante que os espanhóis queiram saber menos do fascismo do que nós. Eles são muito parecidos em temperamento, antes esperam uma complementação benéfica de nossa parte; querem se denominar: nacional-sindicalistas.

Nesse canto da Europa desenrola-se então uma nova e decisiva batalha. Uma Espanha nossa aliada significa aos olhos de Paris o rompimento de um flanco considerado eternamente seguro. Para a Inglaterra, há a possibilidade de ver um aliado da Itália governando às costas de Gibraltar. Dessa maneira, os franceses e os italianos farão de tudo para ao menos criar um Estado-tampão na Catalunha.

Desde ontem a França está transferindo esquadrilhas de bombardeiros de sua fronteira leste para a sul...

Na terça, receberei um relatório completo sobre a Espanha do chefe interino da imprensa de Hearst, C. v. Wiegand.[80] Ele esteve o tempo todo em Madri. Quer me contar coisas interessantes e falar com o Führer. Por volta de 1932, Wiegand foi o primeiro grande jornalista internacional que se ocupou de Adolf Hitler. Naquela época, almoçamos juntos por duas vezes. Wiegand, que não era jovem, esteve em todos os lugares: em Manchukuo, em Xangai e na Turquia. Um homem que só talvez nem sempre enxergue profundamente, mas muito observador.

Há alguns dias o major Krikukis esteve comigo, a pedido do enviado grego.[81] Ele se desculpou: havia organizado apenas a mi-

---

[80] Wiegand, Carl Henry von (1874-1961); jornalista e correspondente de guerra americano; 1911-17: colaborador da United Press e Hearst Newspaper; entrevistou, entre outros, Guilherme Wilhelm II e Hitler; durante a Segunda Guerra Mundial esteve preso em Manila pelos japoneses.

[81] Supostamente Kriekoukis, Charilaos (dados desconhecidos); escritor grego; 1938: organizador, com Karl Bömer, de *Unsterbliches Hellas* [Hellas imortal] (com apresentação de Rosenberg); chefe de imprensa da embaixada grega em Berlim.

nha viagem até Atenas, não sabia nada a respeito da viagem do dr. G.[oebbels]. Essa ocorreu secretamente com o líder nazista do país, em Atenas. Metaxas lhe confirmou telegraficamente que o dr. G. não tinha sido convidado pelo governo.[82] A imprensa de Atenas anunciou sua chegada na página 4: Chegaram dr. G. e 20 turistas. Então, claro, foram trocadas visitas de cortesia e servidos cafés da manhã...

Krikukis renovou o convite para o início de 1937 e agradeceu por tudo o que meu departamento havia feito para o entendimento grego-alemão. Disse que meu nome é muito respeitado na G.[récia] e que eu seria recebido com muita satisfação. Ele me acompanharia oficialmente.

Um vexame pessoal do Reich por conta dessa forma de viagem do dr. G.

20/10/[1936]

O reinício do trabalho em Berlim evidentemente impediu a continuação das notas. Vou recuperar ~~brevemente~~ o mais importante.

Logo após a Festa da Colheita, fui a Obersalzberg. Vi pela primeira vez a nova casa do Führer. Gosto refinado, como tudo o que ele constrói. Maravilhoso o grande salão, com vista para as montanhas – para Salzburgo. O Führer logo me pegou de lado para uma conversa mais longa. Ficamos andando para cima e para baixo no salão por 1 hora e 1/2 e ele me descreveu minuciosamente seus pensamentos sobre a Itália, Inglaterra, Espanha etc. Os possíveis conflitos dos anos seguintes pareceram muito palpáveis. Relatei os detalhes daquilo que eu dissera aos ingleses. – Depois, passaram-se alguns dias inocentes, que pouco foram devotados a conversas políticas.

O Führer mostrou-me com emoção seus quadros, seu escritório. Quando observei o quadro do antigo motorista Schreck, falecido,

---

82 Metaxas, Ioannis (1871-1941); 1936-41: ditador apoiado pelo rei grego.

ele disse: está começando a ficar vazio ao nosso redor.[83] Muita coisa é substituível, nunca as lembranças compartilhadas. – Daí tive de lhe contar como conheci Dietrich Eckart.[84] Ele me disse que me viu pela primeira vez na casa de E.[ckart], "com a antiga jaqueta de veludo preto, que você costumava usar". Em seguida, desfilou lembranças do bom dr. E. Ganzer, que tinha acabado de sofrer um derrame.[85] É tocante como G. nos pareceu fiel no começo, mas divertido em seus outros modos de ser.

Depois, seguiu-se minha apresentação de 3 horas. Primeiro o plano de segurança de todos os Estados fronteiriços com a União Soviética, a descrição de nosso trabalho no Oriente Próximo, na Romênia, Hungria, sul da Eslávia – depois a situação etnológica da União Soviética. Por fim, questões de educação. – O Führer explicou então que as coisas na França poderiam transcorrer mais rapidamente do que nós poderíamos estar prontos.[86]

O trabalho contra o bolchevismo mundial deve ser agora a ação mais importante, disse ele. A maneira tão superficial pela qual o estrangeiro encara esse problema é surpreendente. Nós somos os únicos que o compreendemos. E entre nós é difícil alguém que o conheça e domine tanto quanto eu. Ele quer me tornar seu plenipotenciário nessa questão. O mundo tem de saber que a central espiritual e organizacional para a defesa contra essa destruição mundial está localizada na <u>Alemanha</u>. Se o tratado nipo-alemão[87] for divulgado agora, ele precisa apontar ao embaixador japonês, por exemplo, alguém que está autorizado a conduzir esse trabalho; esse alguém sou eu.

---

83 Schreck, Julius (1898-1936); 1923: montagem da SA em Munique e participação no "*putsch* de Hitler"; mais tarde, motorista de Hitler.

84 Eckart, Dietrich (1868-1923); jornalista e incentivador do NSDAP; 1918-21: editor do periódico étnico popular semanal *Auf gut Deutsch*; 1921-23: estreita colaboração com Rosenberg como redator-chefe do *VB*.

85 Gansser, Emil (1874-1941); 1921: ingresso no NSDAP; 1924: MdR; bem-sucedido coletor de doações para o antigo NSDAP dentro e fora da Alemanha; morreu após prolongada enfermidade.

86 Frase sublinhada à mão (lápis).

87 Pacto anticomunista com a duração de cinco anos, firmado em 25 de novembro de 1936, em Berlim, entre o Japão e a Alemanha; juntaram-se a ele a Itália em 1937, a Hungria e a Espanha em 1939.

Respondi que essa tarefa me seduzia. As condições de seu sucesso seriam claras possibilidades executivas: em relação a todas as instituições científicas para o Oriente etc. A questão ficou sendo a forma. Do ponto de vista oficial, isso ainda é difícil de ser feito em âmbito ministerial, mas deveria ser possível no âmbito do Estado me possibilitar uma autoridade executiva, disse o Führer, e acrescentou em relação às minhas explanações sobre a situação de treinamento e educacional: "Também para isso você receberá plenos poderes".

Em seguida, o Führer me descreveu detalhadamente como ele imaginava o desenvolvimento próximo da Europa e o papel da Alemanha...

No dia seguinte, enviei ao Führer um rascunho das regulações sobre a tarefa a mim proposta, cuja formulação legal ele ainda quer discutir com Lammers.[88]

+

A presença em nossa noite de diplomatas foi mais numerosa do que nunca; fica patente que os diplomatas e a imprensa mundial aprenderam a valorizar esses encontros como um evento constante. Eles descobriram que estive vários dias com o Führer e esperavam conseguir descobrir algo para o futuro a partir da minha fala. O presidente do Conselho de Estado grego que se encontra em Berlim parabenizou-me por meus escritos, que tinha "lido com admiração". Outros estrangeiros também foram trazidos como convidados de seus representantes.

Phipps acredita que "na França as coisas vão melhor", Blum quer se afastar dos comunistas, os socialistas radicais também estão na oposição.[89] Haveria sentido explicar a esse britânico o significado desse

---

[88] Veja parte I, introdução e "Memorando sobre a criação e desenvolvimento de uma central para a defesa contra o bolchevismo mundial", de Rosenberg, datado de 30 de junho de 1937, USHMMA RG-68.007M reel 49 (BAB NS 8/175).
Lammers, Hans Heinrich (1879-1962); 1932: ingresso no NSDAP; 1933-44: chefe da Chancelaria do Reich (desde 1937 na categoria de ministro); 1949: condenado a vinte anos de prisão no processo de Wilhelmstrasse ["dos ministros"] de Nuremberg; 1951: soltura.

[89] Blum, León (1872-1950); político francês; 1936-37 e 1938: primeiro-ministro socialista; 1940: preso pelo regime de Vichy; 1943: extradição à Alemanha; confinamento nos campos de concentração Dachau e Buchenwald; 1946-47: por pouco tempo, primeiro-ministro da Quarta República.

judeu Blum? ~~Quando~~ Phipps convidou-me alguns dias mais tarde para um café da manhã e começou novamente muito esperançoso – talvez quisesse me usar como eco daquilo que eu eventualmente teria ouvido do Führer? Disse-lhe apenas que Blum estava "ideologicamente" tão amarrado que seria difícil imaginá-lo saltando sobre uma cova que ele mesmo havia cavado.

Nesses dias, conversas com Bruel, EUA, presidente da Associação de Política Exterior nos EUA, sobre a ocupação do posto de professor titular de filosofia em Munique, discurso em Saarbrücken (resposta ao bispo Hudal), discurso em Ulm na Conferência da Liga do Reich de Pré-história da A.[lemanha].[90] Na prefeitura, recepção "do porta-estandarte da ideia", como me chamaram, um belo presente: 2 obras do mestre construtor de Ulm, Fortenbach, de meados do século 17.[91] Nos próximos dias, Angelitti chega num voo da Itália.[92]

No mais, discussões preliminares para o caso da grande tarefa que, se for implementada da mesma forma que sugeri, realmente tem uma dimensão histórica mundial. Primeiro é preciso aguardar.

30/10/[1936]

No decorrer da apresentação em Obersalzberg, o Führer me permitiu fazer pressão pelas negociações com o Afeganistão e o Irã. As coisas entraram assim nos eixos, de modo que Ritter, senão constante obstrucionista no AA, disse sorrindo que "era preciso prestar mais atenção do que antes a essas questões". O contrato de 22 milhões

---

90 Buell, Raymond Leslie (1896-1946); cientista político americano; desde 1927: diretor de pesquisas da Foreign Policy Association em Nova York e 1933-39: seu presidente; durante a Segunda Guerra Mundial, assessor de política externa em Genebra para diversas publicações noticiosas nos EUA.
Hudal, Alois (1885-1963); teólogo austríaco; 1923-45: professor do Antigo Testamento em Graz; autor de *Grundlagen des Nationalsozialismus* [Bases do nacional-socialismo] (1937) no esforço para nivelação entre cristianismo e nazismo; após 1945: auxiliou a fuga de criminosos nazistas.
91 Furtenbach, Joseph von (1591-1667); mestre construtor de fortificações e autor de obras de arquitetura.
92 Provável referência a O. F. Angeletti; jornalista italiano.

com o Afeganistão está pronto; disso, 15 milhões em suprimentos militares, 20% deles pagos pelos afegãos em divisas. O acordo a.[alemão]-afegão abrange 800 milhões. Com persistência, a APA acabou implementando o terceiro acordo comercial: e só porque os "práticos" pressentiram uma clara colocação de objetivos políticos. Agora vamos assumir novas coisas (linhas aéreas até Cabul), Blomberg quer usar nosso adido em Ancara para minar a resistência dos turcos. Em 4/11 chega o primeiro-ministro af.[egão], que vou recepcionar. Recebemos o único original de um contrato de concessão de petróleo, ainda rascunho, que está sendo negociado com os americanos. Se for do nosso interesse, ele não será assinado.

Os russos foram informados sobre nosso acordo: como vingança, não deixaram retornar mais ao A.[feganistão] as 180 mil ovelhas karakul que pastam em seu território.

Ontem e hoje estive com o Führer na hora do almoço e conversei sobre essas coisas. O Führer ficou muito satisfeito. Pediu-me para listar as representações judaicas de nossas empresas na Romênia. Disse que vai proibir, de uma vez por todas, que o Ministério da Defesa do Reich tolere essa situação.

Em relação ao meu memorando sobre o contrato discutido por mim, ele disse: "É abrangente, algo que compreendo e considero natural. Entretanto, a demanda de poder recrutar um funcionário escolhido por você, de qualquer ministério, não me parece exequível dessa forma". Expliquei-lhe o seguinte: não era eu a escolher a pessoa, mas o funcionário determinado por tal ministério que estiver lidando com questões orientais deverá ser o homem de ligação com meu departamento e se reportar a mim. O Führer retrucou que para tanto seriam necessárias cerca de 30 reuniões, que haveria obstáculos a serem superados; o mesmo no caso da tarefa "referente à condução ideológica da Alemanha", como ele se expressou, para abranger gradualmente todos os territórios. Ele afirmou que, por meio dessa atribuição, quer evitar que todos acorram em sua direção no caso de divergências de opinião. E imaginou-a assim: que fosse eu a ir até ele – isto é, à Chancelaria do Reich – como seu representante. Mas então as pessoas que viessem conversar comigo já estariam no seu edifício e aí sim iriam perturbá-lo. No mais, disse estar pensando muito no assunto. Eu falei: O partido como um todo no país não causaria dificuldades, mas alguns líderes mais graduados, pois debater sobre construção de casas de camponeses não é tão difícil quanto aceitar uma direção <u>intelectual</u>. Talvez nossos companheiros de partido levantem mais dificuldades do que os ministros não nacional-socialistas. O Führer riu: Bem, eles acabarão sendo razoáveis.

+

Nesses dias: entrevista sobre a Judeia soviética para o citado Angelitti do Inst.[ituto] de Política Externa em Milão;[93] recepção de um deputado jap.; reunião com o Departamento de Política Colonial sobre como os trabalhos missionários que geram o bolchevismo podem ser anulados no futuro. Solicitei que as notícias sobre as situações sejam minuciosamente reunidas. Em seguida, estiveram aqui o prof. Shotwell do Carnegie Institut, que está procurando por temas cient., mas que parece ser cego para enxergá-los.[94] E não compreendeu nada quando eu lhe os apontei. Ainda não encontrei nenhum interlocutor americano de grande estatura. Além disso, reuniões sobre uma comunidade de trabalho sobre etnologia [*Volkskunde*], a fim de trazer o partido a um denominador comum nessa questão e retirar os clérigos e etc. das associações etnológicas. E mais uma noite para os líderes da Liga dos Estudantes [*Studentenbundführer*]. Tema: universidade ou escola técnica. Esclareci-lhes as grandes tarefas de um filósofo nazista; a pesquisa deve se <u>orgulhar</u> novamente, não deve tolerar sentimentos de baixa autoestima por causa da dominância da política.

Em Magbegurg, falei para 5 mil líderes da SA.

No mais, rotina: reuniões sobre dificuldades na área cultural, peq. diferenças pessoais. Depois, verificação de planos para a ampliação do Centro de Formação da APA.

---

93 O Instituto per gli Studi di Politica Internazionale (ISPI) foi criado em 1934 em Milão como um thinktank fascista.

94 Shotwell, James Thomson (1874-1965); historiador americano; desde 1908: professor na Universidade Columbia; desde 1935: presidente da League of Nations Foundation; mais tarde, presidente da Carnegie Endowment for International Peace in Washington, DC, e incentivador das Nações Unidas.

Schickedanz relata hoje: o representante de Goga esteve aqui para discutir o futuro acordo econômico com a Romênia na eventual tomada de poder de Goga. Conta o representante: seu genro, diretor da Waggon-Lits., gostaria de pedir demissão, mas onde se reempregar? Sch.[ickedanz] responde imediatamente: fique até amanhã. Kleinmann, da direção da Companhia Ferroviária do Reich, é imediatamente contatado em Leipzig.[95] Chega amanhã. Se tudo der certo, a alemã Mitropa ficará no lugar da Waggon-Lits.[96] Seria uma nova ruptura no sistema francês na Romênia.

Amanhã vou a Braunschweig e discursarei sobre arte e povo no Festival de Música da Juventude Hitlerista.

14/11/[1936]

Os dias correm, de noite sempre estou cansado e incapaz de registrar o que a vida traz. A velha doença ainda se faz notar.

O primeiro-ministro afegão chegou. Recepcionei-o, também chamei uma companhia de honra da SS [*Ehrenkompanie*] com música. O representante afegão me disse depois: Senhor *Reichsleiter*, o senhor nem sabe como meu coração está comovido pela maneira como fomos recebidos, sempre de maneira tão amável. O afegão, tio do rei, passa realmente a impressão de uma soberania natural e é um sujeito oriental fino, magro. Aos 12 anos, já tinha estado aqui. Na hora do chá, ele me disse: "Seu Führer não é apenas o líder da Alemanha, mas o maior homem do mundo. As ideias dele não necessitam de propaganda. Exatamente como a invenção da eletricidade substituiu, de fato, os antigos métodos de iluminação, o nazismo faz o mesmo com os métodos habituais na área política".

---

95 Kleinmann, Wilhelm (1884-1945); 1931: ingresso no NSDAP; 1933: diretor responsável por Köln na companhia ferroviária do Reich e interino do diretor-geral da companhia ferroviária do Reich; 1938: secretário de Estado no Ministério dos Transportes; líder do grupo de negócios "transportes" no BVP.
96 Mitropa; acrônimo de Mitteleuropäische Schlaf- und Speisewagen AG [Vagões-restaurantes e vagões-dormitórios da Europa Central] (fund. 1916).

O ministro do Exterior afegão ficou com uma cara meio azeda, ele está evidentemente mais inclinado a favor de uma postura conciliatória com Moscou.

O 8-9 de novembro transcorreu de maneira honrosa. O caráter da festa está cada vez mais definido. Como há 13 anos, caminhei um passo atrás do Führer. Depois da guarda ter desfilado, o Führer disse: "Eles não chegam mais perto disso com seus antigos santos". Eu: "Essa foi a procissão alemã de Corpus Christi". – A expressão já começou a circular.[97]

No dia 8 aconteceu também o desfile longamente planejado em Bucareste. Mais de 100 mil correligionários de Cuza e Goga marcharam por mais de 6 horas diante deles sob bandeiras suásticas. Goga falou: Nunca um pacto com a Rússia soviética! A França de Blum não nos ajuda. Um Estado formou o front contra o b.[olchevismo]: Alemanha! Não podemos nos dar ao luxo de não notar isso. Se nossas fronteiras forem reconhecidas, não haverá nada entre a Romênia e a A. – enorme aplauso. Essa foi a primeira declaração em 15 anos de política de *entente*. Meu obstinado trabalho de 3 anos deu certo.

Publiquei hoje um artigo considerado muito bom pelo Führer sobre política revisionista, que. Seu conteúdo pode agora ser citado por Goga e Cuza. Os húngaros que endereçem suas revisões a Praga, no caso da Romênia não temos motivo para sermos arrastados por Budapeste.

Estive com o Führer hoje na hora do almoço a fim de lhe entregar um memorando sobre configuração cultural [*Kulturgestaltung*]. O Führer falou sobre história alemã: mal se consegue perceber as motivações internas das ações dos grandes governadores. É perda de tempo criticar demasiado aqui. O Estado foi o meio para transformar as tribos em um povo [*Volk*]. Hoje o povo é o coração do Estado. O Reich e o povo unido é a história a.[lemã], não a história dos Hohenzollern.[98] Daun e Laudon fazem parte disso, quanto mais heróis tivermos, maior nossa consciência hoje.[99]

---

97 Frase sublinhada à mão (lápis).
98 Hohenzollern, família nobre com origem na Suábia (hoje Baden-Württemberg).
99 Daun, Leopold Joseph Maria von (1705-66), e Laudon, Ernst Gideon, barão de (1717-90): militares austríacos na Guerra dos Sete Anos.

15/11/[1936]

Bömer voltou de Londres, onde esteve para o casamento do major Dutton.[100] Eles o recepcionaram maravilhosamente, mas as explicações de Göring e Goebbels sobre as colônias foram recebidas com irritação. Göring já foi chamado de "o novo Tirpitz", uma palavra perigosa.[101] A afirmação de que nossas colônias foram roubadas de nós é mais do que correta; mas dói nos ouvidos em Londres. Nos nossos, soa falso quando os Baldwin querem justificar seu armamento com "o perigo alemão". Eles têm de perceber que também nós podemos levar a mal.

Apesar disso, permanece questionável se foi bom ter usado a palavra tão abertamente quanto Göring o fez.

A primeira afirmação de Ribbentrop ao pisar em solo inglês como embaixador também foi muito infeliz. Diretamente da estação de trem, por assim dizer, ele quis, durante uma entrevista, obrigar a Inglaterra a lutar contra o bolchevismo. Embora essa seja sua tarefa, ela foi muito mal recebida na opinião pública como tentativa de doutrinação. Ele ainda é acusado de ficar andando por aí durante tempo demais com Lloyd George, que dizem estar fora do jogo de uma vez por todas. Em terceiro lugar, as pessoas estão bravas porque R.[ibbentrop] deixou passar alguns meses após sua nomeação antes de realmente assumir seu posto. Pelo que ouvi de fonte próxima, o rei perguntou o seguinte: "Por que ele ainda não veio? É para ser um primeiro desdém? Minha bisavó certamente não aceitaria um comportamento desses".

De todo modo, existe a vontade de emparedar R. Apesar da situação favorável, ele teve um começo ruim.

---

100 Bömer, Karl (1900-42); 1932: ingresso no NSDAP; 1933: chefe do departamento de imprensa da APA; 1935: atividades docentes na universidade de Berlim; desde 1938: chefe do departamento de imprensa do RMVP; 1941: serviço militar após condenação devido a vazamento de segredo.

101 Tirpitz, Alfred von (1849-1930); oficial e protagonista na ampliação da frota alemã de alto-mar; 1897-1916: secretário de Estado no departamento de marinha; cofundador e primeiro presidente do DVLP; 1924-28: MdR.

Como B.[ömer] contou, Winterbotham fez uma viagem ao longo do front espanhol por ordem do staff de generais da Força Aérea britânica. Ele disse: os franceses estão furiosos, pois os caças Heinkel da Alemanha são claramente superiores aos Dewoitine. Os russos têm bons aviões, mas pilotos ruins. Eles voam sempre em linha reta e são mais fáceis de ser abatidos por oponentes ágeis.

Temas também para o "acordo de não intervenção"...[102]

16/11/[1936]

Hoje fui visitado pelo enviado belga conde Davignon.[103] Ele explicou a posição da Bélgica e revelou um perceptível alívio pelo fato de o rei ter se afastado da influência franco-soviética. Indiquei-lhe um texto publicado há pouco de B.[ertrand] de Jouvenel, que falou a verdade sobre esse pacto: que a França, no caso de um confronto alemão-tcheco, acabaria intervindo contra nós de maneira quase <u>automática</u>.[104] Onde ficariam aqui os interesses <u>belgas</u>? – D.[avignon] passou a impressão de ser uma pessoa inteligente, refinada, de repente parece constrangido e ausente. – Ele disse poder me convidar para um café da manhã algum dia a fim de conversarmos mais detalhadamente.

À tarde, veio <u>Bratianu</u>.[105] Ele tinha acabado de estar com o Führer e notoriamente satisfeito em agora poder viajar para a Romênia. O Führer chamou de imediato sua atenção para meu ensaio publicado no domingo no *VB*.[106] Disse que lá estão registradas as "nuanças alemãs" em relação ao discurso de Mussolini em Milão. B.[ratianu] está

---

102 Comitê binacional criado em setembro de 1936 por iniciativa do presidente francês Albert Lebrun, a fim de impedir que a Guerra Civil Espanhola se transformasse numa guerra europeia.
103 Davignon, Jacques-Henri-Charles-François, conde (1887-1965); diplomata belga; 1918-19: membro da delegação em Versalhes; 1933-35: encarregado comercial em Varsóvia; 1935-38: enviado, posteriormente embaixador em Berlim.
104 De Jouvenel, Bertrand (1903-87); economista francês e cientista político.
105 Bratianu, Gheorghe I. (1898-1953); político romeno; desde 1933: presidente do Partido Liberal-Nacional; 1933-34: ministro das Finanças; 1944: afastamento de Ion Antonescu e ministro sem pasta; preso desde 1945.
106 "'Povos oprimidos' e revisões", *VB* de 15 de novembro de 1936.

reclamando muito sobre essas declarações pejorativas do Duce: toda a imprensa judaica está gritando agora – e nisso incluiu a Alemanha também. No mais, ele reforçou a posição antibolchevista de seu partido – liberal jovem – e ironizou a renúncia de Titulescu.

Pela manhã, longo relato de Jena sobre o "holismo" – com uma nova palavra, querem nos distrair da substância de nosso pensamento. Vamos trabalhar uma réplica precisa, a fim de evitar aqui novas confusões à la Othmar Spann.

22/11/[1936]

A Conferência dos Chefes de Departamento das Regiões Administrativas [*Gauamtsleiter*] no castelo Vogelsang transcorreu com extraordinário sucesso e foi muito instrutiva.[107] Os GAL [*Gau-Amts-Leiter*] não são gente inexperiente e durante as inúmeras palestras puderam comparar os líderes do movimento. A senhora Scholz-Klinck, em si uma mulher incrível, infelizmente cometeu o erro de querer fazer seu sermão cristão também para os homens.[108] O que gerou resmungos intensos. Uma boa lição para se manter nos limites do trabalho feminino atual. – Depois do encerramento, falei com um senador de Danzig; segundo ele, as apresentações de Goebbels "não foram convincentes em muitos casos". Uma de suas respostas na hora das perguntas não foi bem recebida. Ele foi perguntado por que as contribuições da Frente Alemã de Trabalho [*Deutsche Arbeitsfront*] não são diminuídas. G.[oebbels] respondeu: Caso isso fosse feito, os trabalhadores iriam... sobrecarregar o mercado de alimentos! Uma propaganda – também![109]

---

107 Castelo Vogelsang, centro de formação de líderes nazistas em Eifel.

108 Scholtz-Klink, Gertrud (nasc. Treusch; 1902-99); 1930: ingresso no NSDAP; 1931: líder das mulheres do distrito administrativo de Baden e Hesse; desde 1934: líder na Liga Nacional-Socialista das Mulheres [*NS-Frauenschaft*] e da Obra Feminina Alemã [*Deutsches Frauenwerk*]; 1936: nomeação para a Academia de Direito alemão; 1949: condenada a dezoito meses de prisão; 1950: remissão da pena.

109 O trecho que vai de "O Führer falou" até "encontrou brilhante confirmação" marcado (a lápis); reproduzido (com ligeiras diferenças) em Kempner, *Der Kampf gegen die Kirche*, p. 30.

No final, o Führer falou maravilhosamente e com muita clareza: Monarquia e Igrejas falharam. Em todos os lugares: na Rússia, na A.[lemanha], na Espanha. Sim, ela criou a inferioridade em sua oposição à higiene racial. Se esses animais estão queimando religiosos agora na Espanha, estão sendo obrigados. Mas o fato de terem se tornado assim é culpa daquelas forças que dominavam a Espanha: a monarquia e a Igreja. Houve um tempo em que o cristianismo era a base geral do sentimento. Entretanto, tinha sido introduzido de fora, para se desintegrar em muitas confissões. Além disso, se ligou a dogmas das ciências naturais, que não tinham nenhuma relação com a religião em si. Com o desenvolvimento da ciência, a Igreja ficou diante da questão: corrigir-se ou se aferrar ao dogma. Ela escolheu o último com o resultado de perder muitos fiéis. Hoje ela se defende do conhecimento racial, ela nós não vamos nos afastar dele.

"Todas as Igrejas, o cristianismo como um todo", disse o Führer, "é incapaz de combater o bolchevismo; isso é preciso ser feito por uma nova visão de mundo."

Depois, os companheiros de partido me disseram: sabíamos que Rosenberg tinha uma linha clara, mas outros diziam coisas bem diferentes. Após a fala do Führer, R.[osenberg] recebeu uma brilhante confirmação.

Ontem falei no Teatro de Ópera Kroll sobre visão de mundo e ciência.[110] Um pronunciamento duro visando à pesquisa exata e crítica do conhecimento. Acho que foi bom.

24/11/[1936]

Meu texto sobre o revisionismo encontrou um eco enorme no sudoeste. Os húngaros estão furiosos, justamente por causa do discurso de Mussolini, que fez nascer novas ilusões; eles terão de ser razoáveis se não quiserem perder tudo. Os jornais romenos traduziram o artigo, em parte literalmente. Goga deu uma longa

---

110 Teatro de Ópera Kroll, em Berlim; servia como lugar provisório para conferências do Parlamento depois do incêndio.

entrevista simpática; ontem recebi um telegrama <u>aberto</u> dele: aperto de mão caloroso em nome de meu grande povo. Segue carta. O.[ctavian] G.[oga]

O enviado romeno Comnen passou hoje por aqui, perfumado feito um cabeleireiro velho – mais do que amável –, jorrando agradecimentos (anexo registro do arquivo).[111]

Alguma coisa da imprensa romena em anexo.[112]

O prof. Günther reclama do "caráter oriental [*ostisch*]" que está prevalecendo[113] em alguns círculos administrativos. Ele disse que as grandes demandas organizacionais infelizmente criaram muitos desse tipo.[114] No mais, discutimos sobre recolocações na direção da Sociedade Filosófica.

Mais tarde, visita do novo presidente da Sociedade Alemã de Pesquisa, prof. Mentzel.[115] Mais para a frente, ela será fortemente incorporada à estrutura ministerial; a tarefa é orçar corretamente as áreas que me são importantes a fim de realmente conseguir trabalhar.

11/12/[1936]

Os últimos tempos novamente recheados com reuniões infinitas – em parte de um tipo muito fastidioso, sobre as quais é preciso resumir o mais importante, porque não raramente os temperamentos e

---

111 Falta; sobre o telegrama de Goga e sobre a conversa com Comnen, veja anotações de Rosenberg em USHMMA RG-68.007M, reel 49 (BAB NS 8/175, folha 83 e segs.).

112 Veja o excerto não reproduzido aqui de uma cópia mimeografada sobre o eco na imprensa da Romênia em relação ao texto de Rosenberg "'Povos oprimidos' e revisão" de 15 de novembro de 1936; USHMMA RG-71 Acc.2001.62.14.

113 Palavra seguinte riscada, ilegível.

114 Günther, Hans Friedrich Karl (1891-1968); escritor e pesquisador racial; 1922: autor do influente *Rassenkunde des dt. Volkes* [Teoria racial do povo alemão]; 1932: ingresso no NSDAP; 1930-35: cadeira de teoria racial em Jena; 1935-40: na Universidade de Berlim; 1940-45: em Freiburg; mesmo depois de 1945: representante da eugenia racial.

115 Mentzel, Rudolf (1900-87); 1925: ingresso no NSDAP; 1933: chefe de seção no Instituto Kaiser Wilhelm de Química Orgânica; 1934: chefe de seção de investigação militar no RWM; desde 1936: conselheiro (mais tarde presidente) da divisão de pesquisa sobre a questão judaica no Instituto de História da Nova Alemanha; 1949: condenado a dois anos e meio de prisão.

as convicções divergem no que é fundamental. Depois, os discursos pelo país são sempre nova fonte de energia e reforço na confiança. Assim como em Nuremberg, diante do corpo de dirigentes da SA da Francônia. Lá, na antiga igreja de s. Catarina, falei para os líderes da SA oriundos de 2 distritos.[116] Sobre a batalha da SA e nossa visão de mundo. V. Obernitz cumprimentou-me calorosamente e determinou: "Para nós, seu nome é um manifesto e lei".[117] E que o coração de todos estava comigo. "Você voltará para casa cheio de energia por aquilo que nos deu", disse O.[bernitz]

Nesses dias, esteve comigo o prof. Zankoff, da Bulgária, o antigo primeiro-ministro.[118] Ele conhecia meu trabalho de há muito, pediu-me mais explicações sobre o princípio de nossa batalha e falou de seus planos. Ele passa uma impressão simpática, embora um tanto professoral, que a princípio não deixa entrever a impressão de um ~~futuro~~ possível ditador.[119]

Entrevista telefônica com a Agência Domei sobre o acordo nipo-alemão e o perigo mundial do bolchevismo.[120]

Reunião com o diretor Kleinmann sobre as possibilidades de prover as ferrovias romenas com vagões Mitropa em vez de usar os franceses. Exposição precisa da situação contratual, que foi muito bem organizada pelos franceses. Aqui é preciso agir a partir do parágr. 14 [19?]: quando não é mais possível esperar pelo acatamento.

Deleanu, da Romênia, oferece campos para perfurações de petróleo, mais tarde para grãos.[121] Será repassado para o Ministério da Alimentação e Göring.

---

116 Igreja de s. Catarina, igreja medieval de convento dominicano em Nuremberg.
117 Obernitz, Hanns Günther von (1899-1944); 1930: ingresso no NSDAP; líder da SA na Francônia e corresponsável por violência antijudaica local; 1933-34: chefe da polícia de Nuremberg-Fürth; desde 1939: MdR.
118 Zankow, Alexander (1879-1959); jurista e político búlgaro; 1923-26: como primeiro-ministro, repressão da revolução comunista; desde 1932: líder de um "movimento nacional" semelhante ao NSDAP; 1944: chefe do governo búlgaro no exílio, instalado em Berlim; 1945: fuga para a Argentina.
119 "Possível" incorporado posteriormente.
120 Do-mei Tsu-shinsha, agência de notícias japonesa.
121 Deleanu, Theodor (1881-?); político romeno; 1920-22: secretário-geral do Ministério de Indústria e Comércio.

Goga me escreve uma longa carta de agradecimento e promete manter de maneira inquebrantável o curso discutido.

Dr. Lawaczek reporta minuciosamente sobre invenções e a sabotagem pela IG Farben. Foi levado a Backe, que, quando compreendeu o assunto, assegurou todo apoio.[122]

Entrevista com o maior jornal sueco sobre o perigo bolchevista. Recepção do novo enviado boliviano. (Iniciam-se negociações prévias sobre acordos comerciais.)

Noite de recepção da APA. Comnen diz que conversou com o enviado tchecoslovaco. E que Mastny vai me procurar para falar sobre melhorias em nosso relacionamento.[123]

Vou com o Führer ao lançamento do *Gneisenau*. Uma visão maravilhosa. No final, uma experiência da qual nunca me esquecerei. Quando o Führer apertou a mão de cada um dos sobreviventes do submarino afundado, um marinheiro sacou uma foto do Führer. Comida pela água do mar e moldura arranhada: ele havia salvado a fotografia na hora da morte e guardado-a consigo. E pediu o autógrafo do Führer – essa fotografia será, no futuro, a recordação mais preciosa de um novo submarino.

Além disso: visita à recepção noturna da Soc.[iedade] Nórd.[ica]. Discurso do diretor dinam. das Ferrovias Estatais Dinamarquesas.

Ontem, discurso em Münster diante do Exército e do partido na antiga prefeitura. Depois, algumas palavras em uma reunião de massas. A palestra foi cuidadosa e calibrada corretamente visando ao avanço em direção a nossas exigências. Mais tarde, uma bela noite de camaradagem.

Amann esteve aqui e contou suas preocupações com a nova Lei de Imprensa. Dr. G.[oebbels] vive constantemente com medo

---

[122] Lawaczek, Franz (1880-1969); por volta de 1925: ingresso no NSDAP; desde 1934: professor de hidráulica na Universidade de Danzig.
Backe, Herbert (1896-1947); 1925: ingresso no NSDAP; desde 1933: secretário de Estado no Ministério de Alimentação e Agricultura; a partir de 1936: responsável por alimentação no BVP; 1941: coordenador de planos para o saqueio de áreas soviéticas ocupadas segundo critérios raciais; 1944: ministro de Alimentação e Agricultura.
[123] Mastny, Vojtech (1874-1954); diplomata tchecoslovaco; 1920-25: embaixador em Londres; 1932-38: enviado a Berlim.

de que possam lhe ser "cortados seus direitos". A.[mann] sempre o caracteriza como alguém que rouba o resultado do trabalho dos outros. Em seguida, falou sobre um judeu L., no Ministério das Finanças, por cujas mãos passam as contas de coisas secretas da defesa do país, mas que foi <u>derrubado</u>. O necessário iniciou-se agora. No mais, ele disse que falou com o Führer, que também fez uma referência a mim. "R.[osenberg] é uma cabeça genial. Só que ele tem representantes demais, que querem se equiparar a ele." Depois, A. conta sobre uma conversa com o Führer quando da publicação de minha obra. Ele foi até lá e disse: "Herr H.[itler], se quiser ler algo <u>muito</u> bom, então leia o livro de R". E o Führer, que conhecia a obra: "Sim, esse livro continuará sendo falado mesmo quando os ossos de R. estiverem se desfazendo".

Kerrl, mal recuperou a saúde, já está instigando seus funcionários contra o *Mito*. Para os intelectuais zero à esquerda, um feito é sempre uma repreensão. Kerrl também escreveu uma carta a Rust, que até R.[ust] considerou completamente desconcertante. Kerrl quer torpedear o novo Código Escolar e escreve a Rust dizendo que para o nazismo é evidente tornar o[124] ensino religioso confessional <u>obrigatório</u>. Rust acabou prometendo romper com seu velho amigo.

Ou seja, a vida acaba empurrando para a superfície coisas que não suspeitávamos em meio à batalha política. No caso de Kerrl, um servilismo intelectual se torna visível. Recebi um relato sobre suas últimas observações após a convalescença... O homem ficou espumando durante duas horas – sem direção, cheio de resistência contra as consequências do pensamento nazista.

A Lei da Blasfêmia foi colocada em circulação ministerial por Gürtner: o 2º parágrafo equivale à proteção absoluta das confissões dominantes![125] <u>Dessa maneira</u> não dá para ser aprovado. O staff de

---

124 Corrigido a partir de "os".

125 No caso dos projetos de lei, em vez de usar o caminho tradicional, por intermédio de reuniões de gabinete e outras reuniões centralizadoras dos grêmios em questão, o regime nazista se valia cada vez mais de meios do assim chamado *Umlaufverfahren* [envio do texto para os ministros em carta circular, a fim de receber suas opiniões], o que correspondia à típica perda de comunicação da elite das lideranças

Hess já se retraiu, embora nessa questão já estivesse tudo certo; supostamente porque G.[ürtner] tinha conseguido a aprovação do Führer. Mas sabemos como é fácil colocar tais "aprovações" em circulação. Perguntarei ao Führer na primeira oportunidade.

19/12/[1936]

O primeiro-ministro afegão foi recebido por esses dias pelo Führer, na minha presença. Ele agradeceu por tudo o que tinha visto e manifestou sua admiração pela A.[lemanha]. Disse ao Führer: que ele deveria ser o homem mais feliz do mundo, visto que fazia tanta coisa boa não só para a A., mas para todos. – Ontem falei novamente com ele. Ele me agradeceu por ter organizado tudo tão bem e tê-los recepcionado da mesma maneira.

Hoje falei por 2 horas com Göring, depois de longo tempo. Alguns mal-entendidos foram resolvidos e as áreas de trabalho, delimitadas. Ele vai encaminhar à APA tudo o que se refere ao Nordeste e todo o Sudoeste, ou seja, da Finlândia até o Afeganistão ao longo da fronteira russa. Dos Bálcãs, G.[öring] reservou para si a Iugoslávia por causa de seus estreitos relacionamentos. Detalhes podem ainda ser combinados.

26/12/[1936]

Li durante os feriados a correspondência entre Cosima W.[agner] e Chamberlain, algo a que havia me proposto há tempos.[126]

---

no contexto da administração em estado de exceção permanente; veja Hans Mommsen, "Hitlers Stellung im nationalsozialistischen Herrschaftssystem", in: idem, *Von Weimar nach Auschwitz*, Stuttgart, 1999, pp. 214-47.

Gürtner, Franz (1881-1941); jurista e político; desde 1922: ministro da Justiça bávara; responsável entre outros pela soltura antecipada de Hitler da prisão; 1932-41: ministro da Justiça; 1937: ingresso no NSDAP.

126 Wagner, Cosima (nasc. de Flavigny; separada von Bülow; 1837-1930); filha do compositor Franz Liszt e segunda mulher de Richard Wagner; 1928: participação no abaixo-assinado do manifesto de fundação do KfdK.

Chamberlain, Houston Stewart (1855-1927); escritor inglês; publicou entre outros *Die Grundlagen des 19. Jahrhunderts* (1899) und *Arische Weltanschauung* (1905); significativa influência sobre o racismo nazista.

Essa vida compartilhada é comovente, a devoção de Ch.[amberlain] a Bayreuth revela imensa gratidão humana. Novamente fui confrontado com o problema de Bayreuth, que tanto nos ocupa, principalmente a nossa juventude. O Führer garantiu o maior apoio a Bayreuth. Assim como Wagner foi "o sol de sua vida" para Chamberlain, Wagner também foi um despertar para Adolf Hitler. Além disso, ele lhe é profundamente afim em temperamento, brusquidão e paixão. E assim como Ch. agradece a Bayreuth a experiência de sua vida, o Führer manifestou a sua gratidão e a da Alemanha a Wagner. Dessa maneira, Bayreuth permanece um local de peregrinação a todos que anseiam por outros horizontes na vida cotidiana.

E apesar disso! Passaram-se quase 50 anos, anos que abalaram o mundo. E aí fica patente que a tentativa de proclamar todas as obras de Wagner igualmente eternas toca numa resistência que se mostra cada vez mais clara. Algumas palavras nesse sentido no *Mito* foram mal interpretadas – mas, como descobri, são apenas uma expressão do sentimento geral.

Toda a correspondência está impregnada pela preocupação e o amor por *Tannhäuser*. Assistimos à peça novamente no festival por ocasião das comemorações dos 10 anos da Conferência do Partido de 1926. Eu costumava sair depois do 2º ato; dessa vez, todos ficaram até o final. E depois: inacreditável! Falei: "Não dá mais para tentar compreender tudo em termos artísticos; a ética da obra é tão forte e estranha a nós, de modo que o contraditório é quase exigido". Hoje em dia, o absolutismo do contraste não tem um efeito dramático, mas teatral e irreal. O báculo agitado com as folhas verdes, o milagre, tornou-se sufocante para nós hoje. A contrição do cavaleiro Tannhäuser, sua narrativa de Roma, estranhas. E tudo isso aparece de maneira tão evidente que a maravilha do 2º ato não lhe é páreo.

E eu me digo: não será pouco razoável exigir a eternidade de toda produção mesmo do maior gênio? Tudo de Goethe ou de Schiller é eterno? De Schopenhauer?[127]

Rosenberg refere-se aqui a Paul Pretzsch (org.), *Cosima Wagner und Houston Stewart Chamberlain im Briefwechsel 1888-1908*, Leipzig, 1934.

127 Schopenhauer, Arthur (1788-1860), filósofo alemão.

Wagner também não <u>consegue</u> ser exceção aqui. Seria sábio se Bayreuth quisesse enxergar isso, mas a senhora Winifred, que fez algumas investidas hereges, é fortemente hostilizada pela família W.[agner].[128] Ela não entra mais na casa Wahnfried (ou seja, Daniela. Também Eva?).[129] Há algum tempo recebi queixas vindas de Bayreuth: Por que Nietzsche está tão em evidência hoje em dia, o que é percebido como sendo contrário a Wagner.

Essas queixas tornam-se compreensíveis a partir da correspondência. Cosima W. chama N.[ietzsche] "ou um monstro ou um louco". Ch.[amberlain], entretanto, encontra imediatamente o patológico em N. No caso de H.[einrich] v. Stein, ele considera que sua decisão "de assumir a educação de Siegfried" tem "mais importância do que todos os escritos de N.[ietzsche]".[130] É interessante que Ch. escreva em 9/III/1901 (!) a Cosima: "Devo confessar-lhe que praticamente não conheço N.".

No caso de Ch. ~~era~~ é muito claro que qualquer opositor de Wagner era considerado, de antemão, também como seu inimigo pessoal. Um belo sinal de imperturbável lealdade, mas também mostra como mesmo grandes homens têm suas limitações temporais. Naquela época, W. venceu N. como artista. Ele lhe retirou aquelas pessoas mais finas da antiga era industrial, com a qual N. também contava. Foi <u>isso</u> certamente que levou N. ao desespero, mais do que suas dores de cabeça. E, depois, à amargura e aos ataques objetivamente injustos. Contra todos. Hoje o desenvolvimento intelectual da Alemanha restabelece o equilíbrio correto. N. <u>não</u> capitulou; por essa razão, é compreensível que figuras como Tannhäuser e Parsifal tenham tido de se opor a ele. "Também você, também você, um vencido".[131]

---

128 Wagner, Winifred (1897-1980); nora de Richard Wagner; 1928: participação no abaixo-assinado do manifesto de fundação do KfdK, patrocinado por Rosenberg; 1930-44: chefe do festival de Bayreuth.

129 Wagner, Daniela von Bülow (1860-1940); filha de Hans e Cosima von Bülow; enteada de Richard Wagner.
Wagner, Eva (1867-1942); filha de Cosima e Richard Wagner.

130 Stein, Heinrich, barão de (1857-87); 1879-80: preceptor de Siegfried Wagner, filho de Richard Wagner.

131 Verso do poema de Nietzsche "A Richard Wagner".

E por essa razão N. toma cada vez mais seu espaço entre os grandes profetas, hoje ele conta com aquelas pessoas que ele um dia procurou em vão. Aquilo que nele era condicionado pelo tempo, o que é *páthos* estranho, se solta.

Hoje ambos são imortais para nós; o fato de que os avós brigavam entre si não é mais suficiente para reconhecer como legítima a disputa entre wagnerianos e nietzschianos. E Bayreuth terá de se esforçar em tolerar Nietzsche ao seu lado, de reconhecê-lo. Por essa razão, na conferência sobre cultura do Dia do Partido deste ano, citei três precursores intelectuais do nazismo: Nietzsche, Wagner, Lagarde. Exatamente nessa sequência, porque W. já tinha tido seu triunfo.

A correspondência contém muita coisa bonita, fiquei em particular muito comovido com a história do surgimento das *Grundlagen*.[132] Mais uma vez um "acaso" fez essa obra nascer. Bruckmann sugeriu a Ch. escrever algo sobre o século 19.[133] E, de repente, esse teve o lampejo do grande plano!

Foi assim que Ch. se tornou mais alemão do que aqueles que escorregam sobre os joelhos diante de Roma ou dos judeus, e as cartas a Cosima são um testemunho delicado, maravilhoso, da grandeza interior do homem a quem todos temos tanto a agradecer. Depois de 1925, tive a possibilidade de visitar seu leito de enfermo, mas me pareceu uma profanação me aproximar por assim dizer por curiosidade e ainda sendo um estranho para ele. – Dessa maneira, escrevi da prisão – por incentivo do mesmo Bruckmann – uma pequena resenha de sua obra. Pouco antes da publicação, ele morreu. E Bayreuth perdeu seu maior filho. Vou dar um lugar especial à sua correspondência com Cosima em minha biblioteca e a ela voltarei com frequência.

---

132 Houston Stewart Chamberlain, *Die Grundlagen des 19. Jahrhunderts*. Munique, 1899.

133 Bruckmann, Hugo von (1863-1941); editor; antigo apoiador do NSDAP; 1932--41: MdR; 1928: membro fundador e em 1930: presidente do KfdK.

[1937]

8/1/37

As experiências com o dr. Ley, que há meses se esforça em se furtar de suas responsabilidades por meio de flagrante quebra de contratos assinados, reforçou uma minha preocupação: a de que a grande ascensão da Alemanha possa ser frustrada pelo mesquinho afã por notoriedade. Exprimi isso de maneira inequívoca em correspondência com Ley e ontem falei a Hess que o final de nossos princípios seria permitir, mesmo uma só vez, uma postura baseada em pressão financeira. Essas experiências, que foram aludidas em alguns discursos pelo necessário rigor no que é fundamental, resultaram num plano cujo início já comecei a concretizar: depois do conteúdo (o *Mito*), agora trata-se de incentivar, descrever e fundamentar todos os lados de maneira combativa, a forma, a disciplina, a ordem rígida.[1] Sem disciplina, aqueles tomados pela ambição, cujo departamento tem mais importância do que a maturidade interior, batem cabeça. Aqui é imperioso valer o seguinte: é melhor que um afunde do que a justiça suma do mundo.

---

1 Sobre o planejado "segundo livro" de Rosenberg, veja Piper, *Rosenberg*, p. 201.

E assim é a estrutura: I. A totalidade do nacional-socialismo[,] II. A forma política, III. a artística, IV. a científica, V. a religiosa[,] VI. o nacional-socialismo como fenômeno original, como realização, como futuro.

Cada capítulo com um excurso: por exemplo Moeller v. d. Bruck, O.[thmar] Spann como exemplo de confusão; Barlach e Petersen como antípodas artísticos; holismo, Nietzsche, Wagner como problemas de pesquisa; Lutero e Eckhart como perquiridores religiosos; Frederico II. Henrique I etc. como disciplina, poder e objetivos.[2]

Desenvolver isso – se eu tivesse sossego, em vez de perder 60% do meu tempo com presunçosos míopes, que detêm poder executivo para coisas das quais nada entendem profundamente.

+

Goga esteve vários dias em Munique, com muita esperança. O governo atual ofereceu-lhe o ministério: ele encaminhou o assunto ao rei, que hesita novamente: de preferência, ainda não quer ter homens fortes demais. Estaria de acordo com Wajda – mas esse não tem mais ninguém por trás, por isso Goga não quer sua proximidade. Seguindo uma ordem de Michailescu, Dimitresku esteve aqui com uma carta de M.[anoilescu].[3] Segundo ela, Wajda já se considera como o futuro nome e indicou M. como seu ministro do <u>Exterior</u>! No mais, M. falou com o rei sobre uma visita minha: o rei gostaria de me convidar na forma

---

2 Moeller van den Bruck, Arthur (1876-1925); historiador da arte; escreveu, entre outros, *Das Dritte Reich* (1923), *Die Deutschen. Unsere Menschengeschichte* (1904-10).
Barlach, Ernst (1870-1938); artista; 1936: confisco de suas obras na exposição comemorativa da Academia Prussiana de Artes; 1937: proibição de exposições; citação na exposição "Arte degenerada".
Petersen, Wilhelm (1900-87); artista; incentivado por Rosenberg e outros líderes nazistas, expondo suas obras de maneira destacada; desde 1938: professor universitário; "pintor de guerra" da SS; após 1945: ilustrador.
Hochheim, Eckhart von (também: mestre Eckhart; 1260-1328); monge e teólogo; adotado pelo nazismo como místico alemão anticatólico.
Henrique I (875-936); duque da Saxônia, rei romano alemão da Frância Oriental.
3 "M" supostamente se refere a Mihail Manoilescu.
Dumitrescu, Petre (1882-1950); oficial romeno; 1942: general; desde 1941: líder do Exército na guerra contra a União Soviética.

de uma "excepcional personalidade estrangeira", ou seja, não oficialmente, algo que não parece compreensível hoje. Bem, ainda estou cético, mas se Carol perceber que a voz do povo se cristaliza cada vez mais, por interesse próprio ele será oportunista o suficiente para intervir.

Deleanu, representante de Goga, conseguiu agora que recebêssemos 100 mil toneladas de milho e 60 mil toneladas [espaço em branco]. Na sequência haverá negociações para até 1 milhão de toneladas de trigo, pagas apenas em marcos. Se isso der certo, a APA terá livrado a Alemanha da pior carestia de pão. Göring me disse há pouco: "Estamos sem grãos, se você conseguir nos ajudar com a Romênia, eu lhe seria muito grato. Sei que muitas vezes é possível ir mais longe com relações pessoais do que com esforços oficiais".

Nos próximos dias, Malletke vai para a Bulgária, para alinhavar algo semelhante ali também; em seguida, direto para a Hungria.

18/1/[1937][4]

Há alguns dias, enquanto estive almoçando mais uma vez com o Führer depois do meu aniversário – foi no dia 13 –, surgiu um questionamento sobre coisas da Igreja. Kerrl, que estava presente, aproveitou a oportunidade para apresentar, diante de todos à mesa, uma queixa contra o *Gauleiter* Roever por causa do decreto do crucifixo (apoiado pelo dr. G.[oebbels]). O Führer fez um sinal de desaprovação com a mão: é claro que podem acontecer erros em meio a uma grande controvérsia. E disse que, se alguém quiser observar o transcorrer de uma grande batalha em câmera lenta, encontrará muitas coisas que poderiam ter sido feitas de um jeito melhor. Mas a agitação sobre tais inevitabilidades não deve ser sentida no front, mas nos ministérios. E no caso de o outro lado se irritar com as invectivas dos religiosos: desde quando existe uma guerra na qual só um lado é

---

[4] O trecho que vai de "Há alguns dias" até "lhe dê o troco" com marcações (a lápis); reproduzido (com ligeiras diferenças) em Kempner, *Der Kampf gegen die Kirche*, pp. 30 e segs.

bombardeado?! Não se pode levar isso de uma maneira muito trágica. A grande luta pela supremacia absoluta do Estado sobre a Igreja continua, temos de prosseguir com a batalha dos grandes imperadores contra os papas e vamos vencê-la. E se a Igreja se opuser, então temos de considerar apenas a tática[,] não a vontade de reprimi-la: se queremos cortar-lhe uma veia após a outra ou conduzir uma guerra aberta. Em todo o mundo, a Igreja está perdendo internamente sua força: na Espanha, o povo <u>inteiro</u> – não apenas os bolcheviques – é, no fundo, antieclesiástico. Na Rússia, a Igreja <u>foi</u> superada. Por fim, ele disse que as Igrejas não têm mais nada que ver com a religião, só se aproveitam da fé por objetivos políticos de poder.

Kerrl balbuciou algo de "manutenção das Igrejas contra os religiosos", e o Führer replicou: Chegamos ao poder com ou sem as Igrejas? E o que você acha, Kerrl, <u>hoje</u> há mais pessoas nos apoiando do que antes? Kerrl: Antes havia mais. O Führer: Mas não seja maluco, Kerrl. E em seguida, discorreu longamente sobre as questões das Igrejas.

O "ministro da Igreja" ficou ali todo amarfanhado. Ele ainda não tinha compreendido, nem de longe, sua tarefa: não criar uma "força religiosa <u>caseira</u>", mas fazer o Estado do NSDP dominar a Igreja. Há consequências quando se destaca uma pessoa <u>tão</u> fraca ideologicamente a um cargo ao qual ela não está à altura. Sua "política", que teve o atrevimento de cultivar os "Comitês das Igrejas", foi condenada de cabo a rabo. E deve ter sido muito doloroso para Kerrl isso ter acontecido justamente na minha presença.

O Führer ainda aproveitou para contar uma história característica sobre o ódio crente. Rosenberg ou eu, ele disse sorrindo, somos pessoas tolerantes, ~~mas~~ não conseguimos sentir o ódio crente que um religioso sente pelos outros. E continuou: visitei faz pouco o abade Schachleitner [Schachleiter], que estava em seu leito de morte (aquele repreendido pelo card. Faulhaber). Com a voz estertorante, mas vermelho de ódio, ele disse: a justiça terrena não alcançará mais o cardeal, mas espero que a divina lhe dê o troco...

+

Nos dias 16-17 grande encontro comemorativo em Lippe. Lemgo me nomeou Cidadão Honorário, o que significa mais uma ligação profunda ao *Gau* Westfalen-Nord, onde "reside" o bispo Clemens August.[5] Um presente valioso me alegrou: o relatório original de um processo contra uma bruxa de 1666.

20/1/[1937]

Recebi uma carta da Rodésia, remetida por Dutton, secretário do governo local. Ele escreve dizendo que pediu ao dr. Oldham para me avisar da data aproximada de sua vinda à A. a fim de me visitar.[6] É que eu havia perguntado a Dutton em Nuremberg se, eventualmente, no próximo Congresso Ecumênico dos Protestantes seria possível evitar ataques desnecessários contra nós. D.[utton] conhecia o dr. O.[ldham] e falou com ele, que imediatamente se dispôs a me visitar. O. escreveu muitos ensaios (sobre raça e cristianismo, negros e brancos na África) e é uma personalidade muito conhecida no movimento protestante mundial. Uma concordância plena está fora de questão, o que vale é mostrar-lhe um pensamento objetivo e algo da Juventude Hitlerista, para que ele sinta uma nova atmosfera em relação ao cheiro missionário embolorado. – No mais, tornar acessíveis sóbrias reflexões alemãs-britânicas que sejam adequadas.

Se nossos "Conselhos de Irmãos" [*Bruderräte*] ouvirem isso, ficarão furiosos.

---

5 Galen, Clemens August von, conde de (1878-1946); religioso católico; desde 1933: bispo de Münster; crítico do neopaganismo nacional-socialista propagado por Rosenberg; 1941: mobilização pública contra as "mortes por eutanásia"; 1946: nomeado cardeal; 2005: santificação.

6 Oldham, Joseph Houldsworth (1874-1969); teólogo britânico; desde 1921: secretário do International Missionary Council [Conselho missionário internacional].

12/2/37

A antiga preguiça levou novamente à interrupção dos registros. Por essa razão, vou rememorar rapidamente algumas coisas.

O primeiro-ministro afegão me fez uma visita de despedida. Agradeceu comovido o grande apoio: sem minha pessoa e meus homens, tudo teria ficado soterrado em conversas oficiais. Ele me pede para ajudar na solução das questões que permanecem em aberto e nunca vai se esquecer dos dias em Berlim. – Entreguei-lhe em nome do Führer a sua foto, autografada, numa bonita moldura prateada. Ele agradeceu e me pediu para falar confidencialmente ao Führer: o Afeganistão tem de negociar com cuidado entre a R.[ússia] e a Índia, mas a divisão que a A. vai montar será considerada como parte do Exército a.[lemão].

O acordo cultural também é perfeito, de modo que podemos nos sentir bastante satisfeitos. Mais ainda, visto que os criminosos começaram a se exterminar mutuamente em Moscou e no futuro alguma coisa turbulenta parece, sim, ser possível.

Por causa do pacto iugoslavo-búlgaro, a Romênia entrou numa situação na qual ela logo terá de tomar uma decisão. Goga disse que Carol temia um ataque russo no caso de uma orientação aberta pró-Alemanha. Há alguns dias, pedi a Göring que os iugoslavos pressionassem Bucareste novamente, o que vai acontecer. Estamos dispostos a todo o apoio se a Romênia se juntar ao bloco alemão. As mais recentes revelações do livro de Seba[7] são adequadas para continuar promovendo o isolamento da Tchequia. Permanece incompreensível como um enviado tcheco, sob promoção oficial, pode ser tão burro a ponto de atacar a Romênia e a Polônia. Seus "aliados". Em Praga os dentes também estão batendo. Durante um jantar diplomático com o Führer, o representante daqui me tomou para si por quase uma hora. Ele está com 62 anos e seu objetivo de vida é fazer as pazes

---

7 Provavelmente Seba, Jan (1886-1953); diplomata tchecoslovaco e embaixador em Moscou; autor de *Rusko a malá dohoda v politice svetové* [A Rússia e a pequena *entente* na política mundial], cuja publicação em 1937 criou tensões entre a Tchecoslováquia e a Romênia e a saída de Seba de Moscou.

entre a A.[lemanha] e a Tch.[eco]-Esl.[ováquia]. Ele disse que dava sua palavra de honra de que nossas informações sobre os aeroportos russos não estão corretas. Eu: Exc.[elência][,] não estou duvidando de sua palavra, mas o senhor está <u>suficientemente</u> informado por Praga? Mastny: Ah, é isso o que sempre ouço dizer. Falando como Mastny, posso lhe dizer que protestei contra algumas coisas e vou empenhar todas as forças para criar boas relações, talvez esta conversa também contribua para tanto.

Anteontem avisei o Führer a respeito; ele riu. Assim como riu do artigo de Lloyd George, que parece pintar os assassinatos de Stálin como limpeza razoável: os ingleses procuram ávidos por motivos para encobrir sua política pró-soviética. A I.[nglaterra] operou de maneira altamente burra, ficando sempre em cima do muro nos últimos anos. Veja a Abissínia, depois a Espanha. Agora, em vez de se juntar à A. e ao J., ela apoia Moscou.[8]

Há alguns dias fui visitado pelo prof. Cogni, Milão, que escreveu um livro muito bom sobre a questão racial.[9] Ele conversou longamente com Mussolini. M.[ussolini] agora compreende a importância de todo o problema e constatou que no Norte e no Centro da Itália quase 50% das crianças são claras. – Eu disse que toda nação precisa primeiro de casos extremos a fim de entender a profundidade da questão: nós temos os judeus, os italianos têm os abissínios.

Em seguida, C.[ogni] me disse algo muito interessante, que não é possível falar de um parentesco "latino" entre a França e a Itália. A F.[rança] perdeu sua alma, é majoritariamente do tipo oriental [*ostisch*]. A I.[tália] é uma mescla nórdica-ocidental [*westisch*], sempre almejou o alto. C. confessou que o Sudoeste Asiático deixou muitas marcas na meridional Nápoles. Parece então que o fascismo terá de se haver gradualmente com certas consequências. No futuro, será interessante como o Vaticano vai tratar esses novos "neopagãos".

---

8 Abissínia, monarquia na África oriental, onde hoje se situam a Etiópia e a Eritreia; 1935-36: conquistada pela Itália.
O trecho de "Há alguns dias" até "'neopagãos'" com marcação de lápis na margem.
9 Cogni, Giulio (1908-83); professor italiano de filosofia; defensor do "pensamento nórdico" e autor de escritos sobre teorias raciais; 1937: chefe do Instituto Italiano de Cultura em Hamburgo.

Discursei para a Academia de Guerra, principalmente para líderes das escolas nacionais de política do Exército, para a Sociedade Nórdica, para os líderes da SA da Saxônia, onde Schepmann me recebeu de maneira comovente, com muito coleguismo.[10] Depois, para 1.400 assessores econômicos das regiões administrativas [*Gauwirtschaftsberater*] de todas as partes do Reich. A afirmação de que defendo a visão de mundo nacional-socialista de maneira consistente e de que não mudei foi motivo de vários minutos de aplausos. Sem dúvida, a consciência sobre a existência de algumas competições de vaidade está se generalizando.

Além disso, inaugurei a exposição Petersen; grande sucesso desse artista incentivado por mim. Hoje a exposição "Pré-história viva". Isso é <u>criação</u>, bem diferente de <u>produção</u>. Principalmente em relação ao afã de criticar, que infelizmente muitas vezes torna o trabalho sério insuportável. Muitas discussões: entrevista sobre o bolchevismo para jornais escandinavos e húngaros. Viagem de Malletke para Sofia e Bucareste: a compra avança. Walper vai em março ao Brasil, a fim de conseguir mais matérias-primas.[11] O presidente do Estado me passou uma ordem de remessa de 2 mil sacos de café para o WHW [*Winterhilfswerk*, programa de auxílio de inverno] (valor 280 mil marcos).

Reunião do grupo de trabalho de pesquisa sobre os povos [*Arbeitsgemeinschaft für Völkerforschung*] em minha repartição, recepção do novo chefe da seção ciências (Wacker) no Ministério da Educação.[12] Discussões sobre novas exposições. Plano para novas palestras em Paderborn, Düsseldorf, Munique. Sobre a nova organização do

---

10 Schepmann, Wilhelm (1894-1970); 1925: ingresso no NSDAP e montagem da SA na região do Ruhr; desde 1933: MdR; 1933: chefe de polícia de Dortmund; 1936: presidente do governo de Dresden; 1943: chefe do Estado-Maior da SA.

11 Supostamente Walper, Heinrich-Julius (1892-desc.); 1922: ingresso no NSDAP; 1923: participação no "*putsch* de Hitler"; 1924: emigração ao Brasil; fundação de um grupo local do NSDAP; atuação na APA desde a volta à Alemanha em 1933; 1943: transferência ao RMfdbO.

12 Wacker, Otto (1899-1940); 1925: ingresso no NSDAP; 1931-33: chefe da divisão de imprensa do *Gau* Baden; desde 1937: vice-presidente do [Instituto de Ciências] Kaiser Wilhelm Gesellschaft e *Oberführer* da SS no Estado-Maior do RFSS; 1937-39: ademais, chefe de departamento no Ministério da Ciência.

trabalho cultural, onde ainda há algumas arestas a serem arredondadas entre Ley e eu.

Há pouco, a pedido do Führer, entreguei à senhora v. Ammers--Küller, holandesa, a cruz feminina da Ordem da Cruz Vermelha.[13] Ela ficou muito comovida; comportou-se de maneira decente conosco e é uma mulher inteligente.

Discussões sobre a convenção da Sociedade Nórdica em Lübeck. Assisti ao concerto do WHW com Furtwängler, visitei a Escola de Mães do Reich [*Reichs-Mütterschule*] etc. etc.[14] O tempo é preenchido, mas o efeito geral me parece longe de ser amplo o suficiente. Enquanto diversos pontos de atrito não forem eliminados, sempre haverá dificuldades que desgastam os nervos de maneira desnecessária. Mesmo os nervos fortes.

14/2/[1937]

Da Hungria chegam notícias de desorganização política crescente. Isso confirma o que v. M[ecsér] relatou há pouco. Esse velho amigo de Gömbös (ele o acompanhou quando, em 1933, convidei G.[ömbös] para vir a Berlim) descreveu as coisas de maneira bem sombria. Daranyi com boa vontade, mas sem força, Bethlen no ataque para se tornar algo parecido com um representante do regente [*Reichsverweser-Stellvertreter*].[15] Ele disse que então Mescér e seus amigos tomaram a decisão de partir para uma oposição radical. Gömbös como líder, a velha ideologia de proteção da raça como

---

13 Ammers-Küller, Johanna von (1884-1966); escritora holandesa; após 1940: proximidade com a ocupação alemã; após 1945: proibição de publicação.

14 Furtwängler, Wilhelm (1886-1954); músico; desde 1922: regente da Filarmônica de Berlim; 1933-34: chefe da ópera estatal de Berlim e vice-presidente da câmara de música do Reich; renúncia por críticas à prática de marginalização do regime; após 1936: regente do festival de Bayreuth, bem como de inúmeros eventos musicais nazistas.

15 Darányi, Kálmán (1886-1939); político húngaro; 1928: secretário de Estado; 1935: ministro da Agricultura; 1936-38: primeiro-ministro, contato próximo com Hitler e Mussolini; 1938: presidente do Parlamento.
Bethlen, István Stephan, conde (1874-1947); político húngaro; 1921-31: como primeiro-ministro, defendeu o fim do isolamento externo da Hungria (1927, aliança com a Itália).

fundamento. Homens capazes se encontraram, atmosfera excelente no país. – M.[ecsér] passou uma impressão cansada, velha. Não será fácil para os húngaros! Eles perderam muita coisa com discursos intermináveis. Terão de abrir mão de seu sonho de dominar outros povos ou entrarão em dificuldades ainda maiores.[16]

Kerrl levou um golpe muito duro. Após a terrível descompostura que recebeu do Führer, ele parece que quis fazer as vezes de homem forte. Dissolveu seu Comitê Eclesiástico, construído de maneira tão árdua, e tentou criar uma administração eclesiástica estatal a partir da eliminação das fidelidades confessionais e dos cristãos alemães. A notícia foi veiculada na tarde de sábado. Kerrl tinha anunciado seu grande discurso para a segunda-feira, todos os representantes regionais foram convidados. Então o Führer, lá de Berchtesgaden, fez parar tudo e mandou Kerrl vir até ele. Mais uma vez K.[errl] fez o oposto do que nossa linha pressupõe: não somos <u>nós</u> quem queremos carregar a responsabilidade pela Igreja, é ela sozinha que tem de mostrar sua "força". Não é nossa culpa se ela se desintegrar nas seitas já existentes. – Agora o Führer ordenou o oposto dos planos de Kerrl: um sínodo geral ev.[angélico] deve criar sua constituição. Isso gera de imediato uma série de problemas: as eleições serão realizadas de acordo com os grupos ou confissões existentes (ev[angélicos]-lut.[eranos], reformados etc.)? Posicionamento do partido etc.

A imprensa voltou a mentir intensamente em relação a Danzig: segundo ela, Göring quer uma incorporação imediata como resultado de sua visita à Polônia etc. Forte protesto semioficial de nosso lado. Mas: o último discurso do dr. Goebbels na Deutschlandhalle acabou por levar o mundo todo nessa direção. G.[oebbels] disse que também a questão de Danzig seria "definitivamente liquidada". Muitos aplausos. Isso pouco antes da viagem de Göring! Um ministro só pode falar algo assim se tiver um acordo no bolso ou se está decidido a uma propaganda sem limites. Novamente um abalo terrível dos

---

16 De "Kerrl levou um golpe" até "Posição do partido etc." com marcação (lápis); reproduzido (com ligeiras diferenças) em Kempner, *Der Kampf gegen die Kirche*, p. 31. Veja também Heike Kreutzer, *Das Reichskirchenministerium im Gefüge der nationalsozialistischen Herrschaft*, Düsseldorf, 2000, pp. 286-88.

interesses alemães, apenas para mostrar que se está bem informado sobre "segredos".

20/7/37

Apesar de eu ter declinado por causa do meu tratamento, não queria deixar de participar da inauguração da Casa da Arte A.[lemã] e fui até lá no sábado.[17] – O discurso do Führer foi uma justificativa completa de meu posicionamento, que eu tive de assumir justo contra aqueles que haviam recebido do Führer competências executivas de nível estatal. Há dois anos, eu já tinha dito ao Führer: "Em Nuremberg, o senhor pode falar novamente sobre a degeneração da arte; na prática, porém, acontece o inverso". Naquela época, ele não parecia convencido, mas as experiências com o júri de sua exposição deixaram-no num estado de indignação crescente. Há algumas semanas, à mesa do almoço e na presença do dr. G.[oebbels], ele explicou que o júri era composto por idiotas e bolcheviques da arte, ele os enxotou dali. Ele iria comprar apenas aqueles quadros que tinham sido recusados pelo júri. – Não abri a boca, também não havia me metido na questão dessa exposição. O Führer indicou então Photo-H[offmann] para ajudá-lo...[18] – No último minuto, coloquei à disposição desse último meu chefe de exposições Sch.,[19] que acabou providenciando um grande número de boas obras.

Na grande exposição, pude assim identificar 50% daqueles que eu incentivei e expus há 4 anos. No estilo *Trompeter von Säckingen*, o dr. G.[oebbels] menosprezou a primeira exposição na Chancelaria do Reich, durante minha ausência.[20]

---

17 Em construção desde 1933, a Casa da Arte Alemã em Munique foi inaugurada por Hitler em 18 de julho de 1937.

18 Hoffmann, Heinrich (1885-1957); fotógrafo; 1920: ingresso no NSDAP; distribuidor da revista *Auf gut Deutsch* [Em bom alemão]; organizador de inúmeros livros de fotos com propaganda nazista; 1938: nomeado professor universitário por Hitler; beneficiário da campanha nazista contra a "arte degenerada".

19 Nome não identificado.

20 Referência à peça *Trompeter von Säckingen* (1853), de Joseph Victor von Scheffel, com o trecho "Es wär zu schön gewesen, es hat nicht sollen sein" [Teria sido bom demais, mas não era para ser].

Agora em Munique, ele teve de elogiar esses artistas como os melhores...

O júri do dr. G. foi influenciado, entre outros, por alguém que eu havia expulsado do NSKg. Agora, era "senador cultural": Kelter.[21] Ele e outros "senadores" haviam sabotado meu trabalho onde podiam.

A primeira exposição "Arte degenerada" aconteceu em Dresden. O Ministério da Propaganda protestou duas vezes. Mas ela foi realizada.

Em Berlim, houve a exposição "O ser humano". Em contraposição ao ser humano saudável, foram expostos – com meu aval – cerca de 20 quadros da arte degenerada. O "senador cultural" Weidemann protestou novamente.[22] Em vão, pois o Ministério do Interior era o responsável.

Ainda pouco antes da abertura da Casa da Arte Alemã, o dr. Bieberach – mão direita do marx.[ista] encarregado de arte do Reich [*Reichskunstwart*], Redslob –, na qualidade de responsável pela exposição em Paris e indicado pelo min. da Propaganda, recusou Behn, Spiegel, Leipold.[23]

E o dr. G. teve de discursar agora em Munique contra os "incompetentes" que os representantes dele defenderam durante 4 anos. Como de costume, portou-se como se fosse ele o verdadeiro líder na batalha contra a degeneração na arte.

---

21 Kelter, Will (1899-1978); 1925: ingresso no NSDAP; desde 1933: chefe do escritório regional Vestfália-Ruhr da Câmara de Artes Plásticas, mais tarde membro de seu conselho presidencial e do Senado de Cultura do Reich.

22 Weidemann, Hans (1904-75); 1926: ingresso no NSDAP; desde 1933: relator no RMVP e na chefia da propaganda do Reich; desde 1935: chefe do programa semanal no RMVP; desde 1941: oficial da Waffen SS; 1944: participação na execução de *partisans* na Itália; após a guerra: atuação na imprensa, entre outros na revista *Stern*.

23 Redslob, Erwin (1884-1973); desde 1920: encarregado de arte no RMdI; 1933: demissão por causa de incentivo à "arte degenerada"; 1948-54: professor da Universidade Livre de Berlim.
Biebrach, Kurt (1882-desc.); desde 1933: assessor no RMVP; posteriormente, chefe do departamento de artes plásticas; 1940: assessor ministerial.
Behn, Fritz (1878-1970); escultor; autor de artigos para o *VB*.
Spiegel, Ferdinand (1879-1950); pintor de paisagens; 1934: exposição por intermédio de Rosenberg; 1939: chefe de um ateliê na Academia de Berlim; 1941-43: contribuição à grande exposição alemã de arte na "Casa da Arte Alemã", em Munique.
Leipold, Karl (1864-1943); pintor; antes e após 1933: inúmeras exposições; 1939: nomeado professor *honoris causa*.

O discurso do Führer sobre os "borra-papéis" foram bofetadas bem dadas naqueles que ele distinguiu com a confiança do Estado. O pessoal de imprensa do dr. G. poderá agora sim passar a chamá-lo de "patrono da arte".

Após a Conferência do Partido. 1937[24]

Essa Conferência do Partido foi um símbolo de <u>continuidade</u>. Sem explicações sensacionais, mas um relatório de trabalho e novamente com um desafio claro a Moscou. Fiz o primeiro discurso da conferência, já se tornou tradição, abordando a fundamentação ideológica do tema como um todo. O fato de eu ter sido laureado (o primeiro vivo) com prêmio nacional foi entendido tanto pelo partido quanto pelo exterior como o sinal decisivo dos últimos dias. Com razão, pois <u>todos</u> acharam que esse prêmio foi <u>mais</u> do que um tema acadêmico. O conceito da luta mais arraigada contra Roma se liga a mim. Apesar de todos os esforços "científicos" de acabar comigo, permaneci sustentando-o. Permaneci ao lado de minha obra e, quando o Führer tinha de se manter oficialmente nos bastidores, ele me deixava conduzir a batalha. Ressaltar a minha pessoa tornou-se política do Reich; as "concepções particulares" foram declaradas bases de toda revolução do Führer.[25] Um correspondente estrangeiro me disse, alguns dias depois, que um órgão papal havia declarado que minha condecoração fora um tapa na cara do Santo Padre. Diante de peregrinos alemães, esse Santo Padre explicou "com preocupação" que era terrível que alguém que atacava tudo o que fosse católico tivesse sido declarado "profeta do Reich".[26]

---

24 O trecho que vai de "Essa conferência do partido" até "profeta do Reich" marcado (a lápis); reproduzido (com ligeiras diferenças) em Kempner, *Der Kampf gegen die Kirche*, pp. 31 e segs.

25 "Concepções particulares" refere-se ao *Mito* de Rosenberg; no prefácio, ele tentou se afastar da corrente oficial do partido.

26 Veja aqui os resumos e trechos não reproduzidos das notícias estrangeiras e alemãs sobre a crítica do papa Pio XI a Rosenberg e seu *Mito*, set. 1937; USHMMA RG-71 Acc.2001.62.14.

Exceto por 3 pessoas, ninguém sabia da condecoração. Quando perguntei ao Führer, 14 dias antes, quem ele havia escolhido para receber o prêmio, seus olhos ficaram subitamente cheios de lágrimas e ele me disse: "Apenas você pode receber o primeiro prêmio do Reich. Afinal, você é o homem...". Agradeci-lhe comovido; isso não havia nem passado pela minha cabeça. Quando contei a Urban, ele quase começou a chorar e falou: Finalmente pensaram em você.[27]

Depois, quando meu nome foi mencionado na Conferência Cultural, todos pareciam eletrizados e daí começaram aplausos em uníssono, vigorosos. Sem fim. E daí eu sabia que havia conquistado o coração do velho partido, que por meio do grande gesto do Führer estava como que liberto novamente. Parte dos *Gauleiter* chorou. Depois, alguns deles foram falar com o Führer e lhe agradecer por esse feito. O bom Röver disse ao Führer: "É o dia mais bonito da minha vida". Porque Röver sempre foi de um jeito terrivelmente franco. Quando Hess esteve lá para a Conferência do Partido em Oldenburg, ele lhe disse: "Em nosso distrito administrativo, trabalhamos segundo as diretrizes de A.[lfred] R.[osenberg]. É evidente, é idêntico ao Führer". Mas sobre o discurso do dr. G.[oebbels] contra Mundelein, ele se expressou de maneira igualmente aberta a Hess: "Deu vontade de v[omitar]...".[28]

À noite, passei longo tempo sentado com os velhos camaradas.

O partido inteiro fez uma certa careta quando se notou que foi o dr. G. a ler a justificativa do prêmio, a mando do Führer. Isso depois de ele ter se esforçado em me afastar com todos os tipos de expedientes, e para tanto ele dispunha de todas as possibilidades, por causa de seu controle executivo sobre todos os meios de notícias. Como Frank me falou, dr. G. lhe afirmou triunfantemente há alguns anos, quando os "Estudos" romanos foram publicados: "Bem, o *Mito* está acabado agora".[29]

---

27 Urban, Gotthard (1905-41); 1923: ingresso no NSDAP; 1930: administrador do KfdK; desde 1933: MdR; como chefe de pessoal do ARo, colaborador muito próximo de Rosenberg; morreu na União Soviética.

28 Mundelein, George William (1872-1939); religioso católico americano; desde 1916: arcebispo de Chicago; desde 1924: cardeal; crítico da discriminação antissemita.

29 Frank, Hans (1900-46); 1923: ingresso no NSDAP e participação no *putsch* de Hitler"; advogado de Hitler; 1930-42: chefe do departamento jurídico da direção do NSDAP; 1939: governador-geral de partes da Polônia não anexadas ao Reich alemão; 1946: enforcamento após pena de morte proferida pelo Tribunal Militar Internacional.

Esse senhor se equivocou aqui, bem como em todas as questões mais profundas. Agora ele teve de ler em voz alta que apenas um tempo futuro irá compreender o que A.[lfred] R.[osenberg] significou para a formação do Reich nazista.

Ao mesmo tempo, o *Protestantische Rompilger* foi publicado. Eu o enviara anteriormente ao Führer, perguntando se já era aceitável. O Führer: Tanto faz. – E agora eles estão em circulação – são centenas de milhares e inquietaram profundamente todo o bando de pastores. Muitos, entretanto, me escrevem com a mais animada aprovação.[30]

Início de outubro [1937]

Aceitei um convite do *Gau* Kurmark para uma viagem à fronteira e falar para 800 líderes educadores de todos os níveis.[31] Por quase 4 dias vi a dureza desse lugar. Mais de 200 caminhos foram cortados pelas novas fronteiras, o interior do lado direito ficou com os poloneses... Uma assim chamada rota neutra precisa ser mantida pela Alemanha, mas, segundo o acordo, as frutas das árvores são dos poloneses... Visitei a Agência de Trabalho [*Arbeitsdienst*] Feminina, uma instituição que justifica todas as esperanças, com magníficas moças trabalhadoras, jardins de infância, batalhadores da época de 1919. Comprei um tapete de uma tecelagem, pedi ao líder distrital para me relatar todas as necessidades e depois falei sobre o §24 do programa.[32]

Escrevi a Hilgenfeldt perguntando se ele não poderia ajudar, intervindo com a NSV [*Nationalsozialistische Volkswohlfahrt*, Serviço de Bem-estar Popular Nacional-socialista].[33]

---

30 Refere-se à obra de Rosenberg, *Protestantische Rompilger. Der Verrat an Luther und der Mythus des 20. Jahrhunderts*, Munique, 1937.
31 Gau Kurmark, maior *Gau* do NSDAP no Reich alemão; localizado na região da atual Brandenburgo.
32 O § 24 do programa do NSDAP manifestava-se contrário ao "espírito judaico-materialista" e a favor de um "cristianismo positivo".
33 Hilgenfeldt, Erich (1897-1945); 1929: ingresso no NSDAP; desde 1933: inspetor no distrito administrativo Grande Berlim; MdR e chefe da *NS-Volkswohlfahrt* com 17 milhões de membros (1943).

Um exemplo do tipo da política polonesa ficou gravado profundamente em minha memória. Um polonês com cidadania alemã foi condenado a 9 anos de prisão por espionagem. Ao sair do cárcere, no final de 1936, atravessou a fronteira. Lá uma inocente família de camponeses alemães foi expulsa da casa e da terra pela polícia polonesa, algumas centenas de zloty jogados na mesa e o espião polonês instalou-se na casa!

Dá para imaginar o espírito das pessoas ao longo da fronteira.

Logo em seguida, visita a escavações pré-históricas em Buchau, visita a Unteruhldingen.[34]

No lago Constança, os <u>conventos</u> hastearam suas bandeiras por ocasião de minha visita! Os tempos mudaram tanto assim.[35]

Depois, discurso na Münsterplatz, em <u>Freiburg</u>. A cidade entupida de gente. Guirlandas, bandeiras, recepção calorosa como na Conferência do Partido em Nürnberg. A católica Freiburg e o estado de Baden nunca haviam visto algo assim: os radicais hereges antirromanos recebidos no castelo episcopal como reis pelo <u>povo</u>. Como me escreveu mais tarde o líder do distrito, esse discurso na Münsterplatz foi como uma ruptura de primeira classe.

Também houve diversas coisas para rir. O conselho do bispo Groebel discutiu sobre a decoração das casas na Münsterplatz, com opiniões divergentes.[36] O bispo viajou a <u>Paris</u> no dia do meu discurso. Mas os sacerdotes da catedral decoraram as outras edificações da igreja com guirlandas e freneticamente compraram lâmpadas incandescentes vermelhas para a iluminação...

Um incidente circulou na cidade como tema de conversa. Pintado para a guerra, Groeber entrou na loja de uma mulher no mercado de Freiburg e a repreendeu com veemência: não era <u>verdade</u> que

---

34 Unteruhldingen, museu arqueológico ao ar livre junto ao lago Constança, com reconstruções de palafitas da Idade da Pedra e da Idade do Bronze.

35 O trecho que vai de "Depois, discurso" até "para iluminação..." marcado (a lápis); reproduzido (com ligeiras diferenças) em Kempner, *Der Kampf gegen die Kirche*, p. 32.

36 Gröber, Conrad (1872-1948); religioso católico; desde 1932: arcebispo de Freiburg; 1934: membro do círculo de apoio da SS; 1938: eliminado da lista de membros por Himmler; após uma postura inicial muito simpática ao nazismo, mais tarde passou a fazer afirmações críticas, p. ex. em relação aos assassinatos por "eutanásia".

[1937]

ele tinha tido filhos com essa e aquela mulher... A comerciante se defendeu como pôde e claro que espalhou o ocorrido. Os senhores romanos começam a perder seus modos.

Aliás, o bispo Groeber é um antigo apreciador das mulheres: no passado, teve como namorada uma <u>judia</u> chamada Fuchs. Mais tarde isso não foi mais possível e a brava Rebekka entregou aos sacerdotes da catedral os textos pornográficos e perversos do bispo. O vigário-geral, porém, que estava furioso por não ter sido ele nomeado bispo, repassou esses escritos devocionais do arcebispo Groeber (participante da concordata*) ao partido!

E assim o honrado senhor está um pouco nervoso, visto que algumas coisas poderiam vir a público.

<u>25/XI/37</u>

Acabo de voltar de Sonthofen, onde aconteceu a convenção dos líderes distritais e das regiões administrativas.[37] O [Ordens-]Burg é o único dos três sem controvérsias artísticas. Já na primeira visita, observei um artista que estava trabalhando ali, formatando a <u>construção</u> para se adequar à <u>tarefa</u>. Vogelsang é uma obra <u>imposta</u> à natureza, que não é adequada como <u>moradia</u>, face norte, que deve gerar uma psique de prisão nos moradores. A sala de <u>refeições</u> fica no centro da fachada! Para o salão de conferências recém-reformado, é preciso subir quase 1 quilômetro. As salas de estar, leitura, música são apertadas. – O Führer descreve Krössinee "como uma aldeia ashanti" e rejeita o primitivismo que se manifesta lá. – Ele ficou bastante satisfeito com Sonthofen e seu construtor, Giessler.[38] Eu já havia escolhido Giessler anteriormente para a construção da *Hohe Schule*.

---

* Concordata com o Reich: acordo assinado em 20 de julho de 1933 entre o governo do Reich e o Vaticano, regulando as questões da Igreja católica na Alemanha. (N. T.)

37 Sonthofen, cidade em Oberallgäu/Baviera; 1935: sede de um *Ordensburg*; a partir de 1937: endereço de uma escola Adolf Hitler.

38 Giesler, Hermann (1898-1987); 1931: ingresso no NSDAP; desde 1933: mestre construtor do *Ordensburg* Sonthofen; 1938: nomeado professor universitário e conselheiro geral de construções para a reformulação de cidades alemãs; desde 1941: chefe das

Em S.[onthofen] passou-se um fato vergonhoso para o NSDAP, mas que se tornou necessário. Visto que o dr. G.[oebbels], por causa de sua arrogância, já tinha sido vaiado em Vogelsang durante a última reunião dos líderes distritais, foi dada a ordem – terrível em si – de conter qualquer manifestação de desapreço. Apesar disso, quando G. chegou, foram ouvidos murmurinhos contínuos. Durante seu discurso – silêncio gélido. Apenas os líderes de regiões administrativas e chefes de escritórios regionais dependentes dele tentaram aplaudir um pouco. Dessa maneira, ele ficou se esfalfando por cerca de 2 horas, limpou o suor da testa e deixou a sala, acompanhado por gélida rejeição. O partido tinha falado; segundo o julgamento também de pessoas mais reservadas, foi uma aniquilação moral.

Ao mesmo tempo, o filme que ele encomendou para sua glorificação no dia do aniversário e que obrigou o povo a assistir foi recebido com apupos e cancelado. No longo prazo, o partido e o povo não toleram o escandaloso mau uso da autoridade executiva para a autoadulação.

Os líderes distritais certamente enxergaram em mim o oposto do dr. G. Fui recebido com aplausos vigorosos; depois do discurso, as 1.500 pessoas se levantaram e me proporcionaram uma ovação infinita. Batalhei pelo coração do movimento, essa é a grande alegria tendo em vista a resistência às vezes supostamente ineficiente contra o envenenamento do partido pela vaidade do dr. G.

x

Voltei no trem especial do Führer, que me descreveu o transcurso exato da recepção de lorde Halifax e suas posições sobre o provável desenvolvimento da política externa.[39]

No dia 24 na embaixada jap., onde também estava o Führer: numa conversa, sua alegria evidente sobre os sucessos dos caças alemães: 4 recordes mundiais. – Logo acontecerá o ataque contra o

---

forças-tarefas das Organizações Todt; após a guerra, condenado à prisão perpétua por crimes de assassinato no campo de concentração Mühldorf; 1952: soltura.

39 Wood, Edward Frederick Lindley, 1º conde de Halifax (1881-1959); político britânico; 1926-31: vice-rei na Índia; 1938-40: ministro do Exterior; 1940-46: embaixador em Washington.

recorde mundial de carros dos americanos. Superar todo desempenho notável é um meio para se cativar a atenção.

26/XI/[1937]

Ontem jantar com o Führer: recepção de Kanya e Daranyi.[40] K.[ánya] reclamou sobre a excessiva simpatia aos romenos. Eu: apenas no caso de um grupo pró-alemão vencer por lá. K. envelheceu, há 6 anos ele queria me fazer adotar a visão de Brüning.

27/XI/[1937]

Amanhã questão sobre a transformação do *Rh.[einische] Blätter*. Sua redação também está preocupada em precisar transformar tudo em "entretenimento".

Bernhard de Salamanca relata minuciosamente sobre a situação na Espanha.[41] Franco continua tudo bem, temor em relação ao seu meio: reacionários e Vaticano. F.[ranco] fez uma eleição entre seus bispos: 85% a seu favor, 15% para o Vaticano. Quando um bispo saudou com a mão elevada em Pamplona: grande júbilo popular. – Contei a B.[ernhardt] sobre um relatório minucioso de um líder falangista de orientação extremista com a caracterização exata de 50 membros do conselho de Estado espanhol, que B. considera correta em sua grande maioria. Principalmente a observação desdenhosa de um espanhol que esteve em Nuremberg e depois do último discurso da conferência passou, furioso, as mãos pelo cabelo: "Trata-se de uma nova religião!". – Ele lerá na segunda, no meu

---

40 Kánya, Kálmán (1869-1945); político húngaro; 1925-33: enviado em Berlim; 1933-38: ministro do Exterior; opositor de uma colaboração com Hitler na crise dos Sudetos; 1944: preso por membros do Partido da Cruz Flechada.
41 Bernhardt, Johannes (1897-1980); empresário; desde 1930: atuante na [empresa] Mannesmann no Marrocos espanhol; desde 1936: envolvido no apoio nazista às forças golpistas de Franco e na criação de relacionamentos comerciais alemães-espanhóis mais sólidos.

escritório, o relato que o líder falangista me entregou, em espanhol – relato dos jesuítas para o Vaticano.

B.[ernhardt] quer muito uma tradução para o espanhol do *Mito*. Considero o tempo ainda precipitado para o exterior. Mas não faria mal ter algumas traduções à mão no caso de precisarmos usá-las rapidamente.

Em seguida, aparece o senhor v. Pataky, secretário de Estado húngaro, e apresenta as queixas da Hungria.[42] Oriento-o sobre nossa posição. Após 40 minutos ele vai embora, com todos os agradecimentos.

Conversa mais prolongada com liderança da Liga Estudantil sobre reforma do ensino superior e a *Hohe Schule*. Questões sobre pesquisa e bolsas. Bons pontos de início para preparar a *Hohe Schule* sob todos os aspectos.

11/12/37

Anteontem cedo passamos ao Führer as primeiras sugestões para a *Hohe Schule*. A localização junto ao Chimsee foi definitivamente acertada. O Führer não somente confirmou minhas sugestões como foi além. Aqui, no lugar mais bonito, deve nascer algo único. A *Hohe Schule* não apenas do NSDAP, mas de todo o povo. Feita do mais nobre material, uma central de educação também maior em tamanho. – Dr. Ley apoia da maneira mais generosa. Todo o lugar custará – antigamente um valor impensável – de 30 a 40 milhões. Os arquitetos podem começar.

Ao mesmo tempo, entreguei ao Führer o memorial sobre a viagem de 8 semanas de Schickedanz ao Irã. Ele ficou muito interessado e quer lê-lo durante a viagem às montanhas.

A conversa sobre o acordo entre mim e Ribbentrop deve acontecer na presença deste último. Está mais do que na hora.

---

[42] Pataky, Tibor von (1889-desc.); funcionário ministerial húngaro.

31/12/37

As eleições romenas não garantiram a maioria ao governo. Os nacional-zaranistas, antimonarquistas, se opuseram fortemente ao rei.⁴³ Embora o front antissemita tenha aumentado. Assim Goga cumpriu sua missão, <u>nosso</u> trabalho de 2 anos lograra o almejado sucesso. As primeiras atitudes de Goga apontam que ele havia queimado as pontes atrás de si e que vai para o tudo ou nada. Por essa razão, o rei <u>tem</u> de segui-lo, pois um retrocesso do radicalismo atual só geraria uma reação antimonarquista, bolchevista.

Esses dois anos de trabalho entre mim e Goga-Cuza teve de superar muitos obstáculos: nos nossos departamentos, depois eliminação de um trapaceiro do lado de Goga; muitas viagens de A.[rno] Sch.[ickedanz] para Zurique, as visitas de G.[oga] à Alemanha etc. Temos agora um segundo Estado antijudaico na Europa, e o ritmo da dissolução da pequena *entente* foi <u>decisivamente</u> fortalecido.⁴⁴ Carol disse a Wohltat há um mês que, por causa das obrigações financeiras, ele só poderia se afastar da França gradualmente.

G. queria vir aqui depois do Natal, mas agora está cheio de coisas para fazer. Espero que ele dê notícias após 10 dias, mais ou menos; também sobre as procurações que recebeu.

Nosso AA divulgou uma "declaração" mais do que insuficiente para a imprensa; por essa razão, publiquei um artigo no *VB* que reforça nossa <u>disposição</u>.⁴⁵ Em seguida, liguei para Obersalzberg, para uma explicação mais detalhada, se necessário.

---

43 Nacional-zaranistas (Partidul National-Țărănesc), partido romeno; fundado em 1926 como associação do partido nacional dos romenos, sob liderança de Iuliu Maniu (1873-1953) com o partido dos camponeses.

44 Refere-se às leis antijudaicas de Goga após sua entrada no governo em 28 de dezembro de 1937, que permaneceram válidas mesmo após sua renúncia, seis semanas mais tarde.

45 Alfred Rosenberg, "Neuer Zukunft entgegen" [Ao encontro de um novo futuro], *VB* de 1/1/1938.

[1938]

[sem data, janeiro de 1938]

No dia 5 [de janeiro] a senhora Goga esteve aqui e relatou, ainda animada, a mudança em Bucareste (anexa anotação).[1]

Alguns dias depois, fui para Munique e tive tempo, no trem especial do Führer, para lhe explicar todos os detalhes. Ele ficou excepcionalmente satisfeito, a pequena *entente* tinha sido dissolvida por isso. Ele ainda me questionou sobre nosso enviado em Bucareste e gostaria de enviar A.[rno] Sch.[ickedanz] para lá, para que em B.[ucareste] a A.[lemanha] estivesse representada por alguém 100% nazista. – Perguntei-lhe se eu deveria aceitar um convite, ele respondeu: Com certeza, trata-se do seu trabalho e você deve ir até lá.

Em seguida, discutimos detalhes da minha missão; Lammers deve me prestar aconselhamento jurídico.

Mais tarde, o Führer contou novamente histórias sobre a época de luta* [*Kampfzeit*].

---

1 Goga, Veturia (1883-1979); cantora de ópera romena (1903-19) e esposa de Octavian Goga; íntima ligação com a mulher do ditador romeno Ion Antonescu.
Falta a citada anotação.

* Designa o período de ascensão do NSDAP entre 1919 e janeiro de 1933. (N. T.)

Eu lhe disse que tinha comprado e mobiliado um apartamento em Dahlem; perguntei-lhe se me daria o prazer de sua visita. Ele concordou com boa vontade.

No dia 12 o Führer veio e me cumprimentou calorosamente pelo meu 45º aniversário. Ganhei um busto de Dietrich Eckart de presente: "Como lembrança ao homem que nos apresentou". E depois me deu sua fotografia num porta-retratos de prata, com a seguinte dedicatória: "A meu velho e mais fiel companheiro de lutas Alfred Rosenberg, os melhores votos em seu 45º aniversário. Com cordial amizade, Adolf Hitler".

Um reconhecimento mais bonito de minha batalha de 19 anos ao lado do Führer era impensável.

29/1/[1938]

Behrends voltou de Bucareste.[2] Entregou carta à senhora G.[oga]. Ele próprio, Goga, está confiante.

O rei é muito amável. Disse a um líder alemão: "Teremos 40% dos votos...". A senhora G. contou alguns detalhes divertidos dos preparativos das eleições para B.[ehrens].

A minoria opositora não vai se dobrar: está sendo apoiada por um grupo. B. sugere ações: proibição de seu jornal na Alemanha (já aconteceu).

31/1/[1938]

Ontem o Führer entregou os certificados e condecorações do prêmio nacional. Num maravilhoso estojo de couro trabalhado. Fico quase envergonhado de carregar uma estrela tão valiosa. O Führer me entregou a condecoração com as seguintes palavras:

---

2 Possivelmente Behrens, Sigurd (1904-86); 1933: ingresso no NSDAP; desde 1938: adido comercial em Estocolmo.

"Neste momento, estou tomado pelo sentimento de gratidão por sua fidelidade e lealdade de anos e pelo trabalho realizado de apontar caminhos".

11/2/[1938]

A renúncia de Goga surpreendeu a todos. Também a nós: afinal, representantes da indústria tinham viajado a Bucareste devido a construções de silos etc. Eles contaram que Goga está firme e combativo. A pressão dos judeus, ingleses e franceses parece ter abalado Carol – talvez ele temesse o poder crescente de Goga após as eleições bem-sucedidas. O mais provável: deve ter sido ameaçado com revelações sujas a respeito de sua vida parisiense.

Apesar de tudo: a transformação está aí e Carol não vai conseguir detê-la. Acabei de falar com Göring, que concordou comigo, agora sim temos que batalhar de verdade por um país que é mais importante do que outros para nossa alimentação e suprimento de óleo.

A senhora Goga chega nos próximos dias, terá muitas coisas para contar que nos são desconhecidas.

12/2/[1938]

Ontem, palestra na Filarmônica diante de 2 mil professores de Berlim.
Hohen-Lychen.

17 julho [1938]

Estou aqui há 14 dias novamente em tratamento – a velha questão: músculo dorsal doente, flacidez do "espartilho muscular", início da deterioração das vértebras dorsais...

O mundo é mesmo muito pequeno. Até há pouco, o poderoso judeu Heinemann ficou instalado no meu quarto.³ "Americano", proprietário de 51% da Bewag [Companhia de energia elétrica de Berlim]. Calorosamente recomendado ao prof. G.[ebhardt] pelo AA e Schacht.⁴ Esse homem dominava usinas elétricas na Espanha. Os espanhóis vermelhos e os brancos apareciam alternadamente na sua antessala. Ele gabou-se largamente diante do prof. G.: Sem sua ordem, nenhum tiro é dado no front de Teruel.⁵ Estava falando constantemente com Nova York por telefone. – Além disso, é "assessor financeiro" do rei belga.

O prof. G. precisa ir novamente a Bruxelas tratar do rei Leopoldo.⁶ Ele estava lendo hoje meu artigo sobre Hore-Belisha⁷ e companheiros quando foi chamado de Bruxelas pelo mordomo e perguntado se teria algo contra participar de um jantar íntimo: o rei, o sr. Heinemann e o sr. Belisha, o ministro da Guerra "britânico"! Ele respondeu: Claro! Estou justo lendo a respeito deste último!

Instruí o dr. G. sobre respostas que ele deve dar às aguardadas questões.

No mais, G. me contou que o rei leu o *Mito* com muita atenção e que fez anotações. E que quiseram levá-lo a Paris com o rei da Inglaterra; então ele disse estar doente e solicitou o dr. G. para o tratamento.

L.[eopoldo] foi bastante instigado por seus parentes bávaros; G. conseguiu retificar algumas coisas contra essa perfídia principesca-wittelsbachiana, também na questão da Áustria.

---

3 Heineman, Dannie (1872-1962); empresário belga-americano; desde 1905: presidente da holding elétrica Sofina; até 1933: membro do conselho administrativo de inúmeras firmas alemãs; em seguida, demissão por causa da ascendência judaica.

4 Gebhardt, Karl (1897-1948); 1933: ingresso no NSDAP; desde 1933: médico-chefe do hospital Hohenlychen e médico particular de Himmler; médico-chefe da SS; responsável por experiências médicas com presos em campos de concentração; executado após sentença de morte no processo "dos médicos" de Nuremberg.

5 Batalha de Teruel de 15 de dezembro de 1937 a 27 de fevereiro de 1938 na Guerra Civil Espanhola, vitória de Franco contra as tropas republicanas.

6 Leopoldo III (1901-83); 1934-50: rei da Bélgica; 1944: sequestrado com a família pelos alemães e levado em direção a Salzburgo; 1945: libertação pelos americanos.

7 Hore-Belisha, Isaac Leslie (1883-1957); político britânico de ascendência judaica; 1934-37: ministro dos Transportes; 1937-40: ministro da Guerra.

Estou ansioso para saber como Hore-Belisha, o "sucessor de Disraeli", se comportou.

20/7/[1938]

Os dias se passam com leituras de jornais e romances. O cansaço ainda é grande demais para prosseguir com meu novo livro; além disso, tenho de manter uma fastidiosa correspondência de trabalho. Vivemos num Estado no qual as criaturas mais subalternas na executiva estatal querem decidir coisas sobre as quais não entendem nada. E não são percebidas como tais!

Sauckel me ligou hoje de Weimar. Agradeceu em nome do velho partido pelo meu artigo de domingo.[8] – Ele estava com a nova geração de editores de política da Turíngia e de Hesse em Weimar. Fracassaram nas questões mais primitivas: nenhum conhecia o *Handbuch der Judenfrage* [Manual da questão judaica] de Theodor Fritsch.[9] Ninguém conhecia a bibliografia sobre a maçonaria. Ninguém ouvira falar sobre a afirmação tão batida de Disraeli sobre a questão racial.[10] Ele queria me contar isso! Fiquei assustado. S.[auckel] diz corretamente: se continuar assim, nossos filhos algum dia vão nos achar muito idiotas[11] por termos ficado tão irritados com os judeus![12] Disse a S. que em algum momento vou me interessar por essa "nova geração". Mas nesse caso é tarefa de nossos titãs da imprensa e do Ministério da Propaganda ficar de olho. Mas todo o mundo está tão ocupado em, dia após dia, posar para fotos, dia após dia, soltar notícias sobre quaisquer pigarros, que, de tanta autoadulação

---

8 Alfred Rosenberg, "In den Händen von Nichtariern liegt das Leben von Millionen" [A vida de milhões está nas mãos de não arianos", *VB* de 17/7/1938.

9 Fritsch, Theodor (1852-1933); publicitário alemão e agitador antissemita; 1887: organizador do livro *Antisemiten-Katechismus* [Catecismo antissemita], desde 1907: *Handbuch der Judenfrage* [Manual da questão judaica]) com ampla recepção no movimento nazista; 1924: MdR.

10 Rosenberg refere-se à frase atribuída a Disraeli: "A questão racial é a chave da história mundial".

11 "Algum dia" e "achar" inseridos posteriomente.

12 "Irritados" inserido posteriormente.

– da qual o partido já está cheio –, não sobra mais tempo para pensar no próprio trabalho.[13]

Escrevi um artigo mais longo sobre o compromisso fascista com o "racismo". Já falei várias vezes com o prof. Cogni, ele deu uma palestra a Mussolini. Mas ainda havia forte resistência. Nem agora será fácil impingir essa noção. Mesmo desejando nos concentrar apenas no biológico e reforçando explicitamente que não queremos passar para o campo religioso, haverá, sim, consequências. O "Santo Padre" não só já rechaçou o "nacionalismo exagerado", mas novamente chamou o racismo de anticristão. O fascismo fez algo que o Vaticano percebeu: ele se colocou fora do guarda-chuva ideológico atual! O f.[ascismo] foi, até hoje, apenas uma revolução estatal social. Do ponto de vista ideológico, permaneceu católico, então, apesar de um anticlericalismo muito difundido, não conseguiu iniciar nenhuma revolução ideológica fundamental. Se ele quiser ser "ariano nórdico" e ligar "racial" com "espiritual", então entrou no século 20. Resta aguardar se terá forças para suportar essa batalha.

x

Há alguns dias a emissora de Estrasburgo, que passei a ouvir continuamente, reproduziu um trecho do *Osservatore Romano*, citando uma carta pastoral queixosa do arc.[ebispo] Groeber, Freiburg. Eu também fui mencionado e pedi que a carta me fosse enviada de Berlim. Lá se queixa que as ideias do *Reichsleiter* R.[osenberg] estão ecoando cada vez mais. Quer dizer que o velho Groeber ainda está bravo. Ele parece não conseguir se esquecer da sua Rebekka, embora seja preciso, senão cairia em desonra racial.[14]

---

13 "Sobra mais" inserido posteriormente. O trecho que vai de "Escrevi um artigo" até "suportar essa batalha" marcado (a lápis); reproduzido (com ligeiras diferenças) em Kempner, *Der Kampf gegen die Kirche*, p. 32.
14 "Embora seja preciso" incorporado posteriormente.

7/X/38

Flandin telegrafou ao Führer, ele espera que o ato histórico de Munique faça nascer um trabalho conjunto fraterno entre as quatro grandes potências europeias.[15] O Führer respondeu dizendo acompanhar os esforços de F.[landin] com interesse sincero.

Essa é a primeira vez que um líder francês admite a ideia de um pacto das 4 potências. Essa ideia, que foi incentivado e fundamentado pela primeira vez por mim em Roma, em 1932, passou a ser plausível num futuro próximo por obra do destino. Por sua vez, a Inglaterra está mais próxima de nós por meio da declaração alemã-inglesa e a divisão do mundo segundo noções de uma Europa realmente grande começa a se delinear. Sem a perseverança férrea do Führer, porém, boas ideias teriam se mantido apenas bons desejos. Agora o gelo foi quebrado, e se certas pessoas não cometerem erros crassos, a Europa começará a se tornar realidade na política mundial.

Há pouco fui visitado pelo representante dos líderes dos falangistas. Ele reforçou que a luta da falange começa apenas após o encerramento da guerra. Apontei para as certamente grandes dificuldades do ministro falangista da Agricultura e expressei a opinião de que as causas sociais do levante anarquista deveriam ser combatidas de maneira radical, caso não se queira passar por outra revolução daqui a 20 anos. Algo que o senhor... confirmou com veemência.[16] Ele vislumbra a força futura da falange na classe trabalhadora. No momento, essa se encontra nas 3 grandes cidades ainda vermelhas. Segundo ele, a falange pode assumir muitos pontos da agenda social dos trabalhadores, o que praticamente já aconteceu, falta apenas fazer isso tudo em bases espanholas e não internacionais, ou seja, ser socialista e nacional!

---

15 Referência ao acordo de Munique de 30 de setembro de 1938, pelo qual Itália, Grã-Bretanha e França concordavam com a anexação das áreas dos sudetos alemães da Tchecoslováquia pela Alemanha.
Flandin, Pierre-Étienne (1889-1958); político francês; 1934-35 e 1940-41: primeiro--ministro; 1936 e 1940-41: ministro do Exterior; durante muitos anos, presidente da Alliance Démocratique.
16 Espaço em branco para o nome.

Ele reforçou ter ouvido com o maior interesse meu discurso na Conferência Cultural. Fiz questão de explicar que as tradições alemãs possibilitam consequências ideológicas diferentes das espanholas, por essa razão nunca tivemos a intenção de querer influenciar <u>aqui</u>. A resposta recebida mostra que forças <u>lógicas</u> estão vivas na f.[alange]. G.[17] disse que o papa em Roma é um velho vermelho liberal, que liderava uma Internacional como as maçons e marxistas. A f. é católica, mas não pensa em se submeter a um papa em <u>Roma</u>. Certo dia, um representante da f. esteve a trabalho em Roma, mas não foi recebido pelo papa. Além disso, o papa é sempre italiano; eles desejam um líder religioso sediado em Toledo. Ou seja, também aqui uma clara tendência nacional. A f. pensa que 1 1/2 milhão de espanhóis não devem ter tombado em vão; esse desenrolar que levou a uma catástrofe não deve se repetir. Despedimo-nos com a promessa de um trabalho conjunto mais próximo no futuro e desejei à f. vitória também em sua luta vindoura.

Será necessário ressaltar essa luta f. em meio à história da Espanha. Talvez por meio da apresentação do adocionismo, que Carlos, o Grande, reprimiu a serviço de seu Estado teocrático como grande heresia, mais tarde das Cruzadas Albigenses e outras mais. Solicitarei que isso seja confirmado (também no que se refere à questão judaica).

No mais, conversas sobre antropologia [*Völkerkunde*], animadas pelo prof. X.,[18] recém-retornado da Índia; sobre material didático, ocupação de postos em Halle, futuras exposições históricas etc.

Depois da Conferência do Partido, 1938
10/X/38[19]

A Conferência do Partido deste ano foi marcada pela questão tcheca. O previsto subitamente se agudizou e forçou o Führer a

---

17 Nome não identificado.
18 "X" supostamente seria substituído *a posteriori*.
19 O trecho que vai de "A conferência do partido deste ano" até "em couro, como recordação" marcado (a lápis); reproduzido (com ligeiras diferenças) em Kempner, *Der Kampf gegen die Kirche*, p. 32.

assumir uma postura decisiva. Apesar disso, todos mantiveram a disciplina e o trabalho transcorreu com rigor e clareza.

Em meu discurso na Conferência Cultural,[20] fui até o limite do que era possível oficialmente. O papa portou-se de maneira tão insolente quanto desastrada em relação à questão racial e suas estações radiofônicas emitiram os mais grosseiros insultos. Imaginei uma resposta clara mas bem estilizada, que foi aprovada pelo Führer sem a mudança de nenhuma palavra. Esse discurso foi muito retumbante e, mais tarde, o Führer me apertou a mão ostensivamente. Göring disse: "Esse discurso é um monumento" e pediu para recebê-lo encadernado em couro, como recordação.

O outro, o discurso do congresso, tratou do problema da autoridade e da liberdade. O Führer não o leu de antemão. Ele me disse: "Não preciso ler os seus discursos, eles estão sempre corretos. Com Goebbels, tenho de prestar atenção para que não passem descuidos". A conclusão desse discurso invocou a camaradagem nascida durante o combate. Quem experimenta a vida de hoje acredita que essa camaradagem tenha sofrido muito. Todo ser humano tem forças superiores e inferiores. Uma fatalidade como 1918 e o combate de nosso movimento acordou as forças do sacrifício, que nem sempre podiam ser distinguidas da ambição. De toda maneira, porém, as primeiras prevaleceram e formaram aquele fator distintivo que possibilitou a vitória de A.[dolf] Hitler. Após a vitória, a tentação rondou a todos: situação assegurada, poder, carreira, ciúme. O fato de um número de pessoas terem sucumbido temporariamente a isso pode ser resultado de deficiências gerais – mesmo se recuperadas mais tarde. Uma verdadeira carga moral acaba surgindo se uma vaidade ilimitada tem possibilidades executivas à disposição, ou seja, se possibilidades do Estado e do partido são postas a serviço de uma autoadulação individual. Algo que, se for interrompido após algum tempo, é até suportável. Mas se durante todos os anos não é esse o caso, inicia-se um envenenamento do nazismo a partir do alto que é contagioso e

---

20 Alfred Rosenberg, *Verteidigung des deutschen Kulturgedankens. Reden auf dem Reichsparteitag 1938*, Munique, 1938; contém o discurso "Verteidigung des deutschen Kulturgedankens. Ansprache auf der Kulturtagung", pp. 3-9.

corrosivo e vai descendo. Objetividade e lealdade passam a ser consideradas coisas bobas e torpes, o espírito de camaradagem é deixado de lado. Se isso acaba por vencer, nossa revolução terá perdido a força propulsora moral e sua justificativa ideológica também sofrerá, embora coisas grandes possam ter sido alcançadas politicamente por seu intermédio.

14/10/[1938][21]

O *Temps* informa que a União Soviética está realizando, em oposição à minha exposição de Nuremberg, uma contraexposição em Petersburgo dentro da tradição russa!

Como o povo russo repudiou o germanismo e outras dominações estrangeiras. Mas as invasões judaicas não serão mostradas.

Poncet vai para Roma. Com isso inicia-se um trabalho organizado contra nós no fascismo e na casa real! F[rançois-Poncet] conhece bem a A. e vai misturar mentiras com uma dose de verdade, usando de todos os meios para nos afastar dos italianos. Será preciso prestar muita atenção.

Fechei hoje um acordo de longo prazo com o Departamento de Políticas Raciais.

Hederich, um típico aproveitador da revolução e caçador de heranças, finalmente foi chutado para fora do Ministério da Propaganda.[22] Estava mais do que na hora.

---

21 Cópia datilografada realizada por Robert Kempner, que eliminou o registro manuscrito original dessa data e o de 2 de novembro de 1938 do maço das folhas de diário. Veja carta de Kempner a André François-Poncet, 13 de junho de 1950, USHMMA RG-71 box 43: "My dear Mr. High Commissioner: I am glad to be able to dedicate to you three handwritten pages from the secret diary of the late Reich Minister Alfred Rosenberg. I thought they might be of particular interest to you because your name and activities are mentioned, both in the note of October 14, 1938 and of November 2, 1938. These notes of Rosenberg in his own handwriting were not introduced in the Nuremberg trials as Court exhibits but used in the course of the pre-trial examination. You remember that I have promised to send them to you when you visited me in Nuremberg; I am glad that I have re-discovered them".

22 Hederich, Karlheinz (1902-76); 1922: ingresso no NSDAP; 1923: participação no "*putsch* de Hitler"; desde 1936: vice-presidente da "Comissão avaliadora oficial do

18/10/[1938]

Ontem conversei com os líderes de treinamento, distritais e das regiões administrativas (660 no total) em Crössinsee. Percebe-se, com alegria, que a determinação aumentou. Pela primeira vez, comprovei oficialmente que o nazismo se "encontra fora de toda tradição bíblica". Concordância frenética, que ~~no fim~~ no final parecia não terminar. O líder dos instrutores chamou a mim de guardião e formador da ideologia nazista e ao *Mito* de bíblia de todo o movimento.

Sai vitorioso o trabalho que antigamente não era compreendido. Hoje fui visitado por v. Meczer [Mecsér] de Budapeste, indicado por Daranyi para as negociações. Triste, porque a liderança da Hungria havia falhado. Disse ser impossível jogar em 3 tabuleiros. Kanya confiou em políticos destituídos e o pulo do gato no quesito inteligência revelou-se falta de inteligência. Os camponeses se uniram com firmeza e seriedade, mas a inteligência judaizada desmoronou. Imredy, que vai diariamente à igreja e lá é suavizado, fracassou completamente.[23] Tropas empreendedoras já tinham deixado fortalezas tchecas para trás – e foram chamadas de volta. Um oficial enlouqueceu de raiva e vergonha. Para Imredy, Meczer, na qualidade de amigo coerente da Alemanha, deixara de ser um "traidor do povo", ele caiu em seus braços e lhe pediu para viajar a Berlim.

M.[ecsér] pediu apoio também nos conflitos posteriores com Roma. "O senhor, *Herr R.[eichs]-L.[eiter]*, o senhor <u>sozinho</u> tornou Roma insegura por dentro e realçou suas afirmações errôneas. Algum dia, a história ainda vai se dar conta disso".

Aconselhei-o a <u>não</u> chamar um movimento radical de nacional-socialista. Cada nação deve escolher um nome a partir de <u>suas</u> características. M. concordou e acredita poder reintroduzir o antigo termo húngaro <u>protetor da raça</u>.

---

partido para a proteção da literatura nacional-socialista"; 1937: chefe do departamento central do NSDAP; 1944: membro do conselho da Presidência do RSchK; após 1945: engenheiro na Alemanha Ocidental.

23 Imredy, Béla (1891-1946); 1938-39: primeiro-ministro húngaro; 1944: ministro da Economia; colocou a economia húngara a serviço da economia de guerra alemã; executado após sentença de júri popular húngaro.

Aliás: conexão total da política húngara com Berlim.

O min.[istro] Jancovic, fora da ativa, me escreve de Belgrado uma carta de agradecimento: o filme que rodamos sobre as viagens das campanhas eleitorais de Stojadinovitsch e J.[ankovic] tiveram um efeito maravilhoso.[24] – Por causa do adiamento de minha visita, St.[ojadinovic] também postergou o descerramento do Monumento aos Heróis até minha chegada. Irei à Iugoslávia no começo de maio – caso não aconteça nada nesse meio-tempo novamente.

A RFJ [Liderança Juvenil do Reich] está muito agitada. Por causa de seu comportamento desleal, ordenei que sua revista de líderes me seja apresentada para aprovação <u>antes</u> de ser impressa. A correspondência com Schirach foi o início de uma tentativa de a RFJ se esquivar de qualquer influência intelectual, mas reconhece como oficiais as manifestações filosóficas imaturas de alguns novos colaboradores. O pessoal de 23 anos quer <u>nos</u> ensinar hoje o que é visão de mundo nazista. Já está mais do que na hora de colocar enfaticamente essa liderança juvenil novamente na linha. Estou pressentindo que, apesar de todos serem da mesma opinião, serei <u>eu</u> a resolver a coisa novamente. Algo que as boas forças na Juventude Hitlerista saúdam, mas os "diplomáticos" fanfarrões se esforçam em rechaçar com raiva interior. O estilo intolerável de escrita começa a prejudicar a boa fama da Juventude Hitlerista. A obra inaceitável de Moeller, *Untergang Karthagos* [O declínio de Cartago], é chamada por v. Sch.[irach] de raio de genialidade, e em retribuição M. o elogia como bardo, dizendo ser maior até que Hölderlin.[25] – Pena por Schirach. Ele é foi uma pessoa com grande senso de forma, seus poemas são cinzelados de maneira enxuta e precisa, hoje ele está agindo de maneira perigosa, e o fato de ter publicado *Der Führer* [O Führer] de Moeller desse

---

24 Jankovic, Velizar (1880-1966); político iugoslavo; desde 1920: diversos cargos de ministro; desde 1930: executivo com estreitas ligações em empresas alemãs.
Stojadinovic, Milan (1888-1961); político iugoslavo; 1935-39: como primeiro-ministro, opositor de uma aproximação com a Itália e a Alemanha; fundação da "União Radical Iugoslava"; 1940: prisão e exílio em Maurício; após 1945: exílio na Argentina.
25 Moeller, Eberhard Wolfgang (1906-72); 1932: ingresso no NSDAP; 1934: chefe de área no Estado-Maior da liderança juvenil do Reich, conselheiro no departamento de teatro do RMVP; 1935: Prêmio Nacional do Livro; Prêmio Nacional do Terceiro Reich; 1940: coautor do roteiro do filme *Jud Süß* [O judeu Süss]; correspondente de guerra.

jeito mostra que está num período de desenvolvimento que, para seu próprio bem, me oporei claramente.

Goebbels e Sch. querem forçar *O declínio de Cartago* nos teatros (Berlim, Viena), tudo em que Goebbels coloca a mão se torna disforme. *Gauleiter* Wagner, Karlruhe, saiu do teatro durante a encenação e perguntou minha opinião.[26] Igual à sua. Qualquer um pode cometer erros, uma experiência pode dar errado, mas querer impor uma mistura de estilos ruim ao povo como obra de gênio é um novo peso criado pela nossa "propaganda".

2/XI/[1938]

François-Poncet me escreveu uma agradecida carta de despedida. Encontrou uma grande chance em Roma. Tem envergadura para uma grande solução; resta esperar se outras características ainda vão lhe pregar uma peça e se a amizade com Reynaud não ensejará novas intrigas.[27]

O SD me enviou hoje os relatórios finais da investigação contra O.[thmar] Spann e seu círculo. O ódio dessa gente contra mim está expresso ali de maneira muito drástica. Eles não conseguem me perdoar por eu ter compreendido os senhores logo após sua entrada em cena. Um grupo sectário que queria se infiltrar em todos os partidos, inescrupulosamente oferecendo sua amizade a qualquer movimento dominante ou promissor: jesuítas modernos. Por meu trabalho, o partido ficou imune a essa infiltração. No início, porém, Feder[28] – influente, mas não passa de um vaidoso – foi enganado por esse

---

26 Wagner, Robert (1895-1946); 1923: participação no "*putsch* de Hitler"; 1933: governador e *Gauleiter* de Baden; 1940: chefe da administração civil na Alsácia ocupada; responsável local pela "germanização" e a deportação em massa de judeus; depois de sentenciado à morte, executado por um tribunal militar francês.

27 Reynaud, Paul (1878-1966); político francês; 1930-32: ministro das Finanças, depois da Justiça; 1940: chefe de governo e ministro do Exterior; após o ataque alemão, opositor de um cessar-fogo; 1940: prisão domiciliar; 1941: prisão; 1942: deportação do campo de concentração Sachsenhausen; 1945: soltura na Áustria.

28 Gottfried Feder (1883-1941); 1919: cofundador do DAP; 1923: participação no "*putsch* de Hitler"; especialista em finanças do partido e 1933-34: secretário de Estado no RWM; desde 1934: professor de urbanismo e assentamento na Escola Técnica Superior de Berlim.

grupo. Exatamente como há pouco Schirach foi enganado por Ludwig Klages.[29] Meu rechaço ao despropósito com Kant machucou alguns senhores vaidosos e intelectuais da Liderança Juvenil do Reich, meu discurso para os professores em Bayreuth em 27.10 deixou-os malucos. A forma presunçosa da liderança da Juventude Hitlerista aponta tendências de querer criar um partido ao lado do partido. Ainda por cima, desajeitado e com pouco discernimento. Schirach acabou de me escrever uma carta desavergonhada. Respondi-lhe hoje com igual clareza. A Juventude Hitlerista no país é em grande parte rigorosa e exemplar, antigamente Schirach tinha forma e postura. Agora seu "staff" está trabalhando para lançá-lo também como pensador e produzir uma ideologia própria. Mas o fato de a juventude atual lançar mão dos filósofos do movimento *Jugendstil* do pré-guerra (Klages, George) chega a ser uma ironia do percurso.[30]

18/12/38

A questão ucraniana movimenta agora as mentes de todos os políticos e todos acreditam ter conhecimento a respeito. E aqueles que até há pouco nada sabiam sobre ela agem como se estivessem muito orientados – como o sr. v. R.[ibbentrop]. Há 12-15 anos fui eu quem introduziu politicamente o problema na luta alemã e justifiquei as possibilidades históricas. Mas nos setores que trabalham com o bolchevismo etc. se valem até hoje de conceitos bem diferentes. Apesar de o Min. da Propaganda contar com anticomunistas, também havia representantes da "Rússia unida, nacional" que durante anos infernizaram a vida de meus funcionários com todo tipo de embaraços possíveis. Em 16/12, depois do almoço com o Führer, Hanke veio ao meu encontro e explicou o que Leibbrandt lhe dissera, que

---

29 Klages, Ludwig (1872-1956); escritor e antropólogo; membro do assim chamado Círculo de George; autor (entre outros) de *Die psychologischen Errungenschaften Nietzsches* [Os avanços psicológicos de Nietzsche] (1926); *Der Geist als Widersacher der Seele* [O intelecto como antagonista da alma] (1929-32).
30 George, Stefan (1868-1933); poeta.

o trabalho anti-Comintern era inaceitável, que ele iria encerrar tudo e garantir um bom trabalho em conjunto a partir de então.³¹ Ele disse estar sabendo exatamente o que o Führer pensava a respeito: exatamente como eu argumento há 15 anos... Esse reconhecimento demorou um pouco.

Na hora do almoço, v. R. falou de um mapa que apareceu em B.[erlim], editado por um grupo ucraniano: fronteira perto de Varsóvia. O Führer pediu para vê-lo e me fez algumas perguntas sobre a Ucrânia. – Enviei-lhe um memorando sobre o conflito com o alto-comando da Wehrmacht, que queria instalar alguém da Polônia num escritório de ligação ucraniano em B.[erlim]. Defendemos o ponto de vista de que deveria haver alguém do território soviético nessa posição, visto que não podemos deixar passar a impressão de que apoiamos hoje um grupo ucraniano antipolonês (Jary).³² Grande agitação do almirante Canaris: sua missão está em perigo por causa de nossa intervenção.³³ Ele disse que ainda está trabalhando pessoalmente nisso: novamente a velha tentativa da Wehrmacht de fazer política pura para além do trabalho de defesa, chegando inclusive a implicar com nossas competências políticas. Quero ver como esse pequeno porém fundamental episódio vai terminar.

Os 3 ministros ucranianos da Ucrânia carpática estiveram no meu departamento.³⁴ Não quis recebê-los. Mas estiveram com dr. L.[eibbrandt] e pediram que me fossem transmitidos seus agradecimentos e o de toda a Ucrânia, visto que eu fui o primeiro na Europa a chamar a atenção para o povo ucraniano.

---

31 Hanke, Karl (1903-45); 1928: ingresso no NSDAP; 1932: MdR; desde 1933: conselheiro pessoal de Goebbels no RMVP; 1938-39: secretário de Estado no RMVP; em seguida, serviço militar; desde 1941: *Gauleiter* e chefe da administração e representante do governo central na Baixa Silésia.

32 Yary, Richard (1898-1969); líder nacionalista ucraniano; 1929: membro-fundador do OUN [organização militar ucraniana], representante na Alemanha e chefe do escritório em Berlim-Wilmersdorf.

33 Canaris, Wilhelm Franz (1887-1945); oficial; desde 1935: chefe da defesa no Ministério da Guerra; 1938-44: chefe do departamento Exterior e Defesa do OKW; 1945: condenado à morte pela participação no atentado de 20 de julho de 1944.

34 Ucrânia carpática, região histórica na Ucrânia ocidental.

O dr. L. apresentou seu relatório sobre Roma: a Itália também acompanha a Ucr. O velho dr. Insabato ainda está ativo e intercedeu junto a Mussolini pela Ucrânia carpática contra a usurpação dos húngaros, que agora com nossa ajuda acreditam poder reconquistar sua velha dominância sobre outros povos.

[s.d.; provavelmente dez. 1938][35]

Himmler esteve há pouco comigo. Eu o chamei porque ele já havia se metido, juntamente com a SS, em meu campo de trabalho com interesses muito além dos desejáveis; com a ajuda de homens da SS se embrenhou nos ministérios. Primeiro ele relatou todo o caso v. Fr.[itsch] e v. Bl.[omberg] e deixou clara sua não participação pessoal. Daí a conversa foi para o dr. G.[oebbels]. Concordamos que ele é a maior afronta moral ao nazismo. H.[immler] me contou que, em relação aos eventos questionáveis da tcheca B.[aarová], disse o seguinte ao Führer: "O senhor sabe, sempre estranhei o tipo do dr. G., mas mantive minha opinião reservada.[36] Hoje em dia, porém, ele é o homem mais odiado da Alemanha. Antigamente xingávamos os diretores-gerais judeus que abusavam sexualmente de suas funcionárias. Quem faz isso hoje é o dr. G. Está claro que isso não acontece por amor, mas porque ele é min. da Prop". – O Führer foi terrível. Dividi com H. o caso que G.[öring] tinha me contado, sem citá-lo. H: Há dúzias de casos. As mulheres, uma depois da outra, estão relatando as coações sofridas.

---

35 Em Seraphim, *Tagebuch*, pp. 80 e segs., reproduzido sob a entrada 6 de fevereiro de 1939. As indicações do *pogrom* de novembro de 1938 e a resolução da crise conjugal de Goebbels "em janeiro" fazem crer numa data anterior. Na folha do diário, há (ao lado da decifração das abreviações dos nomes) o acréscimo "novembro 1938" em outra caligrafia (supostamente de Kempner).

36 Baarová, Lída (1914-2000); atriz tcheca; relacionamento com Goebbels (encerrado em 1938 por intervenção de Hitler); posterior proibição de se apresentar na Alemanha.

Para a senhora G.[oebbels] e para a Gestapo. Entreguei alguns relatórios ao Führer.

Eu: Nada disso adianta, o Führer consertou a coisa por motivos de Estado. H.: Mas a senhora G. cedeu apenas por três meses; ela tentaria mais uma vez. Mas não parece que haverá paz; em janeiro o caso será debatido de novo.
Eu: Mas G. está escrevendo um livro para o Führer: resultados de suas observações diárias junto à mesa.
H.: Não creio que o Führer permitirá a publicação.
Eu: A coisa com o *pogrom* dos judeus foi igualmente danosa ao Estado. O dr. G. deu a ordem apenas baseado numa orientação geral do Führer, como se em seu nome. A contraordem de Göring chegou tarde demais. Prejuízos aos bens do povo: quase 2 programas de auxílio de inverno: 600 milhões!
H.: Sim, agora tudo está sendo empurrado para as costas dos outros.
Eu: Nós temos de pagar por tudo o que G. faz. É terrível.

Estávamos plenamente de acordo na avaliação da situação e da pessoa. Dr. G. está moralmente isolado no partido, desdenhado. Ele se revelou a pessoa que, há 12 anos, eu imaginei que fosse. Nem entre seus funcionários ele conta com companheiros, apenas suas crias e homens que a obrigação mantém no cargo em que foram colocados.
Görlitzer falou há pouco e se referiu ao desdém apenas de maneira velada; Hanke explicou a Urban que se sentia internamente mais ligado a mim do que a seu próprio chefe.[37] No círculo dos artistas, reina uma raiva generalizada. Mas G. ainda tem todas as prerrogativas executivas e as utiliza inescrupulosamente para sua glorificação. Ele acha que pode superar tudo isso e vencer tudo o que é saudável.

---

37 Görlitzer, Artur (1893-1945); 1928: ingresso no NSDAP; desde 1933: vice-*Gauleiter* da Grande Berlim e MdR; desde 1941: membro do conselho consultivo da [empresa de auditoria] Deutsche Revisions- und Treuhand-AG em Berlim.

[1939]

6/2/39

As palestras estão me ocupando cada vez mais.[1] Tenho de recusar muitos pedidos de todo o país, a fim de conseguir dar conta do trabalho diário. Esses pedidos, porém, me dão uma satisfação interior: eles me comprovam que minha luta pela alma e pela conduta do partido é fundamentalmente vencedora hoje. Nem todas as chicanas dos "executivos" e dos invejosos conseguiram parar esse desenvolvimento. Eles percebem isso e começam a se tornar "leais".

Em janeiro: tradicional festa em Lippe, Detmold. No dia seguinte, entrega do certificado de cidadão honorário – artesanato maravilhoso – em Münster e grande encontro com 12 mil pessoas. As falas do *Gauleiter* e do prefeito foram de uma tal decência e firmeza interiores que sempre caracterizaram o dr. Meyer.[2] A velha Münster[,] uma fortaleza antiquíssima do Vaticano[,] me recepcionou à noite com uma ovação que não queria ter fim, que comprova que

---

1 Sobre o discurso de Rosenberg de 7 de fevereiro de 1939, veja documento 3 neste livro.

2 Meyer, Alfred (1891-1945); 1928: ingresso no NSDAP; desde 1933: *Gauleiter* da Vestfália Norte; 1938: *Oberpräsident* [chefe da administração e representante do governo central] da província da Vestfália; 1941-42: secretário de Estado no RMfdbO u. vice de Rosenberg; 1942-45: da Vestfália Norte.

Alfred Rosenberg, início de 1939.

a grande virada está avançando e agora precisamos apenas prestar atenção para que não venha nenhuma enxurrada. Se a dominação de Roma cair, todas as paredes têm de ser esfareladas.

Em 18 [de janeiro], reunião com Schwarz e Ley sobre a *Hohe Schule*. Depois de algum vaivém a antiga sugestão de acordo foi substituída pela minha; com uma correção, que vou consentir lealmente a Ley.

No dia 23, palestra para todos os comandantes de divisão no Ministério da Guerra; em 4/2 para chefes de companhia de todo o Reich em Bad Tölz.[3] Tema: "As fronteiras ideológicas do presente". Linguagem clara, mas logicamente fundamentada. Após uma reserva inicial, a audiência passou a concordar comigo. Também aqui vale trabalhar incansavelmente: a Wehrmacht também deve se tornar um instrumento da visão de mundo nazista. O líder da formação ideológica, general Reinecke, parecia verdadeiramente satisfeito.[4] O resto

---
3 Em 1934, criou-se uma escola militar da SS em Bad Tölz, Baviera.
4 Reinecke, Hermann (1888-1973); oficial; desde 1939: chefe do escritório geral da Wehrmacht e da seção de prisioneiros no OKW (responsável pelo assassinato em

se dará nos próximos anos: quando estivermos prontos, os oficiais terão de recrutar em nossos centros de treinamento, assim como os jovens nazistas vão até eles como recrutas militares. Apenas assim será possível surgir uma grande unidade.

Em 4/2, Urban falou novamente com Hanke, que realmente se esforça por um trabalho conjunto. E desabafou um pouco quando U.[rban] lembrou como é difícil, visto que o dr. G.[oebbels] está sendo comentado da maneira mais depreciativa possível, do *Gauleiter* até a lavadeira. Hanke disse que ele mesmo quis colocar o cargo à disposição. O Führer ficou profundamente abalado e disse para Hanke que manteve dr. Goebbels por motivos de política de Estado, mas internamente está farto dele. Ele sabe que o apoia à custa de sua própria reputação.

Vemos diariamente que nossa revolução tem uma pústula purulenta e que ataca o sangue saudável. O dr. G. não tem nenhum amigo, nenhum companheiro; e suas crias também reclamam dele.

Dr. F.[5] me disse há pouco: coerção sexual de funcionária por um superior dá cadeia. Como ministro do Reich, o dr. G. incorreu nesse delito dezenas de vezes e tentou fazer com que Hanke também participasse. A resposta a essa postura danosa de anos e mau uso da confiança que lhe foi depositada pelo Führer é apenas o desdém.

Em 27/1 discursei para os consultores econômicos dos distritos administrativos em Munique. Ali também a conduta foi fortalecida – e todos se entusiasmaram.

1/3/39 noite

Acabo de voltar da recepção que o Führer oferece anualmente ao corpo diplomático. Ali, Darré me contou o seguinte: na recepção do partido em Munique (dia 25.2), Goebbels disse que se o Führer

---

massa de presos de guerra soviéticos); 1942: general; 1943: ingresso no NSDAP e chefe do Estado-Maior nacional-socialista no OKW; 1948: condenado à prisão perpétua; 1954: clemência.

5 Nome não identificado.

não concordava com a sua vida, que tivesse pensado isso em 1924! Apesar de conhecer a sordidez do caráter do dr. G.[oebbels], fiquei espantado com a franqueza e perguntei a <u>quem</u> G. havia falado isso. D.[arré]: para minha mulher e a senhora Kerrl. Ele chamou a esposa e essa me disse: em Munique, o dr. G. afirmou que se fala muito a seu respeito, mas é preciso que lhe seja dado o direito de viver como lhe convém. O dr. Ley parece também ter dito ao Führer que ele deveria ter pensado melhor em 1924, pois então o jeito teria sido escolher um <u>outro</u> partido...!

Contei a Darré que G., na época, tinha ficado bradando: "Hitler traiu o socialismo". E que também conheço um *Gauleiter* que ainda guarda o original desse escrito. – A destruição de nossa revolução começa com a tolerância permanente desse caráter purulento. Em 1789 também houve um generoso progresso que murchou depois. G. é um produtor de purulências. Até 1933 ele esguichou essa purulência sobre Isidor Weiss.[6] Quando este se foi, nossos coletes brancos começaram a ficar respingados.

Meados de maio [1939][7]

No início de abril, convidei a maior parte dos *Gauleiter*. Eles vieram na medida do possível, aliviados por conseguir soltar a voz, falar às claras.

Primeiro observações sobre a Conferência de Sonthofen: comprida demais, temas embaralhados, crítica dos líderes dos partidos entre si diante de todos os líderes distritais, palestras não bem trabalhadas. Unanimidade: a única coisa que os reconciliou com a conferência e os satisfez foi meu discurso final. – Declarações muito calorosas e pedido para uma liderança clara do partido no que se

---

6 Weiß, Bernhard (1880-1951); jurista e policial; desde 1927: como vice-presidente da polícia, vítima de campanhas difamatórias regulares por parte de Goebbels, que sempre chamava Weiß de "Isidor" por causa de sua ascendência judaica; 1932: afastamento da polícia; 1934: fuga para Londres, passando por Praga.

7 Corrigido; antes, "início de maio".

refere aos objetivos. R.[udolf] H.[ess] decente, mas doente e indeciso. O trabalho de seu staff não é muito frutífero.

E depois: a dor profunda: o descrédito do partido pelo dr. G.[oebbels]. – Alguém contou (S.[türtz]) que, na qualidade de *chefe da administração e representante do governo central da província do Reno*, impedira um plano de G.[8] Havia 3.200 hectares de floresta diante de Berlim; proteção natural, descanso para os berlinenses. G. queria construir uma casa ali, cercar floresta. Trabalhadores já tinham começado, materiais de construção estavam sendo trazidos. Ele proibiu tudo isso: e caso fosse chamado pelo Führer por essa razão, ele diria tudo, independentemente das consequências futuras.

Mais tarde, o ambiente foi de camaradagem, todos ficaram aliviados em estar juntos numa atmosfera descontraída. O Führer ainda tem bons e leais combatentes; mas é difícil para eles quando maus exemplos surgem do alto e afrouxam as rédeas.

+

O líder da Palestina árabe me visitou: disse que meu trabalho é conhecido em todos os lugares. Perguntou se não queremos ajudar moralmente. Talvez enviando um carregamento de medicamentos ao mufti em Beirute.[9]

Ele trouxe um mapa de Londres com as aspirações judaicas assinaladas. Combinamos um folheto. Esse seria produzido por nós e impresso tanto no exterior como pelos árabes.

Um árabe influente de Bagdá: Eu [lhe disse]: Se vocês ainda querem ficar fortes, então é preciso apoiar conjuntamente seus companheiros na Palestina. Ou serão abatidos individualmente.

Ele: Compreendo, mas não temos armas, muitas vezes as do tempo de guerra. Ibn Saud também é muito cuidadoso.[10]

---

8 Stürtz, Emil (1892-1945); 1925: ingresso no NSDAP; desde 1936: *Gauleiter* de Kurmark, posteriormente do distrito administrativo Mark-Brandenburgo; 1937: *Oberpräsident* [chefe da administração e representante do governo central] da província de Brandenburgo.

9 Al-Husseini, Mohammed Amin (ca. 1893-1974); líder nacionalista árabe; 1921: nomeado mufti de Jerusalém pelo mandato britânico da Palestina; desde os anos 1930: contatos intensivos com os funcionários nazistas pela mobilização de grupos árabes para a política antissemita e antibritânica.

10 Ibn Saud, Abd al-Aziz (1880-1953); desde 1932: rei saudita.

Lembrei-me de ter dito a Ribbentrop, há um ano, que devíamos criar uma legação em El Riad. Ele concordou. Com dificuldade, o enviado de Bagdá foi credenciado por Ibn Saud. Mais parece um insulto! – Nosso enviado me escreveu um pedido de socorro: hoje ainda era possível conseguir alguma coisa com Ibn Saud, daqui a alguns anos talvez seja tarde demais. A velha ladainha da nossa democracia oficial. – Numa noite com o Führer, contei o caso a Raeder, que se pôs à disposição imediatamente e queria me apoiar e me convidar para um café.[11] Está na hora de uma conversa franca, também sobre outras coisas.

+

Dois bálticos estiveram comigo a serviço do "verdadeiro campesinato estoniano". Entregaram-me pão caseiro estoniano e leram o texto de uma declaração, supostamente a pedido daqueles círculos (Combatentes da Liberdade)[12] que um dia foram silenciados pelo governo atual: em reconhecimento a uma história de 700 anos, pedem ao Reich alemão assumir a proteção do povo estoniano, inclusive na forma de um protetorado. – Eles me deram os nomes dos generais estonianos que participariam disso. Disseram que Päts é um homem velho, o dinheiro dos membros do governo está todo na Suécia.[13] Se os russos chegarem, estes estariam seguros, mas o campesinato estoniano se veria à mercê do bolchevismo. Eles queriam saber do nosso interesse no destino da Estônia e no caso de uma proteção, se deixaríamos aos estonianos sua língua e cultura.

Eu: não temos interesse em ver a Rússia novamente em Riga e em Reval. Reconhecemos as tradições populares de cada nação. Não queremos nos imiscuir, vocês mesmos têm de mobilizar as forças para impor uma nova atitude.

---

11 Raeder, Erich (1876-1960); oficial; desde 1935: comandante supremo da Marinha de Guerra; 1939: grão-almirante; 1943: almirante-inspetor da Marinha de Guerra; 1946: condenado à prisão perpétua pelo Tribunal Militar Internacional; 1955: soltura.

12 "Liga estoniana dos combatentes pela liberdade" *(Eesti Vabadussõjalaste Liit)*; 1929-35: movimento político autoritário estoniano; proibido por Päts em 1934-35.

13 Päts, Konstantin (1874-1956); político estoniano; 1918-40: várias vezes chefe de Estado; a partir de 1940: preso na União Soviética.

Os homens pareciam satisfeitos. Resta aguardar como o jogo de forças vai prosseguir. Do ponto de vista histórico, os povos só têm uma escolha: ser dizimados pela Rússia ou, sob a proteção da Alemanha, perder sua soberania militar e política externa, mas conseguir manter suas tradições populares, sua existência e seu trabalho.

+

O líder da delegação econômica romena, Dimitru, fez uma visita.[14] Ele disse saber que sou o pai espiritual do acordo econômico entre a Alemanha e a Romênia, mesmo se não participo das negociações do dia. – Em seguida, expôs seu raciocínio: que a Alemanha não deveria se ater apenas à procura de petróleo, mas fazer com que os camponeses romenos passem do plantio do trigo à produção de ração animal. Afinal, manteiga e ovos são mais importantes do que o trigo, também para a Alemanha. – Achei correto, visto que está de acordo com aquilo pelo que lutamos por 5 anos contra os "práticos" do Ministério da Economia do Reich, liderados por Schacht. – Salvei Wohltat com uma intervenção junto a Göring e uma intercessão junto ao Führer. Naquela época, <u>ele</u> compreendeu nossa ideia e agora está fazendo um bom trabalho.

+

No mais, muitas palestras, ligadas à alegria de saber que minha atitude acabou sendo reconhecida. Palestra em Halle, no Salão Imperial de Aachen sobre a monarquia universal e o sentimento patriótico [*Heimatgefühl*], certidão de cidadão honorário em Köln, palestra na universidade local. Grande discurso no palácio de esportes sobre a essência da Revolução Francesa. No meio disso tudo, palestras para os educadores da academia de jovens de Braunschweig, os chefes de regimento em Munique etc.[15]

Por ocasião da recepção de Teleki no escritório do Führer, Funk me disse: "Vejo que você está sempre bem embasado e quando escuto como as pessoas falam a seu respeito em comparação com outros,

---

14 Possivelmente Dimitriu, Sergiu (1896-desc.); funcionário ministerial romeno do Ministério do Interior.

15 Academia de Jovens de Braunschweig; centro de formação para líderes da Juventude Hitlerista.

tenho clareza da situação".[16] Algo que eu não teria esperado assim sem mais de Funk.

21/5/[1939]

Ontem, conversa de 2 horas com Göring. Desenvolvi meus pontos de vista sobre política externa com base na psicologia nacional. Em 1914, a luta na Bélgica teria transcorrido de maneira diferente se tivéssemos anunciado de pronto a liberdade dos oprimidos flamengos e dos outros povos oprimidos por ingleses e franceses. Na crise tcheca, ninguém conhecia as circunstâncias nacionais [*völkisch*] da Ucrânia carpática. A fronteira foi traçada (Ribbentrop) de tal modo que o trem para a Romênia circulava por 10 km pela nova região problema húngara. Resultado: a U.[crânia] interrompeu a ferrovia e impediu o abastecimento da Ucrância carpática pela Romênia. Depois, quando a Ucrânia carpática foi sacrificada, ficamos com o papel de traidores, porque os representantes da OUN[17] lá se faziam passar por nossos representantes e prometiam coisas em nosso nome. Além disso, houve a propaganda para a OUN pelas emissoras de rádio vienenses. Agora os ucranianos também nos difamam. Por meio de uma correspondência ucraniana, afirmo que a culpa da OUN foi contraproducente, o que é verdade, pois esse grupo agiu de maneira impensada.

Se queremos, na medida do possível, salvar centenas de milhares do sacrifício, o trabalho psicológico tem de ser preparado de antemão. Hoje em dia, o Min. da Propaganda, Gestapo, AA, OHL[18]

---

16 Teleki, Pál, conde (1879-1941); político húngaro; 1920-21 e 1939-41: primeiro-ministro; representante do revisionismo húngaro e favorável à legislação antissemita; suicídio após divulgação da participação húngara no ataque alemão à Iugoslávia.

17 Organização dos Nacionalistas Ucranianos; fundada em 1929 em Viena para criação de um Estado ucraniano independente; a OUN tentou receber o apoio alemão principalmente por intermédio de seu representante em Berlim, Pavlo Skoropadskyj (1873-1945); após o ataque alemão contra a União Soviética e o fracasso dos planos de autonomia ucraniana, voltou-se para a luta de *partisans*, desde 1945 contra a União Soviética.

18 "O. H. L." introduzido posteriormente; na verdade: OKW.

etc. fazem o que querem. Mesmo sempre me consultando e tendo se tornado um pouco mais humildes, a executiva está dividida sem uma direção única (exemplo grão-duque Wladimir).[19]

Estou pedindo a confecção de um mapa com <u>todos</u> os grupos étnicos da Europa Oriental e da Sibéria (87 povos!), memorando sobre a Ucrânia, Bielorrússia, Cáucaso etc. Mas isso permanece teoria até que a autoridade executiva efetiva e assegurada seja uniforme (tarefa de Dittloff).[20]

G.[öring] ficou cada vez mais pensativo e depois se manifestou da maneira mais incisiva contra v. R.[ibbentrop]. Disse que a carreira <u>desse último</u> foi constituída sem luta e mesmo que uma opinião sua seja objetivamente correta, parte de motivos não objetivos. – Concordei: se v. R. odeia a Inglaterra, então <u>dessa</u> vez seu complexo coincide com necessidades estatais. No mais, estou convicto de que ele se comportou de maneira tão burra e arrogante na Inglaterra quanto aqui e por isso foi igualmente rejeitado pessoalmente. Ninguém mais o convidou ou aos seus homens em Londres. Budding teve de arranjar pedidos.[21]

G.: v. R. tem apenas <u>um</u> amigo (H.[itler]); de resto, fez só inimigos. Me escreve cartas atrevidas "cheias de preocupação". Vou entregá-las ao Führer nos próximos dias. Certa vez, v. R. colocou ao Führer a questão do gabinete. Quando escutou que nesse caso ele poderia ser dispensado, voltou atrás.

A conversa voltou para a Rússia. Ele disse que "mesmo se minhas observações estivessem corretas quanto ao objetivo, transições seriam possíveis". Concordei com isso (relação com a Polônia). Sugestão concreta: incorporar meus homens de maneira que mantenham a base executiva. Um trabalho necessário não pode ficar de fora, pois um ministro do Exterior incapaz não entende nada ou quer fazer

---

19 Romanov, Vladimir Kirillovitch (1917-92); cresceu em Coburg, no exílio, depois em Paris; desde 1938: líder da família de czares russos Romanov.

20 Supostamente Dittloff, Fritz (1894-1954); empresário; 1934: ingresso na SS; relações comerciais com a União Soviética (Deutsch-Russische Saatbau AG Berlin; "concessão Drusag" no norte do Cáucaso).

21 Possivelmente Budding, Karl (1870-1945); jurista; 1918-19: membro da comissão de cessar-fogo, mais tarde presidente do distrito Marienweher.

"tudo sozinho", por vaidade. Foi levado em conta: apresentação de possibilidades econômicas no Leste, situação histórica e em relação à psicologia nacional [*volkspsychologische Lage*].

No final, ficamos conversando por mais meia hora. G. contou como v. R. o impediu de viajar à Espanha: ao impor a presença do representante oficial Stohrer, tornando impossível um encontro pessoal.[22] – Na Itália: referência à não notificação de uma visita de Estado (embora Mussolini tenha especialmente enviado seu ajudante e tenha havido uma conversa com o Führer).

G.: Resumindo: v. R. é um bobo ou um idiota? – Eu: uma pessoa realmente burra com a arrogância típica.

G.: Descobri há pouco. Ele se faz adotar por uma parente a fim de conseguir o "von". Mas não pagou o dinheiro combinado, teve de ser intimado a pagar. Ele nos deixou perplexos com suas "ligações". Ao observarmos os condes franceses e os aristocratas ingleses, todos eram proprietários de fábricas de champanhe, uísque e conhaque. (No passado, R. era representante de champanhe e uísque.)

Eu: Na época de luta [*Kampfzeit*], as pessoas o desdenhavam. Em 1930, o clube de cavalheiros viu um poder nascendo no nacional-socialismo. E também v. R. da empresa Henkell queria entrar no negócio. E conseguiu[.]

G.: Hoje o idiota imagina que tem de se passar por "Chanceler de Ferro" (Polônia, concentração de tropas em Dirschau).[23] Eu poderia arrancar os cabelos por não ter entregue ao F.[ührer] a carta de agradecimento que ele escreveu após sua nomeação como embaixador; daí, ele teria sido vetado já de antemão. Mas: um sujeito tão burro assim abre seu próprio caminho, para cima e para baixo; só que ele pode causar um estrago terrível. O dr. G.[oebbels] tira a confiança que temos no interior, v. R. no exterior – e isso é ainda mais perigoso[.]

---

22 Stohrer, Eberhard von (1883-1953); diplomata; 1936: ingresso no NSDAP; 1937--43: embaixador na Espanha.
23 Dirschau (Tczew); cidade polonesa do voivodato da Pomerânia.

19 de julho [1939]

No dia 18, depois de uma palestra para a Associação de Vítimas da Guerra em Northeim, fui para Harzburg, onde me informaram que o Führer queria falar comigo. Liguei para Berghof e o Führer me disse que havia lido meu discurso (situação da Inglaterra, escrito para a Conferência Nórdica em Lübeck) e que concordava com todas as minhas posições, mas era preciso refletir sobre alguns pontos. Tudo bem se qualquer outro resolvesse desenvolver tal raciocínio; mas como fui eu, isso poderia ser considerado em Londres como um sinal muito claro; e daí os russos, mais rapidamente do que o esperado, poderiam entrar no círculo inglês. Respondi que havia enviado o discurso justamente para evitar qualquer tipo de mal-entendido; evidentemente que o desconsideraria. Führer: depois de umas duas semanas, se for possível enxergar com mais clareza, uma publicação será possível sem mais; no momento, tendo em vista a situação indefinida em Moscou, é desaconselhável.

Ou seja, o Führer não é tão da opinião de Ribbentrop, mas mesmo com toda a dureza e preparativos necessários, inclusive tendo em vista as consequências mais pesadas em relação aos britânicos, ele mantém a antiga atitude: tentar tudo o que for possível...

Londres, porém, não é um parceiro. Só ministros da Guerra hebreus,[24] demagogos vaidosos e um premiê velho que, para não perder os votos do seu partido, tem de fazer a política da oposição histérica.

22/8/[1939]

Ontem pouco antes das doze chegou a notícia do Pacto de Não Agressão Alemão-Soviético.[25] Apesar de toda minha aversão a diários, quero registrar minhas primeiras impressões.

---

24 Refere-se ao ministro britânico da Guerra Hore-Belisha.

25 Após intensas negociações, foi assinado em 24 de agosto de 1939 (com a data de 23 de agosto) em Moscou o pacto de não agressão alemão-soviético (pacto Molotow-Ribbentrop) que preparou o ataque alemão à Polônia em 1º de setembro e demarcou, num protocolo secreto extra, as esferas de interesse de ambas as potências.

Primeiro: reconhecimento do alívio no contexto da política externa: supressão da ameaça pela esquadrilha aérea russa no conflito alemão-polonês, desafogo no mar Báltico, suprimento de matérias-primas etc.

Então: viagem de nosso ministro até Moscou, o que representa uma ofensa moral tendo em vista nossa luta de 20 anos, tendo em vista nossas conferências do partido, tendo em vista a Espanha. O pedido dos ingleses e franceses não foi tão ruim visto que eles nunca consideraram o governo soviético como idêntico à 3ª Internacional,[26] que há 20 anos apresentamos como gangsterismo judaico. Há cerca de 4 anos, o Führer disse a um estrangeiro (Goga?), na minha presença, que não podia acompanhar Moscou porque não era possível proibir o povo alemão de roubar e ao mesmo tempo manter amizade com ladrões. Ribbentrop vai permanecer indiferente, visto que não possui qualquer noção política além de ódio contra a Inglaterra.

Por causa do cerco que se tornava ameaçador, a primeira sensação foi, sem dúvida, dominante em meio ao povo. Trata-se de um saudável sentimento de autoafirmação geral; no caso dos velhos combatentes, assim como comigo, a segunda sensação também deve ter surgido.

Os soviéticos parece que já organizaram uma delegação para a Conferência do Partido em Nuremberg.

Tendo-se em vista a situação dada, a oscilação do Führer deve ter sido uma necessidade; e visto que se trata de um giro de 180º, consequências mundiais muito abrangentes virão a reboque.

Há alguns meses conversei com Göring sobre essas eventualidades: se é a vida da A.[lemanha] que está em jogo, mesmo um alinhamento temporário de Moscou deve ser considerado. Por exemplo: nova divisão da Polônia. Seria preciso apenas cautela para que depois de determinados acordos os soviéticos não deem para trás, nos deixem falando sozinhos, nos expondo diante do mundo todo como suplicantes, enquanto fecham um acordo com o outro lado.

---

26 Terceira Internacional/Internacional Comunista; 1919-43: associação dos partidos comunistas com centro (comitê executivo) em Moscou, originalmente para a promoção mundial de movimentos revolucionários, desde o início da ditadura de Stálin para a promoção de interesses soviéticos.

Isso que está acontecendo agora terá seguimento, necessariamente. Seguindo instruções do AA, nossa imprensa já perdeu toda a dignidade. Seria muito plausível apresentar o intercâmbio econômico como motivo para essa pacificação entre os Estados. Hoje eles já exultavam sobre a amizade tradicional entre o <u>povo</u> alemão e o russo. Como se nossa luta contra Moscou tivesse sido um mal-entendido e os bolcheviques são os autênticos russos, com todos os judeus soviéticos na ponta! Esse abraço é mais do que constrangedor.

Em Moscou, divulgou-se uma versão ligeiramente diferente do anúncio: segundo essa versão, um pacto de não agressão foi fechado, mas as <u>negociações</u> ainda vão tomar algum[27] tempo.

DNB [*Deutsches Nachrichtenbüro*, agência alemã de notícias]: R.[ibbentrop] vai a M.[oscou] para <u>concluir</u> o pacto. A rádio de Londres se aproveita dessa lacuna e acrescenta: um pacto alemão-russo não impede, de forma alguma, também um acordo de coalizão entre Moscou, Paris e Londres. – Bem, tomara que não se permita que v. R. se meta no papel dos representantes britânicos também durante conferências mais longas.

No mais, é preciso aguardar o desenrolar dos fatos.

A história talvez explique algum dia <u>se</u> a situação que surgiu teria <u>necessariamente</u> de ter surgido. Isto é, se não teria sido possível mobilizar quaisquer forças decisivas inglesas para um acordo conosco. Isso significaria: enquanto se enfatizaria o <u>direito</u> fundamental por todas as colônias, haveria o contentamento por <u>uma</u> – a fim de se conseguir o apoio inglês no Leste. <u>Essa</u> solução tornou-se quase impossível por causa da propaganda de v. R. como nosso embaixador em <u>Londres</u> (discurso sobre as colônias em Leipzig). Em Londres mesmo, para onde foi enviado devido a suas supostas "relações", v. R. deu cabeçadas em todo mundo como o fez aqui. Sem dúvida muito se deveu à <u>sua</u> pessoa. <u>Quanto</u>, apenas o futuro saberá.

Do lado britânico, observa-se um comportamento impertinente em relação a todas as ofertas do Führer e uma constante propaganda antialemã de todos os liberais e afins, mas também entre os

---

27 Originalmente: "mais". Riscado.

conservadores do naipe de Eden e Cooper.²⁸ Hoje não dá para saber se isso poderia ter sido superado. Talvez Chamberlain tenha sido uma chance para tanto. Mas se é correta a opinião de que a Inglaterra não queria de modo algum um renascimento da Alemanha, mesmo para leste, então as consequências de hoje são corretas e devem ser trilhadas sem sentimentalismos.²⁹

Anteontem estive com Göring por 3 horas. Ele leu meu ensaio sobre ideologia e religião e subitamente começou uma detalhada discussão religiosa. Kerrl parece tê-lo assediado e G.[öring], por si mesmo, queria ter clareza sobre todas as consequências: "Ao lado do Führer, o senhor é o único que tratou dessas questões de maneira fundamentada, quero saber como o senhor pensa". Expliquei-lhe com mais detalhes o que está no ensaio, reforcei que devemos nos opor às tentativas das Igrejas de igualar suas confissões com a crença em Deus. Dei-lhe uma brochura religiosa que havia recebido de um regimento antiaéreo e destaquei alguns trechos (anexo). [falta] Acrescentei que o consolo religioso não pode ser negado a quem dele precisasse; mil anos de disciplina são insuperáveis. G.: ["] Você acha então que o cristianismo vai acabar, surgindo mais tarde uma forma condicionada por nós?". Eu: Claro! Após os destroçamentos de todo tipo, o sistema de valores da Igreja não será mais reconhecido internamente. G.: ["] É isso que quero saber. Terei de perguntar ao Führer, a sós, qual seu desejo mais profundo. Você sabe, ele falou algumas coisas conciliadoras.["]

A conversa continuou assim. Eu lhe disse que estava contente por termos conseguido conversar a respeito desse tema e convidei-o para vir à minha casa numa noite. Ele aceitou com prazer.

---

28 Eden, Robert Anthony, 1º conde de Avon (1897-1977); político britânico; 1935-38, 1940-45 e 1951-55: ministro do Exterior; 1955-57: primeiro-ministro.
Cooper, Alfred Duff, lorde Norwich (1890-1954); 1935-38: ministro britânico da Guerra; 1944-47: embaixador na França.
29 O trecho que vai de "Anteontem fui" até "(uma de muitas)" marcado (a lápis); reproduzido (com ligeiras diferenças) em Kempner, *Der Kampf gegen die Kirche*, pp. 32 e segs. (datado "final de agosto de 1939"). Devido à sequência das folhas, a datação dessa passagem é incerta.

Em seguida, entreguei-lhe o projeto. Ele reforçou sua concordância e disse fazer questão que eu me torne membro do Conselho de Defesa do Reich. O que me satisfez extraordinariamente. Ele acrescentou que Hess era de outra opinião (ele, entretanto, é o representante do partido como um todo), mas ele, G., manterá sua posição. Em seguida, o ponto apropriado foi inserido.

G. disse então que apresentou ao Führer minha carta sobre o discurso de Goebbels contra Churchill[30] (anexo).[31] Este considerou minha posição absolutamente correta: disse que nem o Reichstag como um todo consegue apresentar tais firulas. É preciso fazer com que o dr. G.[oebbels] fique sem falar durante a guerra inteira. – Concordamos que seria impossível arranjar um ministro da Propaganda pior ainda, visto que o povo não deposita nenhuma confiança nele.

Para o caso da aprovação do Führer, disse a G. como imagino a condução da luta pelas mentes [*Seelenkrieg*].

Hoje, quando estive com o Führer para o almoço, Bodenschatz me informou que G. tinha acabado com todos os padrecos da Aeronáutica.[32] Ele estava também verdadeiramente indignado com a brochura citada acima (uma de muitas!).

G. contou depois algumas coisas muito significativas (delimitação de fronteiras na Polônia, recepção do representante da General Motors...). Toda a conversa transcorreu de maneira muito amistosa e mais uma vez percebi a intensa vitalidade de G.

O major Brosius[33] falou comigo hoje sobre questões de treinamento que dependem de nosso plano.

Hess espera falar hoje com o Führer a fim de abordar meu projeto.

Rudolf Hess é um antigo e fiel ~~combatente~~ colaborador do Führer, certamente disposto a se sacrificar por ele em qualquer situação. Mas

---

30 Spencer-Churchill, Winston Leonard (1874-1965); oficial e político britânico; 1940-45 e 1950-55: primeiro-ministro.

31 "Anexo" inserido posteriormente; falta.

32 Bodenschatz, Karl-Heinrich (1890-1979); oficial; 1938-45: chefe do departamento ministerial no RLM; 1941: ingresso no NSDAP; general; representante de Göring no quartel-general do Führer; seriamente ferido no atentado de 20 de julho de 1944; 1945-47: preso de guerra pelos americanos.

33 Nome não identificado.

na época de luta [*Kampfzeit*] ele foi secretário, isto é, ele nunca teve de formar ou defender um pensamento, nunca ajudou a organizar o partido. Ou seja, sua força de julgamento não tinha sido testada nem desenvolvida. Além disso, houve sua doença. Problemas no estômago, sofrendo de muitas dores, o que limitou também sua capacidade de decisão. Esteve circundado por médicos, curandeiros de todos os tipos; astrólogos, radiestesistas faziam parte de seu círculo. Durante anos as coisas mais simples não foram decididas. Minha correspondência com ele é o sinal do martírio que foi o trabalho; quase todos sofreram dele. Visto que foi superado pela robustez e energia de Göring, ele já ampliou – ou fez ampliar – todas as barreiras em relação a mim, mesmo aquelas de natureza mais subalterna. Como um homem absolutamente honesto, discreto, se dispôs a afirmar que sou a cabeça ideológica mais forte dentro do partido, mas a vontade de manter sua posição acabou por quebrar todo o esforço de uma verdadeira generosidade.

O Führer deu a Hess uma tarefa à qual ele estava apto como ser humano leal, mas não como um homem numa posição de liderança.

No mais: em relação ao posicionamento do Führer sobre o discurso em que Goebbels se referiu a Churchill, ele ainda disse a Göring: ["] Eu sempre fico contente quando falo junto com Rosenberg, como p. ex. na Conferência do Partido. Seus discursos são clássicos, algo diferente do blablá de G.[oebbels]. Esse me pediu para falar com ele (na Conferência Cultural), algo que nunca farei".

25/8/[1939] noite

As esperanças da Inglaterra pelo prolongamento das negociações felizmente não se concretizaram: o pacto com Moscou foi rapidamente assinado. Uma decisão importante, cujas consequências não são previsíveis. Historicamente: assim como Esparta e Atenas pediam alternadamente a ajuda dos persas, a Inglaterra e a A. se voltam hoje à União Soviética. Os ingleses foram os primeiros a fazer uma tentativa inescrupulosa de atiçar os soviéticos contra nós; devido à situação dada, o que o Führer poderia fazer além frustrar as coisas com uma súbita mudança de direção? Como acabo de descobrir, aconteceu de o Führer ter feito uma oferta por carta a Stálin, para a qual recebeu uma resposta muito amável...

E agora uma grande decepção pouco antes do início da solução da Polônia: em 2 telegramas, Mussolini tentou afastar o Führer de qualquer ação, ele queria <u>intermediar</u>... O que pensar disso? Será que v. R.[ibbentrop] foi novamente desleal na comunicação? Depois de Salzburgo ele havia divulgado um comunicado que Ciano não havia lido.[34] Disso resultou, por assim dizer, que depois da recepção de Ciano as coisas estavam claras para o Führer; por sua vez e de maneira evidente, Ciano primeiro quis avisar o Duce. Grande agitação. Attolico foi chamado a Roma.[35] A coisa acabou empurrada para o DNB e resolvida de alguma maneira.

A sessão do Reichstag programada para as 5 da manhã foi cancelada. Todos os preparativos para um determinado horário foram descartados.

Tenho a sensação de que esse pacto de Moscou algum dia vai se vingar do nacional-socialismo. Não foi um passo dado de vontade própria, mas a ação advinda de um constrangimento, uma <u>petição</u> feita pelo lado de uma revolução para o líder de outra, cuja destruição foi o ideal de uma luta de 20 anos. Como podemos ainda falar da salvação e da conformação da Europa se temos de pedir ajuda ao destruidor da Europa? Hoje também não podemos falar abertamente que a partir de uma coalizão iríamos mudar a Rússia gradualmente, para dessa maneira então realmente chegar ao <u>povo</u> russo.

Além disso, se tivermos de deixar à União Soviética o território da <u>Ucrânia</u> polonesa, isso se tornará – depois da Ucrânia carpática – o <u>segundo</u> golpe de nosso lado contra a maior força antimoscovita. Isso pode não ter consequências <u>imediatas</u>, mas no futuro. Mas visto que a decisão foi tomada, é o que acontecerá e mais algumas outras coisas, com consequências.

---

34 Ciano, Galeazzo, Conte di Cortellazzo (1903-44); político italiano; genro de Mussolini; participou da "Marcha de Roma"; 1936-43: ministro do Exterior; cocriador do "Eixo Berlim-Roma"; 1943: embaixador no Vaticano; executado na Repubblica Sociale Italiana pela participação na deposição de Mussolini.
35 Attolico, Bernardo, conde (1880-1942); diplomata italiano; 1935-39: embaixador em Berlim; em seguida, embaixador no Vaticano.

E mais uma vez surge a questão: essa situação tinha de acontecer? A questão polonesa tinha de ser resolvida agora e dessa maneira? Ninguém consegue responder a isso hoje. De todo modo, considero Ribbentrop o Iswolsky alemão, que achou "motivos" para sua postura política a partir da vaidade ferida.[36]

24/9/39

Já se passaram quase 4 semanas desde o início da guerra. Sofri por quase 1 1/2 mês com uma periostite no calcanhar, apenas em 1/9 fui coxeando até o Reichstag e à noite até o Führer, para depois ficar em casa até há pouco. Dessa maneira, me mantive ao largo dos acontecimentos imediatos – e não teria sido atraído para eles visto que hoje o entorno do Führer se compõe decisivamente de homens diferentes daqueles da época de luta [*Kampfzeit*]. Apesar disso, fui mantido constantemente informado, conversei com muita gente e pude refletir sobre meus sentimentos e os dos outros. Assim, posso registrar algumas coisas aqui, para que à luz de tempos futuros eu as possa ler, com concordância ou espanto, como reflexo de dias decisivos na história alemã. Não consigo dar um veredito objetivamente fundamentado de todos os lados: se secretamente realmente se acreditava que a Inglaterra não entraria na guerra; quão grandes são as reservas de matérias-primas tendo em vista essa entrada; se as perspectivas em Moscou e em Tóquio tinham base em documentos confiáveis etc. A responsabilidade pela avaliação desses documentos é do Führer, ao seu lado Göring e – uma piada da história mundial – um homem da "estatura" de Ribbentrop. Com todas as consequências que advêm do conceito de Estado-líder [*Führerstaat*].

Quando cheguei ao Reichstag em 1/9, encontrei Göring no salão da frente esperando pelo Führer. Nos afastamos um pouco. Ele disse: Você sabe que Mussolini desistiu de participar. Eu: Sim, soube

---

36 Iswolsky, Aleksandr Petrovich (1856-1919); diplomata russo; 1906-10: ministro do Exterior; 1910-17: embaixador em Paris, na Alemanha, era considerado corresponsável pelo isolamento do Reich antes da Primeira Guerra.

de sua carta. G.[öring]: Ele reiterou sua tomada de posição hoje pela manhã. Eu: Não sei dar uma opinião fundamentada sobre a decisão de hoje. Tenho apenas a impressão de que a Inglaterra foi largamente subestimada; nos últimos anos, nunca nos dirigimos a ela como é preciso se dirigir a uma potência mundial. G.: Essa noite, lutei feito um leão para adiar a decisão por mais 24 horas, para que os 16 pontos pudessem fazer efeito. Ribbentrop viu que o Führer havia conversado de maneira decidida com Henderson, e o cérebro pequeno acreditou ter de reforçar isso.[37] Henderson se queixou que R.[ibbentrop] apresentou-lhe as sugestões rápido demais. Então fiz algo que nunca deveria ter feito: eu as li para ele pelo telefone mais uma vez, lentamente. Senão seria possível dizer que tínhamos apresentado as sugestões apenas como uma distração...

Eu: Sei que enviados especiais seus estiveram em Londres. Do meu lado, combinei que, no caso de um desfecho em relação à Polônia, o conselheiro político do Ministério britânico da Aviação me avise caso seja possível se fazer mais alguma coisa pela paz. G.: Sim, li seu memorando para o Führer.

Nesse momento, o Führer entrou no prédio e G. teve de cumprimentá-lo. A sessão do Reichstag começou.

À noite, estive na Chancelaria do Reich: chegaram as primeiras notícias de baixas em Westerplatte.[38] O lugar estava entremeado de bunkers, de modo que nossas tropas, ao atravessá-lo, levaram tiros nas costas. – Relatos sobre a viagem a Moscou e as impressões a respeito, uma cidade que um dia conheci tão bem. Na hora do jantar sentei-me à direita do Führer; na sua opinião, Henderson blefou: se em relação a nós ou à Inglaterra, não deu para entender. – Ambos os embaixadores anunciaram suas vindas, como v. R. informou, para as 9:30. – Mais tarde, observamos o mapa. Eu para o Führer: a rádio inglesa trabalha com o conceito de uma guerra longa. Führer: À

---

37 Henderson, Nevile Meyrick (1882-1942); diplomata britânico; 1937-39: embaixador em Berlim; defensor da política de apaziguamento.

38 Westerplatte, península próxima a Danzig; conhecida pelo bombardeio do depósito local de munição polonesa em 1º de setembro de 1939, que é considerado o início da Segunda Guerra Mundial.

vontade! Afinal, foi bom que instalei as armas mais potentes no concreto mais firme, junto à fronteira francesa: se os franceses atirarem nas nossas cidades, as suas serão continuamente acertadas por nós como resposta.

Eu fizera a Hess sugestões concretas sobre o emprego do meu departamento e da minha pessoa e lhe pedi para tomar um chá comigo. Depois de alguns dias, ele veio e agradeceu o material sobre a questão judaica.[39] Ele recebeu meu esboço para um folheto para os franceses, mas me entregou um produto destinado aos ingleses, com a cópia em carbono de uma carta para o Führer. Como sempre: bem-intencionado, na essência correto, mas pastoral, sem substância. Numa crença um tanto curiosa de conseguir produzir alguma mudança significativa a partir disso. Disse a Hess que agora o povo estava olhando para o partido. Que agora tínhamos motivo para nos examinar, muitos tinham pisoteado aquilo que havíamos conquistado, alguns não eram nazistas. É preciso registrar com satisfação que o ministro da Propaganda não apareceu, mas certamente vai fazê-lo quando for a hora de ficar com o melhor pedaço sem maiores esforços. O antigo partido o rejeita completamente, os *Gauleiter* me disseram que se o Führer soltasse G., ele seria "inalado", sem que restasse nada dele. A confiança deve ser restabelecida por atos. A autoridade do Führer ainda garante a unidade. Depois virão as guerras dos diádocos. Isso não seria necessário se os não leais e não companheiros tivessem sido afastados da liderança. Mas se fosse possível, como está acontecendo agora, de avançar com rasteiras (Hess entendeu a alusão a Bouhler e corou), então o ódio contra os representantes desses métodos estaria profundamente justificado.[40] De outro modo, o partido estará perdendo pouco a pouco a forma.

Hess concordou, apontando para a atividade do dr. Ley. Disse que seu orçamento gigante no DAF o seduz a influenciar as mais

---

39 Em Seraphim, *Tagebuch*, p. 95: "questão de Verdun" em vez de "questão judaica".
40 Bouhler, Philipp (1899-1945); 1922: ingresso no NSDAP; 1923: participação no "*putsch* de Hitler"; 1925-34: administrador do NSDAP; desde 1933: *Reichsleiter* e líder de grupo da SS; 1934-45: chefe da Chancelaria do Führer; desde 1939: participante nos assassinatos em massa chamados de "eutanásia" ("Ação T4").

diversas instituições a partir do dinheiro. Eu: Sim, percebi isso na comunidade cultural nazista. Um pensamento verdadeiro foi estragado por puro dinheiro. Isso acontece porque até hoje, na administração do dr. Ley, o gerenciamento e a administração das finanças não estão separados, como é básico no partido. Seu novo "projeto de organização" é, entre outros, a tentativa de – pelas minhas costas – me afastar do trabalho da minha vida. (O posicionamento detalhado foi enviado para Hess.) – Em seguida, tratei de outros casos de pessoas com diversos cargos executivos que avançam em áreas que não lhes dizem respeito nenhum.

Hess considerou minhas sugestões basicamente corretas, mas se considerou formalmente "afastado" [*ausgeschaltet*]. Eu: Mas a passagem que diz que meu trabalho só pode avançar com seu consentimento pode ser aproveitada na divulgação pública da tarefa.

Tive de pensar muito sobre essas palavras. Hess é um homem decente, incondicionalmente fiel ao Führer. Há anos sofre do estômago, é indeciso, em vez de considerar os *Reichsleiter* como seu staff, está montando um aparato gigante para começar a partir de pessoas simples que começam agora a "trabalhar" ali em seu nome, em áreas que o Führer determinou aos *Reichsleiter*.

Hess levou meus projetos para checá-los mais uma vez. Depois de alguns dias, perguntado se poderia conversar comigo, mandou o recado de que no momento não havia nada mais para ser decidido. Então, novamente nada: um plano de trabalho, considerado bom por ele mesmo, e uma regulamentação do treinamento no partido estão parados há 3 anos, sem chegar a um final. Assim o partido perde sua forma: aqui e acolá ostentação de novos-ricos, rasteiras inimigas com vaidade presunçosa e mais fraqueza pequeno-burguesa e falta de decisão. E com isso muitos milhares de nazistas decentes se perguntam o tempo todo: o Führer não irá intervir? Ele pode ainda nos impor o dr. G.? A ordem não será estabelecida? – Eles continuam trabalhando lealmente como até então, porque lutaram e não podem abrir mão dessa luta, mas não mais com aquela crença interior que todos dividíamos no passado.

Os dias de hoje seriam uma possibilidade de depuração. Nosso destino será determinado em larga maneira se eles forem entendidos assim. Embora Hess tenha me dito que meu artigo para o novo "informe de formação" estava excelente, dei de ombros: de que adianta, se não há consequências concretas.

Ontem Darré me visitou e relatou sua percepção da situação. Eu lhe disse o que penso. Nos despedimos – após duas horas – com a promessa de nos reencontrarmos em breve. – Ele acha, entre outras coisas, que, graças ao fato de não termos fronteiras com a Romênia por causa das linhas de demarcação, os ingleses tinham conseguido <u>aquilo</u> que consideravam seus objetivos mais importantes: nos manter distantes do mar Negro. E que Ribbentrop teria direito a uma cadeira na Câmara dos Lordes britânica. A estrada de ferro para a Romênia está nas mãos russo-soviéticas! Se os russos marchassem agora até o Báltico, o mar do Norte estaria estrategicamente perdido para nós, Moscou está mais poderosa do que nunca – e uma coalizão com o Ocidente contra nós é possível a qualquer hora.

Tudo correto.

Recordei-o da esperança revisada do bloco continental: Roma, Berlim, Moscou, Tóquio. Se chegasse a esse ponto, a Inglaterra teria de fazer as pazes rapidamente, senão o Império mundial britânico explodiria. Muita coisa depende dessa possibilidade agora, talvez tudo.

E mais: conversa sobre o trabalho de meus homens, que está avançando: ensaios aprofundados para a NSK [correspondência do partido nacional-socialista], série de publicações sobre a situação histórica. – Conversa com a líder das mulheres do Reich sobre a organização de eventos noturnos, com Stieve[41] do AA sobre o "livro da cultura" para o exterior, a biblioteca para o Irã, nossa exposição na Finlândia, a viagem do dr. Leibbrandt para Roma (até o dr. Insabato), o consultor de Mussolini em questões sobre a Ucrânia.

Frank, o futuro comissário civil para a Polônia, me pediu para preparar todos os seus oficiais em cursos de 4 semanas na Escola de Treinamento das Relações Exteriores. Concordei, talvez seja possível passar para alguns uma visão de mais longo prazo sobre os problemas do Leste.

---

41 Stieve, Friedrich (1884-1966); diplomata e historiador; 1932-37: chefe do departamento cultural e do arquivo político do AA.

+

No início, mencionei a conversa com Göring. Ontem chegou de Montreaux o cartão do conselheiro britânico no Ministério de Aviação britânico.[42] Ele pede que Schickedanz vá até lá. Então, manteve sua palavra, ainda se mantém um fio – fino – até Londres. Amanhã, avisar o Führer e Göring. Estou curioso para saber o que os senhores de Londres esperam de nós como possível base para a paz.

29/9/[1939]

Hoje o Führer me pediu para estar às 4 horas na Chancelaria do Reich, a fim de discutir a sugestão de R.[opp]. Primeiro, ele passou uma hora me descrevendo a campanha na Polônia. O Exército hoje está incomparavelmente superior ao de 1914, uma ligação bem diferente entre liderança e tropa: os generais e os homens dividem a mesma cozinha, os generais estão na dianteira do front. Disse que quando vê os batalhões passando, como quando ao longo do [rio] San, se dá conta de que nunca mais haverá homens como esses.[43] Os poloneses: uma fina camada germânica, embaixo um material terrível. Os judeus, a coisa mais terrível que se pode imaginar. As cidades cobertas de sujeira. Ele aprendeu muito nessas semanas. Principalmente: se a Polônia ainda dominasse por mais algumas décadas as antigas partes do Reich, tudo estaria decadente e infectado por piolhos; ali, apenas uma mão forte e decidida pode governar. Disse que quer dividir o território definido agora em três faixas: 1. entre o Vístula e o Bug: todos os judeus (também do Reich), bem como todos os elementos não confiáveis.[44] Junto ao Vístula, um muro do Leste [*Ostwall*] invencível – mais forte do que no Oeste. 2. Junto à fronteira atual, um cinturão largo de germanização e colonização.

---

42 Montreux, cidade da Suíça, cantão Waadt.

43 San, rio no Sul da Polônia.

44 Após o ataque alemão à Polônia, o rio Vístula, o mais longo da Polônia, e o rio Bug, que atravessa a Ucrânia, a Polônia e a Bielorrússia, tornaram-se linhas demarcatórias em relação à zona de ocupação soviética.

Aqui haverá uma grande tarefa para todo o povo: construir um celeiro alemão, campesinato forte, assentar bons alemães de todo o mundo. 3. No meio, um "status de Estado" [*Staatlichkeit*] polonês. O futuro dirá se o cinturão de assentamento poderá ser avançado após algumas décadas.

Em seguida, o F.[ührer] descreveu as lutas individuais. Por exemplo, uma divisão do Exército de Blaskowitz.[45] 45 km numa direção, depois ataque de forças polonesas superiores em outro lugar. Em seguida, 45 km de volta e após 2 horas em batalha, com uma energia indomável. Depois a Guarda Nacional [*Landwehr*] contra a elite polonesa em Gdingen.[46]

Com Moscou: ele pensou muito a respeito. Não poderia ter evitado alguns ataques (portos na Estônia) se Stálin tivesse se aliado com a Inglaterra. Escolheu o mal menor e conseguiu uma enorme vantagem estratégica. Os oficiais russos. Um general que foi enviado até ele: poderia comandar uma bateria nossa. Disse que Stálin exterminou a camada de líderes,[47] teme uma guerra de <u>verdade</u>. Teme tanto um Exército derrotado quanto um vitorioso. De todo modo: a massa da infantaria tem peso, não é preciso temer os russos como marinheiros.

O que se refere à sugestão de R.[opp]: disse que lhe garantirá salvo-conduto e vai recebê-lo! Ele deve perguntar ao seu governo pela permissão de fazer a viagem.

No mais, o Führer fará agora a sugestão de uma grande conferência de paz; além disso, cessar-fogo, desmobilização, regulamentação de todas as questões seguindo a razão e equidade.

Ele possivelmente vai querer conduzir a guerra ofensivamente para o oeste? – Claro, a linha Maginot não o assusta mais. Se os ingleses não querem paz, ele irá atacá-los com todos os meios e exterminá-los. – As perdas na guerra com a Polônia, um Estado com

---

45 Blaskowitz, Johannes Albrecht (1883-1948); 1936: general; 1938-39: comandante da Wehrmacht na invasão da Áustria, na ocupação dos Suetos e na campanha da Polônia; 1939: *Generaloberst*; 1940-44: comandante na França.
46 Gdingen (Gdynia); cidade ao Norte da Polônia.
47 "A" introduzido posteriormente.

34 milhões de habitantes, devem ser estimadas em 100 mil-200 mil mortos. Estamos agora com 8 mil mortos e 30-35 mil feridos. O que mostra que foi certo atacar agora. Depois de 5 anos, a Polônia estaria completamente aperfeiçoada e treinada e não seria tão facilmente vencida.

O Führer descreveu ainda batalhas individuais em detalhe, disse que eu também deveria ir até lá agora.

Em seguida, imediatamente informei R. em Montreaux por cartão que "a excursão" vai acontecer. Envio Harder até lá, para trazer R. até Berlim.[48]

Se ele vai conseguir mobilizar as forças no Ministério britânico da Aeronáutica contra as de Churchill é algo que o futuro vai dizer.

5/10/39

Hoje pela manhã Darré veio até meu departamento e falou sobre seu memorando para Göring na questão da ligação ferroviária entre Cracóvia, Stanislau, Bucareste.[49] Ninguém pensou a princípio em sua importância, mas sua utilização num sentido extraterritorial foi "autorizada" num adendo de contrato.

Acabamos conversando sobre um fenômeno curioso: pessoas que enfatizam a região Leste como posição estrategicamente importante são suspeitas de serem "bálticos particularistas". Havia gente assim e, sem dúvida, continua havendo; depois de v.[on] K.[ursell],[50] alguns senhores passaram a se comportar de maneira atrevida. Mas me parece cada vez mais claro que, contra mim, alguns funcionários, Darré etc. não agiram concretamente.

---

48 Harder und von Harmhove, Hermann, barão de (1897-1983); 1935: ingresso no APA de Rosenberg, lá tarefas especiais no Oriente Próximo e na Romênia; desde 1941: chefe interino do departamento e conselheiro no departamento principal de política do RMfdbO.

49 Stanisławów (Iwano-Frankiwsk); cidade na Ucrânia ocidental.

50 Kursell, Otto von (1884-1967); como Rosenberg, membro da associação estudantil alemã-báltica "Rubonia"; 1922: ingresso no NSDAP; 1923: participação no *putsch* de Hitler"; 1931-35: presidente do KfdK de Berlim; desde 1933: professor na academia berlinense de artes visuais; redator do *VB* e caricaturista nazista.

Em seguida, Darré relatou indignado um caso com Ribbentrop. Na despedida de Ciano, D.[arré] também esteve na estação. R.[ibbentrop] falou com D., na presença de Ley, sobre suas experiências moscovitas: <u>os russos tinham sido muito simpáticos; em seu meio, ele tinha se sentido como entre os antigos companheiros de partido</u>!! Essa é quase a ofensa mais atrevida que pode ser feita ao nacional-socialismo. Sempre foi claro que R. nunca compreendeu nada nem do bolchevismo nem do nacional-socialismo. Mas ser <u>tão</u> obtuso a ponto de alardear isso publicamente mostra que <u>tipo</u> de gente foi responsável por representar uma difícil situação política em nome do Führer.

No mais, Stálin não apenas levantou um brinde ao Führer como também a <u>Himmler</u>, na qualidade de[51] garantidor da ordem na Alemanha. H.[immler] foi quem acabou com o comunismo, isto é, aqueles que acreditavam em <u>Stálin</u>, e esse levanta – sem necessidade – um brinde ao exterminador de seus crentes. Um homem realmente grande, disseram R. e o grupo.

Harder voltou hoje da Suíça. Ropp perguntou em Londres se deve vir para cá. Resposta de seu ministério: o chauvinismo está tão forte na Inglaterra que no momento não há qualquer chance para alguma influência. R.[opp] acrescentou, informando: a Força Aérea britânica não pode lutar "até o fim" porque então a Inglaterra estaria à mercê. Após os duros ataques que se aguardam, a Força Aérea será sondada a respeito de sua opinião e será preciso se posicionar a partir disso. Então chegará o tempo para uma intervenção a serviço de uma salvação, impedindo o continente de afundar.

Ele falou confidencialmente que seu velho amigo Daniels é adido de imprensa em Berna.[52] E que vê as coisas parecido...

Então, no momento tudo aqui é em vão. Agora ainda existe uma linha privada de Göring até Londres. E uma de Washington. No domingo, quando conversei com Göring, ele me disse: os americanos acabaram de estar aqui. Mensageiro de Roosevelt. R.[oosevelt], que

---

51 "Na qualidade de" inserido posteriormente.
52 Daniels não identificado.

agora, num percurso de anjo da paz, quer renovar sua popularidade, entra em contato conosco. – Ontem descobri como isso aconteceu. O senhor X., que também está ligado ao meu departamento, teve possibilidade de entrar em contato com R. nos Estados Unidos e de iniciar algumas conversas políticas. Agora, R. tem seus interesses egoístas (como seu enviado, um magnata do petróleo, falou friamente):[53] enquanto portador da paz, ser votado pela 3ª vez.

O senhor X., de posse da resposta do Führer (5 pontos), está num avião a caminho de Washington, depois irá a Paris e Londres. É possível já haver notícias hoje à noite, de modo que amanhã o Führer calibre seu discurso de acordo. Seria um golpe totalmente inesperado se Londres recebesse de Washington um "conselho" urgente para selar um acordo de paz.

Mas Londres ainda está sob o signo de Churchill...

x

Aliás, converso com Göring sobre a Guerra das Mentes [Seelenkrieg], que acontece ao lado das forças militares, da economia e da propaganda. Ele percebeu imediatamente essa necessidade: "O senhor é nosso teórico". Mas justifiquei também a necessidade de um nível executivo estatal, a fim de assegurar a unidade; ele concordou energicamente e disse que transmitiria ao Führer sua aprovação. No mais, ele me disse que durante a última conversa o Führer falou muito calorosamente a meu respeito: que sou um político, que foi comigo que ele se preparou contra uma resistência à sua ação.

A esse respeito, é preciso dizer que no momento considero inútil reclamar sobre o que não pode ser alterado. Pois a avaliação da situação não deve se centrar agora na decisão de uma coalizão com a Rússia soviética, mas no abandono da antiga linha desde o tempo em que v. R.[ibbentrop] se tornou nosso embaixador em Londres e fracassou diante daquela tarefa que tinha a resolver por lá. Enviei ao Führer alguns memorandos, mas não tive possibilidade de uma conversa mais profunda apesar das muitas tentativas. Na situação dada,

---

53 Trata-se de Davis, William Rhodes (1889-1941); empresário norte-americano com interesses comerciais na Alemanha, que atuou como agente alemão desde o final dos anos 1930 até sua morte.

a decisão de se evitar um recuo foi compreensível, talvez quase necessária. Uma coisa está clara: Moscou, de maneira estratégica, avançou uma enormidade e vai se fixar no Báltico. Primeiro em "pontos de apoio", depois completamente. Dessa maneira, o mar Báltico não é um mar germânico, mas pode ser ameaçado ao norte por Moscou, até dominado. No Sul: nenhuma fronteira comum com a Romênia, e mesmo se a questão da Bessarábia foi deixada para depois, no futuro ela será abordada.⁵⁴ Como um extra, temos, claro, a destruição da Polônia, assentamento da Prússia Ocidental e o Muro do Leste [*Ostwall*] ao longo do Vístula. Na verdade, um alívio tremendo.

O fato duro se ergue: se a Inglaterra sai de cena de maneira quase intacta, ela vai querer se mobilizar novamente a Rússia contra nós cada vez que tivermos de resistir em algum lugar. Então, após 6-10 anos, estaremos novamente entre dois fronts. Em relação à situação atual, um enfraquecimento decisivo da Grã-Bretanha torna-se uma necessidade.

Essa atmosfera se torna cada vez mais geral entre nós, e se Churchill quer destruir a Alemanha com o "hitlerismo", então temos de querer e conseguir a derrocada da Grã-Bretanha. Até o continente europeu se tornar livre da ditadura do povo insular, ao qual em princípio todo o restante do mundo se mostra aberto.

1/XI/1939

Acabo de ter uma longa conversa com o Führer. Informei-o que depois de cerca de 2 semanas que R.[opp] relatou, da Suíça, que as forças da paz tinham sido colocadas contra a parede pelos Churchills, de modo que uma visita em B.[erlim] não prometia nenhum sucesso, ele escreveu novamente. Havíamos combinado que no caso de uma mudança de atmosfera a palavra neve seria usada. Ele escreveu: "Caiu muita neve aqui, chegando até o lago. Espero que o tempo melhore logo...". O Führer falou várias vezes que ainda considera

---

54 Bessarábia, região próxima ao mar Negro, entre os rios Dniester e Prut.

correto um entendimento alemão-inglês, principalmente tendo em vista o longo prazo. Mas desde a Guerra dos 30 Anos, a Inglaterra se acostumou à guerra, a olhar a A. do alto, e armar rivalidades. Disse que fizemos tudo o que era possível, mas uma louca minoria liderada pelos judeus está no comando. Chamberlain é um velho sem vontade. Parece que eles não enxergarão isso até receberem uma boa sacudida. Ele não entende o que eles querem de verdade. Mesmo no caso de uma vitória inglesa, na realidade os vencedores seriam os Estados Unidos, o Japão e a Rússia. A Inglaterra sairia da guerra destroçada; sem falar se sucumbisse militarmente. Ele até acredita que, apesar de toda a simpatia, certamente também muitos americanos terão esfregado as mãos por causa das perdas britânicas até agora. Eu: Sim, os EUA querem receber como herança a dominação sobre a América do Sul. No mais, acredito que durante os discursos oficiais temos de evitar um perigo psicológico: primeiro contar tudo aquilo que oferecemos à I.[nglaterra] pela desejada amizade e depois apresentar a Inglaterra como assassina, mentirosa, hipócrita e estupradora de povos. Seria preciso apresentar, como transição, o fato de haver duas Inglaterras, uma cheia de força, que é um fator de segurança e cultura, e uma segunda inescrupulosa, liderada por judeus. Nossa esperança era nos aliarmos com a primeira, mas não é nossa culpa a segunda ter vencido. O Führer: O senhor tem total razão. Eu: A quebra ficou muito evidente no último discurso de Ribbentrop e a rádio inglesa notou isso de maneira sarcástica: disse que as uvas estavam azedas demais para nós...

Por fim, eu disse que mandaria escrever para R. informando que a conversa faria sentido se realmente tivesse caído muita neve e fosse possível fazer passeios seguros de esqui. Acrescentei ainda a lista das forças que querem se aliar com a A., mas também acrescentei que não há nenhuma personalidade forte em oposição a Churchill, mesmo Mosley tendo se comportado com coragem.[55] O F.[ührer]: O

---

55 Mosley, Oswald (1896-1980); político e líder fascista britânico; 1918-31: membro, em sequência, dos partidos Tory, Tory Independente e Trabalhista; 1932: após visita à Itália, fundação da "British Union of Fascists"; desde 1933: forte aproximação com o regime nacional-socialista; 1940: prisão com outros integrantes do BUF e colapso do partido.

único seria ainda L.[loyd] G.[eorge]. Antes de 1914 ele também era contra a guerra, para depois, entretanto, quando ela se tornou inevitável, liderá-la com toda a energia. Mosley demonstrou ser corajoso. Algo como consciência de sangue [*Blutsbewusstsein*] avivou-se nesse britânico. Caso trágico: srta. Mitford tentou o suicídio.[56] Eles estão desesperados. Eu: Estou empregando outro funcionário de Mosley em Frankfurt am Main. O F.: É bom manter todos os fios na mão. – Então, devo chamar R. para cá caso considere o correto a se fazer.

Como 2º ponto, discuti o caso do Afeganistão. Amanullah me enviou um amigo alemão: ele queria realizar um golpe em Cabul e, com a ajuda russa, entrar no Noroeste da Índia.[57] Eu disse que sabia que Canaris estava trabalhando num caso parecido, por conta própria. F.: Tudo bem, converse com Canaris a respeito. – Eu: Não sei avaliar as perspectivas de um empreendimento desses. Afinal, nós entramos com os chefes de polícia e os engenheiros rodoviários. E armamos uma divisão. – Então, vou chamar o almirante Canaris.

Por fim, passei para o tema da ideologia. Disse que a guerra também é uma guerra de mentes e de caráter. O partido não deve abrir mão dessa liderança. Informações dos distritos administrativos indicam que as Igrejas estão expandindo suas posições. Ao mesmo tempo, não como liderança de mentes, mas como subversão. Do nosso lado, dispomos de subalternos como Kerrl e Rust. (Relatei o caso Stapel e a carta de Kerrl, memorando do padre Fabrizius etc.)[58]

---

56 Mitford, Unity Valkyrie (1914-48); simpatizante britânica de Hitler; cunhada de Mosley; 1932: ingresso no BUF; desde 1933: vários encontros com Hitler na Alemanha; 1939: tentativa de suicídio após declaração de guerra por parte da Inglaterra.

57 Amanullah Khan (1892-1960); 1919-26: emir; 1926-29: rei do Afeganistão; durante seu governo, abertura econômica para a Grã-Bretanha e a Alemanha; exilado após sua derrubada.

58 Stapel, Wilhelm (1882-1954); publicitário e antissemita; desde 1936: opositor de Rosenberg como funcionário do departamento de pesquisa da "questão judaica" do "Instituto do Reich para História da Nova Alemanha"; autor, entre outros, de *Antisemitismus und Antigermanismus* [Antissemitismo e antigermanismo] (1928), *Die literarische Vorherrschaft der Juden in Deutschland 1918-1933* [A supremacia literária dos judeus na Alemanha 1918-1950] (1937).

Fabricius, Cajus (1884-1950); 1932: ingresso no NSDAP; desde 1921: professor de teologia sistemática em Berlim; 1935-43: em Breslau; membro do "Movimento religioso cristãos alemães"; 1939-40: afastado do NSDAP por causa de críticas ao curso da política religiosa do regime e preso por um curto período.

Falei que havia conversado com Goering e Hess: colocar a segurança da unidade da visão de mundo nacional-socialista numa mão e impedir qualquer fragmentação. Goering <u>totalmente</u> de acordo, Hess a princípio sim, ele teme apenas ser então afastado. Mas eu não quero tirar nada dele – o Führer acena com a mão... Tarefa: formar instrutores e oficiais, trazer à consciência a situação histórica de nossa luta, começar nas casernas e acampamentos e assim assegurar ao nacional-socialismo a liderança da guerra das mentes e do caráter. *Ordensburg* Sonthofen como centro de formação.

O Führer: Estou <u>totalmente</u> de acordo com isso.

Eu: Por essa razão, peço plenos poderes para minha tarefa atual, acredito ter neste ano conquistado honestamente a confiança do partido e se não formos duros, nossa luta terá sido em vão no futuro, porque as antigas ideologias ainda se mantêm inquebrantáveis e muitas pessoas no partido descobrem subitamente novos líderes espirituais, filósofos no estilo *Jugendstil* etc. O Führer: O senhor tem toda razão. Aceito de bom grado. Eu: Então posso trabalhar com Hess e Göring numa proposta que contemple plenos poderes. F.: Sim, de bom grado.

11/11/39[59]

Segundo todos os indicadores, a discussão ideológica vai se acirrar principalmente na guerra. As gráficas religiosas estão trabalhando a todo o vapor; tratadinhos, sermões e compilações de salmos inundam o front; os sermões das Igrejas são sabotagem consciente. Recebo relatos de todos os distritos administrativos que reforçam isso de maneira quase unânime. Um líder de formação informa sobre um sermão em Trier. O "padre" ficou só gemendo sobre as necessidades dos evacuados "lá no Reich", falou sobre seus clamores por padres e rosários, a fim de conseguir "rezar uma vez". Esse é o "único apoio" que eles têm

---

59 O trecho que vai de "Segundo todos os indicadores" até "com o Führer a respeito" marcado (a lápis); reproduzido (com ligeiras diferenças) em Kempner, *Der Kampf gegen die Kirche*, p. 33.

etc. O *Gauleiter* Sauckel escreve várias vezes que os assentados em seu distrito são sistematicamente pressionados pelos religiosos. Em outras partes, a guerra é apresentada como castigo de Deus contra o nacional-socialismo. Um professor de Breslau [Fabricius] teve a audácia de exigir de Kerrl que a educação ideológica do NSDAP fosse conduzida por "especialistas" das Igrejas. A formação espiritual é de sua competência etc. Esse memorando infame fervilha de arrogância ingênua e torpe, mas mostra como uma cabeça de padre entupida de frases do Antigo Testamento não tem qualquer compreensão da vida alemã. Esse atraso corporificado nem ao menos suspeita o quanto está atrasado. Se olharmos para a representação oficial, entendemos por que tais memorandos são enviados a Kerrl. É que ele é igualmente ultrapassado mentalmente e comprova que se pode lutar contra o marxismo e a democracia sendo nacional-socialista, mas sem ter o menor senso da visão de mundo de um novo tempo.

Ontem recebi um tratado sobre Jesus que me foi enviado do front. O autor se indigna sobre aqueles tempos em que Jesus era apresentado ora como incentivador da bravura, ora soldado que dá sua vida pelos amigos. Ele é a resposta de Deus para as perguntas de todas as religiões. Então, no final, o homem da Igreja cita indignado um memorial aos pilotos caídos, no qual está gravado: "Por esforço próprio" [*Durch uns allein*] – citação de um famoso lema dos pilotos – e o contrapõe às palavras de Guilherme I, que se consagrou e a sua casa a Deus.[60] Disse que é preciso se decidir por um dos lados! Hoje é possível eliminar isso sem dificuldade! Mas os religiosos de ambas as confissões não assumem o fortalecimento espiritual dos soldados alemães, mas começam a antiga brincadeira da corrosão espiritual. Esse trabalho não pode ser enfrentado com contos de fadas e a propaganda do dia e apresentações do teatro de variedades, mas com um trabalho bem diferente: como eu o sugeri ao Führer. Percebo a partir do pessoal de Hess que essa tarefa trará dificuldades. O próprio quer falar com o Führer a respeito...

x

---

60 Guilherme I (1797-1888); desde 1861: rei da Prússia; desde 1871: imperador alemão.

Ainda estamos todos sob os efeitos do atentado em Munique.[61] Almocei ontem com o Führer. Ele contou que tinha de voltar imediatamente a Berlim. Após seu breve discurso, ainda lhe pediram que ele fosse até a galeria da cervejaria Bürgerbräu para se encontrar com os antigos companheiros de luta. Ele perguntou que horas eram. 9h10; como o trem especial estava marcado para as 9h30 e ele não queria se atrasar em consideração ao cronograma do transporte, o que teria sido possível devido ao blackout, foi embora logo. Se não tivesse agido assim, estaríamos todos enterrados debaixo de escombros.

Uma sensação curiosa: há 16 anos caminhei junto com Adolf Hitler e uma pistola na mão até esse mesmo pódio onde agora a morte nos aguardava. Lembro-me dos tiros na Feldherrnhalle, a tentativa de assassinato[62] contra mim em 1931 em Jena, quando o dr. H.[ans] Günther levou o tiro no meu lugar – e o acontecimento atual. Passamos 14 anos brincando com nossas cabeças, agora são os mesmos inimigos, claramente do exterior, que estão agindo para realmente nos tirar do mundo. Vejo minha casa, nessa região desabitada é tão fácil jogar uma bomba no meio do quarto durante a noite.

Mas, por fim: sem despreocupação nunca poderíamos ter começado. Triste é que a culpa por algumas amarguras no país se deve aos atos de nossos líderes: o abalo na confiança que o atrevimento do dr. Goebbels e a ostentação de outros provocaram é incalculável. Todos pagamos com nosso trabalho o que alguns destruíram por vaidade e arrogância levantinas.

x

V. Harder voltou ontem da Suíça. A segunda conversa com d.[e] R.[opp] já foi mais séria. O "partido inglês" tem reforços da City. Sob a liderança do sir... Glynn, tentam resistir a Churchill e

---

61 Em 8 de novembro de 1939, Georg Elser (1903-45) provocou um atentado contra Hitler e quase toda a liderança nacional-socialista na cervejaria Bürgerbräukeller de Munique; Hitler saiu ileso por ter partido mais cedo; Elser foi preso e assassinado no campo de concentração de Dachau antes do final da guerra.
62 A palavra "tentativa" foi introduzida posteriormente.

companheiros.⁶³ Anexo aqui notas sobre ambas as conversas [faltam], talvez possam ter importância algum dia.

3/12/39

Darré esteve esses dias comigo. Ao lado de coisas gerais, ele me relatou uma afirmação de Ribbentrop. Darré queria discutir com ele as questões do abastecimento a partir da Romênia e saber se a situação política exterior aconselhava investir algo na Romênia ou se era mais prudente manter distância. V. R.[ibbentrop] respondeu: "Por que o senhor é tão pessimista? Vamos acertar a Inglaterra de tal forma que no Natal teremos paz".

Em janeiro poderemos refletir sobre essas palavras.⁶⁴

x

Göring passou há pouco toda uma tarde comigo. Conversas prolongadas sobre religião e filosofia. Unanimidade em não realizar a política de agulhadas;* a brochura protestante (excerto em anexo [falta]) fez com que ele removesse todos os padres da Força Aérea. Da maneira como estão as coisas, as Igrejas preparam – em parte, sem querer – a desagregação moral. Minha tarefa nesse sentido parece cada vez mais urgente.

Conversei também com Hess, a quem o Führer obviamente manifestou seu desejo com clareza ao reconhecer seus plenos poderes formais e legais. Na última conversa, H.[ess] também estava calmo e mais generoso do que eu esperava. Agora é unanimidade, exceto em um ponto – que não é decisivo.

Independentemente de como avalio o transcorrer das coisas nesses últimos 4 anos, hoje a luta da nação como um todo é decisiva e a

---

63 Glyn, Ralph George Campbell, barão (1885-1960); 1931-35: primeiro-ministro britânico.
64 O trecho que vai de "Göring passou há pouco" até "cada vez mais urgente" marcado (a lápis); reproduzido (com ligeiras diferenças) em Kempner, *Der Kampf gegen die Kirche*, pp. 33 e segs.
* Expressão idiomática: estilo de política que, para chegar a um fim maior, faz pressão estratégica com inúmeras ações pequenas e desagradáveis. (N. T.)

Inglaterra está determinada a lutar por nossa destruição. Em relação a isso, só pode haver uma resposta de acordo com nosso dever. Mesmo sem Ribbentrop, havia suficientes caminhos livres para a Inglaterra; eles não quiseram.

Primeiro início do trabalho: discurso no Clube Popular Alemão sobre o destino do Báltico. Em seguida, recepção do poeta do Prêmio Popular das Comunidades Alemães (Oberkofler);[65] um tirolês muito simpático com o romance simples, sem sutileza, *Der Bannwald*. Griese, um homem ensimesmado, firme, cujo único filho recebeu a Cruz de Ferro em Modlin.[66]

11/dez/[1939]

Acabo de informar ao Führer a visita de X.[67] da Escandinávia. Esse X. disse que a atmosfera no Norte está cada vez mais hostil aos alemães (conflito russo-finlandês), os partidários da Inglaterra estão cada vez mais numerosos. O judeu Hambro trabalha constantemente contra nós.[68] Na Suécia, realmente foi discutida a questão das bases navais britânicas. É possível haver a repetição de um caso como o da Turquia. Ele repetiu mais uma vez a sugestão concreta de se preparar um desembarque alemão, a pedido de um governo que deverá se formar. – X. foi falar com Raeder.

Claro que o Führer não podia receber X., mas será informado das possibilidades. X. está hospedado no meu centro de formação.

---

65 Oberkofler, Joseph Georg (1889-1962); escritor; funcionário da revista *Der Brenner*; desde os anos 1930: literatura "Blut-und-Boden" [sangue e terra].

66 Griese, Friedrich (1890-1975); escritor; desde 1933: membro da academia alemã de letras; autor recomendado pelo ARo.
Modlin, cidade na Polônia próxima a Varsóvia.

67 Trata-se de Quisling, Vidkun (1887-1945); oficial norueguês; 1931-33: ministro da Defesa; 1933: fundador e líder do fascista Nasjonal Samling; apoiado por Rosenberg no planejamento da ocupação da Noruega por tropas alemãs; desde 1942: primeiro-ministro do governo colaboracionista da Noruega; 1945: condenado à morte e executado.

68 Provavelmente trata-se de Hambro, Carl Joachim (1885-1964); político norueguês; redator-chefe do *Morgenbladet*; 1919-57: deputado; 1926-33 e 1935-45: presidente do Parlamento.

Goebbels também esteve presente durante a refeição. Aquilo que o Führer disse à mesa há 3 dias, em sua ausência, ele repetiu com a maior dureza imaginável na sua frente: o noticiário semanal é insípido e está montado sem um interesse mais profundo. Estão acontecendo coisas tremendas no que se refere à mobilização popular na A.[lemanha], mas o cinema não toma conhecimento. Disse que ele monta seus filmes sem uma direção continuamente interessada em dar à nação aquilo que ela quer. No caso dos filmes ficcionais: ele ainda não encontrou num filme uma referência de que tivéssemos tido uma revolução nacional-socialista. Dr. G.[oebbles]: mas nós temos bons filmes nacionais (Ritter).[69] Sim, alguns patrióticos no teor geral, mas nenhum nacional-socialista. Muitas profissões foram criticadas, nosso cinema não teve coragem de se aproximar dos bolcheviques judeus. No novo *Robert u. Bertram* [Robert e Bertram] o alemão foi criticado. As queixas são gerais, elas têm razão, não dá para argumentar a respeito.

Assim se passaram cerca de 20 minutos, G. emudeceu para qualquer defesa. Raramente ele maldisse tanto uma hora quanto essa hora de almoço – ainda por cima em minha presença. Sua arrogância inesgotável se tornou excessiva até para o paciente Führer. Pena que, devido à guerra, isso foi acontecer, visto que tantos prejuízos já foram causados. Presente também Hess, que embora também pense como eu, nunca fez uso de seus plenos poderes contra Goebbels, antigamente tão mimado.

+

Acabei de falar com Raeder. Ele disse: Parece um golpe do destino! Amanhã ele vai informar o Führer.

x

Ontem recebi um relato detalhado de C.[arlo] v. Kügelgen sobre sua viagem pelo Báltico.[70] Respeito diante da postura de meus com-

---

69 Ritter, Karl (1888-1977); diretor e produtor cinematográfico alemão; desde 1925: membro do NSDAP; diretor de inúmeros filmes de ideologia nacional-socialista, entre eles *Patrioten* [Patriotas], *Pour le Mérite* [Honra ao mérito], *G.P.U.* e *Kadetten* [Cadetes].

70 Kügelgen, Karl (Carlo) Konrad von (1876-1945); jornalista alemão-russo; desde 1925: diretor interino da Associação de Trabalho dos Alemães da Rússia e da Polônia; autor de ensaios biográficos sobre líderes nazistas.

patriotas! Quando o responsável local do grupo de alemães étnicos informou aos homens de confiança a necessidade do reassentamento, houve silêncio. Em seguida, alguém perguntou: então o Führer quer que deixemos nossa pátria? – Quando a resposta veio com um sim, a questão estava resolvida para todos sem debate. O trabalho de organização iniciou-se imediatamente.

Eis a velha boa conduta. Também o fato de as pessoas do campo atirarem no seu cachorro e no seu cavalo para impedir que os animais caiam em mãos estranhas mostra esse caráter que tomara seja mantido cada vez mais em favor de seu trabalho pioneiro no Leste.

x

Lotrop Stoddard dos EUA me visitou.[71] Perseguido pelos judeus, mesmo assim pode realizar um grande trabalho jornalistíco. Ficará por 2 meses.

Draeger voltou hoje da Escandinávia e informou sobre a Conferência de Estocolmo, planos autoritários de Rosting na Dinamarca, afirmações decididas de [nome ilegível] na questão fino-soviética.[72]

Talvez seja bom que os escandinavos percebam agora o "perigo russo". Eles aceitaram com prazer nossa batalha, mas se esquivaram de qualquer ligação mais próxima. Agora pedem ajuda: como se nós tivéssemos sempre de lutar pela liberdade dos outros. Agora que sintam um pouco de frieza por parte de Berlim, fará bem para sua autossatisfação filistina. Apenas os finlandeses nos dão pena do ponto de vista humano, mas os próprios esperam que até o final do inverno os russos não consigam fazer nada contra eles. E até então a situação política pode ter se modificado muito...

---

71 Lothrop Stoddard, Theodore (1883-1950); jornalista americano e criador de dogmas raciais; autor, entre outros, de *The Rising Tide of Color against White World-Supremacy* (1920).

72 Draeger, Hans (1896-desc.); desde 1933: chefe de departamento na seção de política de defesa do NSDAP; presidente do escritório nórdico de ligação em Berlim. Rosting, Helmer (1893-1945); político dinamarquês; 1932-34: comissário da Sociedade de Nações da cidade livre de Danzig; 1940: ministro do Exterior sob a ocupação alemã; 1942: ministro da Igreja; 1943: engajamento pela libertação de prisioneiros de guerra dinamarqueses como contrapartida à prisão de judeus dinamarqueses.

14/12/[1939][73]

No dia 12, o Führer me chamou novamente à chancelaria para discutir a sugestão de Quisling. Ele disse não estar se opondo a recebê-lo, mas precisa saber como Q.[uisling] imagina sua ação. Também algumas perguntas: relação com o Exército norueguês precisa ser explicitada. – No dia 12 à noite, tive uma conversa longa com Q. Resultado, resumido, em anexo [falta], que enviei a Raeder. À noite combinei uma visita de R.[aeder]. Ele acabou de passar aqui e concordamos tanto sobre o risco quanto sobre a necessidade da ação. – No dia 12 à noite, por causa da escuridão, feri meu pé doente mais uma vez batendo na porta do prédio, de modo que estou novamente imobilizado com o tornozelo dolorido e inchado. Dessa maneira, R. tem de acompanhar Q. sozinho ao Führer, para que o último tenha uma impressão direta de sua personalidade.

x

Ontem tive uma visão divertida do estado do AA. Lá, o companheiro de partido Habicht, há anos prefeito em Wittenberg, foi subitamente nomeado subsecretário! Ele se tornou chefe do Departamento Oriental. Recebeu mensagem de Amanullah e rapidamente se prontificou a ajudar. O antigo ministro do Exterior de A.[manullah] já esteve em Moscou. Pedi a presença de H.[abich] e lhe contei que <u>meu</u> departamento tinha iniciado todo esse trabalho Sul-Leste, no mais das vezes <u>contra</u> o AA. Que já tinha recepcionado todos os grandes afegãos aqui e que a penetração (polícia, negócios, escolas, construção de rodovias etc.) tinha passado por nós. Ou seja, antes de apoiar Amanullah de maneira tão ativa, era preciso investigar exatamente se não era possível trabalhar com os homens de agora (Abdul Medjid).[74] Tachá-los todos como obedientes aos ingleses não dá. – H. explicou, ruborizado, que nem <u>uma</u> palavra lhe fora dita a esse

---

73 Corrigido, antes "13/12".
74 Majid Zabuli, Abdul (1896-1998); empresário e político afegão; 1936-50: ministro da Economia; 1933-41: intensas relações com funcionários e empresas nazistas.

respeito. Esbravejou terrivelmente. Prometeu convocar Ter Madden e Schnell, que ele nem havia ouvido.[75]

Tudo isso são novamente sinais da total falta de planejamento, em parte também sabotagem idiota (enviado v. Hentig) que reina no AA.[76] As coisas também foram conversadas com Ribbentrop; só que esse não entende nada do Sudeste.

19/12/[1939]

A primeira etapa da planejada Ação Noruega foi encerrada. No dia 15 Quisling, em companhia de Hagelin e meu chefe de departamento, Scheidt, foi recebido pelo Führer.[77] Eu estava de cama com meu pé doente e não pude ir. À noite, eles me visitaram – muito satisfeitos. O Führer primeiro falou por 20 minutos: disse que preferia ver a Escandinávia neutra, mas não pode admitir que a Inglaterra chegue por exemplo até Narvik.[78] Em seguida, leu o memorando de Quisling: necessidade de uma coalizão da Grande Alemanha [*grossgermanischer Bund*]. Q.[uisling] apresentou então a situação ilegal do Estado norueguês a partir de 10/1/1940, que está à mercê de marxistas e democratas judeus. A salvação da Noruega é

---

75 Ter Nedden, Wilhelm (1904-2000); jurista de direito administrativo; 1933-45: no Ministério de Economia do Reich; desde 1941: no RMfdbO; 1950-69: Ministério de Transportes.
Schnell: possivelmente Schnell, Carl (dados desconhecidos); atuou como assessor de construção do governo para a organização Todt.
76 Hentig, Werner Otto (1886-1981); diplomata; 1936-37: cônsul-geral em Amsterdã; 1937-39: departamento oriental no AA; 1939-44: serviço militar; 1943: assessor de legação e enviado no AA.
77 Hagelin, Albert Viljam (1881-1946); funcionário norueguês de Quisling; 1936: ingresso no Nasjonal Samling; desde 1940: ministro do Interior; como tradutor, participou das conversas entre Quisling e Hitler; 1946: condenado à morte na Noruega.
Scheidt, Hans Wilhelm (1907-desc.); 1930: ingresso no NSDAP; desde 1933: chefe de departamento para política cultural; 1939-40: homem de ligação de Rosenberg para Quisling em Oslo; 1940-42: chefe do departamento de organização da "*Hohe Schule*"; 1942-43: chefe de departamento no RMfdBO.
78 Cidade no Norte da Noruega; sob ocupação alemã, importante porto de embarque para minério de ferro sueco.

ao mesmo tempo também decisiva para a A.[alemanha] em sua luta crucial contra a Inglaterra.

Q. voltou muito satisfeito. – No dia 17 (?) o Führer chamou os homens novamente e discutiu toda a situação por 1 hora, reforçando que <u>seu</u> desejo era a continuidade da neutralidade norueguesa. Em seguida, perguntou: Senhor conselheiro de Estado Q., o senhor sabe que, se me pedir ajuda, a I.[nglaterra] vai lhe declarar guerra? Q.: Sim, sei disso e conto que temporariamente o comércio da N.[oruega] ficará estagnado. No final da reunião, sobre a qual Scheidt ainda pode fazer um relato exato, Q. perguntou: Senhor chanceler do Reich, eu o compreendi corretamente dizendo que quer nos ajudar? Führer: Sim, quero.

Em silêncio e feliz, Q. seguiu para casa de carro e subitamente falou para Scheidt: ["]Percebo que há algo como o destino. Apresentei minhas ideias para muita gente; nunca avançaram direto. E agora, de repente, na hora decisiva, receberemos ajuda.["]

Durante a segunda reunião Q. entregou o memorando anexo [falta] sobre a importância estratégica das ilhas Faröe e da Groenlândia, que o Führer leu atentamente sem se posicionar a respeito.

<u>20/12/[1939]</u>

Q.[uisling] e H.[agelin] acabaram de passar por aqui para se despedir. Foram discutidos todos os detalhes táticos e preparativos políticos da ação na D.[inamarca] e na N.[oruega]. Necessidade de confidencialidade total, viagem individual para treinamento, comportamento em relação ao rei, forma da ocupação dos postos correspondentes de governo etc. Penso em desenvolver um breve esboço a respeito.

Q. me agradeceu calorosamente por minha ajuda decisiva e pela compreensão imediata do plano como um todo. Respondi, sorrindo, que meu apoio à Sociedade Nórdica só teve o sentido de um trabalho psicológico prévio. O fato de a Finlândia e os Estados bálticos logo estarem excluídos a princípio era uma coincidência negativa.

No mais, eu disse que estava feliz em finalmente conseguir visitar a Escandinávia, o que não tinha sido possível tendo em vista os governos de até então. Apertamo-nos as mãos e provavelmente só iremos nos rever quando a ação for bem-sucedida e o primeiro-ministro da Noruega se chamar Quisling.

[1940]

2/1/1940[1]

A questão relativa à minha tarefa me parece chegar pouco a pouco ao fim. O processamento dos vários informes foram colocados agora nas mãos de Lammers, que os enviou para mim. A maioria se conformou, apenas justamente tais inferiores como Bouhler ainda protestam com veemência. Também Rust, que se invoca no cargo de ministro, que não consegue receber nenhuma instrução exceto as que vêm do Führer. Nisso tenho a satisfação de reorganizar a confusão que o desequilibrado velho e doente Rust criou. Em 1933 ele me disse: Companheiro R.[osenberg], o senhor é nosso *educator*. Hoje, apesar de seu retrocesso mental e da falta de determinação, ele mantém complexos rançosos. O Führer está infeliz, mas não quer abandoná-lo em respeito ao passado.

Interpelei Lammers sobre a questão da Noruega e do Afeganistão. Ele a apresentou ainda antes do Ano-Novo ao Führer; Schickedanz

---

1 Aqui se iniciam os registros da parte arrancada de um caderno (até 7/5/1940, inclusive), em geral escritos de um só lado; anotações a lápis (no alto de todas as páginas, em parte apagadas com borracha): "1749-PS" (correspondem ao documento de Nuremberg), nesta página, anotação em vermelho: "290".

está marcado para falar com L.[ammers] no dia 4/2. Scheidt está na Noruega para se informar de todos os lados.

A paz tão alardeada por Ribbentrop não aconteceu; o contrário se prepara. Como ele conseguiu fazer esse tipo de promessa permanece sendo um enigma. No caso da Noruega, ele quer se envolver atemorizadamente nos mínimos detalhes.

Göring me enviou no Ano-Novo um telegrama especialmente caloroso "em permanente aliança". Eu ficaria feliz em caminhar com ele. Somos duas pessoas essencialmente diferentes, mas também escolhemos dois campos de trabalho diferentes e nos respeitamos mutuamente.

Depois de 25 anos revi alguns membros da "Rubonia"[2] de Riga. Ficaram velhos, mas se mantêm firmes. Uma parte da melhor camaradagem masculina. Todos querem começar corajosamente em Posen.

7/1/[1940]

Scheidt voltou de Oslo na noite de domingo. Falou sobre o novo ministro da Guerra, certamente anglófilo etc. Vai colocar suas observações por escrito. – Sch.[eidt] conversou com Lammers. ~~Esse~~ L.[ammers] fez uma apresentação para o Führer, que provavelmente está de acordo, mas é cético sobre a discrição na Noruega. Na opinião de L.: se der certo, tudo bem – se der errado, vai custar a cabeça do responsável. No que se refere à questão afegã, o Führer concordou com meu memorando contra o AA. Habicht pode trazer de volta seus homens de Moscou... Ali, nessas circunstâncias, fazer algo contra o Estado afegão sem o apoio ativo de Moscou parece uma fragmentação de forças. Isso só pode acontecer, se acontecer, a partir de dentro.

---

2 Participantes da associação de estudantes alemã-báltica Rubonia (fundada em 1875); ao lado de Rosenberg foram membros, entre outros, Arno Schickedanz e Otto von Kursell; 1923 reorganizada em Munique; veja Piper, *Rosenberg*, pp. 58 e segs.

O caso da Noruega precisa de um tempo para ser repensado. Há suficientes momentos de perigo, mas se for <u>bem-sucedido</u> talvez centenas de milhares de vítimas possam ser poupadas. Trata-se de confrontar a Inglaterra; a França não é tão essencial aqui e a imobilidade dos franceses é um elemento desmoralizador para eles.

Seria preciso lançar sobre o front francês panfletos com a advertência de que agora os <u>negros</u> vivem nos vilarejos franceses com as mulheres e as filhas dos *poilus*.*

Hoje pintei, após um longo tempo. Estudos que fiz há 21 anos chegaram de Reval. Infelizmente continuar a pintá-los não os melhoram. Mas essa atividade me afasta no domingo de alguns pensamentos irritantes sobre a falta de camaradagem justamente no <u>alto</u> do movimento.

O *Gauleiter* dr. Meyer me visitou na sexta-feira. Calmo e seguro como sempre. Uma pessoa muito positiva e leal, com a qual sempre é uma alegria conversar.

<u>19/1/[1940]</u>

Nesses dias, fui visitado por Amann que me contou de uma reunião com dr. G.[oebbels]. A.[mann] empregou editor e redator-chefe na Polônia. Posteriormente, G. "inspecionou" e demitiu as pessoas de novo. Por causa disso, A. foi falar com G. no ministério e – durante duas horas – lhe disse a verdade. Perguntou como se atrevia, o que estava pensando em fazer com seu ministério miserável. Disse que ninguém mais quer saber dele. Todos os *Gauleiter* são unânimes em rejeitar G. etc. G. ficou sentado de maneira lastimável: Caro companheiro de partido A., se é para brigarmos desse jeito, digo que há um ano ofereci ao Führer minha demissão etc. – Ele disse que foi vergonhoso. Em casos parecidos, A. ameaçou-o com coisas bem diferentes.

x

---

* *Poilu*, soldado da infantaria francesa, principalmente aquele que lutou na Primeira Guerra Mundial. (N. T.)

Scheidt recebeu o necessário e agora vai para Oslo. A ação 1 está preparada, a 2 se inicia e a questão agora é se a 3 será implantada e se sim, como. Há pouco, achei Rippentrop razoável e mais ou menos esclarecido. No caso afegão, ele claramente se manteve retraído e salvou em alguma medida as aparências. Vou lhe enviar um breve memorando.³

+

Há alguns dias na hora do almoço com o Führer falou-se da situação da política religiosa. O Führer disse que sua tentativa de pretender que uma Igreja evangélica unificada servisse de contrapeso à Igreja romana foi um grande erro. Ele afirmou que tinha trazido consigo uma certa ideia das regiões fronteiriças, onde o protestantismo era uma religião nacional. Confirmei isso em relação aos bálticos. Seus pastores eram postos avançados [*Vorposten*] nacionais. Agora estão em conflito. Certamente são velhos luteranos, "fiéis à confissão". Ao descobrir que os fiéis à confissão daqui são anti-Estado, iniciar-se-ia uma fissura também entre eles. (O chefe de distrito v. Corswant me disse há pouco que o pastor Bernewitz, de Riga, acabou de ler minhas obras e que conversou com ele.⁴ E agora passa noites em claro e dia a dia se distancia internamente cada vez mais de um cristianismo aprendido até hoje.) Em seguida, o Führer descreveu a recepção de líderes religiosos, na qual os "fiéis à confissão" e os "cristãos alemães" quase se bateram diante de seus olhos por causa da remuneração em espécie. Depois, imitou as expressões patéticas de Niemöller, cuja conversa telefônica anterior, num jargão de marinheiro, foi imediatamente lida em voz alta a seu pedido.⁵ Resultado: os irmãos murcharam de maneira constrangedora.

---

3 O trecho que vai de "Há alguns dias" até "custaria nossa existência" marcado (a lápis), reproduzido (com ligeiras diferenças) em Kempner, *Der Kampf gegen die Kirche*, p. 34.

4 Corswant, Walther von (1886-1942); 1923: ingresso no NSDAP; 1927: *Gauleiter* na Pomerânia; desde 1930: MdR; 1932: chefe do departamento de políticas econômicas na direção do NSDAP.
Bernewitz: provavelmente Bernewitz, Helmut Alex (1906-desc.); 1933-39: pastor da comunidade alemã Riga-Strand; 1941-45: tradutor no comissariado-geral da Letônia.

5 Niemöller, Martin (1892-1984); teólogo evangélico; 1931-37: pastor em Berlim-Dahlem; 1933: fundador da Liga Pastoral de Emergência, precursora da Igreja Confessional; 1937-45: prisão e campo de concentração Sachsenhausen.

Em relação à observação de que a posteridade não conhecerá o posicionamento religioso do Führer, visto que ele não se posiciona, ele disse: Ora, conhecerá, sim. Que nunca permitiu que um religioso participasse de uma reunião de partido ou do enterro de um companheiro de partido. A peste cristão-judaica está certamente se aproximando de seu fim. É terrível ter podido existir uma religião que literalmente come seu Deus na eucaristia. Também as "boas obras" só são "efetivas" se a pessoa está "em estado de graça". Mas isso quem determina é a Igreja. – Falei do meu choque visual em 1911, no convento de Ettal, onde, sob a cúpula central, esqueletos de religiosos com anéis dourados nos ossos e coroas douradas sobre as cabeças estavam expostos em vitrines de vidro.[6] Foi uma sensação religiosa Ashanti. E que achei o sistema religioso russo uma prática oriental facultativa, com belos cantos. Porém, ter de acreditar nesse fetichismo na A.[lemanha] é terrível.

O Führer falou num tom parecido. – Eu disse que achava que após 20 anos algumas posições ficariam ainda mais evidentes. O Führer comentou: Em 200 anos. Na minha opinião, o desenvolvimento muitas vezes se dá de maneira inesperadamente rápida na curva descendente. Problemas que hoje ainda ocupam pessoas de 40 ou 50 anos não mobilizam mais nossa juventude. Os filhos deles serão ainda mais independentes. Certamente, porém, um homem conduzirá uma reforma. – Mas não Hans Kerrl. O que levou a um sorriso geral.

O Führer disse que também é possível imaginar uma dura ação de força política; mas apenas quando a A. for completamente independente na questão da política externa. Senão o inflamado enfrentamento político interno custaria nossa existência.

Encontrei-me com Göring outro dia na Chancelaria do Reich e falei com ele sobre a sugestão de alteração feita pela Wehrmacht em relação à minha tarefa. Ele se dispôs a abrir mão do termo "liderança ideológica" na Wehrmacht e sugeriu, de moto próprio, que eu também use o conceito de direção [*Weisung*] com ele. Disse que aceita

---

[6] Ettal, mosteiro beneditino na Alta Baviera.

com tranquilidade: <u>ele</u> estar autorizado para o direcionamento do Plano Quadrienal, <u>eu</u> para a ideologia. Um velho nazista está frente a frente com outro, cada um com <u>sua</u> tarefa.

Em 12/1 proibi a imprensa de noticiar meu aniversário. Apesar disso, chegaram muitas cartas de todo o Reich que me comoveram bastante. Trata-se de uma sensação curiosa saber que pouco a pouco centenas de milhares passaram por uma revolução interna por causa da minha obra. Muitos conquistaram assim a paz interior e a libertação; um novo <u>sentido</u>, visto que o antigo havia se perdido. É o que escrevem homens e mulheres, moças e estudantes, alguns fazem poemas, muitos descrevem seu desenvolvimento. Um coronel da Ostmark me agradece como consumador da obra dos maiores pensadores de nossa história.[7] – E eu me pergunto sempre: o povo alemão <u>conseguirá</u> suportar a carga das coisas por vir? Se conseguir, então um dia a ideologia e o instinto de sobrevivência agirão em conjunto, trazendo o maior desdobramento de força da nação. Isso seria, realmente, um novo tempo.

<u>27/1/[1940]</u>

Hoje no almoço o Führer estava novamente muito alegre. As afirmações descuidadas de lorde Lloyd, de que a Polônia tinha sido apenas um pretexto para a política bélica britânica, deixaram-no muito satisfeito.[8] Também as outras vozes, muito confusas, mostraram – como ele disse – que os ingleses não estão bem. Perderam 60% de sua importação de ração animal, queriam reduzir a perda a 40%.

Durante a refeição, o Führer falou sobre a Polônia. A antiga pequena camada governante tratava o país como uma plantação e morava mais em Paris do que no próprio país. Afirmei que a contrarreforma fez um trabalho consciente de erradicação; restou, como

---

7 Ostmark, termo nazista para a Áustria desde 1938; 1942: substituído pela denominação *Alpen- und Donaureichsgaue* [territórios dos Alpes e do Danúbio].
8 Lloyd, George Ambrose (1879-1941); político britânico; 1940-41: secretário de Estado para as colônias e presidente da Câmara dos Lordes.

dominante, uma camada com um verniz de cultura social, capaz de alguns rompantes corajosos, mas incapaz de ações construtivas. – O Führer disse que não se espera uma resistência de verdade na Polônia, bateu no meu braço e completou sorrindo: resistência existe ainda apenas entre os bálticos. Sim, se lhes damos um negócio, logo querem o próximo etc. Eu falei: Não é bem assim. Pois, por exemplo, se o dono de uma fábrica de couro deve receber uma sapataria, ao dono de um hotel se oferece um trabalho de garçom etc. E daí as pessoas em questão imaginam que o propósito do exercício não deve ter sido exatamente esse.

Justo uma hora antes, eu havia enviado uma carta objetiva a Himmler, mais anexos.[9] Os bálticos certamente não serão tão tranquilos para se tratar quanto os alemães da Volínia, que abriram mão de poucas coisas e que sempre foram pequenos camponeses. Os bálticos sabem, evidentemente, que foram um sinônimo de cultura e individualidades fortes e não vão querer ficar sendo simplesmente jogados de um lado para o outro por funcionários feito uma horda de refugiados. – Himmler tem uma aversão aos bálticos, então é possível supor que ele tenha relatado ao Führer algumas evidências em relação ao frio, aos Pacotes de Inverno etc. de um modo especial.

Por fim, pedi ao Führer que recebesse o dr. Lammers e eu a fim de lhe apresentar o projeto da incumbência. Visto que Hess estava justo ao lado, o Führer lhe perguntou se ele estava de acordo. H.[ess]: disse que ainda não tinha lido a última versão. Eu: ["] Permaneceu sendo aquela que <u>você</u> tinha usado.["] F.[ührer]: ["] Então está bem, se Hess concorda, você pode encerrar o assunto.["]

Mas após todas as tentativas de atraso só ficarei tranquilo quando o documento estiver realmente assinado.

Aliás, Hess ainda entregou ao Führer o relato de um capitão alemão que retornou a Odessa após muitos anos. Esse afirmou que, ao contrário de antes, não tinha encontrado nem um único judeu

---

9 Refere-se provavelmente ao ofício de Rosenberg a Himmler "Ref.: Reassentamento dos bálticos", 23/1/1940, com 7 anexos (13 pp.), com trechos reproduzidos em Poliakov e Wulf, *Das Dritte Reich und seine Denker*, pp. 483-85; semelhante a uma carta de igual extensão de Rosenberg a Himmler de 20/3/1940 (ibidem, pp. 485-87).

nas repartições públicas. Isso deu motivo para as especulações, frequentes agora, sobre se nesse ponto de vista uma transformação está realmente em vias de ocorrer na Rússia. Falei que se realmente essa tendência estiver começando, ela terminaria com um terrível *pogrom* contra os judeus. O Führer disse: talvez isso fizesse com que a amedrontada Europa pedisse a ele que se responsabilizasse pela humanidade no Leste... Todos riram. F.[ührer]: ["] E Rosenberg teria de ser o secretário de um congresso presidido por mim para o tratamento humano dos judeus... "]¹⁰ No mais, foi lançado um novo filme russo, que trata antigos conflitos russo-poloneses. Eu: Sim, ouvi dizer; também a política do Vaticano dessa época aparece. F.: Será que é possível assistir a esse filme algum dia? Eu, preocupado: Mas não podemos mostrar nada aqui que fale do Vaticano. – Isso naturalmente ensejou risadas e Bormann me deu uma cotovelada, sorrindo: Uma coisa dessas só pode ser vista na Rússia – infelizmente.

7/2/40

No dia 29, conversei longamente com o Führer sobre determinados trechos do projeto de minha incumbência. Ele tinha restrições a uma passagem. Se minha incumbência, disse ele, abrangesse "a pesquisa científica e o ensino" de uma maneira geral, então seria possível interpretar isso como a repetição das tentativas cristãs de determinar a pesquisa natural exata a partir de um dogma, de querer ditá-la. Se o assinasse, as pessoas o acusariam, dizendo que após outros tipos de "subjugação" era a hora da ciência.

Eu: Esse temor não precisa ser concretizado, porque na frase seguinte está dito que eu só posso distribuir instruções ao se tratar da visão de mundo nacional-socialista. No mais, nossa ciência ficará feliz, pois quero eliminar exatamente as subalternidades, as censuras prévias tacanhas etc. (caso Bouhler). Afinal, fui eu que defendi nesses anos uma pesquisa livre. – O Führer analisou o texto

---

10 O trecho que vai de "No mais" até "infelizmente" marcado (a lápis); reproduzido (com ligeiras diferenças) em Kempner, *Der Kampf gegen die Kirche*, p. 34.

mais uma vez: Sim, nós podemos concordar sobre nossos propósitos aqui, mas os outros leem apenas essa única frase e farão os mais pesados ataques. Nossa ideologia não deve prescrever a pesquisa exata, mas dela inferir as leis abstratas.

Eu: A ideologia lida com valores, trata-se de postura interna, que a princípio não tem nada que ver com a física etc. A fim de abarcar todas as possibilidades, ela parte naturalmente da maior certeza possível da pesquisa natural.

A nota positivista do Führer foi novidade para mim. Mas visto que ele acredita firmemente na Providência, ambos os mundos são coerentes para ele.

Então o projeto será revisado em alguns pontos. Depois de amanhã é a reunião dos líderes;[11] alguns opositores estarão reunidos.

Após a reunião, entreguei ao Führer um projeto referente à disposição dos trabalhos preparatórios para a *Hohe Schule*, que ele assinou imediatamente.[12] Ou seja, aqui "a pesquisa, a doutrina e a formação nacional-socialista" são colocadas em minha mão. Depois da guerra haverá uma tarefa gigante pela frente.

Visitas: dr. Z.,[13] que viajou pela França com um passaporte holandês. Sem vontade de entrar em guerra conosco. Grupos combatentes.

Comerciante J.[14] do Brasil, que durante esses anos fez as remessas de algodão com W.[ohltat] e meu escritório.

---

11 Veja o registro nos autos do secretário do AA von Weizsäcker a respeito de uma "reunião de chefes" de 9/2/1940, que ressalta a oposição de outros representantes de instâncias do Estado e do partido contra o projeto de Rosenberg sobre um "Decreto do Führer para a constituição de um responsável pelo asseguramento da ideologia nacional-socialista" (NG-1283; reproduzido em Seraphim, Tagebuch, pp. 199-202). No final, Hitler decidiu não assinar o decreto (veja registros do diário de 19 de fevereiro de 1940 e 3 de março de 1940); cf. documento 17 neste volume.

12 Em 29/1/1940 Hitler assinou uma disposição que conferiu a Rosenberg os "trabalhos preparatórios" para a "*Hohe Schule*" como "lugar central para a pesquisa, doutrina e formação nacional-socialistas"; reproduzido em Poliakov e Wulf, *Das Dritte Reich und seine Denker*, p. 131 (PS-136). Sobre as tarefas de pesquisa das instituições afiliadas, delineadas por Rosenberg em novembro de 1940, inclusive o "Instituto de Pesquisa da Questão Judaica" em Frankfurt am Main, veja ibidem, pp. 132-39, assim como documentos 5 e 6.

13 Nome não identificado.

14 Nome não identificado.

Relatos sobre viagens de holandeses francófilos: voltaram chorando da França.

O prefeito X. da Bélgica (parte flamenga), sorrindo: se o senhor vier, teremos de fazer apenas duas mudanças fonéticas.

~~Wagel~~ Sch.[eidt] regressou de Oslo. Relata as reuniões locais em anexo [falta]. Falou com Göring sobre apoio.

Conversei com dr. Gross sobre a criação de um instituto de biologia e estudos raciais (em estreita ligação com o [instituto de ciências] Kaiser Wilhelm Gesellschaft). Prof. Fischer deve me visitar daqui a pouco.[15]

Reunião do Conselho de Defesa do Reich: assistência aos jovens. Relatos sobre abandonos crescentes. Assumo a chefia de uma ação educativa (no começo da semana, palestra para figuras de destaque etc.).

Lidos recentemente: Meinnike, Carl Schurz, W.[ilhelm] v. Oranien, Filipe II; Romances: *E o vento levou* (parece sintomático que esse romance contra a tendência dos estados do Norte em 1862 tenha alcançado hoje uma tiragem de 3 milhões de exemplares; escrito de maneira leve, com partes cativantes, mas inconsequente, sem pano de fundo, no final descamba);[16] *Im goldenen Rahmen, Der Zau-*

---

15 Groß, Walter (1904-45); 1925: ingresso no NSDAP; 1932: *Reichsleiter* do NSDÄB; desde 1935: chefe do RPA; 1942: chefe do departamento de ciências do ARo; autor, entre outros, de *Rasse und Politik* [Raça e política] (1934); *Die rassenpolitischen Voraussetzungen zur Lösung der Judenfrage* [Os requisitos de política racial para a solução da questão judaica] (1943).
Fischer, Eugen (1874-1967); estudioso da eugenia; 1927-42: diretor do "Kaiser-Wilhelm-Instituts für Anthropologie, menschliche Erblehre und Eugenik" [Instituto Imperador Guilherme de Antropologia, Genética Humana e Eugenia]; 1933-35: reitor da Universidade de Berlim; 1940: adesão ao NSDAP; (co)autor, entre outros, de *Menschliche Erblichkeitslehre und Rassenhygiene* [A teoria genética humana e higiene racial] (1921); depois de 1945: membro de honra da Sociedade Alemã de Antropologia.
16 Meinnike: possivelmente Meinecke, Friedrich (1862-1954), historiador; principais obras: *Weltbürgertum und Nationalstaat. Studien zur Genesis des deutschen Nationalstaates* [Cosmopolitismo e Estado nacional. Estudos da gênese do Estado nacional alemão] (1908), *Die Idee der Staatsräson in der neueren Geschichte* (1924) [A ideia da razão de Estado na história contemporânea].
Schurz, Carl (1829-1906); escritor americano de ascendência alemã.
Wilhelm von Oranien (1533-84); líder da guerra de independência holandesa contra a Espanha.
Filipe II (1527-98), desde 1556, entre outros, rei da Espanha.
Margaret Mitchell, *Gone with the wind* [E o vento levou] (1936); versão em alemão 1937: *Vom Winde verweht*).

berer Muzot, Die Halbschwester (de repente, coisas de Lorena). *Tanz ausser der Reihe* (tentativa, falta ainda o épico de nossa época de luta); *Mann vom See* (um livro muito bom sobre a guerra mundial).

<u>19/2/[1940]</u>

H.[agelin] voltou há pouco de Oslo fazendo um alerta: apesar das declarações norueguesas de neutralidade feitas para as autoridades a.[lemãs], o atual governo se prepara, se necessário, para entrar na guerra ao lado da <u>I.[nglaterra]</u>. (Anotação de arquivo [falta]) Scheidt, de Oslo, escreve algo semelhante. Enviei ambas as notas ao Führer na semana passada. – No domingo, chega a notícia do ataque britânico ao *Altmark*.[17] Uma ação francamente burra de Churchill; reforça as opiniões de Quisling e os alertas. – Hoje visitei o Führer e conversei com ele sobre o problema. Por isso, após minha apresentação e sugestão, o plano <u>político</u> dos noruegueses está derrubado. Eles eventualmente terão de se manter à disposição, caso sejamos obrigados a defender nossos caminhos até a Noruega de uma interrupção feita pela Inglaterra. Falharam os esforços do Führer em manter a neutralidade do Norte e se preparar apenas para o pior dos casos. Não faz sentido escrever nada sobre o que está por vir.

Nos últimos tempos, não estou conseguindo trabalhar direito. Enquanto a decisão sobre minha incumbência não for tomada, não tenho gana. Li v. Gagern *Schwerte und Spindeln* (muito pouco convencional, mas escrito com muita força e de maneira incrivelmente colorida), seu *Grenzerbuch*, entre outros.[18]

---

17 *Altmark*, navio alemão de abastecimento. Em 16 de fevereiro de 1940, com 300 prisioneiros de guerra britânicos, foi abordado por soldados britânicos em águas norueguesas.

18 Gagern, Friedrich, barão de (1882-1947); escritor austríaco; autor, entre outros, de *Schwerter und Spindeln, Ahnen des Abendlandes* (1939).

3/III/[1940]

Em 29/2 estava convocado para uma reunião mais longa com o Führer. Reportei detalhadamente as coisas da Noruega, baseado no memorando de Scheidt. É evidente que o Führer está muitíssimo interessado e, como antes, reforçou desejar verdadeiramente a neutralidade da N.[oruega] e da S.[uécia], mas está claro que, tendo em vista a ação britânica, uma exacerbação é inevitável e por fim tudo está pronto, também do nosso lado... (Memorando de Scheidt em anexo.)[19] Há um afastamento de qualquer tentativa de uma ação política a partir do próprio país, mas por outro lado uma generosidade especial em relação ao apoio das forças que são nossas amigas. O Führer ainda quis falar pessoalmente com Sch.[eidt], mas esse já estava de volta a Oslo.

Em seguida, entreguei-lhe o cartão de R.[opp], da Suíça. Esse informa "pesada neve nova" e pede uma visita. Pedi que lhe dissessem que v. H.[arder] só poderia fazer uma viagem caso fosse possível contar com uma neve nova que fosse duradoura. (A resposta ainda não veio.)

Além disso, autorização para a viagem de Chappuis a Roma.[20] A irmã dele: mrs. Gage.[21] Ele é chefe interino do Departamento americano do F.[oreign] O.[ffice]. Deve escutar o que eles têm a dizer. A senhora G.[age] foi junto com lady Halifax para Roma.

O Führer ainda não assinou o documento. Ele me disse que Mussolini lhe pediu já por três vezes para não fazer nada contra a Igreja. Mais tarde, após a vitória, será indiferente, ele que faça o que quiser com ela. O Führer: ["] Não podemos nos esquecer que M.[ussolini], na Itália, não tem uma posição igual à minha na A.[lemanha]. A corte e a Igreja não gostam dele, se a Igreja promulgar uma encíclica oficial contra o Reich – como já se tentou várias vezes –, então é questionável se Mussolini conseguirá conduzir a I. para a guerra

---

19 Veja Seraphim, *Tagebuch*, pp. 210-13 (PS-947).
20 Chappuis, Bolko Hans-Ulrich von (1901-55); 1932: ingresso no NSDAP; desde 1934: atuação no departamento da Inglaterra do APA.
21 Gage, Hedwig Gertrud Eva Maria (nasc. von Chappuis; 1905-54).

ao nosso lado. (Para tanto, viagem de Sumner Welles.)[22] Sua nomeação teria o efeito de uma bomba neste momento, no início de nossa grande ofensiva. A Igreja talvez conte ainda com algo como uma esperança de conseguir se manter. Com sua nomeação, ela enterraria definitivamente essa esperança, abandonaria todas as inibições. No mais, algumas semanas trarão os desenvolvimentos decisivos. ["]

Evidentemente que não ignorei tais explicações. Está claro que minha nomeação resultaria num estardalhaço. Então, vou esperar mais uma vez e, de resto, iniciar todos os trabalhos.

+

Dr. Leibbrandt vai para Roma: por causa dos problemas ucranianos e outros problemas do Leste. Muitos políticos do Leste Europeu estão agora instalados em Paris e o AA gradualmente descobriu que sabe pouco a respeito. Também é preciso arranjar tudo para o Governo-Geral. As perguntas lá são *terra incognita*.

6/III/[1940]

Hagelin voltou ontem de Oslo. Com a comprovação de preparativos britânicos-franceses para um ataque contra a Noruega. Pedi que fizesse imediatamente um relatório e o enviei para o Führer na Chancelaria do Reich (em anexo [falta]).

Hoje fui almoçar com o Führer. Durante a refeição, ele se curvou em minha direção: Li seu relato, está ficando sério. – Contei-lhe detalhes: oficiais do staff francês estão trabalhando na embaixada francesa em Oslo como funcionários não graduados do setor de passaportes. Um deles ficou "noivo" da secretária de Quisling. Q. imediatamente enxotou-a dali. Ela não conseguiu contar nada...

Após o almoço, fiz com que o Führer recebesse uma estatística econômica exata sobre a Noruega. Eles necessitam de mais combustível e cereais do que o primeiro cálculo havia mostrado.

---

22 Welles, Benjamin Sumner (1892-1961); diplomata americano; conselheiro de relações exteriores do presidente americano Roosevelt; 1937-43: secretário no departamento de Estado, depois publicitário.

Em seguida, o Oberst Schmundt me informou que a Escócia está fechada ao trânsito![23] São 24 horas até a costa norueguesa.

O senhor Blisha grita no seu jornal: a Noruega é uma pistola apontada para o peito da Inglaterra.[24] É preciso tomar cuidado para que não esteja em mãos alheias.

No mais, Hagelin é hábil: justo ele foi escolhido pelo almirantado norueguês para a compra de armas antiaéreas alemãs! Dessa maneira, ele pode viajar para lá e para cá de maneira insuspeita. Mas ele acabou ficando um pouco "doente do coração". A longo prazo, arriscar dessa maneira a cabeça acaba mesmo deixando algumas pessoas nervosas.

9/4/40

Hoje é um grande dia da história alemã. A Dinamarca e a Noruega estão ocupadas. Parabenizei o Führer por esse trabalho, que foi preparado também por mim. Ele está sorrindo de orelha a orelha: agora Quisling pode formar seu governo. Chegaram então as últimas notícias: tomados Christiansund, Ahrendal.[25] Faltou Oslo, onde há um pouco de resistência. Manifestamos nossa esperança de que o governo norueguês fugido não tenha levado Quisling junto. – O Führer disse que sempre temeu que a Inglaterra soubesse do plano. Sorrindo, relatei a situação em Döberitz.[26] Tropas de montanha da Ostmark estiveram estacionadas lá por semanas. Adivinhem para quê. Romênia, Cárpatos próximos à Eslováquia. Para tranquilizar, algo "bem estranho" foi dado de explicação: Noruega! Então, o mais secreto para o caso de ameaça inglesa foi divulgado inocentemente.

---

23 Schmundt, Rudolf (1896-1944); oficial; desde 1938: chefe dos ajudantes de Hitler; desde 1942: também chefe do departamento de pessoal do Exército; 1943: tenente-general; seriamente ferido no atentado de 20/7/1944.
24 Trata-se de Hore-Belisha.
25 Christiansund e Ahrendal, cidades do sul da Noruega.
26 Local de exercício de tropas em Berlim.

O Führer: "Assim como o Reich de Bismarck surgiu do ano de 1866, o Grande Reich germânico surgirá do dia de hoje".[27]

Keitel ainda me contou alguns detalhes sobre a reunião de representantes em Copenhague com Quisling.[28] Reinava uma atmosfera de muito bom humor.

Pós-escrito: Scheidt voltou há 10 dias, registrou seu informe sobre reuniões políticas de um representante do OKW com Q.[uisling]. Entreguei o relato ao Führer, que proibiu de maneira muito temperamental o OKW de fazer sondagens políticas (memorando anexo [falta]). Scheidt teve de voltar em seguida, a fim de trabalhar em conjunto com nosso *attaché*.[29]

+

Enquanto isso acontecia, deliberava-se com Hess a questão do ensino confessional nas escolas. A situação constitucional é a mais diversa possível: aulas com religiosos, aulas fora das escolas (Baviera), aulas próprias de ideologia (Württemberg), formas mais radicais na Ostmark e no Warthegau.[30]

Defendi o seguinte ponto de vista: a ideologia do nazismo deve estar presente em todas as disciplinas. Atendendo a muitos pedidos, preparei algumas teses sobre a visão de mundo nazista. Apresentadas ao Führer. Comitê no meu escritório, para aprontar a avaliação escolar (Ministério da Educação, associação de professores). Isso precisa estar pronto para ser possível uma implantação geral. No mais: separação de Estado e Igreja como objetivo é uma postura liberal. Para nós, tudo isso é um estágio intermediário. Se a visão de mundo religiosa ainda fosse ensinada em sacristias etc., uma tal discussão poderia ser muito saudável para nossa própria verificação. O temporário

---

27 Bismarck, Otto Fürst von (1815-96); 1862-90: primeiro-ministro da Prússia; 1871-90: chanceler do Reich.

28 Keitel, Wilhelm (1882-1946); oficial; 1937: general; desde 1938: chefe do OKW; 1946: executado após sentença de morte proferida pelo Tribunal Militar Internacional.

29 O trecho que vai de "Enquanto isso acontecia" até "começará de baixo" marcado (a lápis); reproduzido (com ligeiras diferenças) em Kempner, *Der Kampf gegen die Kirche*, pp. 34 e segs.

30 Também Reichsgau Wartheland; desde outubro de 1939 área administrativa alemã na parte anexada da Polônia; abrangia os distritos Hohensalza (Inowrocław), Litzmannstadt (Łódź) e Posen (Poznan).

seria descartado, o permanente poderia ser realçado e trabalhado com mais consciência.

Se esse nosso trabalho for implementado, a revolução da ideologia, na prática, começará de baixo.

11/4/[1940]

Ontem e hoje novamente no almoço com o Führer. Quisling telefonou de Oslo para falar com o Führer. Como a ligação era através da Suécia, ele fez Ribbentrop falar. No mais, o AA reforça que Q.[uisling] na verdade não tem nada às suas costas na Noruega. O Führer disse algo parecido. Retruquei lembrando que, afinal, ele tinha informado o Oberst Sch.[mundt] de todos os detalhes, reforçando o alerta de que o governo norueguês estava mancomunado com a Inglaterra.

Então novamente é assim: nossa representação oficial não agiu minimamente durante todos esses anos a fim de promover na N.[oruega] um movimento simpático à Alemanha. Isso foi realizado por aqui, em primeira linha por nós. Nosso atual representante sempre elogiou o governo norueguês como fiel, absolutamente neutro. Ele disse que a I.[nglaterra] não poderia fazer quaisquer represálias reais! Q. alertou; já em junho de 1939, entreguei ao Führer, por intermédio de Lammers, um memorando sobre a importância estratégico-política da Noruega. Q. deu detalhes sobre o jogo conjunto inglês-norueguês. Agora ele está sendo acusado de ter pouco apoio. Mas seus amigos estão sob as ordens do rei. Eles devem simplesmente se rebelar? Aliás, é preciso esperar pelos próximos dias; visto que as reuniões do dr. Bräuer com o rei Haakon não estão tendo sucesso, não será mais possível governar com o "neutro" senhor Koth.[31] Ou

---

31 Bräuer, Curt (1889-1969); diplomata; 1935: ingresso no NSDAP; 1939-40: na qualidade de enviado, entregou em Oslo o ultimato alemão, que foi recusado; 1940-45: serviço militar.
Haakon VII (1872-1957); desde 1905: rei da Noruega; 1940: após a resistência contra as exigências alemãs, fuga para a Inglaterra; lá, estabeleceu um governo no exílio.
Koht, Halvdan (1873-1965); historiador e político norueguês; 1935-41: ministro do Exterior; 1940-45: exílio em Londres.

seja, os funcionários do AA não mudaram significativamente: inatividade por um longo tempo, depois súbita "atividade" colossal, e em geral no lugar errado. – O Führer certamente deve ver muitas coisas, mas muitas coisas ele também <u>não</u> percebe. Onde pude alertá-lo (Ibn Saud, Afeganistão etc.), ele se decidiu por seguir minha linha. Visto que a ideologia significa o trabalho de minha vida, a política externa tem de ficar em outra mão oficial. Fico muito preocupado, pois a falta de psicologia popular [*Völkerspsychologie*] e de fantasia, que caracterizava o AA já no passado, permanece como sendo sua característica mais marcante.

x

Na semana passada, falei em Ludwigshafen, Münster, Hannover. Visitei Saarbrücken, o [cemitério] Spicherner Höhen, as vilas cravejadas de balas na terra de ninguém.[32] Velhos túmulos franceses abandonados com colchões e cobertores. Um café francês reformado em pequeno forte de concreto. Contínuas construções de bunkers. Na nossa frente, franceses entrincheirados. Oficiais e soldados num humor maravilhoso. – Saarbrücken, com toda população evacuada, parece sinistra. Casas das vilas: montes de escombros. Paredes caídas, buracos gigantes nos muros. Seria terrível se todo o Oeste ficasse <u>desse</u> jeito. – As pessoas no Palatinado aparentemente tranquilas – mais tranquilas do que algumas em Berlim.

Amanhã vou a Danzig: inauguração da exposição *Los von Versailles* [Destino de Versalhes] e grande manifestação. Em seguida, palestra para oficiais em Düsseldorf, Koblenz, Kreuznach.[33]

<u>13/4/[1940]</u>

Hagelin, recém-empossado ministro do Comércio da Noruega, veio me visitar hoje e contou animado e intrépido sobre os acontecimentos em Oslo. Vou registrá-los numa anotação para os arquivos

---

32 Spichern, comunidade na região de Lorena junto à fronteira entre a França e a Alemanha; 1940: parte do Westwall [Muro do Oeste].
33 Bad Kreuznach, estação termal na Renânia-Palatinado.

(em anexo [falta]). Depois, H.[agelin] foi até Ribbentrop. – Almocei com o Führer e ele me contou que já tinha recepcionado H. – O Führer estava muito taciturno após uma conversa com Göring. Raeder estava a caminho, de modo que não consegui perguntar por mais detalhes ao Führer. Sr. Hewel do AA.[34] [Texto é interrompido.]

27/4/[1940]

Nos dias 16, 17 e 18 falei para o generalato e, a cada vez, para 600 oficiais da linha de frente do Oeste em Düsseldorf, Koblenz e Bad Kreuznach. Os generais estão firmemente convictos de que, no caso de uma – aguardada – ordem, irão cumpri-la com sucesso. Cheios de orgulho, escutam os relatos da Noruega: conto-lhes mais alguns detalhes sobre o desenvolvimento no Norte.

Quando regresso, no dia 19, os acontecimentos se precipitaram um pouco. Habicht do AA apareceu de súbito, para novamente se meter em coisas "revolucionárias". De todo modo, Quisling renunciou a favor de um Conselho Administrativo Geral e o Führer queria indicar um tipo de comissário do Reich para assuntos de política interna (Terboven). Ao mesmo tempo, chegou de Oslo um relatório assinado por Scheidt, dizendo que, por causa dos representantes de nosso AA, as coisas estavam prestes a dar errado e que nossos <u>amigos</u> estavam sendo maltratados. Enviei o relatório de Scheidt imediatamente ao Führer (em anexo [falta]). No dia seguinte, aniversário do Führer, não consegui tocar no assunto, ao mesmo tempo tive de prosseguir para ~~Danzig~~ Leipzig, para falar ~~sobre U[??]~~ com os editores. – Como se mostra <u>agora</u>, o Führer tem a mesma impressão que eu. Insatisfeito com o AA (nosso enviado, dr. Bräuer, foi colocado à disposição, sem atribuições em Berlim). Terboven foi subordinado diretamente à Chancelaria do Reich, de modo que está submetido à nossa burocracia.

---

34 Hewel, Walther (1904-45); 1923: participação no "*putsch* de Hitler" como porta-bandeira da "Stoßtrupp Hitler" [tropa de choque "Hitler"]; desde 1938: homem de ligação do Ministério das Relações Exteriores no quartel-general do Führer; 1942: líder de brigada da SS; desde 1943: embaixador para missões especiais.

Quando entreguei meus presentes – entre eles um grande busto de porcelana de Frederico, o Grande – ao Führer, seus olhos ficaram marejados e disse: "Ao olharmos para ele, nossas decisões de ação são pequenas em comparação com seus feitos. Afinal, ele não dispunha dos meios de poder que hoje estão em nossas mãos".

Na quinta 25, fui novamente para almoçar. O Führer logo me puxou para o lado. Ele me contou sobre a aniquilação da brigada britânica, ainda não anunciada, a prisão do general britânico com todas as ordens secretas. Sobre a descoberta de toda organização de espionagem britânica na Noruega. Disse que os ingleses desembarcaram com 50 cargas de munição: tão seguros se sentiam. Eu falei: dessa maneira, todas as informações de Quisling sobre o trabalho conjunto entre Londres e o antigo governo foram comprovadas. O Führer: Sim. Também Terboven acha que Q.[uisling] e seus funcionários estão ideologicamente próximos a nós e são realmente nossos amigos. – Se um dia ele teve sorte na vida, então foi nessa ação. Quando nosso último navio de abastecimento entrou no fiorde de Drontheim (?), topou o primeiro destróier britânico, que foi ~~abalado~~ destruído com a ajuda de um encouraçado alemão.[35] E disse que queria registrar que havia tomado essa decisão relativa à Noruega por causa dos alertas e dos documentos de Quisling que eu havia lhe passado.

Dessa maneira, tive a comprovação de que o APA realizou uma tarefa histórica. A ocupação da Noruega talvez seja decisiva para a guerra.

Em seguida, falei ao Führer que achava necessário que Q. e seus funcionários fossem tratados de maneira justa. O atual conselho administrativo era chefiado por irmãos maçônicos, Q. deve ter permissão de trabalhar livremente. Senão teríamos de governar apenas com os militares. Do lado alemão, Terboven está um pouco distante das questões nórdicas. Quem é que se ocupou oficialmente pelo Norte? Apenas a Sociedade Nórdica. Agora outras pessoas que conhecem o país e as pessoas têm de lidar com os noruegueses. Eu disse que Q. me pedira várias vezes para deixar Scheidt em Oslo. Sua tarefa de

---

35 Trondheim; cidade na costa norueguesa.

ligação está concluída a princípio, mas talvez ele pudesse ficar junto a Terboven. – O Führer disse que eu tinha toda a razão.

Visto que o comissariado do Reich Noruega está ligado à Chancelaria do Reich, Schickedanz conversou com Lammers, que o nomeou representante da Chancelaria do Reich. Toda a correspondência escrita passa por suas mãos agora (inclusive a do AA). Embora Terboven não tenha ficado muito satisfeito, vai acabar se conformando com esse arranjo. Hoje pela manhã Sch[ickedanz] foi de avião para Oslo a fim de espiar a situação, tranquilizar Q. e eventualmente também já para incumbir Scheidt e T.[erboven].

Nos assim chamados círculos "políticos" que não fizeram nada, circulam observações irônicas sobre Q. e eu, como alguém que o apoiou; Lohse, de Kiel, acabou de me contar isso.[36] Trata-se daquelas criaturas inúteis que sempre querem colher sem ter semeado – e realmente colhem com demasiada frequência. E o fato de ainda desdenharem secretamente daqueles que os ajudaram a colher faz parte de seu caráter. É um tanto impressionante que esses biltres continuem proliferando entre nós.

x

O 1º volume do meu *Handbuch der Romfrage* [Manual da questão romana] foi publicado. Resultado de muitos anos de trabalho de um dedicado círculo de pesquisadores.

30/4/[1940]

No almoço do dia 27, perguntei ao Führer se concordava com os termos de meu discurso para os oficiais, visto que esse deveria ser enviado para todo o corpo de oficiais. O Führer disse que o discurso está muito bom, pode ficar como está. – Durante a refeição falou-se,

---

36 Lohse, Hinrich (1896-1964); 1923: ingresso no NSDAP; desde 1925: *Gauleiter* de Schleswig-Holstein; desde 1932: MdR; 1933-41: *Oberpräsident* [chefe da administração e representante do governo central] da província Schleswig-Holstein; 1941-44: comissário do Reich para Ostland; 1948: condenado a dez anos de prisão; 1951: solto por motivo de doença.

rindo, sobre a tradução do livro russo *Schlaf schneller, Genosse*.[37] O Führer passou metade da noite lendo essas imagens da miséria da União Soviética, expostas de maneira "humorística". Os livros foram imediatamente arranjados e distribuídos para quem ainda não conhecia a obra. – Em seguida, todos ouvimos a transmissão da fala de Ribbentrop sobre os documentos da Noruega. Isto é, tivemos de esperar um pouco. A fala estava anunciada para as 14h30. Passaram-se 5, 8 minutos. Falei: Não está começando muito pontualmente. – O Führer, fazendo um movimento correspondente com a mão: "O *Auswärtiges Amt* sempre chega atrasado".

Por fim, R.[ibbentrop] leu. Primeiro com boa voz, depois engasgou várias vezes, num trecho omitiu a palavra "não",[38] o que deu à fala um sentido contrário, corrigiu-se etc. Nada muito animador. – O conteúdo do documento em si é terrivelmente constrangedor para Londres. É muito provável que Churchill tenha tido inúmeros ataques de fúria. Afinal, ele é quem eu imaginava ser: colérico, apaixonadamente obstinado, mas de inteligência limitada, isto é, sem qualquer percepção e critério mais profundos. E já demonstrou isso várias vezes (Antuérpia, Galípoli).[39] Que a Inglaterra não tenha ninguém mais como "líder" atesta sua decrepitude. O povo certamente é tão obstinado quanto antes, mas a hipnose britânica não é mais mantida pelos Chamberlain. Foram eles que quiseram assim. Sem levar em conta os erros de Ribbentrop, todas as portas da A. estavam abertas para eles. Mas eles queriam dominar, além do mundo, a Europa também – e agora estão vendo os dentes da nossa Wehrmacht.

A fala de R. apareceu com destaque na imprensa mundial. Embora o seu AA quase tivesse levado à maior derrota. Se tivéssemos dado ouvidos a nossos enviados em Oslo e aos conselheiros do AA em Berlim, os ingleses estariam hoje triunfantemente sentados em Oslo e em Estocolmo.

---

37 *Schlaf schneller, Genosse* [Adormeça mais rápido, companheiro]: coleção de contos satíricos do escritor russo Michail Michailowitch Soschtschenko (1894-1958), tradução alemã publicada em 1940 pela editora Rowohlt.
38 "Num trecho" incluído posteriormente.
39 Galípoli, península em Dardanelos; local de uma ação de desembarque dos Aliados na Primeira Guerra Mundial, que resultou em muitas mortes.

Depois da fala, Goebbels se aproximou: disse que era um escândalo Q.[uising] ser considerado traidor da pátria. E que tinha proibido os jornalistas de divulgar isso etc. Eu: Trata-se de uma infâmia daqueles homens que nunca conseguiram fazer nada. Q. tem a ideia de uma grande federação germânica sob a liderança da A.[lemanha]. Quem de nós realmente fez alguma coisa na Noruega? A N.[oruega] estava ligada à I.[nglaterra] por intermédio da economia etc., orientada em direção a Londres mais de 90%. Foi preciso coragem para se contrapor a isso.

Dr. G.[oebbels]: O senhor sabe como Habicht tratou Q.?! Ele lhe disse que na política era assim: quando alguém cumpre sua tarefa, é preciso ir embora...

Eu: Esse senhor deveria tirar suas mãos de povos estrangeiros. – No Afeganistão, ele também queria fazer uma revolução sem ter ideia dos anos de trabalho. Frustrei-o nisso.

+

Quando cumprimentei Hess no dia 26, contei-lhe todo o desenrolar da questão da Noruega: de junho de 1939, desde os primeiros alertas até hoje. Também o papel de Habicht. Hess: tomara que essa tenha sido sua última escapada. Eu: Tomara, esses sabichões enlouquecidos deviam ser mantidos no escritório, não avançando sobre outros povos.

+

Hamsun escreveu à Sociedade Nórdica.[40] Conclama a neutralidade da Noruega. Claramente orientado contra a Inglaterra. Entretanto, de acordo com a integridade do "reino da Noruega", espera as explicações alemãs. Ele apenas se esquece de que essas foram feitas antes do chamado do rei Haakon às armas. Agora é tarde demais para isso e nunca a A. poderá permitir que a Inglaterra tenha a possibilidade, nem por uma única vez, de considerar a Noruega como um porta-hidroavião contra nós. – Está claro que o Führer nunca permitiria coisa assim. Há pouco, depois de seu almoço de aniversário, ele disse: "Drontheim terá de ser tão ampliada que Singapura se tornará um jogo de crianças".

---

40 Hamsun, Knut (1859-1952); escritor norueguês; 1920: prêmio Nobel de Literatura; simpatizante nazista mesmo depois do ataque alemão de 1940.

x

Os trabalhos de pesquisa para a *Hohe Schule* estão ganhando contornos nítidos. Por essa razão, haverá lutas duras com a burocracia de ensino no ministério. Envio hoje a Hess uma apresentação mais longa a respeito, a fim de informá-lo.

30/4/[1940]

Acabei de voltar do Führer. Ele estava feliz: havia chegado a informação da união das tropas alemãs entre Oslo e Drontheim. "Isso é mais do que uma batalha ganha, é uma campanha ganha." Disse que as tropas haviam se abraçado, um alívio decisivo para a turma de Drontheim. Agora vem a retaguarda. Alguns dias abrindo caminhos, em seguida pesada artilharia antiaérea por terra em direção a Drontheim, ampliação do aeroporto local. O Führer falou da autoestrada que está planejada até Drontheim. Depois do almoço, ele se sentou na poltrona ao lado do piano, totalmente absorto, o tempo todo pensando nas lutas vencidas.

A conversa passou por questões nórdicas. O Führer ressaltou o tratamento diferenciado entre feridos alemães na Polônia e na Noruega. Os médicos e enfermeiros noruegueses trabalhavam até a exaustão, os sub-humanos poloneses arrancavam os olhos dos feridos. Expressei a esperança de o verniz democrático logo ser eliminado da Escandinávia e o caráter germânico aflorar no povo genuíno [*Kernvolk*].

Mencionei o tratamento mesquinho na atribuição de nomes: um pai me bombardeia com reclamações porque as instâncias o proibiram de chamar o filho de Ragnar. O Führer demonstrou desaprovação pelos funcionários. Hewel (homem de ligação do AA) disse sorrindo: Mas em relação ao AA é diferente, não? O Führer ficou em silêncio. – Dr. G.[oebbels]: um silêncio significativo. Em seguida, o Führer: Justo agora não se pode fazer nenhuma exceção a favor do AA... É curioso como tanto nas operetas mais velhas quanto nas mais recentes os diplomatas são mostrados como idiotas. Não é por acaso. Um pai de vários filhos deixou os mais capazes assumirem a propriedade ou fazerem algo decente. Aqueles menos favorecidos intelectualmente foram enviados ao serviço diplomático... Um certo silêncio constrangido.

Em relação à Noruega, o Führer conseguiu resolver a tempo o grande erro do AA.

Mas no geral: nada vai mudar.

7/5/[1940]

Desde domingo Sch.[ickedanz] está de volta de Oslo. Ele foi saudado pelo pessoal de Quisling como anjo salvador. Então, mais uma vez: os <u>amigos</u> sendo maltratados por funcionários incapazes! O registro da conversa com Habicht é estremecedor. A carta de Q.[uisling] a Sch.[ickedanz], na qual ele se diz traído, mostra o quanto a situação foi estropiada na última hora. E o presunçoso e intrigante Terboven vai pensar em seu futuro protetorado e não em necessidades nacionalistas [*völkisch*] objetivas. Como chefe da administração e representante do governo central da província do Reno, ele estorvou os *Gauleiter* locais, conseguindo deixar mesmo um homem tão distinto e tranquilo feito o dr. Meyer furioso e desesperado; o que quer dizer muita coisa. Mas sua "devoção" a X.[41] deve tê-lo ajudado a conseguir o posto.

Hoje Lammers leu os dois documentos e ligou para Schickedanz, completamente aturdido. Ele queria entregá-los imediatamente ao Führer. No que estou totalmente de acordo. Pois o Führer não deve achar que apenas eu tenho essa impressão da má figura que fazem os homens do AA.

Entrementes outra coisa está em curso: a questão romena. – O atual líder da Guarda de Ferro esteve hoje com Schickedanz. Carol enviou uma delegação extraordinária até ele a fim de conseguir uma declaração de lealdade. Ele concorda, com uma condição: aliança com as forças do Eixo. Agora é tarde demais para isso.

---

41 Não se sabe de quem se trata.

O dr. Z., responsável pela aquisição de petróleo do Ministério da Marinha, esteve hoje aqui: vindo da Romênia. Nossos três enviados estão se engalfinhando entre si. Carol parece ter sido induzido pela cabeça de sua família aqui a fazer com o seu petróleo o mesmo que o presidente mexicano. Z. fez um relato sobre o volume de nossas reservas...

Um general romeno está aqui: pede para construir o "Muro do Oeste" ["*Westwall*"] romeno, isto é, o Muro do Leste [*Ostwall*] deles. Camuflado como ajuda para serviços de construção de estradas.

Tudo isso é uma situação difícil. A gritaria dos ingleses no mar Mediterrâneo não a torna mais clara.

x

Várias reuniões devido às filiais da *Hohe Schule*. Se, no final, institutos de temáticas diversas, mas dirigidos de maneira uniforme, estiverem trabalhando em 10 universidades, então poderemos aguardar para daqui a 5-10 anos documentos muito decisivos para uma nova educação. Rust e Wächtler escreveram sobre livros didáticos, a fim de permear ideologicamente as disciplinas (ciências, alemão, história) de tal modo que a nova postura religiosa já apareça ali.[42] – Gostaria de ouvir uma avaliação do Führer sobre minha nova brochura *Wir glauben an ein ewiges D.* [Acreditamos numa Alemanha eterna]. Afinal, ela deve ser a base da revisão ideológica das disciplinas acima.

Li nos últimos dias: *Grübeleien* (2 volumes).[43] Um ser humano decente, mesmo se limitado; que exatamente por isso manteve sua integridade de consciência. Em muitos casos, antecipou o que nós implantamos politicamente. Além disso, algumas brochuras de teólogos suíços sobre o "novo paganismo". Eles me parecem como um galinheiro antes da tempestade. Desamparados, conversas cruzadas. Desejo: de volta à ortodoxia. Incapazes de fazê-lo, porque 100 anos de pesquisa histórica corroeram a ortodoxia.

---

42 Wächtler, Fritz (1891-1945); 1926: ingresso no NSDAP; 1932-35: *Gauleiter* interino da Turíngia; desde 1933: MdR; desde 1935: *Gauleiter* do Ostmark bávaro; chefe do departamento central de Educação do NSDAP.

43 Frenssen, Gustav (1863-1945); escritor de orientação popular nórdica; 1933: senador honorário da Associação Alemã de Escritores; autor, entre outros, de *Grübeleien* [Ponderações] (1920); *Der Glaube der Nordmark* [A crença de Nordmark] (1936).

7/5/[1940, folha solta]

Lammers leu a transcrição e a carta de Quisling e está estarrecido. Quer entregá-las pessoalmente ao Führer. Ele disse que o próprio Führer está muito decepcionado pela maneira como a questão norueguesa transcorreu. Quando os Habichts, Terbovens etc. subitamente começaram a "trabalhar" aqui, não havia outra coisa a se esperar.

Darré quer falar comigo de novo. Ele se voltou para mim depois da decepção que Himmler lhe proporcionou. Acho que uma conversa que aconteceu há 4 anos fez com que ele pensasse. Numa viagem a Berlim, ele me contou, supostamente orgulhoso de seu trabalho legislativo: H.[immler] e ele tinham sido fracos de início. Eles se uniram e passaram a ser fortes. Não mais que poder sóbrio, assim como política de alianças também no interior. Retruquei que defendia uma conduta, independentemente se pró ou contra, caso a considerasse profundamente correta para o movimento. E que faria isso mesmo se no final permanecesse <u>sozinho</u>.

Então Darré montou para Himmler seu Departamento de Raça e Assentamento. Em seguida, constantemente junto ao Führer na condição de chefe da polícia, H. não precisou mais de Darré e o "removeu". Por causa da "situação da política externa", ele recebeu a tarefa do assentamento dos alemães étnicos, que, do ponto de vista legal, era tarefa inerente de Darré.[44] D.[arré] soube dessas negociações apenas por terceiros. – Agora D. quer novamente reforçar o lado ideológico, o que acho muito bom. Ele poderia supervisionar um Instituto da E.[scola] S.[uperior] em Halle. Na quinta, vou chamá-lo para o chá.

8/5/40[45]

Hoje na hora do almoço, Himmler relatou ao Führer o comportamento dos judeus na Polônia. Eram os mais implacáveis capatazes

---

44 Refere-se à nomeação de Heinrich Himmlers para RKF em 7/10/1939.
45 Registro do diário de 8/5/1940 não consta do original; cópia em NIOD 248-1434 "Alfred Rosenberg" e reproduzido em Seraphim, *Tagebuch*, pp. 137-39.

quando se lhes entregava a supervisão dos seus companheiros de raça. Por ex., o trabalho compulsório foi introduzido para eles, mas os ricos podem comprar sua dispensa. Para tanto, pagam 20 zloty à comunidade judaica; no seu lugar, essa comunidade emprega um judeu pobre por 3 zloty e o suga completamente. Os 17 zloty ficam nos bolsos dos superiores. O Führer citou as palavras de Wagner.[46] Mais uma vez, ressaltou-se o comportamento decente dos noruegueses em relação aos nossos feridos. Referindo-se a esse fato, o Führer quer soltar em breve os presos noruegueses. Esplêndido! Se apenas os acontecimentos anteriores não tivessem ocorrido.

Nosso "coconspirador", o adido da Marinha em Oslo, também enviou a Raeder um relato sobre a Noruega, que coincide com a minha opinião. O OKW, com a assinatura de Keitel, me envia uma cópia, com a observação que essa também é a opinião do Führer. (Isto é, o governo de Quisling.) Durante minha viagem à Renânia, diversas pessoas atormentaram o Führer de tal modo que agora ele está infeliz com o desdobramento. Me parece duvidoso que isso seja suficiente para uma alteração no comissariado do Reich. T.[erboven] e companheiros farão sua parte no que se refere à reação, amofinação etc., enfatizando que estão seguindo instruções do Führer. Lammers ainda não conversou com o Führer. Em troca, T. veio falar com ele hoje.

Vozes estrangeiras noticiam a raiva do papa pela decisão de Mussolini de ficar ao lado da A., e se necessário marchar conosco. Para esse caso, fala-se da intenção de Pacelli em ir a Lisboa![47] O *Osservatore Romano* é o centro de todos os inimigos da A. e oponente de Mussolini. Farinacci exige sua proibição, o que gerou fúria no Vaticano e a ameaça aberta de considerar F.[arinacci] "infiel".[48] É muito questionável se Mussolini deixaria o papa sair. Se a guerra se iniciar ali, uma inimizade com o Vaticano traria pesadas consequências para

---

46 Não se sabe qual citação de Richard Wagner poderia estar sendo referida aqui.
47 Pacelli, Eugenio (1876-1958); clérico católico italiano; 1920-29: núncio na Alemanha; 1929: cardeal; 1930: cardeal secretário de Estado; desde 1939: papa Pio XII.
48 Farinacci, Robert (1892-1945); político italiano; 1925-26: secretário do Partido Fascista; favorável à política racial e autor de escritos antissemitas; 1943: fuga para a Alemanha.

ele; de todo modo, o fascismo internamente não é capaz de realizar uma verdadeira luta ideológica.

Mais de 17 mil sacerdotes e religiosos de ordens lutam no Exército francês; canção de triunfo da Igreja na França sobre essa "levedura da fé". Para nós é bom que as coisas sejam diferentes, as pessoas só iriam causar desgraças. Mas como na A. elas se apresentam voluntariamente, a postura da Igreja romana será avaliada depois da guerra. Ela parece ser tão ingênua a ponto de não querer acreditar nisso, senão ao menos teria feito um gesto. Mas também está bem assim.

No mais: Ribbentrop me mostrou há pouco a tradução da carta de Mussolini para Reynaud. Nela ele reforça sua aliança político-militar conosco e despreza Reynaud de maneira constrangedora. Uma carta muito decente e parece que agora M.[ussolini] começa a convencer a Itália da necessidade de sua política. O encontro no passo do Brennero lhe trouxe a certeza da vitória da A.[49]

O fato de a tarefa destinada a mim ter sido adiada mostra como um direcionamento firme é necessário nestes tempos – e como falta. Dr. G.[oebbels], que tanto fala de guerra de mentes, talvez possa encontrar o tom correto com os levantinos, mas não com o povo alemão. No "setor" de cinema, indiscriminadamente filmes pró-ingleses, já quando o conflito batia à porta (*Lied der Wüste* [Canção do deserto]), agora escancaradas versões pró-irlandesas (*Fuchs von Glenarvon*), ao lado de problemas repulsivos entre pai e filha (*Weg zu Isabel* [Caminho para Isabel]). Um *mixtum compositum* como *Befreite Hände* [Mãos libertadas] é considerado arte genuína e imitações de Paris pré-guerra são consideradas como graciosas e próximas ao povo (*Nanette, Ihr erstes Erlebnis* [Sua primeira experiência] etc.).

A senhora Ritter, neta de R.[ichard] Wagner, está desesperada há anos.[50] Hoje esteve comigo, bastante abalada. Seu marido está com um filme novo, *Über alles in der Welt* [Acima de tudo no mundo], em que o atentado de 9/11/[19]39 está inserido. A questão: isso deve ser

---

49 Em 18/3/1940, Hitler e Mussolini encontraram-se no Passo do Brennero para uma reunião na qual Hitler sondou uma possível entrada da Itália na guerra.

50 Erika Ritter (1887-desc.), casada com o produtor e diretor cinematográfico Karl Ritter; sobrinha-neta de Richard Wagner.

mostrado ou não. É possível decidir de um jeito ou de outro. Mas o dr. G. diz para R.[itter]: Faça o filme, mas de uma maneira que toda essa questão do atentado possa ser também descartada. – Ou seja, ele também não entende nada de composição artística. Daqui a pouco ele irá eliminar o 4º ato de um drama de Shakespeare porque trata de um tema desconfortável.

O Führer passou recentemente a responsabilidade exclusiva de orientar a imprensa para o dr. Dietrich. Mas também assim nada será mudado. G. vai continuar tendo efeito de veneno, como antes.

10/5/40

O dia de hoje se manterá para sempre importante na história da Alemanha. A batalha final começa e vai decidir o destino da Alemanha. Talvez para sempre, de todo modo por séculos. Os holandeses nos difamaram por 7 anos, deixaram o caminho livre para todos os emigrantes. Eles queriam apenas fazer negócios e eram muito afins dos judeus. Agora eles também têm um destino a carregar. O comportamento da Holanda demonstra o quão distante se tornou da essência alemã [*deutsches Wesen*] desde 1648. A Bélgica, esse nascimento artificial do século 19, era valônica, hostil. O rei Leopoldo não podia fazer nada contra isso, aliás estava também muito rodeado por financistas judeus. O prefeito de X da Bélgica disse durante uma visita a meu departamento, meses atrás: bem, se vocês vierem, teremos apenas de fazer duas mudanças fonéticas.[51]

Irrompeu-se verdadeiramente uma luta ideológica, mais intensa do que em 1618. Nosso oponente no Vaticano sabe disso. Após uma vitória alemã, a luta contra Roma será conduzida a seu fim na A. Hoje recebi do SD [*Sicherheitsdienst*, serviço de segurança] cartas pastorais de alguns de nossos bispos: muito irritados com minha exposição "Mulher e mãe", afirmando que a luta de extermínio contra a Igreja e o cristianismo continua com força total. – Chegou uma

---

51 O trecho que vai de "Irrompeu-se verdadeiramente" até "não teriam despertado" marcado (a lápis); reproduzido (com ligeiras diferenças) em Kempner, *Der Kampf gegen die Kirche*, p. 35.

carta de Roma que muito me comoveu. Uma alemã étnica católica tinha sido colocada num convento como freira. Um convento de elite, inclusive. Mas parece que ela ainda tinha restrições. Eles queriam dobrá-la, puseram-na em celas infestadas com tuberculose; quando isso não adiantou, em buracos quase totalmente escuros. Como resultado, ela adoeceu. – Parentes lhe haviam dado o *Mito*. Isso a fez despertar. Ela o leu, quase ficou cega, passou meses em tratamento. Um olho foi perdido, outro quase. Não é mais freira, renunciou aos votos. Agora me agradece por tê-la libertado internamente. Disse que eu tenho razão em tudo que escrevi sobre a Igreja romana.

Uma carta entre muitas semelhantes, que recebi durante esses anos. Algum dia, um exame desses escritores será de grande interesse histórico. As cartas mostram como uma antiga crença sucumbe, despedaça, cessa de ser uma força. Às vezes me pergunto: você teria escrito esse livro tendo em vista esses destinos individuais? E respondo com sim. Pois as pessoas agradecem, percebem que algo que sentiam de maneira vaga ou nem ousavam pensar tomou forma e foi afirmado de maneira comprovada. A hipnose do incenso acabou, pelo menos para os milhões que de outro modo não teriam despertado.

6/9/40

Fui até o Führer para almoçar em 4/9. Ele estava justamente saindo do salão com Lammers. A palestra sobre a Noruega tinha acabado de acontecer. À mesa, ele me disse logo: "Li sua apresentação sobre as quatro alternativas". Eu: Sim, a situação na N.[oruega] ficou sem saída desde que Habicht enxotou Q.[uisling]. O Führer: "Esses idiotas do *Auswärtiges Amt* agiram contrariamente às minhas instruções, esses Bräuer e Habicht". Eu: Mas eles invocaram exatamente o senhor. Em seguida, expliquei que Terboven continuava com os métodos de Habicht, o grotesco aqui é que isso é colocado para o F. como um comportamento de companheirismo em relação a Q.!

O F., por sua vez, não tem boas palavras para o AA. Bormann entregou a Hewel, ainda à mesa, um requerimento sobre o pedido de entrada de uma húngara. O F.: Isso seguirá certamente pelo "caminho oficial". Hewel: Não, nós fazemos isso fora do departamento. F.: Se passar pelo "caminho oficial", no caso de uma guerra de 7 anos, o caso será resolvido no fim dela...!

O F. está revoltado com a maneira como se deu o desenrolar das coisas na Noruega. Disse que certamente não teria sido assim se, naquela época, eu não tivesse estado ausente realizando palestras para os oficiais no Oeste ou se ele tivesse me buscado.

Contei ao F. dos achados num palácio Rotschild em Paris.[52] Alçapão e porão secreto com 62 caixas cheias de certidões, livros entre outros. E também uma caixinha com botões de porcelana de F.[rederico], o Grande. Em cada um deles, lindamente desenhado, o uniforme de um regimento.

6/9/40[53]

No dia após a noite da renúncia do rei Carol, o Führer falou dele: cheio de desdém. Ele me perguntou se conheço Antonescu pessoalmente.[54] Disse que não, mas relatei seu comportamento: ministro da Guerra de Goga. Quando esse último foi também posto para correr, manteve-se fiel a ele. Após um retorno de Goga da A.[lemanha], ele recepcionou-o oficialmente na estação em Bucareste. Respondia a críticas: G.[oga] é meu líder político, sempre vou recepcioná-lo. Agora foi preso. Ele queria apresentar as reformas pessoalmente ao rei, mas foi recebido por Urdareanu, um antigo subalterno menor.[55] Essa criatura de antessala disse a A.[ntonescu] que o assunto poderia ser confiado a

---

52 Menção à ação de rapinagem do ERR após a vitória alemã sobre a França.

53 Possível datação alternativa: 16/9 (A deposição de Carol II aconteceu em 6/9/1940).

54 Antonescu, Ion (1882-1946); oficial e político romeno; ministro da Defesa no governo de Goga; desde 1940: primeiro-ministro; derrubada do rei Carol II; desde 1941: participação na guerra contra a União Soviética, assassinato em massa de judeus e criminosos de guerra; 1946: julgado e executado em Bucareste.

55 Urdareanu, Ernest (1897-1985); oficial romeno; 1930-40: membro da camarilha ao redor do rei Carol II; desde 1938: ministro da Justiça e interino do rei diante do governo; 1940: fuga com Carol, após a sua deposição.

ele também. A., furibundo, saiu dali, e na hora do almoço, na presença dos empregados, expressou da maneira mais contundente sua opinião sobre o rei. Carol provavelmente foi informado a respeito; logo em seguida, C. foi colocado em prisão preventiva. C.[arol] teve de chamá--lo – para agora ser enxotado por ele. – Eu sabia desses detalhes por intermédio da senhora Goga, que esteve comigo faz pouco em Berlim, bastante abalada. Sua única preocupação agora é o mausoléu do marido morto e o temor que Cuicea possa cair nas mãos da Hungria.[56] O que aconteceu agora. Eu disse isso ao Führer, ele deu de ombros, lamentando.

A conversa se voltou depois para o Leste. Contrariamente ao plano do dr. Ley de construir um novo *Ordensburg* junto ao antigo Marienburg, determinou-se que um desses fosse transferido para os lagos da Prússia Oriental. Eu afirmei que assim como não podemos construir nenhum outro castelo Sanssouci ao lado do Castelo S.[ansoussi], também não era possível construir um novo Marienburg. Os maravilhosos lagos da Masúria estão inexplorados, o dr. L.[ey] poderia fazer uma ação cultural se erguesse um forte oriental [*Ostburg*] por ali, além de pequenos assentamentos, alguns hotéis etc. O *Gauleiter* Forster foi da mesma opinião.[57]

Para minha grande alegria, o Führer enfatizou que depois da guerra quer construir as melhores instituições culturais no Leste: teatro, museus. O Leste não deve se tornar um local de despejo para funcionários ruins. Afinal, é uma terra bonita. – Eu: Se o senhor viajasse um pouco mais ao norte, partindo da Prússia Oriental: lá também a terra é muito bonita. O Führer sorriu, mas não fez qualquer comentário.

Apesar de toda franqueza à mesa, o Führer ainda se mantém muito reservado sobre questões relativas ao futuro da política externa. Certamente ele percebeu, mais de uma vez, que suas observações

---

56 Cuicea, cidade nas proximidades de Cluj, na Romênia; local de sepultura de Octavian Goga; em 30/8/1940, de acordo com a Segunda Arbitragem em Viena, o lugar ficou com a Hungria.

57 Forster, Albert (1902-52); 1923: ingresso no NSDAP; desde 1930: MdR e *Gauleiter* de Danzig; 1939-45: *Gauleiter* de Danzig-Prússia Ocidental; 1945: prisão pelos aliados, executado na Polônia.

circularam. Por outro lado, quando se refere a um tema em especial, também sabe que o grupo à mesa fará com que esse seja divulgado de modo conveniente. Dessa maneira, essas conversas são também educação político-partidária. Registro algumas delas, mas a preguiça não totalmente superada impede um diário sistemático, para um dia, na velhice, reconstruir esse tempo.

O dr. G.[oebbels] está lá quase <u>diariamente</u>. Ele se impôs a tarefa de capitalizar isso no seu diário, para simultaneamente comprovar sua relação "íntima" com o Führer. O Führer já proibiu uma vez a planejada publicação de um livro desses.[58] Mas G. certamente vai conseguir fazê-lo, mesmo se com muitas supressões. Ouvi dizer que nossa editora central já lhe ofereceu 2 milhões. Mas isso parece ser pouco para o dr. G. Aliás, em *Vom Kaiserhof zur Reichskanzelei* [Da corte imperial à Chancelaria do Reich] ficou patente que lhe faltam todos os talentos para uma apresentação <u>substancial</u>. Ele se torna patético, impreciso e exagerado – como suas antigas descrições, do tipo: "O sol se punha no lago Schwielow".[59] Uma descoberta inacreditável do diário.

<u>10/9/40</u>

Hoje, apresentação mais longa para o Führer sobre meus trabalhos. Pedido para ver a exposição "Deutsche Grösse" [A grandeza alemã] antes da inauguração, em novembro. Concordou. Em seguida, o Führer leu meu acordo com o OKW e aprovou-o. Em relação à questão de se os cursos de treinamento dos oficiais encarregados da educação [*Bildungsoffiziere*] deviam ser ministrados em locais próprios do partido, ele concordou com a seguinte sugestão: os nazistas serviam na Wehrmacht para serem formados militarmente, a Wehrmacht tinha de entrar para o movimento para ser formada política e ideologicamente. Acabei de escrever a Göring nesse sentido. – Em

---

58 No original, a palavra "proibido" [*verboten*] tinha sido corrigida de "contabilizado" [*verbuchen*].

59 Lago nas proximidades de Berlim.

seguida, informei ao Führer sobre a criação dos Institutos das Escolas Superiores em Munique, Frankfurt etc. De acordo. – Avisei da publicação próxima de um texto sobre a paz de Vestfália. Sobre a *Kunst im D. R.[eich]* [Arte no Reich alemão], hoje com a tiragem de 80 mil, o Führer falou: "A revista mais elegante que há na Alemanha". Contei-lhe sobre nossas exposições e recomendei Scholz para uma possível atuação ali.[60] – Depois disse que sugeria que, quando o momento parecesse adequado, fosse assinada a já discutida autorização na questão da ideologia; ao mesmo tempo, propus a dissolução da APA. Tudo o que era possível fazer no sentido da iniciativa foi feito, tendo perdido seu sentido depois da guerra. Apresentei brevemente esse trabalho: Sudoeste, Norte, Brasil, divisão de imprensa etc.

O Führer quer adiar minha brochura *Wir glauben an ein ewiges D.* [Acreditamos numa Alemanha eterna] até o final da guerra: "Ainda temos de segurar algumas coisas, mais tarde não precisaremos mais ter reservas ao defender a nossa vontade!".

No geral, o Führer reforçou que lhe dói ter de desferir golpes dessa grandeza no Império inglês. Mas não há alternativa. Disse que no topo está um idiota, literalmente idiota (Churchill), os outros são caricaturas. No que se refere à Rússia, o Führer confirmou minhas ideias: Stálin tinha esperança de que nos esvairíamos em sangue em 3 anos. Ele já não tinha gostado da coisa com a Polônia, a ocupação da Noruega não foi bem-vista,[61] mas ficou decepcionado mesmo com o rápido nocaute da Noruega. A garantia em relação à Romênia foi naturalmente uma proteção contra a R.[ússia]. No mais, ele disse estar mudando sua postura também com os finlandeses. Eles lutaram bravamente. Eu: os finlandeses são um povo decente. No Sul, germânicos, no Norte, muito diluídos. Seus bons atletas no atletismo não são uma casualidade.

---

60 Scholz, Robert (1902-81); 1935: ingresso no NSDAP; chefe da seção "artes visuais" no escritório de Rosenberg (BFÜ); 1937: chefe de redação da revista *Kunst im Dritten Reich*; 1941: chefe do Estado-Maior especial "artes visuais" no ERR; no final da guerra, participou do armazenamento de arte roubada; depois de 1945: autor especializado em arquitetura.

61 O termo "ocupação" foi inserido posteriormente.

O Führer espera que a guerra com a Inglaterra não dure muito tempo. Ela está decidida em si, basta apenas definir a <u>abrangência</u> das destruições.

Na hora do almoço, o Führer falou comovido de Ludwig I, que tornou Munique uma cidade de arte <u>alemã</u>.[62] A criação da biblioteca, da pinacoteca, da universidade foram obras grandiosas, tendo em vista as condições da época. Com muita deferência, ele discorreu depois sobre o conde Schack, sua galeria e seu texto sobre ele.[63] A nova construção no Königsplatz perpetuará o nome Schack.

Hewel reportou sobre a fuga de Carol, que atravessou a fronteira romeno-iugoslava a 80 quilômetros por hora com o revólver na cama de sua judia. As pessoas queriam saquear essa judia e o ouro de Carol, mas o atentado não deu certo. Wehrlin falou, cheio de desdém, sobre os búlgaros e o Führer concordou e chamou Boris de um homem inteligente.[64] Uma observação que o Führer faz muito raramente sobre os <u>reis</u> de nosso tempo.

11/9/40[65]

Chegou hoje do SD um interessante relato confidencial sobre os acontecimentos na Conferência de Bispos em Fulda. Estes tinham, há pouco, externado sua lealdade ao Führer – com um objetivo transparente. Pois ser contra o Reich <u>hoje</u> significa suicídio por provocação. Por essa razão, fiz chegar ao Führer, por intermédio de

---

62 Ludwig I (1786-1868); desde 1825: rei da Baviera.

63 Schack, Adolf Friedrich, conde de (1815-94); colecionador de arte e mecenas; poeta e orientalista.

64 Werlin, Jakob (1886-1965); homem de negócios e confidente de Hitler; 1932: ingresso no NSDAP; desde 1934: membro da diretoria da Daimler-Benz AG; desde 1938: na diretoria da VW S. A.; a partir de 1942: inspetor-geral do Führer para veículos automotivos, Operação Werlin (oficinas de reparos em Minsk, Dniepropetrowsk e Pleskau). Boris III (1894-1943); desde 1918: rei búlgaro; 1941: apoiador da entrada da Bulgária no eixo Berlim-Roma.

65 No original, com marcação (a lápis). O trecho que vai de "Chegou hoje" até "de todos os alemães" reproduzido (com ligeiras modificações) em Kempner, *Der Kampf gegen die Kirche*, pp. 35 e segs.

Brückner, meu arquivo sobre o comportamento da Igreja dentro e fora da Alemanha e ontem ainda chamei sua atenção a respeito. Foram revelados os seguintes fatos interessantes. O "doente" Faulhaber ficou de fora e fez uma declaração de submissão. De acordo com essa última, a tática de luta contra nós foi errada! Em 1933 ainda éramos um riachinho, que por meio de alguns compromissos era possível ser dirigido até a corrente cristã; hoje, o nazismo é um fluxo torrencial. Falou que só era possível esperar por uma melhoria das coisas em longo prazo. Outros "príncipes eclesiásticos" expressaram semelhante melancolia. O nervosismo acabou levando a alguns colapsos nervosos entre os velhos senhores. Um deles ficou tão fraco que não conseguia mais conduzir a missa. Mesmo assim, em seguida, as esperanças foram retomadas: formar um bloco latino-católico: França, Espanha, Portugal – com a Itália. Depois, atuação contra o Reich anticristão – e arrastar os EUA para uma guerra contra nós. Coisas amáveis.

Há pouco o Führer recebeu um livro de orações jesuítas. Lá havia orações capazes de levar a grandes absolvições: entre elas, também uma oração para a Inglaterra. Então o Führer decidiu-se a concretizar sua antiga intenção e registrar no seu testamento sua opinião sobre o cristianismo, para que não possa surgir nenhuma dúvida sobre sua postura. Como chefe de Estado, ele naturalmente se conteve – mas de todo modo: depois da guerra haverá consequências claras. Num convento de Ostmark, havia uma orientação para as preces: não rezar pela vitória alemã. Alguns dias atrás um chefe distrital de instrução de Ostmark me informou que padres e conventos tinham entregue dinheiro a desertores[66] e que queriam ajudá-los a fugir para a Suíça. Esses foram pegos e fuzilados, os piedosos pastores estão agora atrás de grades e fechaduras. A traição ideológica contra o povo, que um dia fez com que o Centro* levasse a novembro de 1918, está em ação tanto no topo quando na base. Também nunca haverá paz no Reich enquanto essas organizações "religiosas" contra a vida e a força do

---

66 "Tinham" inserido posteriormente.

* Zentrum ou *Deutsche Zentrumspartei*, partido político católico. (N. T.)

povo alemão não forem varridas para fora da Alemanha e toda sua doutrina estiver ultrapassada nos corações de todos os alemães.

x

Hoje Quisling chegou de Oslo novamente. Não registrei em detalhes o vaivém desse assunto. Resumindo: minhas apresentações fizeram com que o Führer mandasse Terboven vir falar comigo. T[erboven] <u>resignou</u>-se em relação ao reconhecimento de Q.[uisling], senão ele iria querer continuar sua velha tática com Storthing.[67] Agora o Führer quer saber <u>exatamente</u> das coisas, a fim de evitar novos contratempos como com Bräuer, Habicht etc. Visto que tudo isso consta de atas, não quero expor mais nada aqui; percebo que fico cada vez mais preguiçoso em escrever à mão. Mas todos esses registros não são adequados para um ditado.

+

Há algum tempo meu ajudante é Koeppen (C.[ruz] de F.[erro] II), de novo no escritório após ferimento no Aisne.[68] Outros funcionários, também. Trouxe Urban de sua guarnição polonesa por quatro semanas, dr. Ziegler foi chamado de volta da França hoje: ele tem de estudar a fundo meus arquivos sobre a Igreja. Poderíamos precisar deles mais rapidamente do que todos esperam – e esse trabalho demanda algum tempo.

O fato de ter escrito hoje e nos últimos dias se deve às bombas sobre Berlim. Não quero me deitar antes de 12:30, visto que não consigo dormir de jeito nenhum. E pouco depois das 12 as sirenes tocam quase diariamente. Ontem à noite as coisas foram bastante violentas, fui ver os danos no eixo Leste-Oeste[69] e na Pariser Platz: bem consideráveis. No Norte, as bombas britânicas infelizmente custaram vidas humanas mais uma vez. Segundo informes confidenciais, em <u>Londres</u> também está um inferno.

---

67 Storting: Parlamento norueguês situado em Oslo.

68 Koeppen, Werner (1910-94); 1931: ingresso no NSDAP; desde 1937: ajudante de Rosenberg; 1941-43: homem de ligação do RMfdbO com o quartel-general do Führer; autor de *Gedanken zur Ostpolitik Alfred Rosenbergs* [Reflexões sobre a política para o Leste de Alfred Rosenberg] (1977).

69 No curso dos planos de remodelagem de Hitler e Speer para Berlim, o eixo central do planejamento da cidade.

12/9/40

Quando me pergunto como transcorre um dia de trabalho mesmo na guerra, visto que o trabalho formativo está quase parado, então hoje é uma pequena amostra – afinal, ainda falta bastante tempo para o próximo alarme antiaéreo.

Depois de dormir bem tarde – o alarme durou até as 2 horas, às 10:15 no escritório. Primeiro Schickedanz relata sobre a reunião de 2 1/2 horas de Quisling com o Führer. No geral, tudo vai bem e Terboven tem de entrar na linha contra a qual ele sempre trombou. Outras reuniões hoje. Chamo a atenção de Schikedanz para um texto no *Sozial-Demokrat* de Estocolmo, intitulado: "R.[osenberg] contra Terboven". Ou seja, alguém em Oslo já abriu o bico.

Em seguida chega o correio. Entre outras, uma carta do chefe de redação da revista católica *Der neue Weg* [O novo caminho]. Bajulação: algum dia eu teria dito que a ideologia nazista era tão ampla que poderia abarcar muitos temperamentos religiosos. Ele queria introduzir a ideologia nazista a seus leitores. Disse que meu departamento tinha considerado a revista passável. Os bispos estão cheios de "ódio gelado" contra ele. Pergunta se eu poderia recebê-lo.

Ou seja, o pessoal da transição está fazendo seu trabalho. Nos ensaios anexos que folheio, é retratada a alma "do cristão" que reconhece a mensagem de A.[dolf] Hitler. Orações. Títulos devotos. Até então, <u>nenhuma</u> pista de <u>nacional-socialismo</u>.

Dr. Gerigk faz um relato sobre as listas de literatura musical alemã, certidões alemãs etc. encontradas na França.[70] Ele logo terminará o trabalho em conjunto com dr. Krüss.[71]

Chegam as informações confidenciais sobre emissoras estrangeiras, a atmosfera em Londres etc. Malletke, o chefe de brigada da SS Zimmermann e Scholz, fala sobre o resgate de tesouros de arte e da

---

70 Gerigk, Herbert (1905-96); 1932: ingresso no NSDAP; 1935-45: chefe da seção de música do ARo; desde 1940: chefe do Estado-Maior especial "música" no ERR; 1942: chefe de unidade de assalto da SS; coorganizador do *Lexikons der Juden in der Musik* [Dicionário dos judeus na música] (1940).

71 Krüss, Hugo Andres (1879-1945); bibliotecário; desde 1925: diretor-geral da Biblioteca Estatal Prussiana.

coleção de metal, que somou 75.000 toneladas!⁷² Durante uma viagem, aquilo que foi escolhido deve ser checado e Scholz deve montar em exposição de artesanato e arte dessas em nossas salas de exposição. – Conversa prolongada sobre questões afins.

Seguro Malletke e lhe informo⁷³ o que falei ao Führer sobre seu trabalho, junto com a sugestão para a APA. Sch.[ickedanz] e <u>ele</u> talvez sofressem aqui, pois teriam merecido, com razão, um retorno oficial sobre seu trabalho. M.[alletke] respondeu de maneira calorosa e decência habituais: as coisas transcorreram assim, mas nós <u>tínhamos</u> conseguido efetuar uma <u>mudança de mentalidade</u> em nossa economia externa e foi uma alegria, tanto para ele quanto para Harder, trabalhar comigo. Em relação a ele: não é para se preocupar. Ele tem – por ex. por intermédio de Wohltat – as melhores ofertas de emprego (organização dos bancos dos Mendelssohn) e será bem-sucedido. – Fiquei internamente comovido com essa postura. M. recomendou ainda o trabalho de Schaefer, que poderia ser transferido para o departamento a ser criado.⁷⁴ Se em longo prazo aparecerem novas oportunidades, ele estará imediatamente à disposição.

Dr. Heiding da RJF⁷⁵ faz um relato sobre seu trabalho etnográfico e pede para atuar na Hungria junto à comunidade alemã étnica local. Disse que falou com dr. Basch.⁷⁶ Toda a parte entre ~~Croácia~~ Itália e Hungria: Croácia tem de enfrentar um grupo <u>alemão</u> mais forte. Fala ainda da biblioteca de um pesquisador judeu em Viena sobre canções populares iugoslavas e me mostra

---

72 Zimmermann, Friedrich (1898-1967); 1934: ingresso na SS e transferência para o RuSHA; 1938-45: professor honorário em Praga; autor, entre outros, de *Der Aufstieg der Juden* [A ascensão dos judeus] (1937); depois de 1945: redator para o jornal *Die Welt*, entre outros.

73 "Lhe informo" inserido posteriormente; antes (riscado) "lhe digo".

74 Banco Mendelssohn & Co. (fundado em 1795); 1938: "arianização" pelo Deutsche Bank.
Schaefer, desconhecido.

75 Haiding, Karl (nasc. Karl Cyrill Andreas Paganini; 1906-85); folclorista austríaco; 1938: chefe da seção de cultura do RJF; 1938-43: professor de costumes populares; *Gauobmann* do ARo em Ostmark.

76 Basch, Franz Anton (1901-46); político alemão-húngaro; 1938: fundação e presidente da aliança popular (grupo popular) dos alemães na Hungria; assassinado em Budapeste depois da guerra.

um livro. Como o judeu já tem 80 anos, é preciso assegurar uma apreensão posterior dos acervos. H.[aiding] me mostra alguns de seus últimos textos. Agora está indo trabalhar no sul do Tirol – depois vai até o dr. Basch.

De tarde, vem o dr. Ziegler: recém-chegado de Biarritz.[77] Tudo pronto: possível invasão de Portugal, Açores. Prevenção contra possíveis idiotices britânico-americanas. Está saudável[78] e animado. Conto-lhe detalhes sobre o trabalho do instituto, as consultas com Himmler etc.

Dr. Jung tem uma mala cheia de pesquisas sobre o desenvolvimento da construção germânica de pavilhões. Um trabalho muito detalhado. Nem sabia que J.[ung] estava há tanto tempo trabalhando em Bonn na mesma linha que eu. Eu o tranquilizo: digo que Haake[79] logo virá falar comigo para liquidar as divergências com Reinerth. – Prometo a Jung e a seus 2 filhos um salário melhor. É bom se dar ao trabalho de falar pessoalmente com todos os funcionários.

Rosenfelder relata sobre o trabalho de alemães étnicos.[80] Malletke pede para que eu receba o coronel X.,[81] colaborador do marechal de campo Mannerheim e I. Kilpinen.[82] Pergunta se eu deixei intencionalmente a Finlândia de fora de meu discurso sobre a comunidade de destino nórdica [*nordische Schicksalgemeinschaft*]. – Sim, claro! No momento em questão, a F.[inlândia] não ganharia nada com isso. Dessa maneira, será um prazer falar com os finlandeses amanhã.

---

77 Biarritz, cidade no Sul da França.

78 "Saudável" foi acrescentado posteriormente; abaixo (riscado) aparece "bem-disposto".

79 Possivelmente Haake, Paul (1873-1950); historiador; desde 1921: docente na Universidade de Berlim, entre outros; publicou, entre outros, *Die Deutsche Außenpolitik 1871-98* [A política externa alemã] (1936-37).

80 Rosenfelder, Karl (1904-desc.); 1937: ingresso no NSDAP; 1941-45: chefe do grupo de política religiosa no RMfdbO.

81 Desconhecido.

82 Mannerheim, Carl Gustav Emil (1867-1951); oficial finlandês; desde 1939: comandante supremo; 1944-46: presidente de Estado.
Kilpinen, Yrjö (1892-1959); músico e compositor finlandês.

Chega o texto do escritor finlandês E.[rkki] Raikkonen sobre Svinhufvud, com dedicatória.⁸³

Com Urban, discuto a correspondência com Hess sobre questões de organização do departamento.

E com isso agora são 6:30 da tarde. Decido ir de carro ver alguns danos causados por bombas.

À noite, em casa, leio a íntegra do discurso de Churchill de ontem e nossa cobertura jornalística.

Não foi um dia estressante, mas a unidade de um trabalho de anos se forma a partir dessas tantas pequenas reuniões.

Depois de muitos anos, acabo pegando nas mãos a correspondência de H. St. Chamberlain. Ele foi um grande homem, entusiasta. – As cartas de Guilherme II são seu retrato fiel: boa vontade, distração, pathos errado e terrivelmente superficial.⁸⁴ Em 1902, ele prometeu lutar contra Roma e Jerusalém! E foi até Rathenau e Ballin!⁸⁵

Agora, notícias das 10h. Ainda vou pegar um livro. Hartnacke: *Seelenkunde*.⁸⁶ Depois as sirenes vão tocar com certeza. A luta com a Inglaterra prossegue.

13/9/40⁸⁷

Pela manhã, visita de Quisling. Muito satisfeito. O *tour* da votação em Storting deve ser encerrado; T.[erboven] será o responsável por isso. Em seguida, conselho de transição com maioria

---

83 Provavelmente Räikkönen, Erkki (1900-61); nacionalista finlandês.
Svinhufvud, Pehr Evind (1861-1944); político finlandês; 1931-37: presidente de Estado.
84 Guilherme II (1859-1941); 1888-1918: imperador e rei da Prússia; desde 1918: exilado na Holanda.
85 Rathenau, Walter (1867-1922); industrial e político de ascendência judaica; desde 1904: membro do conselho administrativo da [empresa de eletricidade] AEG; 1922: ministro do Exterior do Reich; assassinado por membros da "Organização Cônsul", de extrema direita.
Ballin, Albert (1857-1918); armador de ascendência judaica; desde 1899: diretor-geral da linha Hamburg-Amerika; suicídio no final da Primeira Guerra Mundial.
86 Hartnacke, Wilhelm (1878-1952); pedagogo; 1933-35: ministro de Educação Popular na Saxônia; autor, entre outros, de *Seelenkunde vom Erbgedanken aus* (1940).
87 Corrigido à mão; antes "14/9/1940".

nacional-socialista, depois governo de Q.[uisling]. Por fim, R. caiu como candidato a ministro do Exterior dos outros e o Führer concordou com J., que foi proposto por Q.[88] Q. parte satisfeito, desejei-lhe tudo de bom. Ele colocou sua honra nas mãos do Führer a serviço do pensamento da Grande Germânia. Os menores "diplomatas" querem desonrar aqui o nome do Reich. Voltei-me contra isso com todas as forças e o Führer me deu razão. Agora Q. tem de se defender sozinho.

O coronel finlandês S.[89] conta das lutas dos finlandeses. Ele e seu acompanhante são pessoas simples e honestas, como a maioria dos finlandeses. Eu lhes disse que o desejo de uma postura uniforme da Finlândia em relação ao Bósforo não foi concretizado.[90] – A Inglaterra e a Liga das Nações acenaram mais do que a A.[lemanha]. A Polônia não mirava o Leste, mas contra nós. Foi por isso que se deu tudo o que veio a seguir.[91] Coronel S.: "Depois de seu discurso sobre a comunidade unida pelo destino dos nórdicos <u>sabemos</u> onde é nosso lugar". Eles ainda falaram sobre as perdas que sofreram, mas também de escavações de minérios que conseguiram salvar pela demarcação da fronteira, visto que os russos não sabiam nada a respeito. "Agora tudo isso vai para a A." Eles disseram que ao redor de São Petersburgo moram apenas finlandeses...

Schnell veio em seguida: do Afeganistão. Ele é o representante do dr. Todt.[92] Relata sobre o estado das coisas e transmite nota sobre reunião secreta com Abdul Medjid.[93] Esse ainda está do nosso lado contra todas as artimanhas inglesas, mas quer abastecimento, segurança da fronteira norte para conseguir avançar até o oceano Índico. Leio o interessante memorando e concordo em falar com o Führer.

---

88 "R." e "J." não identificados.
89 Nome não identificado.
90 "Foi" inserido posteriormente.
91 "Tudo o que veio a seguir" inserido posteriormente.
92 Todt, Fritz (1891-1942); 1922: ingresso no NSDAP; 1933: inspetor-geral das estradas alemãs; 1938: plenipotenciário para a regulamentação da construção civil; criação da Organização Todt para a construção do *Westwall*; depois de 1939: ampliação da organização com 800 mil trabalhadores alemães e estrangeiros; desde 1940: ministro para Armamento e Munição.
93 Majid Zabuli, Abdul.

– Há anos, consegui impor também essa questão afegã <u>contra</u> o AA. Mas a W.[ilhelm]-Strasse nunca esteve presente de todo o coração.[94]

Lutze vem para discutir também algumas coisas impossíveis de Terboven, que forçou os líderes da SA de seu entorno a vestir os uniformes da SA. Conto-lhe alguns detalhes.

O líder do trabalho dr. Decker apresenta o novo chefe de Educação da Agência de Trabalho: Le Jeune.[95] Discutimos questões de tempos futuros.

Schaefer me entrega plano de trabalho para pesquisa cultural: inspeções em Paris: Alliance française, Ecole laique etc. Ele vai ao Congresso de Docentes em Viena, depois para Paris.

De tarde, fui visitar o novo embaixador espanhol, general de los Monteros.[96] Nós nos conhecíamos da Conferência do Partido de 1937 (ou 1938), quando o acompanhei. Conversei um pouco com o enviado sueco, Richert.[97] Ele é muito cuidadoso. Convidei-o a tomar uma xícara de chá comigo no outono.

À noite, ajudei minha filha com tarefas de matemática "terrivelmente difíceis". Depois, assisti a um filme barbaramente dramático. Mais um dia terminou. Ontem esperei as sirenes até 1h30. Hoje elas certamente tocarão.

14/9/40

Hoje o novo enviado finlandês me visitou.[98] Ele já está aqui há alguns meses, mas eu estive muito ausente. Ele é tranquilo e con-

---

94 Wilhelmstraße, sede do AA em Berlim.
95 Provavelmente Decker, Wilhelm (1899-1945); 1926: ingresso no NSDAP; desde 1930: MdR; 1937: inspetor para educação e formação na RAD; 1940: conselheiro do departamento de pesquisa "Questão judaica" no "Instituto de História da Nova Alemanha". Possivelmente Le Jeune, Hermann (dados desconhecidos); chefe de trabalho da RAD; 1940-43: chefe de departamento do setor educação e formação na RAD.
96 Monteros, Eugenio Espinosa de los (1880-1953); oficial espanhol; após 1939: embaixador espanhol em Berlim; como tradutor, esteve nas conversas entre Hitler e Franco.
97 Richert, Arvid (1887-1981); 1937-45: enviado sueco em Berlim.
98 Kivimäki, Toivo Mikael (1886-1968); diplomata finlandês; 1932-36: primeiro-ministro; 1940-44: embaixador em Berlim.

fiante. Teve de negociar em 1939 e aceitou nosso conselho para um acordo de paz com Moscou baseado numa declaração tranquilizadora <u>suplementar</u>. Diz que os russos fizeram várias concessões, principalmente na questão das ilhas Aaland (<u>sem</u> armamentos russos).⁹⁹

O enviado é calmo e tem autocontrole, parece que ele também "entrou na linha".

Urban já está há 10 anos comigo. Minha carta de agradecimento à Polônia acabou de ser redirecionada a ele. E agradece a <u>mim</u>. Apertamos as mãos, como camaradas. Ele sempre foi leal comigo, no longo prazo, <u>isso</u> é o que mais vale.

Dr. Gerigk me trouxe os primeiros exemplares da *Lexikon deutscher Juden in der Musik* [Enciclopédia dos judeus alemães na música], editada por ele. Uma das planejadas questões de pesquisa desde a <u>base</u>. Ainda estão sendo preparados: uma enciclopédia sobre o Talmude, um manual de todos os escritores judeus, os descendentes de apenas <u>duas</u> famílias judias (Itzig e Mendelssohn) e seus efeitos na vida alemã etc.¹⁰⁰ A próxima geração deve receber todas as condições para entender o nosso tempo, senão ela não vai compreender por que nós nos inquietamos tanto com os judeus. Já agora ~~mesmo~~ jovens escritores são preguiçosos demais para se ocupar minuciosamente com a questão.¹⁰¹ – A rádio inglesa imputou aos emigrantes judeus a culpa pela situação catastrófica da Inglaterra – não acreditei nos meus olhos. Dizem que eles informaram Londres erroneamente durante todos esses anos: em relação à força da Alemanha, à situação no Reich, ao declínio do nacional-socialismo etc. Agora <u>nada</u> disso está correto. A coisa pode ficar complicada para Israel, visto que essas vozes conseguem chegar até a rádio inglesa.

No mais, vieram ainda o general Reinecke, chefe do Departamento do Interior do OKW. Um membro do meu departamento, que está no Comando Supremo em Copenhague, parece ter falado

---

99 Ilhas Aaland; grupo de ilhas no mar Báltico entre a Suécia e a Finlândia.
100 Itzig, sobrenome de banqueiros judeus na Prússia no século XVIII.
Mendelssohn, sobrenome de banqueiros, músicos e filósofos judeus na Alemanha desde o século XVIII.
101 Sobre o artigo de Rosenberg "Judeus em Madagascar" dessa época, veja documento neste volume.

coisas desnecessárias para um dinamarquês. De tal modo que querem colocar nas suas costas um tribunal de guerra por causa de danos ao Reich, traição à pátria (!). R.[einecke] pegou os papéis, chamou o envolvido e agora lê os pontos em voz alta para mim. Supostamente o homem confirmou tudo, mas por causa das intrigas da Dinamarca podemos imaginar muita maldade. – Em seguida, discutimos nosso próximo trabalho conjunto; passei-lhe minhas duas últimas cartas para Göring. Dessa maneira, vou assumir a chefia de toda a educação ideológica da Wehrmacht. Estou muito contente com esse trabalho, pois depois da guerra temos de ganhar a paz e tornar a Wehrmacht alemã uma espada sempre afiada da revolução nacional-socialista e mantê-la assim.

16/9/1940

Hoje, Puttkamer e Heil fizeram relatos sobre os trabalhos em Paris e dificuldades "jurídicas" em relação aos acervos confiscados.[102] Prometi conseguir uma decisão do Führer o mais rapidamente possível. O prof. Baemler falou sobre suas ideias a respeito da pesquisa na Europa continental conduzidas pelo prof. N.[103]

Uma conversa muito diversificada reinou hoje na mesa do almoço com o Führer. Foi um belo gesto ele ter colocado seu motorista, que comemorava o 30º aniversário, à sua direita. O homem estava radiante. Mais tarde, ele me pediu de presente, por intermédio do meu motorista, uma foto minha com assinatura e data. A

---

102 Puttkammer, Heinrich (1890-desc.); 1933: ingresso no NSDAP; desde 1932: membro do KfdK; chefe do escritório central do APA e temporariamente também do BFÜ; desde 1943: no RMfdbO.
Heil não foi encontrado.
103 Provavelmente Nikuradse, Alexander (1900-81); geopolítico e físico alemão-georgiano; desde os anos 1920: conhecido de Rosenberg; 1941-45: chefe do "Instituto de Pesquisa da Europa Continental" no RMfdbO; após 1945: docente na Escola Superior Tecnológica de Munique; autor, entre outros (pseudônimo A. Sanders), de *Um die Gestaltung Europas* [Para a conformação da Europa] (1938).
O trecho que vai de "Uma conversa muito diversificada" a "para seus lugares" marcado (a lápis); reproduzido (com ligeiras diferenças) em Kempner, *Der Kampf gegen die Kirche*, p. 36.

conversa recaiu em Serrano Súñer.[104] Perguntei a Frick qual a impressão que ele passava.[105] Como havia escutado, ele foi educado de maneira cem por cento jesuíta. Durante a Guerra Civil Espanhola, um falangista espanhol me escreveu dizendo que tinha sido preso sem mais porque textos meus foram encontrados na sua casa. O Führer riu: Ora, seus textos. Eu falei: Eu teria me entendido muito bem com José Antonio Primo de Rivera: a Espanha é católica, nós não queremos nos meter ali. Naquela época, R.[ivera] disse sim, embora o papa seja igual a um líder maçônico e a Espanha vá eleger um papa próprio em Toledo. E disse ainda que eu havia proibido até então a tradução de minha obra para o italiano e o espanhol.

O Führer abordou o tema detalhadamente. Afirmou que todo Estado católico deve eleger seu próprio papa.[106] Foi uma desgraça os imperadores alemães terem desejado sempre "pôr ordem" na Igreja, em vez de tranquilamente deixar vários papas fazerem o que bem entendessem. Pois mal tinham acabado de ajudar um papa do tipo organizador a chegar ao poder, esse lhe dava um tabefe na orelha. Eles teriam de ter apoiado tranquilamente vários papas; quanto mais, melhor. Disse que as Igrejas sempre são descaradas quando estão em "ordem" e seguras, mas por outro lado vêm bater à porta quando têm concorrentes. (O Führer descreve mais uma vez a briga pela remuneração em espécie entre os protestantes de hoje em dia.) Falei que esse tipo de atitude necessita de uma certa descrença, mas que muitas vezes os imperadores acreditavam seriamente na instituição da Igreja. – O Führer ironizou as tentativas de Kerrl em querer "pôr ordem" agora de novo, de como as "tentativas de harmonização" desse nosso ministro da Igreja despertam atualmente apenas um sorriso compassivo. É que o homem ainda "acredita" nas Igrejas. *Gauleiter* Greiser reporta sobre a regulamentação no Warthegau: as

---

104 Serrano Súñer, Ramón (1901-2003); político fascista espanhol.
105 Frick, Wilhelm (1877-1946); 1923: participação no "*putsch* de Hitler"; 1925: ingresso no NSDAP; desde 1924: MdR; 1928: líder da fração do NSDAP no Congresso; 1933-43: ministro do Interior; 1943-45: chefe do protetorado da Boêmia e Morávia; 1946: executado após sentença do Tribunal Militar Internacional.
106 "Católico" introduzido posteriormente.

denominações como associações privadas.[107] O Führer não tem nada contra a existência de regulamentações completamente diversas nos distritos administrativos: qual seria nosso motivo para reconduzir as Igrejas para seus lugares?

Manifestei as "preocupações" de nossos juristas militares na França. Abaixo, as anotações a respeito [falta].

Alt-Aussee 12/10/40[108]

Estou aqui há 3 dias e cuido dos meus músculos dorsais com compressas quentes de lama, massagem e insolação. Um estiramento perto do lugar machucado, de modo que não consigo pisar com o pé esquerdo. Não sei se vou falar em Linz no dia 16.

Leio bastante, tenho tão pouco ânimo para trabalhos interiores como há pouco em Gastein, quando interrompi meu tratamento recém-iniciado por causa dos bombardeios em Berlim e voltei para minha família.[109]

Mas quero registrar algumas coisas para a recordação em tempos vindouros.

Nos últimos dias, recebi as instruções do Führer sobre a futura construção de moradias. Os departamentos envolvidos têm de lhe apresentar planos para as moradias de trabalhadores: acessíveis no preço e com 3 quartos. Finalmente! A cada oportunidade, eu chamava a atenção de Speer e Giesler sobre a necessidade da construção de moradias para os trabalhadores juntamente com o grande projeto do partido e do Estado, também levei o assunto à mesa de almoço

---

107 Greiser, Arthur (1897-1946); 1928: ingresso no NSDA; 1934-39: presidente do Senado da cidade livre de Danzig; 1939-45: governador e *Gauleiter* do NSDAP no Warthegau; responsável, entre outros, pelo assassinato em massa em Chelmo com carros de gás; 1946: julgado e executado na Polônia.

108 Alt-Aussee, comunidade austríaca em Salzkammergut; em 1943, a mina de sal Alt-Aussee tornou-se o lugar central de reunião da arte roubada pelo ERR dos territórios ocidentais ocupados.

109 Bad Gastein, estação termal na Áustria.

com o Führer.[110] Nesse sentido, o Führer contou o seguinte episódio marcante: certo dia, ao vistoriar o *Cap Ancona*, pediu para olhar também os dormitórios dos empregados. Depois de murmúrios constrangidos, as pessoas se dispuseram a tanto e ele se decepcionou. O dormitório sem luz e sem ar, em meio a tanto luxo, certamente acabou forjando muitos comunistas entre os empregados. Por essa razão, algum dia será preciso implantar na Alemanha um programa de construção de moradias como nunca antes visto. Daí as pessoas voltariam a querer ter filhos.

Agora então essa questão candente foi trazida à baila. O povo alemão, regressando da guerra, não compreenderia estar voltando para os velhos buracos das grandes cidades, enquanto simultaneamente surgem as imponentes Berlim, Munique, Nuremberg, Hamburgo. O trabalhador alemão tem por direito que a célula primeira de sua vida seja levada em conta, ao lado das grandes representações estatais. Afinal, foi com ele que a vitória foi conquistada. – Outra vez, quando falávamos de Estrasburgo e eu defendia a catedral como monumento nacional sagrado, o Führer disse com os olhos marejados: também deve ser um monumento em memória do soldado desconhecido. O que possui o homem simples? O que ele pode saber da grandeza da história? Ele tem seu corpo e é isso que ele emprega. O que seriam de todos os nossos planos sem esses soldados! As coisas permaneceriam apenas no papel.

Dessa maneira, torço para que o monumento desses soldados seja erguido na catedral de Estrasburgo primeiro. No *Mito*, quando digo desejar que o monumento ao guerreiro substitua as colunas de Maria, então isso deve começar do alto. Estrasburgo seria o mais belo exemplo.

O Führer não aprecia o gótico. As estátuas desgastadas em Reims o decepcionaram. Ele afirmou que a primeira vez que uma catedral gótica lhe proporcionou uma forte sensação de espaço foi em Estrasburgo. – Isso é verdade. As colunas pesadas nos impedem a visão do

---

110 Speer, Albert (1905-81); 1931: ingresso no NSDAP; desde 1938: inspetor-geral de obras para a capital Berlim; desde 1942: ministro de Armamento e Produção de Guerra; 1946: condenado a vinte anos de prisão pelo Tribunal Militar Internacional.

lugar como um todo. No mais, tenho minhas reservas, pois o gótico não foi apenas o ápice católico, ele também foi uma germanicidade [*Germanentum*] importante, embora melhorado. Aqui a proximidade à natureza perpassa todos os catolicismos: os padrões de gavinhas em Marburg, os gobelinos exalando vida etc. Expliquei no *Mito* por que hoje não é mais possível construir no estilo gótico (essa passagem foi escrita em 1917-18).

x

[1941]

2/2/41

Depois de um bom tempo, o Führer está de volta a Berlim. No final de janeiro, estive novamente almoçando lá por duas vezes. Em 29.1, não se falou de política à mesa, mas o Führer discorreu longamente sobre herbívoros e carnívoros, ou comedores de <u>cadáveres</u>, como ele os chama. Ele está convencido de que os herbívoros representam as forças duradouras da vida, carnívoros como o leão têm uma força enorme repentina, mas não resistência; elefantes, touros, camelos, búfalos são exemplos contrários correspondentes. Disse que o tratamento de doentes nos dá a prova de que as plantas são adequadas para nós. Hoje em dia, as crianças e os doentes recebem, com razão, verduras e sucos de vegetais, nada de carne. O consumo de carne deve ter começado durante um tempo de longos períodos de frio e se manteve. Na Idade Média, as camadas superiores quase só comiam carne e morriam muito cedo (os imperadores alemães). Ele está convencido de que se entendemos corretamente a teoria das vitaminas e a partir de todas as conclusões, um dia o homem poderá chegar a viver 250 anos.

O Führer temperou tudo isso com humor e prestamos atenção, sorrindo. Observei que a primeira luta deve começar contra a indústria de tintas IG Farben, o branqueamento químico da farinha etc. Mas depois da refeição, a opinião era unânime: grandes pratos de comidas cruas forçavam o estômago por causa das grandes quantidades que é preciso ingerir.

Sabemos que o Führer tem razão ao chamar a atenção para as vitaminas e as plantas, mas mesmo assim parece ser correto precisarmos de uma comida <u>variada</u>; afinal, nossos estômagos <u>não</u> são de ruminantes. Como o Führer sofre do estômago, as afirmações são duplamente compreensíveis.

No dia seguinte, Greiser falou de seu trabalho no Warthegau e estava muito feliz com a tarefa que lhe foi passada. Falou que os bálticos também tinham se adaptado e estavam muito satisfeitos. Será que eles querem sair de novo?, perguntou o Führer. Eu, sorrindo: no máximo se o senhor lhes liberar novamente o caminho até Petersburgo. – Ele: Só se o <u>senhor</u>, R.[osenberg], ficar aqui! Eu: Quem sabe. – Essa brincadeira tinha um lado mais sério, que discuti no dia seguinte com Greiser: até aquele momento, os bálticos tinham se sentido deixados para trás: (conselhos municipais em Litzmannstadt, indicação de que suas terras lhes seriam retiradas novamente etc.).[1] Greiser mostrou-se totalmente compreensivo, falarei em Posen no dia 3/4.

Quero acrescentar algumas coisas sobre novembro e dez. de 1940 que significam muito como uma recordação pessoal para mim, o que objetivamente não é sem importância.

Há tempo se discute com o OKW um trabalho em conjunto que se encerrou em XI/[19]41.[2] A partir daí, passa a ser <u>minha</u> a supervisão ideológica dos futuros formadores intelectuais da Wehrmacht. O marechal de campo Keitel acha importante assinar esse acordo em <u>9/XI</u>, em Munique, a fim de expressar simbolicamente o sentido do ato. O fato gerou grande satisfação em todo o partido, mesmo com o acordo ainda não divulgado. Keitel sempre foi muito leal a mim e espero grandes resultados no futuro, visto que alguns comportamentos

---

1 Litzmannstadt (Łódź); cidade polonesa; sob ocupação alemã, parte do Warthegau.
2 Refere-se a novembro de 1940.

de novos ativistas na Wehrmacht exige um ~~grande~~ trabalho de nosso lado. Isso também será possível, já que, entre outros, todo o material ideológico e os textos escritos estão sob minhas orientações.

Havia um anúncio previsto na Câmara dos Deputados francesa em Paris. O Führer tinha dado sua anuência para essa ação simbólica, mas queria antes ler meu discurso. Dei-lhe o manuscrito "Blut und Gold" [Sangue e ouro]. Ele leu; como não consegui mais falar com ele antes de sua viagem, Schaub me ligou: o Führer está muito, muito satisfeito com o discurso, está contente por eu querer proferi-lo, não é preciso alterar nenhuma palavra.[3]

Dessa maneira, fui pela terceira vez a Paris em 1940. Quando o trem parou em Aachen, escutei de repente um alto-falante bradar meu nome. Daí mais uma vez: telegrama para o *Reichsleiter* R[osenberg]! Koppen desceu.[4] Um telegrama a pedido do Führer enviado pelo *Reichsleiter* Bormann (que gradualmente se tornou a pessoa central de comunicação). Ora, levei um susto porque tais ações em geral são geradas por um acontecimento desagradável. Li as primeiras palavras: "O Führer foi avisado...". Ora, que esparrela é essa?! Mas continua de maneira feliz: "que Codreanu será trasladado". O Führer queria me enviar a Bucareste como seu representante. Era para eu avisar se conseguiria chegar a tempo; se não, o Führer indicaria outra pessoa. – Calculamos para lá e para cá e, a princípio, reservamos um avião com Bormann para o dia 29, na hora do almoço. Em Paris, descobrimos que não daria certo, a não ser que fosse um voo noturno sobre os Cárpatos. Falei com Hess por telefone: ele recusou, chocado. Dessa maneira, Schirach foi no meu lugar.

Essa ideia do Führer foi gerada principalmente pelo seguinte evento: Antonescu tinha sido convidado a Berlim e também para almoçar com o Führer e um grupo restrito. Eu não havia recebido convite por intermédio do cerimonial. Depois do meu discurso na catedral de Braunschweig (em 12/XI/[1940]), quando cheguei à

---

3 O discurso "Blut und Gold" de Rosenberg, de 28/11/1940, foi impresso como caderno 15 da série "Hier spricht das neue Deutschland!" [Fala aqui a nova Alemanha]; NARA RG 238 box 120, Bl. 296-317.

4 Refere-se a Koeppen, Werner.

Chancelaria do Reich na hora do almoço, o Führer me recebeu lamentando-se.[5] Ele não havia se ocupado dos detalhes e dos convites e ficou indignado ao não me ver lá. Disse que falou o necessário aos senhores. E que eu teria de ter estado com Antonescu, pois fui eu o primeiro a colocar em marcha o movimento na Romênia.

Então, para reparar esse contratempo, o Führer quis me mandar a Bucareste como seu representante.

Em Paris, vistoriei no dia 28 pela manhã as obras de arte e de cultura judaicas confiscadas pela minha força-tarefa, em parte expostas no Jeu de Paume.[6] Apesar de Göring já ter retirado as 42 melhores peças, havia coisas das mais valiosas para serem vistas. Rothschild, Weil, Seligmann etc. tiveram de abrir mão do resultado de 100 anos de ganhos na Bolsa: Rembrandt, Rubens, Vermeer, Boucher, Fragonard, Goya etc. etc. estavam muito representados, entalhes em madeira dos mais antigos, gobelinos etc.[7]

Os avaliadores de arte disseram que valem quase 1 bilhão de marcos![8]

Às 4 horas, fui ao Palais Bourbon.[9] Lá fui cumprimentado pelo chefe da administração militar. Os famosos "couloris", espaços bolorentos com plush vermelho. No salão: *Generaleutnant* Sperrle, *Generaloberst* Stülpnagel, *Generaladmiral* Saalwächter e outros comandantes

---

5 Catedral de Braunschweig, igreja onde está enterrado Henrique, o Leão.

6 Abreviação de Galerie Nationale du Jeu de Paume em Paris; durante a ocupação alemã serviu como local de reunião de arte roubada.

7 Rothschild: influente família judaica de banqueiros; aqui, supostamente estão referidos: barão Edmond James de Rothschild (1845-1934); filantropo francês, mecenas e colecionador. Weill, David (1871-1952); banqueiro francês, colecionador de arte e mecenas.
Seligmann, família francesa de colecionadores de arte, mecenas e historiadores da arte (entre outros, André Jean Seligmann; Germain Seligmann; Jacques Seligmann).

8 Em 20 de março de 1941, Rosenberg informou "ao Führer" que o carregamento principal das obras de arte de propriedade de judeus "colocadas em segurança" (isto é, roubadas) pelo ERR em Paris tinha chegado a Neuschwanstein no dia 15 de março. Tratava-se de "25 vagões de um trem com os mais valiosos quadros, móveis, gobelinos, artesanato e joias". Além disso, "obras culturais judaicas sem dono" estavam sendo preparadas para serem levadas à Alemanha; a previsão para o término dos trabalhos correspondentes nos países ocidentais ocupados era de dois ou três meses; reproduzido em *Nürnberger Prozess,* vol. 25, S. 48 f. (014-PS).

9 Palais Bourbon, sede da Assembleia Nacional francesa em Paris.

e oficiais.¹⁰ E mais a colônia alemã. Uma sensação curiosa falar bem no lugar onde Clemenceau e Poincaré trovejaram contra o Reich, de onde a difamação mundial da Alemanha recomeçou a cada vez.¹¹ Fui o primeiro a falar sobre a revolução nacional-socialista junto ao túmulo, por assim dizer, da Revolução Francesa, diante de 600 representantes dessa nova vitoriosa Alemanha. Ouro – sangue, os símbolos deste novo tempo. – Alguns oficiais disseram mais tarde que apenas agora tinham entendido que nossas ações não foram tomadas no calor da hora, mas que se originaram de uma conduta (citei o que havia escrito há 14 anos sobre a obsessão pelo ouro). Acho que as explicações formuladas de maneira precisa causaram boa impressão, visto que os aplausos foram ostensivamente longos.

A imprensa francesa recebeu o texto abreviado, que todos os jornais publicaram. Soube que o discurso foi assunto de todos os franceses. Presos entre a Igreja e a democracia, parecem ter encontrado aqui um novo caminho espiritual. – Mas no momento não é possível contar com uma mudança interna da F.[rança].

O conde Gobineau me visitou, ele como alguns outros com a maior boa vontade.¹² Será que eles podem se tornar uma força política? Visto que os franceses ainda não se deram conta do tamanho de sua derrota, é difícil.

x

---

10 Sperrle, Wilhelm Hugo (1885-1953); oficial; 1935: major-general e comandante do *Luftkreis* V; 1940: marechal de campo; até 1941: comandante supremo do destacamento oeste da *Luftwaffe*.
Stülpnagel, Carl-Heinrich von (1886-1944); oficial; 1939: general; 1940: presidente da comissão franco-alemã de cessar-fogo; 1941: comandante-supremo do 17º Exército na União Soviética; 1942-44: comandante da Wehrmacht na França ocupada; 1944: executado como conjurado no atentado de 20 de julho.
Saalwächter, Alfred (1883-1945); oficial; 1938: almirante em comando da Estação Marinha do mar do Norte; 1939: comando do destacamento de grupos da Marinha no Oeste; 1940-42: almirante-general e comandante operacional na batalha da Noruega.

11 Clemenceau, Georges Benjamin (1841-1929); jornalista e político francês; 1906--09 e 1917-20: primeiro-ministro; 1919: presidente da Conferência de Paz de Paris.
Poincaré, Raimond (1860-1934); político francês; 1913-20: presidente de Estado; 1926-29: primeiro-ministro e ministro da Fazenda.

12 Refere-se provavelmente a um descendente de Joseph-Arthur de Gobineau (1816--82); autor, entre outras, da obra de referência sobre a teoria racial *Essai sur l'inégalité des races humaines* [Ensaio sobre a desigualdade das raças humanas] (1853-55; alemão: *Versuch über die Ungleichheit der Menschenracen*, 1898).

Ilustr. 2/3 Discurso de Rosenberg ("Gold und Blut" ["Ouro e Sangue"])
na Assembleia Nacional francesa em 28 de novembro
de 1940 diante de representantes da Wehrmacht, NSDAP
e da administração da França ocupada).

À noite, havia 150 pessoas reunidas no Ritz para uma recepção, onde o *Generalfeldmarschall* Milch me contou que era preciso contar com a perda do major Wick, o " mais duro de todos pilotos de caça".[13]

No dia seguinte, visitei Sperrle, que me mostrou as fotografias aéreas da Inglaterra e contou das ações de sua esquadrilha aérea. Sp.[errle] está instalado como que em casa, muito bonito, no Palais Luxemburg.[14] Os trabalhadores franceses usados na reforma ficaram mais do que surpresos ao serem convidados para a festa de cumeeira. Disseram que um tipo de comunidade dessas não existe ali. Aos poucos, foram se soltando – e internamente devem ter corrigido algumas coisas que aprenderam de antemão sobre nós. – O general Christiansen, que tinha vindo da Holanda para o meu discurso, mas que se atrasou, me pediu para falar algum dia também em Haag.[15]

À noite, no Theatre des Ambassadeurs. Uma comédia de costumes francesa comum sobre o casamento. Dialeticamente boa, gasta no estilo e no resultado. Depois, no avião – após rápida visita ao quartel dos pilotos Villacoublais –, rumo a Berlim.[16] Ficou provado: todos os aparelhos congelaram, o piloto quase não conseguiu voltar a tempo. Como soube mais tarde, ele quebrou uma asa na aterrissagem do voo de volta. Após a vistoria da aeronave: 164 fontes de erros. Esse era o avião do *Generalfeldmarschall* v. Rundstedt.[17] Quando ouviu isso, Sperrle passou-lhe tamanha descompostura que o pobre capitão quase caiu para trás.

Aliás, com a conferência em <u>Braunschweig</u> um novo[18] pedaço do caminho da ideologia nacional-socialista foi percorrido. Brauns-

---

13 Wick, Helmut (1915-40); oficial; 1935: ingresso na Luftwaffe; 1939: tenente; 1940: comandante de grupo e major; 1940: abatido sobre a Grã-Bretanha.

14 Palais du Luxembourg, sede do Senado francês; durante a Segunda Guerra Mundial, quartel-general da Luftwaffe alemã.

15 Christiansen, Friedrich (1879-1972); 1933: ingresso no NSDAP; 1933-37: conselheiro ministerial no RLM; 1938: general; desde 1940: comandante da Wehrmacht na Holanda; 1948: condenado lá a doze anos de cadeia; 1951: soltura.

16 Villacoublay; aeroporto militar no norte da França.

17 Rundstedt, Gerd von (1875-1953); oficial; desde 1939: chefe de agrupamento do Exército nos ataques alemães à Polônia, França e União Soviética; 1940: *Generalfeldmarschall*; 1940-45: comandante supremo do Oeste.

18 "Novo" introduzido posteriormente.

chweig fez com que o túmulo do Leão fosse aberto e remodelado. Estive lá uma vez, quando o prof. Fischer exumou a ossada do duque Heinrich.[19] O osso do quadril torcido atestou a identidade. Dava para ver um grande cacho de cabelo castanho. Em seguida, a catedral foi libertada das camadas de pintura que se sobrepunham, terríveis, do século 19. Ficou clara e brilhante. Então, foi nomeada Catedral da Cidade e fui o primeiro a falar ali, a fim de colocar espiritualmente o honrado salão do duque sob responsabilidade do nacional-socialismo. A cerimônia (durante a Conferência do Conselho Alemão de Municípios [*Deutscher Gemeindetag*],[20] por ocasião da conferência de minha Secretaria para a Promoção da Literatura Alemã) foi bastante digna. Peças para órgão de Bach. Falei sobre as forças da história e a ligação entre centralização política e descentralização cultural. Essa cerimônia não é uma "substituição", mas foi pelo menos tão respeitável quanto as antigas cerimônias de igreja para ideologias anteriores. Apenas não tão lacrimosa.

Há alguns dias, Greiser me pediu para visitar a catedral de Gnesen em abril e decidir se ela seria digna para igualmente se tornar um símbolo no Leste, sem ligação com quaisquer denominações.[21] Ao mesmo tempo, soube que Viena está reunindo todos os documentos de apoio à manutenção da catedral de santo Estêvão. É uma falta de senso manter um edifício e entregá-lo a uma denominação que, por princípio, se coloca de maneira hostil em relação à ideia salvadora da nação alemã.

No geral, temos de ser cuidadosos com esse tipo de apropriações de catedrais. O objetivo continua sendo: salões próprios para festas e cerimônias. Catedrais são exceção, onde elas realmente podem ser usadas de modo simbólico.

Uma semana mais tarde, falei novamente em Braunschweig. Para as líderes da Liga de Moças Alemãs. Pela primeira vez sobre temas éticos-religiosos. As moças tinham me pedido para discorrer

---

19 Heinrich VII (1129-95); duque da Saxônia e Baviera.

20 Conselho Alemão de Municípios; depois de 1933: associação unificada dos municípios e associações de municípios alemães.

21 Gnesen (Gniezno); cidade polonesa; sob ocupação alemã, parte do Warthegau.

sobre honra e noções de honra nos diversos povos. Creio que todas estavam tão emocionadas quanto eu, sem que surgisse uma atmosfera sentimental. No final, concluí: a teoria nacional-socialista de valores pode dar origem a uma reforma religiosa caso se compreenda que a religião no <u>nosso</u> sentido não é autoanulação, mas autoafirmação. Até então, procurava-se por uma "substituição" no mesmo nível das Igrejas e "sentia-se falta do positivo". Ele <u>está</u> presente, só que mesmo aqueles que saíram da Igreja não o percebem. A autoafirmação da alma <u>é</u> uma nova religião, ligada diretamente à conduta germânica frente ao destino. Se considerarmos que a essência de nosso eu está carregada pelo pecado original, então é preciso nos mantermos cristãos; caso <u>contrário</u>, estamos no caminho para fora do cristianismo. A liga cristã-germânica começa a derreter sob o bafo quente de um novo estilo de vida e se decompor em suas partes.

O discurso não foi transcrito; se algum dia terei novamente ânimo para falar sobre essas coisas, não[22] sei.

*

Em 1º de dezembro [1940] estava de volta a Berlim. O eco das afirmações parisienses ainda era forte; o <u>partido</u> estava especialmente satisfeito; afinal, por meu intermédio ele ficou num primeiro plano histórico. Mas fiquei um pouco espantado ao receber, de repente, uma carta do ministro das Finanças Funk. F.[unk] tinha quebrado o braço e estava engessado em Hohen-Lychen. Ele escreveu dizendo que considerava meu discurso em Paris um documento da história mundial. F., no começo do ano, repudiou pela primeira vez oficialmente o padrão-ouro. Ouvi dizer que, 14 dias antes, ele ainda resistia a fazer isso.

Em seguida, fui para Königsbrück, perto de Dresden.[23] 400 comandantes para as novas divisões são formados lá. Vieram de Bordeaux, Noruega, Polônia. Essa formação é liderada pelo líder da "divisão felizarda", Weissenberg, o conquistador do forte 505 e de Verdun.[24] Creio ter dado aos oficiais uma mostra da essência

---

22 "Não" inserido posteriormente; a palavra original está ilegível.
23 Königsbrück, local de treinamento de tropas na Saxônia.
24 Divisão "Weissenberg": refere-se à 71ª divisão de infantaria sob o comando do tenente-general Karl Weisenberger (1890-1952).

desta guerra. W.[eissenberger] falou de maneira muito camarada e nacional-socialista; em sua opinião, aquilo que foi ouvido repercutirá por meses nos espectadores. Mais tarde, ficamos mais um bom tempo juntos.

Antes do Natal, houve ainda uma conferência para os *Gauleiter*. Relato sobre as novas leis religiosas nos distritos administrativos Ostmark e de Wartheland, definição das tarefas do dr. Ley. À noite, o Führer explicou a situação da guerra. Confiante como sempre.

Nesse meio-tempo: muitas conversas sobre os Institutos das Escolas Superiores; sobre sua constituição, que levanta uma porção de problemas.

Esquivei-me do meu aniversário e proibi a imprensa de fazer qualquer menção. Passei três dias em total tranquilidade na minha pequena propriedade junto ao Mondsee, que comprei em 1/1/[19]41. Os músculos dorsais me impedem de praticar atividades físicas; posso apenas nadar. Dessa maneira, procurei durante 2 anos um terreno perto de alguma porção d'água. Por acaso, encontrei algo assim em Mondsee. Um magnífico pedaço de terra em meio ao paraíso de Salzkammergut. E mais gado, um grande pomar, um pouco de floresta e o mais bonito: 750 metros de margens aos meus pés.

Os companheiros de partido foram comoventes ao me cumprimentar. Líderes de grupos locais, líderes de camponeses, prefeito etc. Estou muito feliz de possuir esse pedaço sossegado de terra e espero no futuro lá conseguir escrever a obra que planejo sobre o <u>poder da forma</u> na história e sobre as tarefas do nacional-socialismo em relação à <u>forma</u>. Ela é o problema de nosso desenvolvimento futuro. As organizações de massa, trustes estatais etc. constituem um perigo para o futuro quando não são regulamentados.

Em 16/1/[1941] discursei em Münster para a festa de 10 anos do Gau West.[alen] Nord, em Münster. Gosto muito de falar lá, o *Gauleiter* dr. Meyer é um dos melhores representantes de nosso movimento, realmente um homem de postura e superioridade. Os dias foram cheios de camaradagem. – Em 21/1 estava de volta a Linz. Visitei a casa e o túmulo dos pais do Führer. À noite, discursei no Grande Salão.

Em Berlim, soube que o Führer concordou com meu plano de inaugurar o Instituto de Pesquisa da Questão Judaica e convidar estrangeiros adequados.[25] O instituto já tem hoje a maior biblioteca do mundo: 350 mil volumes. Tudo da França, Bélgica etc. Deverão chegar mais 200 mil da Holanda. Mais tarde, quem um dia quiser pesquisar a questão judaica terá de vir a Frankfurt.

Da Noruega, queixas de Quisling sobre o comportamento de Terboven. Não é de se espantar: T.[erboven] quer "provar" que Q.[uisling] é "incapaz" e por isso o desdenha. O plano de uma sociedade cultural norueguesa-alemã com um adversário de Quisling só pode ter o objetivo de desautorizar Quisling. E coisas afins.

Na Finlândia, farei com que a exposição de livros seja inaugurada em abril – se nada acontecer nesse meio-tempo.

A tentativa do AA na Dinamarca de consertar seu descalabro na Noruega não foi prejudicada de maneira alguma por mim. Entretanto, o telegrama de Renthe-Fink a Clausen foi muito pouco cuidadoso; o conselho de sair às ruas, prematuro; a insistência com Rosting, sem tato.[26] A soma de todas essas coisas, entre outras, resulta no próprio Cl.[ausen] dizendo que está perto do fim.

Draeger veio a pouco de Copenhague e fez um relato muito semelhante.

28/3/41

Ontem em Frankfurt, no meio da sessão de fundação do Instituto de Pesquisa da Questão Judaica, o Führer me chamou de volta para Berlim. Schaub foi muito enigmático ao telefone: eu deveria desmarcar tudo, o avião seria enviado imediatamente, mais ele não

---

25 Veja documento 5 neste volume.
26 Renthe-Fink, Cécil Karl-August Timon von (1885-1964); diplomata; 1938: ingresso no NSDAP; 1936: enviado alemão em Copenhague; 1940-42: plenipotenciário do Reich na Dinamarca.
Clausen, Frits (1893-1947); político dinamarquês; 1933-44: líder do partido dos nacional-socialistas dinamarqueses; 1943-44: oficial da Waffen SS; 1945: acusado pelo IMT; falecido antes do início do processo.

podia dizer. Imaginei uma ligação com o *putsch* de Belgrado, mas aventei também a Rússia, visto que lá as coisas também "estão no ar". À noite, quando cheguei à Chancelaria do Reich, encontrei Keitel. O Führer falou para mim: antigamente o senhor tinha uma porção de contatos com o submundo; no caso da Croácia, eles ainda existem? – Respondi que por volta de 1933 diversos ativistas croatas tinham estado por aqui. Porém, no curso de nossa política externa oficial, eles não foram apoiados. Por essa razão, alguns se tornaram cuidadosos, outros viajaram para a América. Algumas ligações econômicas se mantiveram. Afirmei que podia dar nomes e outras coisas ao Führer até o meio-dia do dia 28. – Todos concordamos que os sérvios cometeram uma grande bobagem política. Eu disse que o problema dos 600 mil alemães agudizou-se novamente. O Führer: Sim, eles devem voltar para o Reich. – Depois, a conversa recaiu na redação das proclamações de liberdade para os croatas.

Hoje, no departamento, pedi que me trouxessem os arquivos sobre nosso relacionamento. Entre eles, havia relatos ainda de novembro de 1939 sobre as ofertas de Matschek de se juntar à nossa causa.[27] Recusei-me a falar disso. Outros líderes croatas negociaram com Malletke sobre questões econômicas, mas também levantaram problemas do tipo político. Depois do almoço de hoje promovido pelo Führer em homenagem a Matsuoka,[28] fiquei para trás e li as anotações para o Führer: disse que eu poderia retomar relações com Matschek. Mas isso deveria ocorrer por intermédio de pessoas que já fossem <u>conhecidas</u>. O Führer concordou. Ele anotou o nome de Malletke.

(Na antessala estava o cônsul-geral Neuhausen, de Belgrado, homem de confiança de Göring.[29] Ele não é bem-visto em nosso departamento...)

---

27 Macek, Vladko (1879-1964); político croata; desde 1928: presidente do partido croata dos camponeses; 1939-41: primeiro-ministro iugoslavo interino; prisão pelo regime Ustaša; depois de 1945: exílio nos EUA.

28 Matsuoka, Yosuke (1880-1946); político japonês; 1940-41: ministro do Exterior; signatário do acordo entre Berlim, Tóquio e Roma, bem como o pacto de não agressão com a União Soviética; 1945: prisão americana.

29 Neuhausen, Franz (1887-1966); 1933: ingresso no NSDAP; chefe do partido [*Landesgruppenleiter*] na Iugoslávia; 1936: encarregado especial para o Sudoeste da Europa; cônsul-geral em Belgrado.

Acabei perguntando diretamente ao Führer sobre a Rússia. Meus funcionários trabalham há tempos num mapa etnográfico, estão correndo contra o prazo de entrega...

Eu disse ao Führer que os postos administrativos já foram discutidos e que eu temia que alemães de dentro da Alemanha [*Binnendeutsche*] estariam ali frente a problemas que lhes são desconhecidos. Durante esses anos e até hoje, não deixei Sturpadiki [?]³⁰ com seu pessoal, alguns líderes cossacos etc. se afogarem, e mesmo se uma emigração não é motivo de milagres, conhecimentos locais e de línguas são sempre necessários. Falei que as coisas estão totalmente confusas principalmente no Leste. Já ouvi dizer que é preciso pensar numa economia "sem ideologia", acho que a questão ucraniana só pode ser resolvida com bordões claros: contra os moscovitas e os judeus. São bordões de 200 anos de idade, que agora podem ser concretizados. Os problemas das províncias bálticas são diferentes dos do Sul, mas a forma geral tem de ser clara: o Báltico é um protetorado; a Ucrânia, independente e aliada a nós. – O Führer disse que evidentemente ele não pode permitir ser enganado por Stálin. St.[álin] espera que o Ocidente se esvaia em sangue, para depois cair sobre ele. Não resta outra coisa senão destruir isso a tempo. Disse ainda que não vai decidir nada por agora sem antes ter me inserido decisivamente nisso.

Apontei a Romênia como um exemplo de política desastrada do AA. Fabricius deveria ter sido chamado de volta logo após a partida de Carol.³¹ Ele chamou os legionários de comprados pelos bolcheviques e mesmo se H.[oria] Sima fez uma bobagem ao recusar um convite (ele não lhe foi entregue da maneira mais elegante), seria possível ter evitado a catástrofe com habilidade.³² – O Führer consi-

---

30 Nome ilegível. Provavelmente Skoropadskyj, Pavlo (1873-1945); político ucraniano; 1918-19: chefe de Estado; após fuga ao exílio na Alemanha, cooperação com o regime nazista, entre outros para a libertação de membros da OUN [Organização dos Nacionalistas Ucranianos].

31 Provavelmente Fabrizius, Wilhelm (1882-1964); diplomata; 1936: embaixador em Bucareste bem como cônsul-geral na Romênia; 1937: ingresso no NSDAP; desde 1941: chefe de seção no AA para o Sudoeste europeu.

32 Sima, Horia (1906-93); político romeno; desde 1938: líder da "Guarda de Ferro"; 1940-41: vice-premiê e coiniciador de desmandos antissemitas; desde 1941: exílio na

derava que Sima tinha parte na culpa, mas depois falou com muito respeito sobre Antonescu.

Visto que Malletke está casualmente por aqui, vindo de Amsterdã, discuti toda a questão croata com ele. Ele se dispõe a viagens eventuais. – Temo apenas que Neuhausen, que assiste à "sua" política se quebrar, resolva prestar atenção nos croatas também. Esse homem me parece totalmente incapaz para lidar com questões mais delicadas.

+

Considero um sucesso a conferência em Frankfurt a. M. É a primeira vez na história europeia que 10^{33} nações europeias estiveram representadas num congresso antijudaico com o claro propósito de eliminar essa raça de toda a Europa.[34] E agora, há também <u>poder</u> por trás dessa compreensão de uma necessidade histórica. As coisas que minha força-tarefa confiscou em Paris são, sem sombra de dúvida, únicas: a biblioteca da Alliance Isr.[aélite] Universelle, da academia de rabinos, arquivo do Bank Rothschild (1816-1935) em 760 caixas, bibliotecas de inúmeros judeus de Paris, Bruxelas, Amsterdã etc. Vou

---

Alemanha com estreita ligação ao regime nazista; desde final de 1944: exílio; condenado à morte *in absentia* na Romênia.

33 Corrigido, antes "6" ou "8".

34 Sobre a conferência de Frankfurt, veja documentos 5 e 6 neste volume. A programação da cerimônia de início – entre outros, com discursos de Wilhelm Grau, chefe do Instituto, sobre "As tentativas históricas de solução da questão judaica", de Giselher Wirsing, jornalista e SS-líder da unidade de assalto da SS ("A questão judaica no Oriente Próximo"), bem como dos professores Peter-Heinz Seraphim ("Os problemas populacionais de política econômica de uma solução geral europeia da questão judaica") e Walter Gross ("As premissas político-raciais de uma solução geral europeia da questão judaica" – está reproduzida em Poliakov e Wulf, *Das Dritte Reich und seine Denker*, pp. 140 e segs. Dos visitantes estrangeiros, discursaram, entre outros, Quisling (Noruega), Cuza (Romênia) e Mussert (Holanda); sobre os preparativos e lista de convidados, veja USHMMA 1998.A.0104 (CDJC CXLII L3), reel 2. Ao lado das palestras abertas, estavam previstas discussões fechadas que deveriam levar a "um fortalecimento da vontade antijudaica" e "um esclarecimento sobre os meios e caminhos para a solução da questão judaica" (ibid., observações sobre a programação 12/1/1941). Para a cerimônia de abertura, foram chamadas várias centenas de convidados de honra do partido, Estado, SS, Wehrmacht e da ciência. De início, Himmler havia confirmado com Rosenberg falar para um "círculo íntimo", por ocasião da abertura em 26/3. Sua palestra não deveria "constar da programação nem ser citada nos encontros com a imprensa" (ibid., s/d. Observações sobre a programação com anotações à margem de Rosenberg), mas por motivos desconhecidos Himmler não foi à conferência. (Witte et al., *Dienstkalender*, pp. 119, 139).

anexar ao meu diário um relatório final.³⁵ Além disso, as obras de arte judaicas, que há pouco chegaram em Neuschwanstein.³⁶ O valor é estimado em 1 bilhão. Em breve vou apresentá-las ao Führer para a distribuição entre os museus.

Hoje, às 18 horas, proferi pela rádio minha fala de encerramento destinada à Conferência de Frankfurt.³⁷ Os participantes em F. ouviram-na reunidos em grupo.

31/3/41

Nesse meio-tempo, em Agram, o velho cônsul retomou contato com os croatas.³⁸ Perguntei ao Führer³⁹ hoje na hora do almoço o que ele queria fazer em relação à viagem de Malletke e mostrei-lhe os convites originais que vieram por parte de Matschek de 1939 e 1940. O Führer decidiu que M.[alletke] deve ser trazido de volta de Amsterdã: disse que é bom enviar aos croatas alguém que lhes fosse conhecido de antes. Reforcei, M. tem de conseguir ser concreto. Por exemplo, prometer um <u>Estado</u> croata independente. – Os representantes do AA não chegaram tão longe. – O Führer concordou que isso pode ser discutido concretamente. – Depois, ele me mostrou inúmeras fotos dos canhões gigantes e seus bunkers de proteção no canal.

Malletke foi chamado imediatamente por telefone para Berlim. Dessa maneira, entrei de repente numa operação preliminar da política externa, como há um ano no caso da Noruega, por iniciativa própria. O Führer não se esqueceu que pude lhe informar o nome do assassino do rei Alexander e por isso ele supôs que tenho

---

35 Falta.
36 Castelo construído na Baviera pelo rei Ludwig II; local de reunião de obras de arte roubadas pelo ERR.
37 Sobre os dois discursos de Rosenberg na conferência de Frankfurt, veja o documento 6 neste volume.
38 Agram é o antigo nome de Zagreb.
39 "Ao Führer" introduzido posteriormente.

conhecimentos mais profundos sobre questões dos Bálcãs.⁴⁰ "Parece que todo ano tem sua Noruega", ele disse.

+

Kautter esteve aqui hoje vindo de Amsterdã e trouxe um relatório sobre a grande história social da biblioteca, que realmente contém extraordinário material original.⁴¹

Chegou o dr. Taer, de Helsinki: relato sobre preparativos de nossa exposição de livros.⁴²

Scholz suspeita de meu funcionário dr. Rittich, que deve preparar uma exibição de esculturas alemãs em Belgrado.⁴³

Conversei com Sch.[lotterer] sobre problemas do Leste. Schlotterer foi escolhido para a chefia econômica, sobre fatos políticos ele mesmo diz que está completamente mal informado.⁴⁴

1/4/41

Malletke chegou hoje de Amsterdã, recebeu passaporte ministerial e seguiu imediatamente para Agram. Conversou na hora do almoço com Ribbentrop. Este não lhe conseguiu dizer nada muito preciso, apenas que M.[alletke] não deveria "prendê-lo" com Matschek. M., que conhece as coisas muito bem, ficou espantado com a ignorância de R.[ibbentrop] sobre todo o contexto sociopolítico.

---

40 Rei Alexander da Iugoslávia (1888-1934) foi vítima de um atentado em Marselha em 1934.

41 Kautter, Eberhard (1890-desc.); oficial; 1924: testemunha no "Processo de Hitler"; nomeado por Rosenberg como chefe do "Instituto Internacional de História Social" em Amsterdã; autor de inúmeras publicações nacional-socialistas.

42 Thaer, Günther (1897-aprox. 1952); escritor; boas relações na Finlândia e esforçado por sua aproximação com a Alemanha nacional-socialista; publicações sobre a Noruega e a Finlândia.

43 Rittich, Werner (1906-78); 1933: ingresso na SA; desde 1938: redator-chefe interino do periódico de Rosenberg *Die Kunst im Dritten Reich* [A arte no Terceiro Reich] (1939); 1939: chefe do departamento de artes plásticas no BFÜ; após 1945: redator no *Hamburger Abendblatt*, entre outros.

44 Schlotterer, Gustav (1906-89); 1927: ingresso no NSDAP; 1933-35: presidente da Autoridade Econômica de Hamburgo; 1935-45: chefe de seção no RWM; desde 1941: chefe do departamento Leste do RWM e da divisão de economia RMfbO.

– Eu lhe disse para trazer 2 encarregados de Matschek para Berlim. Se isso der certo, a questão croata certamente se tornará perfeita, visto que ela já está mais ou menos clara agora. Falei que ele não deve usar o nome do Führer diretamente. É para ele transmitir as minhas saudações a Matschek e realçar o "pedido superior". – O pessoal do AA está visivelmente abalado por ver a verdadeira iniciativa novamente aqui no meu departamento. Mas eles esperam que, caso consigamos arrumar a questão, a condução lhes seja passada oficialmente de novo.

O *Gauleiter* Uiberreither, da Estíria, esteve hoje com o Führer na hora do almoço e fez um relato a respeito dos refugiados que vêm pela fronteira da Eslovênia.[45]

1/4/[1941] Terça-feira[46]

Visto que havia incertezas sobre o passaporte de Malletke, liguei para Hewel e disse que M.[alletke] devia receber um passaporte diplomático e não um de *courier*. Logo em seguida, Hewel me ligou: M. está recebendo o que desejou: passaporte ministerial e identificação como *courier*. (O passaporte ministerial não garante a extraterritorialidade.)

A mesma função clara que M. recebeu depois de minha interpelação junto ao Führer, em 31/3, foi passada pelo AA no mesmo dia a um representante do AA. Este acabou adiantando-se em relação a M.

Em 3/4, o telegrama de Malletke foi enviado para mim em Berlim e ao mesmo tempo para Ribbentrop. O cônsul-geral Freundt disse que esse telegrama chegaria no mais tardar às 11 da noite em Berlim.[47]

---

45 Uiberreither, Siegfried (1908-80); 1931: ingresso na SA; 1938: ingresso na SS após a "anexação" da Áustria; 1938-45: *Gauleiter*, governador da Estíria; desde 1941: chefe da administração civil da Baixa Estíria iugoslava anexada.

46 Este registro (até inclusive "nos dias 4 ou 5") trata-se claramente de uma anotação de Rosenberg que resume os acontecimentos de vários dias sobre as negociações em Zagreb e da neutralização de seus esforços pelo AA.

47 Freundt, Alfred (1884-1964); diplomata; 1937: ingresso no NSDAP; 1938: cônsul-geral; 1942-45: atividades temporárias no AA.

Eu não recebi esse telegrama.

Em 4/4 e 5/4, na hora do almoço, fui saber de detalhes com Hewel na Chancelaria do Reich. Em 5/4, Hewel tira do bolso uma cópia em carbono amassada, que traz um telegrama da Iugoslávia sobre a reunião Malletke-Macek.[48] No final, está dito que serei informado por ele.[49] Exijo de Hewel uma cópia, que recebo no dia 6 (após o início da guerra)! Se eu não tivesse perguntado casualmente a Hewel na Chancelaria do Reich, o AA não teria me dito absolutamente nada.

Malletke disse que ainda aguardava por orientações. Essa formulação não aparece no telegrama. Não pude fazer nenhum relato ao Führer, visto que o AA, detentor da única transmissão de notícias, havia passado por cima de mim.

No dia 5/4 pela manhã, recebemos uma ligação misteriosa de Viena. Soubemos que Macek havia recusado as sugestões de Malletke, mas que esse estava a caminho de Belgrado, "confiante". Transmiti isso a Hewel quando ele me passou o telegrama para ler. Então, eu é que estava convicto de que Malletke não se encontrava mais em Agram. Assim, passei a perguntar diariamente para Hewel se havia notícias. Depois de vários dias, Hewel respondeu que tinha chegado uma mensagem de que tudo estava bem na delegação de Belgrado;[50] o nome de Malletke não foi citado explicitamente, mas era possível supor que ele[51] também se encontrasse entre os outros.

Entretanto, o AA sabia que Malletke não havia deixado Agram, pois sua presença foi informada oficialmente de Agram ao AA.

Ou seja, não recebi nem o telegrama endereçado a mim, nem fui informado da localização de Malletke. Assim me foi impossível obter orientação com o Führer nos dias 4 ou 5.

---

48 "Malletke" introduzido à mão.
49 A princípio, em vez de "por ele", "por seu conteúdo".
50 "Na delegação de Belgrado" escrito posteriormente à mão.
51 "Se" escrito posteriormente à mão.

2/4/41

Últimas notícias do AA da Iugoslávia. Matschek, vacilante, queria – a fim de evitar o pior – se dirigir ao governo de Belgrado, sob determinadas condições. Belgrado recusou, por essa razão existe um vácuo agora. – Acabei de avisar o Führer de que Malletke talvez possa falar com os croatas hoje à noite em Agram. – Em seguida, passei-lhe as chamadas que produzimos para os croatas: com estatísticas econômicas, político-históricas e sinteticamente propagandísticas. O Führer as leu com atenção.

A fim de conseguir falar com toda a calma sobre a questão russa, ele me convidou para o jantar, de modo que teremos toda a noite para tratar de um problema cuja resolução entrou hoje no campo da política diretamente militar.

2/4/41 noite[52]

"Rosenberg, a sua grande hora chegou!" Com essas palavras o Führer encerrou hoje uma conversa de duas horas comigo. Ele me chamou ao jardim de inverno após o jantar. Comecei informando que três escritórios do Reich já tinham procurado meus funcionários pedindo apoio para seu trabalho no Leste, para a conhecida eventualidade (na esfera econômica). Perguntados se as suas reflexões englobavam as tão distintas relações nacionais e históricas, se seu trabalho era definido por um objetivo político,[53] eles negaram. Isso me fez pedir ao Führer poder apontar para fatores decisivos. Expus a situação racial e histórica nas províncias orientais, a Ucrânia em sua luta

---

52 Canto superior direito marcado (a lápis) com "Ru!", provavelmente de Kempner; reproduzido parcialmente em: Robert M. W. Kempner, *Eichmann und Komplizen*, Zurique e outras, 1961, p. 97; idem, *SS im Kreuzverhör. Die Elite, die Europa in Scherben schlug*, Nördlingen, 1987, p. 226; idem, "'Rosenberg, jetzt ist Ihre grosse Stunde gekommen.' Aufzeichnungen über Eroberungspläne Hitlers" ['Rosenberg, a sua grande hora chegou'. Anotações sobre os planos de conquista de Hitler], *Frankfurter Rundschau* de 22/6/1971.

53 "Por" e as duas últimas letras de "um" [or. "einem"] inseridos posteriormente.

contra Moscou, as necessárias relações econômicas com o Cáucaso etc. – Em seguida, o Führer expôs em detalhes o previsto desenvolvimento no Leste, o que hoje não quero registrar por escrito. Mas nunca me esquecerei disso. Por fim, ele disse: ["]Quero organizar um escritório por aqui para toda essa questão russa e o senhor vai assumi-lo. Desenvolva diretrizes em todas as direções, o dinheiro que precisar está à sua disposição.["] – Entreguei ao Führer o memorando concluído hoje[54] – em parte após consulta de A.[rno] Sch.[ickedanz] – que em parte já[55] continha aquilo que o Führer expôs hoje. O Führer guardou o memorando para lê-lo à noite. – Acrescentei que lhe enviarei um esboço mais uma lista de pessoas.

Em seguida, assistimos ao noticiário semanal mais recente e voltamos mais uma vez ao jardim de inverno. O Führer me perguntou sobre a psique dos soldados e das pessoas da Rússia sob pesada carga, sobre a porcentagem atual dos judeus na União Soviética, entre outros. Desenvolvi meus pensamentos e conhecimentos a respeito dos novos desdobramentos. O Führer encerrou, satisfeito: ["] Então ótimo, vamos montar um escritório central, um comissariado-geral ou algo assim, o nome decidimos depois. A princípio, estritamente confidencial como uma pesquisa científica e teórica... Rosenberg, a sua grande hora chegou".

Agradeci[,] disse que empenharia todas as forças.

Não preciso expressar mais detalhadamente os meus sentimentos. 20 anos de trabalho antibolchevista conhecerão então seus efeitos políticos, até históricos mundiais. Milhões... e seus destinos estarão assim em minhas mãos. A Alemanha pode ser livrada por séculos de uma pressão que a sobrecarregava repetidamente, de diversas formas. Não importa se milhões de outros algum dia maldisserem a concretização desse imperativo, basta uma futura grande Alemanha bendizer esses atos do futuro próximo!

---

54 O "memorando" (de Arno Schickedanz) "Betr. UdSSR" [Ref. URSS] de 2/4/1941 referia-se à completa destruição da "administração judaico-bolchevista" e o reassentamento de partes indesejadas da população (vejas as explicações na introdução deste volume); o memorando está reproduzido em *Nürnberger Prozess*, vol. 26, pp. 547-54 (1017-PS).
55 "Em parte já" introduzido posteriormente.

6/4/41

Em 3/4 falei para 12 mil pessoas em Posen, principalmente para os alemães étnicos emigrados de volta. Tive de mostrar compreensão e postura firme para ambos os lados. Aquilo que, p. ex., vemos tantas vezes de incompreensão e obstáculos frente aos bálticos, cujo destino conheço bem, não é um capítulo glorioso para o comissariado do Reich (escrevi algumas coisas de maneira honesta e aberta para Himmler).[56] Alguns bálticos, por sua vez, não conseguiram entender que um novo distrito administrativo [*Gau*] em meio ao conjunto de tradições, costumes e artes populares [*Volkstum*] <u>poloneses</u> não pode satisfazer todas as necessidades. – Após a reunião, <u>ambos</u> os lados estavam satisfeitos, o que me deixou intimamente muito feliz. Uma noite de camaradagem com partido e Estado, assim como 70 bálticos, contribuíram mais um tanto para o entendimento.

No dia seguinte, ditei o memorando N2 sobre a Rússia[57] e justifiquei os diferentes objetivos para um eventual embate futuro. As questões pessoais serão difíceis tendo em vista o comprometimento geral dos melhores homens.

No domingo, o capitão do recém-retornado *Admiral Scheer* esteve com o Führer.[58] 5 1/2 meses de viagem no oceano Índico, todo o Atlântico passando por Buenos Aires e Islândia e de volta para casa. 150 mil toneladas submersas. O cap.[itão] relatou sua odisseia de maneira descontraída e animada; por trás, porém, havia a seriedade da operação.

Hoje aconteceu então o inevitável contragolpe devido à provocação sérvia.

---

56 Trata-se aqui da agência do RKF, chefiada por Himmler, responsável pelo acompanhamento de reassentados "alemães étnicos".

57 Veja "Memorando nº 2", 7/4/1941, 46 S. (1018-PS); "Anexo ao memorando 2", 7/4/1941; reproduzido em *Nürnberger Prozess*, vol. 26, pp. 555-60 (1019-PS).

58 Krancke, Theodore (1893-1973); 1939-41: capitão do cruzador *Admiral Scheer*; 1942-43: representante do Alto-Comando da Marinha no quartel-general do Führer; desde 1943: almirante e comandante supremo da Marinha na França, posteriormente na Noruega.

A missão de Malletke: em 3.[4.1941] ele conversou com Matschek, que fracassou completamente. De repente, medo diante da sempre exigida independência croata, entretanto reconhecimento de que Belgrado deveria oferecer uma compensação à A.[lemanha]; disse que ele mesmo quer negociar em Berlim, enquanto uma divisão da Eslovênia é indiscutível... Sua nota à imprensa começou com as palavras: "Sou <u>cristão</u>". Em seguida, citações bíblicas.

No sábado, telefonema de Malletke de Viena: negociações com Matschek sem resultado; cheio de confiança rumo à capital (Belgrado). Podemos interpretar essa última frase como se outros líderes croatas não quisessem concordar com a postura de Matschek. – Assim, as coisas começaram. Explicação sobre as eventuais esperanças de Malletke devem ser recebidas em breve.

9/4/41[59]

Ultimamente almocei todos os dias com o Führer. No dia 7 chegaram os primeiros informes do front sudoeste: batalhas encarniçadas. O Führer diz que lamenta ter de lutar contra os gregos, pois <u>ainda</u> persiste nele uma lembrança do antigo helenismo. Nunca uma bomba sobre Atenas! Em relação à avaliação da grandiosa exposição agostiniana em Roma, o Führer falou com admiração dessa Roma antiga. À exceção de poucas coisas relacionadas com aço e ferro, não fomos muito mais adiante, ele disse. Do ponto de vista higiênico, Roma estava muito à frente. Mesmo na decadência ainda era grandiosa e podemos entender que os jovens germanos ficaram fascinados ao vê-la. E, por fim, disse que toda época cria, de acordo com sua essência, seu deus. Ao observarmos a cabeça majestática de Zeus-Júpiter, e depois a de Cristo supliciado, conseguimos nos dar conta de toda a diferença. O quão livre e radiante parece ser a Antiguidade se comparada à Inquisição, com a calcinação de bruxas e

---

59 O trecho que vai de "Ultimamente, almocei" até "de grande cultura" com marcações (lápis); reproduzido (com ligeiras diferenças) em Kempner, *Der Kampf gegen die Kirche*, p. 36.

hereges. Apenas há 200 anos é que começamos a relaxar um pouco. É verdade que (segundo Schopenhauer?) a Antiguidade não conheceu dois males: o cristianismo e a sífilis. – Chamei atenção que alguns historiadores tidos como liberais, mas independentes, tinham enxergado algumas coisas corretamente: por exemplo Burckhardt, que em seu *Zeit Konstantin des Grossen* [A era de Constantino, o Grande] apresentou corajosamente o surgimento dos cristãos em Roma.[60]

O Führer se estendeu a respeito por mais um tempo e expressou suas esperanças por um novo tempo de liberdade de grande cultura.

Depois da refeição, entreguei-lhe meu memorando N2 sobre as questões orientais. Esse era bastante abrangente e continha também sugestões pessoais para eventualidades em si.

No dia 8, o Führer me disse que o havia lido – na questão do pessoal, ele disse que uma das pessoas escolhidas talvez não seja firme o suficiente. Ele ainda quer falar comigo quando estiver um pouco menos sobrecarregado, também com Lammers, a fim de discutir a redação da primeira forma de nomeação. – A ofensiva sobre os Bálcãs pressiona o Führer, naturalmente. – Hoje ele estava feliz. Afinal, os sucessos de nossas tropas são maravilhosos: em 3 dias até Saloniki![61] O general Rommel, na Líbia, também é objeto de admiração permanente.[62] Hoje o informe de que esse homem audaz prendeu 6 generais! Se os britânicos soubessem com que tropas minguadas R.[ommel] avançou!

O Führer acha que os ingleses fizeram a coisa mais idiota: levar tropas da África para os Bálcãs. Agora esses australianos (certamente em geral biltres com sede de aventura) terão de se haver uma vez com a Wehrmacht alemã.

O Führer disse que irá falar amanhã com Lammers. Aguardo para saber de que forma o trabalho pode começar.

---

60 Burckhardt, Jacob (1818-97); historiador suíço; 1858-93: professor na Universidade da Basileia; autor, entre outros, de *Die Zeit Constantins des Großen* (1853).

61 Saloniki, abreviação de Thessaloniki; cidade do norte da Grécia; 1941-44: sob ocupação alemã.

62 Rommel, Erwin (1891-1944); oficial; 1942: *Generalfeldmarschall*; 1941-43: comandante supremo do Afrikakorps; 1944: comandante supremo das tropas alemãs ao norte do Loire; no mesmo ano, suicídio forçado.

11/4/41

Ontem tive uma conversa detalhada com o Führer. Ele disse que chamou Lammers ao quartel-general, a fim de discutir o texto da tarefa. Está de acordo com meu memorando. Keitel já tomou conhecimento dele, mas ainda não o leu. Disse ainda que as coisas são assim: que pode dar instruções aos comissários na Holanda e na Noruega, mas agora, nos arranjos da Iugoslávia, por conta de conhecimentos anteriores, ele tem todas as possibilidades de fazer avaliações pessoais, mas o Leste é um <u>continente</u> inteiro. Visto que não conhece muitas das condições, sou eu quem deve entrar ali. Keitel acolherá isso com satisfação. Perguntado se o mesmo faz <u>ideia</u> da futura estrutura <u>política</u>, ele respondeu que não. Devo ir ao quartel-general também, Göring estará lá da mesma forma. Expliquei que algumas <u>coisas básicas</u> têm de ser esclarecidas principalmente também [com] Göring, que é o primeiro interessado na produção do Leste. Disse que considerava correto caso G.[öring] me declarasse general plenipotenciário para o Leste e seu homem para os procedimentos. As experiências no Governo-Geral têm de ser aproveitadas (também em relação à posição da polícia). Afirmei que seria melhor não começar entrando em atrito por 4 semanas, mas criar relações claras desde o começo. O Führer concordou. Chamei atenção para o fato de que a colheita na Ucrânia começa por volta de 20 de <u>junho</u>, o que é importante para eventuais operações. O Führer ficou um pouco perplexo e disse que os eventos nos Bálcãs adiaram o tratamento dos desafios do Leste. Eu: temos de estar lá <u>antes</u> ou <u>depois</u> da colheita. No <u>segundo</u> caso, os bolcheviques terão mais facilidade em queimá-la.

O Führer disse que esperava agora ter sorte nos próximos 5 dias. <u>Três</u> operações militares acabaram de entrar em ação, logo vai ocorrer a unificação de dois grupos em Belgrado. E depois: ele espera finalmente agarrar os ingleses antes de eles escapulirem de novo. Marchas aceleradas ao Olimpo (onde estão os ingleses). E que não foi fácil realocar em poucos dias uma marcha dessas, mas na guerra é assim. Os elogios todos a Schlieffen são incompreensíveis.[63] Que comandante

---

63 Schlieffen, Alfred, conde de (1833-1913); oficial prussiano-alemão; 1905: autor, como chefe do Estado-Maior, do "Plano Schlieffen".

é esse que desenvolve um plano de maneira doutrinária, tranca-o e entrega ao sucessor apenas a chave? Bastava acompanhar a maneira como Moltke trabalhara!⁶⁴ Ele ficava mudando e alterando o tempo todo. Uma vez porque os franceses tinham uma ferrovia nova que lhes permitia reunir suas tropas 3 dias antes das dos prussianos. Ele se adaptava às necessidades de cada momento. Era um gênio único; Schlieffen, um doutrinário. Seu plano, seguido teimosamente, não teria levado à vitória nem em 1914.

Em seguida, o Führer me convidou para o quartel-general; como estou indo a Mondsee, posso chegar lá rapidamente.

Confesso que dessa vez fui para casa mais emocionado do que antes. Quanto mais reflito sobre os detalhes e observo o novo atlas geográfico-militar de Niedermayer, mais percebo que tipo de espaço... que tipo de tarefa está diante de todos aqueles que lá terão de atuar.⁶⁵ Do ponto de vista prático, o Führer me responsabilizou, possivelmente, pelo destino de um espaço que, em suas palavras, é "um continente" com 180 milhões de pessoas, das quais 100 milhões possivelmente serão incluídas diretamente no raio de ação. Além disso: carência de pessoas adequadas – apesar de todas as fichas de arquivo! Cerca de 3 mil pensadores russos estão reunidos no meu departamento, mas quantos deles são realmente utilizáveis? Além disso: o Leste é basicamente diferente do Oeste com suas cidades, indústria e disciplina. A dimensão da devastação nunca estará suficientemente dimensionada para que se possa iniciar o trabalho com os pressupostos corretos.

---

64 Moltke, Helmuth Karl Bernhard von (1800-91); oficial prussiano; desde 1857: chefe do Estado-Maior e estrategista das guerras de 1864 (contra a Dinamarca), 1866 (contra a Áustria) e 1870-71 (contra a França).
65 Refere-se ao *Wehrgeographische Atlas der Union der Sozialistischen Sowjetrepubliken* [Atlas geográfico-militar da União das Repúblicas Socialistas Soviéticas]. Niedermayer, Oskar von (1885-1948); oficial; 1933: ingresso no NSDAP; 1937: professor de geografia militar em Berlim; desde 1939: membro do conselho do departamento de pesquisa "Questão judaica" no Instituto Nacional para a História da Nova Alemanha.
O trecho que vai de "Do ponto de vista prático" até "os pressupostos corretos" reproduzido em Kempner, *SS im Kreuzverhör*, p. 226.

500 mil exemplares de um folheto meu foram lançados sobre Agram. Ontem à noite, nossas tropas, ovacionadas, entraram na capital da Croácia.

Ainda não sabemos nada sobre Malletke, nosso encarregado de negócios em Belgrado e de outros membros da delegação.

É altamente lamentável o fato de Matschek ter fracassado de maneira tão deplorável; Ante Pawelitsch, até agora apoiado pelos italianos, está se mudando para Agram.[66] Ele também tem seus lados sombrios; por lealdade ao curso atual da política externa, priva de toda influência todos os opositores dos Estados envolvidos. – Dessa maneira, agora os turquistaneses e os líderes cossacos estão em Ancara ou Constantinopla. Ao menos é bom que durante anos não deixei o pessoal de Skoropazkis [Skoropadskyis] se afogar, também Poltawetz-Ostranitza.[67]

20/4/41

Dr. Lammers acaba de me ligar: o Führer acabou de assinar a 1º atribuição, "Tramitação central das questões da Europa do Leste". A princípio, apenas alguns ministros do Reich escolhidos por mim devem ficar a par (escolho Göring, Funk, Keitel). Lammers vai apresentar grande atribuição contingencial durante a semana. Ele disse acreditar que "estamos no caminho certo". Essa observação refere-se às conversas de ontem e anteontem em Bruck a.[n] d.[er] Mur, sede da Chancelaria do Reich no momento.

No dia 18, repassei lá com L.[ammers] o projeto para a primeira atribuição citada acima, a maneira de comunicar os ministros do Reich (aos quais eu queria falar de maneira confidencial, a fim de convencê-los de dentro para fora), a versão correspondente

---

66 Pavelic, Ante (1889-1959); 1929: fundador do movimento fascista croata Ustaša; 1941-45: ditador do Estado independente da Croácia (Nezavisna Država Hrvatska); colaboração com as forças de ocupação alemã e italiana; 1945: fuga ao exterior.
67 Poltawez-Ostrjanyzja, Iwan (1890-1957), político e líder cossaco ucraniano, fundador da organização UNAKOR ("cossacos ucranianos").

ao meu memorando N2, para quaisquer eventualidades, e uma disposição sobre os poderes de Göring e sua atribuição a mim como plenipotenciário geral para o Plano Quadrienal dos territórios recém-ocupados.

Os rascunhos aprontados por Lammers eram muito bons, objetivos e diretos. Entre outros, ele sugeriu para mim um ministério; eu nunca pensara nisso, pois minha incumbência deve se referir a um território <u>fora</u> do território alemão. Por essa razão, sugeri ministro do Reich + protetor geral [*Reichsminister* + *Generalprotektor*], o que L. aceitou sem mais. Promovi algumas alterações na terminologia, visto que ainda no geral se falava de território russo, mas de antemão considero errado esse termo.

Ao longo da conversa, L. referiu-se a uma conversa com Himmler: este queria ser <u>independente</u> no Leste e mencionara missões extraordinárias ordenadas pelo Führer. Eu: então não posso aceitar a incumbência. A divisão em violência militar e civil já traz consigo algumas dificuldades, uma divisão da violência civil em si é insuportável. É inaceitável que a polícia forme um governo paralelo. Suas ações podem chegar a impedir a concretização de objetivos políticos necessários. Mais ainda, roubam a liderança política da necessária instância executiva e a esvaziam. – L. sugeriu um encontro com Himmler; aceitei. Mas pedi que L. falasse antes com H.[immler], para que haja clareza sobre o desejo do Führer em transferir a mim a direção política <u>central</u>. L. falou na manhã do dia 19 com H. e eu já intuía o que estava por vir, visto que ele [Lammers] demorou para voltar. Ele chegou às 12h15: sem esperança. H. afirmou que Göring faria de tudo, que <u>ele</u> [H.] tinha a livre autoridade executiva, eu participaria em atividades de <u>assessoria</u>. Eu falei a L.: Não me ocupei por 20 anos de um problema para "assessorar" o senhor Himmler, que nunca refletiu sobre essa questão e que só sabe algo da Ucrânia etc. por intermédio dos <u>meus</u> trabalhos. Aquilo que seus jovens funcionários fizeram de barafundas por aqui não foi exatamente glorioso. L.: Disse que entendeu o F. da mesma maneira que eu. Também acha que conversão é em vão e que vai esclarecer o assunto com o Führer. Embora seja seu aniversário, em todo o caso vai levar os documentos que trabalhamos juntos. – Em seguida, voltei de imediato a Mondsee, internamente enfurecido com o novo modo de Himmler de pegar as coisas para si não para trabalhar o assunto, mas apenas para conquistar uma nova posição de poder. A bem da verdade, ele já tem tarefas grandes o suficiente, que valeriam o trabalho de toda uma vida. – O problema preocupa o partido faz tempo, tomara que se resolva de uma maneira diferente do que outros anteriores de constelações semelhantes.

1/5/41

Anteontem tive uma longa conversa com Keitel. Ele me apresentou os planos da Wehrmacht e eu lhe expliquei os diversos objetivos políticos no Leste.[68] Foram discutidos muitos assuntos individuais. K.[eitel] vai me enviar o general Thomas.[69] Ontem ele me ligou e perguntou se eu poderia receber T.[homas] juntamente com o secretário de Estado Körner na sexta.[70]

Ontem na hora do almoço consegui falar rapidamente com o Führer, ele disse que na sexta temos de reservar um tempo maior para discutir a questão do Leste com mais detalhes. Ele disse que Göring considera Backe mais adequado para a Ucrânia, visto que é um especialista em economia, mas isso ainda pode ser discutido.

Conversas longas com o *Gauleiter* dr. Meyer, ele tem de se enfronhar na matéria toda.

---

68 Sobre as diretrizes de propaganda de Rosenberg da fase de planejamento da Operação Barbarossa, veja documento 7 neste volume.

69 Thomas, Georg (1890-1946); oficial; 1940: general; 1939-42: chefe do departamento de economia de guerra e armamento do OKW; 1944: preso depois do atentado de 20 de julho. Sobre a assessoria de planejadores econômicos alemães nos preparativos da Operação Barbarossa, que visava à morte por inanição de "mil milhões de pessoas" nas regiões ocupadas da União Soviética, veja a Introdução deste volume.

70 Körner, Paul (1893-1957); 1926: ingresso no NSDAP; desde 1933: consultor pessoal de Göring, secretário de Estado no ministério prussiano; desde 1936: interino de Göring como BVP; 1942: *Obergruppenführer* da SS; 1949: condenado a quinze anos de prisão no processo de Wilhelmstrasse ["dos ministros"] em Nuremberg; 1951: liberado.

Na Chancelaria do Reich, Heydrich iniciou comigo a conversa sobre o Leste.[71] A SS parece aceitar agora a incumbência, embora H.[eydrich] tenha tentado interceder junto a mim por uma relação direta entre o comissário do Reich e altos líderes da SS e da polícia. Recusei: daí a liderança política seria feita por oficiais da polícia! Disse-lhe que ele deveria discutir com Himmler minha leal sugestão: H.[immler] que me indique um líder da SS como meu adido. No mais: clara subordinação da executiva da polícia em relação a mim ou aos comissários do Reich. H.[eydrich] queria saber muitos detalhes sobre meus planos, eu me restringi às indicações gerais.

Hoje o representante de Seyn-Inquart da Holanda vem me ver.[72] Por sugestão do dr. Meyer, pretendo instalá-lo no Departamento de Imprensa. Ele tem alguma experiência de uma região ocupada.

Acabo de escrever 5 panfletos: ao endereço do Exército Vermelho, ao povo russo, ucraniano, caucasiano e bálticos. Todos com as nuances correspondentes, como exigido pelas condições históricas e objetivos políticos.

6/5/41[73]

No dia 3 recebi Körner e o general Thomas, que me passaram, a partir de todos os mapas e planos, informações dos trabalhos realizados até o momento concernentes ao Plano Quadrienal + OKW. Foi um bom trabalho do staff de generais, baseado agora em grande experiência.

---

71 Heydrich, Reinhard (1904-42); 1931: ingresso no NSDAP e na SS; chefe do SD; desde 1934: chefe da Gestapo de Berlim; desde 1936: chefe da Sipo (Gestapo e Polícia Política); desde 1939: chefe do RSHA e das unidades móveis de extermínio na Polônia; 1941: na União Soviética; soube por Göring do planejamento da "solução final da questão judaica"; desde 1941: protetor interino para a Boêmia e a Morávia; morto em atentado de agente tcheco.

72 Seyß-Inquart, Arthur (1892-1946); 1938: ministro austríaco no gabinete de Schuschnigg, em seguida chanceler; ingresso no NSDAP; 1938-39: governador de Ostmark; 1940-45: comissário do Reich para a Holanda; 1941: *Obergruppenführer* da SS; 1946: enforcado após condenação à morte pelo Tribunal Militar Internacional.

73 Reproduzido parcialmente na introdução de Robert Kempner para Fritz Nova, *Alfred Rosenberg. Nazi Theorist of the Holocaust*, Nova York, 1986.

Dr. Meyer consultou Riecke, Schlotterer, Backe.[74] Hoje escrevi para Himmler, estou no aguardo de sua reação.

x

Em 3/2/5 era para eu ter passado uma informação breve ao Führer, mas essa consulta se transformou numa conversa mais prolongada. A princípio, ele aprovou ambos os projetos que Lammers desenvolveu comigo para o caso contingencial. É preciso somente discutir algumas terminologias. – Agradeci ao Führer pela missão e acrescentei: quanto mais reflito sobre os problemas, maiores eles se tornam para mim. É preciso criar e dar forma a três estruturas estatais de grandes proporções. E mais o problema russo. O Führer disse e as lágrimas encheram seus olhos: "Mas essa sua é uma grande tarefa positiva. Preciso assumir a responsabilidade pelo passo, Stálin aguarda apenas a entrada da América...". O Führer precisava ditar seu discurso para o Reichstag e me convidou a Berchtesgaden, onde eu poderia discutir melhor tudo com Göring e Keitel. Lá também ele terá a tranquilidade necessária para repassar comigo todas as questões do Leste.

O fato de diversos opositores se posicionarem contrários ao meu comissionamento é parte do que há de desprezível no ser humano. Mas o que vale aqui é defender a tarefa histórica e se manter determinado diante das exigências ameaçadoras.

O soldado de infantaria Urban, vindo da Prússia Oriental, esteve no Reichstag: queria saber de "mais informações" para levar a seus superiores. Grandes apostas lá no Leste!

No mais, o trabalho de meus outros departamentos também me absorve o tempo todo. Stellrecht organizou 12 grupos de trabalho nos distritos administrativos [*Gaue*] e relata o desejo por formação.[75] Serão discutidos problemas que dizem respeito à organização da vida e da estruturação de festividades culturais. O primeiro caderno do

---

74 Riecke, Hans-Joachim Ernst (1899-1987); 1925: ingresso no NSDAP; desde 1936: diretor no Ministério para Alimentação e Agronomia; 1941: chefe do departamento de alimentação no grupo de direção econômica do Oeste; desde 1941: secretário de Estado no Ministério de Alimentação.

75 Stellrecht, Helmut (1898-1987); 1931: ingresso no NSDAP; desde 1933: líder regional no escritório central da HJ; desde 1941: chefe de pessoal no ARo.

Weltkampf [Batalha mundial] chegou para revisão, li os 4 "melhores" originais de romance para o prêmio *VB* de romance.[76] Todos fracos ou bem ruins. A editora não vai conquistar nenhuma fama dessa maneira; meu nome não pode ser citado. Nikuradse relata sobre seu trabalho na Europa continental. Kautter envia suas provas tipográficas de *Partei u. Wehrmacht* [Partido e Wehrmacht]. Escrevo 5 panfletos para o Leste e dito instruções para possíveis comissários do Reich. Organizo uma recepção para o enviado finlandês por ocasião de minha exposição de livros em Helsinque; conversas sobre formatação da liga de docentes, sobre nova representação da Sociedade Nórdica em Berlim. Recepção do conselheiro Hagelin, que reclama de Terboven. Hoje conversa com o almirante Busse que está ampliando a "Associação do poder naval alemão" e está se subordinando, no que se refere à pesquisa, à *Hohe Schule* de Hamburgo.[77] – Recepção de Kube, a fim de prepará-lo para atuar no Leste.[78] Consulta com Lutze: deve me nomear logo como líder da SA, para o mesmo objetivo. Em seguida, Reichstag, no dia 5, o dia inteiro na Conferência dos *Reichsleiter* e *Gauleiter*.

E assim os dias passam.

Berchtesgaden, 14 de maio de 1941

O Führer me pediu para vir a Berchtesgaden a fim de discutir em detalhes a questão do Leste como um todo e a formulação da minha atribuição contingencial. Antes da partida, participei de diversas conversas com encarregados de Göring, que se encerraram todas de modo unânime no que diz respeito aos representantes especializados.

---

76 Em 28/8/1941, Dietrich, o porta-voz do Reich, transmitiu numa instrução o pedido de Rosenberg para que a revista trimestral antissemita *Weltkampf*, publicada pelo "Instituto de Pesquisa da Questão Judaica", fosse resenhada (BAK ZSg. 109/24, Bl. 124).

77 Buße, Wilhelm (1878-1965); 1934: presidente da corte do RAD; 1939: contra-almirante; 1941: chefe do "Deutschen Seegeltungswerkes"; desde 1941: MdR; 1943: *Obergeneralarbeitsführer*.

78 Kube, Wilhelm (1887-1943); 1927-28: ingresso no NSDAP; 1933-36: *Gauleiter* de Kurmark; 1941-43: comissário-geral para a Bielorrússia; morto em atentado de *partisans* soviéticos.

Apenas Körner, que não seguiu minha lógica, dobrou-se novamente sob pressão de Neumann.[79] Essas coisas, os novos delineamentos com Lammers, meu posicionamento a respeito foram anotados e arquivados.[80]

Nesses dias, estamos todos ocupados com o caso Hess, uma das peças mais fantasiosas que o NSDAP, ao qual não faltam coisas estranhas, tem a registrar. Visto que fui o último a falar com Hess, talvez algum dia seja de interesse histórico-psicológico registrar essa visita a ele.

Eu queria informar Hess de maneira confidencial sobre a atribuição passada pelo Führer nas questões do Leste e, além disso, discutir outras coisas da minha área de competência. Para tanto, foi combinada uma visita em sua casa no domingo, 10 de maio, às 18 horas. Na noite do dia 9, o ajudante de Hess liga para o dr. Koeppen: Hess tinha de sair no domingo pelo almoço com urgência, era para eu passar pela manhã. Visto que já estava tarde demais para o trem, Hess enviou seu avião para Berlim, com o qual cheguei a Munique por volta das 11 horas. Às 11h30 eu estava na residência particular de Hess, acompanhado do *Gauleiter* dr. Meyer, que deve ser meu representante fixo na realização da atribuição contingencial no Leste. Do jardim, Hess veio rapidamente em minha direção; estava com a aparência pálida e doente, o que não chamou muita atenção, pois esse era seu estado constante havia anos. Primeiro conversei com ele a sós, lhe disse que o Führer havia me encarregado, no caso de uma eventual agressão soviética, com o controle central das questões do Leste etc. Citei-lhe os nomes de eventuais comissários e pedi seu apoio para a nomeação futura de chefes de distritos como funcionários. – A candidatura de Kaufmann como representante de uma cidade tão

---

79 Neumann, Erich (1892-1951); 1933: ingresso no NSDAP; desde 1938: secretário do Estado no BVP; 1941: participou das reuniões sobre o saque da União Soviética e, em 1942, da Conferência de Wannsee; desde 1942: diretor-geral do Sindicato alemão do potássio [cartel econômico]; 1945: prisão; 1948: soltura.

80 Sobre as instruções redigidas nessa época por Rosenberg relacionadas à "colonização" e à "evacuação de elementos indesejados" para os comissários do Reich, veja a Introdução deste livro.

perigosa quanto Hamburgo foi rejeitada de ambos os lados,[81] Sauckel muito bem-vindo. Hess lamentou que os melhores tinham de partir, mas disse que para essa tarefa era preciso escolhê-los. – Quando quis colocar algumas outras perguntas, Hess me pediu para tratar apenas do mais importante; um pensamento estava ocupando-o de tal maneira que ele precisava se abster de discutir coisas menos essenciais. Isso foi afirmado de maneira muito apaixonada, mas eu não podia imaginar o que ele estava pensando em fazer.

Em seguida, o dr. Meyer se juntou a nós e Hess lhe perguntou se o *Gau* ficaria em ordem caso Meyer se mudasse para Berlim. Depois das explicações a respeito, Hess convidou-nos para o almoço, que comemos a três. A conversa chegou nos modos infelizes de Terboven na Noruega, em alguns detalhes da questão do Leste, na adubagem orgânico-dinâmica que Hess pratica há anos e que ele elogiou muito. Falei dos informes estrangeiros, que Hess tinha estado com Franco a mando do Führer, o que ele disse ser absolutamente incorreto. A conversa não foi muito animada, mas Hess estava muito concentrado e totalmente senhor de si.

Antes do almoço, quando ainda era preciso aguardar um pouco, ele permitiu que o filhinho saísse do quarto antes da soneca da hora do almoço, conversou com ele, deixou-o fazer umas piruetas. Esse interesse amplificado chamou minha atenção – mais tarde, pareceu compreensível: era como se ele quisesse se despedir de seu "Butz", que passará a ter de suportar, por toda sua vida, as consequências do ato do pai.

Logo após as 13 horas, me despedi – Hess nos desejou boa sorte para a realização de minha missão.

No domingo à noite ouvi pelo rádio o primeiro informe. Pareceu que tínhamos levado um soco na cabeça e tentamos nos explicar o que exatamente tinha acontecido. Imaginei que fosse algo ruim, tendo em vista as formulações escolhidas. Mas pensei que Hess

---

81 Kaufmann, Karl (1900-69); 1921: ingresso no NSDAP; 1923: participação no "*putsch* de Hitler"; desde 1929: *Gauleiter* de Hamburgo; 1936: *Gruppenführer* da SS; desde 1939: RVK; no final da guerra, participou da entrega de Hamburgo ao Exército britânico.

estivesse sofrendo de depressões profundas, que tivesse pouca coisa a fazer do ponto de vista prático, que a liderança do partido tivesse escapado de suas mãos, que não se sentisse à altura de seu cargo. Talvez ele tivesse escrito ao Führer, dizendo que já que não era mais necessário, já que não era mais ouvido em relação a coisas práticas, não suportava mais esse estado, também por causa de sua doença, e portanto voaria contra uma montanha nos Alpes. Ninguém tinha pensado naquilo que ouvimos depois, na segunda! Era tão fantástico, tão fora das possibilidades políticas, que ficamos sem palavras num primeiro momento.

Na lealdade de Hess não havia espaço para traição. A depressão por não realizar nada se manifestou de um lado totalmente inesperado. Na terça-feira, o Führer pediu para a carta de despedida de Hess ser lida em voz alta; ou seja, H.[ess] se preparara por 5 meses para sua "missão"! De modo tão minucioso como aqueles tomados por uma ideia fixa às vezes são capazes. Sua carta ao prof. Haushofer e a referência aos "sonhos" desse último, agora concretizados, mostram o quanto Hess já vivia num mundo irreal.[82] Sua inclinação por pêndulos, astrólogos, curandeiros etc. estava tão enraizada que se tornara definidora de suas ações. Durante anos tentei mantê-lo distante da astrologia, infelizmente em vão. O próprio Führer não faz ideia que tornou chefe de sua chancelaria o[83] principal defensor do embuste astrológico. Terei de dizer isso a ele, pois em vez de afastar Bouhler e seu representante Hederich, esses receberam novas tarefas no setor de livros – e imediatamente se posicionaram a favor da liberação de um livreco astrológico psicopático por nós confiscado.

O Führer ficou, em suas palavras, estupefato quando leu a carta de Hess. Sentiu-se enjoado na hora. Seu principal temor foi de que os ingleses, a princípio, não anunciaram nada sobre a aterrissagem de Hess, mas informaram os japoneses e os italianos de maneira

---

82 Haushofer, Karl (1869-1946); oficial e geógrafo; amizade antiga com Rudolf Hess; desde 1921: professor universitário em Munique com ênfase em temas geopolíticos; 1934-37: presidente da Academia Alemã; 1938-41: presidente da Associação de Alemães Étnicos no Exterior [*Volksbund für das Deutschtum im Ausland*]; 1944: preso temporariamente após o atentado de 20 de julho.

83 No original em alemão, correção da palavra correspondente a "os" para "o".

confidencial que o Führer teria enviado Hess para negociar uma paz em separado! Isso poderia ter destruído todo o Pacto Tripartite!

O partido foi unânime! Também esse choque será superado. Hess não se encontra como um negociador autônomo na Inglaterra, mas como prisioneiro de Churchill. No futuro, esse delírio irreal de Rudolf Hess dará a um dramaturgo material para uma fantástica tragicomédia histórica. Agora, após os mais diversos comunicados, temos apenas de esperar friamente como Churchill vai, por fim, posicionar Hess como peão em seu tabuleiro de xadrez. Pobre Rudolf Hess; eu não esperava que o homem doente fosse trilhar esse caminho, que do ponto de vista totalmente esportivo é um empreendimento audaz, em vez de se resignar silenciosamente. Um dia, ele quis arrecadar dinheiro para o partido fazendo um voo oceânico até a América! Agora ele quis ajudar a salvar a raça nórdica com um voo até o país de Winston Churchill.

Mas: o partido foi preservado da possibilidade de considerar como Führer um homem já seriamente doente. Todas as coisas ruins terão seu lado bom – se o NSDAP for forte o suficiente para se manter duro e inflexível.

1/junho 41.

As últimas semanas foram cheias de reuniões, que foram registradas de modo resumido como atas e que eu resumo em ditado.[84] Mas o que eu não consigo ditar são aqueles pensamentos e sentimentos que imperiosamente me estimularam em todas as horas durante o trabalho para a solução das questões orientais. Hoje não existe uma tarefa política maior do que libertar o povo alemão pelos próximos séculos da pressão incomensurável de 170 milhões! O czarismo conseguiu se espraiar sem obstáculos: na direção do mar Negro, Cáucaso, Turquistão, Manchúria...[85] Os prussianos

---

84 O trecho que vai de "Mas o que eu" a "170 milhões" e "Estou, como uma" até "Berlim e arredores" reproduzido em Kempner, *SS im Kreuzverhör*, p. 226.

85 Turquistão: região entre o deserto de Gobi e o mar Cáspio.

tiveram de ficar assistindo, a A.[lemanha] teve de considerar o czar subitamente inimigo caso ele de algum modo quisesse se tornar independente. A vitória na França em 1940: esse é o fato político decisivo para os próximos séculos. A amarga razão de Estado do Führer, que teve de se servir de um homem tão pequeno como Ribbentrop, poupou muito sangue, e está chegando a seu final, visto que a ideologia, linhas de força históricas se tornaram a verdadeira razão de Estado de 1941. Estou intimamente aliviado por não ter selado quaisquer tipos de compromissos. Disciplina, certamente – na política, mas não recolhi meus livros e não dissimulei minha opinião sobre as circunstâncias históricas nos lugares em que a discrição das pessoas permitia. Como uma pessoa absolutamente cheia de energia, encontro-me diante de uma tarefa de dimensões verdadeiramente históricas: criar três estruturas estatais de cerca de 90 milhões de pessoas a partir de um conceito e conduzir para o Leste outro Estado (Moscóvia[86]-Rússia) com todos os meios da política (mais 60 milhões); isso exige para o futuro uma ação muito rigorosa também no dia a dia, nervos de aço e – infelizmente – luta miúda com espíritos pequenos em Berlim e arredores.

E enquanto aqui acontece um grande trabalho prévio, o supostamente "isolado" continua seu caminho: folclore [*Volkskunde*], organização das férias, celebração da vida, questões educacionais etc. Não quero me esquecer disso, essa é a tarefa para ganhar a paz depois da guerra.

Pois o perigo de uma nova indústria e "tempo de fundação"[87] estarão à porta. Aqui é necessário preservar a consciência da personalidade.

Por essa razão, divulguei em todos os distritos administrativos minha fala em Frankfurt no dia 25.3.41 [correto: 28/3].

---

86 Referência ao Grão-principado Moscou; o comissariado de Moscóvia deveria formar, juntamente com Ostland, o Cáucaso e a Ucrânia, a estrutura administrativa do RMfdbO, mas nunca foi consolidado por causa do desenrolar da guerra.
87 *Grunderzeit*: era de rápida expansão industrial na Alemanha após sua unificação, em 1871.

6 de junho de 1941
20/6/41[88]

Caso Barbarossa
Confidencial. Em situação contingencial

Conduta e diretrizes:
1. Baseadas em conhecimentos históricos
2. Situação política do presente
3. Necessidade de asseguramento do futuro alemão

A partir da avaliação do passado e do desejo de futuro, a ação do presente

---

[88] Rascunho manuscrito do discurso de Rosenberg com anotações multicoloridas em USHMMA RG-71 box 143 (18 pp.); reproduzido aqui parcialmente devido à estreita ligação com os registros do diário. A íntegra do "Discurso do *Reichsleiter* Rosenberg para os participantes mais enfronhados no problema oriental em 20 de junho de 1941" está reproduzida em *Nürnberger Prozess,* vol. 26, pp. 610-27 (1058-PS). Lá explicita-se o objetivo de "se assegurar uma conduta interna comum e incentivá-la", para que "também as ações extraordinárias tenham, no futuro, um determinado estilo e um caráter unificado em todos os campos". Da guerra que se aproxima, diz Rosenberg: "Mas hoje não conduzimos uma 'cruzada' contra o bolchevismo apenas para salvar os 'pobres russos' desse bolchevismo por todos os tempos, mas para fazer política mundial alemã e assegurar o Reich alemão". Sobre "Ostland" (no rascunho "Báltico") está dito; "[...] provavelmente muitas pessoas antissociais terão de ser evacuadas desses países bálticos, e para esses elementos indesejáveis, também do Governo-Geral e de Wartheland, a Rutênia Branca é uma área muito adequada de recepção. [...] O objetivo da política alemã para o Leste em relação aos russos será conduzir essa Moscóvia original de volta à sua tradição e voltar seu rosto novamente para o Leste". Como diretivas para a manutenção da população civil, Rosenberg definiu: "Nesses anos, a alimentação do povo alemão sem dúvida na ponta das pretensões alemãs no Leste, e as áreas do Sul e o Norte do Cáucaso terão de criar uma compensação para a alimentação do povo alemão. Não consideramos como obrigação alimentar conjuntamente o povo russo a partir dessas áreas superavitárias. Sabemos que se trata de uma dura necessidade, que está fora de qualquer sentimento. Uma evacuação muito abrangente será, sem dúvida, necessária, e os russos certamente terão pela frente anos muito difíceis". Rosenberg encarava a Rutênia Branca como "área de recepção para muitos elementos antissociais, que também será tratada como uma espécie de parque de proteção natural". Segundo ele, a campanha militar oferecia "uma oportunidade histórica nunca antes ocorrida para o Reich alemão": "No Oeste, a Alemanha não corre perigo e no Leste livre para tudo e qualquer coisa que o Führer deseje implantar. [...] Duas tarefas gigantes estão diante de nós: 1. Assegurar a alimentação alemã e a economia de guerra é a grande tarefa do marechal do Reich e 2. libertar a Alemanha para sempre da pressão política do Leste é o objetivo político nessa batalha".

Visão de mundo marxista: <u>um</u> fator da traição nacional de 1918

No caso extremo do bolchevismo: ameaça mortal de 1919-33.

Revolução <u>mundial</u>   Munique, Hungria, Bulgária, México.

1918 Esperança justificada[89]   front popular na França, revoltas na Espanha

Entendimento de <u>1938</u>[90] em Moscou: <u>por causa de revoltas em diversos Estados, nenhuma vitória é possível.</u>

Crise alemã-inglesa, nova tática: <u>esfacelamento nas bordas</u> do território soviético

<u>Do lado da</u> Alemanha: <u>imune</u> internamente.

Época de fria <u>razão de Estado</u> em ambos os lados.

<u>Stálin</u> em 1938: nenhum ataque à A.[lemanha] na Conferência do Partido

A. abriu mão de polemizar com Moscou.

<u>Stálin</u>: medo de um conflito com guerra, esperança de a A. se esvair em sangue na Polônia e no Oeste antes.

<u>O Führer</u>: recusa de uma guerra simultânea em 2 fronts

<u>Stálin</u>: manter para si a escolha <u>final</u> aberta. Elevar cada vez mais o preço de sua neutralidade.

[...; seguem exemplos de uma suposta maquinação de Stálin para um conflito com a Alemanha]

A.[lemanha] está militarmente preparada e no campo econômico prosseguem todas as ações necessárias.

<u>Eu hoje</u>: sobre a colocação de objetivos <u>políticos</u>.

<u>Eles</u> dão às ações militares seu <u>sentido</u> e têm de coordenar o desejo <u>econômico</u>.

[...]

O centralismo moscovita destruiu todos os <u>planos de independência</u> [das nações não russas]

<u>Tarefa de nossa política: resgatá-los e colocá-los em forma de Estados.</u>

---

89 "1918 Esperança justificada" acrescentado a lápis posteriormente.
90 "1938" acrescentado posteriormente.

Quer dizer, recortar do território da União Soviética estruturas de Estados e erguê-las contra Moscou, a fim de libertar o povo alemão do pesadelo oriental para os próximos séculos. Quatro grandes blocos devem nos blindar e ao mesmo tempo adentrarão o conceito e a realidade da Europa Leste adentro.
Grande Finlândia
Báltico
Ucrânia
Cáucaso [...]
Báltico.   A colônia alemã mais antiga. Entregue a si própria.
    Recusa de Bismark em apoiá-lo – Antiga razão de Estado.
    Nunca foi russo. Em 1918, rosto voltado para o Oeste.
        Em termos de sangue, germânico
            oficiais suecos – barões bálticos
            soldados suecos – camponeses estonianos
            a mais íntima ligação com o Reich.
            germanização, colonização
                soldados dessa guerra.
                lutadores do Báltico em 1919.
            área de escape: a leste do lago Peipus
Rutênia Branca (área de recepção)[91]
Ucrânia luta de séculos contra a Polônia e os moscovitas [...]
Objetivo: Estado ucraniano livre. [...]
Sem nomeação ao cargo [como ministro do Leste], algumas coisas foram decididas
    1. Plenos poderes exclusivos para colocar ordem no novo Leste por meio de decretos.
    2. Subordinação dos 4 comissariados, que receberão orientações exclusivamente minhas.
    3. Subordinação de toda administração de uma área sob o comissariado.

---

[91] Em outro ponto, o rascunho do discurso traz a observação (riscada posteriormente) "Rutênia Branca país de evacuação" e, igual ao seu texto no discurso, "Rutênia branca estação de recepção para elementos antissociais. Parque de proteção natural".

Isso não prejudica o evidente direito de diretivas do *Reichsmarschall* em sua característica como responsável pelo Plano Quadrienal.[92] [...] Cada um tem em vista o grande objetivo, pois cada ação tem seu sentido mais profundo. Duas tarefas têm de ser cumpridas.

1. Assegurar a alimentação e a economia de guerra alemãs.
2. Libertar a Alemanha para sempre da pressão do Leste.

E isso por intermédio de atitudes inteligentes, provenientes da história e do presente.

Clareza e firmeza no pensamento e na ação.

Toda ação tem de servir a ambos os objetivos.

[...]

Berlim, 20/7/41

16 de julho entrará para a história como um dia decisivo: nesse dia deliberou-se, no quartel-general do Führer, a divisão do espaço oriental europeu, sua forma, objetivos, chefia etc. e fui nomeado ministro para os Territórios Orientais Ocupados (isto é, praticamente para toda a área europeia da União Soviética).[93]

Além do Führer e eu, estavam presentes: Göring, Keitel, Lammers e Bormann. A reunião começou antes das 3 horas e, com uma breve pausa, terminou por volta das 8 da noite.

O Führer abriu a sessão com explanações políticas básicas. Disse que não é possível anunciar de antemão decisões políticas definitivas. A princípio, deveria bastar entrarmos como os libertadores do bolchevismo, como protetores dos povos étnicos maltratados. Isso é certo também tendo em vista as outras nações que se juntaram a nós. Dessa maneira, a luta da A.[lemanha] é de interesse europeu. Por essa

---

92 Rosenberg não mencionou os poderes plenipotenciários extraordinários de Himmler nem no rascunho, nem no seu discurso.

93 Sobre os eventos relevantes das semanas de junho e julho de 1941, não registradas cronologicamente no diário, veja o registro geral de 28/12/1941, bem como a Introdução a este livro. A reunião de 16/7/1941, do ponto de vista de Bormann, está refletida em sua "nota de arquivo" de 17/7/1941; reproduzido em *Nürnberger Prozess*, vol. 38, pp. 86-94 (221-L).

razão, soluções finais de caráter constitucional não podem ser proclamadas. E disse ainda que também no Leste ele queria agir baseado na regulamentação administrativa de Haag, dessa vez porém com a criação de um ministério. Em seguida, pediu que eu falasse sobre sugestões gerais e as discussões sobre as pessoas poderiam partir daí.

Falei que a partir da avaliação das coisas temos a escolha de contarmos 120 milhões de inimigos – por meio de um tratamento indistinto, necessariamente duro – ou – por meio de divisão e avaliações diferenciadas – metade disso como ajudantes no futuro. Do ponto de vista prático, isto é: se o Reich necessita de produtos dos países, isso deveria acontecer com um balanceamento: confiscar mais lá onde as pessoas não sejam importantes como aliadas, menos onde esse é o caso. Dessa maneira haveria uma divisão em comissariados com diferentes objetivos. Creio que aqui é possível se alcançar muita coisa, também economicamente, com meios políticos e psicológicos. Por ora, é preciso erguer a consciência histórica ucraniana, incentivar a literatura, fundar em Kiev uma universidade ucraniana... Göring interrompeu nesse ponto: ele precisa de matérias-primas. O Führer: R.[osenberg] tem razão, em Kiev também deve ser criada uma universidade.

Em seguida, elucidei mais algumas coisas que havia registrado em meus memorandos ao Führer. Ao mesmo tempo, estudamos os mapas que eu havia trazido e expliquei as fronteiras e os princípios da divisão. O Führer me dissera anteriormente, durante um passeio pela floresta, que os soviéticos tinham muito mais tanques e tanques melhores do que se supunha. Dois desses exércitos de tanques, cada um com 6 mil veículos, se colocados em ação em setembro, teriam podido nos colocar numa situação terrível. Qualquer outro exército seria simplesmente varrido. Agora o Führer está decidido a acabar totalmente com essa massa de perigo. No comissariado Ostland (nome que sugeri em vez de Baltenland), o Führer puxou a fronteira até as proximidades de Petersburgo.[94] Depois, continuou ao Sul fazendo um semicírculo.

---

94 Comissariado do Reich Ostland, área de administração civil alemã na União Soviética ocupada, composta dos países bálticos Lituânia, Letônia e Estônia, assim como de partes da Bielorrússia ocidental.

No Norte, os finlandeses vão completar: o destino de Petersburgo está selado – por ele, que os finlandeses ficassem com o porto. O distrito de Bialistok foi transferido para a administração da Prússia Oriental por sugestão de Goebbels, que tem uma afeição especial pelo *Gauleiter* de lá.⁹⁵ Parte da Galícia tem de estar no Governo-Geral, disse o Führer. Nunca se sabe como será nosso relacionamento com a Romênia no futuro. É bom ter uma fronteira comum. De todo modo, os ucranianos podem mandar nos poloneses no Governo-Geral.

Sobre a questão da Bessarábia, o Führer traçou uma linha azul representando como Antonescu supostamente imagina as coisas, a fim de se manter diante de seu povo após tantas vítimas: a república da Moldávia incluindo Odessa.⁹⁶ Me propus a pensar numa outra sugestão.

Minha sugestão já colocada por escrito anteriormente, de ampliar a Crimeia como baluarte alemão no mar Negro, foi ampliada.⁹⁷ O Führer primeiro me perguntou pela população da Táuria.⁹⁸ Apresentei o mapa da população étnica: lá há principalmente russos e alemães! Seria necessário um *glacis*:* talvez ao longo do Dniepre, depois para o leste, abarcando as colônias alemãs e de volta ao mar de Azov.⁹⁹ De acordo com o meu desenho, os ucranianos ficariam com uma área tão gigante que poderiam tranquilamente abrir mão de alguma coisa para nós.

Em seguida, desenvolvi o raciocínio sobre uma federação caucasiana da maneira como a tratei nos memorandos; a concessão no Norte do Cáucaso e para a proteção de Baku também foi autorizada.¹⁰⁰ O Führer disse que "concessão" era uma boa palavra.

---

95 Białystok; cidade polonesa; sob ocupação alemã, administrada com a região circundante pela Prússia Oriental.

96 República da Moldávia: refere-se à Transnístria.

97 "Já colocada por escrito anteriormente" acrescentado posteriormente.

98 Refere-se à Crimeia.

* "Glacis": termo da engenharia militar que designa um declive artificial de terra ao redor de fortificações, construído para manter as forças atacantes sob o fogo dos defensores até o último momento possível. (N. T.)

99 Dniepre, rio que atravessa a Rússia, a Ucrânia e a Bielorrússia.

100 Baku, capital do Azerbaijão; a maior cidade em área do Cáucaso; importante ponto de convergência de trânsito e porto de petróleo.

Mapa da Europa Centro-Oriental sob domínio alemão

- FINLÂNDIA
  - Helsinki
- SUÉCIA
  - Estocolmo
- Leningrado
- Nóvgorod
- Tallin
- Estônia
  - Tartu
- Pskov
- Mar Báltico
- Letônia
  - Riga
- Pólatsk
- Vitebsk
- Smolensk
- Comissariado Ostland
- Lituânia
  - Kaunas
- Território de Memel
  - Tilsit
- Vilna
- Maguilov
- Königsberg
- Minsk
- Danzig
- Prússia Oriental
- Rutênia Branca
  - Baránavichi
- GRANDE REICH ALEMÃO
- Bielastok
- Chernígov
- Posen
- Pinsk
- Marismas de Prípiat
- POLÔNIA
  - Varsóvia
  - Brest
- Governo-Geral
  - Lublin
- Rivne
- Kiev
- Zitomir
- Bila Tserkv
- Katowice
- Cracóvia
- Leópolis
- Térnópil
- Winniza
- Comissariado Ucrânia
- Distrito de Leópolis
- Kamenez-Podolsk
- Protetorado Boêmia e Morávia
- Chernivtsi
- TCHECOSLOVÁQUIA
- Bucovina do Norte
- Viena
- Transnístria
- ÁUSTRIA
- Bessarábia
- Chisináu
- Budapeste
- Cluj
- HUNGRIA
- ROMÊNIA

Regiões ocupadas no Leste Europeu

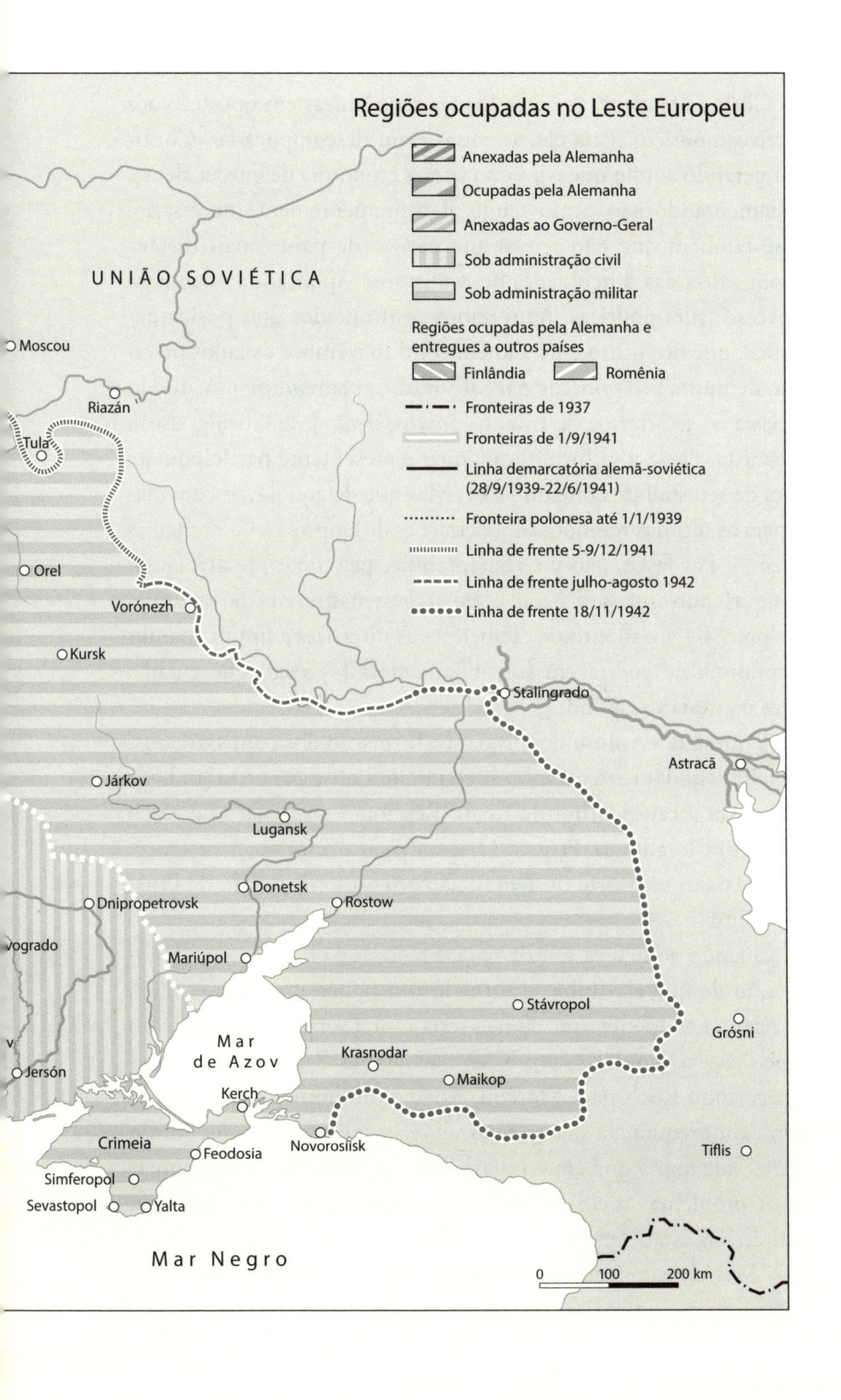

- Anexadas pela Alemanha
- Ocupadas pela Alemanha
- Anexadas ao Governo-Geral
- Sob administração civil
- Sob administração militar

Regiões ocupadas pela Alemanha e entregues a outros países
- Finlândia
- Romênia

- — · — Fronteiras de 1937
- Fronteiras de 1/9/1941
- Linha demarcatória alemã-soviética (28/9/1939-22/6/1941)
- .... Fronteira polonesa até 1/1/1939
- Linha de frente 5-9/12/1941
- – – – Linha de frente julho-agosto 1942
- •••• Linha de frente 18/11/1942

UNIÃO SOVIÉTICA

Moscou, Riazán, Tula, Orel, Vorónezh, Kursk, Stalingrado, Astracã, Járkov, Lugansk, Dnipropetrovsk, Donetsk, Rostow, Mariúpol, Stávropol, Grósni, Jersón, Mar de Azov, Krasnodar, Maikop, Kerch, Crimeia, Feodosia, Novorosiisk, Tiflis, Simferopol, Sevastopol, Yalta

Mar Negro

0   100   200 km

Göring enfatizou as necessidades econômicas em oposição aos objetivos políticos. Para ele, as coisas eram descomplicadas. Continuar gerando aquilo que é preciso para a economia de guerra alemã, fundamentando isso como sendo algo prementemente necessário. Disse também que não temos alternativas de países mais distantes por causa das dificuldades de transporte. Apontei de novo para as necessidades políticas. <u>Aqui</u> temos confrontados <u>dois</u> posicionamentos, que no futuro entrarão em conflito e ambos os lados precisarão de muita boa vontade para alcançar um entendimento. Tendo em vista os secretários de Estado [*Staatssekretäre*] de Göring, estou pessimista. Disse a G.[öring] que meu representante participou até agora de seu staff de comando Ost. Mas que deixou de ser convidado para as últimas reuniões sobre criações de empresas. G. ergueu as mãos: ["] Por favor, não me responsabilize pelo ocorrido até agora. Estou criando um staff geral e seu representante virá novamente. Mas preciso ter o direito de estabelecer as diretrizes a fim de manter a economia de guerra em funcionamento.["] – Algo que <u>eu</u> não quero contestar, respondi.

A questão se voltou depois para a formação dos comissariados. Primeiro, fundamentei minha sugestão de Lohse para Ostland. G. apresentou a candidatura de Koch. Repliquei que o fato de Koch estar agora lotado na Prússia Oriental não é motivo para tanto. Ostland é um território do Reich, não um prolongamento da Prússia Oriental.

Quando a balança tendia para o lado de Lohse, apesar da observação de que ele tinha se tornado um pouco preguiçoso, além de seriamente doente, que eu não teria muita sorte com ele etc., G. empenhava-se em dobro por Koch na Ucrânia. Falei que continuava sugerindo Koch para <u>Moscou</u>. Koch é um homem de repentes, altera com frequência sua opinião sobre as questões tratadas ali. Eu afirmei que temia que em 14 dias ele começasse a achar que entendia os problemas melhor do que eu e não seguiria por completo as diretrizes estabelecidas. G.: É evidente que ele precisa acatar ordens. Mas ele <u>tem</u> iniciativa, entende alguma coisa de economia e construção de indústrias.

Para o Cáucaso, alguma luta por Schickedanz. G.: O senhor acha que esse homem delicado consegue se impor? Preciso de um economista, que coloque a economia de petróleo de pé. Eu: essa difícil tarefa necessita de um homem de julgamento <u>inteligente</u>, algum dia será preciso lhe franquear possibilidades executivas também. No mais, o senhor pode dispor de Neubacher como comissário de petróleo.[101] O Führer: Se N.[eubacher] estiver com muitas coisas para fazer, talvez não consiga assumir totalmente os problemas complicados. Aliás, Sch.[ickedanz], se necessário, deve contar com um chefe de pessoal <u>firme</u>.

Depois de eu ter apresentado as sugestões da SA (Kasche, Scheppmann etc.), o Führer tomou uma decisão salomônica: Lohse – Ostland, Koch – Ucrânia, Kasche – Rússia.[102]

A discussão sobre os decretos gerou mais alguns vaivéns. Resumindo, as propostas de Lammers foram adaptadas à sequência anterior de pensamentos do Führer. Göring: economia. Himmler: polícia [segue-se letra ou sinal ilegível] possibilidade de comando direto para a tropa. A sugestão de Himmler de tornar os superiores da SS e os chefes da polícia representantes contínuos dos comissários do Reich foi riscada pelo Führer, embasado por minha justificativa contrária.[103]

Às 8 tínhamos encerrado o essencial. Eu havia recebido uma tarefa gigante, talvez a maior das que o Reich tem a distribuir, a segurança por séculos, tornar a Europa independente do além-mar. Mas não recebi a plenipotência <u>absoluta</u> para tanto, visto que G., como responsável pelo Plano Quadrienal, tem a prerrogativa <u>temporária</u> de realizar intervenções econômicas. Intervenções essas, porém, que,

---

101 Neubacher, Hermann Josef (1893-1960); político austríaco; 1933: ingresso no NSDAP; 1938-40: prefeito de Viena; desde 1940: delegado especial do AA para questões econômicas no Sudoeste da Europa; 1945: prisão; 1946: extradição à Iugoslávia; 1951: condenação a 20 anos de trabalhos forçados; 1952: soltura.

102 Kasche, Siegfried (1903-47); 1921: ingresso no NSDAP; 1926-31: *Gauleiter* interino no Gau Ostmark; 1930: MdR; 1941-45: enviado na Croácia; 1947: enforcado na Iugoslávia após sentença de morte.

103 O trecho que vai de "Às 8 tínhamos" até "guardião do Leste" com marcações (a lápis); reproduzido (com ligeiras diferenças) em Kempner, *Der Kampf gegen die Kirche*, pp. 36 e segs.

realizadas sem uma coordenação clara, podem, sob algumas circunstâncias, ameaçar os objetivos políticos. Além disso, Koch em Kiev, a cidade mais importante, vai se apoiar mais em G. do que em mim. Terei de prestar muita atenção no seguimento de minhas diretrizes.

No mais, o Führer me disse: todos os decretos são apenas teoria. Se eles não correspondem às necessidades, têm de ser modificados.

Na despedida, Göring apertou minha mão: "Por um bom trabalho conjunto".

x

Em seguida, jantar com o Führer. Ele elogiou bastante os finlandeses e sua coragem. Papen foi desdenhado. Justamente ele queria recristianizar a Rússia. (O Führer repetiu isso no dia seguinte e me disse: É bom que o senhor seja o guardião do Leste)[.]

No dia 18 [correto: 17] reunião editorial com Lammers. Volta ao quartel-general onde o Führer estava recepcionando Galland e outros pilotos.[104] Em seguida, jantar; depois, assinatura da minha nomeação.[105] O Führer se levantou e apertou minha mão com as suas. Eu: Agradeço pela confiança e prometo colocar todas minhas forças na solução da tarefa.

Durante as conversas, a postura séria de Keitel chamou minha atenção. Ele parecia ter de se concentrar para acompanhar a discussão. Perguntei mais tarde se havia acontecido alguma coisa e descobri que ele tinha acabado de perder o filho. Quando expressei meu luto, lágrimas nasceram de seus olhos contra a vontade: "Sim, perdi meu garoto, nos tanques. Mas tem de ser, adiante sobre os túmulos".

+

Acabou de chegar a notícia da renúncia do gabinete de Konoye.[106] O Führer fez novamente observações sarcásticas sobre o serviço de notícias do AA. O pobre Hewel tem de aguentar tudo – e às vezes o AA não é culpado. Quando a conversa recaiu depois sobre as intenções do Japão sobre as Índias Orientais Holandesas, o Führer soltou:

---

104 Galland, Adolf (1912-96); oficial e piloto de caça; 1944: tenente-general.
105 Veja documento 8 neste livro.
106 Konoe, Fumimaro (1891-1945); político japonês; 1937-39 e 1940-41: primeiro-ministro; 1940: cossignatário do Pacto Tripartite entre a Alemanha, a Itália e o Japão.

não precisaríamos de nada disso se um porco pago pelos judeus não governasse a Inglaterra.

+

O Führer reiterou várias vezes que a tarefa no Leste não é questão de uma geração, mas uma questão de séculos. É a mais importante do momento[.]

No contexto das ações de luta, ele manifestou reiteradamente o respeito pelos finlandeses. No seu entender, trata-se dos homens mais corajosos; ele não os vê como correligionários, mas como verdadeiros aliados.

2/8/41

As últimas semanas foram de trabalho sem fim. Reuniões com representantes de todos os ministérios. Divulgação de diversas orientações. Questões de implementação do meu ministério e dos comissariados do R.[eich].

Além disso, choveram memorandos ucranianos, depois protestos sobre a introdução da Galícia no Governo-Geral. Segundo eles, isso seria o golpe mais duro, um novo dilaceramento, soterrando todos os sentimentos pró-Alemanha etc.

Na Lituânia, em Lemberg, "governos" são proclamados. Por intermédio do OKW, organizo a remoção dessa gente embusteira, que não quer "chegar tarde demais". Agora eles tentam de todos os modos transformar o emprego do sangue alemão numa nova "independência". Para os países bálticos, algo assim não pode nunca mais ser uma questão. O povo simples sente isso em todos os lugares, a inteligência urbana, entretanto, ainda sofre de ilusões megalomaníacas. O prof. Spohr fez uma bela comparação: gramíneas não são árvores.[107]

Meus representantes no OKW e dos 3 agrupamentos do Exército enviam relatos sobre a atmosfera e a situação. Hoje, [texto ou

---

107 Spohr, Edmund Karl (1887-1964); botânico; 1939: chefe do auxílio para estudos superiores Dorpat; 1941-45: professor de geografia das plantas e diretor do jardim botânico em Posen.

página faltante] tinha juntado tudo, a fim de desenvolver diretrizes políticas, visto que as ordens da Wehrmacht em parte contradizem nossa vontade. Por essa razão, alguns já estão avidíssimos em colocar seus religiosos para abençoar as Igrejas. É preciso soltar uma ordem de que não temos nenhuma relação oficial com isso e que temos de negar todos os ingressos de mensageiros das Igrejas. O Vaticano está organizando ativamente sua "missão". Ele quer embolsar a colheita de nossa luta. Saberei como impedir isso. Como ouvimos falar da África, os italianos se dispersam nos ataques aéreos dos ingleses – mas eles <u>rezam</u>. Os russos lutam e morrem <u>sem</u> rezar. O bolchevismo animalizou, brutalizou as pessoas do Leste e por isso sua conduta não pode ser comparada com a conduta do europeu consciente de sua personalidade. E apesar disso: o cristianismo não é mais capaz, em lugar nenhum, de oferecer <u>consolo</u> a um todo, no máximo a alguns poucos indivíduos.

Lohse, o novo comissário do Reich para o Leste, fez um relato de suas impressões. Defini a política monetária no comissariado Ostland durante uma reunião com os secretários correspondentes.[108]

Seehof 1/9/41

Retido novamente por causa de uma periostite, tenho um pouco de tempo para analisar as últimas semanas. – Elas estavam repletas com a construção do meu ministério: checagem dos funcionários, montagem das equipes para os comissariados, reuniões com Lohse sobre política em Ostland, passada d'olhos nas primeiras informações sobre as condições locais, preparativos para a Ucrânia, instrução para Koch, discussão sobre intervenções de Himmler (que procura fazer valer com todos os meios seu antigo vício por poder indireto), negociações de acordos com Göring (que percebeu a necessidade disso). Além do mais, uma série de ordens. Um tanto difícil, já que

---

[108] Cf. o resumo dos pontos essenciais mais contundentes da reunião no documento 9. Sobre a prática de violência no território ocupado e o papel da administração civil de Rosenberg, veja a Introdução deste livro.

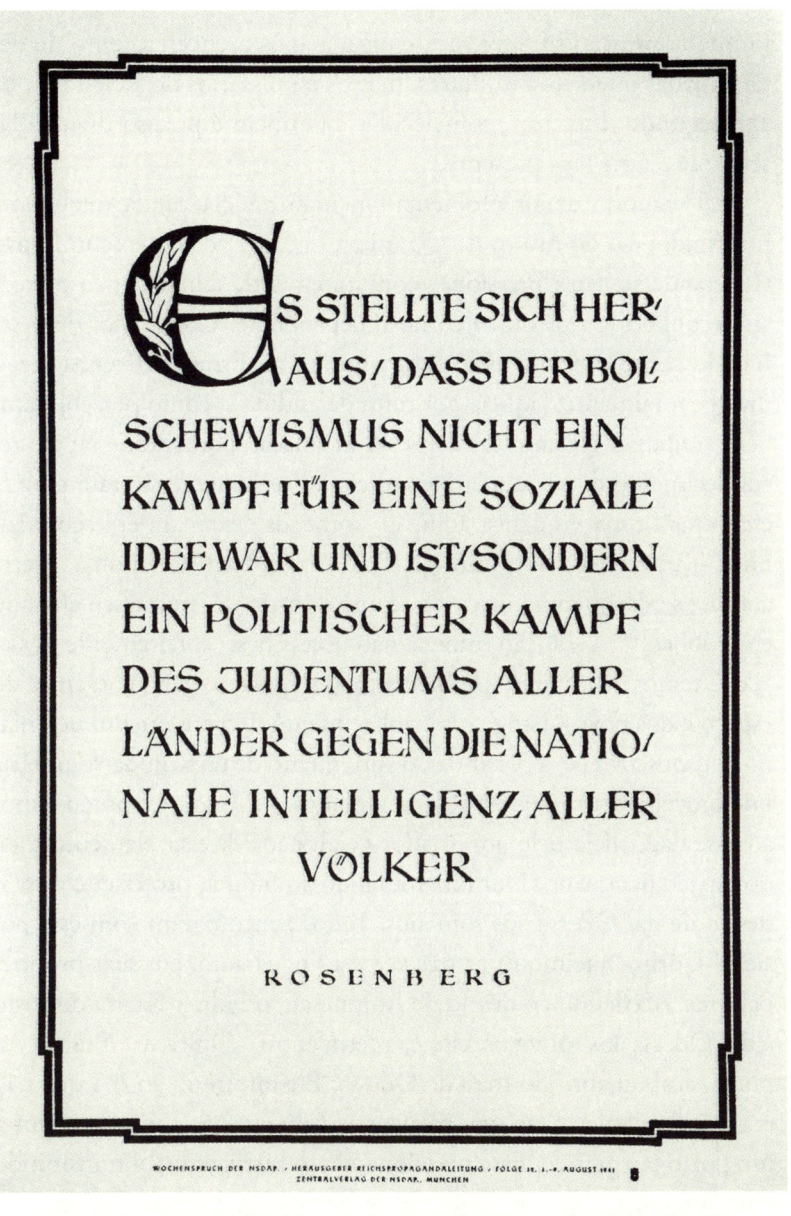

> **Es stellte sich heraus, dass der Bolschewismus nicht ein Kampf für eine soziale Idee war und ist, sondern ein politischer Kampf des Judentums aller Länder gegen die nationale Intelligenz aller Völker**
>
> ROSENBERG

Lema da semana do NSDAP de 3 a 9 de agosto de 1941, citação de Alfred Rosenberg. [O bolchevismo não foi nem é a luta por uma ideia social, mas uma luta política do judaísmo de todos os países contra a inteligência nacional de todos os povos.]

minha nomeação só deve ser divulgada após o encerramento de determinadas operações militares, mas os comissários do Reich têm de agir segundo diretrizes estabelecidas e também é preciso divulgá-las sem que eu me faça presente.

O segundo maior problema em importância, ainda totalmente indefinido, é o do futuro da <u>Ucrânia</u>. O Führer acha que se um povo tão grande se deixa pressionar constantemente, também não merece ser reconhecido por outro como independente. Conclusão: deve ser tratado como o povo russo. Essa conduta, reafirmada diversas vezes, diverge totalmente daquela por mim defendida e, como percebi, também aceita por ele anteriormente. A inclinação por Antonescu e o reconhecimento de sua ajuda incondicional certamente tiveram grande efeito para uma mudança aqui. Os romenos enxergam em seus vizinhos – ucranianos – o inimigo. Por isso, querem fazer uma guerra contra <u>os eslavos</u> como um todo, como o irmão de Antonescu afirmou em público.[109] A solução romena não necessita ser inteiramente <u>nossa</u>, já que temos de tratar do problema <u>todo</u> e apoiar a divisão orgânica do espaço e dos povos. Isto é, o reconhecimento do pensamento ucraniano antimoscovita e, a partir daí, o surgimento de uma ajuda voluntária no aproveitamento dos espaços ucranianos. – Condição, porém, após a posse da Galícia pelo governador-geral: nada de esfacelamento total do espaço ucraniano. Num memorando ao Führer, protestei contra o desejo de dar Odessa aos romenos. Todos concordaram com essa posição. Göring queimou por três vezes a língua aqui, em suas próprias palavras. Acedendo ao desejo de Antonescu, o Führer estaria disposto a dar Odessa aos romenos, isto é, a terra entre o Dniestre e Bug.[110] A., por si, acabou abrindo mão de Odessa. Ele informou ao AA que não era megalomaníaco: em suas palavras, a Romênia não consegue manter um porto tão grande. Esse posicionamento inteligente foi transmitido oficialmente ao Führer. – Mas: as tropas <u>romenas</u> cercaram Odessa e

---

109 Trata-se provavelmente do suposto sobrinho de Ion Antonescu e seu amigo íntimo Mihai Antonescu (1904-46); desde 1941: primeiro-ministro interino da Romênia e ministro do Exterior.
110 Trata-se da Transnístria, localizada entre os rios Dniestre e Bug; 1941-44: sob administração romena.

estão perdendo muito sangue nessa batalha. A. coloca 15 divisões. A comida abre o apetite. Ou seja, o perigo ainda não passou. Se depois da solução vier a questão da Crimeia (algo evidente), não restará à Crimeia um porto grande para o seu interior gigante, e a construção de uma política produtiva para o futuro é quase ilusória – apesar de todas ampliações para o Leste.

Resumi em minhas instruções para Koch todos os pontos de vista básicos que me pareceram convenientes para a política alemã. Excetuando-se as reflexões momentâneas do Führer, todos concordam com minhas ideias (talvez não v. Ribbentrop, que quer distrair a atenção dos romenos voltada aos húngaros?). A conversa com o Führer acontecerá em breve.

x

A notícia da morte de Urban me deixou muito triste. Tinha a sensação de que ele não voltaria mais – mas esperava conseguir trazê-lo novamente em outubro para o serviço. Em 27/7[111] ele acabou seriamente ferido ao sul do lago Ilmen junto ao seu canhão de antitanque e morreu no mesmo dia.[112] Ele me ajudou por 11 anos de maneira fiel e honesta. Sua última carta é corajosa e decente, como ele sempre foi. Não consigo aceitar que ele nunca mais estará sentado à minha frente no escritório. – Essa luta no Leste abriu grandes buracos no partido. – E tinha de ser assim, visto que agora a revolução nacional-socialista está sendo conduzida para seu coroamento político mundial no Leste.

A resistência obstinada dos russos soviéticos é tema de conversa de todos nós. Em 2.4., após eu receber minha missão, quando o Führer me perguntou o que os russos fariam num confronto, respondi: provavelmente algo bem diferente do que um europeu consideraria lógico. Concordamos que depois de uma resistência haveria pânico. Só que eles fizeram algo diferente. Os russos soviéticos lutam de maneira aguerrida, obstinada, pérfida; sua crueldade contra prisioneiros a[lemães] e não-bolcheviques civis é inimaginável. Eles se

---

111 "Em 27/7" inserido posteriormente.
112 Lago Ilmen, lago russo a duzentos quilômetros ao sul de Leningrado (S. Petersburgo).

despiram da camada europeia e o ódio mongol, anônimo, ressalta. Junta o Dostoiévski "messiânico" com traços bolcheviques.¹¹³ Além disso, o medo: ou assassinados pelos comissários alemães ou – como lhes foi insuflado – torturados à morte pelos "fascistas".

Um jornalista russo referiu-se corretamente a um "patriotismo soviético". A fim de conquistar os adversários no país, Stálin procurou aliar-se à história russa, aviltada até agora. O filme sobre Pedro, o Grande, foi o primeiro sinal, em seguida vieram os dramas sobre Kutuzov!¹¹⁴ – Essa curiosa mistura de muitos sentimentos criou o front contra a Europa. Por isso é preciso se fazer de tudo para impedir para sempre um novo ajuntamento de todos os povos e raças entre a Vístula e Wladiwostok. Na minha opinião, essa é a principal tarefa de meu trabalho no Leste.

7/9/41

Por causa de uma pancada, minha doença: periostite no tornozelo, que me prendeu novamente em Mondsee. Isso me é muito desagradável por causa de um motivo sentimental. O Führer está viajando para Reval e me convidou a acompanhá-lo em minha cidade natal. A viagem acontece logo após a visita de Horthy, na qual eu também deveria estar presente, mas também não consigo.¹¹⁵

Ontem entreguei a Koch sua nomeação como comissário do Reich para a Ucrânia e discuti detalhes sobre a Podólia e Volínia,¹¹⁶ que serão as primeiras a serem assumidas.

---

113 Dostoiévski, Fiódor Mikhailovitch (1821-81); escritor russo.

114 Pedro, o Grande (1672-1725); 1682-1721: czar russo; desde 1721: imperador. Kutuzov, Mikhail Ilarionovich (1745-1813); marechal de campo do Exército russo na guerra contra Napoleão.

115 Horthy, Miklós (1868-1957); oficial e político austro-húngaro; 1920-44: na qualidade de regente, chefe de Estado húngaro; apoiador de ações antissemitas na Hungria, também após a ocupação alemã a partir de março de 1944; derrubado em outubro de 1944 após golpe da SS; desde 1948: no exílio.

116 Volínia, região a noroeste da Ucrânia e parte do RKU na qualidade de comissariado-geral. Sobre as diretrizes de Rosenberg para os comissários, veja a introdução deste livro.

As exigências romenas estão crescendo novamente. Agora eles não se contentam apenas com a administração entre Dniestre-Bug, mas querem também ter algo a norte. A Wehrmacht recusou peremptoriamente. A razão e a desrazão estão numa luta sem vencedores na Romênia. É evidente que Antonescu quer se cercar, mas as grandes perdas humanas dos romenos de Odessa também devem fazer com que ele pergunte por recompensa. O grupo estritamente nacionalista [*völkisch*] ao redor do "Ponico Vremii"[117] quer a área apenas até Dniestre e, em contrapartida, a Transilvânia. Os outros querem – tudo. Me parece claro que em longo prazo a força romena não será suficiente. Mas a concepção de ganhar os ucranianos e mobilizá-los politicamente contra Moscou pode ser ceifada totalmente por uma transigência. O Führer adora Antonescu, que se portou verdadeiramente como um soldado e um ser humano incrível. Mas me parece que é preciso revisar mais uma vez a arbitragem vienense e devolver aos romenos sua parte da Transilvânia e talvez formar um enclave húngaro dos székler.[118] Os húngaros são megalomaníacos e, ao mesmo tempo, preguiçosos. Não têm direito moral de aterrorizar minorias e, além disso, apesar de a Alemanha tê-los ajudado em sua expansão, e <u>apenas</u> a A.[lemanha], trataram nossos compatriotas [*Volksgenossen*] de maneira mais escandalosa do que os iugoslavos e os romenos.

As arbitragens vienenses de Ribbentropp foram <u>todas</u> infelizes e continuamente corrigidas: a questão da Ucrânia carpática (em favor da Hungria), o ingresso iugoslavo no Pacto Tripartite (que no dia seguinte foi revogado) e a infeliz regulamentação romena-húngara, que é insustentável.[119]

A atividade de meu departamento certamente sofre com o meu trabalho relativo ao Leste, mas não o negligencio. Pois depois da guerra deveremos ganhar a paz, que contém em si os mesmos perigos

---

117 Refere-se à *Porunca Vremii*, revista antissemita da Guarda de Ferro.
118 Székler, grupo étnico húngaro do norte da Transilvânia.
119 O trecho que vai de "A atividade de meu" até "das confissões cristãs" marcado (a lápis); reproduzido (com ligeiras diferenças) em Kempner, *Der Kampf gegen die Kirche*, p. 37.

daqueles da época dos fundadores [*Gründerzeit*] após 1871. Só que maiores. Falei a respeito na conferência sobre educação em março deste ano e agora vou apresentar esse discurso confidencial para toda a liderança do partido. Os efeitos da centralização político-econômica devem ser um pouco suavizados por uma descentralização cultural. Senão <u>disporemos</u> de um grande coletivismo estatal e nenhum nacional-socialismo. Um grande império – e um povo atrasado na iniciativa intelectual. E necessitamos da força mental e intelectual para o grande enfrentamento da nossa vida: para a superação das confissões cristãs.

Nesse sentido, Bormann está muito ativo no incitamento ao confisco de conventos, ao apoio da legislação relativa às Igrejas nos novos distritos administrativos etc. Há pouco ele divulgou aos *Gauleiter* uma circular sobre o cristianismo e o nacional-socialismo que reúne, sem qualquer estilização, diversas afirmações do Führer em conversas à mesa. Uma carta inaceitável nessa forma, que não está à altura do objeto. B.[ormann] é um homem prático, mas inadequado para análises desse tipo de questão. Escrevi-lhe isso hoje de uma maneira um tanto floreada e sugeri um outro posicionamento, para que – já que a história nos olha sobre o ombro – o NSDAP possa comprovar que também está disposto a resolver um grande problema em todas as suas dimensões, de todos os lados, e justamente por isso o vê de maneira coerente e quer solucioná-lo.

Não dá para superar 2 mil anos de história europeia com modos de lenhador.

12/9/41

Quando chegaram as informações de que Stálin vai deportar para a Sibéria os 400 mil alemães do Volga que restaram, isto é, vai matá-los, o ódio contra Moscou renasceu com toda a força em nós. Dei instruções para um posicionamento muito firme e enviei o texto ao Führer. Que o tornou ainda mais contundente. Ontem pedi para que fosse preparada uma sugestão de mensagem radiofônica endereçada à Rússia, à Inglaterra e aos EUA, alertando que se esse extermínio em massa for realmente concretizado, a Alemanha fará os judeus da Europa Central pagarem por isso. E de maneira totalmente justificada, visto que o judeu Schertok acabou de declarar numa conferência sobre a Palestina que os judeus têm uma participação especial na aliança entre Moscou-Londres-Washington, visto que sempre trabalharam nesse sentido.[120] – A sugestão está com o Führer.[121]

Mas: a atitude de Stálin não é de responsabilidade única do bolchevismo, mas também do povo russo. Que sempre viu com inveja o trabalho fértil dos colonos a.[lemães]. Em 1914 os russos atacaram as colônias a. no Sul, saquearam-nas, abateram seus animais. Barclay de Tolly, que colocou em prática a estratégia salvadora[,] foi chamado de "traidor", em 1914 aconteceu um *pogrom* contra os alemães em todas as cidades.[122] O próprio chefe de polícia de Moscou fomentou a turba para destruir os negócios alemães (eram lojas de cidadãos russos com nomes alemães). O que o bolchevismo fez foi apenas o prosseguimento radical dessas erupções dos instintos de baixa autoestima. Dos 2 1/2 milhões de alemães étnicos, com certeza 1 milhão foi exterminado, do 1 1/2 milhão de alemães do Volga, restaram 400 mil. Agora eles também vão para o gelo da Sibéria.

As leis da história são duras. A nação russa como um todo terá de pagar por essas mortes, mais ainda porque, a partir de um sentimento perverso, não rejeitou os torturadores, mas os defendeu fanaticamente. Trata-se de um fenômeno muito curioso: que os presos defendam seus guardas contra aqueles que os querem libertar da prisão. Esse "patriotismo soviético" é, hoje e por muito tempo ainda, a Rússia e o povo russo; independentemente se os emigrantes russos não queiram entender isso. Há pouco reli o que tinha escrito 15 anos

---

120 Schertok, Mosche (mais tarde Moshe Sharett; 1894-1965); político sionista; 1933-48: chefe do departamento político da Jewish Agency; 1949-53: ministro do Exterior israelense; 1953-55: primeiro-ministro.

121 Sobre a sugestão de Rosenberg a Hitler para a "deportação de todos os judeus da Europa Central" para o Leste, veja a introdução deste livro.

122 Barclay de Tolly, Michael Andreas, conde de (1762-1818); marechal de campo russo na época das guerras napoleônicas.

atrás no *Mito*: é a interpretação psicológica que permanece ainda hoje, agudizada.

Novas informações vêm de Ostland: deportação de 150 mil estonianos, assassinatos em Dorpat etc.[123]

Hoje, estonianos, letões etc. são agradecidos; daqui a algum tempo certamente reivindicarão de novo sua "própria nacionalidade", como se a Alemanha só servisse para arriscar a cada 20 anos sua pele para os presunçosos. Todo esse comissariado Ostland deve se tornar, para sempre, território do Reich sob proteção alemã. Senão depois de 30 anos o moscovita, em novo disfarce messiânico, estará sentado novamente no castelo de Reval.

14/9/41

Ontem, Medem e Litzmann estiveram comigo.[124] M.[edem] fez um relato oral sobre seus trabalhos em Semgallen.[125] Primeiro, me agradeceu por ter confiado a ele uma atividade tão bela. Disse que eles – apenas 5 homens – tinham trabalhado dia e noite. Falou com 40 mil pessoas, não pernoitou em nenhuma hospedaria, mas com os camponeses. Achou o povo tenso, desolado. Não apenas os judeus os perseguem; eles estavam divididos também, nas últimas. Tinham passado por tanta coisa que o Exército alemão foi uma salvação para eles. Agora que judeus e comunistas estão exterminados, o povo renasce. Até o último talo foi colhido e o replantio está garantido. Os donos receberam suas terras de volta. Há muito sangue alemão nelas, muito mais do que M. esperava.

---

123 Dorpat (Tartu); cidade no Oeste da Estônia.
124 Medem, Walter Eberhard Alexander Albert, barão de (1887-1945); 1919: líder do "Freikorps" no Báltico; 1933: ingresso no NSDAP; 1941-44: *Gebietskommissar* Mitau no comissariado da Letônia.
Litzmann, Karl Sigmund (1893-1945); 1929: ingresso no NSDAP; desde 1933: MdR; 1933: membro da mais alta liderança da SA; 1934-41: chefe do corpo de cavalaria; 1941-44: comissário-geral da Estônia.
125 Semgallen (Zemgale), região na Letônia.

Preparativos para uma execução em massa de judeus por uma unidade móvel de extermínio; Lituânia, julho de 1941.

Chamei a atenção para o perigo da inteligência letã de Riga; ele também fez o mesmo, seus anfitriões pediram para ser protegidos desses tipos, que já tinham promovido tanta desgraça. Eu disse que a atmosfera de agora no país é satisfatória, mas que permanece o perigo de que num momento de saciedade e segurança a grandeza do uso de sangue <u>alemão</u> seja esquecida novamente.

Litzmann viajou incógnito pela Estônia e já está gostando muito de seu futuro império. As pessoas todas amáveis (exceto os intelectuais de Dorpat), bom sangue, limpeza da mais meticulosa. Dos três povos bálticos, os estonianos são os melhores: muito sangue sueco e a.[lemão] se comparado a outros, e muito mais confiáveis. Estou contente em rever em breve minha cidade natal, que, tirando as construções industriais, permanece intacta.

Com tudo isso, tenho de pensar como nossos outros comissários vão se portar. Temo pelos muitos funcionários que, apesar de todo o empenho, não sabem pensar fora de seu esquema. Eles estarão em meio a povos estrangeiros, não aprenderam a governar, só administrar. Além disso, usam o "tom de funcionário público" [*Beamtenton*], onde são necessários o tato e a psicologia. Fiz algumas anotações hoje a fim de entregar a todos diretrizes enfáticas para seu comportamento pessoal e político. Cerca de 100 estão em Burg Krössinsee e esperam entrar em ação. Alguns reclamam ter de esperar tanto tempo – mas eu também tive de me organizar para uma intervenção mais rápida.

Fora isso: discurso sobre negociações com as muitas "altas autoridades do Reich", que querem pressionar o novo ministério onde acharem uma brecha.

Espero poder caminhar de novo nos próximos dias. Daí vou aparecer no quartel-general. Visto que Horty não pode voar, o voo do Führer para Reval foi cancelado à época. Seria bom se pudesse ser feito agora.

[sem data, registro manuscrito "1/X/[19]41" na margem superior][126]

À noite, o Führer veio conversar sobre o processo contra o primeiro-ministro tcheco, Elias.[127] Disse que conhece essa velha tática de sabotagem da Tchecoslováquia dos tempos da Áustria. Lá se agia de maneira estritamente "jurídica", de modo que o mais exato "cumprimento" dos §§ se tornava uma resistência passiva muito eficiente. Agora os tchecos acham que podem fazer algo semelhante com ele. Mas ele tem de pensar na vida dos soldados alemães; os tanques das fábricas tchecas pioraram a olhos vistos. Acabar com Elias é também um aviso aos outros povos vencidos.[128]

Em seguida, o Führer referiu-se a modos semelhantes de pensar de nossos prelados, que voltaram a fazer discursos insolentes segundo

---

126 Sobre a conversa de Rosenberg com Hitler em 29/9/1941, veja documento 10 neste livro e registros de Bräutigam sobre o mesmo dia em Heilmann, *Kriegstagebuch*, pp. 146 e segs.

127 Eliáš, Alois (1890-1942); oficial e político tcheco; 1939-41: primeiro-ministro do protetorado da Boêmia e Morávia; 1941: condenado à morte por seus contatos com o governo tcheco no exílio e assassinado após o atentado contra Heydrich.

128 O trecho que vai de "O Führer referiu-se" até "não conhecê-lo" marcado (a lápis); reproduzido (com ligeiras diferenças) em Kempner, *Der Kampf gegen die Kirche*, p. 37.

o antigo modo do [partido católico] Centro. Lembrei também das circulares às dioceses do bispo de Eichstädt. Parece, disse o Führer, que alguns padrecos estão com dor de cabeça. E só é possível livrá-los disso ~~cortando~~ tirando-lhes as cabeças. Os senhores parecem ainda não conhecê-lo.

Após o jantar, entreguei ao Führer os certificados de nomeação para alguns comissários-gerais na Ucrânia e também vários n.[úmeros] de *Weltdienst* e de *Braune Mappe* para a administração Ostland.[129] O Führer disse que é preciso se ocupar do esclarecimento dos prisioneiros ingleses e franceses sobre a questão judaica. Devo iniciar isso.

Em seguida, me despedi e ele apertou calorosamente a minha mão.

Como resultado político direto dessa conversa, temos o seguinte. O plano de eventualmente desenvolver uma Ucrânia independente com as consequências culturais e governamentais relacionadas a isso foi – em princípio – abandonado. O Führer teme – reforçado pelas ideias de Antonescu e por um memorando que considera a Ucrânia como ponto de reunião de uma futura resistência pan-russa – que poderíamos estar criando um inimigo. Além disso, há a impressão, supostamente casual, que Berditschew e Shitomir deixaram no Führer: ruim.[130] O que não é de se espantar, visto que se trata de cidades predominantemente judaicas.[131] Essa solução pretendida agora – a Ucrânia sob administração a.[lemã], depois um protetorado – tem suas próprias consequências. A população, em grande parte bem-intencionada, a princípio ficará satisfeita com sua melhoria econômica. A planejada volta de muitos trabalhadores para o campo

---

129 Welt-Dienst; 1933-45: agência antissemita de notícias com revista homônima em várias línguas (tiragem: até 300 mil); desde 1937: parte do ARo; 1939: integrada ao "Instituto de Pesquisa da Questão Judaica", de Rosenberg; veja Brechtken, *Madagaskar für die Juden*, pp. 44-53.
A assim chamada "Braune Mappe" [Pasta marrom] editada pelo RMfdbO continha diretrizes para a administração civil nas regiões orientais ocupadas. Para o texto ali contido "Tratamento da questão judaica", veja a introdução deste livro.

130 Berditschew (Berdytschiw); cidade ucraniana a sudoeste de Kiev.
Shitomir (Schytomyr); cidade no Norte da Ucrânia.

131 Sobre a política nacional-socialista em ambas as cidades, veja Michaela Christ, *Die Dynamik des Tötens. Die Ermordung der Juden von Berditschew, Ukraine 1941--44*. Frankfurt am Main, 2012; Wendy Lower, *Nazi Empire-Building and the Holocaust in Ukraine*. Chapel Hill, 2005.

possibilitará uma despolitização. No decorrer dos anos, entretanto, o fato da separação da Galícia, da área do Dniestre-Bug (para a Romênia) e da Táuria poderá suscitar uma oposição a nós. Restará ainda a esperada independência; por essa razão, apontar para possibilidade de grandes expansões no Leste não causará muito efeito. Resistência passiva, atentados são prováveis. Uma pressão alemã pode gerar uma contrapressão. Isso exige, eventualmente, uma grande guarnição (possivelmente na casa dos milhões), cujos soldados estarão perdidos para a <u>Alemanha</u>, mas poderia melhorar muito o sangue dos ucranianos, como acontece às vezes na vida. No mais, facilitaria uma irmandade entre os ucranianos e os russos, isto é, criaria um front pan-eslavo, aquilo que eu queria evitar com meu plano anterior.

Mas podemos dizer: esse front eslavo aconteceria <u>de qualquer maneira</u>. Se permitíssemos uma Ucrânia forte, com Kiev como centro e numa forma perigosa; mas num outro caso, esse front eventual seria fraco e subdesenvolvido. Daí é melhor os alemães não incentivarem a alta cultura, mas deixarem o desenvolvimento da Ucrânia nas suas próprias mãos, isto é, no seu primitivismo atual.

Ontem fui falar com Göring em Rominten e fiz um relato rápido sobre a conversa com o Führer.[132] Ele me disse: "No dia anterior à sua visita, o Führer me falou: 'Amanhã Rosenberg virá, será uma discussão dura![']" Eu: A questão é um problema de interesse a., não há qualquer sentimentalismo de minha parte. Há 20 anos penso em como manter o perigo russo longe da A. Nisso, ao lado do fortalecimento da Finlândia, estavam incluídas a separação da área que é o comissariado Ostland, a cessação do Cáucaso e também a solução ucraniana. – G.[öring]: Entendo muito bem. Também sei que precisamos de pessoas com vontade de trabalhar, visto que nós não podemos enviar ninguém para a Ucrânia.

A "discussão dura" não aconteceu, mas sim a confirmação de avaliações diferentes da fase atual. Minha sugestão aceita pelo Führer mantém diversas possibilidades de desenvolvimento em aberto, mas

---

132 Rominten, "propriedade de caça do Reich" de Göring na floresta de Romincka, na Prússia Oriental.

objetiva principalmente o trabalho em prol da <u>Alemanha</u> e um mínimo de emprego de forças <u>alemãs</u>.

A terra fértil, a riqueza do solo e finalmente também a quantidade de sangue alemão empregado promoveram uma mudança na postura interna do Führer, a preocupação pelo abastecimento de <u>toda</u> a Europa fez com que ele assumisse diretamente a segurança dos tesouros. Afinal, foi ele quem conquistou a Ucrânia e uma solução que não lhe apetecia ainda em 16 de julho hoje lhe parece superada. A batalha de Kiev foi vencida por <u>ele contra</u> todos os prognósticos de seus generais marechais de campo [*Generalfeldmarschälle*].[133]

<u>14/12/41</u>[134]

As conversas de ontem e de hoje com o Führer giraram principalmente ao redor do <u>problema do cristianismo</u>. A atividade dos bispos de Münster foi citada no começo. Os ingleses usam os discursos deles há um bom tempo em sua propaganda; lançam centenas de milhares de panfletos e leem os ataques do conde von Galen em suas transmissões radiofônicas. O Führer explicou que os senhores querem ser "mártires", na expectativa de serem honrados. O bispo de Münster, porém, será postado algum dia na frente das armas. No mais, disse que uma doutrina moral que prega o amor ao inimigo e oferece a outra face é inaceitável em longo prazo na batalha nacionalista. Que se coma o próprio Deus, e que se faça guerra durante 30 anos para saber se essa comilança deve ser feita dessa ou de outra maneira, faz com que duvidemos de

---

[133] Para a reconstrução do papel de Rosenberg entre outubro e dezembro de 1941 no contexto do extermínio dos judeus, veja a Introdução deste livro. Em 14/12, Rosenberg conversou com Hitler, no dia seguinte com Himmler. O assunto era a demarcação de competências nos comissariados, incluindo o "tratamento do problema judeu" (veja documentos 11 e 12), que Rosenberg também tratou, três dias mais tarde, em seu discurso por ocasião do anúncio oficial da criação do RMfdbO (documento 13).

[134] O trecho que vai de "As conversas de ontem" até "(são 13 páginas")" marcado (a lápis); reproduzido (com ligeiras diferenças) em Kempner, *Der Kampf gegen die Kirche*, pp. 37 e segs. Sobre a conversa entre Rosenberg e Hitler em 14/12/1941, veja documento 14 neste livro.

toda a humanidade. Alguns generais e mesmo um primeiro-ministro asseveraram que apenas como cristãos é possível ter coragem, como se os germanos, romanos ou gregos tivessem sido covardes. Até os bolchevistas sabem como morrer, muitas vezes preferiram meter uma bala na cabeça do que a prisão. Ele disse que visitou suas divisões da SS, lá não há a fraude cristã, todos estão tranquilos e sabem o que têm a fazer. Nunca vamos descobrir o <u>sentido</u> da vida e do mundo, nenhum microscópio nos trará a solução, só ampliam um pouco o entendimento. Mas se há um Deus, então temos o dever de desenvolver as capacidades que nos foram dadas. É possível se enganar a respeito, não dissimular nem mentir. Essa dissimulação cristã está chegando ao fim, ele disse, e, num processo de eliminação de tudo que é podre, se inicia uma convalescença. Se as Igrejas apoiam tanto a preservação dos idiotizados,[135] então ele está disposto a entregar todos os imbecis para elas como religiosos e discípulos. Se estivéssemos livres do cristianismo, os outros povos poderiam tranquilamente manter o cristianismo.

Mencionei que Lagarde já explicou que fica enjoado quando lê o Velho Testamento. Paulo[136] foi conscientemente às cidades portuárias (Corinto, Tessaloniki) para preparar em meio a essas pessoas sua sublevação. Sempre achei incompreensível que H.[ouston] St.[ewart] Chamberlain tenha se esforçado tanto com a defesa da honra de Paulo. Führer: Sim, foi um erro de Chamberlain.

O Führer mostrou muita simpatia pela visão de mundo dos japoneses: trata-se de uma postura heróica, de sacrifício pelo povo. Lembrei que tinha acabado de receber uma carta interessante de um estudioso japonês sobre a nossa visão de mundo e a japonesa.

Soubemos hoje que Kerrl morreu, isto é, aquele religioso do partido que o Führer afrontou tão sarcasticamente ontem. O Führer disse que os motivos de Kerrl certamente eram apenas nobres, mas unificar o nacional-socialismo e o cristianismo foi uma tentativa vã. Eu: Tantas vezes já se quis salvar a "doutrina pura", esses experimentos fracassaram todos. O Führer: Essa restauração do cristianismo primitivo é a pior

---

135 Referência aos protestos do lado da Igreja contra os "assassinatos por eutanásia".
136 Trata-se do apóstolo Paulo.

coisa; nesse caso, os Júlio II e etc., que apoiavam grandes artistas, eram, apesar de todo embuste, menos perigosos que o cristianismo primitivo. Fazendo piada: O senhor não quer assumir o departamento de Kerrl? Quando fiz que não, assustado: Afinal, o seu departamento é outro. Mas não quero entregar os assuntos de Igreja ao Ministério do Interior.

Depois de minha apresentação, voltamos a falar sobre o cristianismo. Depois da guerra, disse o Führer, eu também quero lidar com esse assunto de maneira decisiva. Eliminar sua competência na educação de menores. Apenas adultos deveriam ter a permissão de seguir uma Igreja, e a pessoa só poderia se decidir a entrar na vida eclesiástica depois de servir o Exército. Por fim: o cristianismo foi introduzido no passado como meio de poder humano e ele também não se intimidará em usar meios de poder, se necessário.

Sugeri ao Führer a leitura de *Zeit Konstantin des Grossen* [Era de Constantino, o Grande], de Burckhardt, em que a cristianização foi muito bem descrita para a época. Considero que também é tarefa de meu futuro instituto para história das ideias indo-germânicas em Munique substituir a tradição bíblica que está morrendo por uma melhor e ainda mais antiga: a ética dos <u>antigos</u> iranianos e a sabedoria dos <u>antigos</u> hindus, que são mais bonitas do que o N.[ovo] T.[estamento]. Despedimo-nos muito calorosamente. Vejo o quanto essas questões ideológicas mexem com o Führer, em meio às preocupações militares. Quando lhe entreguei a citada carta japonesa, ele começou a ler com interesse. Imediatamente cativado, guardou-a para lê-la com atenção (são 13 páginas).[137]

<u>28/12/41</u>[138]

Durante esses meses, não fui capaz de manter um diário preciso, apesar de isso ser tão necessário também para mim e para a avaliação da

---

137 Sobre os eventos que se relacionam com a intensificação do assassinato de judeus na segunda metade de dezembro, veja a Introdução deste livro.

138 Sob esta data, retrospecto fragmentário de Rosenberg sobre eventos da segunda metade de 1941, quase exclusivamente sobre sua função como ministro do Leste.

futura política do Leste. Tenho apenas os registros de minhas conversas com o Führer e as anotações de arquivos que lhe enviei. Além disso, as instruções a Lohse e Koch. Diante de mim estão apenas os cartões dos visitantes dessa época com notas breves que agora quero resumir. Em princípio, o dia se passa assim: pela manhã, apresentação à imprensa e reuniões com o chefe do Departamento Principal I (Política) [Bräutigam], depois é a vez do *Gauleiter* Meyer com assuntos em andamento.[139] Em seguida, as visitas. À tarde, no Departamento do Partido. À noite, checagem dos dossiês dos ministérios. A partir das anotações de junho e julho nascem as primeiras consultas sobre os comissários no Leste, os homens de confiança estonianos, letões e lituanos, negociações trabalhosas com as autoridades supremas do Reich. Essas consideravam o novo ministério apenas uma estação de passagem para seus desejos. Demorou muito para convencê-las do objetivo proeminente do Ministério do Leste. Mas o que ainda não é totalmente o caso.

Exemplos

2/7/[1941]   especialistas em imprensa para Riga
              discussão sobre administradores fiduciários dos
              bens russos
              Leibbrandt vai ao quartel-general. Instruções.
              Carta para Keitel

3/7/[1941]   discussão sobre pessoal com Meyer
              relato de Malletke sobre a liquidação de judeus
              pelos lituanos
              recepção do OGrF [*Obergruppen-Führer*]
              Litzmann, que quero enviar para a Estônia.
              recepção de Bauer e Manderbach, que eu [?]

---

139 Bräutigam, Otto (1895-1992); diplomata; desde 1925: amigo de Rosenberg; 1936: ingresso no NSDAP; 1940-41: cônsul-geral em Batumi; desde 1941: licenciado do AA e chefe do departamento "política geral" no RMfdbO; desde 1953: novamente no AA (1954: chefe da divisão Leste).

considero *Hauptkommissare*
(Smolensk etc.)[140]

4/7/[1941] SS *Obergruppenführer* Lorenz.[141] Trabalho com os alemães étnicos [*Deutsche Volksbetreuung*]. Possível apresentação no Departamento de Política.
prof. Spohr: ideias sobre a universidade em Dorpat. No momento está em Posen. Sobre Escola Técnica Superior em Riga.

5/7/[1941] Dr. Braun AA Relato sobre o relacionamento com o Japão. Oshima agora pelo avanço no Sul. Exoneração de Konoye, Matsuoka. Subsecretário de Estado. Kundt: condições em Lemberg.[142]

7/7/[1941] Cranz: montagem da estrutura de imprensa nas regiões bálticas ocupadas
Dreier: montagem de pessoal dos staffs dos comissariados. Discussão com Ohnesorge, Todt etc.

---

140 Bauer, Robert (1898-1958); 1923: ingresso no NSDAP e SA; 1933: MdR; 1936-41: chefe do *Ordensburg* Sonthofen; 1941-44: comissário-chefe no RKO.
Manderbach, Richard (1893-1962); 1922: ingresso no NSDAP; 1933: MdR; diversas funções no partido; desde 1940: chefe do *Ordensburg* Vogelsang.
Smolensk, cidade russa próxima à fronteira bielorrussa.
141 Lorenz, Werner (1891-1974); 1929: ingresso no NSDAP; 1934-37: chefe do *Oberabschnitts Nord* da SS; 1936: *Obergruppenführer* da SS; desde 1941: chefe do escritório central para o bem-estar dos alemães étnicos [*Volksdeutschen Mittelstelle*] (desde 1941: departamento da SS); 1948: condenado a vinte anos de prisão em Nuremberg; 1955: soltura.
142 Provavelmente Braun, Karl-Otto (1910-1988); 1931: ingresso no NSDAP; 1941--45: chefe do setor asiático no departamento político do AA.
Oshima, Hiroshi (1886-1975); diplomata japonês; 1937: adido militar em Berlim; desde 1940: embaixador na Alemanha; 1945: condenado à prisão perpétua por tribunal militar dos Aliados; 1955: soltura.
Kundt, Ernst (1897-1947); político alemão; 1940: subsecretário de Estado no Governo-Geral; desde 1941: governador do distrito de Radom; 1947: julgado e executado em Praga.

Wittrock: relato sobre conversa com Lohse.[143]
Sugestões sobre Riga, Reval etc. Ele deve
se tornar prefeito em Riga. Já um pouco idoso,
mas tem muito conhecimento e é obstinado
Dr. Bang (Posen): pede operação no Leste[144]
Oberst Blau: relato da situação militar[145]
(cerca de 2-3 vezes por semana)

8/8/[sic; 1941] Conversa com Weizsäcker sobre os desejos
do AA no Leste.[146] Recusa da vontade de
participar lá de alguma maneira decisiva. O AA
quer sem falta ter serventia ali. Não deixo nada
a desejar no que se refere à clareza na recusa
de tais vontades. Eu disse que só é possível
levar em conta uma eventual assessoria em
questões puramente de política externa.
Kube deve ir à Rutênia Branca como
comissário-geral. Coloca-se integralmente
à disposição. Conversa sobre seu staff.

---

143 Cranz, Carl (1896-?); 1932: ingresso no NSDAP; 1939: chefe de redação interino do *VB*; 1941-43: chefe de imprensa no RMfdbO.
Possivelmente Dreier, Karl Heinrich (1898-1974); desde 1933: NSDAP-MdR; governador de Schaumburg-Lippe.
Ohnesorge, Karl Wilhelm (1872-1962); 1920: ingresso no NSDAP; desde 1933: secretário de Estado no Ministério dos Correios; desde 1937: ministro dos Correios.
Wittrock, Hugo (1873-1958); político alemão-báltico; 1941-44: prefeito de Riga; comissário distrital da cidade de Riga no comissariado da Letônia.
144 Provavelmente Bang, Ferdinand (1884-desc.); *Sturmbannführer* da SS; chefe da Sociedade Fiduciária Alemã de Reassentamento em Posen.
145 Possivelmente Blau, Albrecht (1885-desc.); 1943: coronel no OKW; autor de *Propaganda als Waffe und Geistige Kriegsführung* [Propaganda como arma e direcionamento intectual da guerra](1935).
146 Weizsäcker, Ernst, barão de (1882-1951); diplomata alemão; 1938-43: secretário de Estado no AA; 1943-45: embaixador no Vaticano; 1949: condenado a cinco anos de prisão no processo de Wilhelmstrasse ["dos ministros"] de Nuremberg; 1950: soltura.

10/7/[1941]   Kuhnert [?]. Deve ir à Estônia como chefe do Depto. de Construção. Nauts para planejamento regional deve ajudá-lo.¹⁴⁷

11/7/[1941]   Boepple.¹⁴⁸ Quer ir para o Leste. Ministro Lammers. Atmosfera no quartel--general. Sequência de perguntas.

14/7/[1941]   Fischböck, da Holanda, deve ir ao Leste como comissário-geral.¹⁴⁹

E assim continua sem parar. Vêm Renteln, Drechsler – para Lituânia e Letônia, Girgensohn constantemente com questões relativas ao pessoal da SA Schönleben (Todt) sobre autoestradas, *Stabsführer* Möckel sobre emprego da Juventude Hitlerista – secretário de Estado Keppler (AA) sobre o Escritório para Investigação do Solo.¹⁵⁰ Este

---

147 Possivelmente Natus, Robert Karl (1890-1950); arquiteto báltico-alemão; 1940--42: atuou na secretaria de planejamento regional em Posen; 1942-44: no comissariado da Estônia. – Kuhnert não identificado.
148 Provavelmente Boepple, Ernst (1887-1950); 1919: ingresso no DAP; fundador da "Dt. Volksverlags" [Editora popular alemã], que publicou, entre outros, *Weltkampf* de Rosenberg; participante do "*putsch* de Hitler"; 1933-40: funcionário no Ministério de Cultura bávaro; 1941-45: secretário de Estado no Governo-Geral; 1949: condenado à morte por um tribunal polonês; enforcado.
149 Fischböck, Hans (1895-1967); político austríaco; 1940: comissário de economia para a Holanda; 1943: secretário de Estado e presidente da Câmara de Indústria e Comércio em Viena; 1944: interino de Kehrl no RMfRuK; *Brigadeführer* da SS.
150 Renteln, Theodor Adrian von (1887-1946); 1928: ingresso no NSDAP; desde 1932: MdR; 1935: presidente da Conferência Alemã da Indústria e do Comércio; chefe de pessoal no DAF; 1941-44: comissário-geral na Lituânia; 1946: executado na União Soviética.
Drechsler, Otto Heinrich (1895-1945); 1925: ingresso no NSDAP; desde 1933: prefeito de Lübeck; 1941-44: comissário-geral da Letônia.
Girgensohn, Thomas Otto (1898-1973); 1933: ingresso no SA; 1937-42: chefe de departamento no alto-comando da SA; 1941: *Brigadeführer* da SA.
Schönleben, Eduard (1897-desc.); 1933: ingresso no NSDAP; desde 1934: chefe do departamento de autoestradas e amigo íntimo de Fritz Todt.
Möckel, Helmut (1903-45); 1930: ingresso no NSDAP; desde 1940: chefe de pessoal da Juventude Hitlerista e interino do líder da HJ.
Keppler, Wilhelm (1882-1960); desde 1927: assessor econômico de Hitler; 1936: assessor pessoal de Göring no BVP; 1938-45: secretário de Estado para emprego extraordinário no AA; chefe do escritório central para as organizações político-econômi-

apresentou bons trabalhos sobre a presença de óleo (a oeste de Kiev). Spohr: novamente questões sobre universidades no Leste. Draeger e Klein:[151] posterior operação no Cáucaso.

Koch: reunião como comissário da Ucrânia. Koch é um homem muito abrupto. Enérgico economicamente, mas obcecado pela crença em seu caráter único. Ele acha que faz uma política especialmente de alto nível, apoiando-se ora em Göring, ora em mim, mas de resto invocando o Führer. Não pensou muito sobre o tratamento psicológico das pessoas e às vezes é de um primitivismo constrangedor.

Dr. Neuscheler de Moscou, vindo de Moscou, relata sobre a viagem aventuresca do secretário de Estado Kleinmann: consulta sobre a relação com o Ministério dos Transportes. Schmeer: deve ir a Moscou como comissário-geral, Walper: mais tarde, para o Cáucaso, tem desejos próprios.[152]

O embaixador japonês Oshima me entrega a Grã-Cruz da Ordem do Sagrado Tesouro.

Reunião com Lohse sobre questões cambiais e de preço em Ostland.

4/6/[1941] Kundt relata sobre uma conversa com o SS *Gruppenführer* v. d. Bach, que mostra de maneira muito clara novamente a tendência na SS:[153] ele, B[ach], não admite receber or-

---

cas do NSDAP; 1949: condenado a dez anos de prisão no processo de Wilhelmstraße ["dos ministros"] de Nuremberg; 1951: soltura.

151 Possivelmente Klein, Emil (1905-2010); 1920: ingresso no NSDAP; 1923: participação no "*putsch* de Hitler"; 1934: editor da revista *Der Aufbruch*; 1943: líder regional da HJ e chefe de pessoal no Ministério da Educação e Cultura bávaro.

152 Possivelmente Neuscheler, Karl (1897-desc.); 1930: ingresso no NSDAP; desde 1937: correspondente dos jornais *VB* e *Angriff* em Moscou; 1939: redator-chefe interino do *VB* vienense; 1944: chefe distrital de Freiburg im Breisgau.
Provavelmente Schmeer, Rudolf (1905-66); 1923: ingresso no NSDAP; desde 1930: MdR; 1933: chefe interino do DAF e organizador das conferências do partido; 1938: chefe do departamento de organização econômica, assuntos judaicos no RWM; 1941: chefe do staff de organização da administração alemã em Moscou [*Aufbaustab Moskau*]; 1942-45: no RMfRuK.

153 Bach-Zelewski, Erich von dem (1899-1972); 1930: ingresso no NSDAP; desde 1941: *Obergruppenführer* da SS e como HSSPF Rússia-Centro corresponsável pelo assassinato de judeus soviéticos e outros civis; desde 1943: chefe das unidades de luta anti-partisans; 1944: responsável pela derrubada do levante de Varsóvia; 1945-50: prisão; 1962: condenado à prisão perpétua.

dens de ninguém. Disse que "Se a administração não está correta, a SS apenas vai disponibilizar uma segunda guarnição da polícia, de modo que a administração tenha de fazer o que a polícia quer". Testemunhas dessas palavras: v. Bülow, assistente pessoal de Kundt.

5/8/[1941] SA *Brigadeführer* Girgensohn. Questão sobre o uniforme. Defendo a ideia de se usar um uniforme para todos no Leste. Contra Lutze, que gostaria de manter o seu uniforme.

Oberst Winkler, primeira reunião sobre questões de custódia do Reich.[154]

Dr. Lammers chega para discutir outros detalhes. A seu pedido, enviei-lhe um memorando sobre a construção de um senado.

Gauleiter Koch: mais conversas detalhadas sobre o problema ucraniano.

Obergruppenführer Lorenz: Questões alemãs étnicas no Leste.

6/8/[1941] Ley me pede para retirar meu veto à planejada 7ª Câmara. Eu recuso.

Schmeer: quer aumentar seu eventual comissariado: em direção a Tula.[155]

Prof. Reinerth: questão sobre o compromisso pessoal e oficial para pesquisa pré-histórica no Leste.

Dr. Todt

Seguem-se reuniões com o líder dos farmacêuticos do Reich, com dr. Heuber (representante do Governo-Geral),[156] Litzmann. Problemas na montagem e nos equipamentos do corpo de dirigentes do Leste [*Führerkorps-Ost*], o que gera muita preocupação. (Compras: Holanda, Bélgica, França.) Kube reclama muito disso. Conversas. Backe sobre política agrária no Leste. As questões sobre os colcozes e a propriedade privada são explicadas em detalhes. Chega o

---

154 Winkler, Max (1875-1961); administrador financeiro e político; 1937: ingresso no NSDAP; desde 1939: como chefe do "escritório fiduciário Leste", responsável pela administração dos bens poloneses e judaicos confiscados; desde 1941: delegado do Reich para a indústria cinematográfica alemã; 1945-49: preso.

155 Tula, cidade russa próxima a Moscou.

156 Heuber, Wilhelm (1898-desc.); 1930: ingresso no NSDAP; desde 1933: membro da direção da Academia para o Direito Alemão; plenipotenciário do governador-geral.

enviado Neubacher: questões sobre a futura produção de óleo. Presidente Kehrl: problemas do monopólio de materiais têxteis.[157]

Em 20/8/[1941] dou uma orientação sobre festejos religiosos entre os alemães étnicos do Leste. Os padres não têm nada mais urgente a fazer do que se colocar como representantes do Reich junto aos colonos. Missão para o dr. Leibbrandt: preparar discursos e imprimir boas novas canções.

Grosskopf (AA) Objeção em relação a nosso projeto sobre a questão dos colcozes.[158] Seu ponto de vista é o da pura propaganda política: toda terra dos camponeses como propriedade privada! Seria sedutor, mas altamente perigoso para o abastecimento da retaguarda do Exército. Haverá diversas conversas a respeito ainda. Renteln fala sobre a situação na Lituânia. Malletke: ofertas da Suíça! Se colonos etc. são desejáveis. Essa pergunta deve ficar reservada para depois. Consulta detalhada com Dudzus (18.9) sobre a remodelação da Igreja da Ucrânia, Rutênia Branca, Rússia.[159] D.[udzus] está desenvolvendo opiniões corretas e aprendeu muita coisa. Infelizmente essa conversa não teve efeitos práticos na forma de sugestões concretas bem definidas. O General-l[eutant] Witting se apresenta como responsável pelo abastecimento de matérias-primas no Leste.[160] Recebi-o mais outras vezes para seus relatórios. Os russos demonstraram grande talento na demolição e destruição. Com Kasche, conversa detalhada sobre um eventual comissariado russo e a política local.

---

157 Kehrl, Hans (1900-84); empresário; 1933: presidente da Câmara da Indústria e do Comércio de Niederlausitz; assessor de economia dos distritos administrativos do NSDAP; após o início da guerra, responsável pela exploração de matérias-primas nos territórios ocupados; 1943: chefe dos departamentos de planejamento e matérias-primas no Ministério do Armamento; membro de inúmeros conselhos consultivos; 1949: condenado a quinze anos de prisão no processo de Wilhelmstrasse ["dos ministros"]; 1951: soltura.

158 Großkopf, Wilhelm (1884-1942); diplomata; 1935: ingresso no NSDAP e chefia do consulado em Kiev; 1936: cônsul-geral; desde 1938: atuante em diversos departamentos do AA, posteriormente chefia da seção para o reassentamento de alemães étnicos; 1939: segundo-secretário.

159 Dudzus, Willo (1908-83); político ligado à Igreja; 1940: conselheiro governamental; desde 1941: no RMfdbO; em seguida, assessor para questões religiosas no Warthegau; 1943-45: serviço militar.

160 Provavelmente Witting, Walter (1879-1947); oficial; 1940-41: no departamento de economia de guerra e armamento do OKW.

Agora, conversas detalhadas com Schlotterer, Riecke etc. sobre política econômica. Além de grandes reuniões sobre a formação do ministério em si. Dr. Runte mostra-se muito ativo, generoso, mas isso em relação à carreira de funcionário público. Tratei de questões de transporte com Hühnlein. Resolvi diferenças entre gal. v. Schell, que dispõe dos veículos, enquanto H.[ünhlein] dispõe das pessoas. No nosso ministério, as competências concorrem com atrito de maneira muito evidente. Marrenbach relata sobre o trabalho da DAF. Frauenfeld apresenta-se como futuro comissário-geral para a Crimeia. Hasensteck relata sobre o trabalho na Ucrânia. Hasselblatt desenvolve pensamentos inteligentes sobre o tratamento dos povos orientais. Ele será útil para muitas questões.[161]

Em 3/X/[1941] acontecerá uma grande reunião de chefes no escritório de Funk: questão cambial. Os "especialistas" tinham previsto, antes da ação, a nota de crédito do Reich para toda a região oriental. Eu havia pedido já em maio por um câmbio de rublos alemães para a Rússia em si. E agora o Ostland estava sendo debatido. Marcos ou *gulden*? Tamanho da diferença de câmbio? Defendemos as notas de crédito do Reich como uma transição para marco, o que

---

161 Runte, Ludwig (1896-1958); 1932: ingresso no NSDAP; 1935-41: presidente da região de Arnsberg; 1941-44: chefe do departamento II (administração) no RMfdbO.
Hühnlein, Adolf (1881-1942); 1923: participação no "*putsch* de Hitler"; 1927: chefe do setor de veículos da SA; 1930: fundação da tropa motorizada da SA e do corpo de automóveis nacional-socialista; desde 1933: *Korpsführer* do NSKK; desde 1939: responsável no BVP pelo transporte motorizado.
Schell, Adolf von (1893-1967); oficial; desde 1938: plenipotenciário para os assuntos de transporte veicular no BVP; 1939: criador do "plano Schell" para a unificação da produção automotiva alemã na guerra.
Marrenbach, Otto (1899-1974); 1928: ingresso no NSDAP; 1938-45: chefe de pessoal do DAF; 1942: *Brigadeführer* da SS.
Frauenfeld, Alfred Eduard (1898-1977); 1929: ingresso no NSDAP austríaco; a partir de 1936: MdR e atividade no AA; 1940-42: atividade diplomática na Europa ocidental e sudoeste ocupadas; 1942-44: comissário-geral da Táuria (Crimeia) no RKU.
Hasensteck: Trata-se provavelmente de Hasenöhrl, Hans Xaver (1891-1943); 1932: fundador da seção exterior do NSDAP na China; 1934: conselheiro ministerial no RMVP; *Gauamtsleiter*; desde 1939: responsável por questões de transporte no staff de economia do Leste.
Hasselblatt, Werner Richard Karl (1890-1958); político alemão-estoniano; 1923-32: deputado no Parlamento estoniano; diretor do partido alemão-báltico; a partir de 1931: diretor da associação dos grupos étnicos alemães na Europa; desde 1932: coeditor de *Nation und Staat*.

também foi bastante aceito.[162] Mais tarde, Funk foi derrubado imediatamente ao falar com Göring, que sugeriu um câmbio de crise de 2:1. Não é concretizável no plano prático. A questão ainda está em banho-maria, o que existe continua.

Renteln: visita sobre movimentos lituanos de libertação. Eu: a princípio, nada de agrupamentos políticos. – Dittloff: relato sobre a Ucrânia. Ele percorreu 8 mil quilômetros. 50% colheita, diminuição da vontade de trabalhar. Não há desejo por dinheiro, mas por mercadorias. 30% dos tratores fabricados. Ele deseja o trabalho da juventude, editora de livros escolares, visto que ele advoga um trabalho cultural forte com os ucranianos, em oposição aos métodos coloniais forçados, que Koch quer tanto aplicar. H[au]pt[mann] K. Bauer[163] relata sobre Smolensk, 80% destruída.

Senhora Scholz-Klinck: utilização e cuidados das mulheres alemãs no Leste. Schlotterer: relato sobre divergência de opiniões em relação ao Plano Quadrienal, onde Neumann e Gramsch adorariam poder desviar do novo ministério.[164]

Comissário-geral Schoene relata (9/x/[1941]) sobre seu trabalho em Podólia, dificuldades com a Wehrmacht. Mas ele está otimista com o futuro. Posteriormente, diz estar altamente insatisfeito com os desmandos de Koch. Oppermann apresenta-se como comissário-geral para Nikolaiev. Trata-se de um homem firme e calmo, que não se abalará facilmente. Runte fala sobre o conflito Ostland-Ucrânia. Há novamente algo a ser resolvido. Com Reinhardt, reunião sobre editoras e arranjos correspondentes.[165] O enviado romeno faz um convite. Volto a falar

---

162 No original, um artigo da frase foi corrigido posteriormente.

163 Possivelmente Bauer, Karl (1892-desc.); 1941-43: comissário regional em Borissow e na Rutênia Branca; 1944: acusado pelo tribunal popular como conspirador do atentado de 20 de julho.

164 Gramsch, Friedrich (1894-1955); funcionário ministerial alemão; 1936-45: no BVP, grupo de trabalho "Divisas"; 1938-45: diretor ministerial; após a guerra, presidente da Assembleia de Distritos Alemães.

165 Schoene, Heinrich (1889-1945); 1925: ingresso no NSDAP; desde 1933: MdR; 1934-42: chefe da polícia de Königsberg na Prússia Oriental; 1941-44: comissário--geral da Volínia-Podolia no RKU.
Oppermann, Ewald (1896-1965); desde 1933: chefe do grupo regional de aviadores I (Prússia Oriental) na associação alemã de esportes aéreos; 1941-44: comissário-geral de Nikolaiev (Mykolaiv) no RKU.

com a senhora Goga após um longo período (10/X/[1941]). Ela participará da Conferência das Mulheres em Berlim. O mais importante: Antonescu, na realidade, não quer a Transnístria. Ele a quer apenas no mapa para trocá-la pela Transilvânia! A senhora G.[oga] conta coisas ainda desconhecidas sobre a revolta da Guarda de Ferro. A.[ntonescu] realmente não sabia de nada e tinha ido esquiar com a sra. Goga quando soube da notícia de Bucareste. Sua energia tinha sido subestimada. Ela disse que ele é um grande soldado, como uma corda tensionada. Um episódio. O enviado Neubacher foi com um representante do líder da Guarda de Ferro até Antonescu para possivelmente negociar a paz. Antes da entrada, um soldado revistou os romenos à procura de armas, obedecendo a ordens. E encontrou um revólver carregado! Supostamente Antonescu deveria ser assassinado durante a reunião.

Em 23/X/[1941] primeira reunião sobre o plano de um staff central de planejamento para o desenvolvimento geral do Leste.

Harder relata sobre novos esforços pan-turanianos. Nuri Pasha, irmão de Enver Pascha, está agindo ali.[166] Com o conhecimento da Turquia, claro. Novamente incentivado pelo infeliz v. Hentig do AA, cujos esforços já tivemos de neutralizar várias vezes. Ele deveria inclusive se tornar enviado em Cabul. Motivado por um memorando meu, o Führer revogou essa nomeação. Na Síria, v. H[entig] queria criar um front árabe com ajuda de cristãos libaneses!

Kasche chega, SA *Obergruppenführer* Benecke se apresenta.[167] Deve [ilegível] – mas isso é para daqui um tempo. Mas ele está oti-

---

Reinhardt, Fritz (1895-1969); 1923: ingresso no NSDAP; 1929-31: *Gauleiter* da Alta Baviera; 1933-45: secretário de Estado no RFM, ao mesmo tempo 1934-41: chefe geral do escritório no staff do StdF; 1945-49: prisão.

166 Nuri Paşha (1881-1949); oficial e homem de negócios turco; 1918-38: na Alemanha; em seguida, gestor de uma fábrica de armas e munição em Istambul; desde 1941: contatos com Franz von Papen (embaixador alemão em Ancara) para o apoio alemão ao pan-turanismo; participação na fundação da legião turcomena da SS.

Enver Pasa (1881-82-1922); oficial e político turco; membro do Comitê para Progresso e Unidade ("Jovens turcos"); 1914-18: como ministro da Guerra, corresponsável pelo genocídio armênio; 1918: exílio em Berlim; 1920: coiniciador de um levante antissoviético em Buchara.

167 Bennecke, Heinrich (1902-72); 1922: ingresso no NSDAP; 1934: *Gruppenführer* da SA e chefe do departamento de ensino superior da SA; 1936: MdR; *Obergruppenführer* da SA.

mista. Como todos os velhos nacional-socialistas que devem ocupar postos avançados no Leste.

Em 3/XI/[1941] vem o ministro dinamarquês Larsen.[168] Quer saber se desejamos uma entrada em ação da Dinamarca. Digo que sim: os dinamarqueses são excelentes engenheiros, chefes de indústria de laticínios etc. Deve ser formado um comitê dinamarquês. – Por causa dessa conversa, pedi ao representante da Sociedade Nórdica em Copenhague – em concordância com Renthe-Fink – que entrasse em contato com Larsen. Todos os povos germânicos devem ficar interessados no Leste. Primeiro individualmente, depois como colonizadores. Depois da guerra, a emigração não deve seguir para os Estados Unidos, mas ao Leste selvagem. Lá onde antes os godos reinavam.

Os funcionários do dr. Leibbrandt relatam sobre seu trabalho: cuidar de prisioneiros de guerra. 28 comissões. Escolha realizada: mil motoristas, 6 mil fazendeiros etc. Depois, o desenho de mapas: limites administrativos. O escritório de passaportes teve de processar 4 mil pedidos. Todt, sociedades monopolistas gritam por emigrantes russos. Até o momento, não permiti nenhum até o Leste.

Dr. Bräutigam relata (4/XI/[1941]) sobre a impressão do discurso de Koch nos oficiais do OKH e OKW. Disse que K.[och] quer uma política colonial dura. Não aceitará ordens de Berlim. E que vai ao Führer sem a concordância do ministério. Disse ainda que em Berlim há apenas ideólogos.

Quando confrontei K. a respeito mais tarde, ele negou. Soube exatamente o mesmo de outro lado. Ou seja, o falastrão continua o mesmo. Mais tarde, fiz uma menção a respeito para o Führer (14/XII/[1941]), e pedi que Koch fosse recebido apenas na minha presença. O Führer concordou imediatamente.

Neumann volta de novo por causa da concessão da Continental AG para todos os territórios orientais. Ele acha que eu devo aceitar apenas um decreto de Göring. Ele ainda não quer aceitar completamente minha plenipotência para legislar. – (Depois, ajeitei isso com Göring: uma concessão em longo prazo só pode ser ordenada por

---

168 Larsen, Gunnar (1902-73); 1940-43: ministro dinamarquês do funcionalismo público.

mim. Dessa maneira, ambos temos de assinar: G.[öring] pela economia de guerra, eu para o futuro. O documento nesses termos está com Göring, já assinado por mim).

Epp coloca à minha disposição os funcionários do Departamento de Política Colonial.[169]

No Comitê de Killy, prossegue o cabo de força sobre a hierarquização e pagamento dos funcionários do Leste.[170]

Os mapas de Grodno são apresentados.[171]

O diretor ministerial Klopfer aparece, prometendo o melhor trabalho conjunto possível com a Chancelaria do Partido.[172]

Gohdes: diz estar pronto para a Geórgia.[173]

8/[6?]XI/[1941] Reunião com o *Reichsmarschall* sobre emprego dos prisioneiros de guerra e asseguramento dos direitos dos comissários do Reich em relação às sociedade monopolistas.

Tivemos de protestar energicamente contra o "protocolo", visto que os senhores do Plano Quadrienal ousaram registrar as "conclusões" por eles desejadas como resultados. Tendência: corte na soberania financeira do ministro do Leste.

Entrego a Selzner sua nomeação como comissário-geral para Dnepropetrovsk e falo detalhadamente sobre suas tarefas.[174]

---

169 Epp, Franz Xaver Ritter von (1868-1946); 1919: chefe do *Freikorps* Epp; 1928: ingresso no NSDAP; 1933: comissário do Reich na Baviera; desde 1934: chefe do departamento de política colonial do NSDAP.

170 Killy, Leo (1885-1954); 1932: ingresso no NSDAP; 1933-44: na Chancelaria do Reich como secretário de Estado interino, responsável, entre outros, pela coordenação de projetos de trabalhos forçados; em novembro de 1944: exonerado do serviço público por ser "mestiço de 2º grau".

171 Grodno (Hrodna), cidade na Bielorrússia; sob ocupação alemã, parte da região administrativa Białystok.

172 Klopfer, Gerhard (1905-87); 1933: ingresso no NSDAP; desde 1935: no StdF/Chancelaria do Partido; 1942: secretário de Estado e interino de Bormann; participante da Conferência de Wannsee; 1944: *Gruppenführer* da SS.

173 Gohdes, Otto (1896-1945); desde 1933: líder de treinamento do NSDAP e do DAF; MdR; desde 1936: comandante do *Ordensburg* Krössinsee.

174 Selzner, Claus (1899-1944); 1925: ingresso no NSDAP; desde 1932: MdR; 1933: *Reichsobmann* interino; diretor de organização da direção do DAF; chefe do departamento de organização da sociedade nacional-socialista "Força pela Alegria"; 1941--44: comissário-geral de Dnepropetrovsk em RKU.

Bundt [ilegível] quer concorrer para o futuro em Ingria e escreveu um longo memorando, bastante bem refletido, sobre a construção econômica.[175]

Dr. Leibbrandt relata sobre as visitas de Chokai, antigo líder dos turcomenos, aos campos de prisioneiros.[176] 90% são contra a Rússia, imediatamente dispostos a lutar contra Moscou. Conselheiro educacional Kienzler[177] desenvolve o plano para as escolas superiores em Ostland e o sistema escolar na Ucrânia. O comissário-geral dos correios Ritter se apresenta. Consultas sobre o trabalho conjunto no Ministério dos Correios.

18/XI/[1941][178] Visita do diretor-geral Hartmann; vou nomeá-lo diretor do Banco Central da Ucrânia.[179]

Litzmann: conversa sobre a reconstrução de Reval. Queixa antiga de que a SS quer se meter novamente com planos próprios. Claro que para si. Observação de que ela só tem permissão para construir de acordo com o planejamento geral.

Dr. Dittloff se queixa (20/XI/[1941]) sobre a política destrutiva de Koch, desperdício da confiança existente. Não há orientações claras. Prefeito de Kiev sem orientação. Como estão as escolas técnicas agrícolas? Possivelmente alocadas na Alemanha? É necessário uma editora de livros ucraniana.

General-Leutnanat Witting Relato sobre a situação na Ucrânia. Enviado Wuorimag, antes em Berlim agora em Budapeste, vem por ser velho conhecido e está muito comovido pela alta consideração aos finlandeses.[180]

---

175 Ingria, região ao sul do golfo da Finlândia ao redor de Leningrado (São Petersburgo).
Bundt não identificado.
176 Shokay (Chokai), Mustafa (1890-1941); político exilado cazaque, que defendia um Turcomenistão livre.
177 Supostamente Kienzlen, Oskar (dados desc.); 1941-43: nomeado para o RMfdbO para a criação de escolas especializadas no RKO.
178 Neste levantamento do diário, falta a observação sobre o discurso de Rosenberg em 18/11/1941 (veja documento 13 neste livro).
179 Ritter e Hartmann não identificados.
180 Wuorimaa, Aaarne Artur (1892-1975); diplomata finlandês; 1928-33: enviado na Estônia; 1933-39: em Berlim; 1940-44: na Hungria e na Bulgária.

Schlotterer: é discutida a questão da produção cinematográfica no Leste.

Cônsul-geral Windecker Informe sobre a partida como representante do AA Riga.[181] – Desenvolvimento de um memorando para o Führer sobre a legião turca. Fundamenta que isso não é possível apenas para os povos turcos. Daí os caucasianos também deveriam receber uma legião.

Esse memorando, mais tarde, fez com que o Führer ordenasse a criação de ligas dos povos caucasianos.

Brigadeführer Freund[t] inicia sua viagem como meu representante no agrupamento sul do Exército. Instruções detalhadas. *Gauleiter* Eigruber pede que suas sugestões para o Leste sejam consideradas.[182]

Chega um relato sobre a viagem de um funcionário para Rowno.[183] Koch ficou apenas 8 dias por lá. Realizou muitas caçadas e não esteve disponível para reuniões.

Schlotterer informa sobre as condições na Rutênia Branca. Schmeer quer um território maior para seu comissariado-geral. Enviado Saucken do AA entra em contato.[184] Início do trabalho com Koch. Digo-lhe que ele terá pouca coisa a fazer por lá. Parece que o AA ainda tem a esperança de se meter na formatação das coisas. Acho totalmente incompreensível o que o pobre S.[aucken] terá para fazer lá em Rowno.

Em 9/XII/[19411] foquei em Koch. Tentei ser delicado na medida do possível, mas direto. Chamo sua atenção ao não atendimento de diversas coisas. Ele promete lealdade.

---

181 Windecker, Adolf von (1891-1974); 1933: ingresso no NSDAP; desde 1937: chefe da organização regional holandesa do NSDAP; 1938-39: cônsul-geral em Singapura, depois em Bucareste; 1941: representante do AA no RKO.

182 Eigruber, August (1907-47); 1922: ingresso na "Juventude trabalhadora nacional-socialista da Áustria"; 1928: preso por pertencimento ao NSDAP; 1936: *Gauleiter*; 1940: governador de Oberdonau; 1943: *Obergruppenführer* da SS; 1946: condenado à morte no processo de Mauthausen.

183 Rowno (Riwne); sob ocupação alemã, sede do RKU.

184 Saucken, Hans von (1893-1966); 1936: ingresso no NSDAP; 1937-40: chefe interino do consulado-geral Hankau e no consulado Tsingtau; 1940-45: cônsul em Tsingtau; 1951-58: no consulado-geral de Nova York.

Conversa prolongada com o *Gauleiter* Wachtler [Wächtler] sobre livros escolares, campos para professores alemães étnicos no Leste do Reich. Ele se dispõe a fazer. Também quer escolher os professores a.[lemães] para o Leste.

General aviador Kitzinger relata sobre as dificuldades: Koch trocou representantes 6 vezes.[185] Faltam soldados para o cumprimento de debulhar os cereais. Os prisioneiros morrem de fome e de frio.

Tudo isso é apenas uma pequena amostra do trabalho dos últimos meses. Em paralelo, há as reuniões diárias sobre alterações, montagem de pessoal, queixas, negociações com outros ministérios. E mais o trabalho do Departamento do Partido. Dei 6 palestras na minha escola preparatória, onde acontecem cursos sobre o sentido desta guerra. Em seguida, reuniões com minha força-tarefa [ERR], que hoje trabalha em toda a Europa. Da Europa, chegam bibliotecas e obras de arte, o mesmo da Grécia. Pela primeira vez a república de Atos foi pesquisada com exatidão, com resultados muito interessantes. Trata-se da última expressão do autêntico cristianismo oriental. Um álbum que me foi entregue explica muito bem. 1800 fotos são objeto de trabalho científico do prof. Dölger.[186] Na Holanda e na Bélgica, as pesquisas continuam. No Leste, Kiev e outras cidades são checadas. Prof. Harder faz escavações na Grécia (Chalkis), Stampfuss em Creta.[187] – Longa correspondência com o tesoureiro do Reich sobre o financiamento dos escritórios externos da *Hohe Schule*. Muitas consultas com seus chefes. Conferência das provas do *Weltkampf* – A seguir, preparação das cerimônias ideológicas [*weltanschauliche*

---

185 Kitzinger, Karl (1896-1962); 1934-36: general da Luftwaffe no RLM; 1941-44: comandante da Wehrmacht na Ucrânia; depois de 1944: comandante na França; 1945--47: prisioneiro de guerra pelos britânicos.

186 Dölger, Franz (1891-1968); bizantinista; 1931-58: professor de filologia na Universidade de Munique.

187 Harder, Richard (1896-1957); filólogo; 1937: ingresso no NSDAP; 1930-41: professor universitário em Kiel; 1940-44: editor da revista *Gnomon*; desde 1941: chefe do "Instituto de História das Ideias Indo-germânicas" na "*Hohe Schule*" de Rosenberg; escavações financiadas pelo ERR; 1943: avaliador dos panfletos do [movimento antinazista da resistência alemã] "Rosa Branca"; desde 1952: professor universitário em Münster. Stampfuß, Rudolf (1904-78); historiador alemão da pré-história; 1933: ingresso no NSDAP; desde 1940: no ERR, ocupando-se, entre outros, com escavações; 1941-43: responsável no RMfdbO por pré-história e história antiga.

Feierstunden],* em seguida meu discurso no dia 21 sobre Paul de Lagarde. Um discurso sobre D.[ietrich] Eckart para o dia 26 de dezembro. Discurso na conferência sobre política social. – Reunião sobre a realização de diversas exposições de arte: (pintores do front). Longas conversas sobre a planejada grande exposição "Soberania da Europa", que foi prevista primeiro para abril e depois para 3 de setembro de 1942. Devem ser mostradas a unidade e a defesa de nosso continente através de todos os séculos. Um trabalho extraordinariamente abrangente e único.

Discursei fora apenas uma vez: no estádio da muito bombardeada Bremen.

Às noites: vistas de documentos trazidos, conversas com Lohse, 2 vezes também com Koch. Na minha casa à noite: Dorpmüller, Todt, Schwerin etc.[188]

Esse ano foi tão cheio de trabalho como poucos. Depois das primeiras grandes dificuldades – vieram outras. Novos territórios são anexados, os problemas mudam, visto que a forma da guerra mudou. Em 24/12/[1941] um oficial do staff de Reichenau me conta muitas coisas sobre as quais tenho a mesma opinião e envio isso ao Führer como anotação sobre o estado da retaguarda do Exército.

Será um inverno duro.

---

* Introduzidas por Rosenberg em 1941, tratava-se de uma mistura de hora de devoção ideológica e matinê artística; à maneira de missas/cultos, deviam ser realizadas numa mesma hora em todo o Reich. (N. T.)

188 Dorpmüller, Julius (1869-1945); engenheiro e político; 1926-45: diretor-geral das ferrovias alemãs; 1933: diretor do conselho da empresa Reichsautobahnen; 1937--45: ministro dos Transportes; 1941: ingresso no NSDAP.
Schwerin von Krosigk, Lutz, conde (1887-1977); político especialista em finanças; 1932-45: ministro das Finanças; membro da Academia de Direito Alemão; maio de 1945: "ministro em ação" no gabinete de Dönitz; 1949: condenação a dez anos de prisão no processo Willhelmstrasse ["dos ministros"] de Nuremberg; 1951: soltura.

[1942]

Berlim, 14 de julho de 1942[1]
R/H

<u>Nota
sobre reuniões no quartel-general do Führer de
7-10 de julho de 1942</u>

No dia 7/7 pela manhã, conversa prolongada com <u>dr. Lammers</u>. Ele me apresentou projetos do AA sobre nosso relacionamento conjunto nas questões do Leste. Trata-se principalmente de coisas relativas ao trabalho do AA em assuntos caucasianos. Expliquei ao dr. Lammers os detalhes já mencionados em minha carta e disse que não considero o AA competente para esse caso.

À tarde, na presença do dr. Lammers, houve uma conversa longa com o <u>*Reichsführer* da SS Heinrich Himmler</u>.[2] Ficou claro que Himmler percebera não ter agido corretamente em diversas

---

1 Original datilografado (17 pp.) no USHMMA RG-71 Acc.2001.62.14 (como cópia também em USHMMA RG-71 box 380). Traços manuscritos (lápis) nas margens. Os organizadores acolheram a observação neste local (e não na parte III) porque é escrito como um diário e ajuda a cobrir o hiato dos registros do diário entre o final de 1941 e outubro de 1942.

2 Veja também Witte et al., *Dienstkalender*, p. 479.

orientações e na forma de seu cumprimento. Apresentei todos os detalhes que resultaram de nosso acordo de 19/11/[19]41, principalmente os decretos de 16/1/[19]42.[3] Disse que era inaceitável que se declarasse que eu estava de acordo com decretos oficiais do chefe da Polícia Alemã sem que eu tivesse lido ao menos o rascunho de um decreto desses. E também não era admissível que não fosse cumprido o decreto do Führer que determina que as disposições de caráter geral do chefe da Polícia Alemã devam ser conduzidas pelo ministro do Leste. Citei ainda o decreto sobre religião do chefe da Polícia de Kiev e uma ordem do chefe de polícia de Nikolaiev, na qual ele emprega uma formulação muito duvidosa, segundo a qual um acordo com comissários distritais é realizado mais rapidamente quando esses se veem privados da polícia. Himmler compreendeu agora a impossibilidade da manutenção dessa situação e se dispôs a ajeitar de uma maneira nova toda a relação entre direção política e a polícia no Leste. Especificamente foi prevista a modificação dos decretos de 16/1/[19]42. Himmler reforçou que para cada degrau da polícia deve haver o outro braço do comissário correspondente. Eu falei que muito já foi discutido a respeito e que era hora de esse plano realmente ser posto em ação. Himmler, em seguida, deixou de comparar a relação do comissário distrital [Gebietskommissar] com o chefe de polícia [Polizeiführer] à do prefeito com o chefe máximo da polícia [Polizeipräsident], mas entre o chefe distrital [Landrat] e a polícia [Polizei], em que o chefe distrital manda no chefe da polícia, isto é, a polícia é sua subordinada. Sobre o relacionamento entre o chefe de guarnição [Standortführer] e comissário da cidade [Stadtkommissar] ou comissário distrital, Himmler explicou que ali realmente existe um buraco. Combinou-se que chefes de guarnição só devem ser instalados em cidades grandes e, visto que deveriam ser subordinados ao comissário da cidade ou o comissário distrital, é preciso encontrar uma forma para tanto (por causa dos direitos adquiridos dos chefes de guarnição).[4]

---

3 Veja documento 15 neste livro, bem como USHMMA RG-14.017M (BAB R 6/9).

4 A conciliação de Himmler não durou muito: em outubro ele encaminhou a Berger sua concordância em relação a um acordo sobre a divisão de competências com o

Ao longo da conversa, ainda apontei para o fato de que também não é possível que Himmler expresse seus pensamentos ou ordens de inquestionável natureza política durante suas viagens; pois os chefes de polícia se apropriam desses pensamentos, transformando-os em ordens e as espalham. Citei explicitamente a ordem do chefe da SS e da Polícia da Letônia, que – por causa de uma afirmação de Himmler – consultou um departamento oficial letão para saber se os filhos dos deportados estavam aptos para serem germanizados ou não. Himmler criticou o procedimento, tanto que enviou circulares a órgãos letões. Mas reforcei que, para além da questão da ocorrência ou não da germanização, trata-se de nossa soberania política. O principal é que a polícia não pode fazer as coisas do seu jeito nesse caso.

A conversa chegou na relação com o comissário para a consolidação do caráter nacional germânico [*Festigung deutschen Volkstums*]. Dr. Lammers leu em voz alta o decreto do Führer relativo ao Governo-Geral. Expliquei que conheço o decreto, mas que também a estrutura estatal no Leste é diferente daquela do Governo-Geral. Em seguida, apontei para o primeiro experimento prático na Lituânia. Ali, o comissário-geral em Kauen[5] é o representante do assentamento a ser criado. Ele formou um grupo de trabalho a partir de nossos representantes e representantes do comissário para a consolidação. Todas as questões eram discutidas ali, a regulamentação referente à soberania foi conduzida pelo comissário-geral, a realização prática pelo comissário-geral como responsável extraordinário juntamente com o staff para assentamento. Himmler discorreu longamente sobre a experiência amealhada nos últimos anos e que pensava as coisas da seguinte maneira: seus staffs, acostumados com todo tipo de preparativos práticos, poderiam ser empregados; encerrado o trabalho, eles se mudariam para outra área, a fim de realizá-lo novamente. Se isso não fosse feito por equipes tão preparadas, nunca se conseguiria desenvolver um assentamento com rapidez. Afirmou ainda que a questão do se ou onde assentar era política, cabendo unicamente ao ministro

---

Ministério do Leste com a observação de que, no mais, o ministério de Rosenberg deveria "deixá-lo em paz". (Brandt a Berger, 9/10/1942; BAB NS 19/1704, Bl. 48.)

5 Kaunas (Kowno), cidade na Lituânia.

do Leste. Decidido isso, o trabalho prático começa. E que ainda hoje não considera minha primeira sugestão correta, pois se monto um departamento de assentamentos no ministério, ele próprio não tem praticamente nada a fazer. Era preciso procurar uma forma nova aqui também. Por isso, sugeri a criação de mais uma comissão de assentamento dentro de meu staff central de planejamento, ao lado das outras comissões. Himmler sugeriu como diretor o professor Conrad Meyer, e aceitei-o.[6] Assim o prof. Meyer foi determinado por todos nós como o chefe da comissão de assentamento a ser criada.

Após essa reunião, o *Generaloberst* Daluege e o dr. Leibbrandt foram chamados, e ao dr. Lammers foi solicitado redigir uma ata.[7]

No dia 8/7 pela manhã, o dr. Lammers e eu visitamos o ministro do Exterior, para resolver as questões pendentes de nossa relação. A fim de evitar alguns mal-entendidos, expliquei que era evidente que todos os interesses alemães relativos ao estrangeiro, incluindo-se os dos Territórios Orientais, só poderiam ser representados pelo AA. Da mesma maneira, a política alemã de comércio exterior também é um meio da política externa. Caso o interesse externo alemão considerasse necessária uma atividade comercial em algum lugar ou, por outro lado, fosse desejável uma restrição, os interesses econômicos dos Territórios Orientais também teriam de se pautar por isso. No que tange à execução prática, porém, é preciso haver internamente na Alemanha a garantia de que a forma do comércio com os Territórios Orientais Ocupados e a resolução dos problemas dos Territórios Orientais também sejam determinados pelo ministro do Leste. Esse também é o ponto de vista do Plano Quadrienal e do Ministério da Economia. Ribbentrop afirmou que o primeiro ponto é pacífico. Evidentemente que o AA, e mais ninguém, tem que chefiar todas as

---

6 Meyer (-Hetling), Konrad (1901-73); 1932: ingresso no NSDAP; desde 1934: professor de política agrária na universidade de Berlim; 1936: vice-presidente da Sociedade Alemã de Amparo à Pesquisa; desde 1940: trabalho conjunto com o RSHA para o planejamento da "germanização" ("Plano Geral Leste"); 1941: *Oberführer* da SS e chefe de departamento no RKF; 1956-68: professor na Universidade Técnica de Hannover.

7 Daluege, Kurt (1897-1946); 1922: ingresso no NSDAP; 1933-36: chefe da polícia prussiana; 1936-45: chefe da *Ordnungspolizei*; 1942-43: protetor interino da Boêmia e Morávia; 1946: enforcado em Praga após receber pena de morte.

negociações com o estrangeiro. Ele chamou de inadmissível a carta do dr. Ley sobre a Comissão de Política Comercial e a Comissão sobre o Leste, bem como minhas sugestões sobre as suas próprias proposições. Também no que se refere à importante questão do relacionamento com o futuro Cáucaso, afirmou ainda que não pode concordar de maneira nenhuma com meu ponto de vista. O Führer ainda nem se decidiu se o Cáucaso vai se tornar um comissariado ou um Estado livre. Até lá ele quer considerar a realização de preparativos para esse último. Retruquei que, a princípio, é claro que uma liberdade soberana para o Cáucaso não pode ser considerada. Falei que o Führer já tinha nomeado um plenipotenciário militar e previsto nomes para a direção política, e os preparativos estavam em curso em todas as áreas: econômica, administrativa, médica etc. Além disso, nossas comissões tinham escolhido os melhores elementos entre os presos, e dessa maneira ajudamos a Wehrmacht a montar a legião. Acrescentei que o Führer tinha aprovado a forma da propaganda caucasiana e que mais tarde apresentei as bandeiras e os símbolos dos turcomenos e dos georgianos, que estavam sendo produzidos. Mas o AA chamou emigrantes caucasianos de todos os países para Berlim e despertou esperanças que mais tarde não poderão ser cumpridas. Georgianos já estão se oferecendo como futuros regentes, pedindo inclusive para que alemães entrem em seu Ministério da Economia. Ribbentrop explicou que as objeções que havíamos anteriormente dirigido ao AA foram corrigidas; nesse momento, tive de interromper e afirmar que não era o caso, pois, na prática, a sintonia alardeada pelo AA significou que, depois de meses de preparativos do nosso lado, o AA assenhorou-se de todas as ideias e outras coisas. Quando perguntamos o sentido da reunião dos emigrantes em Berlim, recebemos apenas uma resposta evasiva, e certo dia emigrantes de passado muito conturbado em países inimigos se tornaram hóspedes do hotel Adlon. Eles é que discursaram para compatriotas e não foi o AA quem nos avisou disso, mas a emigração. O AA até hoje não fez qualquer informe. Então não é correto, de maneira nenhuma, dizer que o AA apresentou um alinhamento. Ribbentrop se viu obrigado a expressar sua opinião de que não fazia mal a emigração ter esperanças

Visita de Rosenberg a Kiev em 1942. À sua direita, comissário Erich Kock e *Gauleiter* Alfred Meyer.

um pouco exageradas em relação ao Cáucaso, pois isso resultaria numa atitude mais favorável. Eu lhe disse que as esperanças podiam ser, no máximo, de natureza temporária. Se esses imigrantes fossem para o Cáucaso, irromper-se-ia uma batalha entre os assentados antigos contra esses grupos de emigrantes e a consequência necessária seria a obrigação da Wehrmacht alemã defendendo os emigrantes ou abafando inquietações. Continuei dizendo que um dano político gigantesco já tinha sido feito e que eu não podia mais aceitar o procedimento do AA. Ribbentrop se dispôs a desautorizar o embaixador v. d. Schulenburg a dar os próximos passos.[8] Ele propôs que, até a decisão do Führer, formássemos um grêmio para a solução de problemas. Declarei minha concordância, a princípio, com a ordem de interrupção, mas reforcei que aguardaria a decisão do Führer.

Em seguida, desenrolou-se uma conversa bastante agitada sobre a atividade do AA em relação a todo problema soviético-russo.

---

8 Schulenburg, Friedrich-Werner, conde von der (1875-1944); diplomata; 1934: ingresso no NSDAP; 1934-41: embaixador em Moscou; apoiador do pacto de não agressão alemão-soviético; 1941: chefe do "Grêmio Rússia" do AA; 1944: prisão e execução devido ao atentado de 20 de julho.

Ribbentrop disse que o AA tem o direito de fazer panfletagem para a desagregação do espaço russo. Eu lhe expliquei que, no outono do ano passado, havia sido combinado um panfleto com o dr. Leibbrandt, depois não mais; e aliás essa não era atividade do AA, mas muito mais nossa, em acordo com o OKW. Afinal, a conformação futura do Leste tinha sido passada para o Ministério do Leste e por essa razão também os trabalhos prévios tinham de ser realizados em acordo com o AA. Ribbentrop pôs isso totalmente em dúvida e descartou minha formulação relativa à questão. A questão ficou em aberto.

Na questão da Comissão do Leste, Ribbentrop me pressionou para receber, enfim, minha concordância em enviar um representante para a Comissão do Leste do AA que será criada. Expliquei-lhe todas as dificuldades; ele chamou o enviado Schnurre, que também quis me convencer do acerto dessa comissão para o Leste.[9] Ele disse que foi provado ser conveniente que a Comissão de Política Comercial e a Comissão de Governo se ocupassem do tema. Ribbentrop falou que já estava decidido a nomear um chefe de delegação oriundo do meu ministério para algumas delegações importantes. Falei que estava de acordo, mas não me deixei curvar e não lhe ofereci minha concordância total para sua Comissão do Leste. Sugeri que o enviado Schnurre e o dr. Schlotterer deveriam procurar juntos o caminho prático a fim de tanto assegurar a soberania do AA quanto levar em consideração os desejos prementes oriundos do Leste.

Depois do almoço, sentei-me com o dr. Lammers em seu trem, onde concluímos um registro sobre o ocorrido. De acordo com essa memória, não havia levantado até então qualquer restrição aos pontos 1-5 de Ribbentrop. As questões relativas à Comissão do Leste foram classificadas como em aberto. À noite, voltamos a Hegewaldhaus, encerrando o dia com algumas conversas com Deluege e outros oficiais de polícia.[10]

---

9 Schnurre, Karl (1898-1990); diplomata; 1935: ingresso no NSDAP; 1940-44: enviado e chefe do "Grupo Leste" no AA; desde 1944: chefe do departamento de políticas comerciais no AA.
10 Casa Hegewald, quartel-general de Himmlers; veja Lower, *Empire-Building*,

No dia seguinte [9/7/1942] fomos falar com o Führer no quartel-general. Pela manhã, tive uma longa reunião com o chefe da Chancelaria do Partido, Bormann. Tratamos principalmente de minha relação com o dr. Ley em questões de educação; a relação de seu escritório com o departamento central na chefia de propaganda; com algumas questões pessoais e com assuntos relativos à promoção dos antigos colaboradores da APA. Na hora do almoço, o Führer me cumprimentou, rindo: "Ora, agora o senhor já percorreu todo o seu império mundial".[11] Relatei-lhe minha viagem à Ucrânia, principalmente a impressão que a população da cidade de Kiev havia deixado em mim. Fui a uma propriedade estatal a 60 km de distância a fim de visitar um trabalho de desenvolvimento. Durante todo o trajeto vimos longos trechos de miséria, pessoas maltrapilhas com um saco nas costas e carregando seus poucos pertences em charretes primitivas do campo para a cidade ou da cidade para o campo. Caminhavam de maneira apática, não prestavam atenção na comitiva de carros. Eu disse que um nivelamento de 25 anos do instinto humano estava patente ali. O centro de Kiev está destroçado, há 50 anos as casas não são pintadas, nada de manutenção, em quase todos os degraus há uma mulher sentada olhando para a frente de maneira embotada. A cidade em si, no que se refere à nova arquitetura dos soviéticos, está revestida com algumas construções gigantes. Essas, certamente montadas com grande empenho de trabalho, atrapalham muito a antiga imagem da cidade e ainda por cima são malfeitas e roubam todo o horizonte junto às margens. Os degraus, feitos de uma pedra mista, estão gastos e se esfarelam em todos os lugares. Os grandes capitéis do prédio do partido em Kiev são de ferro fundido, que parecem enferrujados já a uma distância de 30 metros. A população em Dniepropetrovsk se apresenta de um jeito diferente do que em Kiev. Foi muito mais animada, curiosa; claramente um tipo bem diferente

---

pp. 150-56. O tema da conversa deve ter sido a coordenação entre *Ordnungspolizei* e *Sipo*/SD com a administração civil de Rosenberg, que desde o início do ano intensificou o assassinato da população judaica na União Soviética ocupada; veja Longerich, *Endlösung*, pp. 511 e segs.; Hilberg, *Vernichtung*, pp. 386 e segs.

11 Veja documentos 20 a 22 neste livro.

de gente daquela que restou da antiga inteligência de Kiev. O Führer ouviu atentamente essas explicações e as incentivava com algumas perguntas. Em seguida, falou do ensaio do major Cranz, do qual não tinha gostado, pois, segundo ele, há um parágrafo que alerta contra um otimismo exagerado em relação ao abastecimento dos povos europeus.[12] O Führer disse que quando se pretende que o exterior se interesse pelo Leste, não é aconselhável assustá-lo de cara ao estampar tais afirmações na primeira página do *VB*. À tarde conversei com o general Jodl sobre o AA e a questão do Cáucaso.[13] Ele também estava bastante decepcionado pelos procedimentos do AA. – O jantar com o Führer foi bastante breve. O Führer estava internamente comovido com os sucessos no mar do Norte e a atividade de nossos submarinos. Volta e meia ele retornava ao assunto.

Na manhã seguinte, fui ao *Reichsmarschall*. A princípio para tratar de meu pedido pela concretização de um escritório central para pesquisas sobre o Leste. Depois de o *Reichsmarschall* assumir a presidência no Conselho de Pesquisa do Reich e organizar em 6.7 uma discussão geral em Berlim, levantei novamente a ideia de uma pesquisa sobre o Leste e entreguei-lhe uma justificativa por escrito. Ele disse que não pode concordar com minha proposta de organizar também um escritório para a pesquisa ideológica, pois isso está fora do planejamento. Falou ainda que precisa achar uma maneira de preparar toda a pesquisa sobre economia de guerra e sobre tecnologia e que não se sente competente para questões ideológicas; o cargo de presidente do Conselho de Pesquisa será a primeira coisa da qual ele vai querer abrir mão depois da guerra.

Discorri então sobre minhas diferenças com Ribbentrop, e ele[14] disse que eu deveria pedir ao Führer para proibir Ribbentrop de

---

12 Possivelmente Cranz, Eberhard (1894-1969), subtenente da Marinha e oficial da Luftwaffe.

13 Jodl, Alfred (1890-1946); oficial; desde 1938: chefe do departamento de direção da Wehrmacht (1940: Estado-Maior da direção da Wehrmacht); 1941: participou da formulação das "ordens Barbarossa"; 1944: *Generaloberst*; 1945: signatário da capitulação alemã em Reims; 1946: enforcado após sentença de morte pelo Tribunal Militar Internacional.

14 "Ele" introduzido posteriormente.

qualquer atividade no Leste. Em seguida, passei alguns dados sobre a Ucrânia, sobre o trabalho e o estado da agricultura. Mencionei brevemente alguns sonhos de independência e, sem dar nomes, referi-me a Koch como representante de tais sonhos.

Depois, voltei ao quartel-general do Führer, onde estava acontecendo a preleção para o Führer, com a presença do dr. Lammers.

Primeiro, entreguei ao Führer um relato detalhado sobre minhas viagens ao Leste e à Ucrânia, sobre a situação da administração, sobre o grau de entusiasmo dos diferentes povos, sobre os resultados das coletas de lã e de metal, sobre as campanhas de peixe e madeira na Estônia e sobre a disponibilização de montarias. Em seguida, sobre o comprometimento dos holandeses e a viagem de Rost von Tonningen, a quem o Führer, ao contrário de Mussert, claramente tem em mais alta consideração.[15] Depois, tratei do problema da inteligência urbana em Ostland e outros problemas que descrevi com maiores detalhes em meu relatório sobre as viagens a Ostland e à Ucrânia. Entreguei ao Führer uma descrição detalhada dos membros dos vários comissariados-gerais, o que lhe pareceu interessar sobremaneira. Também lhe descrevi algumas dificuldades que existem com os comissários. Relatei ainda minha conversa com o general v[on] Unruh e sobre algumas dificuldades que nasceram dessa ação.[16] Em relação a Koch,

---

15 Rost van Tonningen, Meinoud Marinus (1894-1945); político do partido nacional-socialista holandês (NSB); 1936-40: chefe do jornal do partido *Het Nationale Dagblad*; 1940-41: chefe de educação do NSB; em seguida, governador do Banco Nacional Holandês; 1945: suicídio.

Mussert, Anton Adriaan (1894-1946); 1931: fundador do NSB; após ocupação alemã em 1940, fundador da "*Nederlandsche SS*"; 1943: chefe de gabinete do comissário Seyß-Inquart; 1945: condenado à morte pelo tribunal holandês.

16 Unruh, Walter Rudolf Moritz von (1877-1956); oficial; 1941: tenente-general; desde 1942: "delegado especial do OKW para inspeção da adequação das missões de guerra" para o recrutamento militar, primeiro no RKO e RKU, mais tarde expandido. Sobre as "dificuldades", veja os "assuntos confidenciais do Reich" que foram enviados como relatórios para Bormann (com cópia também para Rosenberg) sobre o staff de Unruh a respeito de viagens de inspeção aos comissariados Ostland e Ucrânia em 1942, que levaram a fechamentos de inúmeros postos na administração civil e outros escritórios, e a situação no território ocupado. Por exemplo, no relatório nº 4 (assinado por Hoffmann) de 26/5/1942 consta forte crítica ao comissário-geral Kube, que segundo afirmações da Sipo e da SD é "mole demais" no contato com os judeus e que confessou certa vez ter distribuído bombons para crianças judias (USHMMA RG-71 box 71).

o Führer disse que, de acordo com o transcorrer das coisas, Koch no futuro poderá contar apenas com um terço do território pretendido. O principal é estabelecer, de antemão, a autoridade do Reich. Nesse contexto, aludi a dois problemas. Primeiro, pedi ao Führer me autorizar a transferir os comissários-gerais. Expliquei que existe o perigo de eles se tornarem muito amistosos com algumas populações; e, em algumas regiões, p. ex., uma pessoa dinâmica dever ser alocada numa área agitada, e me parece absolutamente pertinente que eu possa realizar tais transferências. Por essa razão, propus que essas transferências fossem apresentadas como algo natural. Eu também sugeri ao Führer não realizar pessoalmente essas transferências, mas me delegar esse direito. O Führer concordou e ficou combinado que vou preparar essa regulamentação juntamente com o dr. Lammers.

Continuei explicando que os comissários [*Reichskommissare*] e os comissários-gerais [*Generalkommissare*] sempre levantam o problema de um interino. Eu me opus ao cargo de comissário interino. Só alguém que dispusesse de um poder total poderia assumir esse cargo, mas isso pressionaria a posição dos comissários-gerais, que por sua vez são formados pelos mais antigos companheiros de partido e por quadros com altos níveis hierárquicos. É preciso encontrar algum meio, talvez um chefe de staff que se ocupe dos assuntos correntes, mas sem ser superior aos comissários. O Führer concordou e afirmou que, aliás, nomenclaturas como protetor do Reich [*Reichsprotektor*] ou governador-geral [*Generalgouverneur*] são postos que marcam o final de uma trajetória política. Protetor do Reich e governador-geral são representantes do Reich alemão que foram nomeados para tanto com uma idade bastante avançada e certamente também não de maneira vitalícia, mas por um período determinado. Entretanto a política geral nessas áreas não deve ficar à mercê de possíveis alterações de temperamento pessoal dos governadores-gerais e protetores, mas é preciso haver uma estabilidade política. Ele disse imaginar o seguinte: um secretário de Estado permanente se instala e toma pé da situação no local; respondendo por uma função central, assegura a nova linha. Nem sempre é adequado que o protetor e o governador--geral liderem as conversações e façam acordos, mas é melhor deixar isso ao secretário de Estado. Algo semelhante pode ser previsto para os comissários; ou seja, uma chancelaria que lide com os assuntos correntes, enquanto o talvez nomeado secretário de Estado assegure a continuidade. Expliquei ao Führer que é essa a evolução que estou preparando. E disse que para sua concretização sugeria apenas não usar o termo secretário de Estado, mas talvez o de secretário do Reich no caso do comissário do Reich e de secretário-geral no caso do comissário-geral etc. O Führer concordou e me incumbiu de lhe passar outras sugestões.

Eu disse ainda ao Führer que os comissários do Reich me falaram que consideram os outros comissários, p. ex. na Noruega, diretamente subordinados ao Führer, mas no Leste estão subordinados ao ministro. Eles próprios tinham o nível hierárquico de um ministro, de maneira que o ministro do Reich poderia ser um *primus inter pares*, mas não seu superior. O Führer externou seu desagrado a respeito dessa conduta e acrescentou que os comissários do Reich – como na Noruega – não são previstos para ser chefes de uma área que será submetida à soberania alemã, como no Leste; por essa razão, sua função é completamente outra. Eu disse que, até certo ponto, podia compreender que no começo tais pensamentos ganhassem vulto, e que a princípio eu também tinha sugerido outra denominação para minha tarefa. Por essa razão, tomei a liberdade de sugerir o seguinte (já havia informado o dr. Lammers a respeito antes da reunião): embora o ministério se mantenha como órgão legislativo e executivo, que eu também receba um nível hierárquico indicativo de uma relação inequívoca com o Leste. Antes eu diria protetor-geral ou presidente, que deixaram de ser apropriados. O nome *Reichsstatthalter*, que a princípio seria conveniente, recebeu outro significado na política interna. Então, caso o Führer quisesse pensar numa tal nomeação, sugeri *Führerstatthalter*. Pedi ao Führer que considerasse essa sugestão em algum momento.

Após o encerramento dessa apresentação, levantou-se o problema caucasiano e o da totalidade da Rússia. Pedi ao dr. Lammers, como pessoa neutra, que relatasse minha conversa com Ribbentrop e apresentasse a ata ao Führer. O Führer não deu muito tempo para o dr. Lammers falar, pegou a ata e explicou, logo de início, que uma tal questão política não é nenhum problema que possa ser resolvido entre Ribbentrop e eu, mas já foi checado por ele. Ele riscou o §5 e disse ser inaceitável que três órgãos diferentes se ocupem com o problema caucasiano. Eu expliquei mais longamente que toda essa questão não é de responsabilidade do AA; mesmo que Estados soberanos viessem a surgir no Cáucaso, o AA não tem qualquer motivo para se imiscuir nos preparativos. O Cáucaso será ocupado pela Wehrmacht e apenas então, quando uma tal liberdade for ser concedida aos Estados, o AA pode pensar em quais enviados designar para lá. Até então, o AA deve tirar as mãos disso. O dr. Lammers apresentou novamente a justificativa do Ministério do Exterior. Reforcei que é inadmissível que o AA, sem me consultar, reúna em Berlim emigrantes de todo o mundo. Se a coisa continuar assim, estes vão chegar na área de retaguarda do Exército, montando governos de emigrantes que serão rejeitados pela população. No momento já se veem tensões incontornáveis entre a população local e os emigrantes, que se sentem como sucessores de direito de condições passadas. O nome do príncipe Bagration, cuja mãe é polonesa e tem esposa georgiana, quase lançado pelo AA como pretendente à Coroa georgiana, já nos traria muitos inimigos.[17] O líder de uma delegação romena procurou por um funcionário e disse que a legião caucasiana tinha se obrigado em 1938 a agir conjuntamente com a emigração e fundar um Estado caucasiano comum. Mas não é essa nossa vontade e, portanto, não deve ser tolerada. A relação do AA comigo é a de desviar-se a cada vez das minhas perguntas. Li para o Führer a minha formulação, que ele considerou impecavelmente correta. Com base na apresentação, ele orientou o dr. Lammers a preparar uma ordem do Führer. Assim o problema de há muito foi esclarecido.

(Nesses dias, o dr. Lammers me enviou uma cópia da carta que ele tinha enviado a Ribbentrop, sem deixar nada a desejar em clareza objetiva.)

---

17 Supostamente Bagration (de Mukhrani), príncipe Irakly de (1909-77); nobre georgiano; desde a invasão soviética no Cáucaso em 1921, exilado na Europa; ativista pela independência da Geórgia.

Na questão da Comissão do Leste, expliquei ao Führer meu ponto de vista e, pelo seu comportamento, acho que posso assumir que ele concordou a princípio.

Em seguida, foi tratada a questão da Crimeia. Disse que, por mim, o *Gauleiter* Frauenfeld tinha realizado seus preparativos muito bem e de maneira abrangente. Lembrei de seu memorando sobre o assentamento dos tiroleses do Sul.[18] O Führer deu sua total aprovação a respeito, mas disse que é pena que o assentamento esteja localizado numa área povoada por tártaros. Expliquei que, de acordo com o mapa das populações étnicas, é preciso ser assim. O czar russo e a nobreza russa sempre tiveram grandes propriedades na Crimeia, principalmente vinhedos. Essas áreas devem ser separadas da propriedade dos tártaros, e, se depois juntarmos os tártaros um pouco mais e evacuarmos os gregos, haverá espaço para os tiroleses do Sul nas montanhas e nos vales do Sul. O Führer retomou o assunto dos armênios e disse que sempre achou que eles fossem malandros. É óbvio que uma antiga suposição ainda está viva no Führer. Ele reforçou que teve de corrigir algumas coisas ao longo do tempo. Expus ao Führer que os camponeses armênios e pequenos artesãos estão há anos nos vales, são pessoas diligentes e que gostam de trabalhar, que principalmente formam um bom muro de contenção entre os turcos e os azerbaijanos.[19] Em relação à forma do Cáucaso sugeri não usar o termo comissário do Reich, mas apresentei alguns nomes para a escolha do Führer, ou protetor ou *Reichschutzherr*, enquanto a Geórgia, p. ex., não seria chamada de Distrito Geral, mas de Estado [*Land*]. O Führer mencionou a sugestão de uma Confederação Caucasiana

---

18 Veja Witte et al., *Dienstkalender*, p. 481.

19 A esse respeito, veja o memorando de quinze páginas de Rosenberg "Sobre a formação do Cáucaso", de 27/7/1942 (USHMMA RG-71 box 380), apresentada a Hitler em 2/8/1942. Em suas palavras, os armênios "estiveram ligados durante muitos anos ao judaísmo, aos ingleses e americanos", mas "são, em si, pessoas diligentes". Se a dominação da Ucrânia tem como objetivo "o asseguramento da alimentação da Alemanha e da Europa e o fornecimento de matérias-primas para o continente", então "a tarefa do Cáucaso [...] é principalmente de natureza política e significa o decisivo avanço da Europa continental liderada pela Alemanha, do istmo caucasiano até o Oriente Próximo"; "conquistar diminutos povos maometanos sob administração alemã significa a melhor possibilidade de desenvolvimento para além das fronteiras em direção a todos os maometanos".

de Estados [*kaukasischer Staatenbund*]. Eu disse ao Führer que no lugar de Confederação Caucasiana de Estados sugiro a denominação Confederação de Estados Caucasianos [*kaukasicher Länderbund*], correspondendo às designações *Land Georgien, Land Armenien* etc. O Führer também concordou.

Encerrando, mencionei o desejo de postergar a exposição em Helsinque e entreguei ao Führer o livro *Europa e o Leste*, a fim de comprovar para o Führer que se trata de uma apresentação da luta histórica como um todo. A princípio, a exposição foi adiada até que a questão da tonelagem esteja resolvida.

E, por último, falei do trabalho de alguns indivíduos e com essa conversa a visita foi encerrada.

Posso dizer, à guisa de conclusão, que quase todas as minhas sugestões receberam seu aceite e que também as conversas entre os outros senhores transcorreram de maneira muito satisfatória.[20]

20/7/42 – R/H.

7 de out. [1942][21]

Dr. Leibbrandt me apresentou esboços para os distritos gerais. – Um primeiro esboço relativo às minhas instruções para meus representantes autorizados junto ao Alto-Comando do Grupamento A do Exército (Cáucaso) foi discutido. – Faculdade de Teologia deve sair de Dorpat; a Igreja que eduque seus sucessores. 1 ano de tolerância para o desenvolvimento de um tal instituto, enquanto a biblioteca permanece com a universidade.

---

20 Em 23/7/1942, a pedido de Hitler, Bormann informou Rosenberg, por intermédio de um documento chamado de "Assunto confidencial do Reich" (com cópia para Lammers), oito "pontos básicos" cuja "observância e realização" eram de responsabilidade do ministro do Leste. Tratava-se, entre outros, do incentivo a abortos e do uso de meios contraceptivos, de ações mínimas de saúde, educação e cuidados (mínimos, no melhor dos casos) da população nas áreas orientais ocupadas (reproduzido em Poliakov e Wulf, *Das Dritte Reich und seine Denker*, pp. 517 e segs.).

21 Manuscrito na margem superior da página (a tinta): "1942".

Palestra do dr. Runte, chefe de pessoal Schmidt sobre Região de Trabalho Leste.

9/10/[1942]

Dr. Runte, Dr. Wilhelmi.[22] – O *Reichsführer* da SS está novamente com a intenção de transferir a procuradoria pública das regiões orientais ocupadas para as mãos da polícia. O dr. W.[ilhelmi] desenvolve sua posição contrária: todo o processo jurídico tem de permanecer sob autoridade administrativa. Juízes em uniforme policial nunca seriam percebidos de maneira objetiva. – Sugestão de Himmler é recusada por mim. – No Reich, a polícia quer colocar os ucranianos no mesmo nível de judeus e ciganos. Dizem que o ministro da Justiça já teria concordado.[23] É preciso explicar que rejeitamos tal regulação, que só pode ter consequências nefastas.

Srta. Vasic, que com a tia me acolheu em 1923 de maneira tão abnegada, veio de Belgrado. Relata sobre a difícil situação local.[24]

1942
? – outubro.[25]

Conversa mais longa sobre os novos estabelecimentos de Koch (Schlotterer, Riecke, Barth).[26] Estes dizem que o que ele faz é nebuloso. Muitas empresas de ramos específicos da economia. Uma

---

22 Wilhelmi, Walter (1902-desc.); jurista especializado em direito administrativo; 1938: juiz de tribunal distrital; desde 1942: chefe do departameno de justiça no RMfdbO; autor de *Das Recht der besetzten Ostgebiete* [O direito das áreas orientais ocupadas] (1943).

23 Veja Diemut Majer, "*Fremdvölkische*" *im Dritten Reich*, Boppard, 1981, pp. 626 e segs.

24 Vasic não identificado.

25 Falta o dia. Visto que o registro de 12/10 aparece antes, na mesma página, refere-se aos primeiros dez dias de outubro, mas supostamente foi escrito mais tarde – juntamente com outros registros sobre o último trimestre de 1942.

26 Barth, Johannes (dados desc.); silvicultor; 1941-44: líder do grupo especial (desde 1942: chefe do grupo) de economia florestal e madeireira no RMfdbO.

empresa de auditoria que conta com o presidente da Fundação Erich Koch!²⁷

Decidiu-se por encerrar as empresas de ramos específicos, autoridades regionais [*Landesämter*] também. Em vez disso, empregar o trabalho fiduciário na Ucrânia e criar <u>aqui</u> uma empresa de auditoria.²⁸

Comissário-geral <u>Drechsler</u>, de Riga. O fastidioso assunto do monumento em Mitau ainda não foi resolvido.²⁹ Um exemplo de como também no miúdo muitas coisas derrapam na Letônia. D.[rechsler] culpa v. Medem por não ter informado a execução; por isso, tudo atrasou (M.[edem] faz uma leitura bem diferente).

12/X/[1942]

Discussão da propaganda sobre a incorporação ao trabalho (dr. R.[unte], Zimmermann). Destaque para a base <u>legal</u>, que foi dada faz um ano por minha determinação. Resistência às ações arbitrárias das autoridades do trabalho [*Arbeitsämter*], que querem apresentar números altos o mais rápido possível, mas que não mostram nenhuma compreensão para os efeitos político-sociais na Ucrânia – ou apenas quando chegam por uma <u>segunda</u> vez na mesma região. Daí encontram casas vazias ou ameaças de bandos e clamam por polícia. A demanda por 2 milhões de trabalhadores orientais é necessária para o Reich, para o Leste é o mais duro golpe contra o esforço de construção [*Aufbauarbeit*]. Um relato do comissário regional em

---

27 Fundação criada em 1933 na Prússia Oriental para a "educação, promoção e aperfeiçoamento de nacional-socialistas, principalmente para as tarefas da Prússia Oriental", da qual Erich Koch era seu único diretor. Por meio de roubos e ações coercitivas, entre outros, a fundação tornou-se, principalmente na Segunda Guerra Mundial, uma holding em expansão, que representava o enriquecimento e a corrupção no "Terceiro Reich". Cf. Frank Bajohr, *Parvenüs und Profiteure, Korruption in der NS-Zeit*, Frankfurt am Main, 2001.

28 Refere-se possivelmente a uma planejada expansão de funções – exercidas na Alemanha desde 1933 por auditores no controle de condições de trabalho e acordos tarifários – para o RKU.

29 Mitau (Jelgava); cidade na Letônia.

Perwomaisk[30] descreve a maneira sensata de como é possível aplicar inclusive tais medidas: após uma explicação objetiva, 90% se apresentaram voluntariamente e partiram da estação de trem ao som de música. Se, ao contrário, as cidades são cercadas de antemão, apenas reforçamos o velho medo da antiga deportação bolch.[evista] e, no final, dificultamos a situação para todos.

Recebo uma delegação de jornalistas que vai à Ucrânia a nosso convite e falo com eles sobre a situação no Leste e o trabalho lá realizado.

De 13-15/X/[1942]

Reuniões sobre as ideias do Ministério das Finanças para a administração do Leste (carta de 23/IX), relação com a política (apresentação detalhada do dr. Runte sobre as negociações até o momento).
Conversa com Schickedanz sobre problemas caucasianos.
Dr. Leibbrandt retorna do OKW e faz um relatório.

16/X/[1942]

Dr. Meyer: reunião sobre o decreto referente às obras de arte.
Chamo a atenção do dr. L.[eibbrandt] para o livreto inaceitável sobre o Leste nas mochilas dos soldados. Alguns escritores ucranianos puseram a mão na massa para disseminar opiniões sentimentais dentro da Wehrmacht. – Gastei 2 noites para torná-lo mais adequado, objetivo.

Reunião mais longa sobre a direção do porto em Riga. Até essas coisas vêm bater em mim. Mas as divergências objetivas entre Wittrock/Drechsler/Lohse não podem ser dirimidas de outra maneira.

Malletke relata sobre o emprego de estrangeiros.

---

30 Perwomaisk (Perwomajsk); cidade na Ucrânia.

20/X/[1942]

Longa consulta com Runte sobre a questão da reorganização do Ministério do Leste. Meu ministério é altamente desconfortável em todos os lugares. Pois subitamente a onipotência de quase todos os departamentos é suspendida num território gigante e todo o conhecimento especializado inserido numa linha política que não está mais sob responsabilidade dos departamentos do Reich. Por essa razão, desde o começo o intento desses últimos é formatar o Ministério do Leste como um lugar de assessoramento, mas a si próprios como órgãos governamentais. Tal desenvolvimento seria o final de uma unidade no direcionamento político no Leste, já suficientemente ameaçada por diversos plenos poderes. Por essa razão, procurei – também ao montar as representações setoriais – uma centralização interna do departamento, de maneira que não possa haver uma linha direta entre os órgãos especializados [*Fachressorts*] que desça até os comissariados regionais. Devem ser criadas 10-12 divisões ministeriais que correspondem aos departamentos governamentais! Certo, não tenho nada contra 12 diretores ministeriais, mas esses têm de ser centralizados também – e num nível mais elevado. Minha primeira exigência: 2 secretários de Estado. A proposta foi aceita com um pouco de descontentamento. – Internamente é claro que tenho dificuldades de pessoal, porque algumas divisões principais enfraquecem e outras se fortalecem. – Tudo terá de ser discutido ainda em detalhes.

21/X/42

Dr. L.[eibbrandt] relata a situação dos trabalhadores orientais, que no momento ainda não estão sendo tratados corretamente. – Por outro lado, abundam fingidores. Eles esfregam cal nos olhos, pintam os dedos com um certo suco que faz as mãos incharem etc. Aprenderam tudo isso em 20 anos na União Soviética. – Uma nova sugestão deve ser enviada a Sauckel, outros conhecedores da língua serão chamados. Reunião sobre a editora didática para livros de leitura ucranianos.

<u>Dr. Runte</u>. Pergunta sobre o banco de Ostland e o estatuto.

<u>Diretor ministerial Riecke</u>. Relato sobre a viagem à Ucrânia. No arco do rio Don foi encontrado um preparo muito ruim do solo.[31] Igual a 0! Um colcoz de p. ex. 32 mil hectares totalmente devastado por causa da evacuação dos cossacos. Antes de nossa entrada, apenas 4 mil hectares haviam sido arados, agora nem 120! Não há combustível. Apenas 14 vacas! – Os bolcheviques obviamente não tinham mais forças para trabalhar essas áreas. Resumindo, uma inesperada decepção: os trigais que se viam do avião eram grama amarela da estepe...

<u>22/X/42</u>

Reunião sobre diminuição dos staffs de desenvolvimento R. e K.[32]

Lohse: relato sobre viagem à Rutênia Branca; 3/4 sob a ação de bandos. Apesar de todos os pedidos, sem forças policiais suficientes. Atentados a bomba: janeiro 5, agosto 536, setembro 695! No mais: Kube tem funcionários bons, sem exceção. Comissários de área inteligentes, que se comportam de maneira excepcional nas regiões ameaçadas. Mas não deveríamos permitir a possibilidade de os *partisans* rapinarem todo um comissariado mais toda a correspondência, atas etc.!

Lembro Lohse da oportunidade do memorial; interferência de Waldmanis em questões sobre a juventude.[33]

Mais tarde, consulta sobre o banco de Ostland etc. Lohse é um homem calmo, mas sempre "do contra". Contra muitos de seus comissários-gerais, contra quase todas as sugestões daqui. Ele defende

---

31 Arco do rio Don, região no sul da Ucrânia.

32 Iniciais não identificadas com exatidão, supostamente Rússia e Cáucaso.

33 Valdmanis, Alfreds (1908-70); economista e político letão; antes da ocupação soviética em 1940, ministro das Finanças; depois, fuga ao exílio alemão; 1941-43: diretor-geral para justiça na autoadministração Letã, com boas relações com agências administrativas alemãs, civis e militares.

que tudo deva seguir "seu ritmo tranquilo". Mas não consegue entender que os perigos devem ser <u>prevenidos</u>.

Discussão com <u>dr. Meyer e SS *Gruppenführer* Berger</u> sobre um decreto para que as crianças alemãs-ucranianas não se percam.³⁴ Soldados a.[lemães] geram por lá uma descendência que mais tarde pode se virar contra nós com facilidade. Combinamos em introduzir uma notificação compulsória das crianças alemãs-ucranianas ou alemãs-russas e, a princípio, levar o assunto aos comissários regionais. As mães devem receber uma pequena ajuda. Mais tarde discutiremos se e quando as crianças devem ser levadas à A.[lemanha].

<u>Gauleiter</u> <u>Frauenfeld</u> relata sobre trabalhos preparativos.³⁵

27/X/42

Dr. Meyer relata sobre conversa com Hadamovsky: relacionamento com o Min. da Propaganda.³⁶ Também aqui é grande o apetite de se retirar a propaganda do trabalho do Ministério do Leste. Prometem obediência a todas as "diretrizes", mas querem ter sua própria linha de comando. Algo impossível de ser concedido.

<u>Dr. R.[unte] e Zimmermann</u>. Relação com o escritório central para o bem-estar dos alemães étnicos [*Volksdeutsche Mittelstelle*]. – Esse reconhecidamente está cuidando dos alemães étnicos no Leste. Mas claro que nós também. Eles exigem a liderança. Seria possível concordar no caso de uma soberania <u>estrangeira</u>. Visto que temos uma soberania <u>alemã</u> na Ucrânia, não é possível. As minúcias de uma estruturação! – Outras reuniões: agência central para pesquisas no

---

34 Berger, Gottlob (1896-1975); 1931: ingresso no NSDAP; 1940-45: chefe do departamento principal da SS; 1942-45: representante pessoal de Himmler no MfdbO; 1944: chefe do setor de prisioneiros de guerra; comandante da repressão ao levante eslovaco; *Obergruppenführer* da SS; 1949: condenado a 25 anos de prisão no processo Wilhelmstraße ["dos ministros"], em Nuremberg; 1951: soltura.

35 Refere-se à atividadade de Frauenfeld como comissário-geral da Táuria na Crimeia.

36 Hadamovsky, Eugen (1904-45); 1930: ingresso no NSDAP; 1933: vice-presidente da câmara de rádio do Reich; 1940-42: chefe do departamento radiofônico no EMVP; em seguida, serviço militar.

Leste, equipamento do dr. Bräutigam para o Cáucaso. Caso pastor Walter, Riga.[37]

Schickedanz relata sobre a criação de uma sociedade para promoção de saúde no Cáucaso. Dificuldades na vigilância do depósito de armamentos em Galatz.[38]

Dr. Runte: relata sobre os discursos de Thierack e Rothenfelder.[39] – Questão do porto de Riga. – Equipamentos dos comissariados regionais.

Ministro Thierack faz uma visita mais longa. Concordamos que a promotoria não pode ser transferida à polícia; ele me disse que devo recusar tais pedidos para o Leste. Ele também tem uma opinião inequívoca sobre meu projeto de detenção preventiva de elementos antissociais; seu protesto já está pronto. Diz que uma questão dessas não pode ser decidida pela polícia, muito menos de maneira centralizada, em Berlim.

Sobre a questão do status legal dos ucranianos na A.[lemanha], digo-lhe minha opinião: não é possível colocá-los no mesmo nível dos ciganos.

Em seguida, conversamos sobre o trabalho ideológico conjunto, ao qual ele me pediu apoio. Falo do trabalho de desenvolvimento da *Hohe Schule*. Se ele criasse uma academia para pesquisas jurídicas, seria possível imaginá-la associada à *Hohe Schule*, de uma maneira a ser decidida. T.[hierack] está muito excitado com esses planos. – Digo que vou convidá-lo para minha casa algum dia.

Impressão de um absolutamente objetivo [texto se interrompe]

---

37 Walter não identificado.
38 Galati, cidade na Romênia.
39 Thierack, Otto Georg (1889-1946); 1932: ingresso no NSDAP e chefe da Associação de juristas nacional-socialistas; 1935: vice-presidente do tribunal do Reich; 1939-42: presidente do Tribunal do Povo; 1942-45: ministro da Justiça.
Rothenberger, Curt (1896-1959); 1931: ingresso no NSDAP (data antecipada); 1933: senador de justiça em Hamburgo; 1942-43: secretário de Estado no Ministério da Justiça; 1947: condenado a sete anos de prisão no processo dos juristas em Nuremberg; 1950: soltura.

30/10/42

Dr. Meyer sobre relatos do Exército de tanques de Schmidt. Volta à tona o problema de um "provisório governo russo paralelo". Um desejo muito compreensível do front, especialmente no Norte e no Centro. Mas um governo <u>russo</u> paralelo resulta imediatamente no pedido de outros 10. Não dá para avançar <u>tanto</u> assim e fica em suspenso se os russos vão se contentar com a aprovação do espaço entre Moscou e os Urais. – Visto que há muito não consigo fazer minhas apresentações ao Führer, o todo ainda não foi resolvido. O Führer disse a Koeppen que queria falar comigo de maneira mais aprofundada. De todo modo, antes ou logo após as comemorações de novembro em Munique.

<u>Dr. L.[eibbrandt]</u> faz uma consulta sobre o comissionamento da pesquisa pré-histórica para Reinerth e Harder na Ucrânia, especialmente na Crimeia (Gotenburg,[40] colônias antigas) – recebemos relatos de Taschkent.[41] Alguns reassentados do Volga chegaram até lá. Mas isso não deixou mais claro <u>como</u> estão os últimos alemães de lá.

Mais tarde, consulta detalhada com dr. M[eyer], Schickedanz, Jost, Bräutigam sobre questões administrativas do Cáucaso.[42] Aprimoro a forma diversificada da região, a possibilidade das maiores liberdades gerais. Com base nas premissas apresentadas ao Führer em 15/2/[19]42, seria possível avançar na garantia de autonomia. Aproveitamento individual da terra em Kuban:[43] regulamentação agrária. Desarmamento entre os cossacos e povos das montanhas. O mais livre exercício da fé para os maometanos. Generosidade cultural. – Entretanto, observe-se que <u>sem</u> a A.[lemanha] o Cáucaso tornar-se-ia novamente vítima de Moscou. Os caucasianos teriam de expressar por conta própria seu desejo pela Alemanha como potência protetora.

---

40 Simferopol, cidade na Ucrânia (península da Crimeia), que deveria ser rebatizada de Gotenburg sob a ocupação alemã.

41 Taschkent, capital do Uzbequistão.

42 Possivelmente Jost, Heinz (1904-64); 1928: ingresso no NSDAP; 1939-42: chefe do departamento VI no RSHA (SD exterior); 1942: chefe da unidade móvel de extermínio A e comandante da Sipo e da SD em Ostland; 1948: condenado à prisão perpétua no processo das unidades móveis de extermínio em Nuremberg; 1952: soltura.

43 Área de Kuban, região russa ao norte do Cáucaso.

2/11/42

Dr. L.[eibbrandt], Z.[immermann], reunião sobre a programada revista do ministério. Título: "O novo Leste" ou "O espaço oriental". A linha deve ser apresentada.

General Niedermeyer, comandante das legiões caucasianas em Mirgorod,[44] faz um relatório orgulhoso de sua atividade. Diz que não havia nada ali antes, mas agora tudo foi construído por ele. E que é difícil apenas manter as legiões motivadas tendo em vista as coisas que acontecem ao seu redor na Ucrânia. As mulheres choraram porque seus maridos etc. têm de trabalhar na A.[lemanha]. O comissário regional demoliu uma igreja a fim de construir seu espaço de trabalho. Os caucasianos perguntam: será que as promessas que lhes foram feitas seriam tratadas da mesma maneira?

A questão da igreja em Gadiasch[45] já tinha sido investigada. O comissário regional explicou oficialmente que ela já estava semidestruída, ele apenas usou as pedras que se encontravam jogadas por ali. Porém, N.[iedermeyer] diz que ele viu a igreja ilesa, exceto por partes do telhado. – Ou seja, o Oeste selvagem também é ali.

Não é fácil controlar todo o mundo, e algumas pessoas, no mais muito capazes, não dispõem de sensibilidade psicológica. Na ponta, Koch e seu "representante", camarada de partido Dargel.[46]

6/11/42

Dr. L.[eibbrandt] relatou a respeito de informes feitos ao OKW sobre maneiras inaceitáveis de recrutamento de trabalho no Leste. Fotos do front foram enviadas ao quartel-general do Führer.

---

44 Mirgorod (Myrhorod); cidada no leste da Ucrânia.

45 Gadiasch (Gadych, Hadjatsch); cidade no noroeste da Ucrânia.

46 Dargel, Paul (1903-desc.); 1930: líder distrital do NSDAP e líder de treinamento do *Gau* Königsberg; desde 1937: MdR; 1941: presidente do governo em Zichenau; 1942: representante constante do RKU.

– Discutiram-se os dados pessoais dos integrantes do Comitê Nacional Caucasiano. – Schütte faz um relato do Cáucaso.⁴⁷

Dr. Stegmann, Riga, relata sobre ensino superior e pesquisa no Báltico.⁴⁸ A questão é se a futura universidade deve ser instalada em Wilna em vez de em Dorpat. Dorpat está destruída, mal será classificada no primeiro nível de urgência para a reconstrução, mas em Wilna todas as possibilidades técnicas estão disponíveis. – Por motivos de tradição, resisto a essa ideia. Deve-se tentar reconstruir Dorpat rapidamente.

Dr. Runte. Nova reunião longa sobre a forma da importante administração fiduciária. Ela é um laço capaz de manter unidas coisas que ameaçam se soltar.

Sch.[ickedanz] relata sobre alguns contratempos surgidos na administração do campo em Galatz.

De 7-9/[11/1942] estivemos novamente em Munique. Justo quando os americanos desembarcaram no Norte da África. O Führer estava incapaz de se estender muito sobre o Leste. Laval a caminho.⁴⁹ E assim o tempo passou com algumas conversas de trabalho.

No dia 10 à tarde, Koch esteve comigo [texto é interrompido]

11 e 12 diversas reuniões sobre questões gerais de pesquisa, trabalho na Ucrânia etc.

Recebi do ministro do Interior uma carta que mostra todas as tendências do departamento, uma nostalgia declarada por ele não estar participando diretamente do governo no Leste e um lamento por eu defender de maneira unívoca o princípio da chefia territorial. – Dr. Runte informa que o Ministério das Finanças agora

---

47 Provavelmente Schütte, Ehrenfried (1908-2007); estudioso da Rússia; desde 1942: serviço militar no Cáucaso; 13/10/1942: relato sobre o comportamento positivo dos muçulmanos em Kislovodsk em relação a Hitler.

48 Stegmann von Pritzwald, Kurt Friedrich (1901-62); 1937: ingresso no NSDAP; 1941-44: especialista em ensino superior do RKO em Riga; 1943-44: chefe da "Seção extraordinária ciência e cultura" no RMfdbO; desde 1952: professor universitário em Marburg.

49 Laval, Pierre (1883-1945); político francês; 1931-32, 1935-36, 1940 e 1942-44: primeiro-ministro; como chefe do governo do regime de Vichy, corresponsável pela deportação de judeus franceses; 1945: executado após julgamento e tentativa de suicídio.

possivelmente aprovaria dois secretários de Estado. Então: para que toda essa rejeição há um ano?

13/11/42

A direção fiduciária se apresenta. Chamo a atenção para alguns pontos básicos e depois deixo a palavra aos senhores.

Dr. Schlotterer relata sobre uma reunião com Speer. Por causa da situação militar e na expectativa de ataques aéreos posteriores, partes da indústria tiveram de ser transferidas para o Leste. Além disso, foi criada uma "comissão de trabalho". Entrada em ação de comitês especiais sob o comando de Speer, visto que se trata de uma medida de guerra. Chefe: Pleiger![50] – Instruo Sch[lotterer] para garantir expressamente os direitos soberanos do Leste junto à compreensível ação.

Discuti com Degenhard sobre equipamento de inverno para o corpo de dirigentes do Leste.[51] 7 mil conjuntos de inverno podem ser entregues gradualmente. Também com o maior dos esforços, visto que a Wehrmacht naturalmente tem preferência.

17/11/42

Z.[immermann] mostra pôsteres para o recrutamento de trabalho no Leste, onde aparece impresso o texto da lei.

Obergruppenführer da NSKK Pröhl se apresenta.[52] Deve assumir a principal divisão de política. Condecorado com a Cruz do

---

50 Pleiger, Paul (1899-1985); 1932: ingresso no NSDAP; 1933: assessor econômico da região administrativa da Vestfália; desde 1937: diretor-geral do conglomerado industrial "Reichswerke Hermann Göring"; 1941: presidente do cartel da indústria beneficiadora de carvão "Reichsvereinigung Kohle"; 1949: condenado a quinze anos de prisão; 1951: soltura; em seguida, empresário.

51 Degenhard, Hugo (1894-?); 1941-45: chefe da administração central do RMfdbO.

52 Pröhl, Günther (1895-1977); oficial; 1937: *Gruppenführer* do NSKK; desde 1941: comandante da divisão 209 de caça aos blindados; 1943: sucessor de Leibbrandt como chefe da divisão principal I (política) no RMfdbO.

Cavaleiro no grupo Cholm.⁵³ Conheci-o em Riga, quando ele, completamente exaurido pela guerra, estava em férias de combate. Um homem quieto, que passa uma impressão positiva. Ao mesmo tempo, me alegra também poder empregar um representante de uma nova estrutura. O grupinho formado em Riga me preocupa há tempos. Os homens oriundos de Lübeck estão fortemente representados e não gostam dos bálticos, a quem recriminam pelo passado como se ainda tivessem o jornal *Vossische Zeitung* diante de si. Os bálticos se irritam por lhes serem exigidas atitudes de grande germanismo, mas sempre são discriminados quando há estatísticas. Também acreditam que Dreschler chega a se insinuar e praticamente é Waldmanis que faz a política do comissário-geral. – Um pedaço de verdade à medida que D.[rechsler] é um homem capaz, mas lhe falta a tensão política de rechaçar imediatamente qualquer arrogância.

Alerto Pröhl para se manter distante de todos os grupinhos e só valorizar o mérito pessoal. Estou curioso por seu julgamento quando o questionar daqui a um ano.

18/11/42

Dr. L.[eibbrandt] me apresenta um novo memorando do prof. Oberländer.⁵⁴ De novo cheio de advertências sobre maus-tratos dos ucranianos. A crítica a Koch se dissemina cada vez mais. No mais, às vezes O.[berländer] é um pouco sentimental, o que influencia o valor do julgamento político.

Reunião dos chefes da Organização Todt sobre a ampliação do trajeto Bug-Dniestre.

---

53 O primeiro cerco a uma guarnição alemã importante pelo Exército Vermelho aconteceu em 1942, em Kholm.

54 Oberländer, Theodor (1905-98); 1923: participação no "*putsch* de Hitler"; 1933: ingresso no NSDAP; desde 1934: professor em diversas universidades alemãs; 1941--45: atuação em unidades não alemãs da Wehrmacht (batalhão Nachtigall, regimento Bergmann, Exército Wlassow) envolvidas na desestabilização da União Soviética; 1953-60: ministro para deportados.

L. relata sobre o resultado das investigações nos acampamentos dos trabalhadores orientais que eu lhe citei. As fontes dos erros devem ser secadas.

Consulta de Scheidt e Mühlen com Dargel: reforço da necessidade da manutenção de todos os institutos científicos que realizam significativas pesquisas para a guerra.[55]

A legião Idel-Ural gostaria de novos emblemas: com a meia-lua.[56] Ela foi eliminada até agora visto que apoiamos a luta nacional, mas não uma guerra religiosa. Por isso vamos explicar que se trata apenas de uma tradição honrosa.

Dr. Runte

Devo escrever uma carta ao ministro da Justiça sobre o tratamento dos povos do Leste. Sua antiga noção foi superada, mas ele não nos envolveu nisso. É preciso tomar cuidado para algo assim não se repetir.

Problemas fiduciários: a agricultura quer uma agência própria. – Ela parece sempre como um corpo fechado. Não é fácil lhe explicar que se trata de um departamento de um organismo que está surgindo. No mais, os líderes da agricultura realmente fizeram um grande trabalho, do qual muitos não têm ideia das dificuldades.

19/11/42

Dr. Meyer faz a sugestão de apresentar ao Führer possivelmente dois *Gauleiter*, imediatamente subordinados a mim, como responsáveis por política e administração/e para economia. – Isso soa muito bem, e foi pensado de maneira abnegada por Meyer, mas estou cético. Berlim exige um homem inteiro, sem preocupações suplementares com seu *Gau*.

---

55 Mühlen, Leo Erwin von zur (1888-1953); geólogo; 1937-42: decano da faculdade de Mineração; desde 1942: presidente da "Central de pesquisa no Leste" ligada ao RMfdbO; depois de 1945: internado na Sibéria.

56 A legião Idel-Ural foi montada pela Wehrmacht em 1942 com representantes de povos turcos na União Soviética.

Dr. L.[eibbrandt] discute questões sobre a formação de todos aqueles que serão empregados no Leste. Um problema urgente, que não pode ser resolvido agora por carência de espaço e de pessoal. Krössinsee é longe demais, meus homens não podem ir toda hora para lá, dessa maneira alguns expositores falam muita bobagem. Como antes, complexos de "chefes" [*"Herren"-Komplexe*] continuam duelando entre si em palavras e já fizeram muita bobagem.

SD *Führer* Jost. Fala de maneira muito negativa sobre Waldmanis.

20/11/42[57]

Anteontem a rádio de Moscou divulgou: R.[osenberg] está furioso por ter sido alvo de tiros em sua viagem ao Leste. Ele está embarricado em casa: venezianas duplas de ferro, paredes reforçadas, metralhadoras camufladas em todas as janelas. Dizem que viajo apenas com dúzias de detetives, uso uma camisa à prova de balas sob o paletó etc. Por fim: o castigo chegará um dia. Isto é, nova convocação para a morte de baderneiros comunistas na Alemanha.

Na verdade, agora estou sem ninguém do sexo masculino em casa, nunca andei protegido pela SS. – Mas as intenções foram novamente expressas com clareza...

Ontem à noite, 16 condecorados com a Cruz do Cavaleiro. Conversei com eles sobre o sentido do drama que se iniciou nos dias de agosto de 1941. Jovens esplêndidos, que se tornaram duros, férreos, que falaram para meus funcionários: muitos homens honrados com a Cruz do Cavaleiro já tombaram. Eles imaginam que daqui a 1 1/2 ano nenhum deles estará mais vivo. Jovens de 24 anos disseram isso com toda a calma...

Chegou hoje a esperada carta indignada de Lohse sobre S.[58] Esse havia escrito cartas particulares bravas e idiotas para mim sobre a situação no Leste. Elas chegaram às mãos de L.[ohse], que com

---

57 Folha extra, separada dos registros sequenciais dos dias 19 e 21/11/1942; registro do dia 20/11 parece ter sido escrito posteriormente.
58 Nome não identificado.

razão está indignado. Eu já havia advertido S. antes e achava que a coisa estava resolvida. Agora S. tem de partir. Burrice e deselegância de alguns conhecidos muitas vezes podem azedar os melhores relacionamentos.

21/11/42

Questões de distribuição da colheita no Leste.

Malletke: relato sobre uso de estrangeiros no Leste. Agora cerca de 100 holandeses partem semanalmente. 5 propriedades de 25 mil acres. No geral, bons avanços, mas disse ser difícil afastar os NOC de suas estreitas ligações partidárias.[59] A base do NSB é pequena demais. Mas quanto mais interessamos outros, mais esses outros também crescem na nova ordem europeia. – Na Bélgica ainda há dificuldades. Agências locais alemãs são, em parte, mais belgas do que os próprios belgas. Mr. Gollopin dita as coisas por lá e do lado alemão lhe foi prometido que sem sua autorização nenhuma máquina seria levada ao Leste![60] – Bata[61] foi do Protetorado para Ostland, a fim de colocar a fabricação de sapatos em marcha. O Leste necessita de 200 milhões de pares, o que está além de todas as capacidades.

Trata-se também da queixa geral, de que o câmbio alemão cai quando faltam bens de consumo. Esses não se acham para comprar. O que vem da Itália é pouco; a autoajuda está longe de ser suficiente. Essa a grandíssima crise da política e da economia.

Dr. M.[eyer] e Runge. Revogação do decreto de Koch sobre o fechamento de quase todas as escolas e institutos. Porque o

---

59 NOC, Nederlandsche Oost Compagnie [Companhia Oriental Holandesa]; fundada em junho de 1942 por Rost van Tonningen com participação do banco holandês com o objetivo de apoiar a participação holandesa na "germanização" dos territórios orientais ocupados pela Alemanha.

60 Golopin, Alexandre (1879-1944); empresário belga; 1935: diretor da Société Général de Belgique; 1940: cofundador de um comitê para a coordenação da economia belga sob ocupação alemã.

61 Trata-se aqui da empresa de calçados Bata, fundada em 1894 por Tomás Bat'a (1876-1932) na Morávia tcheca. Seu sucessor, Jan Antonin Bat'a, foi preso depois do início da ocupação alemã e acabou emigrando para o Brasil.

comissário-geral em Kiev não prestou atenção, o Instituto de Medicina local inchou com mais de 2 mil "estudantes". No geral, nacionalistas de Lemberg, que faziam coisas bem diferentes do que trabalhar. Koch quer brincar novamente de "homem forte".

R.[unte] relata sobre reunião e Comitê de Assentamento.

Dr. Conti[62] viaja para o Leste. Será incorporado na área de atuação Leste do NSPDAP – Levanta dúvidas sobre a forma do seguro de saúde na Ucrânia. – Os médicos ucranianos provaram seu valor junto aos trabalhadores do Leste. – Queremos trazer médicos alemães étnicos para as clínicas alemãs, principalmente estudantes para nossas universidades, a fim de garantir a nova geração.

21/11/42

Dr. R.[unte] trouxe notícias altamente confidenciais do AA. Eles entregaram ao Führer, na surdina, um memorando sobre modificações na política do Leste. Afastamento do assim chamado curso "rígido".

Comuniquei ao dr. Schlotterer que o *Generalfeldmarschall* Keitel tinha me ligado na noite anterior: mais 8.500 trabalhadores eram necessários para as minas de xisto betuminoso no Norte. E que lhe respondi que estava tão à míngua quanto ele. Por desejo de Sauckel, 45 mil prisioneiros de guerra russos tinham sido selecionados com a promessa sagrada de serem substituídos. Em vez disso, vieram novas grandes exigências. – Schl.[otterer] acha que os alojamentos no Norte são insuficientes.

Há nova tentativa de Koch para avançar: ele quer anunciar a regulamentação do monopólio, mas por via das dúvidas faz uma consulta prévia. Oriento proibir a divulgação.

---

62 Conti, Leonardo (1900-45); 1927: ingresso no NSDAP; desde 1939: líder da Saúde do Reich, líder dos médicos e secretário de Estado no RIM corresponsável pela exclusão de médicos judeus, experiências com presos nos campos de concentração e mortes por "eutanásia".

A questão do monopólio está sendo debatida há tempos. A economia não a quer: no seu entender, é resquício de uma época liberal, último refúgio do Estado liberal. Hoje o Estado <u>conduz</u> a economia e tem praticamente todas as fontes de renda nas mãos. O outro lado diz: monopólios no Leste primitivo são a melhor maneira de taxação. Entregarei o projeto de lei ao Führer, que se interessa especialmente pelo problema.

Schl. queixa-se novamenente da administração portuária em Riga.

Em Cherson, o pessoal de Sauckel levou as trabalhadoras dos campos de algodão para a A.[lemanha].

No mais, inúmeros problemas de ordens semelhantes.

Em <u>25/11/</u>[1942]

O líder da Juventude Hitlerista no Ministério do Leste apresenta os líderes HJ e as líderes BdM, que atuam em todo o Leste. Falo a eles sobre a dimensão das tarefas que nos aguardam e agradeço por seu empenho. Eles também já fizeram um bom trabalho junto aos alemães étnicos.

<u>30/11/42</u>

Ricke reforça que os La[63] nem pensam em se afastar da administração geral do Leste. Mas o RKU pressiona os líderes dos La apenas porque só cumprem ordens vindas de Berlim. O RKU quer manter o staff pequeno, em seguida governar com a ajuda de sociedades econômicas incontroláveis. Dúvidas gerais se isso é possível com Koch.

Schlotterer se queixa que o RK<u>O</u> deixa os comissários-gerais muito soltos, que não há uma chefia central e que isso impossibilita uma economia regional. – Eles devem retornar aqui mais uma vez.

Reunião sobre os planos dos responsáveis pelo planejamento quadrienal para o reassentamento de muitas indústrias no Leste.

---

63 Líderes administrativos alemães responsáveis pela produção agrícola nas regiões ocupadas do Leste.

– Agora, Speer quer 40 mil trabalhadores <u>para</u> Ostland. Há pouco, eram 100 mil <u>de</u> Ostland. O "planejamento central" dá uns saltos gigantes. Mas o Leste ocupado não é sinônimo de reservas <u>infinitas</u>.

Runte faz uma exposição: questões sobre o monopólio.

À tarde, com o presidente do Instituto Arqueológico, consulta sobre pesquisas no Leste. – Stellrecht relata sobre a conferência de treinamento bem-sucedida em Magdeburg. Schmidt e prof. v. zur Mühlen voltaram da Ucrânia. Lá, reforço do "curso rígido" – mas, sim, o recuo de decretos imprudentes: o fechamento de institutos de pesquisa que são extremamente importantes para a pesquisa <u>alemã</u>. P. ex., inoculação da turfa com bactérias, que consequentemente se retrai e assume uma forma de coque, também problemas geológicos. (A SS tirou de Dniepropetrovsk todas as teses de <u>doutoramento</u> sobre geologia. Sch. [midt] deve investigar e pedi-las de volta.)

O líder da SD em Kiev fez o seguinte comunicado: um líder do NKWD foi preso.[64] Ele usava o nome Mantteufel e dizia ser alemão étnico, conseguindo entrar em todos os lugares (como comerciante de tapetes). Foi descoberto a partir da prisão de um operador de rádio pirata. Quando descobriu que negar não levaria a nada, ele confessou ser o terceiro líder do NKWD. Tinha ordens de permanecer em Kiev de qualquer maneira. Explicou que tinham sido planejados 5 atentados contra mim durante minha estada na Ucrânia; não foram executados por diversas alterações. Eles poderiam ter explodido a ópera durante minha visita, mas metade de sua plateia era de ucranianos. Por essa razão, não o fizeram.

**Em
<u>18/12/42</u>**

aconteceu nos meus domínios uma reunião de todos os comandantes das áreas de retaguarda do Exército. Depois de eu ter sido informado por meus oficiais de ligação sobre as ideias no geral, me

---

64 Narodnyy Komissariat Vnutrennikh Del, comissariado do povo para assuntos internos; polícia secreta soviética.

pareceu importante escutar a todos pessoalmente. O resultado foi uma opinião unânime de todos os representantes da Wehrmacht. Em anexo está o breve relato que entreguei ao Führer. [falta]

Foi interessante os oficiais falarem de uma liderança psicológica. Durante todo o ano eles sentiram essa falta com Koch e seus representantes. Além disso, esses senhores expressaram sua megalomania, resultando muitas vezes num efeito negativo altamente inapropriado e não psicológico. Dois fatos não trouxeram bons frutos: a falta de costume dos alemães de dentro da Alemanha em tratar povos estrangeiros e o reviramento no senso de subordinação [*der umgekrempelte Untertanenverstand*]. Um povo suporta tudo em tempos de guerra, menos desdém escancarado. Koch e companheiros achavam que tinham de mostrá-lo de maneira especial e por essa razão têm muita culpa por aquilo que hoje existe como oposição consciente. – Muita coisa do "curso rígido" foi decidida às pressas, algumas pessoas não compreenderam que agora é preciso raciocinar de maneira diferente.

Os oficiais foram unânimes em reconhecer que o caráter russo [*Russentum*] é o verdadeiro portador da resistência. Trata-se de tornar os russos ativos combatentes contrários a Stálin. General v. Schenckendorff explicou que seus russos haviam se comportado e combatido de maneira exemplar[65] – entretanto, perguntavam de maneira cada vez mais enfática: para quê? Eles são razoáveis o suficiente para abrir mão de fronteiras antigas, mas todos querem uma pátria russa. Se isso não puder ser assegurado, há o perigo iminente de se bandearem para os bandos dos *partisans*. Dessa maneira, o problema decisivo é o seguinte: é possível manter os ucranianos, caucasianos etc. e ao mesmo tempo garantir aos russos o desenvolvimento de seu povo entre Moscou e o Ural, mais a Sibéria?

Toda a conversa revelou o seguinte: não foi correta a postura de governar "os eslavos com a mão pesada". Koch e seus representantes causaram um grande mal. É possível mostrar firmeza, mas manter

---

65 Schenckendorff, Max von (1875-1943); oficial; 1933: ingresso no NSDAP; 1939: general; 1941-43: na condição de comandante da área de retaguarda "centro" do Exército, participou de maneira decisiva na guerra de extermínio contra a população civil na União Soviética ocupada.

a justiça e a convicção. Mostrar um possível desdém em relação a povos estrangeiros não é política, mas sim megalomania daqueles de caráter subserviente [*untertanenhafte Grossmanssucht*]. Nossa política careceu de uma linha clara. – Koch e camaradas invocaram o Führer. No quartel-general, durante muito tempo Koch foi considerado "forte", enquanto pessoas ávidas se esforçavam em me chamar de "mole" ou, como de costume, de "filósofo".

Oberstleutnant v. Altenstaedt do OKH me disse mais tarde que tinha participado de minha apresentação pouco antes de 22/6/[19]41.[66] E que eu tinha razão, era preciso fazer o que eu expusera como sendo correto: empregar o povo do Leste de maneira ativa. Isso só poderia acontecer se lhes fosse dado algo correspondente à sua essência.

---

66 Schmidt von Altenstadt, Hans-Georg von (1904-44); oficial; 1940-43: chefe do departamento de administração de guerra no OKH; depois, chefe do Estado-Maior no front italiano; 1944: major-general.

[1943]

Depois de 12/1/43

O aniversário de 50 anos, mesmo se levarmos em conta apenas o que há de alegórico na data, é um dia um pouco melancólico. Apesar de toda a discrição devido à difícil situação no Leste, eu não poderia ignorá-lo, pois finalmente também me tornei, com Göring, uma parte da história da revolução nacional-socialista. No comecinho da manhã, um coro da HJ e da BdM em casa – cumprimentos no escritório do partido, no ministério. Visitas de todas as pessoas com algum tipo de liderança. Principalmente, porém: cartas comoventes de todas as esferas do povo. Algumas pessoas do partido, para as quais meu temperamento talvez seja menos agradável, devem ter pensado nos quase 24 anos de luta incessante e no trabalho realizado apesar de tudo; rechaçar isso como algo insignificante seria muito forçado. – O que mais me comoveu foi um bilhete escrito à mão pelo Führer.[1] Ambos sabemos o quão diferente somos um do outro,

---

1 Em sua carta de 11/1/1943 para Rosenberg, Hitler honrou o aniversariante como "primeiro funcionário intelectual do Partido" e "uma das manifestações humanas mais nobres [...] que o destino me permitiu encontrar", agradeceu-lhe "pela fidelidade constante e grande lealdade que o senhor mostrou para com meus atos e minha pessoa durante os anos", e lhe concedeu uma dotação de 250 mil RM "para a conformação de sua vida pessoal" (cit. apud Piper, *Rosenberg*, pp. 561 e segs.). Sobre a

ele sabe que considero nocivas algumas pessoas que ele deixa agir em primeiro plano talvez por razões mais altas de Estado. Mas o Führer sempre expressou sua admiração em relação a mim em determinados momentos. O que ele me disse agora foi o mais belo deste 12/1/[19]43. Não apenas o reconhecimento objetivo, principalmente a avaliação pessoal.

Respondi-lhe que agora talvez me fosse permitido afirmar que em todos esses anos minha lealdade em relação a ele ou à sua obra nunca fraquejou e que a maior honra de minha vida foi ter podido lutar ao seu lado.[2]

À noite, recepcionei 200 convidados para um ensopado no salão, onde no passado o imperador russo e o embaixador soviético residiram.[3] Todos os antigos *Gauleiter* e etc. compareceram. Ficamos sentados com alguns no *Künstlerhaus* até altas horas.

19/1/43

Já se passaram quase 3 anos que fiz um acordo com Keitel sobre a educação ideológica da Wehrmacht.[4] O resultado não foi muito auspicioso, visto que imaginávamos que conseguiríamos terminar a guerra mais rápido, mas também por resistências confessionais. Entretanto, os livretos das mochilas passaram pelo meu departamento,

---

prática das dotações no "Terceiro Reich", veja Bajohr, *Parvenüs*.

2 Cópia datilografada da carta de Rosenberg a Hitler, 13/1/1943, USHMMA RG-71 box 380: "Meu Führer! Por sua simpática lembrança de meu 50º aniversário, tomo a liberdade de expressar ao senhor, meu Führer, meus mais respeitosos agradecimentos. A maior alegria e maior honra de minha vida foi poder lutar ao seu lado. Como um desconhecido em Munique, fui recebido da maneira mais companheira possível e me esforcei em honrar essa confiança, por meio do trabalho. Hoje posso dizer que durante esses anos minha lealdade para com o senhor ou sua obra nunca fraquejou e que espero apenas ser capaz de resolver, segundo suas ideias, as tarefas a mim confiadas. Meus desejos e os de todos meus funcionários se juntam para querê-lo sempre saudável, também para conduzir à vitória a decisiva luta contemporânea. Pelas lembranças amáveis à minha esposa, também agradeço em nome dela. Heil, meu Führer! Com fidelidade antiga [carimbo vermelho:] ass. A. Rosenberg".

3 Desde o verão de 1942, a antiga embaixada soviética era o principal endereço oficial do RMfdbO, que antes estava abrigado na embaixada iugoslava.

4 Veja registro do diário de 2 de fevereiro de 1941.

fiz diversas palestras etc. mas não houve um trabalho intensivo. Agora, porém, nossos cursos começaram: inúmeros em locais no estrangeiro, 12 em Berlim para comandantes de divisões e regimentos. Os oradores escolhidos para tanto reuniram-se no departamento e receberam as diretrizes. À noite, conversei com os generais e chefes do OKW. Eles estavam excepcionalmente satisfeitos com o transcorrer. – Contaram de Stalingrado, das cartas dos soldados lá cercados. Cartas conscientes de despedida. Ninguém desesperado. Diziam agora saber <u>com que finalidade</u> estavam morrendo. Mandavam lembranças às mulheres e aos filhos. Um oficial: espero apenas ter a força e a possibilidade para a última bala... As cartas serão retidas até que a tragédia chegue ao fim. Um ato heroico de proporções únicas, uma provação do front e da pátria, um símbolo da seriedade histórica e o ponto de partida da vitória.

<u>Em 25-26/1/43</u>[5]

a reunião prevista com Himmler em Posen. Disse-lhe que, depois de duas décadas de nacional-socialismo, alguns *Reichsleiter* haviam evoluído. Eles não podem se dar ao luxo de estar na luta, juntamente com seus funcionários. A diversidade do trabalho é clara nas áreas mais importantes; onde agimos <u>juntos</u> é preciso haver uma lealdade. – H.[immler] reforçou a mesma coisa, chamando a atenção para a luta ideológica depois da guerra. Disse que, em 20 anos, ambos não titubeamos ideologicamente e temos de andar lado a lado. – Reforcei que a luta vindoura contra uma instituição de 2 mil anos tem de ser enfrentada em grande estilo. Pequenos encrenqueiros têm de ser afastados conjuntamente por ambos. Himmler deve atuar na área oficial e eu devo fortalecer e liderar a postura ideológica do movimento.

Em seguida, concordamos em instruir nossos funcionários à lealdade e os "sucessos" que não forem obtidos dessa forma precisam ser

---

5 O trecho que vai de "a reunião prevista" até "postura ideológica do movimento" com marcações (a lápis); reproduzido (sem realces e com pequenas alterações) em Kempner, *Der Kampf gegen die Kirche*, p. 38.

repudiados. Chamei a atenção de H. para o "trabalho" inaceitável do prof. Wüst em Munique contra a *Hohe Schule*, principalmente contra o chefe de meu escritório local. – H. perguntou se eu seria contra caso as universidades do Leste fossem assumidas pela "Ahnenerbe".[6] Os outros escritórios da "A.[hnenerbe]" seriam então encerrados.

Com essa condição, não levantei objeções. H.[immler] ainda quer falar com Rust.

Em seguida, a conversa se voltou para o Leste. Expressei minha satisfação por H. me entregar Berger como secretário de Estado. Disse que o considerava leal e vigoroso e que espero que possa render muito no futuro. H. falou que foi difícil abrir mão de Berger, mas visto que não há vácuo eu iria procurar por outra pessoa. Talvez Kasche, daí a consequência seriam novos atritos. – No lugar de Heydrich viria Kaltenbrunner; ele deve me visitar logo após sua nomeação.[7] – H. ficou subitamente até que bem suave em relação a Koch; afinal, ele o considera um "motor", mas também acha que o Führer não iria deixá-lo na mão. Eu, por minha vez, tinha muitas críticas a Koch. Sua megalomania não é política alemã e já causou danos extraordinários.

A reunião durou cerca de 3 horas. Na manhã seguinte, passei a H. o rascunho de uma declaração para os povos do Leste.[8] Ele concordou, estava cético apenas em relação ao dr. L.[eibbrandt], dizendo que ele não é objetivo a favor ou contra um assunto, mas está de coração com os ucranianos. E que isso não é aconselhável.

---

6 Wüst, Walther (1901-93); 1933: ingresso no NSDAP; 1936: ingresso na SS; desde 1937: presidente, mais tarde curador da fundação da SS "Deutsches Ahnenerbe"; 1941-45: reitor da Universidade de Munique; participou da prisão dos irmãos Scholl. *Forschungs- und Lehrgemeinschaft "Das Ahnenerbe"* [Sociedade de pesquisa e ensino "herança ancestral"]; 1935: instituição de pesquisa da SS criada em 1935 com ênfase nos estudos da ascendência e do germanismo.

7 Kaltenbrunner, Ernst (1903-46); 1930: ingresso no NSDAP austríaco; 1931: transferência à SS; desde 1938: HSSPF em Viena; desde 1943: chefe do RSHA; 1946: enforcado após sentença de morte pelo Tribunal Militar Internacional.

8 Veja anotação nos arquivos de 3/2/1943 de Rosenberg; USHMMA RG-14.017 (BAB R 6/6, Bl. 82-85); USHMMA RG-17 box 380.

1/2/43

Dr. L.[eibbrandt]: reuniões sobre comissões de prisioneiros, questões escolares em Ostland.

Dr. Runte: carta do ministro de Finanças sobre questões orçamentárias. Foram considerados os desejos das áreas (técnicas), perigo da proximidade imediata dos comissariados em relação a esses departamentos. Redigir uma resposta clara. – Minha referência a um discurso inaceitável do chefe do Departamento de Finanças da Imprensa especializada em economia.

Comissário-geral Litzmann, Reval, entrega um novo memorando sobre o fortalecimento das administrações locais. Concordo com o título do ministro e diminuição de comissários regionais e municipais.

Obergruppenführer Berger solicita aguardar a reorganização do Ministério do Leste até ele ter assumido as funções de secretário de Estado. Relato-lhe o que está por vir, algo que ele considera muito importante. Ele reforça que está se reportando a mim por uma relação de lealdade pessoal. E que disse isso abertamente a Himmler. A partir de agora, passará a se sentir empunhando minha bandeira [*Schildhalter*]. Despedimo-nos de maneira muito afável.

+

Dr. Stellrecht me apresenta sugestões para as diretrizes educacionais. – Relato de um oficial de Stalingrado: ele passa por um soldado que está deitado ao lado de sua metralhadora. O oficial lhe diz para atirar. O pobre homem diz que está atirando o tempo todo e movimenta o dedo no ar, ao lado da metralhadora. Alucinações causadas por fome e exaustão.

Dr. Reinerth relata sobre a retirada ilegal de [peças dos] museus dedicados à pré-história de Rostow pela "Ahnenerbe" e suas comissões na Ucrânia, a fim de realizar compras e realizar escavações![9] Se H.[immler] não impedir esses métodos agora, não haverá paz. – Vou lhe passar um recado por meio de Berger.

---

9 Rostow, cidade no sul da Rússia.

Até o momento, o Departamento de Pré-história visitou e organizou cerca de 820 museus e locais de pesquisa.

2/2/43

Hoje recebi a visita do general <u>Hellmig</u>, o comandante da Legião dos Povos do Leste.[10] Primeiro, ele agradece pelo bom trabalho conjunto com o Ministério do Leste e depois se debruça na questão que ocupa <u>todos</u> os soldados há meses: se não seria possível passar aos russos etc. uma ideia política que os inspirasse. No momento, lutam de maneira exemplar, por exemplo os turcomenos em Stalingrado. – Expliquei a H.[ellmich] as dificuldades em prometer aos russos <u>e</u> aos outros povos liberdades nacionais. De todo modo, foi bom eu não ter permitido emigrantes czaristas no Leste: estes teriam propagado imediatamente de novo o pensamento de uma Rússia integral. Os prisioneiros de agora e moradores locais querem acima de tudo tranquilidade, terra e pátria. Entretanto, também os generais Vlassov e Schilenkov, autores no novo chamamento, culpam Stálin por ter vendido <u>Murmansk</u> e Baku aos <u>ingleses</u>: eis também uma comprovação clara do objetivo final, até para esses oficiais.[11] – No mais, o general G. sabia que o Führer tinha recusado até então um amplo compromisso. Nesse sentido, eu disse que tenho a minuta de uma declaração pronta há tempos; e que a apresentaria ao Führer na primeira oportunidade.

x

À tarde, visitei o depósito de triagem da minha força-tarefa [*Einsatzstab*]. Espantoso quais valores de toda a Europa estão seguros ali.

---

10 Hellmich, Heinz (1890-1944); oficial; 1939: major-general; 1942-44: inspetor dos grupos Leste no OKH.
11 Vlassov, Andrei Andreievitch (1901-46); oficial soviético; 1940: major-general; desde 1942: em prisão alemã; envolveu-se na montagem do "Exército de Libertação Russo" (Russkaja Oswoboditelnaja Armija, ROA, "Exército Vlassov"); 1946: enforcado em Moscou após pena de morte.
Schilenkov, Georgi Nikolaievitch (1910-46); oficial soviético; comissário do 24º Exército russo; desde 1941: em prisão alemã; propagandista-chefe do ROA; 1946: enforcado em Moscou após pena de morte.
Murmansk, cidade russa ao norte do círculo polar.

Apresentação de objetos saqueados pela força-tarefa *Reichsleiter* Rosenberg na Estônia, 2 de fevereiro de 1943.

As obras mais valiosas da literatura, manuscritos de Diderot, cartas de Verdi, de Rossini, Napoleão III etc.[12] Além disso, todos os escritos de ódio judaicos e jesuítas contra nós.[13] – Uma oportunidade histórica única realmente foi aproveitada aqui, com um número ridiculamente pequeno de funcionários.

3/2/43

Dr. Meyer. Problemas dos preços no Leste. Antiga regulamentação do comissariado de preços foi restaurada no geral. Restrições de Pleiger foram rechaçadas.

Dr. Reischle.[14] Tenente numa unidade de caminhões em Stalino. Relatou sobre um professor russo Brostschorkov[15] levado ao Cáucaso. Descobriu o gerador de antracite. Acabaram de ser realizados testes com tratores agrícolas. Do lado alemão, até agora, não havia sido encontrada uma solução para o problema.

R.[eischle] aponta para o resultado da política agrária e para o fracasso da economia industrial. Disse que os 35 ou 40 tipos de automóveis são um desastre. Os motores são desmontados e enviados à Bélgica para manutenção. Deixou-se muito espaço para desejos especiais. Os russos teriam feito coisa melhor.

---

12 Diderot, Denis (1713-1984); filósofo francês.
Verdi, Giuseppe (1813-1901); compositor italiano.
Rossini, Gioachino (1792-1868); compositor italiano.
Napoleão Bonaparte, Charles Louis (1808-73); 1848-52: presidente francês; 1852-70: como Napoleão III, imperador da França.

13 Em meados de 1943 o ERR de Rosenberg informou que a biblioteca do "Instituto de Pesquisa da Questão Judaica", de Frankfurt, abrangia cerca de 300 mil volumes, em sua maioria confiscados nas regiões ocupadas; relato reproduzido em Poliakov e Wulf, *Das Dritte Reich und die Juden*, pp. 27-30 (171-PS).

14 Reischle, Hermann (1898-1983); 1931: ingresso no NSDAP; desde 1933: chefe da seção "Sangue e terra" no departamento para política agrária; editor da revista *Die wirtschaftliche Parole*; desde 1940: MdR.

15 Stalino (Donezk), cidade na Ucrânia, ocupada por tropas alemãs de outubro de 1941 até setembro de 1943.
Brostschorkov, não identificado.

As tropas romenas em retirada: isoladas, sem armas, esfarrapadas, mas sempre tocando o gado roubado diante de si e que havíamos deixado aos camponeses para alimentação geral. Ninguém o tira deles.

Dr. Runte. Rascunhos para decretos: organização do ministério, aos comissários do Reich: sua posição é análoga à dos comissários de defesa.

Invenção de nosso Departamento de Veterinária: couro feito a partir do pericárdio dos bois. Recebi um teste.

Malletke reclama do AA, que impede qualquer negociação com os dinamarqueses.

Sugestão de um decreto sobre o emprego de estrangeiros germânicos na administração civil em cargos não políticos.

26/7/43

O golpe de Estado do trono e do altar em Roma contra Mussolini trouxe à tona, para todos, os problemas.[16] Mussolini queria ganhar à força espaço e pão para a nação italiana. E superestimou em muito a força de seu povo. A aventura da Abissínia obscureceu um pouco esse fato, mas determinados eventos na Guerra da Espanha tinham mostrado que fardos pesados não podiam ser carregados sem mais (Guadalajara).[17] Certas emoções e comportamentos públicos haviam influenciado fortemente algumas pessoas na Alemanha. Eu, exatamente por estar convencido da consciência racial, não valorizei mais toda a histrionice, me mantive afastado de toda peregrinação de nossa liderança até Roma. No entanto, a aliança com o fascismo foi correta, porque somente assim o anel em nossa volta pôde ser quebrado; de outra maneira, a anexação de Ostmark não teria sido possível. Mas tudo isso teve consequências quando a Itália entrou

---

16 Refere-se à deposição de Mussolini como chefe de governo italiano em 25/7/1943 pelo rei Vitório Emanuel (1869-1947).

17 A batalha de Guadalajara em março de 1937 foi a última grande vitória das tropas republicanas na Guerra Civil Espanhola.

na guerra em 1940, a fim de chegar a tempo como uma ajudante da colheita no Ocidente. Em seguida, a fuga do rio <u>Don</u>, levando consigo os romenos e os húngaros, que depois de 20 minutos de troca de tiros saíram correndo.[18] Stalingrado foi o pagamento mais pesado pela ajuda italiana. Na fuga, os italianos vendiam metralhadoras por 10 marcos no mercado em Kiev, não tinham limites para os saques e depois foram levados para casa. E recebidos como heróis, em vez de assassinarem 100 oficiais. A mesma coisa na África, na Sicília. Isso acabou com os nervos de Rommel. Na Sicília – fuga, oficiais vestindo roupas civis e fugindo com malas até os americanos. A população se rende, como sempre acontece. No Sul da Itália, nossos homens seguem, na maior organização, até o Sul – e nas mesmas estradas o "Exército" italiano corre, desarmado, rumo ao Norte. Uma população sulina amedrontada não se importou muito, mas sim com o fato de Mussolini não ter a força de assassinar comandantes covardes – e é <u>isso</u> que ele tem de pagar agora. Hoje os detalhes do golpe de Estado do Vaticano e da monarquia são conhecidos: típico de principados antiquados. Mas a Igreja do amor já respondeu hoje, de um modo cheio de ódio, por meio de sua imprensa em Roma... O desenvolvimento será dramático, o lado <u>revolucionário</u> de nossa guerra está começando agora.

Isso conduz os pensamentos também à nossa situação política interna. Justo na última semana falei a esse respeito com funcionários e algumas outras pessoas de confiança. Por ocasião de um protesto suábio sobre a planejada moradia padronizada, de Ley, a conversa recaiu para o lado coletivista de nosso desenvolvimento: moradia padronizada, espírito padronizado, restrições cada vez maiores às organizações, além de discursos abaixo de qualquer nível como os de Ley, ou a inaceitável propaganda interna de Goebbels, com sempre um tema <u>único</u>: "Eu sobre mim". (Escrevi uma carta a respeito para Göring, também para o próprio Goebbels, mais do que clara para qualquer pessoa.)[19]

Desde o início de 1940, mencionei, em meio a todas as conferências de treinamento, sobre o verdadeiro e o falso caráter senhorial

---

18 Don, rio na Ucrânia, afluente do mar de Azov.
19 Veja carta de Rosenberg a Göring, 2/3/1943 (4 pp.); USHMMA RG-71 box 143.

[*Herrentum*]. Explicava que uma guerra de 30 anos havia deixado para trás apenas senhores e servos, que a Prússia só conseguiu salvar a substância germânica devido à severa disciplina. Mas a pequena burguesia dos 360 "Estados", o espaço limitado após recuperação biológica, como seleção do ambiente [*Umweltzucht*], tiveram um efeito negativo. Hoje finalmente existe a possibilidade de desenvolver novamente os antigos instintos autênticos da grande era imperial. Caráter senhorial sem maneiras pretensiosas de falar, sem falsos dramas, caráter senhorial como algo natural, como firme postura generosa. Necessidade de agradar e fanfarrice vêm ambas da mesma fonte: do espírito de submissão. Algo que Ley, Koch e Goebbels nunca vão compreender. No partido, porém, isso foi compreendido. No último 3/4 do ano, estive em 18 distritos administrativos e usei meus fins de semana para fazer de tudo para o fortalecimento do caráter das pessoas, algo que nossa "propaganda" é incapaz. Em geral, 2 discursos: uma grande demonstração, aberta, sobre o sentido da guerra e uma conferência fechada para a liderança do *Gau* em questão. Se o treinamento, com uma fama um tanto abalada, está novamente mais bem reputado, assim também está o trabalho de meu departamento, no qual o dr. Stellrecht tem um valor especial.

Além disso, há cursos continuados no meu espaço de treinamento em Dahlem sobre política da Igreja ou sobre temas concernentes ao Reich sugeridos por mim. Mais o treinamento da Wehrmacht, que agora avança continuamente. Um problema igualmente importante, porque falta muito para os altos líderes serem revolucionários nacional-socialistas, em parte opositores. Nisso tenho a ajuda de minha comunidade de professores. Mais de 900 palestras foram organizadas em pouco tempo.

Estive depois em Nürnberg (A. Hitler-Platz), Munique (circo Krone), Augsburg (Rathaus-Platz), Dresden (Zwinger), Posen, Stuttgart, Düsseldorf, Münster, Köln (talvez o último orador em Gürzenich),[20] Hagen/Dortmund, Luxemburgo, Trier, Weimar, Frankfurt etc. Além

---

20 Veja original (com alterações manuscritas de Rosenberg como parte da prevista edição impressa de seus discursos de guerra) de seu discurso em Gürzenich, Köln, 10/4/1943; NARA RG 238 box 120, Bl. 152-166.

de palestras em várias cerimônias ideológicas [*weltanschauliche Feierstunden*]. Muitas recepções de oficiais, discursos introdutórios para os cursos e para as noites de confraternização. Se acrescento o trabalho do Leste, reuniões diárias no escritório do partido, estudo noturno dos dossiês de ambos os departamentos, devo dizer que estive absolutamente soterrado de trabalho. O sentido, porém, não era o de estar de mãos cheias, mas o esforço pela conformação interna, a apresentação da grandeza de nossa luta, o movimento de explicar que a lei da guerra exige muito do que hoje é tido como necessário, mas não é o ideal de um Estado. Não se deve chegar ao ponto de 200 mil pessoas mandando e 80 milhões obedecendo. Não foi para isso que lutamos. Viemos para comandar o povo alemão, mas não para dominá-lo. Algo que alguns "organizadores" não vão compreender. Mas é justamente liderança que falta! O Führer está em seu quartel-general, está sobrecarregado com questões militares e de política externa; sobre assuntos internos, pode apenas ser informado de modo muito unilateral. O desagradável é evitado na medida do possível e ele não quer efetuar mudanças. Dessa maneira, o dr. G.[oebbels] "projeta" a si próprio em todos os reflexos de espelhos, deixa música negra ficar tocando como sempre e permite que sejam exibidos filmes de diversão autenticamente plutocráticos da indústria cinematográfica metropolitana-internacional. O homem não consegue agir diferente, visto que ele é exatamente igual a seus produtos. O partido aceita com resignação o fato de nada ser modificado aqui e todos se perguntam se o Führer não sente a rejeição quase física contra o comportamento levantino do dr. G. Será que toda nossa porcelana tem de ser quebrada antes de acontecer alguma coisa? Por que não prevenimos enquanto é tempo?!

29/7/43

Todos os políticos italianos que alguma vez faliram manifestam-se novamente. Todos querem ter "liberdade completa", refundar seus partidos, agir como se nada tivesse acontecido nos últimos 20 anos. O governo Badoglio parece pisar no freio, mas não se sabe por quanto tempo vai conseguir.²¹ Afinal, <u>apenas</u> o fascismo de Mussolini salvou a Itália do bolchevismo. Ele também reprimiu em larga escala o marxismo por meio de reformas na política interna. Sem entrar no mérito de se o governo sempre foi pontualmente feliz, a Itália tem todos os motivos para ser grata a M.[ussolini] e dessa vez a história irá registrar isso – mesmo quando tiver de dizer que a musculatura dos italianos não era forte o suficiente para executar as atividades históricas. – Farinacci chegou à A.[lemanha] de terno. No quartel-general do Führer. Compreensivamente, todos se mantiveram em silêncio e foram reunidos apenas aqueles que estão diretamente envolvidos, militar e politicamente, com o novo complexo. Em Roma, a ênfase recai sobre a forma constitucional da crise e sua solução, visto que o grande Conselho Fascista supostamente se manifestou, com grande maioria, por uma transferência de poder ao rei.

O clérigo don Sturzo divulgou uma entrevista na Flórida e fala da "vontade" de logo poder retornar à sua pátria siciliana.²² O ódio contra Mussolini nesse organizador do marxismo é evidente.²³ O Vaticano continua a se mexer freneticamente. Sua rádio em língua <u>espanhola</u> afirmou: "A dominação de um único homem não pode ser conciliada com o sentimento do povo. O papa condena aqueles que ousam colocar os destinos de toda uma nação nas mãos de um só homem, que, como todo ser humano, é presa de suas paixões, enganos e devaneios". Os senhores no Vaticano deveriam acrescentar só mais isto: pior ainda é oferecer de maneira megalomaníaca a um homem, o papa, o direito da infabilidade. No mais, essas palavras têm de fazer Franco compreender que <u>com</u> a Igreja a revolução falangista não pode ser conduzida a um bom final. Um papa próprio, espanhol, em Toledo, como me disse Primo de Rivera, seria o único objetivo

---

21 Badoglio, Pietro (1871-1956); oficial e político italiano; 1926: marechal; 1935-36: comandante na África Oriental; 1943-44: após o cessar-fogo com os Aliados, primeiro-ministro.

22 Sturzo, Luigi (1871-1959); religioso e político italiano; 1919: cofundador do Partito Popolare Italiano; 1924-46: exílio.

23 O trecho que vai de "O Vaticano continua" até "todo crescimento orgânico" com marcação (a lápis); reproduzido (sem realces e com pequenas alterações) em Kempner, *Der Kampf gegen die Kirche*, p. 38.

possível a fim de apagar gradualmente a sinistra interferência dos eternos destruidores de todo crescimento orgânico.

O discurso tosco de Roosevelt contra Mussolini mostra toda a decadência dos EUA de hoje. Mas ele também mostra que tudo deve ser feito para, um dia, rechaçar isso. O caso Mussolini pode, sob determinadas condições, significar para nós apenas um fortalecimento tendo em vista esse ou isso/ou aquilo. Mas ele também obriga a uma autoavaliação. É claro que há regulamentos demais; é certo que são em parte pessoas abaixo do nível médio que praticam censura intelectual. Há pouco, confirmei à Comissão Examinadora para a Proteção das Publicações Nacional-Socialistas claramente seu assédio contra o dr. H.[ans] Günther. Todos que anseiam por uma forma firme e, mesmo assim, por generosidade percebem que o teatralismo [*Theatralik*] grassa por aí. Platão considerou corretamente a "teatrocracia" [*Theaterkratie*] como sinal da decadência.[24] A maneira como há anos nossos atores de cinema são valorizados é insalubre quando comparamos como são tratadas contribuições intelectuais originais. A crítica a intelectuais ultrapassados foi combinada com desdém à pesquisa alemã. Visto que o Führer tem mais apreço por artistas do que por professores universitários, a ciência foi desdenhada por nossos órgãos oficiais. O fato de aqui haver um movimento contrário em marcha – também incentivado por mim – foi percebido também pelo dr. G.[oebbels] e dessa maneira ele, que ridicularizava principalmente os "intelectuais", tentou se aproximar e reuniu todos os reitores em Heidelberg. A princípio, para distribuir a pesquisadores, em meio a uma assembleia de estudantes, cruzes de cavaleiros (!);[25] ao ser impedido, resolveu fazer um discurso "básico". Esse discurso pomposo foi, em si, vazio, como todos os seus outros, e essencialmente continha apenas o apelo correto aos estudiosos para não se afastar das demandas políticas contemporâneas. Entre outras coisas, ele falou novamente que se o povo alemão soubesse das descobertas que deve aos pesquisadores, sua gratidão

---

24 Platão usa o termo "teatrocracia" para designar a decadência de costumes e do Estado da democracia ateniense.

25 "(!)" introduzido posteriormente.

seria expressa "de joelhos" (!). Novamente aquelas fórmulas radicais. As imagens são tão repulsivas como sua frase de que iríamos nos pendurar "nas abas da casaca" de Churchill. Como se fôssemos cachorros. No mais, G. renovou seu diploma de doutorado. Uma atitude incompreensível, realizada também apenas para poder novamente entrar em cena. – Isso também é "teatrocracia", e pior ainda porque não se trata aqui de um ator especialista, mas de um homem que <u>faz de conta que é ministro</u>.

<u>30/7/43</u>

Dr. St.[ellrecht] tocou hoje novamente no tema que nos move há tempos: a falta de governo. Que o Führer só trata do que é mais urgente – e apenas isso já ultrapassa a força humana – é claro, assim como é claro que com isso as coisas mais importantes são apresentadas sob um único ponto de vista, decisões objetivas não são tomadas, negócios em curso não são concretizados, que o povo sente falta de uma liderança constante. Em princípio, Göring teria a possibilidade de fazer o necessário por intermédio do Conselho Ministerial de Defesa do Reich. Mas ele também permaneceu a maior parte do tempo em seu quartel-general de campo ou ampliou as reuniões em grandes encontros. Ao seu redor deveria ter se formado um núcleo de partido e Estado sob a égide da área correspondente, onde tudo poderia ser decidido de modo que as questões mais importantes seriam apresentadas ao Führer já tendo sido debatidas por todos os lados. Como representante do Führer, G.[öring] deveria então ir, de tempos em tempos, às áreas atacadas e falar para o povo de maneira <u>calculada</u>. Visto que esse povo, apesar de algumas críticas, vê nele <u>um homem</u>, G. poderia correr atrás de muitas coisas que deixou para o lado. Por essa razão, formam-se agora diversos grupinhos que combinam ações conjuntas próprias, grupos no estilo dos diádocos – mas não um Gabinete de Guerra. Muitas cidades sofrem as piores devastações, na pátria morrem mais pessoas pelas bombas inimigas do que no front, mas elas não se sentem acolhidas pela liderança, não existe a percepção de uma mão no comando, estão relegadas à própria ajuda, aos *Gauleiter*, ao NSV etc.

No Leste, o OKW me pede para iniciar o que for necessário a fim de possibilitar uma evacuação de cerca de 25 mil russos (da área de Orel).[26] Isso foi iniciado, uma nova carga. A Waffen SS, por sua vez, quer um lugar de treinamento para tropas na Letônia. Necessário, sem dúvida, mas 8 mil letões têm de ser reassentados. Consegui que a justificativa para essa ação fosse razoável: para o mesmo objetivo, 3 mil camponeses alemães serão reassentados no *Gau* Brandenburg! Então, não se trata de uma "expulsão" dos letões, o que certamente seria dito por lá.

Recepção do *Oberstleutnant* v. Burgsdorff, o possível representante de Lohse.[27] Expliquei-lhe a conduta política no Leste a partir do exemplo da inadequação de Dreschler em relação a Waldmanis e companheiros. B.[urgsdorff] não parecia estar muito informado a respeito, mas compreendeu rapidamente. Passa uma boa impressão. Agora está indo até Lohse a fim de realizar conversas prévias.

O *Obergruppenführer* da SS Berger fez um relato ao dr. St.[ellrecht] sobre as ações no Nordeste da Itália... Também sobre determinados passos papais... Mais a respeito adiante, escrever agora poderia gerar equívocos desagradáveis.

31/7/43

Dr. Wagner concluiu o relatório final sobre Winniza.[28] Disse que as democracias neutras estavam todas abaladas. Trata-se não da execução da liderança de um povo inimigo (Katyn), mas de assassinato

---

26 Orel (Oryol); cidade na Rússia, ao sul de Moscou.

27 Burgsdorff, Curt von (1886-1962); 1933: ingresso no NSDAP; 1939-42: representante do secretário de Estado junto ao protetor no protetorado da Boêmia e Morávia; 1943: governador do distrito de Cracóvia no Governo-Geral.

28 Vinnytsia; cidade na Ucrânia; 1937-38: massacre stalinista (ao menos 10 mil mortos); após a descoberta das valas comuns por instâncias da ocupação alemã, alvo de campanha internacional.

dentro do próprio povo.²⁹ Informações mais detalhadas das testemunhas que se apresentam agora permitiram o descobrimento dos nomes dos denunciantes e dos comissários judeus. As ucranianas chorosas vêm de uma área a 100 km de distância e tentam identificar seus maridos desaparecidos. Tudo gente comum: as vítimas da sanha judaica de morte eram camponeses e trabalhadores. Toda inteligência europeia, porém, pode – ou poderia – dizer que, se a A.[lemanha] não levantasse agora o Ostwall, centenas de milhares tomariam o mesmo caminho das valas comuns como as vítimas de Winniza.

4/8/43

Allwörden voltou de Hamburgo e relata detalhadamente a situação local.³⁰ Objetivo, visto que faltam palavras próprias a fim de descrever o acontecido. O comportamento da população, porém, é exemplar. Um grito: vingança!, domina a maioria.

Devido a essa destruição das cidades grandes, me parece existir no futuro uma chance para a redescoberta, como nunca antes, do que é rural. Temos de compreender esse sinal do destino e nunca mais permitir a formação de metrópoles semelhantes. Eu já havia escrito a respeito no *Mito*; mas desde 1933 o desenvolvimento parecia seguir justamente o caminho inverso. Nossos próprios prefeitos querem "incorporar" a maior quantidade de comunidades possíveis, a fim de aumentar seu tamanho. O nacional-socialismo, apesar de todo realce daquilo que é camponês, sempre foi predominantemente um fenômeno de cidade grande: o DAF superou em muito o "Sangue e terra", o KdF está no caminho de um processo de coletivização

---

29 Katyn, localidade próxima a Smolensk, na Rússia; 1940: execução soviética de cerca de 4.400 oficiais poloneses como parte de uma ação assassina mais abrangente.

30 Refere-se às consequências do ataque aéreo britânico sobre Hamburgo no final de julho-início de agosto de 1943 (Operação Gomorra), com mais de 30 mil mortos. Allwörden, Wilhelm von (1892-1955); 1925: ingresso no NSDAP; 1930: *Gauleiter* interino em Hamburgo; 1933: senador em Hamburgo; desde 1942: assessor pessoal do secretário de Estado do RMfdbO Meyer; 1943-45: chefe do departamento principal II (administração).

insuportável. Há pouco, expliquei durante uma reunião de camponeses: a cidade oprimiu o campo, a cultura camponesa é fraca demais para se insurgir contra a força da grande indústria concentrada. A ajuda nesse caso só pode vir de uma outra força ideológica-política: o NSDAP. – Mas, primeiro, esse tem de <u>enxergar</u> corretamente sua tarefa. De todo modo, me esforçarei com energia máxima a fim de que as metrópoles, com todos os seus pátios internos, não surjam novamente: a artilharia aérea é a pressão mais forte para esse pensamento: a técnica mais avançada força o retorno ao campo, depõe contra os prédios. Hamburgo vai se erguer novamente, mais bonita do que antes, com 500 mil pessoas dará conta de todas as tarefas que tem para cumprir.

<u>7/8/43</u>

Ao longo dos anos, ao lado de todos os grandes acontecimentos, também houve muito cotidiano cinza. Insuficiências humanas, assédios mesquinhos, mau uso da confiança etc. Evidentemente que também vivenciei tudo isso, mas me esforcei para manter uma postura digna e educar meus funcionários nesse sentido. Há pouco, porém, fui golpeado de verdade. Um acontecimento supostamente não relevante me mostrou o quanto a antiga forma histórica da quadrilha da corte começou a agir também entre nós, de maneira totalmente inescrupulosa e com sucesso. O líder da Chancelaria do Partido, Bormann – nomeado após a saída de Hess –, é um homem de razão prática, robusto e decidido. Ou seja, uma liderança enérgica à frente do partido para suceder a incapacidade de Hess era muito bem-vinda; iniciou-se um período de teste para se saber se Bormann estava à altura da tarefa. Isto é, se ele iria apresentar diariamente os assuntos ao Führer de maneira equânime e não partidária. O fato de ele começar uma certa política pessoal e favorecer os que lhe eram simpáticos em questões como as dos sucessores dos *Gauleiter* ainda era humanamente compreensível. Mas algo surgiu, algo bem diferente. – Durante a época de luta [*Kampfzeit*], Bormann nunca defendeu uma ideia nem como orador, nem como escritor, muito menos trouxe uma ao mundo. Ele também não constituiu nenhuma organização. Antigamente, ele chefiava o Fundo de Auxílio do NSDAP, sua mulher é filha de [Walter] Buch. Ele veio até Hess como chefe de pessoal, esteve muitas vezes com o Führer, e em seguida montou – qualificado como inspetor de bens – as hortas de verduras, currais etc. em Obersalzberg, as outras grandes construções do local e certamente foi muito útil para o Führer em determinados assuntos práticos. O Führer acostumou-se a ele e precisou dele quando queria passar uma orientação direta para um ministro, *Gauleiter* etc.

Bormann acabou chegando ao poder, pois ninguém que recebia uma carta sua conseguia diferenciar se estava diante de uma ordem pessoal do Führer ou de uma ideia de Bormann. E os complexos de uma natureza como a de Bormann começam a se manifestar: certos homens eram grandes demais para ele. Entre eles, eu em primeira linha. Um caso deve ter encetado isso. Bormann havia entrado no campo ideológico e comunicado a um *Gauleiter* o ponto de vista nacional-socialista sobre o cristianismo e depois se sentiu obrigado a enviar a mesma carta aos outros *Gauleiter*. Ele não combinou nada comigo, como teria sido óbvio. Apenas ouvi falar dessa carta e pedi para recebê-la. Fiquei diante de um trabalho totalmente insuficiente, tosco, incompatível com a honra do NSDAP. (Como descobri mais tarde, o autor foi o dr. Krüger na Chancelaria do Partido, embora usando algumas expressões muitos concretas do próprio B.)[31] Informei a B. que não achava a forma feliz e apresentei-lhe um rascunho de um trabalho básico, da maneira como o imaginava caso eu tivesse que produzir um esclarecimento a respeito daquela questão. Mas acrescentei que também era da opinião que o envio desse tipo de trabalho atualmente era inapropriado. A distância entre ambos os produtos estava clara também para B. Numa conversa, ele me disse que nunca quisera iniciar algo grande, afinal evidentemente eu era o único que sabia formular aqueles problemas etc. Talvez ele estivesse

---

31 Krüger, Kurt (1906-87); 1925: ingresso no NSDAP; organizador do NSDAP e da SA em Danzig; desde 1942: chefe do grupo III D na Chancelaria do Partido (assuntos de Igreja e escola).

falando sinceramente naquele momento. – De todo modo, em seguida iniciou-se de maneira evidente uma tentativa de solapar o meu departamento no partido [*Parteiamt*]; os funcionários da Chancelaria do partido, que não podiam negar seu grande trabalho, começaram a se esforçar para que tarefas fossem entregues para outros departamentos, jovens que ainda não tinham realizado nada começaram a criticar de boca cheia os meus funcionários etc. B. certamente não havia informado totalmente o Führer a respeito do Departamento de Literatura, a fim de delicadamente tirar esse departamento de mim e entregá-lo a Bouhler. Bormann havia tirado o trabalho da "Chancelaria do Führer" desse último e queria acalmá-lo de alguma maneira. Além disso, houve então duas cartas, supostamente a pedido do Führer, que explicitavam claramente que a tarefa no Leste era de minha total alçada, como uma missão de vida, por isso eu poderia tranquilamente entregar meu Departamento de Literatura para Bouhler. Evidentemente que B. sabia muito bem que o departamento de Bouhler estava morto, sem ideias. Depois de coisas semelhantes, aconteceu agora o caso Hugo Wittrock.

Em Riga, formou-se contra W.[ittrock] uma oposição dos presunçosos de Lübeck, que perceberam a própria fraqueza devido à teimosia do velho cabeça-de-ferro. Em segundo lugar, ele lhes era desconfortável por sua antiga amizade comigo, visto que temiam conversas privadas. Lohse foi vencido rapidamente, pois ainda não tinha alcançado a estatura de um comissário do Reich (a questão é se isso ainda acontecerá algum dia). Depois de nada ter adiantado e a fraqueza do comissário-geral em Riga e de seu funcionário ter se tornado cada vez mais evidente, é claro que algumas pessoas se queixaram na Chancelaria do Partido sobre o báltico reacionário, limitado, que queria manter uma política ultrapassada. E mais algumas acusações pessoais. B.[ormann] me escreveu uma carta na qual ele não deixava a meu critério abrir uma investigação, o que seria leal e correto, mas se identificava com os agressores e expressava o desejo de não promover W. oficialmente como chefe da administração. Na reunião com o dr. Lammers e B. em 24/6, em Berchtesgaden, relatei oralmente para B. algumas incorreções das quais eu estava ciente.

Agora, B. – provavelmente por intermédio do SD e de gente ao redor de Drechsler – arranjou novas "informações", anexou uma lista de bálticos selecionados por W. (a fim de exemplificar sua política particularizada), se diz solidário novamente e acrescenta que precisa insistir na demissão de W. e que está convicto, de maneira fundamentada, de que o Führer, se for o caso, também se decidirá nesse sentido!

Então, injustiça da mais primitiva, um exemplo da mais tacanha política de bastidores. W. não estava concorrendo para nada, eu o trouxe a fim de contrabalancear uma aproximação maliciosa que eu previa, justamente em Riga. Como a turma de Lübeck não conseguiu denegri-lo comigo porque não foram capazes de provar as insuficiências objetivas de W. até agora, a nova tentativa passa pelos bastidores do Führer. Com grande sucesso: imediatamente depois, B. entra em ação e começa a "reunir material" contra um homem que ele nem conhece. Mas – os bálticos não são populares no alto; como não coletivistas, defendem um ponto de vista de justa dignidade contra um tratamento em parte inadmissivelmente burro – isso nem sempre é bem-visto. É tão confortável ordenar, abusar dos subordinados e chamar qualquer protesto de arrogante e de antipopular [*unvölkisch*]. Foram tomadas precauções para que esses eventos, em parte inacreditáveis, não atravessassem o círculo ao redor do Führer, num tempo em que tudo se volta a algo bem maior; eu também não pude apresentar tais detalhes em minha palestra.

Agora chega a vez de W. Ele é atacado, mas o objetivo final sou eu: assustadora a indecência de B., que claramente se sente novamente tão seguro que sua apresentação, aquilo que ele considera bom informar ao Führer, já é tão contundente, que nem tenho chance de me manifestar, mas simplesmente receberei uma decisão do Führer que estará de acordo com B.

Por experiência própria, as coisas ficam mais suaves quando conseguimos descarregar nossa raiva – mesmo se apenas por escrito. – Agirei da seguinte maneira: vou procurar o comissário Lohse para que ele mande W. a Berlim, para que ele tome posição pessoalmente frente às acusações: a justiça mais primária é a de ouvir um acusado. O fato de B. não querer reconhecer o mandamento básico da decência, de simplesmente atropelar uma vida humana honrada, mostra um estado de espírito cuja impossibilidade de existir era justamente a tarefa do nacional-socialismo. Se esses métodos de B. saíssem vitoriosos, então o trabalho de minha vida teria sido em vão. Difamar e executar homens honrados, sem ouvi-los, com poder comprado por meio de milhares de mortos e usando camarilhas de salão – isso é algo que o NSDAP não suporta a longo prazo e nem o decente povo alemão. Nem os métodos de B., muito menos a "propaganda" do dr. Goebbels correspondem à decência de nosso pensamento e de nossa luta. – Mas dizer isso na cara do Führer não adianta nada – ele consideraria isso um ataque contra colaboradores considerados capazes, talvez como inveja de um "teórico" contra "homens da prática".

Direi a B. que investigarei minuciosamente as acusações. Visto que consultas são possíveis, ele deve dizer a <u>mim</u>, de maneira confidencial, quais os departamentos que acusam W. E lhe informarei dos resultados. – Farei menção ao <u>básico</u>, que é a ingerência intolerável de B. numa questão que diz respeito unicamente à minha administração, mas de viva voz. Eu ficaria feliz caso B. reconhecesse o caráter inadmissível de seu comportamento. Oralmente, já consegui convencê-lo muitas vezes – pelo menos durante um tempo. Talvez sua melhor parte se manifeste novamente – ou a conclusão ponderada de que avançou demais.

Como um sintoma, entretanto, o caso é vergonhoso. E como há 24 anos desenvolvi uma percepção para sintomas, sinto a obrigação de me manifestar contra essa grave doença de caráter.

13/8/43

As reuniões sobre as condições de implementação da declaração de 3/6/[19]43[32] chegam finalmente a um final. Koch, que se

---

[32] Trata-se da "Declaração sobre o direito de propriedade dos camponeses no Leste", divulgado pelo RMfdbO em 3 de junho de 1943, que reconhecia aos camponeses locais o direito de propriedade das terras que lhes foram entregues. Sua aplicação foi bastante adiada pelo comissário da Ucrânia.

opõe sempre que possível a qualquer orientação central, foi quem anunciou o mote de que queríamos fazer uma "lei ucraniana de herança de propriedades rurais", que queríamos dar aos ucranianos a propriedade de mais terras do que aos alemães, que não era possível se prender legalmente e coisas assim. Homens no quartel-general do Führer, sem qualquer conhecimento da real situação, ficaram céticos: disseram que eu era politicamente incauto, não era da minha alçada etc. Bem, visto que o Führer pode se ocupar apenas com questões militares, adiou-se o momento de informá-lo sobre o problema. Depois de Himmler, Bormann e outros terem recebido explicações, a coisa mudou de figura: "ora, se é assim...". Em seguida, redigimos um preâmbulo com esclarecimentos, mantendo nossa ideia original inalterada, que Koch receberá mais uma vez na segunda-feira. Estou curioso para saber se ele vai insistir novamente por uma decisão do Führer. Cinco semanas foram perdidas por causa desse falatório! As encomendas de outubro estão batendo à porta, elas deveriam ser especialmente facilitadas pela implementação prática da declaração. – Tomar decisões não é fácil mesmo em Estados autoritários. A bem da verdade, é correto fazer com que muitos participem das discussões: dessa maneira, há novos pontos de vista e em geral algumas de suas disposições são contempladas. Mas isso vale se a decisão se mantém por princípio com aquele que responde por uma lei. A maneira mais primitiva de se enxergar o Leste ainda não foi superada, apesar dos 2 anos de guerra e tantas experiências. A divulgação das diretrizes do tratamento dos trabalhadores orientais, na forma por nós proposta desde o início, demorou mais de um ano para acontecer. Mas a polícia etc. tinha medo de perder um pouco da "força e dureza", caso dessem voz à serena razão política. A conversa oficial leviana de 1941 continuou agindo. As tiradas iniciais de Koch de longe ainda não foram superadas embaixo. "Senhores" primitivos ainda provocam muitos estragos, coisa que fico sabendo de duas em duas semanas.

Por essa razão, o caráter senhorial [*Herrentum*] certo e errado continua sendo, como antes, um tema explosivo.

O contrário, porém, também é falso. O Departamento de Propaganda do OKW enviou os oficiais de Vlasov para proferir discursos propagandísticos em Bruxelas e em Paris. Suas reuniões por lá foram presididas pelas personalidades mais importantes da emigração russa. Provavelmente todas monarquistas! Ou seja, aconteceu aquilo que até então[33] eu tinha conseguido evitar. Por isso, o general Vlasov, para o Exército Vermelho, estará mais do que comprometido. Pois se o pessoal de Vlasov é contra Stálin, também é anticzarista. Escrevi a Keitel uma carta contundente. Agora descobrimos que os senhores no Departamento de Propaganda do OKW agiram pelas nossas costas, juntamente com o anti-Comintern! Este último, apertado contra a parede, disse que tinha autorizado as viagens com a condição de os oficiais de V.[lasov] não se encontrarem com a emigração. Como se isso fosse possível! – Informei Lammers a respeito, além da tentativa de Goebbels de influenciar a política oriental por meio da propaganda.

Entre o primitivismo dos funcionários de Koch, que são sargentos por natureza, e os incentivadores de oficiais apolíticos no OKW, é preciso esticar uma linha bem definida e mantê-la esticada: incentivo dos instintos camponeses a fim de conseguir o máximo na colheita pelo trabalho voluntário; rejeição ao programa da Grande Rússia; tentativa de se dirigir a todos os povos do Leste; tratamento rígido e realmente justo e – algo que ainda não está claro, porque o Führer é muito reservado nesse sentido – a reunião dos HiWis[34] segundo cada povo em "Exércitos de Libertação" apresentados de maneira propagandística. Independentemente de sua força, o centro sempre é contagiante para os povos correspondentes no Exército Vermelho. Após um silêncio mortal, Stálin, p. ex., reagiu por meio de um folheto raivoso contra Vlasov: disse que V. já tinha sido comprado pelos alemães desde 1937! Isto é, o líder do Exército de 1941 e o "Salvador de Moscou"! Agora St.[álin] superestima o papel de V. conosco atualmente. Mandei uma mensagem para o Departamento de Propaganda do OKW dizendo que eles deveriam agir ali e apresentar uma réplica. Quanto mais as mentes de lá acharem que V. não é um

---

33 "Até então" introduzido posteriormente.
34 Abreviação de "*Hilfswillige*" [dispostos a ajudar]; nas áreas de ocupação alemã, membros da população civil recrutados para fins militares e outros tantos.

traidor, mas um representante do novo pensamento, melhor. – A declaração de propriedade deveria ser divulgada de maneira muito mais intensa atrás do front russo.

14/8/43

Os últimos 14 dias não foram tão cheios de trabalho como geralmente é o caso. No todo, as coisas entraram no eixo e de modo que a pressão diminuiu um pouco. Para ficar registrado, uma pequena amostra do que se passou.

Em 2/8 leio o relato do representante do AA em Ostland, o agregado Windecker, ao AA. A partir de seu conhecimento pessoal do general Vlasov, ele se declara favorável a este último. Cita muito Dostoiévski, no mais observações medíocres. Windecker quer agir ativamente no Leste. Na última visita que me fez, disse que o AA calculava ver a mim como chefe no lugar de Neurath. Eu lhe respondi que isso teria me encantado, mas que, tendo em vista toda a situação, estava tão ocupado com questões ideológicas que a prudência me fez abrir mão disso. E que o caminho que as coisas tomaram foi bastante bom.

O cuidado com os feridos dos HisWis deve ser assumido por nós. Tendo em vista a falta de funcionários, o Führer expressou pessoalmente sua concordância para que ficássemos com os 33 que havíamos solicitado. Esses devem observar os feridos de todos os povos orientais, educá-los e checar se mais tarde poderão atuar politicamente.

O secretário de Estado Muss do finado Ministério de Assuntos Eclesiásticos está novamente na área – com a velha tendência de "acalmar" os círculos religiosos.[35] A saber, ao garantir o papel para os jornais oficiais. Ele enfatiza o incrível eco internacional de meu discurso em Weimar (sobre a tolerância nas questões da crença na imortalidade). Incita novamente um decreto do Führer. – Explico-lhe que sou contra qualquer política de ações miúdas, inconvenientes; que se o problema

---

35 Muhs, Hermann (1894-1962); 1929: ingresso no NSDAP; 1937-45: secretário de Estado no Ministério de Assuntos Eclesiásticos.

não pode ser enfrentado como um todo, então é melhor se limitar aos casos realmente claros, capazes de serem resolvidos pela polícia. No mais, o Vaticano tem, na verdade, apenas um desejo: que os alemães e os russos se façam sangrar até a inconsciência, para voltarem preferencialmente "quebrados" à missão. O mesmo desejam nossos cardeais e bispos. Seus discursos de hoje são iguais aos de 1917-18. Mas vamos voltar ao assunto mais tarde. – No mais, chamei a atenção de Bormann para Muss por causa das coisas de polícia e de política atuais.

Sch.[lotterer] reclama sobre o relacionamento estreito demais de Mende com Kedia, um emigrante do Cáucaso.[36] O problema caucasiano é discutido mais um pouco.

Em seguida, ouvi o discurso do dr. G.[oebbels] no Ministério da Propaganda...

Nos dias seguintes: questões sobre a reorganização de Halbstadt.[37] Kinkelin desenvolve ideias muito interessantes sobre a necessidade de uma fazenda do Führer [*Führer-Hof*] em cada cidade. Essas devem ser modelos e administradas pelo líder da comunidade. Trata-se da comprovadamente melhor tradição alemã. Se os outros receberem de 30 a 60 hectares, a fazenda do líder da comunidade tem de ser três vezes maior.

Castelo Romrod, Hessen, 31/12/43

A convite do *Gauleiter* de Hessen-Nassau,[38] estou passando os dias de Natal num antigo castelo. Silencioso e solitário, foi relaxante.

---

36 Mende, Gerhard von (1904-63); pesquisador da Rússia; desde 1941: professor na Universidade de Posen; chefe do departamento Cáucaso no RMfdbO; após 1945: professor de estudos russos na Universidade de Hamburgo.
Kédia, Michel (1902-52); político exilado georgiano; 1921: após a invasão soviética da Geórgia, emigração para a Alemanha e, mais tarde, para a França; 1941: volta à Alemanha e ingresso na "Comissão Nacional da Geórgia"; 1944: emigração à Suíça.

37 Halbstadt, supostamento a atual Molotchansk, cidade ao sul da Ucrânia central.
Kinkelin, Wilhelm Martin (1896-1990); desde final dos anos 1920: membro do NSDAP; desde 1937: no RuSHA da SS; 1940: *Oberführer* da SS; 1941-43: chefe de departamento de "Questões étnicas e assentamento" no RMfdbO; 1943: *Brigadeführer* da SS.

38 Sprenger, Jakob (1884-1945); 1922: ingresso no NSDAP; 1927: *Gauleiter* de Hessen-Nassau-Süd; desde 1933: *Gauleiter* de Hessen-Nassau.

Mas o rádio volta e meia trazia as duras notícias da terrível guerra, 2 novos ataques apenas em Berlim.

Aquilo que aconteceu e ainda vai acontecer nas casas e nos porões de nossas cidades bombardeadas será descrito mais tarde pelos dramaturgos como a prova mais terrível que pode ser infligida a um povo. Por séculos, a destruição de Magdeburg por Tilly foi considerada um dos atos mais escabrosos.[39] Hoje isso corresponde às perdas de um dia. As cerca de 20 grandes cidades alemãs que hoje estão parcialmente em destroços já soterraram debaixo de si algumas centenas de milhares de mulheres e crianças. O fato de não terem desmoronado por completo é uma vitória do movimento nacional-socialista, da coragem que se tornou a virtude atual de toda a nação.

Na noite de 23/11, quando houve o bombardeio, passamos o tempo no abrigo de minha casa destruída. O ataque nos pareceu mais distante, não tão intenso quanto foi realmente. Após o fim do alarme: um céu totalmente vermelho-fogo, mas isso também tinha acontecido antes, quando havia bom número de incêndios de grandes proporções. Saí de Dahlem com minha esposa e filha e fui ao hotel Kaiserhof, onde estava pernoitando desde o final de agosto. Vários incêndios aconteciam na Hubertusbuger Allee, antes da Königsallee, à direita e à esquerda casas eram consumidas por chamas. A princípio, a Kurfürstendamm estava escura, depois surgiu também a destruição pelo fogo. A Gedächtniskirche [Igreja Memorial Imperador Guilherme] ardia, ao seu redor tudo estava em chamas. Não arriscamos entrar na Budapester Straße, onde o zoológico pegava fogo, mas seguimos pela Tauentzienstraße, depois a Nürnbergerstraße. Não dava para passar: chuva de faíscas e fumaça espessa. Entramos na Kurfüstenstraße. Era quase impossível enxergar alguma coisa, batemos várias vezes no meio-fio. Massas humanas escuras em movimento. Mas: totalmente calmas. Quando tivemos de buzinar, nos abriram espaço como de costume. Passando por uma rua qualquer (   ),[40] chegamos na ponte Cornelius, à direita e à esquerda chamas

---

39 Tilly, Johann't Serclaes, conde de (1559-1632); chefe do Exército da Liga Católica na Guerra dos Trinta Anos.
40 Em branco no original.

gigantes e chuva de faíscas de casas que eram como tochas ardentes. A Tiergartenstraße estava intransitável: uma confusão de galhos de árvores destruídas fechava o caminho. Também a Hofjägerallee estava devastada, mas conseguimos passar. No Grosser Stern, um ônibus queimava. Na Charlottenburger Chaussee, uma confusão incrível de arranjos para camuflagem, buracos de explosivos em alguns lugares. Também aqui havia uma grande massa humana. Brandenburger Tor: intacto. Embaixada parisiense, logo a seguir a embaixada britânica em chamas.

A antiga Chancelaria do Reich, a casa do Congresso de Berlim: as madeiras do telhado crepitavam. Finalmente chegamos ao Kaiserhof. Na frente, uma luta pelo Ministério dos Transportes. As chamas aumentavam sem parar, nuvens espessas se formavam quando a água tentava apagá-las. Da esquerda, um vendaval cada vez mais forte soprava fuligem de uma fonte de fogo oculta sobre o Ministério das Finanças.

Não era possível fazer ligações telefônicas do hotel. Por volta da 1 hora, Stellrecht entrou em contato. Cheio de fuligem, com capacete e roupas de proteção: meu escritório no partido estava no chão, incendiado. Disse que bolas de fogo dos edifícios vizinhos caíam continuamente através das janelas. Não adiantou nada o trabalho de todos os homens e mulheres. A bela decoração, pronta apenas em 1940, tinha se acabado para sempre. Apenas o porão ficou intacto. Alguma coisa foi salva ali. – Na frente, o combate contra o fogo foi inútil: o Ministério dos Transportes arde agora rodeado por um céu vermelho, em chamas.

Soa um segundo alarme. Imagino o que deve estar acontecendo neste momento nas ruas e nos porões de Berlim. Centenas de milhares de sem-teto vagando pelas ruas, os porões superlotados, mães desesperadas querendo proteger seus filhos de alguma maneira. Felizmente não são lançadas mais bombas, logo se ouve o sinal do fim do ataque.

Na manhã seguinte, Berlim continua a pegar fogo. Não é possível enxergar o céu, uma fuligem espessa circunda as casas e cobre as ruas como uma camada gosmenta. Vou ao meu escritório. Uma ruína. As caixas-fortes estão caídas em meio aos destroços fumegantes. Entrada no porão apenas por um estreito corredor. Mas escrito na entrada: "ponto de encontro, Goethestraße 11". – Vamos até lá. Um vendaval de fuligem e sujeira açoita a Bismarckstraße. Entra nos olhos, falar é quase impossível. Mulheres com panos grossos sobre o rosto. Também na Goethestraße há muita destruição. Uma casa ainda está em chamas, bem em frente. Alguns funcionários nas salas. Dou orientações e informo onde posso ser contatado: Ministério em Unter den Linden. Lá eles apagaram o fogo durante a noite. Aqui também dezenas de bombas incendiárias. É preciso agradecer ao corajoso trabalho a manutenção do prédio histórico.

Defronte, o Ministério do Interior quase se foi; do lado, tudo queimado. Havia perigo principalmente pela edificação dos bispos católicos de Berlim, que se encostava nele pelos fundos. Apenas com muito esforço e o lançamento de muita água foi possível evitar uma tomada pelas chamas, o que já acontecia em alguns pontos. O bispo, seus funcionários e freiras se protegeram no bunker do meu ministério, que por sua vez foi construído pelo embaixador soviético. Foram apenas poucos os religiosos que ajudaram. Um junto à bomba d'água ficava perguntando o tempo todo se uma saída dali estava realmente garantida.

As janelas estavam quase todas quebradas, as salas sujas, mas a faxina já havia começado e estavam atrás de trabalhadores para pregar as janelas. – Das salas do ministério em outros prédios, 1/3 estava avariado; o arquivo com as fichas pessoais também foi queimado.

Na noite seguinte, novo alarme, mais um ataque pesado e novas devastações. Ficamos no porão da Chancelaria do Reich. Quando saímos, vimos uma chama no 1º andar do Kaiserhof: incêndio da igreja na rua...[41] estava passando para lá. A pretendida grande bomba tinha caído sobre o bunker recém-construído, abriu uma fenda, mas o teto aguentou. – No Kaiserhof não há pessoal suficiente, faltam principalmente mangueiras. O fogo está consumindo o hotel também a partir do teto. Vou ao nosso quarto, coloco rapidamente tudo

---

41 Em branco no original.

o que está à mão numa mala a desço. O fogo já está consumindo os tapetes do 1º andar. – Logo o hotel, com tudo o que é valioso, está queimando por inteiro: uma chama única. Passamos a noite sobre alguns catres no bunker do Führer.

No dia seguinte, passo pela Tiergartenstraße em direção a Dahlem: meia hora mais tarde, na H.[ermann] Göringstraße, duas minas explodem. Se eu tivesse ido um pouco mais tarde, estaríamos fora de combate. Apenas agora é possível perceber a extensão da destruição. Toda a Tiergartenstraße é um campo de ruínas, destroços em ambos os lados da Kurfüstendamm. – Nos dias seguintes, faço outros caminhos. Lützowplatz destruída, a Schillstraße e a Nettelbeckstraße são um monte de destroços. Todos os comerciantes de antiguidades estão soterrados e queimados. Devastações terríveis na Kurfürstenstraße, meia Bismarckstraße se foi. 8 ministérios, 10 casas de embaixadores destruídas, 800 mil sem-teto. – Depois de 3 dias, o entulho foi removido das ruas. Berlim trabalha novamente!

Um outro ataque lança bombas na Plöner Straße. A pressão do ar quebra as vidraças e portas dos pequenos apartamentos de minhas tias,[42] onde ficamos durante o dia. Aqui também tentativas de reconstrução. – No meu terreno, onde estão jogados vigas de ferro, caibros de madeira etc., várias bombas incendiárias queimaram toda a madeira; nos barracões do centro de formação vizinho, todo o piso de parquê e outros materiais valiosos que tinham sido salvos foram incendiados.

O *Gauleiter* Sprenger me convidou para passar o Natal no sossegado Castelo Romrod. Um antigo castelo com fosso do século XIII. Massivo – e frio. Mas a madeira de velhas faias o aquecem. Ao redor, belas faias – pinheiros silvestres –, bosques de abetos e amplos espaços. Alguns dias de descanso nos fazem bem. À noite, vez ou outra esquadrões britânicos voam sobre nós: mais duas vezes até Berlim.

---

42 Trata-se das irmãs do pai de Rosenberg, Cäcilie Rosalie e Lydia Henriette, que o criaram após a morte de sua mãe; veja Piper, *Rosenberg*, pp. 21 e segs.

[1944]

2/5/44

Finalmente um pouco de sossego no trem especial, de modo que posso registrar, com atraso, alguns acontecimentos.

Em 17/4 aconteceu o enterro do *Gauleiter* Wagner, Munique.[1] O Führer também apareceu e falou conosco. Ele tratou quase que exclusivamente do problema da resistência aos tanques [*Panzerfestigkeit*] de nossas divisões. Em 1940, essa resistência existia. Mas não frente ao T34.[2] As novas armas de assalto provaram ser as melhores. Disse que estavam sendo fabricadas em grande número. Por essa razão, enxergava os acontecimentos com tranquilidade. O Leste seria reconquistado. – Não se falou sobre a Luftwaffe.

O Führer pediu que eu o acompanhasse no jantar. Em relação às informações finlandesas, ele fez perguntas sobre Dorpat. Eu lhe expus aquilo que foi apresentado como relatório, no anexo [falta]. O Führer gostou de saber disso, pois poderia responder de maneira adequada.

---

1 Wagner, Adolf (1890-1944); 1923: ingresso no NSDAP e participação no "*putsch* de Hitler"; desde 1928: *Gauleiter* de Oberpfalz; desde 1929: também da Grande Munique (mais tarde *Gau* Munique-Alta Bavária); desde 1933: primeiro-ministro interino bávaro; a partir de 1942: fora da vida política devido a um derrame.

2 Tipo de tanque soviético.

Depois a conversa recaiu sobre aquisições de arte. O Führer disse que tinha comprado várias coisas bonitas de Fragonard e Boucher. Eu lhe disse que as coleções da F[rança] foram em parte guardadas, conforme ordenado, na mina correspondente, mas que havia risco de umidade. O Führer ficou preocupado (há alguns dias Bormann perguntou em que pé isso estava). O Führer encontrava-se visivelmente deprimido por causa de Mussolini. Mussolini devia estar muito ciente das fortificações <u>alpinas</u> construídas com nosso material. "Ele próprio ordenou sua construção." Foram tiradas fotos detalhadas. Massas enormes de concreto, grandes usinas de força no maciço montanhoso, como cavernas mágicas. Mas não na Líbia ou na Sicília. – Os *Gauleiter* Hofer e Rainer falam ao mesmo tempo da liquidação total do fascismo e da traição consciente do Führer por Mussolini.[3] Eles aludem à visita de M. ao Berghof por intermédio de informações sobre suas próprias ações. Dá para imaginar que M. virá com todo tipo de reclamações. Falei sobre um memorando fascista que me foi encaminhado, que descreve Mussolini rodeado até hoje por gente da maçonaria. Principalmente Buffarini, o ministro do Interior.[4] O Führer acha que isso é correto em grande medida e afirma que o único que passou uma boa impressão foi <u>Preciosi</u>.[5] – Disse ainda que Edda Ciano tentou salvar seu Galeazzo por meio de cartas atrevidas.[6] Fiquei surpreso ao saber que a repugnante Edda não é a

---

[3] Hofer, Franz (1902-75); 1931: ingresso no NSDAP austríaco; desde 1932: *Gauleiter* do Tirol (mais tarde Tirol-Vorarlberg); 1943: RVK da zona de operações "Alpenvorland", inclusive o norte da Itália.
Rainer, Friedrich (1903-47); 1930: ingresso no NSDAP austríaco; desde 1938: *Gauleiter* de Salzburgo, mais tarde de Kärnten; 1943: RVK "Costa do Adriático"; 1945: preso; testemunha no Tribunal Militar Internacional; 1947: condenado à morte na Iugoslávia.
[4] Buffarini Guidi, Guido (1895-1945); oficial e político italiano; desde 1923: funcionário do Partido Fascista; 1933-43: subsecretário de Estado no Ministério do Interior; em seguida, ministro do Interior na Repubblica Sociale Italiana de Mussolini.
[5] Preziosi, Giovanni (1881-1945); político italiano; após excomunhão como religioso católico, partidário de Mussolini e ministro; desde 1944: corresponsável pelas leis raciais da Repubblica Sociale Italiana.
[6] Ciano, Edda (1910-95); filha de Benito Mussolini e de sua mulher, Rachele Guidi; desde 1930: casada com o ministro das Relações Exteriores italiano, Galeazzo Ciano; 1944: fuga para a Suíça com os diários do marido.

filha de *donna* Rachele,[7] mas filha ilegítima de uma judia. (Verdade?) – Edda está agora num convento suíço e provavelmente escrevendo suas "memórias", que vai vender caro. – O Führer concluiu: "Eu não cometi nenhuma traição".

Enumerei os preparativos para o congresso antijudaico.[8]

A conversa recaiu então nas questões sobre as cidades. Defendi da maneira mais enfática possível o desmonte futuro das grandes cidades. Disse que era errado trazer todas as grandes centrais administrativas das indústrias para Berlim. Inversamente, ao "arejarmos" as cidades, não devemos deixá-las se transferir "de maneira imperceptível" para o campo. Ambas, cidade pequena e cidade grande, têm um estilo próprio. Pena misturá-los. – O Führer concordou, lembrando que na Saxônia as cidades crescem juntas, umas ao lado das outras. E que sem quaisquer edifícios, por exemplo os dos hospitais, não é possível. – No mais, Berlim tem um solo ruim. No passado, ele queria ter construído uma nova capital junto ao lago Müritz. Mas lá o solo também não é bom.

x

A luta por Sevastopol encerra agora a tragédia da Crimeia. Nestes dias, fico constantemente me lembrando de minha viagem de verão [1943]. Depois da última olhada para o mar Negro do alto do passo do portão de Baydar, seguimos na direção norte, para a paisagem cheia de colinas do planalto.[9] Havia espaço para várias pequenas cidades alemãs. Por uma estrada ruim, atravessamos inúmeras crateras de granadas, quase todas cheias de papoulas selvagens. Depois, até Balaklava, alvo de tiroteios.[10] Ao longo de um golfo estreito, casas de pescadores e outras habitações, furadas, destruídas por granadas. Uma população pequena, digna de lástima. Subimos a pé ao longo do muro genovês até a entrada do golfo. Diante de nós, o mar infinito, verde, de um azul profundo. Pensei em Karl Ernst v. Baer, que ao vislumbrar essa baía

---

7 Mussolini, Rachele Donna, geb. Guidi (1890-1979), mãe de Edda; 1915: casamento com Benito Mussolini; 1945: fuga para a Suíça.
8 Veja documento 23 neste livro.
9 Baydar, passo na extremidade sul da Crimeia.
10 Balaklava, povoado na Crimeia, hoje parte da cidade de Sevastopol.

me disse subitamente: Mas não é a baía dos lustrigões [?]![11] E depois foi investigar as referências reais da *Odisseia*. Esse tratado engenhoso ainda hoje é tão importante quanto seu ensaio sobre o reino de Ofir.[12] Navegadores gregos, conquistadores e comerciantes, um dia estiveram em Balaklava. Dizem que do alto da rocha os nativos lançavam pedras pesadas sobre seus barcos e que tinham matado muita gente. Cila e Caríbdis: Dardanelos, a ilha triangular de Hélio em frente (não a Sicília, que não dá para ser vista a olho nu).[13]

Em poucos metros quadrados, dois granadeiros berlinenses estavam sentados junto a suas metralhadoras. Há um ano. Eles seriam chamados de volta.

Avançamos. Sobre campos históricos de batalhas. Debaixo de um moinho, um oficial explicou a conquista de Sevastopol. As decisões de <u>alguns</u> homens valentes tinham decidido seu destino. Menção especial à unidade tártara. Sevastopol: um grande monte de escombros.

Apenas as testemunhas da Grécia antiga: as colunas dos templos e o museu estavam de pé, intocados por nossa artilharia e os caças. O piloto responsável por uma destruição intencional de uma igreja russa nas redondezas foi castigado. – Um velho estudioso russo explica os achados. Por mais de milênio, um lugar freneticamente disputado, essa baía de Sevastopol. – Parece ter contado 120 mil [habitantes?], 6 mil fugiram, 50 mil estariam mortos debaixo dos escombros.

<u>Inkerman</u>! Um termo das guerras da Crimeia assim como a colina de Malakov.[14] Um vale estreito, ladeado por altas montanhas verticais, calcárias. A da direita afundou 8 metros: testemunha de uma tragédia humana. Grandes cavernas tinham sido escavadas nas

---

11 Baer, Karl Ernst von (1792-1876); pesquisador alemão-báltico; defensor de uma teoria hereditária teleológica.
Lustrigões: trata-se dos lestrigões, um povo mítico de gigantes na *Odisseia* de Homero.
12 Reino de Ofir, mítica "terra do ouro", citada no Antigo Testamento.
13 Cila e Caríbdis, monstros míticos da *Odisseia* de Homero.
14 Inkerman, cidade na Crimeia, 1854: batalha de Inkerman entre tropas russas, francesas e britânicas.
O exército russo na Crimeia levantou na colina de Malakov, a sudoeste de Sevastopol, obras provisórias de fortificação.

rochas aqui: para depósito de munição, ambulatórios, fugitivos da cidade. Quando nossas tropas chegaram, um oficial russo apertou (de fora?) uma alavanca e em dois minutos a montanha soterrou 6 mil pessoas. Estão deitadas agora e talvez para sempre sob rochas do tamanho de casas. Do outro lado, também cheio de cavernas, podemos vislumbrar a "razão de Estado" soviética e toda estranha alma, sem personalidade, deste Leste.

Em seguida, passamos por Batchtschi-Sarai[15] até Simferopol. Estive aqui há 26 anos, no povoado Albat [palavra riscada, ilegível]. Tudo me pareceu mais destruído. Lá, onde antigamente os ferreiros e sapateiros faziam seus trabalhos em prata e seus sapatos, onde tártaras vestidas com roupas coloridas ficavam sentadas em varandas baixas e fumavam, onde havia uma atmosfera como a das *1001 noites*, não se via mais nada disso. As lojas sujas, as ruas emporcalhadas. O "palácio" provavelmente também decadente. Talvez os olhos tivessem ficado um pouco mais críticos devido a essas condições.

Mais tarde, voamos de volta para Melitopol.[16]

E hoje tropas russas atravessam o país novamente e é bem capaz que dizimem os tártaros de maneira ainda mais intensa do que antes. Estes nos enviaram um telegrama de agradecimento para a autorização da reabertura de suas mesquitas. Algo pelo qual dificilmente serão perdoados.

<u>Castelo Schwarzenau.</u>[17] Pentecostes [28, 29 de maio] 1944.

Após muitas viagens restou-me sempre um número de observações valiosas para serem mantidas como recordação. Se não fosse

---

15 Bakhchysarai, sede histórica dos tártaros da Crimeia.
16 Melitopol, cidade ao sul da Ucrânia, não distante do mar de Asov.
Cortes no texto sob essa data, que resultaram da utilização por Rosenberg de papel de carta parcialmente usado, não foram reproduzidos aqui, visto que não se trata de registros de diário, mas de algumas linhas com notas para um discurso.
17 Schwarzenau, castelo na comunidade polonesa de Czerniejewo; após a destruição de sua residência berlinense por uma bomba, endereço temporário da família Rosenberg.

minha preguiça de fazer os registros, a imagem de nosso desenvolvimento seria mais rica; entretanto, é raro me forçar a anotar alguma coisa. A possibilidade do ditado nos deixou preguiçosos para cartas – memórias –, mas essas não são ditadas.

A partir de 10/5 reunião de meus representantes nos distritos administrativos e dos responsáveis por treinamento das instâncias em Marienburg, Würzburg. Anúncio de temas relativos ao Reich. Texto de um discurso meu transmitido pelo rádio e pela imprensa. Falei pela primeira vez diante de representantes do partido sobre meus esforços em alcançar um entendimento alemão-inglês. Bom que isso foi divulgado, visto que minhas breves notas pegaram fogo. – A conferência foi muito bem-sucedida com suas ricas palestras.

Depois, para Linz. Palestra interna de treinamento intitulada "Enxergamos o bolchevismo corretamente?" – Manifestação pública sobre "justiça social". Em seguida, pequena viagem pelo *Gau*. Para Eferding, onde Cremilda teria passado a noite em sua viagem até Etzel.[18] Lá onde Stefan Fadinger foi assassinado juntamente com 3 mil camponeses por Pappenheim.[19] O escritor Itzinger nos explicou, ainda comovido, o transcorrer da guerra dos camponeses bem no lugar onde pedras memoriais recordavam a derrocada desses mesmos camponeses.[20] Depois até a importante propriedade Vierkant, onde supostamente Pappenheim escreveu a carta de sua vitória. Conversa com velhos nazistas, que relataram suas épocas de luta. Em Wöllersdorf: eles chamaram um religioso: este chegou, todo esperançoso de encontrar pecadores arrependidos.[21] Foi então que 80 homens explicaram que queriam lhe informar que estavam deixando a Igreja. Para ele estar preparado. – O prefeito de Eferding: uma mulher de

---

18 Eferding, cidade na Áustria nas proximidades de Linz.
Cremilda, uma das personagens principais da Canção dos Nibelungos, do alto alemão médio; casada em segundas núpcias com o rei dos hunos, Etzel.
19 Fadinger, Stefan (1585-1626); líder do levante austríaco contra a ocupação bávara. Pappenheim, Gottfried Heinrich (1594-1632); líder do Exército da Liga Católica na Guerra dos Trinta Anos.
20 Itzinger, Karl (1888-1948); escritor austríaco; após 1938: *Obersturmbannführer* da SA e chefe de departamento no *Reichsnährstand* [escritório de política agrária].
21 Wöllersdorf, comunidade na Baixa Áustria.

82 anos vem falar com ele. Diz que não queria mais ficar na Igreja com aquelas companhias. O prefeito: Mas a senhora já tem mais de 80. Resposta: Exato, por isso é que tenho de me mexer. – Comemos num ambiente de antiga hospitalidade. As pessoas que trabalham ali são boas, trabalhadeiras. Aos poucos, o ambiente se tornou mais relaxado, e Itzinger diz para mim: Agora estamos com a visita mais importante que Eferding já recebeu, desde Cremilda. – Tive a sensação de que ele estava falando sério. – Depois, mais duas visitas, os filhos na Wehrmacht, os empregados também, para cada 1 alemão, 15 estrangeiros.

À noite, Mondsee. No dia seguinte, castelo Kogl: no meu escritório alternativo de Artes Visuais.[22] Visita ao grande trabalho de indexação das coleções judaicas de arte confiscadas na França. Pernoite no trem especial. Alarme grau máximo. Debaixo do fogo antiaéreo e com ronco de motores, na chuva e na escuridão, procura por abrigo subterrâneo. Quando chegamos, o ataque já quase havia acabado. Aqui também, tudo é questão de sorte.

Alguns dias de trabalho no ministério, depois para Westfalen-Nord. É sempre revigorante ver o pessoal da Vestfália, firmes, inquebrantáveis. Durante a viagem pelo campo, o coração se alegra: acolhedoras casas de enxaimel, diante delas antiquíssimas castanheiras, carvalhos ou faias. Plantações bem cuidadas, crianças loiras. Escola da HJ num velho castelo. Limpa, boa construção recente de madeira, rapazes atilados. O velho burro da escola um dia foi batizado no lago como Clemens August, motivo pelo qual o bispo homônimo de Münster protestou com veemência numa carta oficial. O velho burro nos foi apresentado, tão teimoso quanto deve ter sido em sua juventude.

Palestra num local de treinamento muito bem situado, em Lübbecke (sobre campesinato [*Bauerntum*] e grande indústria, preparação para um conflito futuro. Nacional-socialismo do lado dos camponeses [)]. – Visita a uma selaria mostrou a bela tradição e destreza camponesas da Vestfália. Os costumes expressam o belo antigo

---

22 Kogl, castelo na comunidade St. Georgen na Alta Áustria; 1943-45: depósito do ERR.

amor pelos cavalos: quando da morte do camponês, o cavalo que ele usava segue o caixão e durante o sermão, junto à tumba de Viduquindo, pode olhar para dentro da igreja.

Grande manifestação no pavilhão Oetker, em Bielefeld. Espírito de antes, como na época de lutas [*Kampfzeit*]. Bielefeld foi alvo apenas parcial das bombas. Noite com os camaradas, que entrou madrugada adentro. Na manhã seguinte, discurso de abertura na exposição de arte em Bad Oyenhausen. A exposição, surpreendentemente boa; dos 80 artistas da Vestfália que vêm ao caso, 20 tinham tombado em ação. Visita ao castelo Vahrenholz com a BdM.[23] Canto, ginástica e dança ao ar livre. A líder do BdM é excepcionalmente capaz, a única casada. Homem na frente de batalha. Almoço com a baronesa Oeynhausen, velha conhecida do Führer: 2 filhos desaparecidos na Rússia.[24] Ela mantém a postura de antes. – À tarde, visita ao líder dos camponeses da região, depois finalmente visita a uma fábrica de Steinhäger com o obrigatório trago. E então rumo à Holanda.

Pela manhã em Haag.[25] Comissário Seyss-Inquart vive bem num grande parque, Clingendaal. – Viagem para Delft. Uma prefeitura muito bonita, as salas realmente equilibradas de maneira eficiente, ainda com quadros na parede, como se os motores ingleses não ribombassem noite após noite sobre a Holanda. O prefeito é partidário do NSB, tão odiado pelos holandeses, que não querem compreender o momento e que ainda sonham com sua Insulíndia [arquipélago malaio] sendo reconquistada para eles justo pelos britânicos. – Em Roterdã, explicação dos planos de construção, instrutiva volta pelo porto. Prefeito nacional-socialista passou uma impressão muito boa. – Almoço em Clingendaal, à tarde discurso para os nacional-socialistas sobre a essência do humanismo. Em seu caráter holandês, esse se apresenta muitas vezes apenas como impeditivo e limitante, de modo que pareceu necessária uma avaliação geral desse movimento um dia revolucionário. À noite,

---

23 Vahrenholz, castelo no vale de Kalle, na Vestfália.
24 Mulher de Adolf von Oeynhausen (1877-1953); funcionário do governo; 1933-43: como presidente de Minden, responsável pela entrega para Himmler de Wewelsburg, destinada a ser "Escola de líderes do Reich"; 1941: *Brigadeführer* da SS.
25 Trata-se de Den Haag.

com o chefe do setor Holanda do NSDAP. A conversa agora bastante frequente sobre o futuro biológico do povo alemão. Informação de Eigruber: 25 mil mortos em Oberdonau deixaram 8 mil filhos.[26]

Em Amsterdã, visitei primeiro meu escritório. Lá confiscamos o Instituto Internacional Marxista, cuja proposta era de ser uma central intelectual de luta contra nós. Muitos países enviaram sua bibliografia "científica", mas também muitos outros materiais históricos. Encontrava-se num estado de bagunça total e há 3 anos as coisas estão sendo colocadas em ordem. Tornou-se agora uma biblioteca e uma fonte única para pesquisas sobre todo o movimento social na Europa. Junto com minha biblioteca russo-soviética em Ratibor,[27] o marxismo poderá ser algum dia estudado na *Hohe Schule* melhor do que em nenhum outro lugar. Foi uma alegria para meus homens poder mostrar o resultado de seu trabalho. – Em seguida, visitação da operação de móveis. Meu escritório enviou, da Holanda, cerca de 3 mil móveis para casas de alemães que tinham sido bombardeadas. Alguma coisa ainda pôde ser mostrada para mim, principalmente os depósitos de livros que foram confiscados ao mesmo tempo. Ainda há cerca de 800 mil exemplares para serem checados. Estes iam sendo classificados e enviados à biblioteca do nacional-socialismo ou entregues às livrarias da Wehrmacht ou aos holandeses.

À noite, na sala de concertos, palestra sobre "Tentativas para solucionar o problema europeu". Juventude holandesa de camisas azuis ao lado de nossa HJ. Metade da reunião também de locais. Um eco surpreendente, que mostrou como alguns círculos enérgicos da Holanda tomaram pé num novo tempo. – Como ministro do Leste, incentivei especialmente a participação dos holandeses no Leste e ordenei a fundação da Companhia Oriental Holandesa. Recebi seu presidente Rost van Tonningen pouco antes da reunião. Ele está indo para a Lituânia, para as propriedades rurais holandesas, e depois me passará um relatório em Berlim. – À noite, reunião descontraída com todos os funcionários de meu escritório, em seguida retorno a Clingendaal.

---

26 *Gau* Oberdonau, hoje Alta Áustria.
27 Ratibor (Racibórz), cidade da Alta Silésia, na atual Polônia.

Ainda à noite, longa conversa com Seyss-Inquart sobre o Congresso de Cracóvia,[28] academia alemã, holandeses no Leste. Concordamos plenamente que a academia alemã se concentrará em pesquisas com a língua, representará questões culturais alemãs no exterior, mas que não vai se misturar na minha área no que tange às questões de pesquisa sobre o nacional-socialismo. S.I. me pediu para enviar um representante ao pequeno conselho, a fim de logo tomar parte no planejamento dos trabalhos. – Na manhã seguinte, fizemos um passeio mais extenso e, ao conversar sobre coisas gerais, acabamos nos aproximando. Ele vem de um grupo de jovens católicos, antigamente tinha muitas hesitações e agora parece ter perdido todas. De todo modo, valoriza reforçar isso por meio de comentários eventuais. Visitação ao salão de cavaleiros, dos Estados gerais etc. Em seguida, visita a Mussert. Conheço-o desde 1841, quando foi meu convidado na inauguração do Instituto de Pesquisa da Questão Judaica, em Frankfurt. Ele iniciou imediatamente uma conversa sobre necessidades holandesas, explicou sua posição sobre a questão da "Holanda média",[29] lamentou que os flamengos sejam equiparados aos valões, ficou indignado que Degrelle tenha entrado em Bruxelas, "uma cidade holandesa como Danzig é alemã" (o que fez, aliás, contrariando uma ordem).[30] Por fim, relação com a Igreja. Esta havia negado um enterro a um membro do NSB. Eu: Por que o nervosismo, conosco começou igual; no início muitos de nós queriam ir à igreja portando bandeiras, mas agora ela pede por isso e é em vão. Se o cristianismo não sabe como aproveitar essa chance que lhe resta, então tem de ser deixado de lado. De preferência sem iconoclastia, mas temos de fazer algo pior para ela: torná-la supérflua – Mussert reforçou sua total concordância (há algum tempo, li um discurso seu que dizia não haver lugar no NSB para

---

28 Veja documento 23 neste livro.

29 A questão da "Holanda média" designa a ideia propagada por nacional-socialistas holandeses de um grande império neerlandês, que ao lado dos Países Baixos e da parte flamenga da Bélgica deveria abranger também as colônias belgas e as dos Países Baixos, bem como a África do Sul.

30 Degrelle, Léon (1906-94); 1930: fundador do movimento dos rexistas belgas, de influência fascista; 1941-44: como oficial da SS, líder político da Waffen SS Legião da Valônia; 1945: fuga para a Espanha.

os não cristãos). Mussert, um engenheiro em lenta evolução, já trilhou caminhos estranhos, mas é uma pessoa estrambótica e, pelo que parece, internamente decidido a trilhar o nosso. Durante a refeição, ele me cumprimentou com uma fala extensa e me deu as boas-vindas como nacional-socialista, precursor ideológico e personalidade europeia. Salientou, entre outras coisas, que passaria a carregar pela Holanda uma palavra de meu discurso de ontem: "Nem os mais cristãos hotentotes vão construir catedrais góticas". Ele disse que essa é uma imagem que esclarece tudo. Eu: Mas, intelectualmente, ela implica na rejeição do dogma cristão básico.[31] – M.[ussert] esteve com Pacelli há tempos, quando este ainda era secretário de Estado do Vaticano. Pacelli lhe explicou friamente: Para nós, o nacional-socialismo e o bolchevismo são a mesma coisa.

Meu vizinho à direita, representante de M., fez um relato sobre uma conversa com um jesuíta holandês em Roma. Sobre o *Mito* e *Dunkelmänner*. Meu vizinho: Sim, se os senhores estão lutando, então é verdade o que R.[osenberg] diz, não? Jesuíta: Aí é que está o problema, R. diz tantas coisas verdadeiras. Claramente um toque *diets*[32] penetrou nesse jesuíta holandês.

Como recordação, Mussert me entregou 16 volumes sobre obras de arte holandesas e a tradução de seus últimos ensaios, nos quais ele citou trechos de meu discurso em Praga sobre a "Liberdade intelectual europeia". – Gostaria de aceitar seu convite de conhecer um dia as belezas da Holanda como civil e a pé, não passando rapidamente por elas de carro.

29/7/44 Trem especial Gotenland

Para o fim de semana, recolhi-me em Michendorf,[33] para anotar com tranquilidade algumas coisas sobre os acontecimentos.

---

31 "Em si" inserido posteriormente.
32 *diets*: pan-holandês. Provável referência ao *Verbond van Dietsche Nationaal Solidaristen* [União de nacional-socialistas pan-holandeses], movimento fascista.
33 Michendorf, comunidade ao sul de Potsdam; lugar do trem especial "Gotenland" (antigo trem do marechal Pétain) como quartel-general alternativo do RMfdbO. Não longe de Michendorf havia um campo para trabalhadores forçados da Ucrânia. Veja também registro do diário de 30/7/1944.

A morte do general-oberst Dietl comoveu a todos.³⁴ Dois dias antes de sua fatalidade vi-o em Sondhofen [Sonthofen, na Baviera], onde discursei para 200 generais sobre a relação entre a Alemanha e a Inglaterra. Ele agradeceu em nome dos presentes, com sua tradicional cordialidade. Depois eu lhe pedi que se sentasse ao meu lado durante a refeição. Em S.[onthofen] é usual que as pessoas se sentem misturadas às mesas, ou seja, um aluno da Escola A.[dolf]-H.[itler] ao lado de um chefe político ou de um general. Os oficiais sempre gostaram muito disso, os jovens cheios de energia e disciplinados perguntavam e falavam à vontade e mostravam bons resultados ainda no início do método de educação. Dietl olhou para eles sorrindo e disse: É para eles que lutamos. – Contei-lhe algo de que não podia saber, a história política prévia da ação na Noruega: que o antigo governo norueguês tinha praticamente fechado um acordo de desembarque com os franceses e os ingleses, e seus representantes também haviam estado, entre outros, em Narwik [Narvik], a fim de checar o tamanho do corte transversal do túnel (artilharia pesada etc.) bem como as profundezas de Narwik. Fui informado disso por aqueles que sentiam um autêntico medo patriótico de uma futura ocupação bolchevista. Combinou-se então com o comandante de Narwik (major Sundlo) que, do seu lado, tendo em vista a grande ideia germânica defendida por Q.[uisling], não se atiraria em soldados alemães.³⁵ Dietl ficou espantado ao ouvir isso tudo e disse: Ele não atirou.

D. agradeceu pelas 18 palestras que meu funcionário dr. Strobel fez para o seu pessoal na Lapônia e me convidou mais uma vez para visitá-lo e seu Exército.³⁶ Demos as mãos, ele foi até o Führer. – Seu

---

34 Dietl, Eduard (1890-1944); 1921: ingresso no NSDAP; 1940: general em comando do corpo de montanha [*Gebirgskorps*] na Noruega; 1942: *Generaloberst*; morreu devido à queda de um avião.

35 Sundlo, Konrad (1881-1965); oficial norueguês; desde 1933: membro do Nasjonal Samling, chefiado por Quisling; 1940: coronel e comandante da cidade de Narvik; 1947: condenado à prisão perpétua por um tribunal norueguês; 1952: soltura.

36 Provavelmente Strobel, Hans (1911-44); 1930: ingresso no NSDAP; 1941-44: chefe do departamento de cultura popular e organização de festividades [*Volkskunde und Feiergestaltung*] no ARo.

enterro em Salzburgo foi muito sério, o Führer falou extremamente comovido.[37] Pela primeira vez vi-o andando muito curvado.

x

No Leste, retrocesso contínuo. Não sei fazer julgamento sobre esse lado militar, mas está claro que muitos dos oficiais mais graduados não compreenderam o traço <u>revolucionário</u> dessa guerra, e presos na velha rotina do técnico militar dão mais valor à forma do que ao empenho, postura, entusiasmo. Muitos reacionários ativos novamente não <u>agradeceram</u> o fato de, em vez de continuar vendendo tecidos, vinhos e máquinas, puderam novamente se tornar oficiais. Muitos generais, marechais de campo! Eles não gostam da nova diretriz. Os oficiais de liderança nacional-socialista chegaram relativamente tarde. No final de 1940 (9/11) firmei com Keitel um acordo sobre a educação ideológica da Wehrmacht, que a princípio não pôde ser realizada direito. Mas quando a guerra começou a se prolongar, multiplicando questões sobre seu sentido, sobre o querer de nossos inimigos, começou a ficar patente um interesse maior nesse sentido. Em 1943, as coisas começaram bastante bem: organicamente, região por região. A Chancelaria do Partido, porém, recusou apoio ao dispensar [*UK-Stellung*] 12 oficiais! Quando as coisas se tornaram mais ativas, principalmente com o auxílio de minha associação de docentes, começou o interesse em retirar de mim esse trabalho. Sob o pretexto de que havia tarefas <u>para além</u> da formação ideológica, achou-se um nome para tanto. A princípio, eu não teria nada contra, pois há todo tipo de questões de liderança de pessoal, informação política diária e assistência geral às tropas que não são de minha alçada oficial, mas agora ficou claro: os motivos objetivos serviram como pretexto para não apenas controlar de maneira prática a formação, mas também para reivindicar sua condução intelectual. Essa é a tendência que toda a Chancelaria do Partido ameaça seguir e sobre a qual já há reclamações gerais: a burocratização da vida do movimento. Jovens oradores, que ainda não aprenderam nem realizaram nada, viajam por escritórios de chefia, pedem para ser "atualizados" e

---

37 "Extremamente" inserido posteriormente.

assim começam a aprender coisas sobre as quais terão de julgar. Em seguida, "trabalham" em problemas que são da alçada de *Reichsleiter* e, a fim de justificar sua existência, fazem observações inúteis. Hoje isso não é levado em conta, mas um conflito está se armando no futuro, visto que um movimento não pode ser conduzido por meio de circulares e teletipos com críticas. Há pouco escrevi a Bormann uma carta muito clara, visto que ele expressou uma crítica sobre coisas (*Hohe Schule*), obviamente relatadas a ele por um desses assessores inúteis. O que ele fez com prazer, claro.

30/7/44

Pontas de lança de tanques russos estiveram em Mitau! Um sinal de que as tropas russas conseguiram romper a barreira em Witebsk.[38] O futuro nos dirá se a traição da liderança do Exército nacional no abastecimento do Exército do Leste teve alguma importância nisso. O atentado contra o Führer permanece um crime histórico único. Nunca antes um oficial quis assassinar covardemente o mais alto comandante da guerra. Olbricht, que no passado tinha servido como ajudante para Noske, provavelmente foi a "alma" da conspiração.[39] O fato de um marechal de campo, Witzleben, estar no meio disso é digno de lástima.[40] Este havia aceitado do Führer cerca de 40 mil marcos anuais do fundo privado como aposentadoria, também[41]

---

38 Referência ao cerco de Vitebski, no noroeste da Bielorrússia, como parte da Operação Bagration russa em julho-agosto de 1944, que levou à derrocada do grupo do Exército da Wehrmacht.
39 Olbricht, Friedrich (1888-1944); 1940: general, chefe do departamento de recrutamento do OKW; 1944: preso e executado por participação no atentado de 20 de julho.
Noske, Gustav (1868-1946); político; novembro de 1918: membro do conselho dos representantes do povo; 1919-20: ministro da Defesa; 1920-33: *Oberpräsident* [chefe da administração e representante do governo central] da província de Hannover; 1944: prisão por causa do atentado de 20 de julho; soltura no final da guerra.
40 Witzleben, Erwin von (1881-1944); 1936: general; 1941-42: comandante supremo do Oeste [*Oberbefehlshaber West*]; 1944: preso e executado devido ao atentado de 20 de julho.
41 "Também" inserido posteriormente.

motivada pela sua doença séria. E mais uma propriedade rural, carro e motorista. Um reacionário decente teria tido a honradez de recusar tudo isso, a fim de viver "com simplicidade prussiana". Esse e outros indivíduos mostram toda a ruptura de uma era: os generais da Reichswehr se mantiveram pacíficos em relação à República de Novembro, seguiram a constituição, hoje há uns tantos que querem se tornar bandidos. Doloroso para todos os heróis, principalmente para os da nobreza, que lutam com tanta coragem sob os reis prussianos.

Estou lendo as *Anedotas* de W.[ilhelm] Schäfer.[42] A história de "Elisa Ahlefeldt", a mulher do major v. Lützow, me encheu os olhos de lágrimas.[43] Como os oficiais prussianos mais honrados mantiveram uma postura digna após 1806. E o efeito disso sobre mulheres orgulhosas. – Ontem dei uma longa caminhada com M.[alettke?] ao redor de Michendorf. Uma grande quantidade de trabalhadoras orientais veio em minha direção. Elas caminhavam com naturalidade, algumas sorumbáticas e ranzinzas, outras rindo abertamente. Imaginar que esse tipo de gente poderia nos atacar se o front oriental sofresse uma derrocada! – Em Moscou, porém, há um "Comitê de libertação alemão" sob o general v. Seydlitz, que incentiva diariamente nossos oficiais à traição da pátria e ao amotinamento.[44] Supostamente um general (Bamler) foi preso num dia e na mesma noite falou na rádio russa contra o Reich alemão.[45] – Agora os soviéticos certamente têm injeções de veneno que deixam as pessoas sem vontade e dispostas a qualquer afirmação, por isso hesitamos cada vez mais em dar

---

42 Schäfer, Wilhelm (1868-1952); escritor; autor, entre outros, de *Deutsche Volksseele* [Alma popular alemã] (1922).

43 Ahlefeldt, Elisa Davidia Margarethe, condessa de (1788-1855); membro da nobreza dinamarquesa-alemã e mulher de Adolf von Lützow.
Lützow, Ludwig Adolf, barão de (1782-1834); oficial prussiano; conhecido principalmente pelo Freikorps com seu nome, os "caçadores negros".

44 Seydlitz-Kurzbach, Walther Kurt von (1888-1976); 1942: general; na prisão soviética após o cerco de Stalingrado; 1943: fundador e presidente do BDO para um cessar-fogo; 1944: condenado à morte pelo tribunal de guerra do Reich *in absentia* e responsabilização da família; 1950: condenado à morte em Moscou como criminoso de guerra, alteração da pena para 25 anos de prisão; 1955: soltura.

45 Bamler, Rudolf Karl Johannes (1896-1972); 1942: comandante da 12ª divisão de infantaria no front oriental; desde 1944: na prisão de guerra soviética; filiação ao NKFD e o BDO; 1950: soltura.

credibilidade às vozes "alemãs"; até o momento a família de Seydlitz e outras receberam o pagamento usual dos benefícios! A honrada mulher do general v. Daniel foi falar, desesperada, com o *Gauleiter* Meyer: é impossível seu marido ser um traidor![46] Entretanto, tudo depõe contra ele, que está na extremidade dos chamados à traição da pátria.

x

Michendorf 27/8/44

Desde o dia 20/7 todos os pensamentos rodam sempre em torno desse evento. Mesmo se encararmos os tumultos como inevitáveis em todas as revoluções e compreendermos que as antigas forças não querem sair de cena sem mais, o que se segue é característico. A nobreza e o oficialato foram engrandecidos, a começar pelo reerguimento da Wehrmacht. Na época da República de Novembro, muitos reativados trabalhavam com tecidos, máquinas e vinhos. Foram alçados a generais, marechais de campo. O Führer presenteou Witzleben, que sofria do fígado, com uma mansão, motorista, apanágios extras além da aposentadoria. Ele aceitou tudo – e participou de um atentado de gangue. Segundo o estilo niilista daqueles que atentaram contra os czares russos. A primeira vez na história alemã que oficiais, isto é: cavaleiros, ergueram suas mãos contra o mais alto comandante da guerra. E ninguém pegou uma pistola para depois se matar. Não, mas com uma perfídia, cujas proposições cristãs católicas, evangélicas confessionais se tornam cada vez mais claras no próprio processo. – O *Oberstleutnant* barão Leonrod confessa em dezembro de 1943 (!) o planejado assassinato a seu confessor.[47] Este afirma, diante do tribunal, que havia considerado a coisa de maneira puramente

---

46 Edler von Daniels, Alexander (1891-1960); 1943: tenente-general; na prisão de guerra russa, vice-presidente do BDO e do NKFD; 1955: soltura.
47 Leonrod, Ludwig, barão (1906-44); oficial; 1944: comandante de uma unidade de investigação; prisão pela Gestapo e pena de morte pelo Tribunal do Povo; executado em Berlim-Plötzensee.

"teórica". Ele não a informou ao seu bispo nem ao Reich. Ou seja, o Vaticano sabe disso há meio ano!

E espera pelos assassinos católicos como Stauffenberg, que sempre carregou uma cruz dourada no peito.[48] Infelizmente ele foi assassinado antes de um interrogatório, de maneira que não ouvimos nada sobre seus confessores. – No final, Stieff escreve que está se convertendo ao catolicismo, a fim de se unir no Céu à sua mulher católica![49]

No que se refere à sabotagem militar, diariamente surgem novos detalhes que revelam o que há de criminoso. No início, os senhores não tinham nem 5 divisões para o front central do Leste, quando agora, depois da derrocada, 18 delas puderam ser despachadas em poucas semanas!

Michendorf, 22/10/44

Ontem pela primeira vez pernoitei em minha cabana de troncos em M.[ichendorf]. Uma imagem da mais profunda paz; um breve instante de relaxamento, enquanto o mundo ao redor está em polvorosa. Em volta, úmida floresta de Brandemburgo e nosso conjunto de cabanas, agora quase pronto. Mais para dentro da floresta, o trem especial como última saída, que vem bem a calhar, visto que a barraca de serviços, recém-construída, foi destroçada por uma bomba.

Nos últimos tempos, fui apenas algumas vezes aos distritos administrativos. Primeiro para Neustadt [an der Weinstraße], onde o Führer me pediu para fazer o discurso fúnebre para o falecido *Gauleiter* Bürckel.[50] Bürckel representa uma grande perda para o

---

48 Stauffenberg, Claus Schenk, conde de (1907-44); oficial; 1943: *Oberstleutnant*, seriamente ferido na África; 1944: chefe do staff dos comandantes da reserva do Exército; assassinado após o fracassado atentado contra Hitler em 20 de julho de 1944.

49 Stieff, Helmuth (1901-44); oficial; 1942: chefe do departamento de organização do OKH; preso como coconspirador do atentado de 20 de julho de 1944 e condenado à morte pelo Tribunal do Povo.

50 Bürckel, Josef (1895-1944); 1925: ingresso no NSDAP; 1926: *Gauleiter* do Palatinado; 1936: comissário de Saarland; 1938: *Gauleiter* e governador em Viena; 1940-44: chefe da administração civil na Lorena.

movimento: um homem robusto, intimamente de bom coração e fiel. Ele tinha se engajado com Doriot por uma verdadeira revolução nacional contra Pétain, e na última Conferência dos *Reichsleiter* e *Gauleiter* expressou novamente esse pensamento.[51] As coisas tomaram outro rumo: não sei dizer se há aqui grandes omissões do nosso lado. Os defensores de uma mobilização [francesa] contra a Inglaterra teriam de assegurar que o corpo dos antigos oficiais não se envolveria. Teria sido difícil fazer isso e esses oficiais acabariam por voltar suas armas contra nós. Três guerras contra a A.[lemanha] na memória recente não são facilmente negáveis. Mas de todo modo: talvez tivesse sido possível empregar um exército de menores dimensões no Leste. Agora estamos com as menores unidades.

Na hora do almoço, as sirenes uivaram em Neustadt. Vimos o bombardeio ao aeroporto de N. a partir do lugar onde fica situado o posto de comando, a 3 km de distância: bombas incendiárias que davam início a queimadas, grandes nuvens de fumaça. À noite, discursei e espero ter honrado nosso companheiro B. – De lá até Munique, passando por Heidelberg. Parada em Augsburg: de dia, o maior ataque, trens parados. Chegamos a Munique à meia-noite com um carro da chefia do *Gau*. A Nymphenburger Str. era uma confusão de destroços e fios. As ruas vizinhas também estavam destruídas. Por desvios, chegamos finalmente ao hotel. – Munique: arruinada, tudo o que caracterizava M.[unique] foi destruído, mutilado. Também uma imagem da loucura contemporânea da Europa. – Reunião com Schwarz, que, com seu bom instinto, avalia o desenvolvimento da liderança do partido igual a mim.

Em Berlim, longas discussões com nossa burocracia da Chancelaria do Partido, que está se fazendo de importante. Estes trocam os assessores, que estudaram pouco e não têm o desejo de estudar,

---

51 Doriot, Jacques (1898-1945); político francês; 1936: fundador do fascista Parti Populaire Français, apoiador de Franco na Guerra Civil Espanhola; 1941-43: cofundador da Légion des Volontaires Français contre le bolchévisme e serviço militar no front oriental.
Pétain, Henri Philippe (1856-1951); oficial e político francês; 1917: comandante supremo do Exército francês; 1922-31: marechal da França e inspetor-geral do Exército; 1940-44: chefe de Estado ditatorial do regime de Vichy, colaboracionista com o Reich alemão; 1945: condenado à prisão perpétua.

e por isso insistem mais ainda na sua "autoridade". Tendência: para mim, "evidentemente" todas as portas devem estar abertas, mas existe a recusa do aparato, isto é, de organizar aquelas ferramentas que possibilitam o meu trabalho. As minhas palavras <u>claras</u> acabaram fazendo com que os senhores não exagerassem na dose, mas sua tentativa é evidente. Ou seja, uma ação criativa é para ser compreendida também entre nós como uma <u>reprimenda</u>. Enquanto preparava meu discurso sobre Nietzsche, falei para meus colaboradores: os filistinos caquéticos, que levaram N.[ietzsche] ao desespero, continuam ainda hoje, sem máscaras: também como chefes de Departamento do NSDAP. No final do discurso, acrescentei observações referentes a isso.

No dia 14 [outubro] em Hildesheim. Ainda totalmente intacta, uma visão bonita, incomum. No dia 15 no Nationaltheater de Weimar para a comemoração em memória de N. Aos 16 anos, quando tive um *Zaratustra*, de Nietzsche, em mãos, recusei-o de maneira dramática e alheia. Isso teve um efeito duradouro em mim, de modo que N. não teve qualquer significado em meu desenvolvimento. Apenas mais tarde eu lhe dei crédito e compreendi sua necessária solidão. Hoje, quando os Kochs e Bormanns fazem seus lances políticos, tenho uma sensação de que N. deve ter sentido algo parecido. Ao redor do Führer houve uma falta de seriedade, uma jactância, que não desenvolveu um sentimento para o <u>espaço</u> gigantesco no Leste e que não <u>quis</u> enxergar verdadeiramente os problemas. A falta de uma liderança política coerente no Leste continua ainda hoje à vista também daqueles que não olharam minuciosamente a engrenagem. Visto que ainda não tive a oportunidade de fazer um relatório oral para o Führer, entreguei-lhe um registro escrito de meu ponto de vista e de determinadas sugestões.

Quase todas as regiões orientais estão perdidas. Os departamentos de administração do Ministério do Leste serão desmontados, fechados. A condução <u>política</u> dos 5 milhões de membros dos povos orientais [*Ostvölker*] ainda permanece. – Reval, a antiga casa, foi incendiada, como antes Narva.[52] Litzmann contou: quando ele partiu,

---

52 Narva, cidade da Estônia situada no golfo da Finlândia.

escutou como explodíamos os lugares vitais para a guerra, o resto era um mar de chamas. Todos os símbolos, também os da lembrança de minha juventude, sucumbiram. – Da mesma maneira sucumbiram Aachen, Köln etc. A provação chegou a um ponto nunca antes visto. A atitude, porém, permanece admirável. No dia 16/10 discursei para 800 oficiais em Ohrdruf.[53] Sobre o sentido europeu da guerra. Profunda gratidão dos oficiais que retornam ao front.

Michendorf 26/10/44

Há alguns dias pedi que me trouxessem meus primeiros memorandos do início de abril de 1941, que havia encaminhado ao Führer sobre o problema do Leste. A eventualidade se aproximava, o desejo da União Soviética pela incorporação dos países bálticos em direção ao Ocidente se tornava mais claro. Em vista dessa situação, não era possível arriscar um novo golpe contra a Inglaterra: tinha chegado a hora de um confronto com o bolchevismo. O Führer estava muito confiante: o maior dos exércitos de tanques de todos os tempos vai se deslocar até o Leste, ele me disse. Devido aos êxitos de até então, era compreensível haver confiança em relação ao novo empreendimento. Apesar disso, a sensação do grande espaço me impediu de desenhar planos gerais. Primeiro apresentei o relacionamento de 700 anos com o Báltico e as exigências legais alemãs em relação a esse país, mas depois apontei para a força central da Rússia e defendi a criação de um Estado ucraniano – com todas as consequências: incentivo à cultura ucraniana, ciência, ação contra o bolchevismo de Moscou. O Führer concordou! A história do Leste teria trilhado um outro caminho se tivesse permanecido nessa concepção. Sem uma Ucrânia forte, caucasianos, turcomenos etc. não formaram uma força que contrapesasse a da Rússia. Um exército de 1 milhão de ucranianos voltados ao novo país no Leste teria talvez nos poupado da catástrofe de Stalingrado. Em vez disso, a fanfarrice dos Kochs

---

53 Ohrdruf, cidade na Turíngia.

e seus iguais, juntamente com um memorando, fizeram com que subitamente o "perigo" futuro de uma Grande Ucrânia fosse pregado na parede, mantendo os ucranianos subdesenvolvidos política e culturalmente. Além disso, houve a informação mentirosa de que o *Generalfeldmarschall* v. Eichhorn tinha sido assassinado em 1918 por nacionalistas ucranianos, como agradecimento por seu bom tratamento.[54] Em relação a mim, deu-se a entender que talvez eu estivesse sendo influenciado por emigrantes ucranianos e não representasse o Reich de maneira tão adequada como os senhores que gravitam em torno do quartel-general. Nesse caso, Bormann teve sem dúvida um papel substancial, no começo talvez Himmler também, que mais tarde foi assessorado de outra maneira por seus oficiais da SS do Leste. De todo modo, o Führer retirou sua aprovação ao meu projeto; creio que fiz uma observação um tanto melancólica a respeito, visto que foi ele, e não eu, quem conquistou a Ucrânia.

O resultado foi que não tínhamos nenhuma linha relativa à política no Leste. Eu podia alcançar a concordância do Führer no setor da política agrária; no político-cultural, esbaldava-se a patologia filistina de Koch. – Mais tarde, o mesmo Koch – falando de uma maneira um pouco exagerada – teve de remover muita areia ao redor da Prússia Oriental contra os resultados de sua "política".

Agora as maiores batalhas se dão em solo alemão. Nas proximidades do quartel-general do Führer. – O generalato tinha promovido o general Wlassow, com o que concordei em certa medida. Rejeição total do Führer – de Bormann, de Himmler. Por um tempo, ameaça de prender W.[lassow]. – Hoje, sob pressão, o russo descartado por 1 1/2 ano é trazido de volta. Subitamente, a linha da Grande Rússia não é mais perigosa. Instâncias subalternas fazem as coisas avançarem sem o conhecimento do complexo geral – de maneira diletante como se fosse uma ação qualquer. Na política do Leste, todos se esbaldam, chegam ao Führer. Há 8 meses estou sem possibilidade de uma apresentação pessoal. Meu memorando existe, não tenho certeza se foi

---

54 Eichhorn, Hermann von (1848-1918); oficial; 1917: *Generalfeldmarschall*; 1918: assassinado em Kiev por um revolucionário socialista russo quando era comandante de grupo do Exército.

entregue integralmente ao Führer. Nesse fluxo de acontecimentos, não é de se espantar que um grande Reich se veja ameaçado, e devido à falta de uma estabilidade política bem pensada um vaivém de fundo emocional entra no lugar de uma liderança firme. O alemão da Alemanha não faz ideia do grande espaço, e sim se compraz com os argumentos limitados de uma política de hortas familiares.* Se ele ao menos quisesse aprender! Os homens da instância administrativa inferior o fizeram quando tiveram de trabalhar de maneira prática, sem auxílio de terceiros. Eles e muitos donos de terras aprenderam como gerenciar pessoas e como tratar outros povos. Isso aconteceu menos com os comissários-gerais; zero com os comissários do Reich. Especialmente Koch, um exemplo perfeito do filistinismo enlouquecido na política mundial, que pode ser bom para a criação de porcos na Prússia Oriental e nas construções de assentamentos em Zichenau, mas que se tornou uma tragédia na política do Leste. Não porque tivesse uma grande estatura antagônica, mas – e isso é o que assusta – porque o pequeno fanfarrão encontrou apoio efetivo no quartel-general, algo que um dia será considerado como característico da avaliação de alguns desses acontecimentos.[55]

O problema do caráter senhorial certo e errado aparece também aqui. B.[ormann] recebeu uma grande honraria e todos teríamos saudado um homem com vontade de trabalhar e dotado de senso comum. Mas conflitos hão de surgir – os quais quero evitar prontamente – se ele, que durante 20 anos não formulou nenhuma ideia própria, não montou nem defendeu nenhuma organização, agora só quer ser um juiz da antessala do Führer. Visto que, fora B., outros *Reichsleiter* só muito raramente têm acesso ao Führer, ele se tornou o canal de todos os desejos. Ele sabe o que isso significa e faz de tudo para sua manutenção.

---

* *Schrebergartenpolitik*. "*Schrebergarten*" são lotes bem pequenos em área urbana ou às margens de ferrovias – terrenos públicos –, destinados a hortas e que são arrendados por famílias por baixo custo. No século XIX, o médico Daniel Schreber incentivou a ideia desses jardins, onde os adultos poderiam cultivar alimentos, e as crianças, brincar. (N. T.)

55 A organização cronológica das próximas páginas do diário é incerta; sua sequência deve ser quase coincidente com a escolha feita aqui.

Durante todos esses anos, pude observar sob a melhor "luz" o falso caráter senhorial em meus dois *Reichskommissare*. Primeiro, de maneira tangível, em Koch, depois também em Lohse. O primeiro logo apontou para "Berlim"; embora não fizesse ideia do Leste, era da opinião de que governar lá com chicote e brutalidade era ordem do Führer. K.[och] tinha um lado prático para realizar tarefas econômicas concretas, mas nada a oferecer no campo da política. Antigamente pró-bolchevista, que admirava a juventude russa, que escreveu as coisas mais estapafúrdias sobre a unidade do espaço prussiano oriental com o russo (*Aufbau des Ostens*, 1934), agora generaliza os povos orientais como inferiores, mesmo em reuniões maiores. Como primeiro funcionário do Reich na Ucrânia, em 1/1/[19]44 ele publicou no *Ukr.-Zeitung* [jornal da Ucrânia], contra todas as instruções, um manifesto em letras garrafais referindo-se ao povo ucraniano como o de "história mais pobre"! Dizer algo mais idiota era quase impossível. Vários atentados contra seus funcionários podem ser colocados na conta desse discurso e de outras ações. De Lohse, eu esperava que fosse impedir, com sua fleuma, acontecimentos repentinos no Leste; e, como homem do mar do Norte, que logo se integrasse. Ele também não está à altura do trabalho. Tornou-se preguiçoso. Criticado, tinha o habitual acesso de raiva dos filisteus. Vários funcionários formaram um círculo ao seu redor que o exortava como o grande *Reichskommissar*, e ele passou a manter uma relação próxima com K.: a separação estava em marcha. Assim como no passado: os pequenos barões contra os duques, os príncipes contra os imperadores. Então, algo igualmente complicado como o outro *Gauleiter* em Oslo, arrogante por natureza, que se tornou insuportável por lá. Todos eles aproveitáveis nos limites de suas sebes ou nos altos-fornos, mas que não suportam novos horizontes e depois enlouquecem. Isso só pode ser contido com rédeas curtas. A rédea até Rowno e Riga era longa demais; a consciência de ser "um *Gauleiter* muito antigo" era forte demais; a posição assegurada às costas, fortalecedora demais. Resta que a princípio lá só há pessoas que podem ser exoneradas pelo ministro. Senão não há como carregar as responsabilidades. Memorandos estão sendo redigidos sobre esse problema.

Muitas coisas passaram por nossas mãos, apesar da diminuição do espaço. Muitos milhares de jovens orientais como ajudantes para canhões antiaéreos no Reich, crianças como aprendizes na [fábrica de motores e aviões] Junker; memorandos letões sobre sua soberania como Estado; traiçoeiras conspirações estonianas e letãs; 14 mil cossacos com 4 mil cavalos chegaram na Rutênia Branca, após 1 1/2 ano de marcha a pé. – Agora já se foram novamente: foram levados ao vale do Tagliamento, para a Ístria.[56] Da mesma maneira, os caucasianos para o Sul da Caríntia. – Recepcionei as legiões caucasianas e ouvi seus desejos por libertação de sua pátria, a esperança de todos. Registro de prefeitos ucranianos fugitivos, de chefes de distritos, de médicos, agrônomos etc. Há pouco o conselho central da Rutênia Branca foi para a Vestfália. Preparativos para fugitivos da Estônia e da Letônia, que trabalharam conosco. Problemas de evacuação em Ostland. Liquidação dos bens trazidos de volta. Medidas de redução de pessoal.

No partido: discursos nos distritos administrativos, na Wehrmacht; agora na 1ª nova divisão que foi para o Leste. Revisão de todas as provas de *Idee u. Tat, Weltkampf, Reichskunde, Dramaturgie*, relatórios das forças-tarefas. 5ª coleta de livros: 7 milhões de volumes! Ao todo, 43 milhões. Uma ação única.

Berlim, 12/11/44

Na terça, o general Wlassow iniciará como "chefe do movimento de libertação dos povos da Rússia", sob o patronato de Himmler, em Praga. Esse fato tem um lado pessoal e objetivo político.

Wlassow foi promovido especialmente pelo Exército. Indignação entre os "poderosos" no quartel-general do Führer. Ataques contra os "generais politizadores". Eu tinha o ceticismo necessário contra Wlassow, visto que seu posicionamento sobre a Grande Rússia era

---

56 Tagliamento, rio no norte da Itália, supostamente trata-se aqui do vale de Ampezzo e Tolmezzo; em 1944 era parte da zona de operações da costa do Adriático, até a libertação pelos *partisans*.

claro; na realidade algo evidente, mas para ser checado com cuidado. Conversa do dr. Leibbrandt com W.[lassow] e relatório para mim. Referência a muitos povos contra os quais não poderíamos ser injustos. W. concorda. No dia 13/5/[19]43, ele registra no Departamento de Propaganda da OKW sua renúncia à Ucrânia e ao Cáucaso, fazendo uma menção de agradecimento a <u>meu</u> ministério. Antes, o dr. Lammers (22/4/[19]43) já havia falado sobre os relatórios recebidos das aparições de W. em Maguilov.[57] Respondi em 24/4/[19]43 que também havia recebido as boas informações. O front era unânime pelo envolvimento de W., uma opinião "que essencialmente está em conformidade com a minha". Insisto numa conversa com o Führer, pois essa questão é "tão importante para a guerra como muitas outras que acabaram sendo apresentadas ao Führer". Recepção impossível. No dia 26/5/[19]42 envio a Bormann a declaração de W. e a sugestão para a criação do Comitê Nacional. – Chega uma resposta de Keitel: <u>Indeferido</u>. – Nesse meio-tempo, Koch espuma de raiva no quartel-general do Führer contra Wlassow, tratamento duro dos povos orientais [*Ostvölker*] etc. Sabota declarações de propriedade com afirmações inverídicas sobre minhas orientações de implementação. Esse comportamento continua sendo apoiado largamente por Bormann e Himmler. Num discurso diante dos *Reichsleiter* e *Gauleiter* em Posen, este diz que W. afirmou que a Rússia só poderia ser libertada e limpa por meio de mãos russas, mas que ele, como um germano, se recusava. Ataque claro contra a pessoa e as ideias de W.

Ou seja, não é possível agir nessa direção. Organizo os escritórios centrais para os povos orientais [*Ostvölker*], aos poucos os representantes das legiões também estão presentes. – Em seguida, campanha para ajudantes de canhões antiaéreos, emprego de operários da Rutênia Branca, retorno de cossacos de Don/Kuban pela Rutênia Branca para o Norte da Itália, cursos em Varsóvia e emprego de líderes de campos, acompanhamento de feridos de guerra das legiões etc. Um trabalho que está começando bem para o caso de uma mudança de ideia do Führer. No outono de 1944, relato para o Führer a respeito,

---

57 Maguilov, cidade no leste da Bielorrússia.

visto que um encontro pessoal foi negado o tempo todo. Inteiro-me da atividade da SS sobre W. Recepção de W. pelo *Reichsführer* da SS [Himmler]. Não consigo uma ata, apenas breves informações por meio de Berger, que participou da reunião somente no final. Kröger falou muito mais e foi pôr mãos à obra no manifesto de W.[58] Disse que, a princípio, o Führer havia concordado! Himmler redigiu o manifesto. Em seguida, o recebo. Em 12/10/[19]44, envio ao Führer um memorando sobre todo o processo, tomada de posição frente ao manifesto de W. e sugestões. Lammers não está no quartel-general do Führer e envia tudo para Bormann a fim de ser entregue. – Ambos me avisam que não sabiam que havia um manifesto de W. com o Führer. Com uma ligação telefônica em 2/11/[19]44 descubro que Bormann não apresentou meu memorando. "O Führer estava acamado." Até 9/11 não o tinha lido.

Enquanto isso, [Hitler] examinou longamente o memorando de W. e, como fui informado oficialmente, concordou com ele em 7/11. Recebi no dia...[59] um teletipo do dr. Lammers: o Führer não vê inconveniente se os povos orientais [*Ostvölker*] forem chefiados no território soberano alemão segundo minhas diretrizes, mas não há promessas sobre seu futuro político.

Nesse meio-tempo, vetos das representações de todos os não russos, também dos cossacos. Eles dizem que estão lutando há anos para a A.[lemanha]. E que queriam continuar assim, mas não sob o comando de W. A SS, gozando de plenos poderes, passou à ordem do dia. Meus princípios básicos foram reconhecidos, porém, na prática, sem um combinado anterior com os outros, ele [*Reichsführer da SS*] começou dessa maneira imediatamente seu trabalho de fechamento dos departamentos centrais nacionais criados pelo Ministério do Leste. Decepção crescente. Até hoje não sei quem assinou o manifesto de W.[lassow]. O escritório central da SS deve ter se dirigido a todos,

---

58 Provavelmente Kröger, Erhard (1905-87); político nacional-socialista alemão-báltico; 1939: chefe do reassentamento do grupo de alemães étnicos na Letônia; 1941: *Oberführer* da SS, como chefe da força-tarefa 6 da unidade móvel de extermínio C, participou de assassinatos de judeus na Ucrânia; 1944-45: homem de ligação de Himmler para Wlassow.

59 Espaço em branco no original.

sem rodeios – sem meu conhecimento –, solicitando sua aceitação. Visto que não têm poder no Reich hoje, eles talvez se sintam internamente traídos pela A.[lemanha].

Ou seja: primeiro, o aceite de meu projeto de abril de 1941: abranger todos os povos, principalmente os ucranianos. Tempestade contrária no quartel-general do Führer (Koch). Com ele, Bormann. Em seguida, rejeição e consequente perda da mais forte força não russa. Então, nenhuma diretriz na política oriental.

Segue-se a sugestão de aproveitar W. Nova recusa. Desde 17/11/[19]43, todos os pedidos de um encontro pessoal foram recusados. Depois da determinação pelo RFSS, a toda velocidade até Wlassow. Após 2 anos de espera! Naquela época, possível em liberdade, agora a partir de uma situação embaraçosa. E os preparativos para tanto: diletantes, apressados. – W. vai anotar as vítimas dos outros no livro-caixa russo. Será um milagre os caucasianos etc. ainda lutarem. Se fracassarem todos, a culpa estará no tratamento errático da questão, em seguida relapso. Nada de seriedade no problema oriental.

Sobre o que me é doloroso e indigno pelo lado pessoal, escreverei mais tarde. Os sentimentos ainda são muito recentes para tanto. E também menos importantes, tendo em vista o destino do Reich. A conduta de certos homens junto ao Führer mostra como é feita hoje a política do Reich. Mais nenhuma objetividade, nenhuma estabilidade e nenhum conhecimento, porque é preciso se esforçar para tanto. Só posso esperar que apesar disso o Reich não sofra ainda mais estragos do que já sofreu por causa de idiotas políticos como Koch e outros, limitados porém ambiciosos. De todo modo, posso compreender como Nietzsche ficou louco em seu mundo: ele via tudo se aproximar e não podia mudar nada.

O final: vão tentar me fazer responsável pelo fracasso de até agora. Como já se diz, sorrindo, eu não posso conduzir a questão de Wlassow porque o Ministério do Leste tem a fama de ter promovido uma política colonial em relação à Rússia. Certamente alguém disse isso para o Führer e teve ouvidos...

Berlim-Dahlem 3/12/44

Desde ontem me mudei de novo para a Rheinbabenallee.[60] A moradia provisória foi arranjada para mim por mais de um ano. Demorou um pouco, mas o resultado foi algo que se assemelha a uma atmosfera familiar. No hotel é ruim, em longo prazo é terrível, pelo menos é difícil trabalhar ali, principalmente se à noite não se está acostumado a escrever ou a se concentrar em outras coisas. – Os restos de minha biblioteca foram resgatados dos destroços da minha casa. Rasgados, dobrados, ainda cheios de pedaços de argamassa e cacos de vidro. Hoje pela manhã peguei *Cartas de Muzot*, de Rilke.[61] Que mundo distante, mas em certos momentos ainda inspirador. O estilo epistolar de Rilke certamente é pensado – para leitores futuros. Ele quer juntar novamente todos os fios desde antes de 1918, sem entrar em discordância com nada. Ele escreve para Annette Kolb, pede para mandar saudações justo a René Schikelé, elogia Beer-Hoffmann, não cessa de se encantar com Proust...,[62] mas depois seguem-se páginas bonitas, humanas, diálogo intelectual com seres humanos. Como nós tivemos de ser duros, às vezes unilaterais, para talvez criar novamente um tempo em que os poetas pudessem escrever uns aos outros sobre arte, composição e alma, mesmo ultrapassando alguns limites. Em 1940, em Paris, tomei consciência em meu íntimo de quanto tempo se passou desde a juventude. Em 1914, morei por algumas semanas próximo ao boulevard Raspail.[63] Na minha lembrança, essa rua era larga, clara e ensolarada. Em 1940,

---

60 Rheinbabenallee, rua em Dahlem, bairro berlinense de casarões. Em 1935, Rosenberg montou um centro de formação nas casas de número 22-26 e em 1936 mudou-se para a de número 20.

61 Rilke, Rainer Maria (1875-1926); poeta.

62 Kolb, Annette (1870-1967); escritora; desde 1933: exílio; 1945: retorno à Europa; desde 1961: em Munique.
Schickele, René Marie (1883-1940); escritor francês-alsaciano; 1911: redator-chefe do jornal de Estrassburgo *Neuen Zeitung*; nos anos 1930: crítica às ideologias totalitárias.
Beer-Hofmann, Richard (1866-1945); escritor austríaco; desde 1938: emigração à Suíça e Nova York; influenciado pelo impressionismo vienense.
Proust, Marcel (1871-1922); escritor francês.

63 Raspail, bulevar nos bairros parisienses de Notre-Dame-des-Champs e Montparnasse.

subo-a de carro vindo da cidade. Um boulevard escuro. Daí noto que nesses 26 anos os plátanos cresceram e que eu estava entrando em suas sombras. Percebi o que é um quarto de século. O pequeno café frequentado por artistas La Rotardi, ampliado, modificado, degenerado. Como algumas outras coisas.

Há pouco tivemos uma "conversa europeia" em Dresden. Com Marcel Déat, o conselho de flamengos, valões e holandeses.[64] Todos me perguntaram por que o *Mito* não tinha sido traduzido. Eu lhes respondi que fora escrito para a Alemanha e que havia proibido até aquele momento uma tradução italiana, espanhola e francesa. Qual teria sido a consequência: grande indignação da Igreja e de todos os outros opositores, "refutações científicas" e, do outro lado, ninguém teria ousado defender o *Mito*, nem os fascistas, muito menos os falangistas. Nada disso vale a pena por causa de uma inquietação literária – no mais, isso também seria indesejável do ponto de vista da política externa. Eu não teria qualquer objeção a uma tradução ao japonês. Que também existe. Uma francesa foi iniciada em 1940, mas deve ser cuidadosamente checada em sua acurácia. Por exemplo, "Alleine ich will",* de Fausto, foi traduzido por "Moi seul"...

Subitamente percebi, nesse círculo, o efeito que o *Mito* provocou. – No mais: pelo que eu saiba, é a primeira vez que um governo francês legal procura proteção no Reich. Um fato curioso. Os outros: de inclinação por uma grande Germânia. Prof. de Vires (2 filhos na Waffen SS) disse: mais tarde a Holanda tem de voltar ao Reich, a única solução para o seu destino.[65] Que os valões também enfatizem o aspecto germânico, é o aspecto mais surpreendente do desenvolvimento dos últimos anos. A grande guerra e a luta conjunta na Waffen SS ajudou a formar uma nova comunidade, que começa a deixar para trás os particularismos. Também, cada vez mais o cristianismo – assunto sobre o qual tive de responder perguntas durante toda a noite.

---

64 Déat, Marcel (1894-1955); político francês; 1933: cofundador do Parti Socialiste de France; após guinada ao fascismo em 1941, fundação do Rassemblement National Populaire; 1944: fuga para a Alemanha; desde 1945: num convento italiano.

* "Mas quero!" [Trad. de Jenny Klabin Segall], in Goethe, J. W. von. *Fausto: uma tragédia – primeira parte*. São Paulo: Editora 34, 2004. (N. T.)

65 Vries, Jan Pieter de (1890-1964); linguista holandês.

Discursei em Krössinsee diante de 300 oficiais sobre as 5 tentativas de formatar a Europa. Também falei de minhas viagens a Londres, da minha sugestão a respeito das 4 potências em Roma, em 1932, depois da política do Leste, quando a razão de Estado me proibiu de reagir adequadamente às ações do *Reichskommissar* Koch, porque daí surgiria a pergunta do por que eu não o tinha exonerado... Espero que as declarações tenham sido esclarecedoras. No dia 7/12 falarei para o Grupo do Exército A no Leste sobre o mesmo tema, quando será necessário corrigir algumas noções simplistas entre os oficiais.

III
DOCUMENTOS COMPLEMENTARES

Documento 1

Excertos de Alfred Rosenberg, *Die Spur des Juden im Wandel der Zeiten*. Munique: Deutscher Volks-Verlag, 1920 (Nova edição: editora central do NSDAP, Franz Eher Nachfolger, 1937; reproduzido em Alfred Rosenberg, *Schriften und Reden*, vol. 1: *Schriften aus den Jahren 1917-1921*. Munique, Hoheneichen-Verlag, 1944, pp. 125-322).

Prefácio[1] (A. Rosenberg, dezembro de 1919):

"Em nossa sociedade confusa quase até o absurdo, parece que as pessoas perdem as referências. Veem movimentos de tipos bem diferentes, veem o mundo se desintegrando literalmente e, por fim,

---

[1] Cf. o Prefácio da nova edição de 1937: "*Spur des Juden* [Rastro do judeu] foi meu primeiro livro, escrito em 1919, publicado em 1920. Visto que mais tarde, durante a luta, as considerações daquele presente despertaram interesse imediato, o livro não foi reeditado após esgotado. Mas hoje, no momento em que todas as questões referentes ao ensino e à formação necessitam de uma investigação profunda, este livro composto há 18 anos dará sua colaboração ao conhecimento do judeu e de seu rastro na mudança dos tempos, pois se baseia em grande parte em fontes judaicas, até então desconhecidas do antijudaísmo. À exceção de revisões estilísticas, não fiz quaisquer correções, pois quase tudo foi concebido por mim. Nos capítulos finais, alguns ataques pessoais contra políticos foram suavizados; alguns trechos relativos à história do pensamentos, abreviados. Dessa maneira, espero que a nova edição seja útil para o conhecimento da imutabilidade do caráter judeu. No futuro, tudo depende de que próximas gerações compreendam a profunda necessidade da luta de nosso tempo, para que não se cansem e esmoreçam como aquelas que nos precederam". A edição de 1944 de *Schriften und Reden* não traz o prefácio.

enxergam somente muitas distorções, individualimos, caos. O homem de hoje muito facilmente tende a avaliar tudo o que acontece a partir da perspectiva da vivência pessoal; aquilo que não vê ou não escuta é negado. Ele perdeu a capacidade de reconhecer a unidade em meio à multiplicidade; entretanto, essa capacidade é mais do que nunca necessária. Não queremos perdê-la totalmente em meio ao rebuliço.

O presente é filho do passado, e é evidente que as forças que hoje chegam à superfície há tempos estavam agindo secretamente. Se conseguimos apontar para suas ações no passado, uma luz ainda mais clara deve recair sobre o presente e facilitar sua interpretação. Este livro nasceu a partir desse ponto de vista. Tentarei apresentar, da maneira mais suscinta possível, a essência do passado judaico e dos imperativos dos acontecimentos que, condicionados pelo caráter judaico, sempre se repetem. Por essa razão deixei de falar do presente, assim como de apresentar de modo abrangente as ações atuais dos judeus na Alemanha, realçando apenas o mais importante a respeito dos judeus dos países da Entente. Abdiquei ainda de apresentar a história mais antiga, a de como o judeu se desenvolveu. Farei uma única referência a Wellhausen e a Chamberlain. Dessa maneira, mostrarei apenas as ações que resultaram do contato dos judeus com os europeus. [...] Espero que ninguém sinta falta da necessária objetividade da parte histórica, mas nas considerações sobre o presente (onde eram necessárias) não impus nenhuma frieza compulsória na maneira de me exprimir. O que está em jogo hoje é se declarar a favor ou contra a Alemanha, e não podemos enterrar para sempre a esperança de o Império alemão [*Deutsches Reich*] se tornar – após um longo, longo tempo – a terra dos alemães [*Deutsch-Land*], e não o campo de jogos para os gozos de poder estrangeiros, judaicos."

[...]

"10. O judeu e o alemão.

Em toda frieza intelectual da natureza judaica, é preciso fazer uma distinção entre dois momentos: entre as forças motivacionais racionais e aquelas de natureza mais emocional. As primeiras compreendem a clara perseguição tanto de interesses pessoais quanto nacionais e sua ponderação ao intervir na política dos países; as últimas, a paixão veemente do ódio contra outros povos, que com frequência atravessa esses cálculos.

Assim que passou a ganhar influência, nem sempre o judeu permaneceu sendo o frio homem de negócios e político; muitas vezes, era tomado por algum insaciável descomedimento, que chegava a provocar – mesmo para si – as piores consequências. Menos extorsão e usura, menos arrogância religiosa e nacional teriam lhe poupado muitos sofrimentos; mas a ideia básica judaica da espoliação de todos os povos, assim como a reconheceram Dostoiévski, Fichte, Goethe e outros grandes, transformou o suposto judeu frio em alguém movido por um ódio passional. Esse ódio é tão antigo quanto o judaísmo em si, e vem à tona em todos os lugares, de acordo com a direção que se lhe encontra aberta. Os dias de hoje são um pátio de paixões judaicas quase indomáveis que se uniram à política mundial chefiada por homens incomensuravelmente ricos; e o ódio judaico dirige-se principalmente contra dois povos: contra o povo russo e o alemão.

Hoje, apenas uma criança ou um comerciante judeu pode se confrontar sorrindo com essa situação que sempre existiu. Ela brota de todas as folhas da floresta formada pelos jornais judaicos; das bocas de políticos judeus, ecoa apenas abafada.

E para chegar rapidamente ao cerne da questão: nenhum povo do mundo desdenha tanto o misticismo, a intuição de um segredo difícil de ser definido numa palavra, do que os judeus. Eles não enxergam a ausência de um tal[2] como uma falta, ao contrário, lhes é como um sinal de maravilhoso talento, e se vangloriam por não ter nem mitologia nem parábolas (as consequências necessárias de toda mística). Basta lançar um olhar à história das religiões para perceber isso. [...] Bem, talvez não haja na Europa nenhuma nação que tanto tenha investigado os segredos interiores do ser humano e tanto os tenha iluminado quanto a alemã. Por essa razão, ela forma, em sua essência mais profunda, o oposto intelectual do judeu; mas se alguém acredita que isso não influencia em nada suas ações, está

---

2 "Valor" introduzido nas edições de 1937 e 1944.

muito enganado. Pois o que se antagoniza no interior, lei e religião, esquemas e fantasia, dogma e símbolo, também ficará patente na superfície da vida como oposição, em geral de maneira inconsciente, mas nem por isso menos evidente. E quem estudou um pouco a alma russa perceberá nela sons aparentados com os da alma alemã,[3] que quase nunca alcançam uma síntese, mas que também não são menos opostos à predisposição dos judeus. [...]

Os judeus odeiam os alemães desde sempre. Embora eles também não tenham apreço nenhum ao povo francês e ao anglo-saxão,[4] sentem-se mais próximos desses últimos, pois lhes oferecem mais pontos de contato do que o povo alemão.[5] O francês, orgulhoso e cada vez mais superficial, o anglo-saxão trivial e ao mesmo tempo com tendência à superstição hipócrita, ambos cada vez mais distantes de suas raças originais,[6] são tipos muito mais acessíveis ao judeu do que o alemão pode vir a ser algum dia, apesar de todo afã de congraçamento. Por essa razão, desde há muito podemos observar que os judeus alemães são os inimigos mais ferrenhos do pensamento alemão; e quanto mais eles tentam dele se apoderar e se alimentar, mais claro se torna o antagonismo [...].

Essa oposição intransponível das mentes étnicas é a causa principal do ódio judaico; sua atuação será analisada apenas numa segunda instância. Os judeus na Rússia não deveriam ter odiado o povo russo, mas somente o czarismo. Pois o próprio russo não sofre menos – ao contrário, sofre até mais do que sob o antigo regime do que o judeu; e, depois da revolução, também estendeu a mão fraterna a esse último. Entretanto, o governo judaico, que chegou ao poder em Moscou por intermédio de uma inescrupulosidade total, persegue, de maneira instintiva e consciente, tudo o que é autenticamente russo e tenta exterminá-lo de cabo a rabo. Seu ódio triunfa sem limites; sua

---

3 "Também terá percebido nela profundos sons", na edição de 1944.
4 "Nenhum" não consta da edição de 1944.
5 "Pois lhes oferecem mais pontos de contato do que o povo alemão" não consta da edição de 1944.
6 "Ambos cada vez mais distantes de suas raças originais" não consta da edição de 1944.

insaciedade, porém, vai destruí-lo. Trata-se do curso da necessidade histórica, fundamentada pelo caráter do povo.

Na Alemanha, os judeus puderam desde muito se instalar confortavelmente. Com artifícios baratos, conseguem[7] para si e os seus os cantinhos mais quentes, mas isso não impede que não se passe nem um só dia sem que – graças à liberdade de imprensa – alemães ou cristãos sejam objeto de piadas atrevidas ou que (na guerra) a destruição do espírito alemão de resistência seja exercida avidamente pelo elogio aos povos pacíficos dos países da Entente e a divulgação do 'militarismo alemão'.

Numa hora em que se sela o destino de uma nação, em nenhum outro país do mundo teria sido permitido às pessoas se expressarem de maneira tão antinacional como os judeus Cohn e Haase o fizeram no Reichstag alemão e ainda por cima de maneira tão insolente e aberta! Preocupado com o sucesso do complô de seus companheiros de raça em Moscou, o sr. Hugo Haase exclamou certa vez (no verão de 1918): 'Caso o governo alemão venha a tomar alguma medida contra o governo soviético, então é nossa tarefa sagrada convocar os proletários alemães para a revolução'. Essas palavras de um inescrupuloso traidor da Alemanha e de seus interesses puderam ecoar impunemente![8]

Por outro lado, os judeus têm a expectativa de *pogroms* a todo instante na Polônia, e não aqueles tolerados pelo governo, mas verdadeiras perseguições promovidas pelo povo. Não obstante, os políticos judeus se preocupam muito com a Polônia e querem ajudá-la a se tornar um quebra-mar entre a Rússia e a Alemanha. Evidentemente os poloneses foram forçados a reconhecer a igualdade de direito dos judeus; mas se isso também vier a acontecer, o povo, num movimento de autoajuda, assegurar-se-á de não cair totalmente em garras judaicas."

[...]

---

7 "Conseguiram" na edição de 1944.
8 O parágrafo seguinte não consta das edições de 1937 e 1944.

"13. O sionismo

Dentro de todo o complexo[9] da questão judaica internacional, sobressai-se um fator que foi ganhando em importância durante a guerra: o <u>sionismo</u>. [...]

No programa sionista é de importância que, acima de tudo, os judeus sejam definidos claramente como um povo. Entretanto,[10] sempre o foram; mais ainda, um povo muito bem definido; visto que eram, ao mesmo tempo, cidadãos de todos os países, achavam por bem não enfatizar sua consciência nacional. Pois sempre quando eram descobertas novas intrigas desagradáveis, eles se entrincheiravam atrás do 'cidadão' ou da 'comunidade religiosa' e renegavam a desconfortável pertença à raça judaica. [...]

Essa constatação não expressa uma censura, como algumas pessoas acreditam, mas simplesmente constata que os judeus devem ser considerados um povo que está firmemente ligado por associações mundiais ('Alliance Israélite',[11] 'Angle Jewish Association', 'Jewish Congregation Union', 'Agudas Jisrael'), em consequência têm interesses comuns, que conseguem concretizar graças aos vultosos meios de que dispõem. Nenhuma pessoa minimamente honesta escapa desse fato; dele, entretanto, surge a inexorável consequência de que o judeu não pode ser cidadão, em nenhum país. [...]

O Reich alemão e a dignidade alemã chegaram a esse ponto, e o pior é que muitas pessoas supostamente decentes não consideram isso tão terrível assim.[12] Em outras mentes, porém, começa aos poucos a ficar claro aquilo que Martinho Lutero,[13] a pedra fundamental e angular de nossa essência alemã e cristã, expressou de maneira enfática: 'Sabe e não duvides que, ao lado do diabo, não tens inimigo mais ferrenho e venenoso do que um judeu'".[14]

---

9 "Dimensão" [*Umfang*] em vez de "complexo" [*Komplex*] nas edições de 1937 e 1944.
10 "Entretanto" não consta das edições de 1937 e 1944.
11 "Alliance Israélite Universelle" na edição de 1944.
12 Tempos verbais no passado nas edições de 1937 e 1944; "tão" falta.
13 "... a pedra fundamental e angular de nossa essência alemã e cristã" não consta das edições de 1937 e 1944.
14 "... não tens inimigo mais ferrenho, venenoso, violento do que um... judeu" na edição de 1944. Acrescentado à edição de 1937 (não à de 1944): "(E em 1936 os árabes

[...]

"19. A dominação judaica mundial.

Muitos povos revelaram-se conquistadores, muitas pessoas tornaram-se governantes. Esse afã por poder não deve ser condenado de maneira incondicional; muitas vezes, trata-se de um imperativo moral. Roma antiga, por exemplo, viu-se em meio a uma mixórdia de povos [*Völkermischmasch*]; a fim de proteger sua família, seu Estado, os romanos tiveram de se defender com um resistente baluarte. Levaram a lei, a ordem e a moral para as regiões conquistadas e apenas quando novas tribos passaram a soterrar Roma, quando sírios, africanos, imperadores militares[15] assumiram o controle, o legítimo desejo de poder transformou-se em descontrolada avidez de poder e começou o declínio de Roma. Também em Bismarck, em Napoleão, existia um gigantesco desejo de poder, mas enquanto no primeiro esse era contido e enobrecido, no segundo o desejo de poder passou a grassar sem limites sobre toda a Europa. Ao contrário dos pacifistas, não vejo nenhum crime no desejo de poder em si; o que importa é apenas e tão somente o caráter do povo ou do indivíduo que está por trás. Por vezes, uma ideia social, civilizatória, cultural pode ser concretizada a partir daí, por outras o resultado do poder em ação são países e povos saqueados. Entretanto, em todos os lugares onde o caráter judeu esteve atuante, vemos um poder absolutamente estéril mesmo em seu ponto mais alto de ordenação de poder. Nunca um povo demonstrou tamanha avidez por poder como o judeu, não a justificando por causa de nenhum mérito,[16] mas simplesmente porque se sente 'escolhido', nunca um povo soube fazer tão pouco com o poder granjeado como, mais uma vez, o judeu. [...]

---

se sublevaram contra os judeus que escoavam para a Palestina, sob proteção dos ingleses. Para sua proteção, dez mil soldados britânicos tiveram de ser mobilizados!)".
15 Nas edições de 1937 e 1944: "imperadores militares degenerados".
16 Nas edições de 1937 e 1944: "não a justificando por nenhum mérito".

Ao lado do espírito inflexível e da hostilidade contra Cristo,[17] existe a pretensão clara pelo domínio de outros povos. Ela é constante; não invoca capacidades, conquistas, mas apenas a promessa de Moisés e dos profetas. [...]

O socialismo, criado como sistema por Marx, também não é apenas uma batalha que envolve questões econômicas, mas uma visão de mundo. Dois momentos de sua teoria tornaram-se marcos: a brutal luta de classes e o internacionalismo.

Sem entrar na ciência 'burguesa' da etnologia, todas as pessoas são consideradas iguais a partir da perspectiva de poder absoluto de um fanático; o que as torna aparentemente desiguais são apenas injustiças sociais e as batalhas e eventos religiosos e políticos revelam-se como lutas de classes de grupos sociais. Pode ser bastante interessante iluminar alguma vez a história por esse ângulo, e ninguém deve subestimar os efeitos naturais da estrutura social, mas é característico que essa semente de pensamento poderia se tornar um dogma fundamental para toda uma vida. Reduzir tudo a um princípio[18] e implementá-lo com fanatismo, isso é novamente o mesmo espírito e caráter que só sabe contrapor o 'Deus é Deus e somos seu povo' a todo pensamento da Europa e da Índia.

Temos de reconhecer nesse dogma um perigo para nossa cultura como um todo, uma tocha incendiária jogada em cada uma das comunidades nacionais: não devemos tentar trabalhar uns com os outros, mas uns contra os outros. O conflito de interesses pode ser um fato dado, mas existe uma diferença tremenda em se invocar o princípio da brutalidade ou o da convergência mútua em todos os lugares. A <u>direção do pensamento</u> é determinante, não os acontecimentos eventuais; e a direção do pensamento levada para os trabalhadores era a tendência de destruição do elemento comum alemão."

[...]

---

17 Acréscimo nas edições de 1937 e 1944: "(que naturalmente é em muito superada pela hostilidade contra o sangue alemão)".

18 Nas edições de 1937 e 1944: "princípio abstrato".

"20. Consequências.

Estou chegando ao final. A fim de avaliar o perigo judaico tivemos de seguir as pistas dos judeus, observar a maneira como sentem, pensam e agem e examinar o essencial, o recorrente. Apenas a partir desse conhecimento e do cuidado consciente de nossa essência cristã e nacional-alemã[19] é possível enfrentar o perigo judaizante [*Verjudung*]. No passado, ao passo que os direitos civis eram retirados dos judeus, seus direitos humanos também eram tomados. A partir de agora, esses dois conceitos devem se manter estritamente[20] separados. Fichte disse:[21] 'Eles devem ter <u>direitos humanos</u>, embora não <u>nos</u> franqueiem os mesmos... mas para lhes conceder <u>direitos civis</u>, não vejo outra maneira senão cortar suas cabeças no meio da noite e trocá-las por outras, sem nem <u>uma</u> única ideia judaica. Para nos proteger deles, não vejo[22] outro meio senão conquistar sua terra prometida e enviá-los <u>todos</u> para lá'.

O que Fichte considerava direitos humanos fica patente a partir das seguintes palavras: 'Se você só tem pão para hoje, dê-o ao judeu que passa fome ao seu lado'.[23] É assim que devemos pensar também. Temos de garantir ao judeu como ser humano, como a qualquer outro ser humano, proteção para a vida, igualdade diante do juiz na corte, serviços de bem-estar,[24] mas temos de proteger juridicamente a expressão de nosso caráter nacional [*Volkstum*], cuidar de suas peculiaridades e depurá-las, sem que um espírito estranho judaico, necessariamente inimigo, consiga exercer alguma influência nisso. Os objetivos são claros, agora vamos brevemente aos meios. Economicamente falando, os judeus chegaram ao poder por intermédio

---

19 "Cristã e nacional-alemã" não consta das edições de 1937 e 1944.
20 "Estritamente" não consta das edições de 1937 e 1944.
21 "Diz" nas edições de 1937 e 1944. Citação de Johann Gottlieb Fichte, *Beitrag zur Berichtigung der Urtheile des Publicums über die französische Revolution*, 1973. Os destaques na citação não constam da edição de 1937.
22 Na edição de 1944, acréscimo de "mais uma vez".
23 Na edição de 1944: "'Se você comeu ontem e agora passa fome novamente, mas só tem pão para hoje, dê-o ao judeu que passa fome ao seu lado se ele não comeu nada ontem.'"
24 "Igualdade diante do juiz na corte, serviços de bem-estar" não consta das edições de 1937 e 1944.

dos juros, da usura, do dinheiro. No passado de maneira direta, hoje em dia pelos bancos e negócios na bolsa. Romper a escravidão dos juros,[25] um remédio que não foi bem-sucedido durante tanto tempo, retornou hoje como uma palavra de ordem.[26] Se saíssemos vitoriosos nisso, mesmo parcialmente, o machado estaria pronto a lenhar a árvore da vida de Judas.[27] Visto que me falta competência para realizar uma avaliação sobre as possibilidades, limito-me aos escritos citados, atualmente já discutidos em muitos lugares.

No âmbito da política nacional, deve-se determinar o que se segue:

1. Os judeus são reconhecidos como uma nação que vive na Alemanha. Nesse sentido, a confissão ou não à crença não são determinantes para tanto.[28]

2. É judeu quem cujos pais, pai ou mãe, eram judeus de acordo com a nação;[29] a partir de agora, é judeu quem tem um cônjuge judeu.

3. Os judeus não têm direito de se envolver com a política alemã com palavras, textos nem ações.

4. Os judeus não têm direito de ocupar cargos públicos e servir no Exército, seja como soldados ou oficiais. Mas exercer um trabalho é possível.

5. Os judeus não têm direito a chefiar instituições culturais públicas nem comunitárias (teatro, galerias etc.) e ocupar a docência em escolas e universidades alemãs.

6. Os judeus não têm direito a participar de comissões públicas nem comunitárias de avaliação, controle, censura etc.

---

25 Nas edições de 1937 e 1944, "escravidão do dinheiro" em vez de "escravidão dos juros".

26 Nota no original: "Veja G. Feder: *Manifest zur Brechung der Zinsknechtschaft* [Manifesto pelo rompimento da escravidão dos juros]. 1919, mas principalmente os escritos do dr. Eberle: *Die Überwindung der Plutokratie, Die schönere Zukunft* [A superação da plutocracia, O futuro mais belo]"; não consta das edições de 1937 e 1944.

27 A frase seguinte não consta das edições de 1937 e 1944.

28 "Nesse sentido" não consta das edições de 1937 e 1944.

29 Nas edições de 1937 e 1944, "são" em vez de "eram".

7. Os judeus não têm direito de representar o Reich alemão em acordos econômicos; também não têm direito de estar representados em diretórios dos bancos estatais e das instituições locais de crédito.

8. Judeus estrangeiros não têm direito a residência permanente na Alemanha. Sua naturalização lhes é negada sob quaisquer circunstâncias.

9. O sionismo deve ser apoiado ativamente, a fim de enviar anualmente um determinado número de judeus alemães à Palestina ou para além das fronteiras.[30]

Os judeus têm o direito:[31]

1. Conduzir deputados ao parlamento, proporcionalmente a seu número, e apenas para a representação de seus interesses nacionais.

2. Estar representados nos municípios [*Kommunen*], proporcionalmente a seu número.

3. Atuar em todos os tipos de profissão.

4. Manter universidades, academias e escolas próprias.

5. Exercer livremente sua religião e seus costumes, após exame estatal.

No âmbito da política cultural, as administrações – apenas então verdadeiramente alemãs – devem assegurar, por meio da nomeação dos artistas alemães mais significativos, que se impossibilite o acesso do povo ao veneno como é permitido hoje por editores, diretores de teatro, proprietários de cinemas; que os mestres alemães sejam preferidos.

O mais importante, porém, que não pode ser assegurado por nenhum decreto: uma cultura cristã.[32] [...]

No lugar das antigas histórias judaicas, é hora de finalmente ressaltar os tesouros do pensamento indo-germânico, os exemplos que foram distorcidos no espelho judaico. Que sejam despertados os mitos indianos da criação, a canção de unidade dos Dhirgatama, os

---

30 Na edição de 1937 (não na de 1944), acréscimo da nota: "Veja aqui as Leis de Nuremberg de 1935".
31 Esta frase e os cinco "direitos" seguintes faltam nas edições de 1937 e 1944.
32 Nas edições de 1937 e 1944, "uma cultura alemã" em vez de "uma cultura cristã".

contos maravilhosos dos Upanishads,[33] os provérbios de tempos posteriores. Que sejam contados o drama mundial dos persas, a batalha da luta com a escuridão e a vitória do Redentor do mundo. Que sejam contados também a sabedoria grega e a germânica, a crença na imortalidade e na simbologia da natureza. Então[34] haverá um pano de fundo para a figura mais divina que jamais tocou antes a Terra; como pensamento comum em sua origem, ela é a corporificação luminosa de toda procura ariana através dos tempos. Que a história de Jesus seja contada livremente segundo os evangelistas. Os milagres não devem ser reforçados ou impostos como norma de fé. Entretanto, evocar-se-á mais reverência se todas as pessoas que foram tocadas por essa figura luminosa se <u>acreditarem</u> livres de todas agruras e todo sofrimento. O ensinamento de Cristo é tão simples e tão grande e é abarcado em poucas palavras. Sua moral: 'Renega-te e me segue'. Sua religião (ao mesmo tempo a metafísica da Índia e de nossos místicos alemães): 'O reino dos céus está dentro de nós'. E a crença na imortalidade, na dignidade da pessoa, o direcionamento à vida para superá-la, tudo isso que está além do pensamento indiano e que é vivenciado pela alma dos germanos, isso são os pontos centrais da pessoa e do ensinamento de Cristo, descobertos e renascidos nas almas de muitas pessoas. Antes que isso ocorra no geral, o cristianismo geral e o caráter alemão [*Deutschtum*] geral não terão alcançado seu caráter. Mas chegará o tempo e ele talvez esteja mais próximo do que imaginamos.

'Dai ouvido ao troar das Horas,
colhe a mente ondas sonoras,
dia novo, à terra alvoras',[35]

o dia do pensamento cristão-germânico."[36]

---

33 Na edição de 1937: "Uzanischads".

34 A passagem seguinte não consta das edições de 1937 e 1944; no seu lugar: "Daí será o tempo de um grande renascimento; talvez ele esteja mais próximo do que imaginemos".

35 Citação de Johann Wolfgang von Goethe, *Fausto*, parte II. Tradução de Jenny Klabin Segall. São Paulo: Editora 34, 2007.

36 Nas edições de 1937 e 1944: "o dia do pensamento germânico" em vez de "o dia do pensamento cristão-germânico".

Documento 2

Excertos de "Sugestão ao Führer" de Rosenberg. "Ref. Realização de um congresso mundial antibolchevista", s/d (julho-início de agosto de 1936);[1] USMMA RG-68.007M (BAB NS 8/175, folhas 112-114), reel 49.

"Sugiro ao Führer tomar todas as providências no sentido de organizar, no inverno deste ano ou no início do próximo ano, um congresso mundial antibolchevista na Alemanha. Os acontecimentos na Espanha, cujos efeitos se tornaram perceptíveis de uma forma ou outra em vários países, trouxeram o problema do bolchevismo – que sempre se tentou disfarçar – novamente ao centro não apenas de uma política teórica, mas para o centro da ação prática. Por essa razão, parece necessário que, em meio ao conflito mundial, o movimento nacional-socialista e o Reich alemão assumam a liderança, a fim de se reforçarem ainda mais os fronts já existentes do antibolchevismo.

Tendo em vista a situação existente, no caso da organização de um possível congresso, é necessário limitar-se ao antibolchevismo e não abordar diretamente na programação as questões judaica e maçônica, as ideologias nacional-socialista e fascista. Isso porque alguns países e povos ainda não estão tão avançados no sentido de tratar

---

1 Veja parte II, registro do diário de 12/8/1936.

a questão judaica de maneira oficial. Entretanto, é preciso permitir aos representantes dos diversos países a liberdade de apresentar os métodos de combate ao movimento bolchevista, os pontos de partida ideológicos e os objetivos que lograram sucesso num ou noutro lugar. No último ano, aconteceram diversas pequenas reuniões internacionais de antissemitas, mas que no geral não contavam com nomes importantes. Por essa razão, um congresso antissemita parece ainda precoce; por outro lado, um congresso antibolchevista prepara o caminho para tanto, caso os preparativos envolvam tanto o partido quanto o Estado, a mando do Führer.

[...]

Para além de seu valor diplomático, o fórum de um congresso desses como que obrigaria a um debate ideológico em todos os países, promovendo, pela primeira vez, o confronto da atividade <u>bolchevista</u> com uma atividade realmente <u>antibolchevista</u>. As posições anticomunistas ensejariam, gradualmente, conclusões antissemitas, que poderiam enfraquecer consideravelmente o poder do judaísmo em seu enfrentamento conosco.

Por essa razão, peço ao Führer considerar minha sugestão; peço ainda a oportunidade de apresentar pessoalmente os detalhes a respeito."

Documento 3

Excertos da fala de Rosenberg "Conflitos ideológicos resultam necessariamente em inimizades entre países?" diante de diplomatas estrangeiros e jornalistas em 7/2/1939, segundo o jornal *Völkischer Beobachter*, edição de Munique, 8/2/1939; reproduzido parcialmente em *Nürnberger Prozess*, vol. 41, pp. 545-47 (Streicher-8).

"[...] Num grande panorama histórico, o *Reichsleiter* abordou, no final, o desenvolvimento da questão judaica desde a emancipação dos judeus até nosso presente e ressaltou que a questão judaica na Alemanha só estará resolvida para o nacional-socialismo quando o último judeu tiver deixado o território do Reich alemão. A política judaica não conhece fronteiras para sua ação destrutiva. Foi o que o novo assassinato em Paris mostrou ao mundo.[1] As ações do Reich alemão para a anulação do judaísmo da vida alemã no geral acabaram por assolar as esperanças que se mantinham e uma difamação mundial por todos os judeus e por aqueles que lhes são dependentes é a resposta a essa autodefesa da nação alemã.

---

1 Refere-se ao atentado de Herschel Grynszpan contra Ernst von Rath, secretário de legação da embaixada alemã em Paris, em 7 de novembro de 1938, que serviu de pretexto para os *pogroms* de novembro no Reich.

Portanto, a questão de uma emigração decisiva se tornou novamente um problema político mundial dos mais atuais. A Conferência de Évian, no verão de 1939, gerou uma comissão gigantesca que 'trabalha' em Londres, porém ainda não fez quaisquer sugestões realmente positivas.[2] Como muitos informes apontam, apesar de os assim chamados Estados democráticos, amistosos aos judeus, terem derramado lágrimas pela 'miséria judaica' na Alemanha, não se divulgaram quaisquer proposições mais enérgicas. Uma vez se citou Guiana, noutra o Alasca, da terceira vez um extremo de Madagascar. No mais, a tendência atual é distribuir a futura emigração dos judeus da Alemanha por diversos locais do mundo, para tornar esse afluxo de judeus de certo modo imperceptível aos povos. Mas são exatamente esses planos que nos permitem também considerá-los a partir do ponto de vista dos interesses de todas as nações europeias.

Sem me ater aos perigos de uma infiltração geral, será abordado aqui apenas o lado territorial de uma verdadeira solução do problema.

A pequena Palestina não vem ao caso para uma política imigratória de longo alcance. O número atual de judeus já levou ao levante árabe por liberdade e mostrou que, graças às exigências judaicas, a Inglaterra não consegue chegar a um acordo com os árabes. O assim chamado Estado sionista, que é almejado, não tem como objetivo abrigar o povo judeu na Palestina, mas criar um centro de poder totalmente judaico no Oriente Próximo. [...]

Visto então que também a Palestina não serve como solução para um assentamento realmente compacto dos judeus e uma emigração pulverizada não resolve o problema, mas sim potencializa perigos raciais e políticos da pior espécie para a Europa e para outros países, a única questão a se resolver é se as democracias estão dispostas a ceder um grande território, bem delimitado, e qual seja, a fim de assentar

---

2 Após a conferência para o aconselhamento internacional sobre a questão dos refugiados (iniciada pelo presidente dos EUA, Franklin D. Roosevelt – e em grande medida, infrutífera –, na cidade francesa de Évian, de 6 a 14/7/1938) foi criado em Londres um "Comitê intergovernamental para refugiados". Devido à conduta pouco compromissada da Alemanha e às restrições havidas em outros países contra a imigração em massa de judeus, até o início da guerra mundial esse comitê não tinha conseguido alcançar mudanças significativas na problemática da imigração; veja Richard Breitman, Allan J. Lichtmann, *FDR and the Jews*. Cambridge, 2013.

Rosenberg após sua fala diante de diplomatas em Berlim, em 7 de fevereiro de 1939.

a totalidade dos judeus. Esse território deveria ter a capacidade para abrigar cerca de 15 milhões de judeus. Para tanto, os milionários e bilionários judeus de todo o mundo deveriam disponibilizar seus recursos para, por exemplo, o escritório da Conferência de Évian, em Londres; isso seria mais adequado do que usá-los para a difamação política e o boicote econômico contra a Alemanha e a propaganda bolchevista dentro das democracias.

Claro que a escolha dos territórios parcialmente desabitados que poderiam ser levados em consideração deve ficar para seus proprietários. A opção pela Guiana ou por Madagascar pode nascer de um cálculo de adequação, do resultado de discussões entre a Inglaterra, a França, os Estados Unidos e a Holanda. É evidente que o Alasca, com seu austero clima nórdico, seria bom demais para os judeus. Além disso, está diretamente colado em áreas promissoras do Canadá e em seguida nos Estados Unidos, e assim poderia fazer brotar um perigo racial semelhante a um assentamento na ilha inglesa ou na Austrália.

Visto que as duas outras sugestões, Guiana ou Madagascar, já foram discutidas oficialmente, e após o descarte de vários programas tidos por impossíveis nessas duas regiões, a margem de resolução desses problemas se estreita.

Caso as democracias queiram comprovar a autenticidade de seu caráter amistoso frente aos judeus, têm de escolher, num futuro próximo, qual desses territórios deve ser organizado como uma reserva judaica. [...]"

Documento 4

Excertos do artigo de Rosenberg "Judeus em Madagascar", s/d (outubro de 1940);[1] USHMMA 1998.A.01004 (CKJC CXLVI Dup. R141), reel 10.

"Após a solução da questão judaica no Reich alemão e as determinações provisórias no Governo-Geral, um país após o outro, no curso dos eventos da política mundial – também após as decisões da Itália –, chegaram a certas conclusões a respeito do problema judaico.[2] [...] Não deve haver dúvidas de que, gradualmente, todos os países da Europa central, ocidental e meridional tomarão atitudes em relação a um perigo mundial tornado candente pela questão da expulsão total dos judeus da Europa, e não apenas no plano teórico, mas também no essencialmente prático.

A questão não de um Estado judaico – pois esse não é possível existir –, mas de uma reserva judaica, já foi tratada reiteradamente

---

[1] Segundo Magnus Brechtken, *"Madagaskar für die Juden". Antisemitische Ideen und politische Praxis 1885-1945*. Munique, 1977, pp. 75 e segs., o artigo é datado de 30/10/1940 e mais tarde foi usado pelo propagandista nacional-socialista Hermann Erich Seifert (*Der Jude zwischen den Fronten der Rassen*. Berlim, 1942, pp. 158 e segs.) como base para a tese de que Rosenberg tinha sido um dos iniciadores do plano de reassentamento em massa dos judeus para Madagascar. Na p. 1 do original de 9 páginas datilografadas, há uma observação manuscrita "não publicado!".

[2] Seguem-se exemplos da Romênia, Bulgária, França e Noruega.

por nós. Visto que a Palestina é pequena demais e está muito próxima da Europa para uma reunião dos milhões de judeus, dois outros locais no globo foram levados em consideração: a Guiana, na América do Sul, e a ilha de Madagascar. [...] Se imaginarmos que Madagascar tem uma extensão que vai da Sicília até o mar do Norte, então existe uma possibilidade prática de assentar por lá muitos milhões de judeus nas próximas décadas por meio de um esforço conjunto de toda a raça branca e, sob o controle estatal europeu, organizar uma reserva judaica de determinado tamanho.[3] [...]

Vamos imaginar esse passo: de uma dominação judaica quase ilimitada em todos os países da Europa a uma mudança radical, a uma <u>evacuação</u> dessa mesma raça judaica depois de 2 mil anos de parasitismo sobre o continente europeu; apenas então podemos compreender, a partir desse exemplo, por <u>qual</u> incrível revolução ideológica e política a Europa está passando hoje. Apenas então será possível medir a dimensão total da revolução nacional-socialista e seu significado para toda a raça branca, que, em colaboração com o movimento fascista de igual orientação, se dispõe a encerrar uma era e iniciar outra. Tal era abrangerá todas as questões de uma nova existência e, em meio ao complexo geral, a solução da questão judaica está incluída entre os pré-requisitos decisivos para o renascimento dos povos da Europa.

E por essa razão o problema de uma reserva judaica se coloca para todos os países como um problema <u>mundial</u>; em algum momento, todos os povos terão de chegar a um acordo sobre onde e de que forma seria possível começar uma evacuação. E principalmente as altas finanças judaicas nos países onde seu domínio ainda não foi contestado deveriam colaborar com seus próprios irmãos, a fim de auxiliar nas dificuldades de caráter humano que naturalmente existem. No caso de Madagascar ser finalmente determinada como uma reserva judaica futura, as altas finanças nos Estados Unidos e

---

3 Na sequência, Rosenberg identifica as raízes da ideia em um "congresso antijudaico", ocorrido no ano de 1927 em Budapeste. Ao lado de Rosenberg, participaram do evento Cuza, monsenhor Umberto Begnini (1862-1934) – chamado por Rosenberg de "secretário secreto" do papa Pio X – e o prefeito francês de Omã. Segundo Brechtken, *Madagaskar*, p. 76, nota 219, o congresso se deu em 1925.

na Inglaterra teriam um vívido interesse em ajudar na organização de assentamentos e organizar com seus milhões as plantações e as cidades dessa reserva judaica, antes que os judeus da Alemanha, Itália, França, Polônia, Romênia etc. iniciassem sua viagem rumo ao oceano Índico."

Documento 5

Carta de Rosenberg a Bormann "Ref.: Conferência em Frankfurt. Abertura do Instituto de Pesquisa da Questão Judaica", 6 de março de 1941 (2 pp., cópia datilografada com carbono, sem assinatura): USHMMA 1998.A.0104 (CDJC CXLII L3), reel 2.

"Prezado companheiro de partido Bormann!

Os preparativos para a conferência de Frankfurt avançaram ao ponto de se poder contar com um bom desenrolar.[1] Também do exterior devem chegar aqueles convidados que havíamos previsto. Toda essa questão foi discutida com o Auswärtiges Amt, que, por intermédio de nossas embaixadas, enviou os pedidos correspondentes aos demais Estados.

Peço ao Führer me permitir a oportunidade de uma apresentação que trate dessas questões. Visto que falarei sobre o problema judaico numa reunião de massa, tenho de saber em qual medida o Führer me autoriza o tratamento da questão. À parte da apresentação histórica geral do desenvolvimento de nossa batalha e da necessidade

---

[1] Sobre os preparativos à inauguração do "Instituto de Pesquisa da Questão Judaica", veja a carta de Rosenberg a Bormann, 23/2/1941; USHMMA 1998.A.0104 (CDJC CXLII L3), reel 2.

básica da solução do problema judaico para a Alemanha e para toda a Europa, duas questões são prementes:

1. Ao abordar uma realocação territorial, a ilha de Madagascar pode ser citada da mesma maneira que fiz num ensaio que lhe é conhecido?[2] Esse ensaio foi autorizado pelo Führer a princípio, mas naquela época ainda foi adiado por alguns meses.

2. É possível tratar a posição do judaísmo e seu poder nos Estados Unidos, tanto sob Wilson quanto também sob a luz dos mais recentes desenvolvimentos? Para tanto, existe muito material autêntico à disposição, de modo que uma fala dessas diante de um grande público seria muito instrutiva. Mesmo se uma polêmica direta com o presidente Roosevelt estiver fora de questão, é impossível não falar, de maneira bastante geral, das lideranças.

Nesse contexto, gostaria ainda de relatar ao Führer sobre os acontecimentos no Oeste e as consultas que foram realizadas com o OKW.

Como o *Reichsmarschall* certamente já informou ao Führer, uma parte dos objetos de arte chegaram a Munique. Os outros 26 vagões sairão na próxima semana de Paris rumo ao local determinado. Nessa ocasião, eu poderia dar ciência ao Führer da realização da tarefa; peço-lhe que me permita então apresentar ao Führer seus pontos mais importantes.

Heil Hitler!"

---

2 Veja documento 1.

Documento 6

Excertos de dois discursos de Rosenberg por ocasião da inauguração do "Instituto de Pesquisa do Judaísmo", em Frankfurt am Main, 26-28 de março de 1941; USHMMA RG-68.013M (BAB NS 15/271), reel 21.

a. "Nacional-socialismo e ciência", 26/3/1941 (9 pp.)

"[...] Do ponto de vista histórico, algum dia a batalha das democracias contra o conhecimento racial [*Rassenerkenntnis*] estará no mesmo nível que a batalha da época da Inquisição contra a nascente cultura nacional e a autoconsciência pessoal dos povos europeus. [...] Caso a questão judaica seja resolvida na Alemanha – e em algum momento na Europa –, então poderíamos ser sucedidos por uma geração que não conseguiria fazer um balanço do que aconteceu realmente nessas décadas. Libertados da influência judaica, nossos netos poderiam talvez entusiasmar-se novamente por ideias fantasiosas e deixar de avaliar o efeito do povo judeu entre os europeus da maneira como temos de fazer hoje em dia. [...] A história dos povos também é, considerando-a cuidadosamente, uma experiência gigantesca da natureza, do destino ou da Providência, independentemente de como se queiram chamar os desígnios dos eventos. E a diferença entre as democracias e nós está justamente no fato de nós termos observado de maneira muito especial os, por assim dizer, resultados

dos efeitos do caráter judeu e de seu último período e comprovarmos de maneira estritamente empírica a toxicidade do sangue judeu em relação a nós no decorrer de uma longa história, da mesma maneira como também constatamos toxicidade em determinadas plantas. E agora, de acordo com essas experimentações dolorosas com povos inteiros, tomamos atitudes para a proteção de nosso próprio sangue [*arteigenes Blut*]. Aquilo que investigamos hoje e queremos investigar de maneira estritamente científica é a composição das forças dessa influência prejudicial, as precondições intelectuais por meio das quais o sangue estranho e a mente estranha conseguiram obter influência, a maneira de combatê-la e outras circunstâncias desse grande destino, que agora descortina-se diante de todos. E exatamente aqui a ciência democrática, infectada pelo judaísmo, não tem a coragem de checar esses fenômenos da vida de maneira independente, menos ainda de preparar uma operação que era vital à Alemanha e que se tornará vital para outros países. A acusação contra nós seria, fazendo uso de uma imagem, semelhante àquela de um cirurgião que, após longas investigações a respeito de uma doença interna, extirpa o tumor maligno por meio de um procedimento cirúrgico. [...]"

b. "A questão judaica como problema mundial", 28/3/1941 (21 pp.)

"A guerra de agora é uma batalha mundial da maior magnitude. Seu resultado determinará o destino das nações por séculos. [...] As leis de Nuremberg são de natureza revolucionária para a história mundial, e o movimento nacional-socialista tem a tarefa, hoje e sempre, de garantir que nunca mais venham a se repetir um 9 de novembro de 1918 e nem mesmo uma apenas semelhante dominação judaica na Alemanha. [...] Certamente estávamos cientes de que, ao rompermos com o domínio judaico na Alemanha em 1933, atraímos o ódio mais profundo dos judeus em todo o mundo. Enquanto instâncias oficiais estiveram em contato com esse efeito, não notamos maiores influências suas em nosso trabalho. [...] Deixamos ao jogo de forças, sempre alertas e mais e mais preparadas para todas as possibilidades, talvez ainda ver os outros países encontrando uma saída aqui. Mas tivemos de notar, em todas as capitais do mundo, o crescimento de uma nova literatura sórdida, promovendo o boicote contra nós. [...] Por essa razão, o ano de 1940 será sempre citado como um ano decisivo nessa grande revolução mundial nacionalista [*völkisch*], visto que as tropas da república de Rotschild foram derrotadas e visto que os exércitos alemães encontram-se hoje no canal e no oceano Atlântico com a mesma firmeza que colocaram sob sua proteção e custódia todo o espaço setentrional.

Por essa razão, a guerra conduzida pela Wehrmacht alemã sob o comando supremo de Adolf Hitler é uma guerra de transformações tremendas. Ela supera não apenas o mundo das ideias da Revolução Francesa, mas também extermina diretamente todos aqueles germes que contaminam o sangue e que os judeus e seus bastardos puderam desenvolver de maneira indiscriminada há séculos em meio aos povos europeus. A questão judaica, que está posta para os povos da Europa há 2 mil anos e que não foi resolvida, encontrará, por meio da revolução nacional-socialista, sua solução para a Alemanha e para toda a Europa! E quando perguntamos de que maneira, temos o seguinte a dizer. Por essas décadas, falou-se muito sobre um Estado judaico como solução e o sionismo parece ser, para algumas pessoas inocentes, ainda hoje uma tentativa honesta de contribuir, também do lado judaico, à solução da questão judaica. Na realidade, porém, nunca houve um Estado judaico e nunca haverá. [...] Ao contrário, temos agora de pensar para onde e como encaminhar os judeus. Como eu disse, isso não pode se dar num Estado judaico, mas apenas de uma forma que quero chamar de reserva judaica. [...] Naturalmente, muito se discutiu nesses anos sobre a realização prática e o lugar de um reassentamento ou evacuação. Não é necessário tratar dessa questão agora. Sua solução está reservada a um acordo futuro. Mas se imaginarmos o passo de uma dominação judaica quase ilimitada para uma reversão tão radical, para a evacuação dessa mesma raça judaica após 2 mil anos de parasitismo no continente europeu, apenas então podemos compreender a grandeza da revolução nacional-socialista e sua importância para a raça branca como um todo, que em colaboração com o movimento fascista de igual orientação se dispõe a encerrar uma era e iniciar uma nova. Tal era abrangerá todas as questões da vida e colocará as condições de uma nova existência, e, em meio ao complexo geral, a solução da questão judaica está incluída entre os pré-requisitos decisivos para o renascimento dos povos da Europa.

Dessa maneira, a questão judaica está hoje mais ou menos clara diante de nossos olhos. Trata-se do problema de uma simples limpeza [*Sauberkeit*] nacional. Ela significa a necessidade da defesa da tradição nacional e própria da raça [*arteigene nationale Überlieferung*] para todos os povos que ainda valorizam a cultura e o futuro. [...] A totalidade desses problemas será solucionada. Nós, como nacional-socialistas, temos apenas uma resposta unívoca a dar: para a Alemanha, a questão judaica só estará resolvida quando o último judeu tiver deixado o espaço da grande Alemanha [*grossdeutscher Raum*]. [...] Visto que a Alemanha quebrou para sempre, com seu sangue e com seu povo [*Volkstum*], a ditadura dos judeus para a Europa, e visto que ela deve cuidar para que a Europa como um todo fique novamente livre do parasitismo judaico, então creio que podemos afirmar em nome de todos os europeus: a questão judaica só estará solucionada para a Europa quando o último judeu tiver deixado o continente europeu.

Nesse sentido, tanto faz se esse programa pode ser concretizado em cinco, dez ou vinte anos. Se todos os povos se unirem, a malha de transportes de nossa era é abrangente o suficiente para iniciar e realizar um reassentamento de grande magnitude. Mas o problema deve receber, e algum dia receberá, essa solução que visualizamos desde o primeiro dia de nossa batalha – naquela época, fomos chamados de utopistas – e que hoje se declara uma *realpolitik stricto sensu*. Todas as nações estão interessadas na solução dessa questão, e aqui afirmamos com entusiasmo: não queremos e não podemos mais tolerar que os dedos sujos dos grandes financistas judeus se metam mais uma vez nos interesses populares [*völkisch*] da Alemanha ou de outros povos da Europa. Não queremos e não podemos mais tolerar que bastardos, judeus e negros, circulem pelas cidades e vilas alemãs em vez de crianças alemãs. [...] Acreditamos que essa grande guerra também é uma revolução mundial de limpeza biológica, e que no final da guerra também aqueles povos que hoje ainda estão contra nós reconhecerão que a causa da Alemanha hoje é a causa de todo o continente europeu, a causa de toda raça branca, mas também a causa de todas as outras neste mundo que lutam por uma vida cultural e política asseguradamente própria [*arteigenes Kultur und Staatsleben*]. Dessa maneira, esperamos que algum dia, numa divisão sensata dos grandes espaços vitais [*Lebensräume*] deste globo, os povos desfrutem da paz, do trabalho e do bem-estar que foram prejudicados durante décadas pela incansável atividade parasitária. Atualmente, enxergamos a questão judaica como um dos problemas mais importantes em meio à política geral da Europa, como um problema que tem que ser resolvido e será resolvido, e esperamos, sim, hoje já sabemos que, no final, todos os povos da Terra marcharão atrás dessa limpeza."

Documento 7

Excertos de quatro textos de diretrizes da agência de Rosenberg para o trabalho de propaganda e imprensa relativo à União Soviética (datilografado, sem assinatura e sem timbre, carimbo "agência Rosenberg"), s/d (início de 1941);[1] USMMA 1998, A0104 (CKJCCXLIV R24), reel 5.

a. "Diretrizes políticas para a propaganda" (9 pp.); "[...] Basicamente é preciso ter em mente, em todas as ações, que a população em geral enxerga nos alemães o libertador do governo judeu-bolchevista. Há um capital disponível que pode ser utilizado por meio de habilidosa propaganda dos objetivos. As simpatias existentes não devem ser perdidas por um tratamento inconveniente da população. [...] Certamente a população como um todo vai ver com bons olhos os judeus sendo apresentados por nós como os principais culpados. A questão judaica pode ser resolvida em grande parte à medida que, pouco depois da tomada do país, a população possa agir livremente. Da mesma maneira, é previsível que os funcionários bolchevistas mais

---

[1] Em referência direta ao documento intitulado "Geheime Reichssache nr. 4" [Assunto secreto do Reich nº 4], veja a anotação "Ref. Reunião do ministério de Relações Exteriores em 29 de maio [de 1941] sobre questões do Leste", na qual, segundo Alfred Meyer, seu presidente, anunciou-se que Alfred Rosenberg seria nomeado ministro do Leste na ocorrência do "caso eventual" (isto é, o ataque alemão contra a União Soviética) (USHMMA RG-71 box 24; também em PAAA R105193).

radicais sejam liquidados pela própria população ou venham a fugir na hora. Na propaganda, deve-se enfatizar que o bando no Kremlin não passa de um grupo de criminosos déspotas judaicos, que exploram os povos da União Soviética. Seu único objetivo é se manter no poder, e não gerar o bem-estar dos povos. [...] Não é permitido falar nada a repeito do programa político da futura configuração, pois ao ser tornado público a simpatia pela Alemanha deverá diminuir de maneira significativa em uma grande parte do povo russo."

b. "Diretrizes para a imprensa" (2 pp.); "1) Durante as ações de batalha contra o Exército soviético, é preciso manter a maior discrição possível no tratamento da futura configuração política e de ordem administrativa das zonas tomadas por nossas tropas. O mesmo vale para considerações de política econômica sobre os recursos naturais e as possibilidades econômicas na atual União Soviética. Essas questões estão reservadas para uma discussão futura. No momento, a precedência é o tratamento da traição e da culpa de sangue [*Blutschuld*] do bolchevismo, com especial ênfase do papel do judaísmo. [...]"

c. "Comportamento geral da imprensa" (3 pp.); "[...] Em relação a todos os problemas, a questão judaica pode novamente ser abordada em meio ao movimento bolchevista. Material estatístico sobre o desenvolvimento nos últimos anos será disponibilizado à imprensa pela agência do *Reichsleiter* Rosenberg. [...]"

d. "Causa secreta do Reich n. 4" (9 pp.); "<u>Em seguida, serão explicadas algumas questões importantes, diante das quais a população soviética aguarda uma tomada de posição: 1) libertação do bolchevismo e do judaísmo</u>. A propaganda deve enfatizar o tempo todo que o Exército alemão vem como libertador do bolchevismo e do judaísmo e não guarda qualquer hostilidade contra a população, que, ao contrário, deve ser conduzida da necessidade e da miséria rumo a uma existência humana digna. O elemento judeu está representado principalmente na Ucrânia e na Rutênia Branca. Dessa maneira, nesses lugares a libertação do judaísmo e sua eliminação [*Ausschaltung*] devem ser especialmente realçadas. Menos no Cáucaso, onde o elemento judeu comparece menos e no máximo é encarado como um fragmento de um povo em meio a tantos outros. 2) <u>Batalha contra os judeus e os bolcheviques</u>. A população deve ser tratada de maneira cuidadosa [*schonend*] e nem todo membro do partido comunista deve ser encarado de antemão como criminoso.[2] [...] Os verdadeiros opressores do povo serão provavelmente destruídos pelo próprio povo, como é de se supor que a população – principalmente na Ucrânia – em grande medida se ocupará de *pogroms* de judeus e assassinatos de funcionários comunistas. Resumindo, nos primeiros tempos, é aconselhável deixar o ajuste de contas com os opressores bolchevistas-judeus com a própria população e, após uma investigação mais aprofundada, ir atrás dos opressores restantes. [...]"

---

[2] Em 12/5/1941. Jodl, do OKW, apontou a discrepância entre seu esboço de "ordem do comissário" de 31/3/1941 – "Soberanos políticos e líderes (comissários) devem ser eliminados" – e o "memorando 3" de Rosenberg (segundo o qual "somente devem ser eliminados altos e altíssimos funcionários, visto que os funcionários estatais, comunais e econômicos são indispensáveis à administração dos territórios ocupados") e sugeriu: "[...] por essa razão, que toda essa ação seja organizada preferencialmente como revanche". Reproduzido em *Nürnberger Prozess*, vol. 25, pp. 406-08 (884-PS). O registro do diário de Rosenberg de 1/5/ 1941, segundo o qual em 29/4 ele teve uma "longa conversa" com Keitel, poderia estar relacionado a isso: veja também Hans-Adolf Jacobsen, "Kommissarbefehl und Massenexekutionen sowjetischer Kriegsgefangener", in: Hans Buchheim, Martin Broszat, Hans-Adolf Jacobsen, Helmut Krausnick, *Anatomie der SS-Staates*, Munique, 1994, p. 461 (reedição).

Documento 8

Excertos de "Decreto do Führer sobre a administração dos novos territórios orientais ocupados", 17 de julho de 1841; USHMMA RG-14.021 (BAB R 43II/686ª, folhas 4-5).[1]

"Para a reorganização da ordem pública e da vida pública nos novos territórios orientais ocupados e sua manutenção, ordeno:

§1

Assim que as ações de combate nos novos territórios ocupados forem encerradas, a administração desses territórios passa de agências militares para agências da administração civil. Os territórios a serem transferidos à administração civil e o momento em que isso deve acontecer serão determinados por mim por meio de decretos especiais.

§2

A administração civil nos novos territórios orientais ocupados, à medida que não sejam incorporados à administração dos territórios

---

[1] Reproduzido em Martin Moll (org.), *"Führer-Erlasse" 1939-1945. Edition sämtlicher überlieferter, nicht im Reichsgesetzblatt abgedruckter, von Hitler während des Zweiten Weltkrieges schriftlich erteilter Direktiven aus den Bereichen Staat, Partei, Wirtschaft, Besatzungspolitik und Militärverwaltung.* Stuttgart, 1997, pp. 186-88.

fronteiriços do Reich ou do Governo-Geral, é de responsabilidade do 'ministro do Reich para os territórios orientais ocupados'.[2]

§3

Os direitos militares soberanos e os poderes nos novos territórios orientais ocupados serão exercidos pelos plenipotenciários da Wehrmacht, segundo orientações de meu decreto de 25 de junho. Os poderes dos responsáveis pelo plano quadrienal nos novos territórios orientais ocupados são aqueles regulados pelo meu decreto de 29 de junho de 1941; os dos *Reichsleiter* da SS e chefes da polícia alemã foram regulados especialmente pelo meu decreto de 17 de julho de 1941 e não serão afetados pelas determinações subsequentes.[3]

§4

Designo o *Reichsleiter* Alfred Rosenberg como ministro do Reich para os territórios orientais ocupados. Ele ficará locado em Berlim.

§5

As áreas dos novos territórios orientais ocupados sob responsabilidade do ministro do Reich para os territórios orientais ocupados serão divididas em comissariados; por sua vez, estes serão divididos em departamentos gerais e mais uma vez em zonas distritais. [...] Maiores detalhes a respeito serão divulgados pelo ministro do Reich para os territórios orientais ocupados.
[...]

§8

As proposições legislativas dos novos territórios orientais ocupados, sob sua responsabilidade, são de obrigação do ministro do Reich

---

2 Veja mapa neste volume, pp. 408-09.

3 Veja Moll, "*Führer-Erlasse*", pp. 188 e segs. Sobre esses decretos e as competências de cada uma das instituições, veja Dieter Pohl, *Die Herrschaft der Wehrmacht. Deutsche Militärbesatzung und einheimische Bevölkerung in der Sowjetunion 1941-1944*. Munique, 2008, pp. 70-77.

para os territórios orientais ocupados. Ele pode transferir o poder de legislar aos comissários do Reich.

§9
Os comissários do Reich são responsáveis por toda administração de sua área no âmbito civil. [...]

§10
A fim de que as ações tomadas pelo ministro do Reich para os territórios orientais ocupados ou pelos comissários do Reich em suas áreas sejam concordantes com os pontos de vista superiores dos interesses do Reich, o ministro do Reich para os territórios orientais ocupados manterá estreita ligação com as autoridades supremas do Reich. No caso de divergência de opiniões que não possam ser dirimidas com negociações diretas, o ministro e chefe da Chancelaria do Reich deve procurar por minha decisão.

§11
As determinações necessárias ao cumprimento e complementação deste decreto serão tomadas pelo ministro do Reich para os territórios orientais ocupados em concordância com o ministro do Reich e chefe da Chancelaria do Reich e o chefe do comando supremo da Wehrmacht.

Quartel-general do Führer, 17 de julho de 1941
[ass. Adolf Hitler, Wilhelm Keitel como chefe do OKW, Hans Heinrich Lammers como ministro do Reich e chefe da Chancelaria do Reich]"

Documento 9

Excertos de "Registro da discussão sobre a situação política e econômica em Ostland na reunião com o ministro do Reich Rosenberg, em 1º de agosto de 1941", 5 de agosto de 1941 (5 pp., cópia datilografada, carbonada); USHMMA RG-14.017M (BAB R/6/300, folhas 1-5).

"[...] O ministro Rosenberg explicou que, devido à experiência acumulada nesse meio-tempo pelo comissário *Gauleiter* Lohse, se viu levado a convocar essa reunião. Decisões imediatas sobre a solução da questão cambial no comissariado Ostland se fazem necessárias. [...]

O comissário Lohse deu uma visão geral sobre a situação encontrada por ele em Ostland. Ele afirmou que, até o momento, ela não está nem esclarecida, nem pacificada do ponto de vista político. O distrito de Wilna será entregue hoje, de modo que a equipe principal [*Landeshauptmannschaft*] de Kaunas estará completamente subordinada à administração civil. A população se comporta com tranquilidade e trabalha. Tentativas de formação de governos e de divisões militares fracassaram.[1]

A questão judaica é um problema importante, ele continua. Até o momento, cerca de 10 mil judeus foram liquidados pela população

---

1 Veja Christoph Dieckmann, *Deutsche Besatzungspolitik in Litauen 1941-1944*. Göttingen, 2011, pp. 416-45.

lituana. Essas execuções continuam todas as noites. Estão sendo construídos campos de trabalho para os judeus. Também as mulheres judias devem ser incorporadas ao trabalho. O *Reichsführer* da SS decidirá sobre o destino dos 3 mil bolchevistas por ora nos presídios.

E mais: a população nos países bálticos apresenta porcentagens crescentes de elementos da raça nórdica, da Prússia Oriental até Reval. O *Reichsführer* da SS considera que 10% da população está apta para a germanização [*Eindeutschung*], entretanto, concorda com o ministro, que supõe um porcentual ainda maior.

Segundo a decisão do Führer, a germanização do comissariado Ostland é o objetivo final; ele diz que os judeus todos, sem exceção, devem ser afastados dessa área. [...]"

Documento 10

Excertos de "Notas sobre uma discussão com o Führer em 29 de setembro de 1941 no seu quartel-general", de Rosenberg, 2 de outubro de 1941 (11 pp., cópia datilografada carbonada, sem assinatura); USHMMA RG-17 Acc.2001.62.14; também em USHMMA RG-71 box 380, USHMMA RG-14.017M (BAB R 6/4).[1]

"Presentes, além do Führer e eu, ministro do Reich dr. Lammers e *Reichsleiter* Bormann.

De maneira introdutória, o Führer ressaltou que é de suma importância o bom prosseguimento de todos os trabalhos na Ucrânia. Eu lhe passei as informações existentes do lado da agricultura: embora uma grande parte da colheita tenha sido recolhida, o plantio de inverno ainda estava bastante fraco e que para o ano seguinte não podemos contar com a produção total. Em seguida, abordou-se o problema como um todo da conformação futura da Ucrânia. O Führer falou do solo maravilhoso, mas que graças ao seu tratamento até então primitivo havia muito que não rendia o que teria sido possível sob mãos alemãs.

---

1 Cf. a lista das reuniões documentadas de Rosenberg com Hitler sobre o tema Ministério do Leste em Andreas Zellhuber, *"Unsere Verwaltung treibt einer Katastrophe zu..." Das Reichsministerium für die besetzten Ostgebiete und die deutsche Besatzungsherrschaft in der Sowjetunion 1941-1945.* Munique, 2006, pp. 342-44.

Ele enfatizou várias vezes que, por meio das safras e de outras riquezas, temos de zelar tanto pela Alemanha em si quanto por outros países. No que concerne ao outro lado, ele disse ter recebido havia pouco um memorando de um ucraniano que dizia que os ucranianos sentiam-se conscientemente como tais, não para se separar da Rússia, mas, ao contrário, para formá-la. Porém, uma Grande Ucrânia em ligação com a Rússia significa perigo. No que diz respeito ao comportamento atual, e à impressão causada pelos ucranianos, diversos pontos de vista são possíveis. Afirmei que certamente há opiniões das mais diversas sobre a adequação de uma ou outra solução, mas que me parece duvidoso ser correto, por exemplo, usar os lemas divulgados publicamente da Romênia da mesma maneira. O irmão de Antonescu explicou numa coletiva de imprensa que o sentido dessa guerra é a luta contra a escravidão. Na sequência, o adido de imprensa búlgaro presente levantou-se, nervoso, todo ruborizado, e deixou o lugar. Eu disse que, independentemente das soluções implementadas, não considerava aquelas proclamações corretas, dificultando o tratamento futuro dos ucranianos. [...] Disse ainda que não achava correto repelir uma vontade de trabalhar existente por meio de medidas draconianas, visto que isso geraria apena uma dificuldade para a administração e para a Wehrmacht.

Tendo em vista essa discussão, tomei a liberdade de fazer algumas sugestões concretas para a administração prática.

1) A direção da administração não deve fazer qualquer pronunciamento oficial sobre o futuro nacional dos ucranianos. As questões surgidas naturalmente entre os ucranianos devem ser respondidas pelos alemães da seguinte maneira:

a) Após as difíceis batalhas, foi preciso primeiro analisar a situação, a fim de se constatar o que vinte anos de bolchevismo trouxeram à Ucrânia.

b) De todo modo, está claro que os pesados danos condicionam a necessidade de uma administração alemã prolongada, a fim de sanar gradualmente esses danos políticos e econômicos.

c) Uma regulamentação definitiva só pode ser determinada mais tarde, pelo Führer, mas principalmente também a partir do comportamento dos ucranianos em si.

2) No caso de protestos sobre as três cessões de territórios ucranianos ou considerados ucranianos, a resposta alemã deve ser a seguinte:[2]

a) Uma enorme quantidade de sangue alemão foi usada para essa guerra no Leste. Nesses anos, a fim de que isso fosse possível, o povo alemão sofreu inúmeras privações e é evidente que esse empenho não deve se repetir novamente.

b) O povo alemão, que vive num espaço confinado, é o primeiro a ter direito a uma ampliação territorial, a fim de não se atrofiar. Os povos do Leste, entretanto, de todo modo dispõem de muito mais espaço do que os países da Europa Central e Ocidental.

c) No comissariado da Ucrânia, que se estende bem além da área povoada pelos ucranianos, é possível organizar sem maiores problemas um assentamento no Norte e no Leste, contíguo ao espaço de povoamento atual. Se a Alemanha repatriou dezenas de milhares de colonos seus das regiões mais diversas, então um reassentamento dos ucranianos não deve ser encarado como inaudito.

d) No geral, os ucranianos também devem estar dispostos a fazer grandes sacrifícios, porque sem o emprego de sangue alemão eles estariam perdidos e teriam sido completamente exterminados pelo bolchevismo.

e) E a fim de evitar para todo o sempre um novo ataque de Moscou, o Reich alemão tem de assumir a proteção do Leste, pois apenas esse Reich está em condições de garantir tal proteção num futuro próximo.

3) Tendo em vista a situação geral das destruições causadas pelos bolchevistas, principalmente também em Kiev, a administração terá de abrir mão, por hora, de organizar estabelecimentos centrais de ensino superior.

A inteligência ucraniana, particularmente no Oeste (Lemberg), divulgou proclamações apressadas, e sob as condições atuais não há nenhum interesse alemão em se criar artificialmente um novo estrato

---

2 Trata-se de partes da Galícia que foram acrescentadas ao Governo-Geral como "Distrito Lemberg", da Crimeia e da Transnítria, administrada pela Romênia.

de inteligência que poderia interferir, por meio de ações impensadas, em uma serena construção econômica dos próximos anos.

Tudo o que é russo e que ainda está presente no momento deve ser descartado gradualmente. Nas questões eclesiásticas, todas as denominações deveriam ser permitidas em igualdade de direitos, pois à Alemanha não interessa uma única Igreja forte que oprima as outras. Nas regiões de população mista, os ucranianos devem ser favorecidos frente aos russos. [...]

Em seguida, a discussão se voltou para a relação do *Reichsführer* da SS com a administração, na qualidade de chefe da polícia alemã e comissário para a consolidação do caráter nacional germânico [*Festigung deutschen Volkstums*]. Nesse ponto, o Führer disse que na guerra é assim, que a Wehrmacht e a polícia, quando chegam a um território ocupado e confiscam de fábricas quaisquer (roupas, sapatos), é preciso analisar a questão do ponto de vista de que é importante para as coisas funcionarem e que o resto vai se encaixar mais tarde. No mais, Himmler realizou o serviço de cantaria de Linz com prisioneiros e as fábricas de tijolos têm de aprontar pedidos gigantes. As fábricas desejadas em Ostland, juntas, mal devem chegar ao tamanho de uma grande fábrica privada aqui. Em seguida, chamei a atenção para o informe sobre os bens solicitados. Aqui o Führer também aconselhou uma generosidade.

Expressei o seguinte protesto. É impossível, para uma unidade da administração, que após algum tempo uma nova agência do Reich subitamente se imiscua, em um território fechado, de maneira autoritária na vida como um todo. [...] Expliquei que quero agir de maneira leal com Himmler e que estou disposto a quaisquer acordos objetivos. Em seguida, disse que era contra a circular que dispõe que os alemães étnicos em Wartheland só devem ser empregados nos comissariados do Leste com a permissão de Himmler, a fim de levá-los de volta no fim da guerra. Afinal, há consenso de que um reassentamento está fora de questão, mas alguns especialistas são necessários, e nesse caso não é possível aguardar a permissão de Himmler. No caso dos habitantes da Alsácia e de Ostmark, seu regresso foi evidente. Em Warthegau, aconteceu de pessoas que passaram dois anos organizando com esforço suas pequenas propriedades rurais subitamente terem de abandoná-las de novo dentro de 24 horas. O Führer manifestou grande indignação e me pediu para citar um caso concreto. Eu lhe respondi que podia lhe citar não um, mas vários casos concretos. Ficou combinado que haverá uma reunião entre Himmler e eu, na presença do dr. Lammers e de Bormann.

Berlim, 2/10/[19]41.
R/P."

Documento 11

Excertos de "Notas sobre uma apresentação para o Führer no seu quartel-general em 14/11/1941", de Rosenberg, 19 de novembro de 1941 (7 pp., datilografadas); USHMMA RG-17 box 143.[1]

"Iniciei relatando ao Führer os trabalhos realizados até o momento para a organização do Ministério do Leste. Primeiro sobre as negociações com as autoridades supremas do Reich, que queriam enxergar o ministério como um canal para suas ordens, e quando isso não foi possível, cada uma solicitou um departamento próprio. Disse que rejeitei isso também porque levaria a uma organização muito complexa. E que eu havia criado, a partir da causa, apenas quatro departamentos principais (política, administração, política econômica, técnico).

Expliquei que o departamento principal I dedica-se principalmente às questões de política geral, política dos territórios e comissariados, política cultural, informação e imprensa, bem como da política de assentamentos. Produz os mapas do Leste e registrou, durante anos, os assentamentos de alemães étnicos, algo que, por exemplo, foi de grande utilidade para as viagens do *Obergruppenführer*

---

[1] Carimbo "Secreto!"; disponível como cópia carbonada também no USHMMA RG-71 Acc. 2001.62.14 e USHMMA RG-71 box 380.

Lorenz, ocupando-se ainda de todos os informes oriundos dos comissariados.[2] Repassa a cada comissário-geral os dados estatísticos e outros sobre sua área, delineia os limites internos dos comissariados distritais [*Gebietskommissariate*] e dá atenção às diversas aspirações populares [nacionalistas], por exemplo dos letões, lituanos etc. Além disso, acompanha as aspirações das Igrejas e cuida para que estas não assumam formas perigosas. O departamento editou a 'biblioteca do Leste'[3] [*Ostraumbücherei*] inteira e, em conjunto com a imprensa, criou os jornais, primeiro em Riga, depois em Kaunas e em Vilna, mais tarde em Reval etc. O departamento reúne, todas as manhãs, os representantes das autoridades supremas do Reich, do OKW etc. para passar informações. Também forma comissões para seleção dos prisioneiros de guerra.[4] Até o momento existem 28 dessas comissões, mais 25 serão formadas a fim de classificar os povos do Leste de acordo com sua especificidade [*völkische Eigenart*], tratá-los e empregá-los de maneira correspondente. Até o momento, foram repassados 6 mil prisioneiros para a segurança de fábricas e outros serviços de desenvolvimento econômico, 1.500 candidatos especialmente adequados para formação como agentes de confiança, 2 mil trabalhadores especializados em mineração e metalurgia, 1.200 motoristas de caminhão, tratoristas, mecânicos de automóveis, setecentas outras profissões especiais, engenheiros etc. Visto que agora o

---

2 Lorenz, Werner (1891-1974); 1929: ingresso no NSDAP; 1931: ingresso na SS; 1933: *Obergruppenführer* da SS; 1934-37: chefe da divisão superior norte da SS; desde 1937: chefe do setor Volksdeutschen Mittelstelle (VOMI), que em 1941 foi transformado por Himmler em departamento principal da SS; responsável pelo reassentamento e "regresso à casa" de descendentes de alemães, bem como pela "germanização" de crianças estrangeiras; 1948: condenado a 20 anos de prisão em Nuremberg; soltura no início de 1955.

3 Até meados de setembro de 1941, diversas publicações haviam sido editadas na "biblioteca do Leste", entre elas *Das Judentum – Das wahre Gesicht der Sowjets*; veja USHMMA Rg-68.007M reel 49 (BAB NS 8/172, folha 137).

4 Sobre a proporção da mortalidade nos campos de prisioneiros nos territórios com administração civil, veja Christian Gerlach, *Kalkulierte Morde. Die deutsche Wirtschafts- und Vernichtungspolitik in Weißrußland 1941 bis 1944*. Hamburgo, 1999, pp. 819 e segs., e Christian Streit, *Keine Kameraden. Die Wehrmacht und die sowjetischen Kriegsgefangenen 1941-1945*. Bonn, 1997, pp. 133 e segs. (reedição); segundo essas obras, apenas no comissariado Ostland morreram entre o final de novembro de 1941 e o início de janeiro de 1942 cerca de 68 mil prisioneiros (29,4% do número total e em média 2.190 por dia).

Führer ordenou o emprego de prisioneiros de guerra na Alemanha, informei que essas comissões continuarão trabalhando para entregar apenas o melhor material à Alemanha. O Führer interveio aqui, dizendo que, para o tratamento político dos prisioneiros de guerra franceses e ingleses, a questão judaica deve ser debatida – como já me falara antes.[5] Reportei ao Führer que já tinha ordenado o uso de alguns ensaios como propaganda, como ele desejara. E que ao trabalhar conjuntamente com o OKW, não houve incidentes na produção de folhetos. [...]

Enquanto esses trabalhos para a organização interna do ministério se desenrolavam, simultaneamente acontecia o trabalho externo. Cerca de mil comissários distritais tinham de começar a agir, bem como suas equipes e a proteção policial. Continuei dizendo que procedi de modo a fazer com que o comitê de pessoal convocasse as forças necessárias e as reunisse em Krossinsee. Formaram-se grupos de quatrocentos a seiscentos homens que assistiram a palestras e receberam material de leitura; as palestras são ministradas por aqueles que são, se possível, bons conhecedores do país e que já tinham percorrido a região anteriormente. Além disso, o armamento foi reunido. Agora, por fim, é possível os comissários receberem suas carabinas e um trem especial está à disposição dos comissários-gerais. – Reportei sobre a conferência em Riga, sobre as informações do comissário-geral Kube, e me senti capaz de dizer que o trabalho começara bem e que os representantes no Leste, cônscios de suas tarefas, não queriam mais voltar.

Em seguida, falei sobre a conferência relativa a uma equipe de planejamento central Leste [*Planungsstab Ost*]. Essa equipe teria por tarefa geral abarcar determinadas regiões. Ressaltei a região entre os lagos Paipus e Ilmen. Aqui há a escolha entre povoar o lugar com elementos a serem deportados ou transformá-lo em colônia militar alemã, cuja tarefa seria delimitar as novas fronteiras com os eslavos [*Slaventum*]. O Führer concordou com a última opinião. Mencionei ainda os canais, o assentamento da Crimeia etc., de modo que o

---

[5] Veja anotação do diário de 1/10/ 1941.

Führer deu seu aceite para o início da construção de dois grandes assentamentos concentrados, a leste do lago Peipus e na Táuria, e para realizar as vias de ligação num trabalho conjunto com o dr. Todt.⁶

Em seguida, perguntei se o Führer havia lido as instruções ao comissário Koch e se estava de acordo; ele disse que sim. – Informei que a palavra 'Índia' havia sido mencionada em comparação com o trabalho em Ostland, e eu estava tomando a liberdade de lhe entregar um memorando sobre a Índia e o livro de Alsdorf.⁷ [...]

Passei ao Führer alguns modelos para os uniformes; ele gostou de todos. Reparou apenas que as estrelas ficariam melhor nas lapelas do que nas dragonas. Não fez qualquer objeção aos punhos coloridos. – Depois, mencionei que havia entendido o motivo pelo qual minha nomeação não tinha sido divulgada até o momento, mas que a situação era a seguinte: o ministro dinamarquês Larsen tinha se aproximado de mim e me perguntado se eu concordava com a formação de um comitê para o trabalho econômico conjunto, além de eu ter recebido convites de embaixadas estrangeiras com meu novo título. O Führer disse que ele considerava acertado fazer essa divulgação agora.

Em seguida, falei sobre o tratamento da língua alemã, das escolas alemãs e expliquei que considerava correto introduzir a língua alemã nas antigas províncias bálticas com o objetivo de, mais tarde, passar a usá-la nas aulas. Por outro lado, disse que não considerava correto aplicar esse método na Ucrânia, mas acreditava que era suficiente organizar uma escola fundamental sem o alemão. Era possível manter em aberto a possibilidade do aprendizado da língua alemã para determinados trabalhadores especializados. Aliás, não é correto que haja na Europa um maior número de eslavos falantes do alemão do

---

6 Sobre o planejamento territorial no Leste veja também a ata da reunião de chefes de 30/10/1941 no Ministério do Leste (USHMMA RG-71 box 380; também em BAB R 6/102), da qual participaram Rosenberg e Todt. Em sua fala, Rosenberg afirmou: "Independentemente de como trataremos cada povo no futuro, estamos hoje já diante de três grandes tarefas: a ampliação e o asseguramento do Reich, a independência econômica da Alemanha e da Europa e a germanização de determinadas áreas e a criação de um espaço de assentamento para 15 a 20 milhões de alemães".

7 Ludwig Alsdorf, *Indien*. Berlim, 1940; veja Klaus Bruhn, Magdalene Duckwitz, Albrecht Wezler, *Ludwig Alsdorf and Indian Studies*. Delhi, 1990.

que alemães. Na opinião do Führer, então nossa administração teria de aprender o ucraniano – eu concordei. No que se refere às línguas estrangeiras nas diversas regiões, o Führer explicou que não é o caso de se introduzir uma língua ocidental. Sugeria que, em Ostland, depois do alemão, o russo seja ensinado para determinadas categorias, porque muitos letões, lituanos etc. mais tarde poderão atuar como líderes nessas regiões orientais periféricas.

O Führer fez referência ao desejo, mencionado por um prisioneiro, de uma legião turca. Informei-lhe sobre a nova ação do AA, que visa submeter os turcomenos a uma propaganda pan-turca por meio do irmão de Enver Pasha, e manifestei minha discordância.

Também sugeri ao Führer um <u>édito de tolerância</u>. De toda maneira, as igrejas estão superlotadas, então era possível permitir as denominações <u>e</u> as seitas. Isso poderia se dar de maneira que as forças das diversas seitas anulem-se mutuamente. O Führer concordou: se cristãos vivem ao nosso redor, mas nós não somos cristãos, então essa situação é favorável. Falei que vou apresentar ao Führer o esboço de um tal édito.[8]

O Führer concordou com o carimbo postal que traz a cabeça do Führer e a indicação 'Ostland' e 'Ucrânia'.

Por fim, coloquei o Führer a par de treinamentos contínuos e sobre o desenvolvimento das diretrizes referentes à organização das festividades, a fim de concentrar todo o partido, no futuro, em feriados de caráter histórico. Está prevista uma comemoração pelos cinquenta anos da morte de Paul de Lagarde, depois Frederico, o Grande, e Beethoven etc. Creio que o Führer ouviu meus comentários com satisfação.

Berlim, 19/11/41 R/H [assinatura de Rosenberg]"

---

8 Veja diversos esboços para um decreto sobre comunidades religiosas do início de 1942 com observações de Rosenberg em USHMMA RG-71 box 380.

Documento 12

Excertos de "Nota sobre uma reunião com o *Reichsführer* da SS em 15/11/1941", de Rosenberg, 19 de novembro de 1941 (5 pp., cópia carbonada datilografada, sem assinatura); USHMMA RG-14.017M (BAB R 6/9, folhas 31-35).

"A reunião aconteceu entre 14h30 e 19h em 15/11/1941 no quartel do *Reichsführer* da SS.[1] O assunto foi o relacionamento geral da polícia com o comissário do Reich para a consolidação do caráter nacional germânico, de um lado; de outro, com o ministério para os territórios orientais ocupados ou seus comissariados. [...] Outra questão foi o tratamento do problema judaico. Nesse ponto, Himmler reforçou que a questão judaica no Leste é essencialmente um assunto de polícia e, por essa razão, tinha de ser tratado pela polícia. Retruquei afirmando não ser exatamente essa a verdade, pois também a política judaica tem de ser tratada no âmbito da política geral, mas que estava de acordo que o responsável pela questão judaica na polícia e no departamento de política fosse a mesma pessoa.

---

1 Sobre a reunião, veja também a anotação de Himmler de 15/11/1941 (BAB NS 19/3885, folhas 19-21); Peter Witte, Michael Wildt, Martina Voigt, Dieter Pohl, Peter Klein, Christian Gerlach, Christoph Dieckmann, Andrej Angrick (orgs.), *Der Dienstkalender Heinrich Himmlers 1941-42*. Hamburgo, 1999, p. 262.

Acrescentei que, no Leste, lidamos com um gerenciamento geral de povos [*allgemeine Völkerführung*] e que quaisquer questões extraordinárias não seriam colocadas fora do contexto da administração. Himmler afirmou que tanto o líder supremo da SS e da polícia quanto os outros líderes da SS também são instrumentos do comissário do Reich, e que eu deveria enxergar as questões sob esse ponto de vista. Eu lhe disse que isso era verdade no caso da pessoa do líder supremo da SS e da polícia, mas – no intuito de uma equivalência –, o líder supremo da SS e da polícia também deveria ser o chefe de um departamento no comissariado do Reich. (Isso, entretanto, depende de uma nomeação pelo ministro do Leste.)

Por fim, discutimos o projeto de um decreto a ser assinado conjuntamente e que regulamenta a relação entre a administração e a polícia. A princípio, Himmler está totalmente de acordo, mas tem ainda pequenas objeções que deverão ser discutidas mais tarde pelos nossos funcionários.

    Berlim, 19/11/1941
    R/H"

Documento 13

Excertos de "Discurso do ministro do Reich Rosenberg por ocasião da recepção à imprensa na terça-feira, 18 de novembro de 1941, 15h30, no salão de reuniões do ministério para os territórios orientais ocupados" (13 pp., datilografadas); USHMMA RG-71 Acc.2001.62.14.[1]

"Meus senhores!

Convoquei-os aqui, logo no primeiro dia de minha atividade agora tornada oficial, para lhes oferecer algumas explicações gerais sobre o trabalho futuro do ministério. [...]

Peço-lhes que não tomem notas das explicações a seguir, que devem ser consideradas <u>confidenciais</u>. Ainda não podemos tratar na imprensa de todos os detalhes referentes ao Leste. Mas o importante é que, de nossa parte, a <u>atitude</u> geral já é unitária e que, a partir dessa atitude, as coisas que <u>podem</u> ser tratadas sejam vistas sob o ângulo correto.

---

[1] Na p. 1, carimbo vermelho "Secreto!"; no final, rubrica (em verde) "R". Também em USHMMA RG-68.007M (BAB NS 8/71, folhas. 9-21); trechos reproduzidos em Robert Kempner, *SS im Kreuzverhör*. Munique, 1969, p. 228. Em 17/11/1941 o chefe de imprensa do Reich informou que o anúncio da nomeação de Rosenberg como ministro do Leste e a montagem dos comissariados não deveriam conter "quaisquer indícios em relação à forma dessa área no futuro"; a notícia devia enfatizar o aspecto da "ordem" (BAK ZSg. 109/27, folhas 63 e segs.).

Discurso de Rosenberg em 18 de novembro de 1941 na coletiva de imprensa por ocasião da apresentação do ministério para os territórios orientais ocupados.

Creio que um olhar de relance no mapa já é suficiente para medir, ao menos espacialmente, a tarefa histórica que se impõe ao Reich alemão no Leste nos próximos anos e nas próximas décadas. Ao contrário do que propagavam as teorias no passado, esse grande espaço não é um espaço racialmente [*völkisch*] unitário. Ao longo dos últimos séculos, porém, uma força nacional chegou à liderança, a russa. [...]

Hoje, o objetivo está claro para nós: impedir um acúmulo de poder semelhante ao qual experimentamos nesta terrível batalha de 1941. [...] Mal tal impedimento de concentração de poder, como ainda é presente hoje, só pode ser alcançado por meio de uma divisão orgânica desse espaço. [...]

A divisão orgânica começa, de maneira prática, com a administração civil e a criação de dois comissariados do Reich. O desenvolvimento posterior terá de se esforçar em fazer avançar essa divisão, no sentido de um afastamento mútuo dos povos que hoje estão unidos por força política. A terceira necessidade consiste em utilizar os recursos naturais gigantes e garantir a consolidação militar e política do poder no Leste para o futuro.

Assim, a tarefa de um Ministério do Leste constitui-se no tratamento diferenciado dos inúmeros povos desse espaço, no reconhecimento e na observação do desenvolvimento dessas nações e no controle central da liderança política como um todo nessa região. [...]

Foram criados, a princípio, dois comissariados. Primeiro o comissariado <u>Ostland</u>, que reúne os antigos países Estônia, Letônia, Lituânia e Rutênia Branca; mais tarde, ser-lhe-á agregada uma área substancial a leste do lago Peipus. Ou seja, estamos lidando aqui com cinco povos diferentes. Cada um deles com uma mentalidade diferente. Cada qual com sua língua, sua cultura e sua tradição, e também as diferenças de denominação – catolicismo, protestantismo e ortodoxia russa – desempenham um papel expressivo. Essa área abrangerá cerca de 550 mil quilômetros quadrados como um todo. Ou seja, um espaço gigante, que corresponde quase ao tamanho do Reich alemão de 1933. [...] Os comissários em Ostland esforçar-se-ão em aproximar esses povos da esfera cultural alemã e em lhes oferecer a possibilidade de se anexar a ela, fazendo com que todo o espaço esteja num relacionamento cada vez mais próximo com o Reich alemão. [...]

O segundo comissariado é o da <u>Ucrânia</u>. A Ucrânia, do ponto de vista da política mundial, sempre se configurou como um problema no Leste. [...] E exatamente como a Dinamarca e a Noruega poderiam ser introduzidas no quadro econômico britânico<u>, enxergamos na Ucrânia a tarefa de possibilitar, àqueles povos do Oeste, que se integrem nessas regiões orientais e que se envolvam na grande atividade de construção e de desenvolvimento</u>. [...] E esse Leste selvagem de hoje não se transformará apenas no celeiro da Alemanha, mas no celeiro de toda a Europa.

É evidente que hoje não posso falar a respeito do que se refere à possibilidade de outros comissariados. Mas está claro por si que tais possibilidades estão previstas, de acordo com a situação militar e política. [...]

Ao mesmo tempo, esse Leste é chamado a solucionar uma questão que está colocada aos povos da Europa: trata-se da questão judaica. No Leste, vivem ainda cerca de 6 milhões de judeus, e essa questão só pode ser solucionada com uma erradicação [*Ausmerzung*] biológica de todo o povo judeu [*Judentum*] na Europa. A questão judaica só será resolvida para a Alemanha quando o último judeu tiver deixado o território alemão, e para a Europa, quando não houver mais nenhum judeu no continente europeu, até os Urais. Essa a tarefa que o destino nos impôs. Os senhores podem imaginar que para a execução dessas ações foram chamados apenas homens que compreendem a questão como uma tarefa histórica, que não agem movidos por ódio pessoal, mas a partir dessa noção política e histórica muito serena. Para nós, 9 de novembro de 1918 tornou-se um dia decisivo, que marcou nosso destino. Naquela época, o judaísmo mostrou que estava focado na destruição da Alemanha. Isso não aconteceu apenas graças ao Führer e à força de caráter da nação alemã; por essa razão, temos de evitar que uma geração romântica acolha novamente os judeus na Europa. E para tanto é necessário empurrá-los através dos Urais ou promover algum tipo de erradicação.

Há séculos que a Alemanha não é confrontada com um território e uma tarefa de tais proporções. E aqui quero fazer menção a paralelos na Índia. Quando alguns ingleses aventureiros da Companhia das Índias Ocidentais partiram para conquistar a Índia, eram muito poucas centenas ou poucos milhares que venceram algumas batalhas decisivas da história mundial e apenas muito depois os endinheirados ingleses decidiram-se a manter essa região com sacrifícios. Aqui no Leste, vivenciamos o contrário: não são alguns poucos aventureiros que avançam nesta região, mas é a força concentrada de um povo de 80 milhões, na ponta as forças armadas como nunca antes vistas por esse mesmo povo. E, por trás dessas forças armadas, dispomos de uma força política que não apenas assegura essa região como também a consolida para todo o porvir, e abraça seu desenvolvimento com força total. [...]

É absolutamente natural não falar nem escrever sobre objetivos políticos. Na delicada situação atual em que o Reich alemão se encontra, seria extremamente danoso se esses assuntos fossem tratados abertamente. Em seu discurso de 9 de novembro,[2] o Führer

---

[2] Veja Max Domaras, *Hitler. Reden und Proklamationen 1932-1945*, parte 2, vol. 4: 1941-45. Leonberg, 1988, pp. 1643-816.

mencionou o que se pode dizer a respeito e a imprensa geral pode se movimentar nessa margem. Num futuro próximo, quero avançar um pouco mais nessa questão durante um discurso para o partido. Aquilo que podemos discutir hoje se refere ao bolchevismo e seu extermínio. Não precisamos nem dizer que temos mais uma outra tarefa histórica em vista, pois isso será revelado por si só no curso do desenvolvimento político.[3] É apenas necessário compreendermos que não se trata aqui de o povo russo vivendo num espaço de grandes dimensões, mas cinquenta povos diferentes; que esses povos lutaram por sua independência; que esses povos foram saqueados, roubados e biologicamente dizimados pelos bolchevistas – e que desponta agora uma nova ordem. E que a Alemanha conquistou lutando esse direito de uma reorganização como nenhum outro povo o fez antes. Vamos assegurar esse direito e dele também nascerão as soluções.

No caso de os senhores terem perguntas, peço-lhes que se dirijam a meus funcionários. Esses foram escolhidos de modo que os senhores podem contar com gente da maior confiança. Gostaria de expressar novamente meu muito obrigado e fico na expectativa de um bom trabalho conjunto."

---

[3] Fritz Sänger, correspondente do jornal *Frankfurter Zeitung*, anotou o seguinte em relação ao discurso de Rosenberg: "o olhar deve se desviar do mar e se voltar à terra, cuja amplidão se estende até os Urais. No lugar, ainda há, ao todo, 6 milhões de judeus. Eles têm de ser eliminados biologicamente, é possível levá-los para além dos Urais ou eliminá-los de outras maneiras". (Apud Bernward Dörner, *Die Deutschen und der Holocaust. Was niemand wissen wollte, aber jeder wissen konnt*. Berlim, 2007, pp. 163 e segs.) Apesar de anotações igualmente drásticas de outros presentes (ibid., p. 676, nota 270), o noticiário da imprensa alemã sobre o discurso parece ter adotado um tom comparativamente mais moderado.

Documento 14

Alfred Rosenberg, "Nota sobre reunião com o Führer em 14/12/1941";[1] reproduzida em *Nürnberger Prozess*, vol. 27, pp. 270-73 (1517-PS).

"Comecei perguntando ao Führer sobre meu discurso no Sportspalast e chamei atenção para alguns pontos que ainda necessitavam de uma consulta. O Führer disse que o discurso foi preparado antes da declaração de guerra do Japão, ou seja, sob condições diferentes, mas mesmo assim havia ainda alguns pontos a serem considerados. Segundo ele, talvez não seja adequado eu querer anunciar oficialmente que os territórios no Leste permanecerão com a Alemanha. Respondi dizendo que também havia reparado nesse ponto; talvez pudéssemos apenas dizer que Ostland ficaria sob proteção alemã. O Führer pediu para eu dizer somente que os territórios nunca mais ficariam sob o bolchevismo, e que agora, da perspectiva alemã, pareciam <u>seguros</u>.

Sobre a questão judaica, eu disse que as observações sobre os judeus nova-iorquinos talvez devessem ser um pouco modificadas após a decisão. E que, do meu ponto de vista, não era o caso de se falar do extermínio dos judeus. O Führer concordou com essa atitude e

---

[1] Carimbo: "Assunto secreto do Reich". O planejado discurso de Rosenberg no Sportpalast de Berlim não foi realizado.

disse que eles haviam nos metido numa guerra e que tinham trazido a destruição, por isso não era de se espantar se fossem os primeiros a sofrer as consequências.

O Führer disse ainda não achar adequado incentivar os outros povos já agora no sentido de uma cooperação, visto que eles poderiam mais tarde usar isso para reivindicar algum direito. Ele faria isso caso a caso, individualmente. Eu lhe disse que essa também era uma das minhas questões particulares. E que, de acordo com essa orientação, eu iria redigir os parágrafos correspondentes em meu discurso de maneira mais cuidadosa. O Führer concordou plenamente que eu abordasse o conflito da Ásia.

Em seguida, entreguei ao Führer o esboço de um édito de tolerância, com o qual o Führer concordou após uma reflexão cuidadosa. [...]

Sobre um questionamento dos comandantes militares nos Territórios Orientais Ocupados a respeito do casamento de membros da Wehrmacht com moradoras desses locais, o Führer declarou que durante a guerra não podem ser celebrados casamentos. Depois da guerra, seria possível introduzir um relaxamento de acordo com os objetivos políticos e da relação de consanguinidade [*blutmässige Verwandschaft*].

Depois passei a falar do relacionamento com o comissário Koch e disse ao Führer que Koch, por meio de diversas afirmações na presença de oficiais do OKW, tinha despertado a impressão de dispor de audiências diretas com o Führer e de pretender governar sem Berlin. Afirmações idênticas, de que ele determinava a política, tinham sido feitas em presença de meus funcionários e também uma vez ele me disse que se considerava agindo em coordenação. Expliquei-lhe que o que havia era um inequívoco relacionamento oficial. No mais, disse que tinha conversado com ele e esperava, como resultado, uma clareza sobre o trabalho conjunto. Pedi apenas que o Führer não mais recebesse Koch a sós, mas apenas em minha presença. O Führer concordou imediatamente.

Na sequência, reportei ao Führer a visita do general Kitzinger. Este informou que tinha recebido a incumbência de debulhar a colheita. Para tanto, havia recebido a promessa de várias divisões, mas essas ainda não tinham chegado. Ao contrário, outras unidades tinham sido retiradas dele. O Führer disse que iria ordenar uma mudança e que ele receberia as divisões. Sobre o estado dos prisioneiros, Kitzinger disse que cerca de 2.500 deles morrem diariamente pela debilitação sofrida nos campos. De todo modo, já estavam incapazes de ingerir boa comida e que não se pode contar com que sobrem muitos.[2] Fora isso, a força de trabalho no campo é suficientemente grande; o país está superpovoado, em parte.

Também perguntei ao Führer se ele havia lido o memorando sobre a participação de legiões turcas[3] – imagino que sim, pois o OKW soltou uma ordem dizendo que, ao lado das legiões turcas-azerbaidjanas, outras legiões caucasianas seriam ainda formadas. O Führer respondeu que sim e ressaltei mais uma vez o perigo de um movimento pan-turaniano. Informei ainda sobre a petição dos tártaros da Crimeia, de Constantinopla, e o pedido para visitar o campo de prisioneiros e examinar os compatriotas. Eu disse ao Führer que havia recusado o pedido e ele concordou de maneira irrestrita. A única coisa que poderíamos fazer, disse, era – em consideração à Turquia – selecionar os 250 tártaros da Crimeia que se encontravam presos e tratá-los de maneira correspondente. No mais, o Führer reforçou mais uma vez que deseja a Crimeia totalmente limpa no futuro. Eu lhe disse que já havia quebrado a cabeça com a renomeação das cidades, e pensava chamar Simferopol de Gotenburg e Sevastopol de Theodorichhafen – seguindo uma orientação do próprio Führer.

Depois, entreguei ao Führer uma sugestão para a regulamentação de fronteiras entre Nikolaev e a Transnístria, pois da maneira como estão as coisas os romenos podem bisbilhotar todas as instalações dos estaleiros; a fim de evitar isso, bastava uma pequena regulamentação. Disse que já havia feito essa sugestão ao *Generalfeldmarschall* Keitel.

---

2 Há um traço vermelho à margem das duas frases anteriores. Veja também a carta de Rosenberg a Keitel, chefe do OKW, de 28/2/1942 (081-PS); reproduzida em *Nürnberger Prozess* vol. 25, pp. 156-61.

3 Veja, de Rosenberg, "Informe ao Führer", 4/12/1941, com anexo "Assunto: criação de uma legião formada por prisioneiros de guerra soviéticos da etnia turca", 1/12/1941; USHMMA RG-71 box 380.

O Führer analisou o rascunho do mapa e aprovou tal regulamentação de fronteira.

Por fim, informei ao Führer que tinha a intenção de ir a Riga em janeiro e visitar outras regiões no ano que vem. Pedi ao Führer que me permitisse usar vários vagões para montar um trem especial. E que já havia iniciado tratativas na Holanda para arranjar tais vagões. O Führer considerou isso natural e aprovou meu pedido.

Em seguida, entreguei ao Führer uma já citada carta de um intelectual japonês sobre as ideologias japonesas nacional-socialistas em relação ao cristianismo, assunto sobre o qual conversamos mais um bom tempo. O Führer guardou o memorando, que muito o interessou de pronto.

[Assinatura:] Rosenberg
Berlim, 16 de dezembro de 1941
R/H."

Documento 15

Excertos de "Justificativa para as notas sobre a relação entre o ministro do Reich para os Territórios Orientais Ocupados e o *Reichsführer* da SS", de Alfred Rosenberg. S/d (início de 1942) (5 pp. cópias datilografadas carbonadas); USHMMA RG-14.017M (BAB R 6/9 folhas 81-85).

"Como justificativa à proposta de regulamentação da relação entre o ministro do Reich para os Territórios Orientais Ocupados e o *Reichskommissar* para a consolidação do caráter nacional germânico, aponto de maneira geral para meu memorando de 12 de janeiro de 1942;[1] para complementá-lo e tendo em vista as atividades policiais do *Reichsführer* da SS, acrescento o seguinte:

1. A unidade da representação do Reich alemão nos Territórios Orientais Ocupados é corporificada pelo ministro do Leste. Esse ponto de vista foi ainda há pouco determinado de maneira unívoca pelo Führer e formulado oficialmente pelo ministro dr. Lammers frente ao ministro Koch, por ocasião de outro assunto. Uma sugestão

---

[1] Trata-se do documento de 13 páginas de Rosenberg, "Posicionamento básico sobre a relação entre a administração dos territórios orientais ocupados e o comissário do Reich para a consolidação do caráter nacional germânico", de 12/1/1942 (USHMMA RG-71 box 380), que previa, entre outros, um acordo entre Rosenberg e Himmler para a criação de um "Departamento de política do caráter nacional alemão e de política de assentamentos".

que nega essa base é inaceitável e levaria a conflitos internos na administração geral alemã e, consequentemente, ao prejuízo do prestígio alemão frente aos povos do Leste.

2. A polícia se mantém de maneira quase que totalmente independente nos territórios ocupados do Leste. Ela toma medidas policiais e políticas como se não houvesse a seu lado uma administração política. Os canais oficiais ignoram tanto o ministro para os Territórios Orientais Ocupados quanto os comissários do Reich e os comissários-gerais. Até o momento não houve uma coordenação das diretivas do *Reichsführer* da SS comigo, visto que em <u>nenhum</u> caso o *Reichsführer* da SS fez passar por mim quaisquer orientações aos postos subordinados, como reza o item II, parágrafo 2, do decreto do Führer sobre a segurança policial [de 17/7/1941].

Tentei chegar a um acordo na área de polícia por intermédio daquilo que considerei uma complacência de minha parte, para bem além do decreto do Führer sobre a segurança policial, e que está registrada no decreto de 19 de novembro de 1941,[2] com cópia anexa aqui. Entretanto, o *Reichsführer* da SS nomeou, sem minha concordância, vários líderes policiais locais [*Polizeistandortsführer*] numa série de distritos; visto que esses estão subordinados diretamente aos líderes da SS e da polícia nos comissariados-gerais e que ele também lhes passou toda a <u>administração</u> policial, acabou por lhes outorgar uma posição comparável à de chefe de polícia, assim retirando dos comissários distritais, justamente nas cidades mais importantes, os órgãos executivos indispensáveis nos territórios ocupados. Como o *Reichsführer* da SS, por meio dessa medida, abandonou a base do citado decreto conjunto, infelizmente também não me sinto mais obrigado a esse decreto. [...]

4. A forma específica e em qual ritmo a segurança dos comissariados do Reich será implementada, por meio da eliminação [*Ausscheidung*] dos judeus, só pode ser matéria de decisão política dos comissários do Reich e dos comissários-gerais. Evidentemente que a segregação [*Aussonderung*] dos judeus, como consideração <u>política</u>,

---

2 "Competência dos departamentos de polícia nos novos Territórios Orientais Ocupados", 19/11/1941; BAB R6/9, folhas 79 e segs. (falta aqui); veja documento 12.

deve estar à frente de todas as considerações econômicas, embora as medidas de economia de guerra nos Territórios Orientais Ocupados devam ser levadas em conta em primeiro lugar. Então, trata-se da obrigação política da administração alemã substituir operários judeus, de preferência agora, por gente da Ucrânia, Rutênia Branca etc., mesmo ainda destreinados, como em parte já acontece. Dessa maneira, os comissários do Reich e os comissários-gerais têm prerrogativas executivas e legislativas aqui segundo as necessidades tanto da correspondente política em relação aos judeus quanto em relação à economia de guerra e à administração local. Por essa razão, no princípio, a decisão política sobre quem é ou não judeu, principalmente nos casos em que isso não pode ser determinado pela aparência externa, não pode ser do comandante da Polícia de Segurança e do SD, mas apenas do comissário-geral.[3]

Por ocasião do pedido de possíveis especialistas para questões judaicas, deve se assegurar ao *Reichsführer* da SS e chefe da polícia alemã a necessária influência."

---

[3] A competência para decidir quem devia ser tratado como judeu nos territórios soviéticos ocupados já havia sido motivo de discórdia entre a administração civil e a polícia no RKO no verão de 1941; veja as fontes em Benz e outros, *Einsatz*, pp. 38-53, e *VEJ*, vol. 7, pp. 511-14, 527-31. Veja também a introdução a este volume, bem como os documentos 16 e 19.

Documento 16

Excertos da ata RMfdbO (HAII) referente à reunião de 29 de janeiro de 1942, que tratou de definição do termo "judeus" nos Territórios Orientais Ocupados; USHMMA RG-14.017M (BAB 6/74, folhas 77-78).[1]

"[...] 2) Não foi levantada qualquer objeção contra a introdução da definição de judeu prevista no §2 para os Territórios Orientais

---

1 A reunião de especialistas de diferentes instâncias do partido e do governo foi organizada por Georg Leibbrandt, chefe do departamento principal I do Ministério do Leste, na sequência da conferência de Wannsee, a fim de se chegar a um consenso sobre como agir no caso da falta de certidões de ascendência, algo que tornava impossível a aplicação da definição de judeu de Nuremberg no Leste. A reunião foi chefiada por Otto Bräutigam; entre os participantes do Ministério do Leste estava o especialista em raças de Rosenberg, Wetzel. A circular com o convite, que trazia em anexo um esboço de regulamento do Ministério do Leste (veja a próxima nota), dizia: "Tendo em vista a tendência dos dias atuais em se modificar completamente a situação jurídica dos cidadãos judeus mestiços de primeiro grau, parece aconselhável equiparar, nos territórios ocupados do Leste, os judeus mestiços de primeiro grau com os judeus; um forte argumento para essa equiparação é que os judeus mestiços em questão aqui são mestiços de povos estrangeiros com judeus"; circular RMfdbO (HA I), 22/1/1942, "re.: Regulação sobre a determinação do conceito de 'judeu' nos Territórios Orientais Ocupados"; USHMMA RG-14.017M (BAB R 6/74, folhas 62-63; realce no original). No final de dezembro de 1941, o departamento "Saúde e Assistência Pública" no RKO havia informado ao HSSPF em Riga que os "ciganos que vagavam pelo país" deveriam ser, "no tratamento, equiparados aos judeus" por causa do perigo do tifo e por serem "elementos não confiáveis"; carta de 24/12/1941 (ass. Lohse) ao HSSPF; USHMMA Rg-71 box 379.

Ocupados.[2] Entretanto, o conselheiro ministerial Lösener, como representante do Ministério do Interior, explicou que tinha sido instruído pelo secretário de Estado Stuckart a questionar se não seria adequado haver uma definição uniforme de judeu para toda a Europa.[3] Nesse sentido, é preciso voltar ao resultado da reunião de secretários de Estado de 20 de janeiro de 1942, segundo o qual os mestiços de primeiro grau no Reich devem ser esterilizados, permanecendo no Reich. Por parte do ministro do Interior, admite-se, porém, que a situação no Leste é especial, de modo que um desvio da definição geral de judeu seja imprescindível aqui. O juiz local da corte [*Amtsgerichtsrat*] Wetzel replicou que o ministro Rosenberg considera, pessoalmente, de grande importância a inclusão dos mestiços de primeiro grau na definição de judeu no Leste. O conselheiro ministerial Lösener explicou, por fim, estar instruído apenas a colocar a questão em debate.[4]

3) Por fim, o representante do *Reichsführer* da SS, dr. Neifeind, levantou objeções em relação à redação do §2 parágrafo 3.[5] Segundo ele, a competência do comissário de zona está em contradição com a

---

2 O parágrafo 2 do esboço de regulação (BAB r 6/74, folha 66) dizia o seguinte: "[inciso 1:] É judeu quem faz parte da comunidade religiosa judaica ou professou, ou professa ser judeu de outra maneira, ou cujo pertencimento ao judaísmo se dá por outras circunstâncias. [inciso 2:] Será considerado judeu quem tem um dos pais judeu no sentido do item 1. [inciso 3:] Em casos dúbios, a decisão será tomada exclusivamente pelo comissário distrital com efeito vinculante geral".

3 Lösener, Bernhard (1890-1952); 1930: ingresso no NSDAP; 1935: conselheiro ministerial e "especialista racial" no RMdI; 1937: coautor de um comentário sobre as leis raciais de Nuremberg; 1950: diretor-geral da alta direção financeira em Köln. Stuckart, Wilhelm (1902-53); 1922: ingresso no NSDAP-Beitritt; 1935: secretário de Estado no RMdI, responsável por constituição e legislação; coautor de *Kommentars zur dt. Rassegesetzgebung* [Comentário sobre a legislação racial alemã] (1936); 1942: participação na Conferência de Wannsee; 1949: condenado a quatro anos de prisão no processo de Wilhelmstrasse ["dos ministros"] de Nuremberg, mas foi solto precocemente. (Hans-Christian Jasch, *Staatssekretär Wilhelm Stuckart und die Judenpolitik. Der Mythos von der sauberen Verwaltung*. Munique, 2012, pp. 330 e segs.)

4 De acordo com um registro do departamento principal I sobre essa reunião, respondendo a uma objeção de Lösener, Wetzel afirmou "que devido à aguardada solução da questão judaica não se previam perigos políticos advindos da equiparação dos judeus mestiços nos territórios orientais"; RMfdbO HA I1 (Schmitz), 30/1/1942; USHMMA RG-14.017M (BAB R 6/74, Bl. 82).

5 Neifeind, Kurt (1908-44); 1936: SD; conselheiro no RSHA, especialista em legislação; 1944: transferência para Paris, condenado à morte por fracasso, batalhão disciplinador Dirlewanger.

regulamentação que submete a competência da questão judaica aos departamentos da SS e da polícia. [...] Visto que a questão não deve ser superdimensionada na presença dos representantes de outros ministérios, o cônsul-geral dr. Bräutigam declarou-se de acordo que o comissário-geral seja declarado responsável no §2 parágrafo 3.

Após a reunião, eu disse ao cônsul-geral Bräutigam que, na minha opinião, era arriscado ceder de modo tão rápido em questões individuais desse tipo, visto que elas podem facilmente ser generalizadas. O cônsul-geral Bräutigam concordou comigo, mas explicou que no caso da questão judaica ele não considera indesejável enfatizar a competência da SS e da chefia da polícia. [...]."[6]

---

6 Devido às contínuas discussões sobre a questão do tratamento de judeus "mestiços", em meados de julho de 1942 Wetzel propôs às outras instâncias "buscar uma decisão do Führer nesse sentido", e acrescentou em nome de Meyer e certamente de acordo com os preceitos de Rosenberg: "Estou pessoalmente muito interessado na solução do problema dos judeus mestiços de primeiro grau visto que uma definição especial de judeu está prevista para os territórios orientais ocupados que me são subordinados, segundo a qual os mestiços de primeiro grau que se encontram no Leste devem ser equiparados aos judeus". Como nos comissariados do Reich esse grupo de pessoas que possuía "elementos de sangue estrangeiro" era "racialmente ainda mais indesejável" do que mestiços judeus alemães, além de "especialmente não confiável e perigoso", eles deveriam se submeter às "mesmas medidas" que os judeus. RMfdbO (Meyer; assistente Wetzel) a Stuckart e outros, "Ref.: Solução final da questão judaica", 18/7/1942; USHMMA RG-14.017 (BAB R 6/74, folhas 158 e segs.).

Documento 17

Decreto de Hitler a respeito da incumbência de Rosenberg de assumir a "luta intelectual" contra "inimigos ideológicos", 1º de março de 1942; reproduzido em *Nürnberger Prozess*, vol. 26, p. 536 (1015k-PS).[1]

"Decreto do Führer
Judeus, maçons e os inimigos ideológicos do nacional-socialismo a eles ligados são os agentes da guerra atual contra o Reich. O planejado combate dessas forças é uma tarefa de guerra essencial.

Por essa razão, incumbi o *Reichsleiter* Alfred Rosenberg a realizar essa tarefa em acordo com o chefe do Alto-Comando da Wehrmacht. Sua força-tarefa para os Territórios Orientais Ocupados tem o direito de investigar bibliotecas, arquivos, lojas maçônicas e outras instituições ideológicas e culturais à procura de material correspondente e confiscá-lo em favor das tarefas ideológicas do NSDAP e dos futuros trabalhos de pesquisa da *Hohe Schule*. Bens culturais em posse de judeus ou de propriedade de judeus, sem dono ou de origem não claramente definida, seguem a mesma regulamentação. As medidas para a implementação desse trabalho conjunto com a Wehrmacht

---

[1] Veja também Moll, *Führer-Erlasse*, p. 237.

serão decretadas pelo chefe do Alto-Comando da Wehrmacht, em concordância com o *Reichsleiter* Rosenberg.

As ações necessárias nos territórios orientais sob administração alemã serão tomadas pelo *Reichsleiter* Rosenberg em sua qualidade de ministro para os Territórios Orientais Ocupados.

[ass.] Adolf Hitler"

Documento 18

Excertos da carta de Rosenberg para Koch. "Assunto: comportamento das autoridades alemãs e o ânimo da população ucraniana", 10 de março de 1942 (7 pp., cópia datilografada carbonada, sem assinatura); USHMMA RG-17 box 380.¹

"O anúncio da Determinação Agrícola do ministro para os Territórios Orientais Ocupados encontrou grande ressonância em todo o mundo e oferece à administração alemã na Ucrânia a possibilidade de melhorar o ânimo e incentivar a dedicação ao trabalho, que declinou consideravelmente.² No geral, como é possível perceber a partir de seu último relatório e por outros informes, apesar do arrefecimento do ânimo, a disposição em apoiar as autoridades alemãs ainda

---

1 Este texto, composto com "a tipologia do Führer", supostamente é um esboço para Hitler, que o aprovou no início de maio; veja Rosenberg, "Observações sobre uma reunião com o Führer no quartel-general do Führer em 8/5/1942" (1520-PS); reproduzido em *Nürnberger Prozess*, vol. 27, pp. 283-94. Um texto idêntico de Rosenberg para Koch seguiu como cópia em 13/5/1942 também para Lohse; USHMMA 1998.A.0104 (CDJC CXLVa), reel 9. Em 3/12/1942, Rosenberg enviou um pedido semelhante a "todas as autoridades superiores do Reich": que se praticasse uma "contenção" nas declarações públicas e que se evitasse a impressão "de que a Alemanha colocava os povos do Leste num mesmo nível que os negros"; USHMMA RG-14.017M (BAB R 6/208, folhas 52 e segs.).

2 Sobre a "nova determinação agrícola" de fevereiro de 1942, veja Zellhuber, *Verwaltung*, pp. 289 e segs.

existe em grande medida. Apesar disso, é fato que temos de registrar um forte recuo nesse antigo entusiasmo. Isso tem diversas causas ligadas à guerra: a guerra em si, a necessidade de requisições, a observação de situações muitas vezes inevitáveis nos campos de prisioneiros de guerra e outras ações duras. Entretanto, uma extensa insatisfação também pode ser atribuída ao comportamento de diversos órgãos, que em seu efeito psicológico pode ser mais profundo do que aquele de pesados ataques materiais. [...]

Basicamente é preciso dizer o seguinte. Independentemente do que a política alemã considere necessário agora ou depois da guerra e por mais negativa que seja a avaliação de um povo ou dos povos do Leste, do ponto de vista dos interesses alemães é irresponsável anunciar esses pensamentos, pois existe o perigo de facilmente se tornarem públicos.

Em primeiro lugar, a afirmação de que os ucranianos são um povo colonial e que como tal devem ser tratados com açoites, feito os negros, espalhou-se até os cargos mais inferiores da administração e se tornou conhecida nos mais amplos círculos de ucranianos, como pude perceber. [...] Fui informado de que diversos representantes da administração realmente apareceram com chibatas e as deixaram de lado somente após serem energicamente repreendidos por seus superiores. Numa cidade, vinte ucranianos foram açoitados publicamente por causa de pequenas transgressões. Aconteceram várias surras em diversos órgãos, sem qualquer sentença, vitimando inclusive alemães étnicos. Açoites públicos são estritamente proibidos, mesmo pelo bolchevismo, dado sua percepção pública.

Todas as afirmações e incidentes desse tipo prejudicam a imagem alemã, acabam por dificultar os trabalhos necessários à guerra e diminuem em grande medida a disposição ao trabalho da população. [...]

Uma política de liderança de povos [*Völkerführung*] não consiste em revelar para os que estão sendo conduzidos possíveis medidas duras e julgamentos depreciativos da liderança, mas, muito pelo contrário, mesmo se tais julgamentos existam, de modo algum se deve levá-los ao povo regido. É preciso se esforçar – por meio de um regimento severo porém justo e, se necessário, também por uma compreensão humana dos hábitos alheios – em despertar o sentimento de um trabalho conjunto e sua <u>vantagem</u>. Esse estado de ânimo deve ser sustentado principalmente durante a <u>guerra</u>, na medida do possível.

Com as vitórias no Leste, o povo alemão recebeu uma histórica chance mundial inédita e não deve desperdiçá-la por afirmações impensadas que serão ecoadas nos cargos mais baixos e espalhadas para fora.

Um ponto de vista senhorial [*Herrenstandpunkt*] não consiste em atravessar o país com uma chibata e falar da inferioridade dos povos regidos, mas se manifesta numa <u>conduta natural</u>, num governo se necessário rígido, até duro, mas justo.

Peço que este decreto seja levado confidencialmente e com toda celeridade ao conhecimento de todos os órgãos subordinados.

Responsabilizo pessoalmente todos os membros do corpo de líderes do Leste pelo cumprimento dos princípios anunciados neste decreto."

Documento 19

Excertos de "Observações ao esboço da regulamentação referente à definição do termo 'judeu' nos Territórios Orientais Ocupados";[1] 28 [?] de março de 1942 (2 pp., cópia datilografada carbonada); USHMMA RG-14.017M (BAB R 6/74, folhas 104 e segs.).

"[...] A salvaguarda policial dos comissariados do Reich é atribuição dos líderes da SS e da polícia, como também a segregação dos judeus perigosos para a segurança do país [*Ausscheidung für die Sicherung des Landes gefährlichen Judentums*]. Entretanto, a maneira como ocorrerá essa salvaguarda dos comissariados e em qual velocidade só podem ser uma decisão política dos comissários do Reich ou dos comissários-gerais. Evidente que a segregação [*Aussonderung*] dos judeus como necessidade política e biológica deve ter precedência sobre todas as considerações econômicas, embora todas as ações de economia de guerra nos Territórios Orientais Ocupados têm de ser levadas em consideração a princípio, visto que em grande parte são executadas por trabalhadores judeus. Dessa maneira, a administração alemã tem como obrigação – em parte já em andamento – disponibilizar para o aprendizado nativos do país, escolhidos entre

---

1 Sobre o eloquente texto da regulamentação, veja o documento 16 acima.

moradores locais, a fim de substituir de preferência rapidamente os trabalhadores judeus por gente da Ucrânia, da Rutênia Branca etc. Os comissários do Reich e os comissários-gerais têm prerrogativas executivas e legislativas de governar segundo as necessidades tanto da correspondente política em relação aos judeus quanto em relação à economia de guerra e à administração local. [...] A liderança política de todos esses povos do Leste é uma prerrogativa exclusiva dos comissários do Reich e dos órgãos a eles subordinados e não pode ser ligada diretamente à questão judaica. Da mesma maneira que no ministério do Reich um especialista do departamento de políticas raciais se ocupa das questões raciais mais gerais e da avaliação dos povos, o comissário do Reich para Ostland, por exemplo, dispõe de um departamento para povos estrangeiros, assim como o comissário da Ucrânia e talvez outros comissários a serem eventualmente designados. O processamento dessas questões, em parte controversas, mas que vão além da definição do caráter judeu, a princípio só pode ocorrer num departamento dos comissariados do Reich ou comissariados-gerais, isto é, num departamento de questões raciais ou de populações estrangeiras. Nesse sentido, é absolutamente possível que dentro desse departamento seja criada uma divisão especial à questão judaica (o que já foi discutido uma vez com o *Reichsführer* da SS),[2] e que o responsável pela questão especial no comissariado do Reich ou no comissariado-geral seja designado pelo comandante da Polícia de Segurança e da SD e depois nomeado pelo comissário do Reich. Dessa maneira, a tarefa da polícia na questão judaica estaria realizada por completo e também estariam contempladas as necessidades políticas que estão dadas pelo decreto do Führer [de 17 de julho de 1941], segundo o qual a administração geral de um comissariado do Reich também está subordinada ao comissário do Reich. No §2, item 3, deveria estar escrito: 'Em caso de dúvida, o comissário-geral decide com efeito vinculante para todos'. Além disso, a redação do decreto deveria levar em conta o anterior e que diz essencialmente o seguinte: 'Um grupo para a questão judaica será formado no departamento

---

2 Veja documentos 12 e 15.

de questões raciais ou de povos estrangeiros. O chefe desse grupo será designado pelo comandante da Polícia de Segurança e da SD no comissariado do Reich ou no comissariado-geral e em seguida por estes nomeado'.

[manuscrito] ass. Rosenberg"

Documento 20

Excertos do discurso de Rosenberg para membros da administração civil em Riga, 16 de maio de 1942 (21 pp., datilografadas); IfZ MA 795 pp. 700-20.

"Camaradas!

Há alguns dias, quando informei ao Führer que tinha intenção de visitar Ostland, ele me incumbiu de transmitir a todos os senhores uma saudação pessoal. De meu lado, quero lhes agradecer por terem se dedicado a essa difícil tarefa aqui em Ostland. Sabemos do buquê de problemas que encontraram por aqui. Problemas em parte advindos de um passado histórico muito distante, em parte questões do jovem nacional-socialismo que se manifestou das maneiras mais diversas. [...]

Iniciar uma tarefa dessas desde Berlim pressupõe a existência quase natural de dificuldades e insuficiências. Com esse desenvolvimento no Leste, começamos uma nova época na história do Reich alemão e um desenvolvimento que podemos comparar, no máximo, com o do Império britânico. A esse respeito, posso falar o seguinte.

A agência de relações exteriores do NSDAP, que nos últimos anos não se expôs muito publicamente, iniciou e preparou algumas coisas com calma e sobre as quais ainda não posso falar. Ela se esforçou em enxergar os problemas do Leste e engajou muitos funcionários que conheciam pessoalmente essa questão do Leste e que também sempre atuaram no âmbito desses problemas. Essa foi a verdadeira base que pude proporcionar ao ministério em Berlim, e o que todos tiveram de compreender de início era que esse ministério recém-criado não era um ministério de área, mas um ministério territorial, que teria de administar territórios que, no final, teriam várias vezes o tamanho do território do Reich. [...] As insuficiências, das quais os senhores se queixaram, têm relação, em parte, com situações muito comezinhas. O centro de Berlim já estava tão destruído que fui obrigado a acomodar meu ministério em 23 locais diferentes.[1] Isso evidentemente dificulta toda a operação, os informes, e faz com que algumas coisas sejam perdidas e não se encontrem mais. A incorporação de especialistas demanda um treinamento mais longo. Independentemente de eu incorporar funcionários do Ministério das Finanças, do Ministério da Educação ou do Ministério da Justiça, todos trazem consigo suas características, que se refletem imediatamente em sua área de trabalho. É difícil criar nesses especialistas uma percepção para as necessidades do Leste. A escolha dos comissários-gerais e de área e a tarefa de montar suas equipes não foram fáceis, dada a carência de pessoal. [...]

Creio poder dizer, porém, que essas coisas foram se ajustando gradualmente e que, no fim, também os senhores, situados no Leste, estarão numa situação que corresponda à dignidade do Reich alemão. Um dia, o grupo de líderes administrativos deverá representar para o exterior uma vontade única, e o uniforme deve ser a expressão do novo espírito do grupo, ele deve se destacar como uma representação do Reich alemão para uma tarefa de séculos de duração. Peço-lhes que não encarem essas coisas apenas sob o ponto de vista da vaidade masculina, mas também como uma necessidade que é algo dado entre os povos selvagens do Leste. [...]

Entendo que os senhores direcionaram muitas demandas a Berlim e que essas continuam em aberto, e talvez continuem a fazê-lo.

---

1 Sobre as repartições berlinenses do Ministério do Leste, veja Ernst Piper, *Alfred Rosenberg. Hitlers Chefideologe*. Munique, 2005, p. 541.

Mas primeiro temos de abrir nosso caminho em Berlim; na batalha nacional-socialista tudo pode ser concretizado uma vez que tenhamos uma imagem de nossa tarefa. Peço-lhes apenas uma coisa. No caso de os senhores terem demandas, transmitam-nas a mim, com toda clareza, por meio do comissário do Reich, e peço-lhes que não externem suas críticas a subordinados nem a órgãos fora de nosso âmbito. Trata-se, de certa forma, do pré-requisito da camaradagem no trabalho. Agirei de igual maneira. Quando tiver queixas, resolvê-las-ei entre nós. [...]

O espaço no Leste algum dia terá de ser dividido segundo os diversos povos. Os povos, porém, são um fato da vida ao qual podemos nos aliar, e o bolchevismo não logrou dizimar esse fato da vida. Ao contrário, de uma maneira ou de outra teve de reconhecer os diferentes grupos étnicos no Sul, e batalhas sangrentas aconteceram onde isso não foi feito. O cultivo de determinados germes étnicos [*völkische Keime*] e a eliminação de outros: isso é história sendo feita. A história dos próximos séculos se conformará dependendo de qual germe o poder do Reich alemão vai cultivar e de qual deixará perecer. [...]

A tarefa do comissário do Reich aqui é a tarefa de um primeiro-ministro de um grande país. Ele tem de governar do alto e conduzir o restante das pessoas. Se essa tarefa for vista com tal clareza, ou seja, se entendida como uma política regional que abrange um território enorme com todos os comissariados-gerais e distritais, e que conduz as pessoas na sua vida cotidiana, então acredito que seja possível organizar uma divisão de trabalho sensata para a satisfação dos desejos alemães, mas também para um tratamento sensato e claro dos povos, como sempre aconteceu na história colonial alemã. Creio que acontece o mesmo com todos: no começo, enfrentamos as coisas com a mente despreocupada. Afinal, isso é necessário. No começo, imaginamos ter muito conhecimento; depois, passamos a um olhar diferenciado; depois, passamos a estudar a história com afinco e às vezes não saímos do lugar. Depois de dez anos, torcemos para, instintivamente, termos feito o certo. Essa é, creio, também a nossa evolução: o instinto trilha corretamente um caminho que pode não estar prescrito de antemão. [...]

Quando os problemas do comissariado Ostland se tornaram agudos, eu disse ao Führer que considerava errado, por razões de Estado, colocar um alemão étnico em cargos políticos; por essa razão, sugeri nomear nacional-socialistas como comissário do Reich, comissário-geral e comissário distrital. Com poucas exceções, foi assim em todos os lugares. A liderança política em Ostland está subordinada exclusivamente ao movimento de luta nacional-socialista. [...] Espero que todos os senhores tenham a estatura de um líder, que compreendam a história e façam uma nova história. A tarefa de hoje é muito maior do que a do passado, quando os primeiros cavaleiros alemães atravessaram o rio Daugava. [...] Considero uma autoridade falsa aquela que acredita ter de ser representada por uma chibata. Talvez essa situação tenha ocorrido menos aqui em Ostland, mas onde foi o caso acabou por prejudicar em muito a imagem da Alemanha. Creio que, por intermédio desses métodos, não conseguimos engendrar um bom relacionamento com povos estrangeiros, que em parte têm uma disposição favorável. E, por outro lado, é errado surgir um congraçamento muito amistoso. Esse será compreendido de maneira totalmente errônea mesmo pelos povos que talvez queiramos aproximar da Alemanha, e se transforma em arrogância. Temos de aprender a manter a distância correta, a coerência em todas as ordens, uma liderança firme e uma justiça firme. Os povos do Leste, que foram tratados de maneira muito injusta, têm respeito pela justiça, entendem quando enforcamos um ladrão. [...] A representação do Reich alemão tem de ser impecável, assim como a vida particular de cada um. Será muito bom que aqueles que venham cometer algum delito acabem presos pelo comissário do Reich, independentemente de quem sejam. Li algumas sentenças judiciais duras, que tiveram de ser proferidas justamente na Rutênia Branca, palco de furtos por parte das autoridades alemãs. Os envolvidos foram condenados à morte e não concedi o perdão. Eles tiveram de perder a vida sob a dureza da lei. Gradualmente deve ser possível distinguir a ocorrência de uma organização sensata do início de um roubo.

Por fim, sei como todos os senhores já estão ligados às suas tarefas. Alguns soldados praguejam contra esta paisagem abandonada por Deus, mas, apesar disso, creio que muitos já foram infectados pelo bacilo do Leste. Eles perceberam que aqui há um tipo de liberdade de ação, um espaço que está literalmente gritando pela liderança alemã, e por essa razão creio que podemos todos olhar orgulhosos e cheios de esperança para o futuro. [...] O Império britânico precisou de três séculos para dar forma à Índia. Mas eu acredito que daqui a dez anos já poderemos olhar cheios de orgulho para o desempenho no Leste, pois não são apenas alguns pioneiros que temos por lá, mas a força de um império inteiro está por trás deles. Nossos objetivos são dar um espaço para o povo alemão viver e respirar, batalhar pela autossuficiência de matérias-primas [*Rohstoffreiheit*] do Reich alemão e assegurar a autossuficiência alimentar [*Nahrungsfreiheit*] frente a qualquer coalizão marítima possível. A segurança do Leste pela Alemanha nos parece também uma pressão para todos os europeus nos seguirem e empregar os povos germânicos e seu sangue para essa tarefa nesses territórios. O sangue que corre nos holandeses é o melhor sangue germânico, que mais tarde também deverá ser empregado no Leste. Esperamos que seja essa guerra a última e, com ela, encontremos para sempre a solução do destino europeu. [...] O Führer de todos os alemães ocupa o lugar do imperador alemão. Das profundezas daqueles dias de novembro de 1918 emerge também o desejo mais ferrenho do maior renascimento. Povo e Reich têm de formar uma unidade indissolúvel, e o Leste selvagem deve se tornar, algum dia, um lugar exemplar e antessala para o Grande Reich Alemão, e a força da Alemanha, a salvação da Europa."

Documento 21

Excertos do relatório de Rosenberg "Viagem de reconhecimento pela Ucrânia de 18 de junho a 26 de junho de 1942" (17 pp., original datilografado); USHMMA RG-71 box 143.

"À visita de Ostland seguiu-se uma viagem de reconhecimento pela Ucrânia.

Primeiro fui com meu trem especial até Rowno. Depois dos informes do comissário do Reich e dos cumprimentos das delegações militares e outras, um grupo honved[1] postou-se à frente da colônia de carros e entramos em Rowno. Eu estava um tanto curioso para ver essa cidade, da qual só nos chegavam lamentos constantes desde o início do trabalho na Ucrânia.

Ela passou uma impressão realmente deplorável. Em parte destruída por tiroteios, em parte suja, a população anojosa e as acomodações de nossa administração mais do que precárias. Certamente foi muito difícil trabalhar durante todo um inverno aqui e, sem contato com o Reich, iniciar uma atividade que por fim teve de se estender por extensas áreas.

Logo após minha chegada aconteceu uma conferência de todos os comissários-gerais e um número de comissários distritais. Koch

---

[1] Unidade do exército húngaro.

reportou, em linhas gerais, o trabalho até então, e em seguida me alonguei sobre a problemática do Leste e, principalmente, sobre a psicologia da liderança de povos eslavos. Esse ponto havia gerado acalorados debates entre o comissário da Ucrânia e minha agência. Koch tinha ouvido alguns comentários depreciativos do Führer a respeito dos eslavos em geral e acreditava estar seguro em transformar essas afirmações imediatamente em política prática. Visto que nem ele, nem seus funcionários mantiveram uma reserva acerca dessa forma de método colonial, esse tipo de tratamento das pessoas começou a repercutir de maneira muito desagradável. Intervim certa vez com uma instrução inequívoca[2] e, mais tarde, recebi um posicionamento muito claro do Führer a respeito. É evidente que às vezes é preciso usar uma mão firme com os povos do Leste, mas é preciso ter acima de tudo coerência nas ordens. Por outro lado, a situação política global depende também do uso humanamente sensato do livre-arbítrio que ainda existe, principalmente com a população da Ucrânia. [...] Depois, visitamos a Casa Alemã, a primeira edificação erguida pela administração alemã e na qual todos os funcionários do comissariado do Reich e de outros órgãos se encontraram para comer. Foi realmente o primeiro prédio algo acolhedor, e já era tempo que pelo menos um ponto de encontro desses fosse criado nessa tediosa cidade judaica-polonesa-ucraniana.[3] [...]

[em Dubno:][4] Os ucranianos e as ucranianas saudaram-me da maneira habitual, com sal e pão, e o chefe da seção fez um breve discurso, no qual expressou a gratidão dos ucranianos pela libertação do

---

2 Veja documento 18.

3 Nos territórios orientais ocupados, as "Casas Alemãs" constituíam pontos de encontro no cotidiano social dos ocupantes, nas quais se mesclavam "pequenas reuniões" que fortaleciam a solidariedade do grupo com celebrações da violência habitual contra moradores locais. Veja Jürgen Matthäus, "Die 'Judenfrage' als Schulungsthema von SS und Polizei. 'Inneres Erlebnis' und Handlungslegitimation", in: idem, Konrad Kwiet, Jürgen Förster, Richard Breitman, *Ausbildungsziel Judenmord? "Weltanschauliche Erziehung" von SS, Polizei und Waffen-SS im Rahmen der "Endlösung"*. Frankfurt am Main 2003, pp. 71-77.

4 Fotos da visita de Rosenberg em Dubno in: Klaus-Michael Mallmann, Volker Rieß, Wolfram Pyta (orgs.), *Deutscher Osten 1939-1945. Der Weltanschauungskrieg in Photos und Texten*. Darmstadt, 2003, pp. 103 e segs. (pasta de fotografias do comissário distrital Brock, 4/12/1942).

bolchevismo, o tema comum de todas as conversas no Leste, que em parte são sinceras, mas que logo se tornarão cansativas à população.

À noite, nos reunimos novamente na Casa Alemã; fiz a palestra oficial de inauguração de minha visita e uma avaliação histórica geral dos acontecimentos do momento. Para o prosseguimento da viagem, o Führer havia me disponibilizado um avião, e assim, na manhã seguinte, fomos de Rowno até Kiev. Esse e os voos seguintes nos proporcionaram uma impressionante experiência espacial, pois após algumas paisagens de florestas surgiu, entre Kiev, Dnieprpetrovsk e Nikolaev, a infinita planície ucraniana, maravilhosamente cultivada, e é compreensível que alguns soldados alemães, ao tocar nessa terra fértil, tenham pensado em vê-la também sendo usada em prol da Alemanha. [...]

À tarde, falei de maneira veemente também aos comissários de área aqui em Kiev, apontando a cidade como um sítio histórico. Certamente os ucranianos iriam reclamá-la mais tarde. Primeiramente era importante reconhecer que o inimigo mais forte da nação alemã era o Império russo em todas as suas manifestações, que tínhamos de mobilizar todas nossas forças a fim de anular esse perigo gigantesco por meio da separação das diversas regiões e que também era preciso fomentar tudo aqui a fim de acabar com esse perigo central moscovita. Dentro do grande território ucraniano, entretanto, era adequado observar e incentivar determinadas ambições por autonomia nos distritos gerais, mas sem chegar à atomização das denominações e seitas. Disse que nossa tarefa era a de não praticar a visão de mundo nacional-socialista no Leste, mas fazer política alemã. [...]

Às margens do Dniepre visitamos o cemitério dos heróis alemães, que foi construído de maneira muito digna, e traçou-se um plano de algum dia sepultar aqui os 50 mil soldados que estão espalhados nesse espaço gigantesco.

No geral, essa visita em Kiev foi muito instrutiva para mim em todos os sentidos, tanto na avaliação das pessoas como dos trabalhos, além da percepção da atmosfera geral; do meu ponto de vista, toda cidade tem uma atmosfera, a qual se condensa numa forte impressão geral a partir da observação de muitos detalhes isolados.

Em seguida, o voo seguiu para Dnieprpetrovsk, antiga Ekaterinoslav, o castelo czarista. O comissário-geral do lugar agora é Klaus Selzner. A diferença entre essa cidade e Kiev foi espantosa. Enquanto em Kiev tudo avançava de maneira desinteressada, lenta e apática, a população de Dnieprpetrovsk estava muito mais animada e curiosa. Por quaisquer ruas que passamos nos dias seguintes, reunia-se um público de jovens e velhos; no caminho para Kamenskoe, os trabalhadores das indústrias e os camponeses apareceram junto às cercas e claramente conversavam bastante sobre a visita do novo ministro do Reich. Por fim, a administração de Selzner tem um traço muito mais objetivo e consciente do que a de Kiev. Com uma boa dose de perspicácia e energia prática, Selzer soube afastar quaisquer dúvidas sobre a firmeza da liderança política, mas ao mesmo tempo recusou-se a governar o tempo todo com ameaças. [...] No mais, todos os nossos funcionários, tanto aqui como em outras cidades, compreenderam muito rapidamente como criar um pedaço de Alemanha em meio ao deserto. O comissário municipal mora na casa do antigo comissário judeu de Dnieprpetrovsk. Dizem que essa casa estava totalmente suja, a fiação enferrujada da campainha estava solta, pendurada pelo teto, o jardim era um único monte de lixo. Agora tudo estava arrumado; a casa, pintada; o terreno ao seu redor, asfaltado e para o jardim de areia foram trazidas conchas do mar de Azov pelos caminhões que dele retornavam. Flores haviam sido plantadas e, balançando as cabeças, os ucranianos admiravam o surgimento desse pequeno paraíso como cultura germânica. [...]"

Documento 22

Excertos do discurso de Rosenberg para funcionários, s/d (início de 1943); reproduzido em *Nürnberger Prozess*, vol. 39, pp. 412-25 (170-USSR).[1]

"Caros companheiros de partido e compatriotas!

As dimensões alcançadas por esta guerra, principalmente no último ano, certamente fizeram com que cada compatriota alemão

---

[1] Como parte do documento 170-USSR de Nuremberg, o discurso é precedido pela ata da reunião de 6/8/1942 com Göring sobre a situação da alimentação. Baseados nisso, Léon Poliakov e Joseph Wulf, *Das Dritte Reich und die Juden. Dokumente und Berichte*. Wiesbaden, 1989, p. 330 (reedição), atribuem o discurso a esse dia. Zellhuber (2006, p. 241) supõe que ele seja do outono de 1942; como Rosenberg enfatiza a "guerra total", o início de 1943 parece mais provável, depois de Hitler ter falado abertamente sobre o extermínio de judeus na "Proclamação" de 25/2/1943 e que foi largamente divulgado (Dörner, *Die Deutschen*, p. 170; veja também Frank Bajohr e Dieter Pohl, *Der Holocaust als offenes Geheimnis. Die Deutschen, die NS-Führung und die Alliierten*. Munique, 2006, pp. 65-70, 100-06). Em 2/3/1943, numa carta a Göring (USHMMA RG-71 box 143), Rosenberg criticou o discurso de Goebbels realizado no Sportpalast sobre a "guerra total", mas declarou: "Creio não haver objeções às declarações contra o bolchevismo e o judaísmo". Num esboço de discurso para o "encontro de líderes" em 4/5/1943, Rosenberg listou "temas do Reich" para a propaganda do partido: em primeiro lugar, "o judeu, parasita mundial". Lê-se, entre outros: "A questão judaica sempre foi o petróleo político de nossa luta [...]. O elemento de união de todos aqueles que nos enfrentam com hostilidade é o judaísmo. Temos de difundir o antijudaísmo por todo o mundo. [...] A emancipação dos judeus ocorreu sob o signo da humanidade. A erradicação da lepra judaica pelos povos será um feito de humanidade". ("Führertagung 4/5/1943", BAB NSDAP Chancelaria do Partido K0057).

tivesse total consciência de que estamos em meio ao mais decisivo conflito da história alemã. [...]

Uma guerra total realmente foi deflagrada em nosso velho e venerável continente. E para além dessas coisas, a guerra é total em mais outro sentido: não se trata apenas de matérias-primas, não se trata apenas de terras para assentamentos, de espaço vital, da defesa política e militar do continente, mas esta guerra é uma guerra ideológica de proporções inéditas (aplausos veementes). [...]

Tanto faz o que se pense e como se julgue esta guerra; de todas as maneiras, uma força bestial nos confronta. Também essa batalha será um dia superada, e quando observamos as vastas áreas que hoje já foram ocupadas pela Wehrmacht alemã, podemos afirmar: apesar de muita resistência, assegurou-se aqui um espaço que no futuro ainda será grande o suficiente para assegurar não apenas a Alemanha, mas, para além dela, a Europa, e garantir proteção contra qualquer bloqueio futuro que poderia vir a se formar.

A solução da questão judaica, da qual nos ocupamos desde o primeiro dia de nossa existência política, caminha de mãos dadas com esse fato. [...] Ela só pode ser resolvida por um poder único, rigoroso e implacável, forte (aplausos frenéticos).

A emancipação dos judeus aconteceu no século XVIII sob o lema da humanidade. Quando o judeu elevou essa humanidade como lema, não apenas apelou aos piores instintos pecuniários de alguns seres humanos, como também a uma generosidade muito decente de muitos filósofos apartados da realidade e aos bons sentimentos de amplos círculos da população, que nada sabiam do problema judaico na história e no presente. Ou seja, todos se decepcionaram profundamente. Em vez de humanidade, foi sujeira que se despejou sobre os povos da Terra. E agora estamos começando a exterminar essa sujeira e o que hoje acontece com a eliminação dos judeus de todos os países do continente europeu também é uma humanidade, por certo uma humanidade dura, biológica (aplausos animados).

Ela significa que os corpos nacionais [*Volkskörper*] tornar-se-ão limpos novamente, saudáveis e humanos (novos aplausos animados), como eram no passado. Numa noite dessas, dei uma espiada num antigo livro meu que me havia caído novamente às mãos: *Die November-Köpfe*[2] [As cabeças de novembro], e ao lê-lo senti outra vez a antiga raiva dessa sordidez que sentimos catorze anos atrás (aplausos animados). É muito bom que os senhores releiam essas obras engajadas de nossa época de luta [*Kampfzeit*]. Algumas coisas acabaram sendo apagadas da memória e temos de lembrar continuamente do que as pessoas se atreviam a escrever, naquela época, sobre a Alemanha e a história alemã, para que não esmoreçamos agora que a grande limpeza foi iniciada (aplausos veementes). Não podemos nos contentar com os judeus sendo empurrados de um país a outro e que talvez aqui e acolá ainda exista um grande gueto judeu, mas nosso objetivo só pode ser o antigo: a questão judaica na Alemanha e na Europa só será resolvida quando não houver mais nenhum judeu no continente europeu (aplausos animados). [...]

Agora que o Reich alemão chega a esses espaços [do Leste Europeu], efetuando uma organização colossal por meio de seus soldados, mas sua liderança – que agora tem de administrar áreas com o dobro do tamanho do Reich alemão – está representada de maneira rarefeita nos lugares, então essa liderança tem de agir politicamente. É preciso encontrar pontos psicológicos de apoio, a fim de alcançar com menos força aquilo que fariam cem batalhões de polícia. [...] Por essa razão, não faz mal se um ou outro comissário distrital se portar de maneira humana com um ou outro ucraniano. É só não haver companheirismo [*kameradschaftlich werden*] entre eles. Esse é o outro limite e barreira que temos de erguer. Ele pode muito bem se portar de maneira humana, dar um tapinha no ombro do outro e oferecer um bom conselho, também oferecer uma garrafa de aguardente para um grupo de camponeses que celebram a colheita. Mas ele não pode encher a cara com eles e também deve manter a distância necessária que é indispensável a um verdadeiro senhor no Leste. [...]

Meus companheiros! Quero também reforçar – algo óbvio – que esses pensamentos não são adequados para compor artigos ou serem divulgados em reuniões públicas. Trata-se de uma questão de

---

2 Lançado em 1927 em Munique.

formação sobre a qual temos de ter clareza e a partir da qual refletir sobre o que é o mais inteligente a se fazer no tratamento do Leste como um todo. O que nos poupa mais seres humanos alemães, o que melhor nos traz ao desejado sucesso político? [...]

Sei que, se trouxermos 1 milhão e meio de pessoas [da Europa Oriental] para cá, não será possível acomodá-las maravilhosamente. É claro que milhares de pessoas estão mal acomodadas ou são maltratadas aqui. Não é preciso perder o sono por causa disso. Trata-se, porém, de uma questão objetiva – e acredito que o *Gauleiter* Sauckel já se referiu a ela ou ainda o fará: essas pessoas do Leste são levadas à Alemanha para trabalhar e para alcançar um possível grande desempenho. Trata-se de um assunto absolutamente objetivo. E para alcançar um desempenho, não é possível que três quartos delas estejam enregelados nem deixá-las dez horas em pé; ao contrário, é preciso lhes dar de comer o suficiente para que tenham reservas de energia a fim de suportar isso. Apesar de tudo, é preciso lhes passar a sensação de que estão diante de uma grande tarefa, que estão servindo também ao seu povo. Usamos de uma estratégia psicológica de liderança quando lhes dizemos: vocês não estão sozinhos nisso. [...]

O sentido da história germânica está novamente desimpedido, recebeu o Leste e conduz esta guerra com total consciência de que esse espaço vital alemão que foi conquistado – independentemente da forma política que o Führer irá lhe determinar – nunca mais será retirado das mãos alemãs, que este espaço vital representa a eterna segurança de alimentação, de fornecimento de matérias-primas para a Alemanha e para a Europa, que aqui a ideologia nacional-socialista está sendo colocada à prova e que também nesse espaço gigante surgirá verdadeiramente um Reich alemão grão-germânico. E todos nós, meus companheiros, creio que poderemos dizer no final de nossas vidas: também nós temos o orgulho de ter participado (aplausos entusiasmados)."

Documento 23

Excertos da carta de Rosenberg para Bormann (com anexo) durante os preparativos para o congresso antijudaico, 16 de junho de 1944 (9 pp., datilografadas); USHMMA 1998.A.0104 (CDJC CXLII 354), reel 4.[1]

"Prezado companheiro de partido Bormann!
Em relação à sua carta de 12 do corrente, peço-lhe que transmita o seguinte ao Führer:
Durante toda a história europeia de combate aos judeus, nunca houve uma manifestação que mobilizasse todos os povos. O congresso de Cracóvia, em fase de organização, deve unir pela primeira vez – de 11 a 15 de julho – quase toda a Europa na luta contra o judaísmo. A Alemanha, que teve de suportar sozinha a difamação, encontrará no congresso um extenso apoio moral e político pela participação ativa de quase todos os povos europeus. Até o momento, confirmaram presença:

Itália: Mezzasoma, ministro de Cultura Popular [2]
          Preziosi, secretário de Estado a. D.

---

[1] Acrescentado à mão: "Secreto".
[2] Mezzasoma, Fernando (1907-45), jornalista e político fascista italiano; chefe da organização estudantil fascista; 1943-45: ministro de Cultura Popular da República de Saló; 1945: assassinado por *partisans*.

	e mais um grupo de cientistas.
França:	Abel Bonnard; ministro da Educação [3] Paul Marion, secretário de Estado de Laval[4] mais cerca de quarenta políticos, cientistas, jornalistas, o mais antigo precursor da luta antijudaica (Drault).[5]
Hungria:	Jarosch, ministro do Interior[6] e um grupo de acompanhantes.
Holanda:	Mussert, líder do NSB.
Arábia:	o grão-mufti de Jerusalém.[7]
Iraque:	Gailani, primeiro-ministro[8]

Depois [...] palestras e pequenas declarações do tipo, deve ser aceita por aclamação uma resolução sobre a questão judaica, que em seguida será transmitida pelo rádio para todo o mundo. Anexo um primeiro rascunho de uma tal resolução. [...]

Uma declaração antijudaica de todos os povos da Europa reconhecerá o ponto de vista alemão como sendo o europeu, a Alemanha deixará de se apresentar isoladamente no mundo como um todo e, em terceiro lugar, a pressão judaica sobre os povos nossos inimigos

---

3 Bonnard, Abel (1883-1968); autor e político francês; 1942-44: ministro de Educação Nacional no governo de Vichy; 1945: asilo na Espanha de Franco.

4 Marion, Paul (1899-1954); jornalista e político francês, comunista de início; 1941--44: ministro da Propaganda no governo de Vichy; 1948: condenado a dez anos de prisão; 1953: soltura por motivos de saúde.

5 Drault, Jean (1866-1951); jornalista e escritor antissemita francês; autor do livro *Histoire de l'antisémitisme* (1941); 1944: prisão; 1946: condenado a sete anos de encarceramento.

6 Jaross, Andor (1896-1946); político húngaro, secretário-geral do "Partido Nacional Húngaro" na Tchecoslováquia; 1940: vice-presidente do "Partido do Redespertar da Hungria"; após a ocupação da Hungria pela Alemanha em março de 1944, como ministro do Interior, forçou a política antijudaica; 1945-46: condenado à morte e executado.

7 Mohammed Amin al-Husseini.

8 al-Gailani, Raschid Ali (1892-1965); político iraquiano com forte orientação antibritânica; 1933 e 1940-41: primeiro-ministro; no contexto de uma tentativa frustrada de golpe, Gailani foi corresponsável pela morte, no início de junho de 1941, de cerca de 200 judeus iraquianos; no exílio até o final da guerra; 1958: exílio no Líbano após tentativa de golpe no Iraque.

poderá talvez ser ligeiramente abrandada. Mas mesmo que isso não aconteça, os discursos e as resoluções de um congresso antijudaico seriam um acontecimento histórico memorável, que o futuro poderá usar continuamente. Retroceder, depois de confirmadas as presenças de quase todos os países por seus representantes oficiais, de terem sido emitidos os convites a um grêmio de alemães, italianos e franceses, que os solicitaram ao Führer, e do recebimento de diversos discursos, despertaria facilmente a impressão de que até a Alemanha quer retroceder na questão judaica. Poderia ser compreendido como um atestado de fraqueza.

Caso Cracóvia [como lugar do evento] pareça arriscado, o encontro poderia ser realizado, sem mais, em Zakopane. A parte artística poderia ser restringida, dados os sérios acontecimentos militares.

Peço ao Führer que leve em conta essas considerações e seria muito grato ao senhor caso pudesse me confirmar ter transmitido ao Führer meu pedido de que esta carta seja lida na íntegra.

Heil Hitler!

[Anexo:] Esboço 14/6/[19]44

Resolução
Representantes de quase todas as nações europeias reuniram-se num congresso dedicado à discussão do perigo mundial judeu de 11 a 15 de julho de 1944 em... Após o exame do desenvolvimento histórico e das forças atualmente em ação na política mundial, eles chegaram de maneira unânime à seguinte conclusão:

O judaísmo constitui um elemento parasitário totalmente estranho em todas as nações no desenvolvimento da humanidade. O reconhecimento desse fato perpassa toda a história das nações, desde o primeiro aparecimento do judaísmo até o presente, e quase todas as nações trazem em sua história contínuas manifestações de resistência contra a ação dos judeus. [...]

Sabendo desse perigo mundial que nos ameaça a todos – de maneira física e moral, política e militar –, conclamamos todos os povos a salvaguardar suas culturas e o continente europeu, mas também o lar dos outros povos ameaçados pelos judeus, para criar, a partir da erradicação do parasitismo no geral, as bases da renovação da cultura europeia e as condições de uma pacificação do mundo. Apenas após a eliminação desses germes patogênicos poderemos nos dedicar a reconstruir a vida multiplamente destruída. Por essa razão, temos a convicção unânime de que a questão judaica só estará solucionada para a Europa quando não houver mais nenhum judeu no continente europeu e quando as consequências dos efeitos judaicos tiverem sido eliminadas também no âmbito intelectual e cultural.

Além disso, estamos convictos de que também os outros povos, cujos soldados hoje perdem suas vidas a serviço da plutocracia judaica e do bolchevismo judeu, algum dia chegarão à conclusão de que, vítimas de mentiras e enganos, lutaram do lado errado. Sabemos que muitos milhares já reconheceram o verdadeiro autor dessa Segunda Guerra Mundial, que existem muitos homens e mulheres, especialmente na Inglaterra e nos Estados Unidos, que compreenderam toda a desgraça. Eles viram que os judeus fizeram negócios de milhões em suas bolsas a partir do sangue dos soldados sacrificados, americanos e britânicos, e que no círculo dos líderes estatais é o inimigo da Europa – o parasitismo judaico – que determina a política atual desses países. Estamos convictos de que esses povos algum dia abrirão seus olhos e repelirão o jugo dessa tirania estrangeira. Então, acreditamos, essa Segunda Guerra Mundial não precisa ser seguida pela terceira, então a substância biológica e característica de todos os povos criadores poderão ser empregadas em prol da paz, e por meio da justiça social entre todos os povos desaparecerão também as condições que, algum dia, permitiram a entrada do parasita judeu. A Europa aos europeus, a América aos americanos, a Ásica Oriental aos asiáticos orientais, mas nunca aos judeus!"

IV
ANEXOS

Relação dos documentos complementares

1. Excertos de Alfred Rosenberg, *Die Spur des Juden im Wandel der Zeiten*. Munique: Deutscher Volks-Verlag, 1920
2. Excertos de "Sugestão ao Führer" de Rosenberg. "Reseg. Realização de um congresso mundial antibolchevista", s/d (julho/início de agosto de 1936)
3. Excertos da fala de Rosenberg "Conflitos ideológicos resultam necessariamente em inimizades entre países?" diante de diplomatas estrangeiros e jornalistas em 7/2/1939
4. Excertos do artigo de Rosenberg "Judeus em Madagascar", s/d (outubro de 1940)
5. Carta de Rosenberg a Bormann "Reseg.: Conferência em Frankfurt. Abertura do Instituto de Pesquisa da Questão Judaica", 6/3/1942
6. Excertos de dois discursos de Rosenberg por ocasião da inauguração do "Instituto de Pesquisa do Judaísmo", em Frankfurt am Main, 26-28/3/1941
7. Excertos de quatro textos de diretrizes da agência de Rosenberg para o trabalho de propaganda e imprensa relativo à União Soviética, provavelmente do início de 1941
8. Excertos de "Decreto do Führer sobre a administração dos novos territórios orientais ocupados", 17/7/1841
9. Excertos de "Registro da discussão sobre a situação política e econômica em Ostland na reunião com o ministro do Reich Rosenberg, em 1/8/ 1941", 5/8/1941
10. Excertos de "Notas sobre uma discussão com o Führer em 29 de setembro de 1941 no seu quartel-general", de Rosenberg, 2/10/1941
11. Excertos de "Notas sobre uma apresentação para o Führer no seu quartel-general em 14/11/1941", de Rosenberg
12. Excertos de "Nota sobre uma reunião com o *Reichsführer* da SS em 15/11/1941", de Rosenberg
13. Excertos de "Discurso do ministro do Reich Rosenberg por ocasião da recepção à imprensa na terça-feira, 18 de novembro de 1941, 15h30, no salão de reuniões do Ministério para os Territórios Orientais Ocupados"
14. Alfred Rosenberg, "Nota sobre reunião com o Führer em 14/12/1941"
15. Excertos de "Justificativa para as notas sobre a relação entre o ministro do Reich para os Territórios Orientais Ocupados e o *Reichsführer* da SS", de Alfred Rosenberg. S/d (início de 1942)
16. Excertos da ata RMfdbO (HAII) referente à reunião de 29/1/1942, que tratou de definição do termo "judeus" nos Territórios Orientais Ocupados.

17. Decreto de Hitler sobre a incumbência de Rosenberg em assumir a "luta intelectual" contra "inimigos ideológicos", 1/3/1942
18. Excertos da carta de Rosenberg para Koch. "Assunto: Comportamento das autoridades alemãs e o ânimo da população ucraniana", 10/3/1942
19. Excertos de "Observações ao esboço da regulamentação referente à definição do termo 'judeu' nos Territórios Orientais Ocupados", provavelmente 28/3/1942
20. Excertos do discurso de Rosenberg para membros da administração civil em Riga, 16/5/1942
21. Excertos do relatório de Rosenberg "Viagem de reconhecimento pela Ucrânia, de 18 de junho a 26 de junho de 1942"
22. Excertos do discurso de Rosenberg para funcionários, s/d (início de 1943).
23. Excertos da carta de Rosenberg para Bormann durante os preparativos para o congresso anti-judaico, 16/6/1944.

Bibliografia

Obras da época

BAYLES, William D. "Hitler's Mystagogue: Alfred Rosenberg". In: *Caesars in Goose Ste.* Nova York/Londres, 1940 (reed. Port Washington, 1969), pp. 199-221.
GOEBBELS, Joseph. *Vom Kaiserhof zur Reichskanzlei. Eine historische Darstellung in Tagebuchblättern.* Munique, 1934.
RÖHM, Ernst. *Die Geschichte eines Hochverräters.* Munique, 1928.
ROSENBERG, Alfred. *An die Dunkelmänner unserer Zeit. Eine Antwort auf die Angriffe gegen den "Mythus des 20. Jahrhunderts".* Munique, 1935.
_____. *Das Parteiprogramm. Wesen, Grundsätze und Ziele der Nationalsozialistischen Deutschen Arbeiterpartei.* Munique, 1922 e segs.
_____. *Der Zukunftsweg einer deutschen Aussenpolitik.* Munique, 1927.
_____. *Gestaltung der Idee.* Munique, 1936.
_____. *Letzte Aufzeichnungen. Ideale und Idole der nationalsozialistischen Revolution.* Göttingen, 1955.
_____. *Protestantische Rompilger. Der Verrat an Luther und der Mythus des 20. Jahrhunderts.* Munique, 1937.
_____. *Schriften und Reden, Bd. 1: Schriften aus den Jahren 1917-1921.* Munique, 1944.
SCHICKEDANZ, Arno. *Sozialparasitismus im Völkerleben.* Leipzig, 1927.
STRASSER, Otto. *Hitler and I.* Boston, 1940.
TROTHA, Thilo von (org.). *Alfred Rosenberg – Kampf um die Macht. Aufsätze von 1921-1932.* Munique, 1937.

Fontes impressas

BEIERL, Florian & PLÖCKINGER, Othmar. "Neue Dokumente zu Hitlers Buch Mein Kampf". *VfZ* 57/2 (2009), pp. 261-318.
BENZ, Wolfgang; KWIET, Konrad & MATTHÄUS, Jürgen (orgs.). *Einsatz im "Reichskommissariat Ostland". Dokumente zum Völkermord im Baltikum und in Weißrußland 1941-1944.* Berlim, 1998.

BILLIG, Joseph. *Alfred Rosenberg dans l'action idéologique, politique et administrative du Reich hitlérien. Inventaire commenté de la collection de documents conservés au C. D. J. C. provenant des archives du reichsleiter et ministre A. Rosenberg*. Paris, 1963.

DOMARUS, Max. *Hitler. Reden und Proklamationen 1932-1945*, parte 2, vol. 4: 1941-45. Leonberg, 1988.

FRÖHLICH, Elke (org.). *Die Tagebücher von Joseph Goebbels*. Munique, 1987 e segs.

GOLDENSOHN, Leon (org. Robert Gellately). *The Nuremberg Interviews: An American Psychiatrist's Conversations with the Defendants and Witnesses*. Nova York, 2005.

HEIBER, Helmut (org.). *Hitlers Lagebesprechungen. Die Protokollfragmente seiner militärischen Besprechungen 1942-1945*. Stuttgart, 1962.

HEILMANN, H. D. (org.). "Das Kriegstagebuch des Diplomaten Otto Bräutigam". In: *Biedermann und Schreibtischtäter. Materialien zur deutschen Täterbiographie* (Beiträge zur nationalsozialistischen Gesundheits- und Sozialpolitik 4). Berlin, 1987, pp. 123-87.

HIMMLER, Katrin & WILDT, Michael (orgs.). *Himmler privat. Briefe eines Massenmörders*. Munique, 2014.

KAMPE, Norbert & KLEIN, Peter (orgs.). *Die Wannsee-Konferenz am 20. Januar 1942. Dokumente, Forschungsstand, Kontroversen*. Köln, 2013.

KÁRNY, Miroslavý; MILOTOVÁ, Jaroslava & KÁRNÁ, Margita (orgs.). *Deutsche Politik im "Protektorat Böhmen und Mähren" unter Reinhard Heydrich 1941-1942. Eine Dokumentation*. Berlin, 1997.

KEMPNER, Robert M. W. "'Der Führer hat mir einen Kontinent anvertraut'. Aus den geheimen Aufzeichnungen Alfred Rosenbergs zum Überfall auf Rußland". *Vorwärts*, 2 jul. 1981.

_____. "Der Kampf gegen die Kirche. Aus unveröffentlichten Tagebüchern Alfred Rosenbergs". *Der Monat*, ano 1, 1949, nº 10, pp. 26-38.

_____. "'Rosenberg, jetzt ist ihre große Stunde gekommen'. Aufzeichnungen über Eroberungspläne Hitlers". *Frankfurter Rundschau*, 22 jun. 1971.

KLEIN, Peter (org.). *Die Einsatzgruppen in der besetzten Sowjetunion 1941/42. Die Tätigkeits- und Lageberichte des Chefs der Sicherheitspolizei und des SD*. Berlin, 1997.

KLEMPERER, Victor. *Ich will Zeugnis ablegen bis zum letzten. Tagebücher*. Berlin, 1995.

MALLMANN, Klaus-Michael; ANGRICK, Andrej; MATTHÄUS, Jürgen & CÜPPERS, Martin (orgs.). *Dokumente der Einsatzgruppen in der Sowjetunion*, 3 vols., Darmstadt, 2011-14.

_____; RIESS, Volker & PYTA, Wolfram (orgs.). *Deutscher Osten 1939-1945. Der Weltanschauungskrieg in Photos und Texten*. Darmstadt, 2003.

MOLL, Martin (org.). *"Führer-Erlasse" 1939-1945. Edition sämtlicher überlieferter, nicht im Reichsgesetzblatt abgedruckter, von Hitler während des Zweiten Weltkrieges schriftlich erteilter Direktiven aus den Bereichen Staat, Partei, Wirtschaft, Besatzungspolitik und Militärverwaltung*. Stuttgart, 1997.

Der Nürnberger Prozess gegen die Hauptkriegsverbrecher vor dem Internationalen Militärgerichtshof, 42 volumes, Nuremberg, 1947 e segs.

PÄTZOLD, Kurt & SCHWARZ, Erika. *Tagesordnung: Judenmord. Die Wannsee-Konferenz am 20. Januar 1942. Eine Dokumentation zur Organisation der Endlösung*. Berlin, 1992.

POLIAKOV, Léon & WULF, Joseph (orgs.). *Das Dritte Reich und seine Denker. Dokumente und Berichte*. Wiesbaden, 1989 (reedição).

_____. *Das Dritte Reich und die Juden. Dokumente und Berichte*, Wiesbaden, 1989 (reedição).

PRÄG, Werner & JACOBMEYER, Wolfgang (orgs.). *Das Diensttagebuch des deutschen Generalgouverneurs in Polen 1939-1945*. Stuttgart, 1975.

SERAPHIM, Hans-Günther (org.). *Das politische Tagebuch Alfred Rosenbergs aus den Jahren 1934-35 und 1939-40*. Göttingen, 1956.

Die Verfolgung und Ermordung der europäischen Juden durch das nationalsozialistische Deutschland 1933-1945, vol. 7: Sowjetunion mit annektierten Gebieten I (edição de Bert Hoppe e Hildrun Glass). Munique, 2011.

VOGT, Martin (org.). "Herbst 1941 im 'Führerhauptquartier'. Berichte Werner Koeppens an seinen Minister Alfred Rosenberg". *Materialien aus dem Bundesarchiv*, caderno 10, Koblenz, 2002.

WEINBERG, Gerhard L. (org.). *Hitlers zweites Buch. Ein Dokument aus dem Jahr 1928*. Stuttgart, 1961.
WITTE, Peter; WILDT, Michael; VOIGT, Martina; POHL, Dieter; KLEIN, Peter; GERLACH, Christian; DIECKMANN, Christoph & ANGRICK, Andrej (orgs.), *Der Dienstkalender Heinrich Himmlers 1941/42*. Hamburgo, 1999.

Livros

ALY, Götz. *"Endlösung". Völkerverschiebung und der Mord an den europäischen Juden*. Frankfurt am Main, 1995.
ANGRICK, Andrej & KLEIN, Peter. *Die "Endlösung" in Riga. Ausbeutung und Vernichtung 1941--1944*. Darmstadt, 2006.
ARAD, Yitzhak. "Alfred Rosenberg and the Final Solution in the Occupied Soviet Territories", *YVS* 13, 1979, pp. 263-328.
BAJOHR, Frank; MEYER, Beate & SZODRZYNSKI, Joachim (orgs.). *Bedrohung, Hoffnung, Skepsis. Vier Tagebücher des Jahres 1933*. Göttingen, 2013.
BAJOHR, Frank & POHL, Dieter. *Der Holocaust als offenes Geheimnis. Die Deutschen, die NS-Führung und die Alliierten*. Munique, 2006.
BAJOHR, Frank. *Parvenüs und Profiteure. Korruption in der NS-Zeit*. Frankfurt am Main, 2001.
BÄRSCH, Claus-Ekkehard. *Die politische Religion des Nationalsozialismus. Die religiöse Dimension der NS-Ideologie in den Schriften von Dietrich Eckart, Joseph Goebbels, Alfred Rosenberg und Adolf Hitler*. Munique, 2002.
BÄSTLEIN, Klaus. "Zur Historiografie des Völkermords an den europäischen Juden am Beispiel des Reichskommissariats Ostland". In: LEHMANN, Sebastian; BOHN, Robert & DANKER, Uwe (orgs.). *Reichskommissariat Ostland. Tatort und Erinnerungsobjekt*. Paderborn e outras, 2012, pp. 303-29.
BAUMGÄRTNER, Raimund. *Weltanschauungskampf im Dritten Reich. Die Auseinandersetzung der Kirchen mit Alfred Rosenber*. Mainz, 1977.
BENZ, Wolfgang & NEISS, Marion (orgs.). *Judenmord in Litauen. Studien und Dokumente*. Berlim, 1999.
BOLLMUS, Reinhard. *Das Amt Rosenberg und seine Gegner. Zum Machtkampf im nationalsozialistischen Herrschaftssystem*. Munique, 2006 (Stuttgart, 1970).
_____. "Alfred Rosenberg – 'Chefideologe' des Nationalsozialismus?". In: SMELSER, Ronald & ZITELMANN, Rainer (orgs.). *Die braune Elite. 22 biographische Skizzen*. Darmstadt, 1989, pp. 223-35.
BOOG, Horst; FÖRSTER, Jürgen; HOFFMANN, Joachim; KLINK, Ernst; MÜLLER, Rolf-Dieter & UEBERSCHÄR, Gerd R. *Der Angriff auf die Sowjetunion*. Frankfurt am Main, 1991.
BRECHTKEN, Magnus. *"Madagaskar für die Juden". Antisemitische Idee und politische Praxis 1885--1945*. Munique, 1997.
BREITMAN, Richard & LICHTMAN, Allan J. *FDR and the Jews*. Cambridge, 2013.
_____. *The Architect of Genocide. Himmler and the Final Solution*. Nova York, 1991.
BROWNING, Christopher & MATTHÄUS, Jürgen. *Die Entfesselung der "Endlösung". Nationalsozialistische Judenpolitik 1939-1942*. Munique, 2003.
BURKARD, Dominik. *Häresie und Mythus des 20. Jahrhunderts. Rosenbergs nationalsozialistische Weltanschauung vor dem Tribunal der Römischen Inquisition*. Paderborn e outras, 2005.
CECIL, Robert. *The Myth of the Master Race. Alfred Rosenberg and Nazi Ideology*. Londres, 1972.
CHANDLER, Albert R. *Rosenberg's Nazi Myth*. Nova York, 1968.
CHRIST, Michaela. *Die Dynamik des Tötens. Die Ermordung der Juden von Berditschew, Ukraine 1941-1944*. Frankfurt am Main, 2012.
CONZE, Eckart; FREI, Norbert; HAYES, Peter & ZIMMERMANN, Moshe (orgs.). *Das Amt und die Vergangenheit. Deutsche Diplomaten im Dritten Reich und in der Bundesrepublik*. Munique, 2010.
CÜPPERS, Martin. *Walther Rauff – in deutschen Diensten. Vom Naziverbrecher zum BND-Spion*. Darmstadt, 2013.

DALLIN, Alexander. *Deutsche Herrschaft in Russland 1941-1945. Eine Studie über Besatzungspolitik.* Königstein, 1958. (Edição original: *German Rule in Russia 1941-1945. A Study of Occupation Policies.* Nova York, 1957.)

DANKER, Uwe. "Die 'Zivilverwaltung' des Reichskommissariats Ostland und der Holocaust: Wahrnehmung, Rolle und 'Verarbeitung'". In: GAUNT, David; LEVINE, Paul A. & PALOSUO, Laura (orgs.). *Collaboration and Resistance During the Holocaust: Belarus, Estonia, Latvia, Lithuania.* Berna e outras, 2004, pp. 45-76.

DEAN, Martin. *Collaboration in the Holocaust: Crimes of the Local Police in Belorussia and Ukraine, 1941-1944.* Nova York, 2000.

_____. (org.). *The United States Holocaust Memorial Museum Encyclopedia of Camps and Ghettos, 1933-1945*, vol. 2: *Ghettos in German-Occupied Eastern Europe.* Bloomington, 2012.

DIECKMANN, Christoph. *Deutsche Besatzungspolitik in Litauen 1941-1944.* 2 vols., Göttingen, 2011.

_____. "Der Krieg und die Ermordung der litauischen Juden". In: ULRICH, Herbert (org.). *Nationalsozialistische Vernichtungspolitik 1933-1945. Neue Forschungen und Kontroversen.* Frankfurt am Main, 1998, pp. 292-329.

DÖRNER, Bernward. *Die Deutschen und der Holocaust. Was niemand wissen wollte, aber jeder wissen konnte.* Berlin, 2007.

ECKERT, Astrid M. *Kampf um die Akten. Die Westalliierten und die Rückgabe von deutschem Archivgut nach dem Zweiten Weltkrieg.* Stuttgart, 2004.

ESSNER, Claudia. *Die "Nürnberger Gesetze" oder die Verwaltung des Rassenwahns 1933-1945.* Paderborn, 2002.

FEST, Joachim C. "Alfred Rosenberg. Der vergessene Gefolgsmann". In: *Das Gesicht des Dritten Reiches. Profile einer totalitären Herrschaft.* Munique, 1963, pp. 225-40.

FLEISCHHAUER, Ingeborg. *Das Dritte Reich und die Deutschen in der Sowjetunion.* Stuttgart, 1983.

FREI, Norbert. *Vergangenheitspolitik.* Munique, 1996.

FREYEISEN, Astrid. *Shanghai und die Politik des Dritten Reiches.* Würzburg, 2000.

FRIEDLANDER, Henry. *Der Weg zum NS-Genozid. Von der Euthanasie zur Endlösung.* Berlin, 1997.

FRIEDLÄNDER, Saul. *Das Dritte Reich und die Juden.* 2 vols., Munique, 1998 e 2009.

GARBARINI, Alexandra. *Numbered Days. Diaries and the Holocaust.* New Haven, 2006.

GARLEFF, Michael (org.). *Deutschbalten, Weimarer Republik und Drittes Reich.* Köln entre outras, 2001.

GERHARD, Gesine. "Food and Genocide. Nazi Agrarian Politics in the occupied territories of the Soviet Union". In: *Contemporary European History.* 2009, pp. 57-62.

GERLACH, Christian. *Kalkulierte Morde. Die deutsche Wirtschafts- und Vernichtungspolitik in Weißrußland 1941 bis 1944.* Hamburgo, 1999.

_____. *Krieg, Ernährung, Völkermord. Forschungen zur deutschen Vernichtungspolitik im Zweiten Weltkrieg.* Hamburgo, 1998.

GOTTWALDT, Alfred & SCHULLE, Diana. *Die Judendeportationen aus dem Deutschen Reich von 1941-1945. Eine kommentierte Chronologie.* Wiesbaden, 2005.

GROSS, Raphael. *Anständig geblieben. Nationalsozialistische Moral.* Frankfurt am Main, 2010.

HAMBURGER Institut für Sozialforschung (org.). *Verbrechen der Wehrmacht. Dimensionen des Vernichtungskrieges, 1941 bis 1944.* Hamburgo, 2002.

HANRIEDER, Wolfram. *Alfred Rosenberg: Race, Religion, State Power.* Tese na Universidade de Chicago, 1959.

HARTMANN, Christian. *Wehrmacht im Ostkrieg. Front und militärisches Hinterland 1941-1942.* Munique, 2009.

HERBERT, Ulrich. *Best. Biographische Studien über Radikalismus, Weltanschauung und Vernunft 1903-1989.* Bonn, 1996.

HILBERG, Raul. *Die Vernichtung der europäischen Juden.* 3 vols., Frankfurt am Main, 1990.

JÄCKEL, Eberhard. *Hitlers Weltanschauung. Entwurf einer Herrschaft.* Tübingen, 1969.

_____. *Hitlers Herrschaft. Vollzug einer Weltanschauung.* Stuttgart, 1986.

JUREIT, Ulrike. *Das Ordnen von Räumen. Territorium und Lebensraum im 19. und 20. Jahrhundert.* Hamburgo, 2012.
KEMPNER, Robert M. W. *Ankläger einer Epoche. Lebenserinnerungen.* Frankfurt am Main, 1983.
_____. *Eichmann und Komplizen.* Zurique, 1961.
_____. *SS im Kreuzverhör. Die Elite, die Europa in Scherben schlug.* Nördlingen, 1987.
KENNEDY, Patricia Grimsted. *Reconstructing the Record of Nazi Cultural Plunder: A Survey of the Dispersed Archives of the Einsatzstab Reichsleiter Rosenberg (ERR).* Amsterdã, 2011.
KERSHAW, Ian. *Hitler, the Germans, and the Final Solution.* New Haven/Londres, 2008.
_____. *Wendepunkte. Schlüsselentscheidungen im Zweiten Weltkrieg 1940-1941.* Munique, 2008.
KREUTZER, Heike. *Das Reichskirchenministerium im Gefüge der nationalsozialistischen Herrschaft.* Düsseldorf, 2000.
KROLL, Frank-Lothar. "Alfred Rosenberg. Der Ideologe als Politiker". In: GARLEFF, Michael (org.). *Deutschbalten, Weimarer Republik und Drittes Reich.* Köln e outras, 2001, pp. 147-66.
KRUGLOV, Alexander. "Jewish Losses in Ukraine, 1941-1944". In: BRANDON, Ray & LOWER, Wendy (orgs.). *The Shoah in Ukraine: History, Testimony, Memorialization.* Bloomington, 2008.
KUUSISTO, Seppo. *Alfred Rosenberg in der nationalsozialistischen Außenpolitik 1933-1939.* Helsinque, 1984.
LANG, Serge & SCHENCK, Ernst von. *Portrait eines Menschheitsverbrechers nach den hinterlassenen Memoiren des ehemaligen Reichsministers Alfred Rosenberg.* St. Gallen, 1947.
LONGERICH, Peter. *Heinrich Himmler. Biographie.* Munique, 2008.
_____. *Politik der Vernichtung. Eine Gesamtdarstellung der nationalsozialistischen Judenvernichtung.* Munique, 1998.
LOWER, Wendy. *Nazi Empire-Building and the Holocaust in Ukraine.* Chapel Hill, 2005.
MALLMANN, Klaus-Michael. "Der qualitative Sprung im Vernichtungsprozess: das Massaker von Kamenez-Podolsk Ende August 1941", *Jahrbuch für Antisemitismusforschung* 10 (2001), pp. 239-64.
_____; BÖHLER, Jochen & MATTHÄUS, Jürgen. *Einsatzgruppen in Polen. Darstellung und Dokumentation.* Darmstadt, 2008.
MATTHÄUS, Jürgen. "Das 'Unternehmen Barbarossa' und der Beginn der Judenvernichtung, Juni-Dezember 1941". In: Browning, *Entfesselung.*
_____. "Die 'Judenfrage' als Schulungsthema von SS und Polizei. 'Inneres Erlebnis' und Handlungslegitimation". In: idem. *Ausbildungsziel Judenmmord? "Weltanschauliche Erziehung" von SS, Polizei und Waffen-SS im Rahmen der "Endlösung".* Frankfurt am Main, 2003.
_____ & ROSEMAN, Mark. *Jewish Responses to Persecution, 1933-1938.* Lanham, 2010.
MOMMSEN, Hans. "Umvolkungspläne des Nationalsozialismus und der Holocaust". In: GRABITZ, Helge; BÄSTLEIN, Klaus & TUCHEL, Johannes (orgs.). *Die Normalität des Verbrechens.* Berlim, 1994, pp. 68-84.
_____. "Hitlers Stellung im nationalsozialistischen Herrschaftssystem". In: *Von Weimar nach Auschwitz.* Stuttgart, 1999, pp. 214-47.
MÜLLER, Rolf-Dieter. *Hitlers Ostkrieg und die deutsche Siedlungspolitik.* Frankfurt am Main, 1991.
MULLIGAN, Timothy. *The Politics of Illusion and Empire. German Occupation Policy in the Soviet Union 1942-1943.* Nova York e outras, 1988.
NEUMANN, Boaz. *Die Weltanschauung des Nazismus: Raum, Körper, Sprache.* Göttingen, 2010.
NICHOLAS, Lynn H. *The Rape of Europa. The Fate of Europe's Treasures in the Third Reich and the Second World War.* Nova York, 1994.
NOVA, Fritz. *Alfred Rosenberg. Nazi Theorist of the Holocaust.* Nova York, 1986.
OGORRECK, Ralf. *Die Einsatzgruppen und die "Genesis der Endlösung".* Berlim, 1996.
PIPER, Ernst. *Alfred Rosenberg. Hitlers Chefideologe.* Munique, 2005.
_____. "Zwischen Unterwerfung und Vernichtung. Die Politik des Reichsministeriums für die besetzten Ostgebiete". In: LEHMANN, Sebastian; BOHN, Robert & DANKER, Uwe (orgs.). *Reichskommissariat Ostland. Tatort und Erinnerungsobjekt.* Paderborn e outros, 2012, pp. 51-67.

POHL, Dieter. *Die Herrschaft der Wehrmacht. Deutsche Militärbesatzung und einheimische Bevölkerung in der Sowjetunion 1941-1944*. Munique, 2008.

_____. *Nationalsozialistische Judenverfolgung in Ostgalizien 1941-1944. Organisation und Durchführung eines staatlichen Massenverbrechens*. Munique, 1997.

_____. "Schauplatz Ukraine: Der Massenmord an den Juden im Militärverwaltungsgebiet und im Reichskommissariat 1941-1943". In: FREI, Norbert; STEINBACHER, Sybille & WAGNER, Bernd (orgs.). *Ausbeutung, Vernichtung, Öffentlichkeit. Studien zur nationalsozialistischen Verfolgungspolitik*. Munique, 2000, pp. 135-73.

PÖPPMANN, Dirk. "Im Schatten Weizsäckers? Auswärtiges Amt und SS im Wilhelmstrassen-Prozess". In: PRIEMEL, Kim C. & STILLER, Alexa (orgs.). *NMT. Die Nürnberger Militärtribunale zwischen Geschichte, Gerechtigkeit und Rechtschöpfung*. Hamburgo, 2013.

PRIEMEL, Kim C. & STILLER, Alexa (orgs.). *NMT. Die Nürnberger Militärtribunale zwischen Geschichte, Gerechtigkeit und Rechtschöpfung*. Hamburgo, 2013.

QUINKERT, Babette. "Terror und Propaganda. Die 'Ostarbeiteranwerbung' im Generalkommissariat Weißruthenien". *ZfG* 8/1999, pp. 700-21.

REICHELT, Katrin. *Lettland unter deutscher Besatzung 1941-1944. Der lettische Anteil am Holocaust*. Berlim, 2011.

REITLINGER, Gerald. *Ein Haus auf Sand gebaut. Hitlers Gewaltpolitik in Rußland 1941-1944*. Hamburgo, 1962. (Edição original: *The House Built on Sand: The Conflicts of German Policy in Russia, 1939-1945*. Nova York, 1960.)

RENTROP, Petra. *Tatorte der 'Endlösung'. Das Ghetto Minsk und die Vernichtungsstätte von Maly Trostinez*. Berlim, 2011.

ROSEMAN, Mark. *Die Wannsee-Konferenz. Wie die NS-Bürokratie den Holocaust organisierte*. Berlim, 2002.

RÖSSLER, Mechtild & SCHLEIERMACHER, Sabine (orgs.). *Der "Generalplan Ost". Hauptlinien der nationalsozialistischen Planungs- und Vernichtungspolitik*. Berlim, 1993.

RUPNOW, Dirk. *Judenforschung im Dritten Reich. Wissenschaft zwischen Politik, Propaganda und Ideologie*. Baden-Baden, 2011.

SCHIEFELBEIN, Dieter. "Das 'Institut zur Erforschung der Judenfrage Frankfurt am Main'. Antisemitismus als Karrieresprungbrett im NS-Staat". In: Fritz Bauer Institut (org.). *"Beseitigung des jüdischen Einflusses...". Antisemitische Forschung, Eliten und Karrieren im Nationalsozialismus*. Frankfurt am Main, 1999, pp. 43-71.

SCHMALTZ, Eric J. & SINNER, Samuel D. "The Nazi Ethnographic Research of Georg Leibbrandt and Karl Stumpp in Ukraine, and Its North American Legacy". *HGS* 14 (2000), pp. 28-64.

STEBER, Martina & GOTTO Bernhard (orgs.). *Visions of Community in Nazi Germany. Social Engineering and Private Lives*. Oxford, 2014.

STREIT, Christian. *Keine Kameraden. Die Wehrmacht und die sowjetischen Kriegsgefangenen 1941--1945*. Bonn, 1997.

SÜSS, Winfried. *Der "Volkskörper" im Krieg. Gesundheitspolitik, Gesundheitsverhältnisse und Krankenmord im nationalsozialistischen Deutschland 1939-1945*. Munique, 2003.

SZABÓ, Miroslav. "Orientalismus und Religion im antisemitischen Geschichtsbild Alfred Rosenbergs". In: BERGMANN, Werner & SIEG, Ulrich (orgs.). *Antisemitische Geschichtsbilder*. Essen, 2009, pp. 211-30.

WEISS, Anton-Wendt. *Murder without Hatred: Estonians and the Holocaust*. Syracuse, 2009.

WEISSBECKER, Manfred. "Alfred Rosenberg. 'Die antisemitische Bewegung war nur eine Schutzmaßnahme...'". In: PÄTZOLD, Kurt & WEISSBECKER, Manfred (orgs.). *Stufen zum Galgen. Lebenswege vor den Nürnberger Urteilen*. Leipzig, 1999, pp. 150-85.

WETTE, Wolfram. "Das Rußlandbild in der NS-Propaganda. Ein Problemaufriß". In: VOLKMANN, Hans-Erich (org.). *Das Rußlandbild im Dritten Reich*. Köln e outras, 1994, pp. 55-78.

WILDT, Michael. *Generation der Unbedingten. Das Führungskorps des Reichssicherheitshauptamtes*. Hamburgo, 2002.

WILHELM, Hans-Heinrich. "Antisemitismus im Baltikum". In: GRABITZ, Helge; BÄSTLEIN, Klaus & TUCHEL, Johannes (orgs.). *Die Normalität des Verbrechens*. Berlim, 1994, pp. 85-102.

ZELLHUBER, Andreas. "*Unsere Verwaltung treibt einer Katastrophe zu...*" *Das Reichsministerium für die besetzten Ostgebiete und die deutsche Besatzungsherrschaft in der Sowjetunion 1941-1945*. Munique, 2006.

Abreviaturas

AA	*Auswärtiges Amt* [Ministério das Relações Exteriores]
Abt.	*Abteilung* [seção]
APA	*Außenpolitisches Amt der NSDAP* [Secretaria de Relações Exteriores do NSDAP]
ARo	*Amt Rosenberg* [agência Rosenberg]
BAB	*Bundesarchiv Berlin* [Arquivo Federal de Berlim]
BAK	*Bundesarchiv Koblenz* [Arquivo Federal de Koblenz]
BDO	*Bund Deutscher Offiziere* [Associação de oficiais alemães]
BFÜ	*Beauftragter des Führers für die Überwachung der gesamten geistigen und weltanschaulichen Schulung der NSDAP* [Encarregado do Führer para a supervisão da formação geral intelectual e ideológica do NSDAP]
BNSDJ	*Bund Nationalsozialistischer Deutscher Juristen* [Associação de juristas nacional-socialistas alemães]
BSB	*Bayerische Staatsbibliothek* [Biblioteca estatal da Baviera]
BUF	*British Union of Fascists* [União britânica de fascistas]
BVP	*Beauftragter für den Vierjahresplan* [Encarregado do plano quadrienal]
CDJC	*Centre de Documentation Juive Contemporaine* [Centro de documentação judaica contemporânea], Paris
DAAD	*Deutscher Akademischer Austauschdienst* [Serviço alemão de intercâmbio acadêmico]
DAF	*Deutsche Arbeitsfront* [Frente Alemã de Trabalho]
DC	*Deutsche Christen* [Cristãos alemães]
DEK	*Deutsche Evangelische Kirche* [Igreja evangélica alemã]
DNB	*Deutsches Nachrichtenbüro* [Agência alemã de notícias]
DNVP	*Deutschnationale Volkspartei* [Partido Popular Nacional Alemão]
DOB	*Deutscher Offiziers-Bund* [Associação de oficiais alemães]
DRbg	*Dienststelle Rosenberg* [Escritório Rosenberg]
DVLP	*Deutsche Vaterlandspartei* [Partido Alemão da Pátria]
DVP	*Deutsche Volkspartei* [Partido Popular Alemão]
ERR	*Einsatzstab Reichsleiter Rosenberg* [Força-tarefa Reichsleiter Rosenberg]
FHQu	*Führer-Hauptquartier* [Quartel-general do Führer]

GBA	*Generalbevollmächtigter für den Arbeitseinsatz* [Plenipotenciário geral para o emprego de trabalhadores]
Gestapo	*Geheime Staatspolizei* [Polícia secreta do Estado]
GK	*Generalkommissariat* [Comissariado-geral, no RKO ou RKU]
HA	*Hauptabteilung* [Departamento principal]
HGS	*Holocaust and Genocide Studies* [periódico acadêmico americano]
HJ	*Hitlerjugend* [Juventude Hitlerista]
HSSPF	*Höherer SS- und Polizeiführer* [líder máximo da SS e da polícia]
IfZ	*Institut für Zeitgeschichte* [Instituto de História Contemporânea], Munique – Berlim
IMT	*Internationales Militärtribunal* [Tribunal Militar Internacional], Nuremberg
KdF	*Kanzlei des Führers* [Chancelaria do Führer]
KfdK	*Kampfbund für deutsche Kultur* [Liga militante pela cultura alemã]
KPÖ	*Kommunistische Partei Österreichs* [Partido comunista da Áustria]
LANC	Liga pela defesa nacional cristã (Romênia)
MdL	*Mitglied des Landtages* [membro da assembleia]
MdR	*Mitglied des Reichstages* [Membro do parlamento do Reich]
NARA	*National Archives and Records Administration* [Arquivos nacionais e administração de documentos], College Park, MD
NIOD	*Nederlands Instituut voor Oorloogs-, Holocaust- en Genocidestudies* [Instituto holandês de estudos sobre a guerra, o holocausto e o genocídio], Amsterdã
NKFD	*Nationalkomitee Freies Deutschland* [Comitê nacional Alemanha livre]
NSB	*Nationaal-Socialistische Beweging* [Movimento nacional-socialista](Holanda)
NSBO	*Nationalsozialistische Betriebszellenorganisation* [Organização nacional-socialista de células de empresas]
NSDÄB	*Nationalsozialistischer Deutscher Ärztebund* [Associação nacional-socialista dos médicos alemães]
NSDAP	*Nationalsozialistische Deutsche Arbeiterpartei* [Partido nacional-socialista dos trabalhadores alemães]
NSDStB	*Nationalsozialistischer Deutscher Studentenbund* [Associação nacional-socialista dos estudantes alemães]
NSKK	*Nationalsozialistisches Kraftfahrerkorps* [Corporação nacional-socialista de motoristas]
NSLB	*Nationalsozialistischer Lehrerbund* [Associação nacional-socialista de professores]
NSV	*Nationalsozialistische Volkswohlfahrt* [Serviço nacional-socialista de bem-estar popular]
OCCWC	*Office of the Chief of Counsel for War Crimes* [Gabinete do chefe do conselho para crimes de guerra]
OHL	*Oberste Heeresleitung* [Alto-comando do Exército (Primeira Guerra)]
OKH	*Oberkommando des Heeres* [Alto-comando do Exército (Segunda Guerra)]
OKW	*Oberkommando der Wehrmacht* [Alto-comando das Forças Armadas]
OT	*Organisation Todt* [Organização Todt]
OUN	Organização dos nacionalistas ucranianos
OUSCCPAC	*Office of US Chief of Counsel for the Prosecution of Axis Criminality* [Gabinete do chefe do conselho americano para os crimes do Eixo]
PAAA	*Politisches Archiv des Auswärtigen Amts* [Arquivo político do Ministério de Relações Exteriores], Berlim
RAD	*Reichsarbeitsdienst* [Agência de trabalho do Reich]
RAF	*Royal Air Force* [Força Aérea Real]
RFM	*Reichsministerium der Finanzen* [Ministério da Fazenda do Reich]
RFSS	*Reichsführer-SS* [*Reichsführer* da SS]

RKF	*Reichskommissar für die Festigung Deutschen Volkstums* [Comissário do Reich para a consolidação do caráter nacional germânico]
RKO	*Reichskommissar für das Ostland* [Comissariado do Reich para Ostland]; *Reichskommissariat Ostland* [Comissariado do Reich Ostland]
RKU	*Reichskommissar für die Ukraine* [Comissariado do Reich para a Ucrânia]; *Reichskommissariat Ukraine* [Comissariado do Reich Ucrânia]
RLM	*Reichsluftfahrtministerium* [Ministério da Aviação do Reich]
RMdI	*Reichsministerium des Innern* [Ministério do Interior do Reich]
RMfBM	*Reichsministerium für Bewaffnung und Munition* [Ministério para armaria e munição do Reich]
RMfdbO	*Reichsministerium für die besetzten Ostgebiete* [Ministério para os territórios orientais ocupados]
RMfRuK	*Reichsministerium für Rüstung und Kriegsproduktion* [Ministério do Reich para armamento e produção de guerra]
RMVP	*Reichsministerium für Volksaufklärung und Propaganda* [Ministério do Reich para instrução do povo e propaganda]
ROA	Exército russo de libertação (Exército Vlassov)
RPA	*Rassenpolitisches Amt der NSDAP* [Departamento de política racial do NSDAP]
RPK	*Reichspressekammer* [Câmara de imprensa do Reich]
RSchK	*Reichsschrifttumskammer* [Câmara de literatura do Reich]
RSHA	*Reichssicherheitshauptamt* [Departamento central de segurança do Reich]
RuSHA	*Rasse- und Siedlungshauptamt* [Departamento central de raça e assentamento do Reich]
RVK	*Reichsverteidigungskommissar* [Comissário de defesa do Reich]
RWM	*Reichswehrministerium* [Ministério de defesa do Reich]
SA	*Sturmabteilung* [Tropa de assalto]
SD	*Sicherheitsdienst der SS* [Serviço de segurança da SS]
SdP	*Sudetendeutsche Partei* [Partido alemão dos sudetos]
Sipo	*Sicherheitspolizei* [Polícia de segurança]
SS	*Schutzstaffel* [Esquadrão de proteção]
SSPF	*SS- und Polizeiführer* [Chefe da SS e da polícia]
StdF	*Stellvertreter des Führers* [representante do Führer]
TWC	*Trials of War Criminals Before the Nürnberg Military Tribunals Under Control Council Law No. 10*
USHMM	United States Holocaust Memorial Museum [Museu Memorial do Holocausto dos Estados Unidos] Washington, DC
USHMMA	*USHMM Archives* [Arquivos do USHMM]
UVO	Organização militar ucraniana
VB	*Völkischer Beobachter* [jornal]
VEJ	*Die Verfolgung und Ermordung der europäischen Juden durch das nationalsozialistische Deutschland 1933 – 1945* [A perseguição e assassinato dos judeus europeus pela Alemanha nacional-socialista 1933-1945 (obra que recompila fontes)]
VfZ	*Vierteljahrshefte für Zeitgeschichte* [publicação trimestral do IfZ]
YIVO	*Yidisher visnshaftlekher Institut* [Instituto científico iídiche], Nova York, NY
YVS	*Yad Vashem Studies* [periódico acadêmico]
ZfG	*Zeitschrift für Geschichtswissenschaft* [revista especializada em história]
ZSA	*Zentrales Staatsarchiv* [Arquivo central do Estado]

Fontes das ilustrações

Ilustr. 1:   Bundesarchiv, foto 146-1969-067-10
Ilustr. 2/3:   Arquivo de fotos do USHMMA, Kempner 005 e 009
Ilustr. 4:   Deutsches Historisches Museum, nº inventário. Do 56/1578.2
Ilustr. 5:   commons.wikimedia.org/wiki:EG_A_Siauliai_Lithuania_July.1941. JPG
Ilustr. 6:   Bundesarchiv, foto 146-1969-067-01
Ilustr. 7/8:   Arquivo de fotos do USHMMA, CD 0395, WS 38651
Ilustr. 9:   Bundesarchiv, foto 183-2006-0717-500
Ilustr. 10:   Bundesarchiv, foto 183-B05926

Índice de lugares

Aachen 282, 368, 530
Abissínia 244, 489
Açores 356
Afeganistão 189, 194, 198, 221-22, 234, 243, 305, 317, 333, 338, 358
África 152, 175, 213, 242, 388, 414, 470, 490, 493, 527
África do Sul 152, 193, 213, 520
Agram (Zagreb) 380-81, 383-84, 391
Ahrendal 330
Aisne 353
Albat 515
Alicante 216
Alt-Aussee 363
Alta Silésia 88, 519
Altenesch 132, 141
América do Sul 304, 561
Amsterdã 38, 40, 379-81, 519
Ancara 222, 391
Antuérpia 337
Argentina 231, 270
Arnsberg 437
Atenas 194, 201, 204, 218, 291, 387
Augsburg 491, 528
Auschwitz *veja* "campo de concentração"
Áustria 117, 123, 140, 155, 262, 271, 299, 322, 363, 382, 390, 424, 516-17, 519
Azerbaijão 407
Azov, mar de 407, 490, 621

Babi Yar 69
Bad Buchau 253
Bad Gastein 363
Bad Harzburg 286
Bad Kreuznach 333-34
Bad Oeynhausen 518
Bad Tölz 277
Bad Wiessee 146
Baden 178, 199, 228, 253, 271
Bagdá 280-81
Baixa Saxônia 132, 141-42, 145
Baixa Silésia 273
Bakhchysarai 515
Baku 407, 486
Balaklava 513-14
Baleares 215
Baltenland 65, 406
Báltico 16, 55, 68, 287, 297, 303, 310-11, 360, 378, 402, 404, 422, 470, 530
Barcelona 211
Baviera 34, 130, 132, 146, 148-49, 173, 177, 181, 254, 321, 331, 351, 373, 380, 439, 441, 522
Bayreuth 181, 211, 235-37, 246, 272
Beirute 280
Bélgica 227, 262, 283, 326, 345, 376, 435, 444, 475, 488, 520
Belgrado 180, 188, 270, 377, 381, 383-84, 387, 389, 391, 461
Belzec *veja* "campo de concentração"
Berchtesgaden 247, 395, 396, 500

Berditschew 425
Berghof 286, 512
Berlim 61-62, 68, 71, 73-75, 77-79, 81,
  86-87, 90-92, 95, 97-98, 123-24, 129, 144,
  146, 149-50, 152, 159, 161-63, 168,
  172, 174-75, 182, 188, 190, 192, 194,
  200-02, 204, 207-10, 214-15, 218-20,
  226-27, 229-32, 243, 246, 249, 252,
  256, 261-62, 264, 269-71, 275, 280,
  283, 292, 294, 297, 300, 305, 308, 312,
  320, 326, 330, 333-34, 337, 342,
  348-49, 353, 356, 359, 363-64, 366,
  368, 372, 374, 376-77, 380, 382, 387,
  390, 394, 396-98, 400-01, 405, 431,
  439-40, 442, 446, 449-50, 454, 458,
  467, 473, 477, 483, 501, 507-10, 513,
  519, 528, 533-34, 558, 560, 574, 582,
  586-87, 589, 594-96, 598, 613-15
  Dahlem 260, 320, 491, 507, 510, 538
  Wilmersdorf 273
Berna 301
Bessarábia 303, 407
Białystok 407, 441
Biarritz 356
Bielefeld 518
Bielorrússia 57, 60, 65, 69, 87, 95, 113-14, 117,
  284, 298, 396, 406-07, 441, 524, 535
Boêmia 85, 125, 362, 394, 424, 449, 496
Bonn 107, 189, 356, 584
Bordeaux 374
Brandenburgo 211, 252, 280
Brasil 245, 325, 350, 475
Bratislava 188
Braunschweig 125, 132, 141, 224, 282,
  368-69, 372-73
  Franzsches Feld 132
  Leão de Braunschweig 132
Bremen 132, 138, 150, 158, 445
Breslau 139, 146, 305, 307
Bruck an der Mur 391
Bruxelas 135, 262, 379, 504, 520
Bucareste 165, 171-73, 175, 179-80, 202,
  209, 225, 243, 245, 259-61, 300, 347,
  368-69, 378, 439, 443
Buchenwald *veja* "campo de concentração"
Budapeste 124, 225, 269, 355, 442, 561
Buenos Aires 386
Bug 298, 416, 419, 426, 472

Cabul 222, 305, 439
campo de concentração 145, 148, 164
  Auschwitz 88, 101
  Belzec 88, 101
  Buchenwald 142, 220
  Chelmno 88-89, 101
  Dachau125, 149, 151, 205, 220, 308
  Maly Trostinez 96
  Mühldorf 255
  Sachsenhausen 86, 142, 271, 320
  Sobibor 101
  Treblinka 101
Capri 151
Cárpatos 214, 330, 368
castelo
  Romrod (Hessen) 506, 510
  Schwarzenau 515
  Vahrenholz 518
  Vogelsang (*Ordensburg*) 186, 228, 254-55
Cáucaso 57, 60, 65, 99, 113, 284, 385,
  400-02, 404, 407, 411, 426, 434, 450-51,
  454, 458-60, 465, 467-68, 470, 488,
  506, 535, 571
Chalkis 444
Chelmno *veja* "campo de concentração"
China 125, 437
Cholm 472
Christiansund 330
Clingendaal 518-19
Cluj 348
Coburg 107, 284
Constantinopla 391, 597
Copenhague 154, 331, 360, 376, 440
Corinto 428
Cracóvia 300, 496, 520, 626, 628
Creta 131, 444
Crimeia (Táuria) 57, 407, 417, 437, 459, 466,
  468, 513-15, 580, 585, 597
Croácia 355, 377, 391, 411
Crössinsee (Krössinsee) (*Ordensburg*) 186, 269
Cuicea 348
Czerniejewo 515

Dachau *veja* "campo de concentração"
Danzig 160, 187, 228, 232, 247, 294, 312,
  333, 348, 363, 499, 520
Dardanelos 337, 514
Daugava 616
Delft 518
Den Haag (Haag) 135, 518
Detmold 110, 276
Dinamarca 154, 312, 330, 361, 376, 390,
  440, 592
Dirschau (Tczew) 285
Dniepre, rio 75, 407, 620

Dniepropetrovsk 351, 453, 620-21
Dniester 303
Döberitz 330
Don, arco do rio 465
Dorpat (Tartu) 198, 413, 422-23, 431, 460, 470, 511
Dortmund 163, 245, 491
Dresden 176, 245, 249, 374, 491, 539
Düsseldorf 130, 175, 245, 247, 333-34, 491

Eferding 516-17
Egendorf 127
Eifel 186, 228
El Riad 281
Engern 132
Eritreia 244
Escandinávia 137, 310, 312, 314, 316, 339
Eslováquia 330
Espanha 48, 193, 206, 211-12, 215-19, 229, 241, 244, 256, 262, 266, 285, 287, 326, 352, 362, 403, 489, 520, 554, 627
Esparta 131, 204, 291
Estados Unidos da América (EUA) 41, 97, 107, 109, 119, 140, 146, 149, 161, 181, 193-94, 221, 302, 304, 312, 352, 377, 421, 440, 494, 557, 558, 561, 564, 629
Estocolmo 260, 312, 337, 354
Estônia 13, 57, 69, 75, 281, 299, 406, 422--23, 430, 433, 442, 455, 487, 529, 534, 592
Estrasburgo 264, 364
Etiópia 244
Ettal, convento de 321
EUA *veja* "Estados Unidos da América"
Europa 16-17, 25-26, 28, 39, 49, 50-53, 60, 72, 79, 81, 84, 94-95, 97, 99-100, 102, 110, 112-13, 136, 143, 198, 207, 214--15, 217, 220, 258, 265, 273, 324, 337, 379, 411, 418, 427, 437, 444-45, 458--59, 486, 519, 528, 538, 540, 544, 548-49, 557, 561, 564-65, 567-69, 586, 592-93, 603, 617, 623-27, 629
Europa Central 84, 117, 224, 421, 560, 580
Europa Continental 361, 396, 459
Europa do Leste 391, 404
Europa Ocidental 437, 560, 580
Europa Oriental 16, 29, 30, 49, 57, 101, 284, 292, 625
Sudoeste da Europa 377, 411
Évian 557, 558

Falkenburg 186

Finlândia 65, 136, 234, 297, 315, 356, 360, 376, 381, 404, 426, 442, 529
Flensburg 151
Flórida 493
França 119, 126, 138, 140, 142-43, 152, 162, 180, 184, 194, 217, 219, 220, 225, 227, 244, 258, 265, 289, 299, 319, 326, 333, 344, 347, 352-54, 356, 363, 370-72, 376, 386, 389-90, 401, 403, 435, 444, 488, 506, 517, 528, 558, 560, 562, 627
Francônia 231
Frankfurt a. M. 37, 52-54, 107, 109, 111, 305, 325, 350, 376, 379, 380, 401, 425, 462, 488, 491, 520, 563, 565, 619
Freiburg 230, 253, 264, 434
Fulda 351
Fürth 231

Gadiasch (Gadych, Hadjatsch) 469
Galatz (Galati) 467, 470
Galícia 69, 407, 413, 416, 426, 580
Galípoli 337
Gau Brandenburg 496
Gau Hessen-Nassau 506
Gau Kurmark 252, 280, 396
Gau Oberdonau 519
Gau Westfalen-Nord 242
Gdingen (Gdynia) 299
Genebra 138, 221
Geórgia 441, 458-59, 506
Gibraltar 217
Gloucester 160, 170
Gnesen (Gniezno) 373
Göttingen 38, 40, 103
Governo-Geral 50, 52, 54, 69, 81, 84, 86, 88, 94, 100, 329, 389, 402, 407, 413, 431, 433, 435, 448, 496, 560, 574, 580
Grã-Bretanha 50, 126, 265, 303, 305, 372
Graz 221
Grécia 131, 192, 194, 204, 213, 388, 444, 514
Grodno (Hrodna) 441
Guadalajara 489
Guiana 49, 557-58, 561

Hagen 491
  Hohensyburg 163
Halbstadt (Molotchansk) 506
Hamburgo 30, 167, 244, 364, 381, 396, 398, 467, 497-98, 506, 584, 588
Hannover 125, 146, 190, 333, 449, 524
Heidelberg 148, 192, 494, 528
Helsinki 381

Hessen 138, 506
Hildesheim 529
Hohenlychen 43, 211, 262
Hohensalza (Inowrocław) 331
Holanda 149, 163, 345, 357, 372, 376, 379, 389, 394, 433, 435, 444, 518-21, 539, 558, 598, 627
Hungria 136, 171-73, 180, 214, 219, 240, 246, 257, 269, 348, 355, 403, 418, 419, 442, 627

Ilmen, lago 93-94, 417, 585
Índia 57, 213, 243, 255, 266, 305, 549, 553, 586, 593, 617
Índias holandesas 143, 412
Inglaterra 20, 48, 123-24, 126-27, 130, 133, 141, 151, 166, 171, 174, 181, 184, 217-18, 226, 262, 265, 284, 286-87, 289, 291, 293-94, 297, 299, 301, 303-05, 309-10, 314-15, 319, 327-28, 330, 332, 337-38, 351-52, 357-58, 360, 372, 400, 413, 421, 522, 528, 530, 557-58, 562, 629
Inkerman 514
Insulíndia (arquipélago malaio) 518
Itália 48, 140, 155, 173, 177, 179, 215, 217--19, 221, 244, 246, 249, 265, 270, 274, 285, 304, 328, 344, 352, 355, 412, 475, 489-90, 492-93, 496, 512, 534-35, 560, 562, 626
Iugoslávia 173, 180, 198, 234, 270, 283, 377, 381, 383-84, 389, 411, 512

Japão 119, 124, 128, 140, 142-43, 198, 219, 304, 412, 431, 595
Jena 228, 230, 308

Kalle, vale de 518
Kamenez-Podolsk 69, 114
Kamenskoe 621
Kärnten 512
Katyn 496-97
Kauen (Kaunas/Kowno) 448
Kent 174, 175
Kiev 57, 69, 114, 406, 412, 425-27, 434, 436, 442, 444, 447, 451, 453-54, 476, 478, 490, 531, 580, 620-21
Koblenz 108, 333-34, 635
Köln 96, 163, 167, 224, 282, 491, 530, 603
Königsberg 131, 438, 469
Königsbrück 374
Kuban 468, 535

Lansdowne 36-37
Leipzig 130, 135, 224, 235, 288, 334
Lemberg 413, 431, 476, 580
Lemgo 242
Leningrado 417, 442
Letônia 57, 68, 75, 80, 87, 90, 96, 117, 320, 406, 422, 432-33, 448, 462, 496, 534, 536, 592
Libau 87, 90, 117
Líbia 388, 512
Linz 28, 363, 375, 516, 581
Lippe 110, 242, 276, 432
Lisboa 343
Lituânia 57, 68, 74-75, 130, 406, 413, 423, 433, 436, 448, 519, 592
Litzmannstadt (Łódź) 85-86, 89-91, 117, 331, 367
Londres 119, 125-27, 130-31, 133, 135, 139, 142-43, 149, 151-52, 154, 160-61, 166, 171, 174, 181-82, 193, 196-97, 226, 232, 279-80, 284, 286, 288, 294, 298, 301-02, 332, 335, 337-38, 353-54, 360, 421, 540, 557-58
Lübbecke (centro de treinamento) 517
Lübeck 137, 160, 198, 246, 286, 433, 472, 500-01
Lublin 88
Ludwigshafen 333

Madagascar 49, 51-52, 54, 84, 360, 557-58, 560-61, 564
Madri 211, 217
Magdeburg 478, 507
Maly Trostinez *veja* "campo de concentração"
Manchukuo 142, 145, 153, 155, 164, 217
Manila 217
Marburg 141, 143, 365, 470
Marienburg 132, 187, 348, 516
Marselha 129, 138, 381
Maurício 270
Mecklenburg 187
Melitopol 515
Memel 131, 182
Michendorf 521, 525-27, 530
Milão 129, 223, 227, 244
Minden 518
Minsk 57, 71, 86, 89-91, 95-96, 351
Mirgorod (Myrhorod) 469
Mitau (Jelgava) 422, 462, 524
Modlin 310
Mogilew 88
Moldávia, república da 407

Molotchansk 506
Mondsee (Salzkammergut) 375, 390, 393, 418, 517
Montreux 298, 300
Morávia 85, 125, 362, 394, 424, 449, 475, 496
Moscou 13, 17, 40, 56, 64, 109, 123-24, 135, 138, 142, 149, 212, 214, 225, 243-44, 250, 286-88, 291-94, 297, 299, 303, 313, 318, 360, 385, 401, 403-04, 410, 419-21, 434-35, 442, 451, 468, 474, 479, 486, 496, 504, 525, 530, 545-46, 580
Munique 13, 40, 127, 128, 139, 146-47, 150, 154, 166-67, 175-77, 183, 187, 190, 192, 201, 204, 206, 213-14, 219, 221, 237, 239, 245, 248-49, 252, 259, 265, 267, 278-79, 282, 308, 318, 350-51, 361, 364, 367, 397, 399, 403, 429, 444, 468, 470, 482, 484, 491, 511, 528, 538, 542, 556, 560, 564, 572, 574, 578, 590, 603, 614, 622, 624
Münster 163, 232, 242, 276, 333, 375, 427, 444, 491, 517
Murmansk 486
Mykolaiv 438

Narva 529
Narvik 314, 522
Neuschwanstein 369, 380
Neustadt a. d. Weinstraße 527-28
Nikolaiev 114, 438, 447
Noroeste da Índia 305
Northeim 286
Noruega 25, 50, 153, 198, 310, 314, 316-19, 327-30, 332-40, 343, 346-47, 350, 370, 374, 376, 379-81, 386, 389, 398, 457, 522, 560, 592
Nova York 35, 119, 221, 262, 394, 443, 538
Nuremberg 17, 27, 29, 33-42, 102, 107, 109, 124, 130, 142, 161, 170, 177-78, 199, 214, 220, 231, 242, 248, 256, 262, 268, 287, 317, 364, 393, 431-32, 434, 445, 466-68, 552, 566, 584, 602-03, 622

Obersalzberg 28, 48, 177, 213, 218, 221, 258, 499
Odessa 323, 407, 416, 419
Ohrdruf 530
Oldenburg 112, 132, 251
Olimpia 131
Orel (Oryol) 496
Oslo 314, 318, 320, 326-30, 332-37, 339, 340, 343, 353-54, 533

Ostland 17, 60, 62, 65, 68, 73, 77-79, 90-92, 112, 336, 401, 402, 406, 410-11, 414, 422, 425-26, 434, 437-38, 442, 455, 465, 468, 475, 478, 485, 505, 534, 576-77, 581, 584, 586-87, 592, 595, 611, 613, 616, 618, 632
Ostmark 181, 322, 330-31, 341, 352, 355, 375, 394, 411, 489, 581
Oxford 213

Paderborn 245
Palestina 49, 135, 280, 421, 548, 552, 557, 561
Paris 35, 83, 119, 129, 155, 161, 179, 184, 217, 249, 253, 262, 284, 288, 293, 302, 322, 329, 344, 347, 359, 361, 368-70, 374, 379, 504, 538, 556, 564, 603
Peipus, lago 93-94, 404, 586, 592
Perwomaisk (Perwomajsk) 463
Pleskau 351
Polônia 50, 62, 84, 99, 131, 136, 140, 174, 184, 190, 213, 243, 247, 251, 273, 284-87, 290, 292, 294, 297-300, 303, 310-11, 319, 322-23, 331, 339, 342, 348, 350, 358, 360, 363, 372, 374, 394, 403-04, 519, 546, 562
Pomerânia 186, 285, 320
Posen 102, 318, 331, 367, 386, 413, 431-33, 483, 491, 506, 535
Potsdam 168, 190, 204, 521
Praga 86-87, 179, 214, 225, 243-44, 279, 355, 431, 449, 521, 534
Prússia Ocidental 303, 348
Prússia Oriental 131, 143, 160, 162, 184, 348, 395, 407, 410, 426, 438, 462, 531-32, 577

Ratibor (Racibórz) 519
Reims 364, 454
Reval (Tallin) 13, 281, 319, 418, 422, 424, 432, 442, 485, 529, 577, 584
Rheinland 146, 199
Riga 13, 76, 86, 89-93, 118, 281, 318, 320, 423, 430-32, 443, 462-63, 467, 470, 472, 477, 500-01, 533, 584-85, 598, 602, 613, 633
Rodésia 212, 242
Roma 123-25, 155, 167-69, 171, 173, 175, 177-79, 187, 200, 203, 205-07, 210-11, 214-15, 235, 237, 250, 265-66, 268-69, 271, 274, 277, 292, 297, 328-29, 345--46, 351, 357, 377, 387-88, 489-90, 493, 521, 540, 548
Romênia 25, 165, 171-72, 174, 179-80, 189, 192, 197, 213-14, 219, 222, 224-25, 227,

230-31, 240, 243, 282-83, 297, 300, 303, 309, 330, 341, 348, 350, 369, 378-79, 407, 416, 419, 426, 467, 560, 562, 579-80
Rominten 426
Romrod *veja* "castelo"
Rostow 57, 485
Roterdã 518
Rowno 443, 533, 618, 620
Rússia 15, 26, 39, 53-54, 56-57, 60-62, 65, 84, 112, 134, 136, 140-41, 161, 174, 176, 184, 225, 229, 241, 243, 272, 281--82, 284, 292, 302-04, 311, 324, 350, 377-78, 385-86, 401, 407, 411-12, 421, 434, 436-37, 442, 451, 457, 465, 470, 485-86, 496-97, 504, 506, 518, 530-31, 534-35, 537, 545-46, 579
Rutênia Branca 75, 119, 402, 404, 432, 436, 438, 443, 465, 534-35, 571, 592, 601, 611, 616

Saar 144, 170-71
Saarbrücken 221, 333
Sachsenhausen *veja* "campo de concentração"
Säckingen 248
Salamanca 256
Saloniki (Thessaloniki) 388, 428
Salzburgo 218, 262, 292, 512, 523
Salzkammergut 363, 375
São Petersburgo 358, 442
Saxônia 131-32, 239, 245, 357, 373-74, 513
Schleswig-Holstein 336
Schwarzenau *veja* "castelo"
Schwielow, lago 349
Semgallen 422
Sevastopol 513-14, 597
Shitomir (Schytomyr) 114, 425
Sibéria 61, 84, 117, 284, 420-21, 473, 479
Sicília 490, 512, 514, 561
Simferopol (Gotenburg) 468, 515, 597
Singapura 338, 443
Smolensk 7, 431, 438, 497
Sobibor *veja* "campo de concentração"
Sofia 245
Sonthofen (*Ordensburg*) 186, 254, 279, 306, 431, 522
Spichern 333
St. Georgen 517
Stalingrado 30, 102, 483, 485-86, 490, 525, 530
Stalino (Donezk) 488
Stanislau (Stanisławów) 300

Stuttgart 167, 188, 202, 234, 491, 573
Suábia 225
Suécia 194, 281, 310, 332, 360
Suíça 142, 163, 298, 301, 303, 308, 328, 352, 436, 506, 512-13, 538

Tagliamento 534
Taschkent 468
Teruel 262
Tirol, sul do 356
Tisza, rio 167
Tobruk 175
Toledo 215, 266, 362, 493
Tóquio 124, 142, 153, 293, 297, 377
Transilvânia 419, 439
Transnítria 580
Treblinka *veja* "campo de concentração"
Trier 306, 491
Trieste 207
Trondheim (Drontheim) 335, 338-39
Tsingtau 443
Tula 435
Turquestão 57
Turquia 124, 136, 213, 217, 310, 439, 597

Ucrânia 17, 28, 55, 57, 60, 62, 64-65, 68-69, 75, 84, 112-13, 115, 131, 214, 273, 284, 292, 297-98, 300, 378, 384, 389, 392--93, 401, 404, 407, 410-11, 414, 416, 418, 425-27, 434, 436-38, 442, 444, 453, 455, 459, 462-63, 465-66, 468-70, 476, 478, 485, 488, 490, 496, 502, 506, 515, 521, 530-31, 533, 535-36, 571-72, 578-80, 586-87, 592, 601, 607, 611, 618-19, 633
Ucrânia carpática 273-74, 283, 292, 419
Ulm 221
União Soviética 16-17, 26, 48-50, 52-57, 59, 64-65, 70, 72, 76-77, 80, 99, 101, 110-11, 117, 139, 154, 219, 239, 251, 268, 281, 283-84, 291-92, 337, 347, 370, 372, 377, 385, 393-94, 397, 404-06, 433, 453, 464, 472-73, 479, 530, 570-71
Unteruhldingen 190, 253

Valônia 520
Vahrenholz *veja* "castelo"
Varsóvia 136, 154, 227, 273, 310, 434, 535
Vaticano 172, 210, 244, 254, 256, 257, 264, 276, 292, 324, 343, 345, 414, 432, 490, 493, 506, 521, 527
Veneza 138-39, 144

Verden 141
Vestfália 132, 144, 249, 276, 350, 471, 517-18, 534
Viena 86, 148, 151, 178, 201, 211, 214, 271, 283, 348, 355, 359, 373, 383, 387, 411, 433, 484, 527
Villacoublay 372
Vilna 584
Vogelsang *veja* "castelo"
Volínia 323, 418
Volínia-Podolia 114, 438

Waadt 298
Warnemünde 159
Warthegau (*Gau* Wartheland) 85-86, 88, 117, 331, 362, 363, 367, 373, 402, 436, 581

Washington DC 207, 223, 255, 301-02, 421
Weimar 127, 204, 263, 491, 505, 529
Westerplatte 294
Wiesbaden 35, 123, 144, 158, 622
Wildeshausen 141
Winniza (Vinnytsia) 496-97
Witebsk (Vitebski) 524
Wittenberg 313
Wöllersdorf 516
Würzburg 107, 125, 516

Xangai 125, 217

Zakopane 628
Zichenau 469, 532
Zurique 209, 258, 384

Índice onomástico

Adolf Hitler não aparece neste índice devido a sua menção reiterada no texto.

Adenauer, Konrad 154
Ahlefeldt, Elisa Davidia Margarethe, condessa de 525
Alexander, rei da Iugoslávia 138, 380-81
Alexander I 180
Al-Husseini, Mohammed Amin 280, 627
Allwörden, Wilhelm von 497
Amann, Max 147, 170, 232, 319
Amanullah Khan 305
Ammers-Küller, Johanna von 246
Angeletti, O. F. 221
Antonescu, Ion 25, 163, 165, 209, 227, 259, 347, 368-69, 379, 407, 416, 419, 425, 439, 579
Apsley, lorde *veja* "Bathurst"
Arthur, Frederick Patrick Albert, conde de Connaught 152
Attolico, Bernardo, conde 292
Avarescu, Alexandru 171-72, 179-80

Baarová, Lída 274
Bach, Johann Sebastian 373
Bach-Zelewski, Erich von dem 88, 434
Backe, Herbert 59, 60-61, 112, 232, 393, 395, 435
Badoglio, Pietro 492-93
Baer, Karl Ernst von 513-14
Baeumler, Alfred 109, 131, 168

Bagration (de Mukhrani), príncipe Irakly de 458
Baillet-Latour, Henri de, conde 208
Baldwin, Stanley 182, 226
Ballin, Albert 357
Bamler, Rudolf Karl Johannes 525
Bang, Ferdinand 432
Barclay de Tolly, Michael Andreas, conde de 421
Barlach, Ernst 239
Barlett, Ken 126
Barlow, Alan 131
Barth, Johannes 461
Barthou, Louis 138
Basch, Franz Anton 355
Bathurst, Allen Algernon, lorde Apsley 212
Bauer, Karl 438
Bauer, Robert 430-31
Beer-Hofmann, Richard 538
Behn, Fritz 249
Behrens, Sigurd 260
Bennecke, Heinrich 439
Berger, Gottlob 87, 118, 120, 447-48, 466, 484-85, 496, 536
Bernadotte, Oscar Fredrik Wilhelm (rei Gustavo VI) 194
Bernewitz, Helmut Alex 320
Bernhardt, Johannes 43, 256
Bernhart, Joseph 210
Bernstorff, Albrecht, conde 124-25, 128, 143
Bethlen, István Stephan, conde 246

Bethmann Hollweg, Theobald von 154
Biallas, Hans 129
Biebrach, Kurt 249
Bismarck, Otto Fürst von 331, 548
Blaskowitz, Johannes Albrecht 299
Blau, Albrecht 432
Blomberg, Werner von 125, 142, 222
Blum, Léon 220-21, 225
Bodenschatz, Karl-Heinrich 290
Boepple, Ernst 433
Bollmus, Reinhard 40, 104, 106, 109-10
Bömer, Karl 217, 226
Boris III 351
Bormann, Martin 31, 52, 59, 71-72, 111-12, 114, 213, 324, 346, 368, 405, 420, 441, 453, 455, 460, 498-500, 503, 506, 512, 524, 529, 531, 535-37, 563, 578, 582, 626, 632-33
Boucher, François 369, 512
Bouhler, Philipp 117, 295, 317, 324, 399, 500
Boyle, Archibald Robert 151
Brack, Viktor 89-90
Braemer, Walter 95
Brandenburg, Erich 135, 496
Bratianu, Gheorghe 227
Bräuer, Curt 332, 334, 346, 353
Braun, Karl-Otto 146, 431
Bräutigam, Otto 63, 70-72, 84, 88, 92-93, 96, 98, 100, 107, 113-15, 117-18, 424, 430, 440, 467-68, 602, 604
Brockdorff-Rantzau, Ulrich, conde 135
Bruckmann, Hugo von 237
Brückner, Wilhelm 128, 165, 183, 352
Brüning, Heinrich 149, 256
Buch, Walter 499
Buchheim, Hans 105, 572
Budding, Karl 284
Buell, Raymond Leslie 221
Buffarini Guidi, Guido 512
Bühler, Josef 100
Bülow, Bernhard Wilhelm von 155, 182, 435
Bürckel, Josef 527
Burckhardt, Jacob 388, 429
Burgsdorff, Curt von 496
Burmester, Rudolf Miles 212-13
Buße, Wilhelm 396
Buttmann, Rudolf 132

Canaris, Wilhelm Franz 273, 305
Carlos, o Grande 132, 266
Carol II (Carol von Hohenzollern-Sigmaringen) 136, 171, 173, 174, 175, 192, 214, 347, 348

Chamberlain, Houston Stewart 14, 234-35, 237, 289, 304, 337, 357, 428, 543
Chamberlain, Neville 212-13
Chappuis, Bolko Hans-Ulrich von 328
Christiansen, Friedrich 372
Churchill, Winston 290-91, 300, 302-04, 308, 327, 337, 350, 357, 400, 495
Ciano, Edda 512
Ciano, Galeazzo, Conte di Cortellazzo 292, 301, 512
Clausen, Frits 376
Clemenceau, Georges Benjamin 370
Codreanu, Corneliu Zelea 198, 210, 368
Cogni, Giulio 244, 264
Comnen *veja* "Petrescu-Comnen"
Conti, Leonardo 476
Cooper, Alfred Duff, lorde Norwich 289
Corswant, Walther von 320
Cranz, Carl 431
Cranz, Eberhard 454
Csarada von Csaroda, Georg 173
Cunningham, Alan Gordon 175
Cuza, Alexandru C. 198, 202, 225, 258, 379, 561

Daitz, Werner 137-38, 142
Daluege, Kurt 449
Darányi, Kálmán 246, 256, 269
Dargel, Paul 469, 473
Darré, Richard Walther 130, 134, 162, 199, 204, 216, 278-79, 297, 300-01, 309, 342
Daun, Leopold Joseph Maria von 225
Davignon, Jacques-Henri-Charles-François, conde 227
De Jouvenel, Bertrand 227
De Ropp, William 127-28, 130, 132-33, 134--35, 174, 182, 301
Déat, Marcel 539
Decker, Wilhelm 359
Degenhard, Hugo 471
Degrelle, Léon 520
Dehn-Schmidt, Georg von 166
Deleanu, Theodor 231, 240
Deterding, Henri Wilhelm August 153, 162
Diderot, Denis 488
Dieckmann, Christoph 75, 105, 113-15, 576, 588
Dietl, Eduard 522
Dietrich, Otto 168, 345, 396
Dimitriu, Sergiu 282
Dirksen, Herbert von 142
Dittloff, Fritz 284, 438, 442

Dölger, Franz 444
Dollfuss, Engelbert 129-30, 140, 155
Doriot, Jacques 528
Dorpmüller, Julius 445
Dostoiévski, Fiódor Mikhailovitch 418, 505, 544
Draeger, Hans 312, 376, 434
Drechsler, Otto Heinrich 75, 433, 462-63, 501
Dreier, Karl Heinrich 431-32
Dreiser, Theodore Herman Albert 204
Du Moulin-Eckart, Carl-Leon, conde 148
Duckwitz, Georg Ferdinand 154, 164
Dudzus, Willo 436
Dumitrescu, Petre 239
Dutton 212-13, 226, 242

Eckart, Dietrich 219, 260, 445
Eden, Robert Anthony, 1º conde de Avon 181, 289
Edler von Daniels, Alexander 526
Eichhorn, Hermann von 531
Eichmann, Adolf 86, 89, 99
Eigruber, August 443, 519
Eliáš, Alois 424
Epp, Franz Xaver Ritter von 441
Ernst, Karl 84
Esser, Hermann 181

Fabrizius, Wilhelm 305
Fadinger, Stefan 516
Farinacci, Robert 343, 493
Faulhaber, Michael von 176-77, 203, 241, 352
Filipe II 326
Finkenstein (Fink), Eva von 162
Fischböck, Hans 433
Fischer, Eugen 326, 373
Flandin, Pierre-Étienne 265
Florian, Friedrich Karl 130
Fock, Gorch 198
Forster, Albert 348
Förster-Nietzsche, Elisabeth 127
Fragonard, Jean-Honoré 369, 512
Franco, Francisco 206, 216, 256, 262, 359, 398, 493, 528, 627
François-Poncet, André 37-38, 108, 175, 184, 268, 271
Frank, Hans 52, 87, 105-06, 251, 297
Frank, Walter 189
Frauenfeld, Alfred Eduard 437, 459, 466
Frederico II 239, 335, 587
Frenssen, Gustav 341
Freundt, Alfred 382

Frick, Wilhelm 362
Funk, Walther 208, 282-83, 374, 391, 437-38
Furtenbach, Joseph von 221
Furtwängler, Wilhelm 246
Fyers, Fitzroy Hubert 151-52

Gage, Hedwig Gertrud Eva Maria 328
Gagern, Friedrich, barão de 327
Galen, Clemens August von, conde de 242, 517
Galland, Adolf 412
Gansser, Emil 219
Gebhardt, Karl 211, 262
George V 152
George, Stefan 272
Gerigk, Herbert 354, 360
Gerlach, Christian 100, 105, 112-13, 119, 584, 588
Gerlich, Carl Albert 148
Girgensohn, Thomas Otto 433, 435
Glaser, Alexander 148
Globocnik, Odilo 88
Glyn, Ralph George Campbell, barão 308-09
Gobineau, Joseph-Arthur de 370
Goebbels, Joseph 16, 21-23, 27-28, 30-31, 49, 51, 95, 105-06, 124, 133, 135, 137, 146, 150-51, 154, 191, 208, 212, 226, 228, 247, 267, 271, 273-74, 278-91, 308, 311, 338, 407, 490-91, 502, 504, 622
Goethe, Johann Wolfgang von 127, 135, 235, 544, 553
Goga, Octavian 136, 171, 173, 179, 192-93, 197-98, 201-02, 209-10, 224-25, 229--30, 232, 239-40, 243, 258, 260-61, 287, 347-48
Goga, Veturia 259, 261, 348, 439
Gohdes, Otto 441
Golopin, Alexandre 475
Gömbös, Gyula 123, 167, 173, 214, 246
Göring, Hermann 16, 53-55, 57, 59, 61, 70--72, 76-77, 84, 87, 101, 111, 115, 120, 167, 171-72, 174, 176, 207-08, 226, 231, 234, 240, 243, 247, 261, 267, 275, 282-83, 287, 289-91, 293, 298, 300-02, 306, 309, 318, 321, 326, 334, 349, 361, 369, 377, 389, 391-96, 405-06, 410-12, 414, 416, 426, 433-34, 438, 440-41, 481, 490, 495, 622
Görlitzer, Artur 275
Goya, Francisco José de 369
Gramsch, Friedrich 438
Greiser, Arthur 85, 91, 117, 362-63, 367, 373
Griese, Friedrich 310

Gröber, Conrad 253
Groß, Walter 326, 379
Großkopf, Wilhelm 436
Grynszpan, Herschel 556
Guilherme I 307
Guilherme II 357
Günther, Hans Friedrich Karl 230, 308, 494
Gürtner, Franz 233-34
Gustavo VI *veja* "Bernadotte, Oscar Fredrik Wilhelm"

Haake, Paul 356
Haakon VII 332, 338
Habicht, Theodor 123, 313, 318, 334, 338, 340, 342, 346, 353
Hadamovsky, Eugen 466
Hagelin, Albert Viljam 314, 329, 330, 333, 396
Hahn, Traugott 198
Haiding, Karl 355
Hambro, Carl Joachim 310
Hamsun, Knut 338
Hanfstaengl, Putzi (Ernst Frank) 181
Hanke, Karl 272-73, 275, 278
Harder, Richard 444, 468
Harder und von Harmhove, Hermann, barão de 300-01, 308, 355, 439
Harmenszoon van Rijn, Rembrandt 369
Hartnacke, Wilhelm 357
Hasenöhrl, Hans Xaver 437
Hassel, Ulrich von 123-24
Hasselblatt, Werner Richard Karl 437
Haushofer, Karl 399
Hederich, Karlheinz 268, 399
Heimsoth, Karl Günther 148
Heineman, Dannie 262
Heines, Edmund 146-47
Heinrici, Gotthard 110
Hellmich, Heinz 486
Henderson, Sir Nevile 294
Henkell, Adam 197, 285
Henrique I 239
Hentig, Werner Otto 314, 439
Hess, Rudolf 126, 147, 154-55, 165, 174, 193, 200, 234, 238, 251, 290-91, 295-97, 306-07, 309, 311, 323, 331, 338-39, 357, 368, 397-400, 498-99
Heuber, Wilhelm 435
Hewel, Walther 334, 339, 346-47, 351, 382--83, 412
Hey, Siegfried 135-36

Heydrich, Reinhard 53-54, 58-59, 63-64, 69-70, 74-77, 84-86, 88-89, 94-96, 99-100, 111, 113, 115, 117-18, 394, 424, 484
Heye, Hans Ferdinand 153, 155
Hierl, Konstantin 201
Hilberg, Raul 101, 105, 453
Hilgenfeldt, Erich 252
Himmler, Heinrich 20-21, 31, 50-53, 55-59, 63, 69-72, 74-80, 83, 85-92, 94, 98, 100-02, 105, 111-12, 114-20, 164-65, 211, 253, 262, 274, 301, 323, 342, 356, 379, 386, 392-95, 405, 411, 414, 427, 446-49, 452, 461, 466, 483, 485, 503, 518, 531, 534-36, 581-82, 584, 588-89, 599
Hindemith, Paul 191
Hindenburg, Paul von 125, 128, 144, 155-58
Hinrichs, August 135
Hochheim, Eckhart von 239
Hodson, Austin 160-61, 170
Hoesch, Leopold von 131, 143
Hofer, Franz 512
Hoffmann, Heinrich 248, 455, 538
Hogg, Douglas McGarel, 1º visconde Hailsham 161
Hohenzollern-Sigmaringen, Carol von *veja* "rei Carol II"
Hölderlin, Johann Christian Friedrich 270
Hore-Belisha, Isaac Leslie 262-63, 286, 330
Horthy, Miklós 418
Huber, Georg-Sebastian 203
Hudal, Alois 221
Hühnlein, Adolf 437
Hunke, Heinrich 144-45
Hurtwood, Reginald Clifford Allen, 1º barão Allen of Hurtwood 183
Hutchison, Graham Seton 124

Ibn Saud, Abd al-Aziz 280-81, 333
Imredy, Béla 269
Insabato, Enrico 136, 274, 297
Inskip, Thomas Walker, 1º visconde Caldecote 212-13
Iorga, Nicolae 179
Iswolsky, Aleksandr Petrovitch 293
Itzinger, Karl 516-17

Jaeger, Rolf 124
Janetzke, Wilhelm 96
Jankovic, Velizar 270
Jaross, Andor 627
Jeckeln, Friedrich 69, 92

Jodl, Alfred 454, 572
Johst, Hanns 129
Jung, Edgar 143, 356

Kahr, Gustav von 148-49
Kaltenbrunner, Ernst 484
Kant, Immanuel 272
Kánya, Kálmán 256, 269
Karadja, Constantin 172
Karslake, Sir Henry 212-13
Kasche, Siegfried 411, 436, 439, 484
Kautter, Eberhard 381, 396
Kédia, Michel 506
Kehrl, Hans 433, 436
Keitel, Wilhelm 30, 60, 71, 116, 331, 343, 367, 377, 389, 391, 393, 395, 405, 412, 430, 476, 482, 504, 523, 535, 572, 575, 597
Kelter, Will 249
Kempner, Benedicta 108
Kempner, Robert M. W. 33-42, 99, 107-09, 119, 186, 194, 199, 202, 205, 209, 216, 228, 240, 247, 250, 253, 264, 266, 268, 274, 289, 306, 309, 320, 324, 331, 345, 351, 361, 384, 387, 390, 394, 400, 411, 419, 424, 427, 483, 493, 590
Keppler, Wilhelm 433
Kerrl, Hanns 129, 153, 155, 165, 194-96, 233, 240-41, 247, 279, 289, 305, 307, 321, 362, 428, 429
Kiewitz, Werner 164
Kilpinen, Yrjö 356
Kinkelin, Wilhelm Martin 506
Kitchener, Herbert Horatio, lorde 161
Kitzinger, Karl 444, 596-97
Klages, Ludwig 272
Klein, Emil 434
Kleinmann, Wilhelm 224, 231, 434
Klemperer, Victor 19, 105
Klopfer, Gerhard 441
Knoll, Karl 153, 164
Koch, Erich 72-73, 84, 101, 130-31, 410-12, 414, 417-18, 430, 434-35, 438, 440, 442--45, 455-56, 461-62, 469-70, 472, 475--77, 479-80, 484, 491, 502-04, 529-33, 535, 537, 540, 586, 596, 599, 607, 618-19, 633
Koeppen, Werner 73, 86, 115, 117-18, 353, 368, 397, 368
Koester, Roland 128-29
Koht, Halvdan 332
Kolb, Annette 538

Konoe, Fumimaro 412, 431
Körner, Paul 59-60, 112, 393-94, 397
Kozma, Miklós de Leveld 214
Krancke, Theodore 386
Krause, Reinhold 159
Krausnick, Helmut 40, 108, 572
Kreisler, Fritz 145-46
Kriebel, Hermann 125
Kriekoukis, Charilaos 217-18
Kröger, Erhard 536
Krüger, Kurt 499
Krüss, Hugo Andres 354
Kube, Wilhelm 75, 87, 96, 105, 119, 396, 432, 435, 455, 465, 585
Kügelgen, Karl (Carlo) Konrad von 311
Kundt, Ernst 115, 431, 434-35
Künneth, Walter 201
Kursell, Otto von 300, 318
Kutuzov, Mikhail Ilarionovich 418

Lagarde, Paul Anton de 14, 211, 237, 428, 445, 587
Lammers, Hans Heinrich 58, 71-72, 87, 116, 118, 220, 259, 317-18, 323, 332, 336, 340, 342-43, 346, 388-89, 391-92, 395, 397, 405, 411-12, 433, 435, 446, 448-49, 452, 455-58, 460, 500, 504, 535-36, 575, 578, 582, 599
Lang, Cosmo Gordon 133
Lange, Rudolf 97
Larsen, Gunnar 440, 586
Laudon, Ernst Gideon, barão de 225
Laval, Pierre 470, 627
Lawaczek, Franz 232
Le Jeune, Hermann 359
Lebrun, Albert 227
Lecca, Radu 165, 171, 173, 175, 179-80, 201, 210
Leeb, Wilhelm 71, 114
Leibbrandt, Georg 63, 73, 90, 96, 113, 154, 184, 202, 272, 297, 329, 430, 436, 440, 442, 449, 452, 460, 463, 471, 535, 602
Leipold, Karl 249
Leonrod, Ludwig, barão 526
Leopoldo III 164, 262, 345
Ley, Robert 146, 151, 187, 208-09, 238, 246, 257, 277, 279, 295-96, 301, 348, 375, 435, 450, 453, 490-91
Liszt, Franz 234
Litzmann, Karl Sigmund 75, 422-23, 430, 435, 442, 485, 529
Ljotic, Dimitrije 189

Lloyd, George Ambrose, lorde 322
Lloyd George, David 161, 175, 226, 244
Loerzer, Bruno 126-27, 130
Lohse, Hinrich 72-74, 76-79, 89-92, 96, 98, 101, 115-16, 118-19, 336, 410-11, 414, 430, 432, 434, 445, 463, 465, 474, 496, 500-01, 533, 576, 602, 607
Lorenz, Werner 431, 435, 584
Lösener, Bernhard 603
Lossow, Otto von 148-49
Louvaris, Nikolaos 194, 201
Ludendorff, Erich 156-58, 165, 199
Ludendorff, Mathilde 157
Ludin, Hanns Elard 188
Ludwig I 351
Lüer, Carl 138
Lutze, Viktor 146-47, 151, 359, 396, 435
Lützow, Ludwig Adolf, barão de 525

MacDonald, James Ramsay 131-32, 143, 145, 152, 183
Macek, Vladko 377, 380-84, 387, 391
Maier 149
Majid Zabuli, Abdul 313, 358
Malletke, Walter 70, 193, 198, 201, 240, 245, 354-56, 377, 379-84, 387, 391, 430, 436, 463, 475, 489
Maltzan, Vollrath, barão de 215
Manderbach, Richard 430-31
Maniu, Iuliu 258
Mann, Thomas 45
Mannerheim, Carl Gustav Emil 356
Manoilescu, Mihail 214, 239
Marrenbach, Otto 437
Mastny, Vojtech 232, 244
Matsuoka, Yosuke 377, 431
Mayer, Henry 41, 107
Mecsér, András von 214, 246, 269
Medem, Walter Eberhard Alexander Albert, barão de 422, 462
Mehnert, Klaus 149
Mende, Gerhard von 506
Mentzel, Rudolf 230
Metaxas, Ioannis 218
Meyer, Alfred 73, 85, 96, 100, 276, 319, 340, 375, 393-95, 397-98, 430, 451, 463, 466, 468, 473, 488, 497, 526, 570, 604
Meyer, Richard 135
Meyer(-Hetling), Konrad 449
Michelsen, Erich 125
Milch, Erhard 135, 176, 372
Miller, Richard 168

Mitchell, Margaret 326
Mitford, Unity Valkyrie 305
Möckel, Helmut 433
Moeller, Eberhard Wolfgang 270
Moeller van den Bruck, Arthur 239
Moltke, Helmuth Karl Bernhard von 390
Monteros, Eugenio Espinosa de los 359
Moreau, Rudolf, barão de 215
Mosley, Oswald 304-05
Mühlen, Leo Erwin von zur 473, 478
Muhs, Hermann 505-06
Müller, Ludwig 159
Mundelein, George William 251
Mussert, Anton Adriaan 111, 379, 455, 520-21, 627
Mussolini, Benito 136, 138-39, 155, 190, 207, 227, 229, 244, 246, 264, 274, 285, 292-93, 297, 328, 343-44, 489-90, 493-94, 512-13
Mussolini, Rachele 512-13

Napoleão Bonaparte 185, 418, 548
Napoleão Bonaparte III, Charles Louis 488
Natus, Robert Karl 433
Nebe, Arthur 86
Neifeind, Kurt 603
Neubacher, Hermann Josef 411, 436, 439
Neuhausen, Franz 377, 379
Neumann, Erich 397, 438, 440
Neurath, Konstantin von 125, 137, 142, 153, 164-65, 172, 174, 197, 505
Neuscheler, Karl 434
Nicholson, Gresham 212-13
Niebergall, Fred 35-36, 108
Niemöller, Martin 320
Nietzsche, Friedrich Wilhelm 127, 211, 236-37, 239, 529, 537
Nikuradse, Alexander 361, 396
Noske, Gustav 524
Nuri Paşha 439

Oberkofler, Joseph Georg 310
Oberländer, Theodor 472
Obermüller, Horst 126, 143, 151, 162, 166, 174
Obernitz, Hanns Günther von 231
Olbricht, Friedrich 524
Oldham, Joseph Houldsworth 242
Oppermann, Ewald 438
Ormsby-Gore, William George, 4º barão Harlech 212-13
Oshima, Hiroshi 431, 434

Pacelli, Eugenio *veja* "Papa Pio XII"
Pahlavi, xá Reza 127, 194
papa Pio X 561
papa Pio XI 250
papa Pio XII (Eugenio Pacelli) 343
Papen, Franz von 124, 141-43, 197, 412, 439
Pappenheim, Gottfried Heinrich 516
Pataky, Tibor von 257
Päts, Konstantin 281
Paulo da Grécia 194
Paul, príncipe da Iugoslávia 180
Pavelic, Ante 391
Pedro, o Grande 418
Pedro II 180
Pétain, Henri Philippe 521, 528
Petersen, Wilhelm 239, 245
Petrescu-Comnen, Nicolae 171-72, 174, 230, 232
Pfeffer, Fritz von 144
Phipps, Eric Claire Edmund 161-62, 175, 184, 220-21
Pietzsch, Albert 162
Pilsudski, Jószef 136
Pirow, Oswald 193
Pleiger, Paul 471, 488
Poensgen, Ernst 124
Poincaré, Raimond 370
Poltawez-Ostrjanyzja, Iwan 391
Posse, Hans 153
Preziosi, Giovanni 512, 626
Primo de Rivera, José Antonio de R. 207, 216, 362, 493
Pröhl, Günther 471-72
Proust, Marcel 538
Prützmann, Hans 76, 78, 92
Puttkammer, Heinrich 361

Quisling, Vidkun 111, 310, 313-14, 316, 327, 329, 330-32, 334-35, 340, 342-43, 353-54, 357, 376, 379, 522

Raeder, Erich 281, 310-11, 313, 334, 343
Räikkönen, Erkki 357
Rainer, Friedrich 512
Rainha Mary 174
Rasch, Otto 86
Rath, Ernst von 556
Rathenau, Walter 357
Redslob, Erwin 249
Reichenau, Walter von 126, 445
Reinecke, Hermann 277, 360
Reinerth, Hans 189-90, 356, 435, 468, 485

Reinhardt, Fritz 438-39
Reischle, Hermann 488
Rellstab, Ludwig Max Ernst 130
Rendsburg, Johannes Frederik 193
Renteln, Theodor Adrian von 75, 433, 436, 438
Renthe-Fink, Cécil Karl-August Timon von 376, 440
Reynaud, Paul 271, 344
Ribbentrop, Joachim von 16, 31, 49, 85, 131, 151, 182, 196, 208, 226, 257, 281, 283, 286-87, 293-94, 297, 301, 304, 309-10, 314, 318, 332, 334, 337, 344, 381-82, 401, 417, 419, 449-52, 454, 457-58
Richert, Arvid 359
Riecke, Hans-Joachim Ernst 395, 437, 461, 465
Rilke, Rainer Maria 538
Ritter, Erika 344
Ritter, Karl (diplomata) 142, 145, 153, 164, 221
Ritter, Karl (diretor) 311, 344
Rittich, Werner 381
Rodd, Francis James, 2º barão Rennell 128
Roever, Carl 132, 206, 240
Röhm, Ernst Julius 145-51
Romanov, grão-príncipe Vladimir Kirillovitch 284
Rommel, Erwin 388, 490
Roosevelt, Franklin D. 301, 329, 494, 557, 564
Roques, Franz von 70
Rosenfelder, Karl 356
Rossini, Gioachino 488
Rossoni, Edmondo 190
Rost van Tonningen, Meinoud Marinus 455, 475, 519
Rosting, Helmer 312, 376
Rothenberger, Curt 467
Rothschild 369
Rubens, Peter Paul 369
Rundstedt, Gerd von 372
Runte, Ludwig 437-38, 461, 463-65, 467, 470, 473, 478, 485, 489
Rupprecht da Baviera 177
Rust, Bernhard 125, 128, 167, 189, 192, 206, 233, 305, 317, 341, 484

Saalwächter, Alfred 369-70
Sargent, John Singer 204
Sassoon, Phillip Albert Gustave David 183
Sauckel, Fritz 206, 263, 307, 398, 464, 476-77, 625
Saucken, Hans von 443
Schachleiter, Alban(us) 177, 241

Schacht, Hjalmar Horace Greeley 180, 262, 282
Schack, Adolf Friedrich, conde de 351
Schäfer, Wilhelm 525
Schaub, Julius 183, 212, 368, 376
Scheidt, Hans Wilhelm 314-15, 318, 320, 327-28, 331, 334-36, 473
Schell, Adolf von 437
Schemm, Hans 181
Schenckendorff, Max von 479
Schepmann, Wilhelm 245
Scherpenberg, Hilger Albert van 139, 143
Schertok, Mosche 421
Schickedanz, Arno 55-56, 73, 104, 165, 201, 209, 224, 257, 298, 317-18, 336, 340, 354, 385, 411, 463, 467-68
Schickele, René 538
Schirach, Baldur Benedikt von 178, 201, 270, 272, 368
Schirmer, August 132
Schleicher, Kurt von 149, 150, 556
Schlieffen, Alfred, conde de 389-90
Schlotterer, Gustav 381, 395, 437-38, 443, 452, 461, 471, 476-77
Schmeer, Rudolf 434-35, 443
Schmidt von Altenstadt, Hans-Georg von 480
Schmundt, Rudolf 330
Schnell, Carl 314, 358
Schnurre, Karl 452
Schoene, Heinrich 438
Scholtz-Klink, Gertrud 228, 438
Scholz, Robert 350, 354-55, 381
Schönleben, Eduard 433
Schopenhauer, Arthur 235, 388
Schreck, Julius 218-19
Schulenburg, Friedrich-Werner, conde de 451
Schulz, Fritz Otto Hermann 206
Schurz, Carl 326
Schuschnigg, Kurt 394
Schütte, Ehrenfried 470
Schwarz, Franz Xaver 148-49, 277, 528
Schwerin von Krosigk, Lutz, conde 445
Seba, Jan 243
Seißer, Hans 149
Seligmann 369
Selzner, Nikolaus (Claus) 441, 621
Seraphim, Hans-Günther 21, 38-40, 42, 103, 105, 108-09, 111, 158, 274, 295, 325, 328, 342
Serrano Súñer, Ramón 362
Seydlitz-Kurzbach, Walther Kurt von 525-26
Seyß-Inquart, Arthur 394, 455, 518, 520

Shakespeare, William 345
Shokay (Chokai), Mustafa 442
Shotwell, James Thomson 223
Sima, Horia 378-79
Simon, John Allsebrook, 1º visconde Simon 175, 181-83
Skoropadskyj, Pavlo 283, 378
Spann, Othmar 151, 228, 239, 271
Speer, Albert 353, 363-64, 471, 478
Sperrle, Wilhelm Hugo 369-70, 372
Spiegel, Ferdinand 249
Spohr, Edmund Karl 413, 431, 434
Sprenger, Jakob 506, 510
Stahlecker, Walter 78-79, 86, 116
Stálin, Josef 20, 27, 29, 49, 84, 244, 287, 292, 299, 301, 350, 378, 395, 403, 418, 420-21, 479, 486, 504
Stang, Walter 129
Stapel, Wilhelm 305
Stauffenberg, Claus Schenk, conde de 527
Stegmann von Pritzwald, Kurt Friedrich 470
Stein, Heinrich, barão de 236
Stellrecht, Helmut 395, 478, 485, 491, 508
Stieff, Helmuth 527
Stieve, Friedrich 297
Stoddard, Theodore Lothrop 312
Stohrer, Eberhard von 285
Stojadinovic, Milan 270
Storey, Robert G. 34, 107
Strasser, Gregor 149-50
Strauss, Richard 191
Strobel, Hans 522
Strunk, Roland 215-16
Stülpnagel, Carl-Heinrich von 369-70
Stürtz, Emil 280
Sturzo, Luigi 493
Sundlo, Konrad 522
Sutherland Mitchell, William Gore 166
Suvich, Fulvio de 207
Svinhufvud, Pehr Evind 357
Swinton, Ernest 212-13

Tatarescu, Gheorghe 209
Teleki, Pál, conde 282-83
Ter Nedden, Wilhelm 314
Terboven, Josef 191, 334-36, 340, 342, 346, 353-54, 359, 376, 396, 398
Thaer, Günther 381
Thierack, Otto Georg 467
Thoma, Alfred 36
Thomas, Georg 393-94
Thyssen, Fritz 142

Tilly, Johann't Serclaes, conde de 507
Tirpitz, Alfred von 226
Titulescu, Nicolae 172-74, 189, 192, 209, 228
Todt, Fritz 71, 93, 358, 431, 433, 435, 440, 445, 586
Tory, Avraham 120
Trampedach, Karl Friedrich 90, 118
Trebitsch-Lincoln, Ignaz 127

Uiberreither, Siegfried 382
Unruh, Walter Rudolf Moritz von 455
Urban, Gotthard 251, 275, 278, 353, 357, 360, 395, 417
Urdareanu, Ernest 347

Vaida-Voievod, Alexandru 179
Valdmanis, Alfreds 465, 472, 474, 496
Vane-Tempest-Stewart, Charles Stewart Henry, 7º marquês de Londonderry 151, 174
Vansittart, Robert Gilbert, 1º barão de Vansittart 183, 193
Velázquez, Diego Rodriguez 204
Verdi, Guiseppe 488
Vermeer van Delft, Jan 369
Vries, Jan Pieter de 539

Wächtler, Fritz 341, 444
Wacker, Otto 245
Wagner, Adolf 511
Wagner, Cosima 234, 236
Wagner, Daniela von Bülow 236
Wagner, Eva 236
Wagner, Richard 211, 234-37, 239, 343-44
Wagner, Robert 271, 496
Wagner, Siegfried 236
Wagner, Winifred 236
Walper, Heinrich-Julius 245, 434

Weidemann, Hans 249
Weill, David 369
Weisenberger, Karl 374
Weiß, Bernhard 279
Weizsäcker, Ernst, barão de 107, 325, 432
Welles, Benjamin Sumner 329
Wenninger, Ralph 135
Werlin, Jakob 351
Wetzel, Erhard 63, 89-90, 100, 113, 118, 602-04
Weygand, Maxime 152
Wick, Helmut 372
Wiegand, Carl Henry von 217
Wiegand, Theodor 189
Wilhelm von Oranien 326
Wilhelmi, Walter 461
Wilson, Thomas Woodrow 161, 564
Windecker, Adolf von 443, 505
Winkler, Max 435
Winterbotham, Frederick William 126, 130, 139, 152, 171, 227
Wirth, Joseph 149
Witting, Walter 436, 442
Wittrock, Hugo 432, 463, 500
Witzleben, Erwin von 524, 526
Wohlthat, Helmuth C. H. 164
Wolff, Karl 69
Wood, Edward Frederick Lindley, 1º conde de Halifax 255
Wuorimaa, Aaarne Artur 442
Wüst, Walther 484

Yary, Richard 273

Zankow, Alexander 231
Ziegler, Wilhelm 200, 353, 356
Zimmermann, Friedrich 354-55, 462, 466

Conheça também outros títulos do selo Crítica

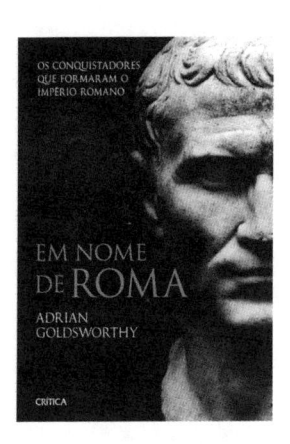

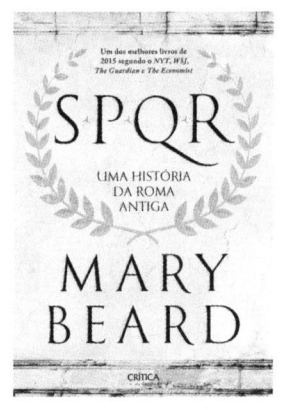

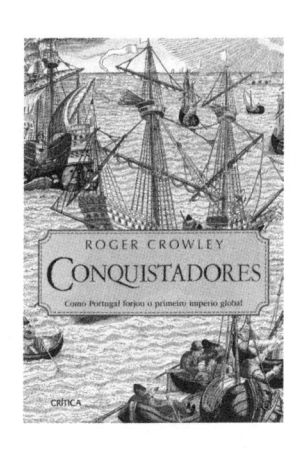

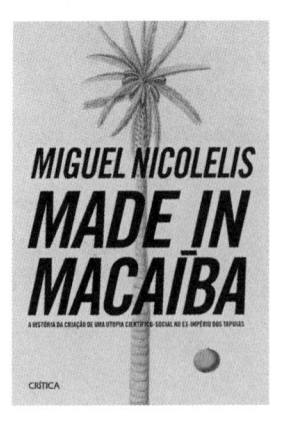

AUTOIMPERIALISMO
BENJAMIN MOSER
TRÊS ENSAIOS SOBRE O BRASIL

CRÍTICA

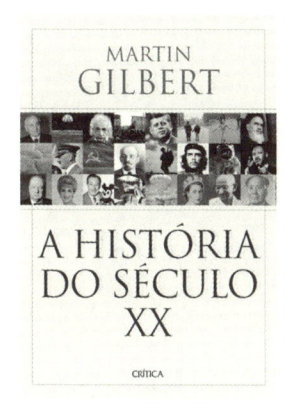

MARTIN GILBERT
A HISTÓRIA DO SÉCULO XX

CRÍTICA

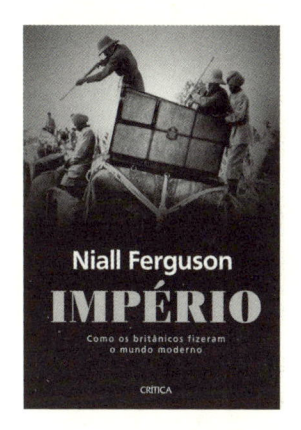

Niall Ferguson
IMPÉRIO
Como os britânicos fizeram o mundo moderno

CRÍTICA

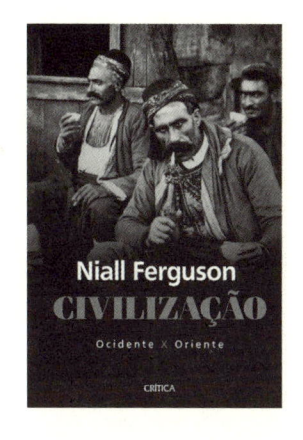

Niall Ferguson
CIVILIZAÇÃO
Ocidente X Oriente

CRÍTICA

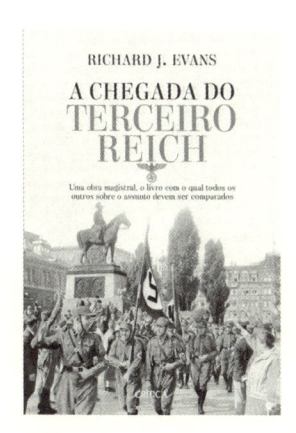

RICHARD J. EVANS
A CHEGADA DO TERCEIRO REICH
Uma obra magistral, o livro com o qual todos os outros sobre o assunto devem ser comparados

CRÍTICA

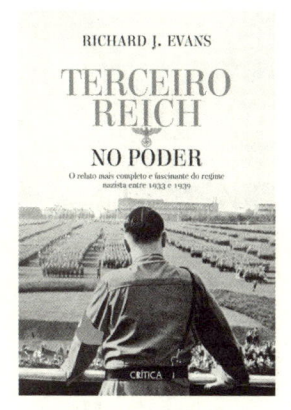

RICHARD J. EVANS
TERCEIRO REICH NO PODER
O relato mais completo e fascinante do regime nazista entre 1933 e 1939

CRÍTICA

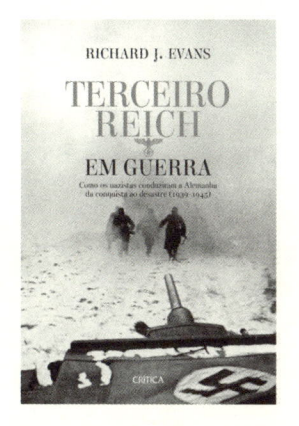

RICHARD J. EVANS
TERCEIRO REICH EM GUERRA
Como os nazistas conduziram a Alemanha da conquista ao desastre (1939-1945)

CRÍTICA

Este livro foi composto em Adobe Garamond Pro
e Bliss Pro e impresso pela RR Donnelley para a
Editora Planeta do Brasil em maio de 2017.